W0075989

WALTER RAUSCHER

KARL RENNER

EIN
— ÖSTERREICHISCHER —
MYTHOS

UEBERREUTER

Die Deutsche Bibliothek – CIP-Einheitsaufnahme

Rauscher, Walter:
Karl Renner : ein österreichischer Mythos / Walter Rauscher. -
Wien : Ueberreuter, 1995
ISBN 3-8000-3558-8

AU 286/1
Alle Rechte vorbehalten
Umschlaggestaltung Atelier Rendl
Copyright © 1995 by Verlag Carl Ueberreuter, Wien
Printed in Austria
2 4 5 3 1

Inhalt

Teil 2
ÖSTERREICHER WIDER WILLEN

Teil 3
DER ÖSTERREICHISCHE MYTHOS

Der Abschied

Ein grauer, trüber Wintertag liegt über Wien. Es ist der 5. Januar 1951. In breiten Kolonnen ziehen Menschenmassen schweigend zur Ringstraße. Vom Rathaus wehen mächtige schwarze Fahnen auf halbmast. Im Inneren, in der gewaltigen neugotischen Halle des Festsaals, liegt im gedämpften Licht von sechzehn Kronleuchtern, inmitten von Palmen, Kandelabern und einem Meer von Blumen und Kränzen, Österreichs erster Bürger aufgebahrt. An der Rückwand des hohen schwarzen Baldachins hängt die rot-weiß-rote Nationalflagge. Die Republik erweist ihrem verstorbenen Bundespräsidenten Dr. Karl Renner die letzte Ehre.

Leopold Figl läßt noch einmal den langen und durch viele Wendungen des Schicksals gekennzeichneten Lebensweg des Bauernsohns aus dem mährischen Unter-Tannowitz Revue passieren. Beinahe sechzig Jahre widmete Renner der Politik. Gerade in schwersten Zeiten bekleidete er die wichtigsten Staatsämter und half mit, aus dem Chaos zweier verheerender Weltkriege ein neues Staatswesen zu errichten: Zweimal, 1918 und 1945, war er als Staatskanzler der führende und maßgebliche Mitbegründer des republikanischen Österreich. Seit 1907 gehörte er der obersten Volksvertretung an. 1919 führte er die deutschösterreichische Friedensdelegation nach Saint-Germain. 1931 wurde er zum Ersten Nationalratspräsidenten gewählt. Von 1945 bis zu seinem unerwarteten Tod am 31. Dezember 1950 amtierte er als Bundespräsident der Zweiten, aus den Trümmern des Weltkriegs entstandenen Republik.

Und doch steht der Mythos Karl Renner bis in die Gegenwart im Zwielicht. Jahrzehntelang, beginnend mit der Auflösung der Donaumonarchie, betrachtete er Österreich als Teil der deutschen Nation. Für die aus den Trümmern des Habsburgerreichs entstandene Erste Republik sah er Namen wie »Südostdeutschland« oder »Deutsche Alpenlande« vor. Und sich selbst bezeichnete er immer wieder als deutschen Sozialdemokraten. Erst im Verlauf des Zweiten Weltkriegs und im Banne der sich abzeichnenden Niederlage des Nationalsozialismus trat er wie so viele seiner Landsleute erstmals nicht nur für die Existenz eines selbständigen Staates, sondern auch für eine österreichische Nation ein.

Der Schatten einer nahezu grenzlos anmutenden Anpassungsfähigkeit an die jeweilige politische Lage liegt über Renner. Diese seine so kennzeichnende Bereitschaft, pragmatisch auf gesellschaftliche Veränderungen einzugehen, bezeichnete Bundeskanzler Figl als »Fähigkeit eines intuitiven Erkennens politischer Notwendigkeiten«, als Geschick, aus den schwierigsten Situationen immer wieder einen Ausweg zu finden. Kritiker aus allen politischen Lagern nannten Renner dagegen nicht selten einen berechnenden Opportunisten.

In seinem Nachruf ehrte ihn Figl als überzeugten Pazifisten, der nichts mehr haßte als Krieg und Unrecht. Der Sozialdemokrat Renner unterstützte jedoch 1914 und in den ersten Jahren danach energisch den »Verteidigungskrieg« der Mittelmächte. Der fortschrittsgläubige Patriot sprach sich sogar für Annexionen in Osteuropa aus und plädierte für einen »Siegfrieden«. Nach der Niederlage der Zentralmächte im Herbst 1918 trat er plötzlich als Gegner jeder Kriegspolitik und jeder Art von Imperialismus auf. Er hatte der allgemeinen politischen und militärischen Entwicklung sowie der Stimmung in der Bevölkerung Rechnung getragen.

Bevor er den Gedanken des deutschen Nationalstaats unter Einschluß Österreichs so energisch verfolgte, präsentierte sich Karl Renner bis knapp vor Ende des Ersten Weltkriegs als überzeugter Anhänger des Vielvölkerreichs der Habsburgermonarchie. In zahlreichen Studien entwarf er Pläne zur Umgestaltung Österreich-Ungarns in einen demokratischen Nationalitätenbundesstaat. Nach dem Zerfall der Doppelmonarchie, an dem er schließlich selbst tatkräftig beteiligt war, dem Sieg der Sozialdemokratie in Deutschland und der Bildung selbständiger Nachfolgestaaten im Donauraum bestritt er die wirtschaftliche Lebensfähigkeit und die nationale Identität des an seinen Grenzen von den Siegermächten so beschnittenen Österreich. Überall, im Parlament, auf der Friedenskonferenz in Paris, in Versammlungen, in seinen Schriften, forderte er unaufhörlich – wie seine Parteigenossen auch – den Anschluß des ›Rumpfstaates‹ Österreich an die Weimarer Republik.

Die allgemeine politische Entwicklung im so unruhigen Europa der Zwischenkriegszeit wollte es, daß der Anschluß des demokratischen Österreich an das demokratische Deutschland von den Siegermächten vereitelt wurde. Als im April 1938 Adolf Hitler die ›Ostmark heim ins Reich‹ geholt hatte, rief der überzeugte Antifaschist Renner auf, für den Anschluß an das Dritte Reich zu stimmen. Gleich Millionen anderer Österreicher erlag er dabei einer folgenschweren historischen Fehleinschätzung. Auch in der von den Westmächten akzeptierten Einverleibung der Sudetengebiete im Herbst 1938 sah Renner weniger eine Aggression Hitlers als vielmehr die späte Wiedergutmachung des »Gewaltfriedens« von Saint-Germain, den er selbst unterzeichnen hatte müssen. Erst im Verlauf des Zweiten Weltkriegs entwickelte er ein neues Bewußtsein. Abgeschreckt von der preußischen Arroganz der ›Volksgenossen aus dem Altreich‹ hörte der österreichische Sozialdemokrat endlich auf, sich als Deutscher zu fühlen. Als Mitbegründer der Zweiten Republik mahnte er schließlich seine Landsleute, zuallererst Österreicher zu sein. Ähnlich wie ihr Staatsoberhaupt hatte die Bevölkerung freilich diesen Wandel bereits vollzogen.

Es nimmt eigentlich nicht wunder, wenn Renner, besonders in der Zweiten Republik, hochgeschätzt und gegen sein Lebensende hin sogar verehrt wurde: Seine politischen Fehleinschätzungen 1914 wie 1938 hinderten ihn, die Bevölkerung für ihr Fehlverhalten zu tadeln. Daß selbst ein Karl Renner, sozialdemokratischer Abgeordneter des kaiserlichen Österreich, für den Krieg gegen Serbien und Rußland eintrat, machte den Jubel des kleinen Mannes nur allzu legitim. 1938 schien sich für den Staatskanzler a. D. wie für viele andere ›Deutschösterreicher‹ ein lang gehegter Traum zu erfüllen: der Anschluß an Deutschland. Selbst der erfahrene Politiker und überzeugte Demokrat Renner erhoffte sich davon – wie viele seiner Mitbürger auch – eine Verbesserung der tristen wirtschaftlichen Lage des vielfach gedemütigten, »lebensunfähigen« Österreich. Daß er sich mit seiner öffentlichen Befürwortung des Anschlusses mit den Nationalsozialisten arrangierte und so, zum Unterschied vieler anderer, das Regime unbeschadet überlebte, machte ihn für die Mehrheit der Österreicher menschlich und sympathisch. Der ›große Irrtum von 1938‹ schien durch das Verhalten des späteren Staatsoberhaupts legitimiert, das Gewissen beruhigt. Selbst der weise, alte Herr, Vaterfigur vieler Österreicher, hatte sich eben damals getäuscht.

In seiner Trauerrede gedachte der ehemalige KZ-Häftling Leopold Figl Renners als »das vorbildliche Beispiel eines Vertreters wahrhafter Demokratie«. Er erinnerte daran, daß Renners Parteizugehörigkeit den Verstorbenen nie davon abgehalten hatte, »auch den Anschauungen des politischen Gegners Beachtung zu schenken und damit den Weg zur Verständigung und zur fruchtbaren Zusammenarbeit zu finden«. Nachdem der Trauerzug – vorbei an etwa 250 000 Zuschauern – schließlich gegen vier Uhr nachmittag am Wiener Zentralfriedhof eingetroffen war, sprach Vizekanzler Schärf vor dem Ehrengrab auf dem Platz vor der Karl-Lueger-Kirche und erinnerte an Renner als einen »Brückenbauer über Gegensätze, Klassen und Parteien«.

In der Tat hatte Renner zeit seines Lebens an dieser Bereitschaft zum breiten Konsens festgehalten, auch gegen alle Widerstände innerhalb seiner eigenen Partei. Über all die Jahrzehnte hinweg praktizierte er seine Idee der Zusammenarbeit mit den politisch Andersdenkenden, um so mehr nach der Katastrophe des Zweiten Weltkriegs und der nationalsozialistischen Gewaltherrschaft. Und diese politische Maxime kennzeichnete endlich den Weg, der von Politikern und Bevölkerung der Zweiten Republik höchst erfolgreich beschritten wurde. Der Wille zum konstruktiven Miteinander aller politischen Lager bleibt so auch das Vermächtnis des Sozialdemokraten und Staatsmannes Karl Renner.

Der altösterreichische Reformer

I. Im Kampf um die Existenz

Karl Renner wurde in eine Zeit des Übergangs und der Unruhe geboren. Er erlebte seine Kindheit und Jugend in einer Periode epochaler Veränderungen der geistigen Traditionen, der Lebensformen, des gesellschaftlichen Gefüges und der wissenschaftlichen Erkenntnisse. Große Pionierleistungen in der Technik liefen parallel mit einer Radikalisierung des Denkens. Widersprüchlich stand der Rationalismus von Wissenschaft und Technik dem romantischen, irrationalen Gedankengut in Literatur, Musik und Philosophie gegenüber. Selbst die Politik der europäischen Kabinette war von diesen Gegensätzen beeinflußt.

Schroff und nicht selten kriegerisch hatte sich die Idee des Nationalstaats Durchbruch verschafft und war in Renners Geburtsjahr 1870 in Deutschland und Italien endgültig Wirklichkeit geworden. Hingegen blieb die Donaumonarchie nach wie vor ein Vielvölkerreich. Im Inneren der europäischen Staatenwelt trat das Nebeneinander von jahrhundertealter Feudalaristokratie und dem wirtschaftlich dominierenden Großbürgertum immer deutlicher zutage. Der Liberalismus, das System der freien Wirtschaft, der Gewerbe-, Handels- und Wettbewerbsfreiheit, stand in Europa am Höhepunkt seines gesellschaftlichen und politischen Einflusses.

Die Bevölkerungszunahme in den Städten, die Industrialisierung, die weltumspannende Verdichtung des Handels und des Kapitalflusses, der wachsende Verkehr und die zunehmende Mobilität der Menschen führten zum Entstehen politischer Massenbewegungen. In den Städten begann sich die Arbeiterschaft machtvoll gegen die bestehende Ordnung zu organisieren, während die ländliche Bevölkerung nach wie vor einer christlich-sozialen und konservativen Politik vertraute. Noch waren Adel und Großbürgertum die dominierenden Kräfte, doch Demokratie, Nationalismus und soziale Umwälzungen waren nicht mehr aufzuhalten. Das alte System baute ein letztes Mal seine Staatsmacht nach innen wie nach außen aus. Ratlos hielt es, im Inneren morsch geworden, dem Sturm des neuen Zeitalters jedoch veraltete und untaugliche Mittel entgegen. Dies traf in besonderem Maße auf die Habsburgermonarchie zu. Nachdem das Kaisertum Österreich in den Kriegen 1859 gegen Piemont-Sardinien und Frankreich sowie in der Auseinandersetzung 1866 mit Preußen und Italien neben schmerzlichen Gebietsverlusten seine Hegemoniebestrebungen in Deutschland wie auf der Apenninenhalbinsel aufgeben hatte müssen, folgte die innere Umgestaltung in einen Doppelstaat. Die Ausgleichsgesetze von 1867 trennten die 35,8 Millionen Einwohner umfassende Monarchie fortan in eine österreichische und eine ungarische Reichshälfte, die lediglich durch den Monarchen sowie durch die drei gemeinsamen Ministerien für Äußeres, Kriegswesen und Finanzen und die beiden jährlich zusammentretenden, jedoch getrennt voneinander tagenden Parlamentsdelegationen verbunden waren. Österreich-Ungarn galt nach seiner Niederlage bei Königgrätz nur mehr als Großmacht zweiter Klasse. Es war zudem ein Vielvölkerstaat, dessen Fortbestand vor allem auf seinem konservativen Monarchen Kaiser Franz Joseph, seinen Beamten, dem Hofadel sowie dem Militär und der katholischen Kirche beruhte. Doch gesellschaftlich gärte es – das aufsteigende Proletariat organisierte sich, die Landbevölkerung war krisengeschüttelt, elf Nationalitäten verlangte es nach Emanzipation. Aber erst die Niederlage gegen Ende des Ersten Weltkriegs sollte die Auflösung dieses schon für die damalige Epoche völlig anachronistischen Staatsgebildes besiegeln. An diesen dramatischen Umwälzungen wird Karl Renner bereits maßgeblich beteiligt sein.

Es waren wahrlich keine fürstlichen Verhältnisse, in denen der junge Karl aufwuchs, ohne Zweifel nicht das Milieu, das bisher Staatsmänner hervorgebracht hatte, wohl aber eines, das künftig nicht untypisch sein sollte: nach dem Umbruch im Herbst 1918 gelangten viele Männer bäuerlicher und kleinbürgerlicher Herkunft an die Macht.
Der Sohn des Matthäus und der Maria Renner entstammte einem alten Bauerngeschlecht, das ursprünglich in Sachsen beheimatet war. Großvater Matthias, der Zeitgenossen wie Nachfahren als »ein Mann von gewaltiger Tatkraft und Härte« in Erinnerung blieb, zog um 1800 schließlich vom südmährischen Dürnholz in den benachbarten, unweit der tschechischen Sprachgrenze liegenden Marktflecken Unter-Tannowitz, wo er

es zu ansehnlichem Vermögen und Besitz brachte. Neben seiner sprich-wörtlichen Durchsetzungskraft hatte er dies vor allem der von der Guts-herrenfamilie der Tieffenbachs gewährten Freiheit auf eigenen Grundbe-sitz zu verdanken. Lange vor der allgemeinen Bauernbefreiung von 1848 waren deren Untertanen bereits Freisassen gewesen. Dazu kam noch die günstige klimatische und geologische Beschaffenheit des Gebiets zwi-schen Laa an der Thaya und Lundenburg. Auf dem fruchtbaren Boden gediehen Mais, Wein und Edelobst. Reichlicher Erwerb schien somit ge-währleistet.

Die Heimstätte Karl Renners, das Ganzlahnhaus Nr. 258, kaufte 1846 der aus Nordmähren stammende Großvater mütterlicherseits für seine Toch-ter Maria Habiger. Diese wurde sechzehnjährig mit einem gewissen Franz Zecha – dem vermögenslosen unehelichen Sohn einer Magd – vermählt. Zecha starb jedoch aufgrund innerer Verletzungen, die sich der hünen-hafte Mann nach dem Heben eines vollen Weinfasses mit bloßen Händen zugezogen haben soll, bereits 1851. Maria, nun Witwe mit zwei Kindern – ein drittes war früh verstorben –, ehelichte schon im Jahr darauf den äl-testen Sohn von Matthias Renner, Matthäus, der im wenige Kilometer südöstlich liegenden Parndorf ein Grundstück, ein sogenanntes Halblahn, besaß. Die Familie hatte somit eine Großwirtschaft mit Acker-bau, Viehzucht und Weinbau zu führen.

Unter Matthäus Renner vollzog sich der katastrophale Niedergang des Besitzes. Zwar mangelte es ihm nicht an Fleiß, jedoch ließ er die Dyna-mik, die Durchschlagskraft und den eisernen Willen seines Vaters ver-missen, was nachgerade ein Produkt der strengen, unduldsamen Erzie-hung des tyrannischen Matthias gewesen sein mochte. Von den Ortsbe-wohnern wurde er jedenfalls mit dem Beinamen »Schlunkermatz«, der sein unfreiwillig komisches Erscheinungsbild beschrieben haben dürfte, verspottet. Auch die zahlreiche Nachkommenschaft konnte dem emsi-gen, zugleich aber zerfahrenen und sichtlich überlasteten Mann nicht helfen. Die älteren Söhne, die ein einfaches Handwerk erlernten bzw. Bauern blieben, erwiesen sich als höchst unbegabt, ihren Vater zu entla-sten und mit ihm den Hof zu führen. Zur familiären Ineffizienz gesellte sich ein Ereignis, dessen Folgen die Situation der Renners zusätzlich er-schwerte. Österreichs Krieg gegen Preußen im Jahr 1866 zog nach der Niederlage von Königgrätz schwere wirtschaftliche Schäden und Requisi-tionen für die Landbevölkerung im Umkreis des Kampfgebiets nach sich. Einer verheerenden Dürre folgte eine fatale Mißernte. Auch die Baulust des Vaters und mißglückte technische Investitionen verschlechterten die finanzielle Lage der Renners dramatisch. Vater Matthäus sah sich gezwungen, einen Kredit zu Wucherzinsen aufzunehmen und die Wirtschaft mit einer Hypothek zu belasten. Die ökonomische Krise erschwerte es zusätzlich, die Schulden zurückzuzahlen.

Als Karl Matthias Renner am Vormittag des 14. Dezember 1870 als achtzehntes und letztes Kind geboren wurde, hatte also bereits der soziale Abstieg der mit Nachkommenschaft so reichlich gesegneten Familie eingesetzt.[1] Fast zwei Jahrzehnte dauerte das Ringen um die Erhaltung der eigenen Wirtschaft, und es prägte den jüngsten Nachkommen entscheidend. Zu den meisten seiner Geschwister schien Karl kein herzliches Verhältnis unterhalten zu haben. Sein Zwillingsbruder Anton verstarb bereits wenige Wochen nach der Geburt, und von seinen älteren Brüdern wurde Karl nicht selten verprügelt. Lediglich mit seiner Schwester Anna, die sich von Beginn an beinahe wie eine zweite Mutter um ihn kümmerte, verband ihn eine enge Beziehung.

Mutter Renner war ein sehr einfacher Mensch und beinahe noch als Kind verheiratet worden. Während ihrer zahlreichen Schwangerschaften mußte sie, ohne Rücksicht auf ihren Zustand, bis zur Niederkunft noch die schwersten Arbeiten verrichten. Unter diesen Voraussetzungen konnte sich wohl kaum ein Interesse für die Welt außerhalb ihres engen Gesichtskreises entwickeln. In seiner Autobiographie beschrieb Renner die gleichermaßen einfältige wie tief religiöse Bäuerin, die »unter ihren Kindern zeitlebens ein Kind« blieb, jedoch als einen »Engel« von »schrankenloser Güte«, als »eine Frau nicht vieler Worte, aber feinen Gefühls und überwältigender Innigkeit der Anteilnahme«.[2]

Die Schicksalsschläge, die ihr Gemüt indes – nach gegensätzlicher Darstellung – ziemlich wenig berührten, nahmen ständig zu. 1873 mußte bereits eine Hälfte des Hauses verkauft werden. Der Parndorfer Besitz war sogar schon früher aufgegeben worden. Durch den Wiener Börsenkrach und die Weltwirtschaftskrise ging auch der Weinhandel empfindlich zurück. Zudem verfielen aufgrund der steigenden Konkurrenz aus Übersee die Getreidepreise zusehends. Ein Acker nach dem anderen mußte verkauft werden. Damit wurde auch die Versorgung der Familie zunehmend karger. In dem etwa 600 Häuser und 2 000 Einwohner zählenden Unter-Tannowitz wurde die gesellschaftliche Kluft zwischen reichen und armen Bauern immer größer und bedrückender. Die Tage der Renners als wohlhabende Großbauern waren lange vorbei, in der Ortschaft galten sie nun als verarmt und herabgesunken. Mit diesem Stigma hatten sie alle zu leben, der jüngste Sproß der solcherart gebrandmarkten Familie aber sollte diese soziale Ächtung sein ganzes Leben nicht vergessen.

Karl, ein höchst aufmerksames und begeisterungsfähiges Kind, kam im

Karl Renners Elternhaus in Unter-Tannowitz.

Der Hof des Elternhauses mit dem Laubengang (»Tretten«).

Herbst 1876 in die Volksschule, wo er auf zwei ganz unterschiedliche Lehrerpersönlichkeiten traf. Zunächst genoß er den traditionellen Unterricht eines, wie damals üblich, autoritären Lehrers. Ihm folgte ein jüngerer, fortschrittlicher Pädagoge; und dieser war es, der dem Vater zuredete, den strebsamen Karl studieren zu lassen. Beide Lehrer beeinflußten den interessierten Knaben maßgeblich. Kleinwüchsig und unterernährt, absolvierte er trotz aller Entbehrungen den achtstufigen Lehrplan in nur fünf Jahren.

Es zeigte sich, daß Karl von allen Kindern der Familie das mit Abstand talentierteste war. So verfaßte er in der dritten Klasse anläßlich der Hochzeit Kronprinz Rudolfs sein erstes Gedicht. Poetisch begabt, beabsichtigte er, »Schreiber« zu werden. Auch pflegte er, damals noch voll »von inniger Gläubigkeit«, die in der heiligen Messe gehörte Predigt mit Ehrgeiz daheim vor versammelter Familie wiederzugeben. Mit dieser Übung erklärte der spätere Staatsmann seine Nervenstärke selbst bei den wichtigsten öffentlichen Auftritten.

Angesichts der verzweifelten finanziellen Lage der Renners kam es für alle überraschend, daß Karl von seinem Vater aufgefordert wurde, für das nächstgelegene Piaristengymnasium die Aufnahmsprüfung zu absolvieren. Die Schule lag in der idyllischen Kleinstadt Nikolsburg, dem Ort des Vorfriedens zwischen Österreich und Preußen am 6. August 1866. Und Karl nützte seine Chance, wenngleich er das Examen mit nicht gerade überragenden Leistungen bestand. Sein Prüfer war übrigens Wilhelm Jerusalem, der später zu hohem Ansehen gelangte Pädagoge und Philosoph. Der frischgebackene Gymnasiast kam in Kost zu einer Nikolsburger Familie. Doch schon bald konnten die Renners ihrem jüngsten Sohn die Unterkunft nicht mehr bezahlen. Karl mußte daher zwei Jahre lang zu Fuß zweimal täglich und bei jedem Wetter den anderthalbstündigen Schulweg zurücklegen. Doch sein Ehrgeiz wuchs mit dem zunehmenden sozialen Abstieg der Familie und der Verachtung im Ort.

In Nikolsburg fand er vorerst weder unter den Stadtkindern noch unter den Mitschülern vom Land Anschluß. Er verharrte vielmehr nach allen Seiten hin in, wie er es nannte, »zuwartendem Trotz«. Nirgends fühlte er sich so daheim wie auf »seiner« Landstraße, die er auf dem Schulweg entlangmarschierte. Und ebendort – an einem regnerischen Tag im Frühjahr 1883 – geriet der ahnungslose Bauernjunge an einen schlesischen Buchbinder auf Arbeitssuche, der aus Nordböhmen kam und ihn mit Tiraden gegen Bismarck und den Kapitalismus zum erstenmal in Kontakt mit sozialistischem Gedankengut brachte.

Es war die Zeit des ersten, vehementen Auftretens der Arbeiterbewegung.

In Wien war 1867 ein Arbeiterbildungsverein gegründet worden, dessen Konzept noch der reformistisch-nationalen Auffassung Ferdinand Lassalles entsprach und im wesentlichen von zugewanderten Handwerkern und Arbeitern aus Deutschland verbreitet wurde. Dieser Bildungsverein fand schon bald in allen größeren Städten der Donaumonarchie seine Nachahmer. 1869 war es vor dem österreichischen Reichsrat zum ersten großen Massenaufmarsch der Arbeiter gekommen, dessen Anführer wegen Hochverrats zu schwerem Kerker verurteilt wurden, doch – dem durchaus nachsichtigen Strafvollzug im Habsburgerreich gemäß – schon bald wieder unter die Amnestie fielen.

Der zunehmende Nationalismus spaltete die erstarkende Arbeiterbewegung. Die Wirtschaftskrise nach 1873 schwächte die Stellung der Arbeiter gegenüber den Unternehmern und führte zu einem Niedergang der Bewegung. Der Richtungsstreit zwischen Gemäßigten und Radikalen, zwischen den Anhängern Lassalles und den Marxisten, verschärfte sich: während erstere die Lage der Arbeiterschaft durch Reformen zu verbessern trachteten, forderten die anderen den revolutionären Umsturz. Diese Auseinandersetzung hielt auch über das nächste Dezennium an. Zwar schien das innenpolitische System der achtziger Jahre mit einer durchaus sozialen Gesetzgebung den gemäßigten Reformern recht zu geben, doch konnte sich bei der jüngeren Arbeiterschaft immer stärker eine anarchistische Bewegung durchsetzen. Bombenanschläge, Attentate auf Polizisten, Raubmorde an den verhaßten Bourgeois und zur Gewalt aufrufende Flugschriften brachten die Arbeiterbewegung derart in Mißkredit, daß um die Jahreswende 1883/84 von der k.k. Regierung über Wien, Prag und die Industriegebiete Niederösterreichs und Böhmens sogar der Ausnahmezustand verhängt werden mußte. Attentäter wurden hingerichtet und die meisten der allerorts entstandenen Arbeitervereine verboten. Diese Reaktion der bestehenden Ordnung auf die anarchistischen Umtriebe sollte die österreichischen Sozialdemokraten aber immerhin veranlassen, untereinander die Einigung zu suchen und den radikalen Weg zu verwerfen. Doch einstweilen war die Anhängerschaft rapide gesunken, die Arbeiterbewegung lag in Agonie.

Von dieser Entwicklung wußte der junge Karl Renner freilich nichts. Der wißbegierige Gymnasiast erfuhr von der Arbeiterbewegung nur ab und zu von Gesellen »auf der Walz«. Doch sein politisches Interesse wuchs allmählich und ließ sich mit dem naiv-heroischen Bismarckbild, das er in sich trug, immer weniger vereinen. Eine Entwicklung, zu der nicht nur der schon erwähnte Buchbinder aus Nordböhmen, sondern auch ein sächsischer Schlossergehilfe nachhaltig beitrug.

Der »eiserne Kanzler« und Gründer des Deutschen Reichs betrachtete den Sozialismus als eine tödliche Bedrohung für das monarchische System. 1878 nahm er zwei Attentate auf Kaiser Wilhelm zum Anlaß, mittels eines Ausnahmegesetzes die Sozialistische Arbeiterpartei Deutschlands zu verbieten, obwohl zwischen den Attentätern und der Arbeiterbewegung gar kein Zusammenhang bestand. Kurioserweise wurden ihre Organisationen zwar verboten, doch durften die Sozialisten bei den Reichstagswahlen in das Parlament gewählt werden. Trotz sozialpolitischer Maßnahmen von seiten der Regierung gewannen sie in den zwölf Jahren der polizeilichen Unterdrückung stetig an Stimmen und Parlamentsmandaten dazu. Die Aufhebung der Gewerkvereine – Vorläufer der Gewerkschaften –, die Ausweisung von Funktionären und das Presseverbot wurden mit umso strafferer Untergrundarbeit, Organisation und Disziplin beantwortet. Durch das »Sozialistengesetz« steigerte der Reichsgründer und Dominator der europäischen Außenpolitik noch die Abscheu der Arbeiterschaft nicht bloß gegen ihn persönlich, sondern auch gegen das Kaiserreich. Bisher als größter Staatsmann grenzenlos verehrt, hatte das Bild des deutschen Heros Bismarck somit nicht nur für den Nikolsburger Gymnasiasten Sprünge bekommen.

In den beiden ersten Schuljahren hatte Karl des öfteren Mühe, entsprechende Leistungen zu erbringen. Der eifrige Ministrant und Chorsänger in der Piaristenkirche war scheu und gehemmt und litt unter dem Image des armen Dorfbuben. Den Ruin seiner Eltern stets vor Augen, verdiente er sich in den Ferien etwas Geld als Taglöhner bei der Hafer- und Gerstenernte sowie mit dem Verkauf von Obst. Fasziniert sah er auch oft den verschiedenen Handwerkern bei der Arbeit zu und half auch bisweilen aus purem Interesse in ihren Werkstätten mit.
Als die Notlage der Familie den Verbleib am Gymnasium ernstlich gefährdete, gelang es Karl, bei einer jungen Försterwitwe in Nikolsburg Quartier zu nehmen – als Gegenleistung für tatkräftige Mithilfe im Haushalt und Privatunterricht der beiden Söhne. So war er bereits mit dreizehn Jahren von seiner Familie finanziell unabhängig. Zudem wurden ihm von verschiedenen Nikolsburger Bürgern in Form von »Freitischen« reichliche Mahlzeiten gewährt. Durch diese regelmäßige und nahrhafte Kost trat bei dem kleinen und schmächtigen Karl nun auch eine gesunde körperliche Entwicklung ein.
Dazu kamen glückliche Lehrerwechsel. Karls Schulleistungen stiegen rapide an. Sie wurden so überzeugend, daß er ab Oktober 1884 von der mährischen Statthalterei ein Stipendium bezog und sogar einem Repi-

tenten der fünften Klasse, in die er eben erst selbst aufgestiegen war, Nachhilfeunterricht geben konnte. Dafür sollte er in das Haus seines Schülers, dem Sohn eines reichen Baumeisters, übersiedeln. Karl zog um und fand erstmals Anschluß an das kleinstädtische Bürgertum. Er wurde neu eingekleidet und lernte städtische Umgangsformen. Der Baumeister war äußerst geschäftstüchtig, geradezu ein Prototyp des kapitalistischen Unternehmers, wie ihn Renner später beschrieb: streng zu den Kindern, fordernd und unerbittlich gegenüber seinen Untergebenen. Auch Karl flößte er Respekt ein, doch verhielt er sich dem jungen Nachhilfelehrer gegenüber durchaus großzügig. Trotz erfolglosen Unterrichts entließ er ihn mit einem ansehnlichen Geldbetrag. Karl kehrte zur Försterwitwe zurück – nun als »vollzahlender, vom Hausdienst befreiter Student«. Langsam, aber stetig begann er, sich von seiner bäuerlichen Herkunft zu entfernen, städtischer, bürgerlicher zu werden. Er pflegte seine dichterische Neigung, legte zunehmend seinen ländlichen Dialekt ab und bemühte sich, statt dessen Schriftdeutsch zu sprechen. Fern der heimischen Misere ließ er sich geistig inspirieren. Er befand sich, wie er später in seinen Memoiren bemerkte, gleichsam im »intellektuellen Taumel«.

Im Mai 1885 ereignet sich der Tragödie letzter Akt: Die Wirtschaft der Eltern wird versteigert, sie selbst müssen ins Armenhaus ziehen. Der Exodus der Verzweifelten erschütterte Karl zutiefst, und er haderte »mit Gott und der Welt«. Die Renners waren Besitzlose und »Heimatvertriebene« geworden. Wütend lehnte sich Karl gegen diese Ungerechtigkeit auf. »Die Vertriebenen kommen wieder und holen ihr Erbe zurück!« rief er zornig aus. Er selbst gelobte aber, nie mehr nach Unter-Tannowitz zurückzukehren. Dieses Erlebnis prägte Karl Renner wie kaum ein anderes. Sein Engagement für die gesellschaftlich benachteiligte Arbeiterschaft lag hier begründet. So schrieb er viele Jahrzehnte später an den Gewerkschafter Anton Hueber: »Seitdem meine Eltern im Jahre 1885 expropriiert und wir Kinder besitzlos in die Welt gestoßen worden sind, ist das Leben und Leiden des Proletariats mein eigenes gewesen.«[3]

Er begann, die Besitzenden, das Bürgertum zu verachten. Trotzig stürzte er sich in die Welt des Geistes und der Wissenschaft. Endgültig ließ er die Welt, aus der er kam, hinter sich. Er machte es sich zum Leitsatz, »keinen Blick mehr zurückzuwerfen, vorwärtszublicken und hinauszudringen in die große Welt«, um »aus meinen Lehrern, aus meinen Büchern alles herauszuholen, was mich geistig bereichern und zum Kampf um die große Welt stählen konnte«.[4]

Immer mehr genoß der Heranwachsende die Idylle, die individuelle Atmosphäre des Nikolsburger Gymnasiums, den Unterricht außergewöhnlicher Lehrer. Er verfügte jetzt über einen »regsamen, anregenden« Freundeskreis, zu dem unter anderem der spätere Minister für Verkehrswesen unter Ignaz Seipel, Franz Odehnal, zählte. Und er verfaßte Lieder, die von einem Mitschüler vorgetragen wurden. Dem talentierten Karl schwebte eine Karriere als Lyriker und Dramatiker vor. Die städtische Buchhandlung wurde ein Mittelpunkt seines Interesses, er verschlang die Werke der zeitgenössischen sozialkritischen Schriftsteller wie Henrik Ibsen, Émile Zola und Gerhart Hauptmann im gleichen Maß wie jene des Evolutionstheoretikers Charles Darwin und des die geistige Krise und den Kulturverfall durch das satte Bürgertum anprangernden Radikalpessimisten Friedrich Nietzsche. Es war für den idealistischen Mittelschüler endlich einmal eine glückliche Zeit, »der materiellen Welt entrückt, von den politischen und sozialen Erschütterungen der weiten Welt noch nicht berührt, in der Sabbatstille einer reizenden romantischen Kleinstadt«.

Zu Beginn der siebenten Klasse lernte er Otmar Scherb kennen, der sein innigster Freund wurde, und übersiedelte in dessen Vaterhaus. Die tiefe Freundschaft sollte traurig enden. Otmar Scherb litt an Tuberkulose. Sein langwieriges und erbärmliches Siechtum trübte Karl die letzten beiden Nikolsburger Jahre.

Die eigene familiäre Katastrophe hatte Karls naiv-kindliche Religiosität nachhaltig erschüttert. Bitter von der Ungerechtigkeit des Lebens enttäuscht, begann er, sich von der katholischen Kirche abzuwenden. Er las über andere Religionen, wie den Buddhismus, und verehrte Gotthold Ephraim Lessings »Nathan der Weise«. Er stellte Vergleiche zu den klassischen Mythen und den deutschen Heldensagen an. Ratlos kämpfte er mit seinem Gewissen. Es schien an der Zeit, daß eine neue Religion »in die Welt kommen mußte«, eine Religion, die mit den Mitteln der Wissenschaft die Kluft zwischen der »jüdischen, arabischen und indischen Heldensage« überbrückte und die drei Ringe der Lessingschen Parabel zu einem verschmolz. Nach langem Grübeln und hitzigen Gesprächen mit seinen Freunden verschob es Karl schließlich auf später, die Frage nach der wahren Religion zu klären. Doch der Bruch mit dem Katholizismus war vollzogen. Nie mehr wieder sollte er den Zugang zur römischen Kirche finden.

Die religiöse Krise stand seinen Lernerfolgen freilich nicht im Weg. Vielmehr avancierte er in der Oberstufe zum Vorzugsschüler. Trotz seines Wissensdursts bescheinigten ihm die Lehrer jedoch im Zeugnis bloß »befriedigenden« Fleiß. Mathematik, Deutsch und die klassischen Sprachen zählten aber zu seinen anerkannten Stärken.

22

Renner Karl, geb. 14. Dezember 1870 in Untertannowitz.

Gegenstand	I Klasse 1881/82	II Klasse 1882/83	III Klasse 1883/84	IV Klasse 1884/85	V Klasse 1885/86	VI Klasse 1886/87	VII Klasse 1887/88	VIII Klasse 1888/89
Sittliches Betragen:	lobenswert	lobenswert	lobenswert	lobenswert	lobenswert	lobenswert	befriedigend	lobenswert
Fleiss:	befriedigend	befriedigend	befriedigend	befriedigend	befriedigend	befriedigend	befriedigend	befriedigend
Religion:	lobenswert	befriedigend	befriedigend	lobenswert	lobenswert	lobenswert	lobenswert	vorzüglich
Deutsch:	genügend	genügend	befriedigend	lobenswert	befriedigend	lobenswert	vorzüglich	vorzüglich
Latein:	genügend	befriedigend	befriedigend	vorzüglich	vorzüglich	lobenswert	vorzüglich	vorzüglich
Griechisch:	—	—	befriedigend	vorzüglich	vorzüglich	lobenswert	vorzüglich	vorzüglich
Geschichte, Geographie:	genügend	genügend	lobenswert	befriedigend	vorzüglich	vorzüglich	befriedigend	lobenswert
Mathematik:	genügend	lobenswert	lobenswert	vorzüglich	vorzüglich	lobenswert	vorzüglich	vorzüglich
Naturgeschichte, Physik:	genügend	befriedigend	lobenswert	vorzüglich	vorzüglich	vorzüglich	lobenswert	lobenswert
Zeichnen:	befriedigend	befriedigend	befriedigend	befriedigend	—	—	—	
Phil. Propädeutik:	—	—	—		—		vorzüglich	vorzüglich
Location:	14" v. 52	7" v. 34	5" v. 23	3" v. 21	Vorzugschüler			

Renners Weg zum Vorzugschüler am Nikolsburger Gymnasium.

War Karl Renner schon als Kind nicht unbeschwert gewesen, so erwies er sich in seiner Jugend als ernst und nachdenklich; sorglose und leichte Liebeleien blieben ihm fremd. Überhaupt hatte er damals mit dem anderen Geschlecht nur wenig Glück. Während des sonntäglichen Promenierens auf dem Nikolsburger Hauptplatz schien ihm, daß seine äußere Erscheinung kaum eines der Mädchen anzulocken vermochte. Ging es in der behäbigen Atmosphäre der südmährischen Kleinstadt ansonsten kokett, aber durchwegs harmlos zu, mußte Karl auf dem Gut seines Onkels in Kunzendorf dagegen eine äußerst tragische Erfahrung machen, die ihm die Liebe als »bitterernste Sache«, erscheinen ließ, »mit der man nicht spielen dürfe«. Aus unbegründeter Eifersucht auf ihn schoß sich ein unglücklich verliebter Großknecht wegen einer Magd eine Schrotladung in den Mund. Wochenlang war Karl gebrochen, und es bedurfte einer ganz besonderen Begegnung, um seine Gemütsverfassung wieder anzuheben. Anläßlich einer Feier zu Kaiser Franz Josephs Geburtstag glaubte er im Kurort Brünnlbad sein »Schicksal«, sein »Idealbild« eines Mädchens entdeckt zu haben. Obwohl er die sylphidenhafte Gestalt nie mehr wieder sehen sollte, blieb sie ihm nachhaltig in Erinnerung. Noch als Mann in vorgerückten Jahren erinnerte sich Renner an diese Jugendliebe, die ihm trotz ihrer Vergeblichkeit nicht unglücklich erschien: »Ein solch unerreichbarer Wunschtraum ist für einen jungen Menschen immer ein Segen – er hält ihn von den Niederungen des sexuellen Lebens fern und schafft seinem Geiste Raum, sich mit den Nützlichkeiten des Lebens zu beschäftigen.«[5]

Bald darauf, nach der Septima, lernte er diese »Niederungen des sexuellen Lebens« näher kennen, als ein Freund und Nikolsburger Maturant, ein gewisser Hans Kern, Karl zu sich nach Wien einlud. Was für einen Eindruck mußte die lärmende und pulsierende Donaumetropole auf den ernsten Provinzschüler machen? Schon vom Straßenbild her besaß die Stadt zwei Gesichter. Dem Prunk und Luxus von Innenstadt und Ringstraße standen die Zinskasernen der Außenbezirke, das »fünfstöckige Mährisch-Ostrau«, wie es der Architekt Adolf Loos einmal ausdrückte, gegenüber. Wien war Schmelztiegel und Hauptanziehungspunkt der verschiedenen Nationalitäten Österreich-Ungarns. Magyaren, Tschechen, Slowaken, Kroaten, Ruthenen und Juden aus Galizien bevölkerten die Straßen. Seit Jahrzehnten hatte sich ein Strom von Zuwanderern und Arbeitern für die neuen Industrien und Bauvorhaben in die Haupt- und Residenzstadt ergossen. Viele fanden im immer noch vorherrschenden Kleingewerbe und in den Kleinbetrieben Beschäftigung.

Wien war Kaiserstadt, Mittelpunkt von Politik und Militär, Industriezentrum, Handels- und Verkehrsknoten und Kulturmetropole. Es war die Stadt des blasierten Hofadels und der neureichen Unternehmer, der Künstler und Wissenschafter sowie der im Elend lebenden Arbeiter, deren soziale Lage immer aussichtsloser erschien. Außerdem war Wien »verrucht und verdorben«, vor allem für Besucher vom Land. Und ausgerechnet dieses Gesicht der Stadt sollte Karl von seinem Freund Hans, dem Jusstudenten und Burschenschafter, vorgeführt bekommen. Der urbane Müßiggänger zeigte dem sichtlich geschockten Gast seinen »Inbegriff der Lustigkeit«: den berüchtigten Gürtel mit seinen »Fräuleins«, Kriminellen und Nachtcafés, die Gasthäuser und Biergärten im Prater, in denen sich urwüchsige Wiener deftig amüsierten, die Sauftouren der deutschnationalen Studenten, die überreichen Alkoholkonsum dem Besuch der Universität vorzogen. Angewidert reiste Karl ab. Dem Mittelschüler aus der Provinz mußte Wien wie ein einziger Sündenpfuhl anmuten. Die Freundschaft zerbrach.

Die Matura bestand er schließlich mit Auszeichnung. Über seine Lateinarbeit schrieb sein Lehrer, Alois Kornitzer, »daß selbst Cicero kein besseres Latein geschrieben« hätte.[6] Im Zuge des Abschlußfests brach über die »klassische und romantische Idylle« jedoch plötzlich die »wirkliche Welt mit ihrem häßlichen Hader« herein. Deutschnationale Studenten aus Wien, ehemalige Absolventen der Nikolsburger Lateinschule, störten die Feier, indem sie lautstark und betrunken antisemitische Parolen brüllten. Aufgebracht stellten sich Karl und der bekannt lebhafte Franz Odehnal in einem wilden Handgemenge den lärmenden Studenten entgegen, unter denen sich auch jener Hans Kern befand, und setzten sich für ihre jüdischen Mitschüler und Lehrer ein. Schon damals will Karl Renner – so schrieb er es zumindest in seinen Memoiren – diesen Vorfall keineswegs für einen belanglosen Ulk betrunkener Jugendlicher, sondern vielmehr für ein böses Omen gehalten haben.
Als Gegenbewegung zu den Deutschliberalen, denen nicht selten jüdische Großbürger angehörten, hatte sich Ende der siebziger Jahre unter Georg Ritter von Schönerer, dem Sohn eines zu Wohlstand gekommenen Eisenbahningenieurs, eine deutschnationale Bewegung entwickelt. Dieser ursprünglich sozialreformatorischen Gruppe, die – Bismarck verherrlichend – den Anschluß der deutschsprachigen Teile Österreichs an Deutschland suchte, gehörten anfangs auch die beiden späteren bedeutenden Sozialdemokraten Victor Adler und Engelbert Pernerstorfer an. Um die Mitte der achtziger Jahre forderte Schönerer dann radikal die Ausschaltung der Juden aus allen Bereichen des öffentlichen Lebens. Mit

seinem rüden Antisemitismus verschreckte der engstirnige Deutschtümler bald das Bürgertum, begeisterte aber im gleichen Maß die politisch unreife Jugend mit seinen Parolen.

Der schockierende Wien-Besuch und die Ereignisse auf dem Abschlußfest hinterließen tiefe Spuren in dem sensiblen jungen Mann. Ein Wandel vollzog sich. Karl wurde realitätsbezogener, pragmatischer, ja er wandte sich sogar völlig von der Lyrik ab. Kurz entschlossen verbrannte er seine Gedichte. Trauer um seine verlorene Jugend erfaßte ihn. Ein neues Leben, »ein Leben der Tatsachen«, war zu beginnen, jenseits des Elfenbeinturms der hehren Wissenschaft und Kunst. »In dem Leben der Zeit«, so dachte er, »in dem Wirtschaftsleben habe ich Fuß zu fassen, auf diesem Felde habe ich für mich und meine Mitmenschen zu wirken!«[7]

Er beschloß, nach Wien zu gehen und zu studieren. Da seine materielle Zukunft jedoch völlig ungewiß schien, rückte er vorerst einmal im Herbst 1889 als Einjährig-Freiwilliger in die k.u.k. Armee nach Wien ins Arsenal außerhalb der Belvedere-Linie ein. Das »doppelt harte Dienen des Staatsköstlers« hielt er dabei für die »rechte Buße für den geistigen Hochmut« des Lateinschülers. Karl Renner besann sich seiner Wurzeln, sprach jetzt wieder Dialekt und gab sich betont einfach. Er meldete sich zur Feldartillerie, da er sich dort einen anspruchsvolleren Dienst als bei der Infanterie versprach und er sich zudem regelmäßige Ertüchtigung in frischer Luft erhoffte. Tatsächlich wurde er auch dem Corps-Artillerie-Regiment Nr. 14 zugeteilt. Das Leben als Soldat war zwar nicht immer leicht, doch ohne Zweifel besser als jenes der Fabriksarbeiter in den Vororten. Auch mußte man nicht fürchten, Hunger zu leiden. Vielmehr zeigte sich Karl, in seiner Jugend nicht gerade verwöhnt, im Gegensatz zu vielen seiner Kameraden mit der morgendlichen Suppe, dem täglichen dreiviertel Kilogramm Brot und der Fleischration von 200 Gramm durchaus zufrieden. Der Tagessold war freilich gering und betrug nur sechs Kreuzer, von dem ihm nach allen Abzügen nicht einmal mehr ein ganzer Kreuzer übrigblieb. Die theoretische Ausbildung fiel ihm leicht, doch hatte er zu Beginn – wie viele seiner Kameraden – beim Exerzieren körperlich zu kämpfen. Immerhin genoß er eine sechswöchige Reiterausbildung. Dabei ärgerte es ihn, daß er monatelang keine Möglichkeit fand, Wien soweit kennenzulernen, um hier nach dem Militärdienst Fuß fassen zu können.

Die k.u.k. Armee bot ein Spiegelbild der nationalen und sozialen Vielfalt des Habsburgerreichs. Die Deutschen stellten mehr als drei Viertel der Offiziere. Unter den gemeinen Soldaten besaßen sie dagegen mit 28,3 Prozent nur die relative Mehrheit. Der Anteil der Ungarn an der Mann-

Jugendbildnis Karl Renners.

schaft betrug immerhin 18,4 Prozent, jener der Tschechen 14,4 Prozent, fast jeder zehnte Soldat sprach polnisch. Deutsch war die Kommando- und Dienstsprache, nicht immer aber die Unterrichts- und Umgangs- sprache der Soldaten. In allen Einheiten gab es oft mehrere Regiments- sprachen. Es mochte bisweilen verwirrend anmuten, wenn in einer einzi- gen Kaserne unter den Soldaten nicht weniger als zehn Sprachen zu hören waren.

Die Soldatenzeit war wohl die tiefgreifendste Erfahrung im Leben des einfachen Mannes vom Land. Auch Renner erhielt in der Kaserne seine ersten wirklich starken politischen Impulse. »Denn der Militärdienst ist die ausschließliche und zugleich die ernste Inanspruchnahme des Staats- bürgers für das Gemeinwesen und muß bei allen, die zu denken vermö- gen, das politische Denken erwecken. Handelt es sich bei diesem Dienste nicht bloß um verschiedene Formen, das Leben zu gestalten, sondern auch um die Pflicht, für das Gemeinwesen zu sterben. Nur die gedanken- losen und oberflächlichen Naturen durchlaufen ihn, ohne sich kritisch um Sinn und Ende des Staates zu bekümmern, für den sie sich gegebe- nenfalls opfern sollen.«[8]

Daneben prägte ihn das Zusammenleben mit den Angehörigen anderer Nationalitäten entscheidend. So weckten lange Diskussionen über die in- nere Struktur der Monarchie mit einem ungarischen Kameraden in Ren- ner den Entschluß, sich mehr mit Politik zu befassen; als oberste Frage galt ihm dabei das »Problem des Reiches und seiner Nationen«. Ein Zugsführer vermittelte Renner die erste marxistische Lektüre, Titel des Buches: »Die Frau und der Sozialismus«, Autor war der führende deut- sche Sozialdemokrat August Bebel.

Am 1. Dezember 1889 wechselte Renner zum Einjährig-Freiwilligen- Kurs an die Wiener Verpflegungsmagazinschule am Schottenring, wo er sich über die Organisation der Armee begeistert zeigte. Diese »Massen- versorgung in planvoller Wirtschaft« betrachtete er damals bereits »mit den Augen des Sozialisten«.[9] Immer mehr reifte sein Entschluß, Volks- wirtschaft zu studieren, um den Staat in allen seinen Einzelheiten ken- nenzulernen, »um in der Welt etwas auszurichten«. Schließlich entschied er sich aber für das Studium der Rechte. Nur so ließe sich das »lebendige Wesen fassen und gestalten«.

Zu einem entscheidenden Datum für die gesamte österreichische Sozial- demokratie wurde der 1. Mai 1890. Dieser Tag sollte zu einer großen Ma- nifestation für den Achtstundentag werden und die Arbeiter für die Be- wegung mobilisieren. Parteivorsitzender Victor Adler setzte als Leitfigur seine ganze Kraft dafür ein, der Idee des 1. Mai ein »religiöses Moment«, ein »Moment des Enthusiasmus« einzupflanzen. »Der Tag«, so schrieb er in der »Arbeiter-Zeitung«, »soll heilig sein, und heilig wird er dadurch, daß er den höchsten Interessen der Menschheit dient ...«[10]

Das entsprach auch Karl Renners neuem Verständnis von ›Religion‹. Die alte Ordnung sah dies freilich ganz anders. Sie befürchtete eine rote Revolution und zog ihre Streitkräfte in den großen Arbeiterballungszentren zusammen. Auch Renner befand sich in Bereitschaft. Das Bürgertum zitterte. Am Morgen des 1. Mai schrieb die »Neue Freie Presse« in ängstlicher Spannung: »Die Soldaten sind in Bereitschaft, die Tore der Häuser werden geschlossen, in den Wohnungen wird Proviant vorbereitet wie vor einer Belagerung, die Geschäfte sind verödet, Frauen und Kinder wagen sich nicht auf die Gasse, auf allen Gemütern lastet der Druck einer schweren Sorge. Das ist die Physiognomie unserer Stadt am Festtage der Arbeiter.«[11]

Doch zum Erstaunen der bürgerlich-feudalen Welt gestaltete sich der Tag, »an dem die Räder stillstanden«, ruhig und vollkommen ohne Zwischenfälle. Vormittags hielten die einzelnen Berufsgruppen, die Schlossergehilfen, Schuhmacher, Bäcker, Hafner, Hausschmiede in der »Volkshalle« oder im »Apollo« in den Wiener Außenbezirken im Beisein von Sicherheitswachebeamten ihre Versammlungen ab. Zu Mittag marschierten sie sodann »in größter Ordnung« in Richtung Prater. Da es vor allem männliche Teilnehmer waren, die, entweder wortlos trotzig oder in erregten Gesprächen vertieft, vorbei an den geschlossenen Läden und sorgsam von der Exekutive beobachtet, die Straßen zum Praterstern entlangschritten, hinterließ der Aufmarsch ein ernstes und entschlossenes Bild. An diesem Nachmittag gehörte der Prater den Arbeitern. Bürger und Adelige blieben überhaupt fern oder verhielten sich statt wie sonst in zur Schau getragener Ausgelassenheit in auffallender Spannung. Doch der Aufenthalt der etwa Hunderttausend in den Gaststätten, an den Schießbuden und Ringelspielen verlief in demonstrativer Ruhe. Diszipliniert zogen die Arbeiter schon am frühen Abend wieder ab. Am Tag danach sprach die bürgerliche Welt voll Hochachtung über das besonnene Vorgehen. Die Kluft zwischen Arbeitern und Bourgeoisie schien nicht mehr unüberbrückbar. Eine »Entscheidungsschlacht ist gewonnen«, schrieb Adler sichtlich erleichtert und stolz zugleich an Engels über den ruhigen Verlauf der Maifeier, »nun ist das Proletariat erwacht, ist zum Bewußtsein seiner Kraft gekommen und steht am Beginn seiner Bahn, die zu gehen es keine Gewalt mehr hindern wird.«[12]

Wir dürfen annehmen, daß diese Eindrücke großen Einfluß auf den jungen Karl Renner hatten, der an diesem 1. Mai freilich auf der anderen Seite stehen mußte. Begeistert und ungeduldig nahm er sich jedenfalls vor, sich sofort nach seinem Präsenzdienst der Arbeiterbewegung anzuschließen. Einen ansehnlichen Geldbetrag konnte er sich noch während seiner Dienstzeit durch die Betreuung eines etwas zurückgebliebenen Kameraden aus begütertem Haus erwerben. Finanziell daher gut ausgestattet, rüstete Renner im Unteroffiziersrang ab. In seinem Abgangszeugnis wurde er als rechtschaffen, ruhig, intelligent, fleißig, gewandt und verläßlich beurteilt. Man attestierte dem 1,74 Meter großen, kurzsichtigen Korporal besondere Kenntnisse in Schwimmen und Stenographie. Gegenüber den Vorgesetzten galt er als offen und gehorsam, gegenüber Gleichgestellten als freundlich, gegenüber Untergebenen als streng. Trotz seiner guten Bewertung wurde er aber für einen selbständigen Posten als »nicht befähigt« eingestuft.[13]

Wieder Zivilist, zog Renner in eine Studentenbude in der Lerchenfelder Straße. Eines Tages begegnete er im Hof des Hauses »einem brünetten Mädchen mit überaus ausdrucksvollen Augen, edler Nase und einem gewissen selbstbewußten Ernste«, das ihn – wie er sich später erinnerte – »auf der Stelle fesselte«. Nach einem kurzen, verlegenen Gespräch trafen die beiden einander zufällig bereits am nächsten Tag wieder. Renner war fasziniert von dem schüchternen Mädchen, dessen »blendende Perlenzähne« ihm so sehr gefielen. Das »hübsche Mägdlein mit der roten Schürze«, wie er die um zwei Jahre jüngere, aus dem westungarischen Güssing stammende Luise Stoisits in seiner Autobiographie beschreibt, sollte schließlich seine Lebensgefährtin und Ehefrau werden. Luise kam – als eines von sechs Kindern aus der Beziehung einer aus Mikolo stammenden Gastwirtstochter mit einem kroatischen Soldaten – aus höchst bescheidenen Verhältnissen. Ihr ausgeglichener und einfacher Charakter und die familiäre Ruhe, die von ihr später ausging, sollten maßgeblich zum politischen Werdegang Karl Renners beitragen.

Zunächst aber betrat Karl voll Ehrgeiz und Genugtuung den 1884 eröffneten, von Heinrich Ferstel im Stil der italienischen Hochrenaissance gehaltenen Neubau der »Alma Mater Rudolphina«, der Universität, an der Wiener Ringstraße. Der Bauernsohn zeigte sofort brennendes Interesse, sich in diesen ›heiligen Hallen‹ der Wissenschaft und Lehre zu bewähren. Bei Franz Brentano hörte er Praktische Philosophie, bei Alfons Huber Österreichische Geschichte und beim späteren österreichischen Ministerpräsidenten Heinrich Lammasch belegte er die Völkerrechtsvorlesung. Das von Adolf Exner gelehrte Römische Recht schlug für ihn die Brücke zwischen klassischem Altertum und realer Gegenwart. Bald war der begeisterungsfähige Zwanzigjährige voll im Bann des Rechtsstudiums.

Trotz aller finanzieller Schwierigkeiten wollte der junge Moralist unter keinen Umständen eine Geldheirat oder Vernunftehe eingehen. Jahrzehnte später erinnerte er sich: »Reich werden, in der bürgerlichen Gesellschaft emporkommen wollen, galt mir als schmachvoll, als Verrat an meinen Brüdern und Schwestern.«[14] Tiefe Abneigung empfand er gegenüber »jeder Form von Promiskuität …, in der studierende Bourgeoisiesöhnchen zu leben gezwungen sind, bis sie in den Dreißigerjahren, oder noch später, in soziale Positionen gelangen, eine standesgemäße Ehe zu schließen und junge, unerfahrene Mädchenblüten vermögender Häuser zeitlebens zu Enttäuschten und Unglücklichen zu machen. Libertinismus und Promiskuität – das verstand das Spießbürgertum unter freier Liebe! Mir aber galt diese als das ernsteste, dauerndste Bündnis des Leibes und der Seele, die bürgerliche Ehe als eine verächtliche Einrichtung und die staatskirchliche Zeremonie der Eheschließung als Farce.«
Der Rebell gegen die bürgerliche Gesellschaft blieb zunächst auch seinen Leitsätzen treu. Luise, inzwischen seine Lebensgefährtin, stellte er seinen Freunden bloß feierlich als »seine Frau« vor. Solcherart »vermählt«, sollten entbehrungsreiche Jahre für das Paar folgen, »auf der Basis eines Inventars von zusammen vier oder fünf Hemden und zwei Koffern«.[15]
Zwar noch weit davon entfernt, in die Lehre des Sozialismus eingedrungen zu sein, fühlte sich Karl Renner trotzdem bereits »revolutionär an Temperament und Überzeugung«. Er wußte freilich noch kaum Näheres über die Weiterentwicklung der österreichischen Sozialdemokratie, die sich zur Jahreswende 1888/89 auf dem Parteitag in Hainfeld endlich geeinigt hatte. Diese Einigung war in besonderem Maße dem 1852 geborenen Armenarzt großbürgerlich-jüdischer Herkunft, Victor Adler, zu verdanken. Zunächst, wie erwähnt, großdeutsch gesinnt, wurde er schließlich von Friedrich Engels, den er in London getroffen hatte, entscheidend beeinflußt. Seine Krankenvisiten ließen ihn das ganze Elend der Arbeiterschaft erkennen: Hungerlöhne für bis zu vierzehnstündige, schwerste Arbeit, überfüllte Wohnungen mit einer einzigen Wasserleitung und einer Toilette im Stockwerk für mehrere Familien; ausgemergelte Männer, frühzeitig gealterte Frauen, unterernährte, rachitische Kinder. 1886 schloß er sich der Arbeiterbewegung an und trug mit seinem Wochenblatt »Gleichheit« entscheidend zur Einigung zwischen Radikalen und Gemäßigten bei. Als eine Art Kompromiß vertrat die Partei nun zwar die Thesen Marx', steuerte jedoch pragmatisch einen reformistischen Kurs

und näherte sich damit wiederum dem Konzept Ferdinand Lassalles an. Zunehmend gelang es unter Adlers Parteivorsitz, die Arbeiterschaft der Industriegebiete in Böhmen, Mähren, Niederösterreich, Steiermark und Wien für die Bewegung zu gewinnen.[16] Trotz seiner Unkenntnis über diese Entwicklung der österreichischen Sozialdemokratie ging Renner daran, das Proletariat, zudem er in noch gar keinem Kontakt stand,»geradezu zu suchen«. Was er sah, erschreckte ihn: Die Arbeiter wohnten in öden Zinskasernen, in denen selbst für kleinste Räume bereits horrende Mieten von den Hausherren verlangt wurden. Wer den Mietzins nicht rechtzeitig zahlen konnte, wurde delogiert, ein Schicksal, das jährlich rund 100 000 Menschen zu erleiden hatten. Die ›Wohnlöcher‹ waren zudem hoffnungslos überbelegt. Sechs bis zehn Arbeiter wohnten auf Zimmer und Küche. Dazu gesellten sich noch die sogenannten ›Bettgeher‹, das waren Ledige, die für ein paar Stunden bei einer Familie ein Bett mieteten. Es gab jedoch nicht wenige, denen überhaupt nur mehr das Obdachlosenheim oder ein Schlafplatz unter einer Donaubrücke blieb; manche schliefen gar in den unterirdischen Kanälen der Stadt.

Der junge Enthusiast widmete sich schließlich den sogenannten ›Sitzgesellen‹, Heimarbeiter bei Schuhmachern, die unter elenden Bedingungen in Wien-Neubau wohnten, bis in die Nacht hinein arbeiteten und sich am Sonntag nach langem Schlaf dem Suff ergaben.»Weniger Alkohol und mehr Wissen« schien Renner fürs erste am gebotensten, und so begann er ihnen sonntags – mit oft fragwürdigem Erfolg – Klassiker zu rezitieren und Wanderungen durch den Wienerwald zu organisieren.

Die Vorlesungen vor der Arbeiterschaft endeten plötzlich mit einer Vorladung auf das Polizeikommissariat Neubau. Obwohl durch Zeugenaussagen als harmloser Idealist entlastet, der bloß die erotischen Stunden eines Schuhmachergehilfen mit seinen Rezitationen gestört hatte, beschattete ihn in den darauffolgenden Tagen ein Geheimpolizist. Renner machte dabei seinem Namen alle Ehre, er eilte seinem Verfolger nicht selten davon, um danach auf den beleibten, nach Luft schöpfenden Beamten zu warten und ihn höhnisch um Feuer zu bitten. Nach einigen Tagen ergebnisloser Beobachtungen sah die Polizei von der Verfolgung ab: Renner, so hieß es im abschließenden Bericht des observierenden Beamten, »ist ein ruhiger, bescheidener Mensch und scheint des ihn verdächtigenden Treibens fernezustehen«.[17]

Der unterschätzte Aktivist ließ sich durch seine erste Bekanntschaft mit der Polizei von seinen Zielen keineswegs abbringen. Zunächst beabsichtigte er aber, sich eingehender mit den theoretischen Grundlagen und

32

den verschiedenen Auffassungen des Sozialismus zu befassen. Von Marx'
höchst kompliziertem Hauptwerk »Das Kapital« war er zunächst über-
fordert. Begeisterung ergriff ihn dagegen bei Lassalles »Prozeßreden«.
Von der Idee einer Allianz der Wissenschaft mit den Arbeitern zeigte er
sich hingerissen: »Die Arbeiter – das sind also meine leiblichen Brüder ...,
welcher Wundertäter soll sie aus der dumpfen Enge ihrer Existenz herausführen und hineingeleiten in die hohen, lichten Hallen der Wissenschaft?... Das Schwerste, das schier Unvorstellbare als Lebensziel gesetzt –
das war modernes Heldentum! Und das also war das Gesetz der Zeit,
nicht die Begründung einer neuen Religion, einer neuen Kunst, auch
nicht die eine oder andere Maßregel wirtschaftlicher Erneuerung – die
Erhebung des Volksganzen auf die höchsten Höhen des Erkennens wie
des Vollbringens!«[18]

Missionarisch inspiriert, beabsichtigte Renner, keine gesicherte Existenz,
nicht irgendeinen bürgerlichen Beruf anzustreben und keinesfalls »das
Dasein eines Durchschnittsmenschen zu führen und sich den Lebensre-
geln der dem tiefen Verfall überantworteten Gesellschaft zu unterwerfen«. Doch noch einmal wurde er in ganz andere Verhältnisse als in die
der Arbeiterschaft versetzt. Als »Ferienhofmeister« des vierzehnjährigen
Sohns des niederösterreichischen Statthalter-Vizepräsidenten Baron
Bourguignon wurde der vielversprechende Student auf Schloß Johns-
dorf bei Mährisch-Schönberg engagiert. Renner trat diese Stelle mit
äußerst gemischten Gefühlen an: »Würde ich es ertragen, gleichsam ein
zweifacher Mensch zu sein, äußerlich ein fügsamer Lehrer ohne Recht
und Pflicht eigener Meinung und innerlich ein brennender Feuerherd
umwälzender Ideen, die doch wahrscheinlich im vollsten Widerspruch
zu der Gesellschaft stünden, in der ich leben sollte?«[19]

Seine Bedenken waren jedoch bald aus der Welt geschafft, denn er fand
eine sehr angenehme Atmosphäre vor. Der junge Revolutionär traf auf
sympathische Menschen, denen er einfach nichts vorwerfen konnte. Zudem mochte es ihm, dem niemals Verwöhnten, nichts schaden, die ange-
nehmen Seiten des Lebens zu genießen. Renner wurde standesgemäß in
dunklen Anzug und Gehrock gekleidet, er tafelte fürstlich und spielte,
wenn er nicht Unterricht gab, mit der Jugend Tennis, Crocket oder Kegel.
Die für ihn neuen gesellschaftlichen Formen ermüdeten ihn jedoch allmählich: »Niemals hatte ich mir vorgestellt, daß Wohlleben derart er-
schlaffe.«[20] An Sonntagen unternahmen sie Ausflüge an den Fuß des Alt-
vatergebirges oder einmal nach Zöptau, wo Renner zum erstenmal und
sichtlich beeindruckt ein Hüttenwerk in Betrieb sah. Im Hinterland von
Mährisch-Schönberg kam er mit Tschechen in Kontakt, deren Bildungs-

stand ihn erstaunte. Zu Herbstbeginn schließlich war der »Ausflug ins Schlaraffenland« beendet.

Noch während seines Aufenthalts in Johrnsdorf brachte seine Gefährtin Luise am 16. August 1891 eine Tochter zur Welt. Sie erhielt den Namen Leopoldine und sollte das einzige und vielgeliebte Kind einer glücklichen und langen Ehe bleiben. Während Luise in der Lammgasse in Wien-Josefstadt untergebracht war, bezog der stolze Vater – wieder in Wien zurück – gemeinsam mit einem alten Nikolsburger Freund nicht weit davon ein Zimmer in der Wickenburggasse. Er nahm die mäßig bezahlte Stelle eines Schreibers bei einem Advokaten an und gab bei den Bourguignons in deren Wiener Haus Nachhilfeunterricht. Vorlesungen konnte er so freilich keine besuchen, und er mußte daher das Studium in die Nacht verlegen. Nicht selten störten ihn allerdings dabei die Budenfeste, die die Studenten in seinem Haus veranstalteten. Mit deutschnationalen Kommilitonen ließ er sich dann häufig zu stundenlangen Diskussionen über Antisemitismus verleiten. Mit ihnen besuchte er auch seine erste politische Großversammlung, einen Vortrag Karl Luegers im Musikvereinssaal.

Lueger, 1844 geboren, kam aus dem Kleinbürgertum. Sein Vater war Hausmeister an der Technischen Hochschule in Wien, Mutter und Schwestern betrieben eine Tabaktrafik. Als Rechtsanwalt der ›kleinen Leute‹ blieb er somit seiner Herkunft verbunden. Ursprünglich war er dem Linzer Programm nahegestanden, spaltete sich jedoch von den Deutschnationalen ab und entwickelte sich schon bald zum antiliberalen »Demokraten«, der mit Vorliebe jüdische Kapitalisten publikumswirksam verteufelte. Der Jurist, von seinen zahlreichen Verehrerinnen gerne als »schöner Karl« tituliert, wurde durch seine im wahrsten Sinn des Wortes blendende Redekunst zum Idol vieler Wiener. Er gründete die Christlichsoziale Partei, die binnen weniger Jahre von einer rein Wiener Gruppierung neben den Sozialdemokraten zur österreichischen Massenpartei aufstieg und schon früh Regierungsverantwortung in der Hauptstadt wie in der westlichen Reichshälfte der Monarchie übertragen bekam. Am 20. April 1897 ernannte ihn Franz Joseph nach seiner bereits vierten Wahl endlich zum Bürgermeister der Kaiserstadt, in der er im Lauf der Jahre schließlich zum »Herrgott von Wien« aufstieg.

Luegers Christlichsoziale fanden besonders bei den Kleinbürgern, Handwerkern und Kaufleuten der deutschsprachigen Städte Anklang. Als die Partei immer mehr österreichweit Fuß faßte, folgten auch die Bauern dieser Bewegung. Der teilweise vulgäre Antisemitismus Luegers sollte in erster Linie das gemeine Volk ansprechen. Während die Bewegung auch bei

Pfarrern und Kaplänen trotz oder sogar wegen der oft rüden Attacken viele überzeugte Anhänger fand, hielten sich die maßgeblichen Kreise – Kaiserhaus, Hofadel, Bürokratie und hoher Klerus – vor diesem urwüchsigen und derben Populismus zurück. Man spürte im Musikvereinssaal die besondere Stimmung, die von einer solchen Massenveranstaltung ausging. Erstmals entdeckte Renner die demagogische Form der politischen Rede, die wortgewaltige Wiedergabe der Meinung des ›kleinen Mannes‹. Lueger gab sich ja betont wienerisch und wirkte trotz seiner zeitweise rohen Sprache auf die Bevölkerung gutmütig. Renner fühlte, daß hier ein Volkstribun sprach. Der andere Volkstribun, Victor Adler, blieb hinter dieser Wucht weit zurück. Während der breitschultrige Lueger voll Pathos die Menge zu berauschen verstand und ihre Leidenschaft zu entfesseln vermochte, pflegte der feine Adler Witz und Ironie und appellierte an Vernunft und Gewissen.

Freilich hielt Renner, der später einmal sogar von seinen eigenen Parteifreunden mit Lueger verglichen werden sollte, auf Dauer die Tiraden der deutschnationalen Studenten in seinem Haus nicht aus. Er zog – auch um endlich ungestört arbeiten zu können – in ein düsteres Kabinett in der Josefsgasse. Außerdem suchte er nach besserem Verdienst und fand ihn im Nachhilfeunterricht für Josef Schneider, dem Sohn eines großen Altwiener Holzhändlers in der Leopoldstädter Zirkusgasse. Mit dessen älterem Bruder und anderen Schülern des Sperlgymnasiums traf er sich seit Anfang des Jahres 1893 im Gasthaus »Zum Heiligen Leopold« zu politischen Zusammenkünften. Diese ›Zelle‹, wie sie genannt wurde, kennzeichnete Renners endgültige und aktive Hinwendung zum Sozialismus, den Beginn seiner Tätigkeit innerhalb der Sozialdemokratie. Dort hörte er vom Hainfelder Parteitag, der Einigung der österreichischen Arbeiterbewegung. Er glaubte nun, daß die Lassalleschen Ideen veraltet waren, und erhielt erstmals einen tieferen Einblick in die Marxschen Lehren. Auch hatte die jugendliche sozialistische Zelle das Wochenblatt »Neue Zeit« abonniert, das in Stuttgart von Karl Kautsky, dem gebürtigen Prager und engen Mitarbeiter Friedrich Engels', herausgegeben wurde und das für Jahrzehnte die Leitlinien der deutschen Sozialdemokratie vorgab.

Luise nahm den Posten eines Stubenmädchens an und gab die kleine Tochter nach Purkersdorf in Niederösterreich in Pflege. Im Herbst 1892, nach seiner ersten militärischen Dienstübung, die er bereits als k.k. Verpflegsakzessist in Reserve leistete, geriet Renner in eine derartige finanzielle Krise, daß er gezwungen war, seine Mahlzeiten in der Volksküche einzunehmen. Erst die Stelle eines ›Dozenten‹ für Stenographie an der privaten Handelsschule Glaser half ihm schließlich über diese Schwierigkeiten hinweg, er verdiente dort täglich bis zu 25 Gulden,»einem für damalige Verhältnisse unerhörten Betrag«, und als er danach dem äußerst interessierten und begabten Sohn eines Bankiers Privatunterricht gab, vermeinte er, geradezu »im Geld zu schwimmen«.

Endlich, Anfang November 1892, bezog er gemeinsam mit Luise, aber vorerst noch ohne die Tochter ein Zimmer in der Wohnung des Metallarbeiters Alois Rohrauer in der Stolzenthalergasse in Wien-Josefstadt. Rohrauer verkörperte geradezu den Aufstieg des industriellen Proletariats in Österreich. Er wurde Renner »zugleich Zögling und Lehrer, Gefolgsmann und Vorbild.« Rohrauer hatte zunächst in der vorkapitalistischen Industrie der Sensenschmiede gearbeitet und war mit der »Romantik der Arbeit und der Technik« aufgewachsen. In Wien arbeitete er schließlich in einer Zahnräderfabrik, wo er sich ständig um technische Verbesserungen bemühte. Aufgeschlossen, wie er nun einmal war, wollte er seine beiden Söhne studieren lassen. Er lebte, wie Renner meinte, nach einer »Art Naturphilosophie«, verachtete die gemeine, desinteressierte und vulgäre Arbeiterschaft, deren einzige Freizeitbeschäftigung und Ablenkung vom tristen Alltag der Suff zu sein schien. Rohrauer war dabei politisch gar nicht vorgebildet, um so mehr beeindruckte sein gesunder Hausverstand. Er war quasi ein Rohdiamant der Arbeiterbewegung, der Prototyp des vorbildlichen Proletariers. Die Freundschaft mit Renner sollte Jahrzehnte währen.

Karl Renner wußte, daß er sich eingehender mit sozialistischer Theorie beschäftigen mußte, und las sich so auf der Universitätsbibliothek immer tiefer in die marxistische Literatur ein. Die durchwegs liberale Hochschul- und Kulturpolitik innerhalb der Donaumonarchie ließ eben auch die Lektüre solcher – letztlich subversiver – Schriften zu. Von Friedrich Engels' »Entwicklung des Sozialismus von der Utopie zur Wissenschaft« zeigte er sich schließlich hingerissen. Der junge Idealist begann sich auch in der Praxis zu bewähren. So setzte er mit einem Memorandum eine Verbesserung der Arbeitsbedingungen für die Kassenschlosser bei den Unternehmern durch. Mittlerweile waren auch die beiden späteren Mitbegründer und Theoretiker des Austromarxismus, der nicht mit dem Parteigründer Victor Adler verwandte Max Adler und Rudolf Hilferding, zur sozialistischen »Zelle« gestoßen. Aus Platzgründen war man vom »Heiligen Leopold« in ein dürftiges Souterrainlokal in der Kurrentgasse – kurioserweise ganz in der Nähe des Innenministeriums – übersiedelt. Auch Julius Deutsch, der in der Zwischenkriegszeit den Republikanischen

Schutzbund leiten sollte, und Renners späterer Intimus Jacques Freundlich, hatten sich inzwischen dazugesellt. Beim Maiaufmarsch 1893 marschierte die Gruppe voll Stolz bereits in Viererreihen mit. Der 1. Mai stand diesmal ganz im Zeichen des Kampfes um das allgemeine Wahlrecht. Die Beteiligung der Arbeiterschaft war auffallend stärker geworden. Trotz Disziplin gestaltete sich der Marsch in den Prater wesentlich lebhafter als bisher. Stürmisch wurden die alten sozialdemokratischen Forderungen auf offener Straße proklamiert. Das Bürgertum fand sich verstärkt im Prater ein, mischte sich in den Gasthausgärten unter die Arbeiter, um das Schauspiel zu beobachten. Die Sozialisten marschierten diesmal mit ihren Frauen und Kindern. Die Männer trugen rote Krawatten, die Frauen und Mädchen rote und blaue Blusen, junge Männer sah man mit breitem Schlapphut und flatternder roter Halsschleife. Es gab aber auch Teilnehmer in eleganten schwarzen Salonanzügen und glänzenden Zylinderhüten; lediglich mit dem sichtbaren Abzeichen auf dem Revers, das die Aufschrift »Hoch der 1. Mai« trug, und mit einer roten Nelke bekundeten sie ihre Zugehörigkeit zur Arbeiterbewegung. Die Stimmung war ausgelassen und heiter. Polizei oder Militär waren kaum zu sehen. Renners Gruppe gebärdete sich enthusiastisch. Als sie übermütig »Wir woll'n die Republik, die rote Republik« anstimmten, wurde die erste Reihe arretiert. Dieser Vorfall machte sie nicht nur der Polizei, sondern auch dem Parteivorstand bekannt.

Ministerpräsident Eduard Graf Taaffe hatte die Zeichen der Zeit erkannt. Er verließ sein sattsam bekanntes System des »Fortwurstelns« und strebte endlich eine Reform des Wahlrechts an, das auf alle Staatsbürger ausgedehnt werden sollte: das allgemeine und gleiche Wahlrecht. 1882 hatte es bereits einen merklichen Schritt zur Demokratisierung bedeutet, als die Mindeststeuerleistung der Wahlberechtigten von zehn auf fünf Gulden herabgesetzt und damit Teilen des Kleinbürgertums und der Bauernschaft das Wahlrecht ermöglicht worden war. Doch die Kurie der Großgrundbesitzer und die des Großbürgertums umfaßte im Vergleich zu ihrer Wählerschaft noch immer überproportional viele Abgeordnete. Während ein Großindustrieller aus der Handelskammerkurie im Durchschnitt nur 27 Wähler vertrat, repräsentierte ein Mandatar der steuerpflichtigen Städter fast 11 000 Stimmen.

Nachdem im Juli 1893 die Sozialdemokraten Wahlrechtskundgebungen veranstaltet hatten, raffte sich Taaffe schließlich im österreichischen Reichsrat zu einem weiteren Schritt auf: die Wahlreform sollte die breite Bevölkerung einbinden und die vorwiegend durch das Bildungs- und Besitzbürgertum ausgetragenen nationalen Kämpfe eindämmen. Taaffe versuchte den Kaiser davon zu überzeugen, daß die Massen tatsächlich an wirtschaftlichen und gesellschaftlichen Fragen interessiert wären. Das Kurienwahlsystem sollte ohnehin beibehalten werden. Die neuen Wähler hätten demnach in den Kurien der städtischen und ländlichen Gemeinden ihre Stimme abzugeben. Die alten Eliten des Landes, die Deutschliberalen unter Ernst von Plener, die Konservativen unter Karl von Hohenwart sowie der mächtige Polenklub, stemmten sich vehement gegen diese Vorlage, in der sie eine ernsthafte Bedrohung ihrer Vormachtstellung zu erkennen glaubten. Sie brachten damit nicht bloß diesen Reformversuch in Richtung Demokratisierung, sondern den Ministerpräsidenten selbst zu Sturz. Taaffes Demission leitete in Österreich eine innenpolitische Dauerkrise ein.

Um seine Familie zu ernähren, verbrachte Renner zwei Sommer auf Schloß Langenthal in den Windischen Büheln in der Nähe Marburgs, um dort die beiden Söhne eines Direktors der Donaudampfschiffahrtsgesellschaft zu unterrichten. Der Aufenthalt gab Karl ausreichend Gelegenheit, die soziale und nationale Situation der Untersteiermark zu studieren. Interessiert beobachtete er die »andere Welt« des Marburger Bürgertums. Zurück in Wien, besuchte er an der Universität die Vorlesungen und Seminare hochgeschätzter Professoren von Weltruf: er hörte Eduard Bernatzik in Verwaltungs- und Völkerrecht, Carl Menger und Eugen von Philippovich in Volkswirtschaftslehre, Wirtschaftspolitik und Finanzwissenschaft.

In Purkersdorf bei Wien gründete er den Arbeiterbildungsverein »Galilei« und lernte dadurch seinen späteren väterlichen Freund Engelbert Pernerstorfer kennen. Unermüdlich warb Karl Renner bei jeder Gelegenheit, selbst bei Spaziergängen mit seiner Frau, um Anhänger für die Bewegung. Anonym verfaßte er zum Wiener Gasarbeiterstreik im Frühjahr 1894 die ersten Artikel in der »Arbeiter-Zeitung« und begann damit seine reichhaltige publizistische Tätigkeit. Im Wiener Arbeiterbezirk Favoriten hielt er im Verein »Bildungsquelle« vor stetig wachsender Zuhörerzahl einen Kurs über die »Geschichte der menschlichen Produktion«. Über die Jahrzehnte hindurch, auch als Beamter – unter Pseudonym – hielt Renner immer wieder Kurse und Vorträge, die ihn innerlich tief befriedigten und die zu seinen Lieblingsaufgaben in der Bewegung zählten. Finanziell befanden sich die Renners wegen der kärglichen Vortragshonorare wieder einmal in einem Engpaß. Doch an Enthaltsamkeit gewöhnt, klagten sie nicht, sondern trugen die Misere mit Fassung. »Es war ein duldungsstolzer Enthusiasmus, der uns beseelte«, erinnerte sich Renner Jahrzehnte später verklärt, »ein wahrhaft göttlicher Humor, mit dem wir uns über die Nöte des Alltags hinweglachten, ein unerschütterlicher Glaube an unsere Sache, der uns über alle Widerwärtigkeiten hinwegtrug. Es waren herrliche Tage ...«[21]

1895 verbrachten Karl und Luise mit ihrer Tochter Leopoldine, die nun wieder mit ihnen lebte, unvergeßlich schöne Wochen in Bad Aussee, wo er im kleinen Kreis vor Handwerkern, Forst- und Salinenarbeitern Vorträge über die Arbeiterbewegung hielt. Mit den ›Granden‹ der Bewegung war er damals noch kaum in Kontakt gekommen. Umso tiefer beeindruckte ihn sein erstes Zusammentreffen mit Victor Adler vor der Unterrichtszentrale der Partei in der Gumpendorfer Straße in Wien-Mariahilf. Adler bremste seinen ungestümen Elan und riet Karl, sich voll auf das Studium zu konzentrieren: »Mit verbummelten Studenten, und wären es Genies, ist uns wenig gedient ... Unsere Rolle als die studierter Leute ist, die führenden Köpfe aus der Arbeiterschaft herauszuholen und für ihr schweres Amt auszubilden. Auch in ihrer Leitung muß die Arbeiterbewegung der Hauptsache nach von den Arbeitern selbst getragen sein ... Werfen Sie sich ganz auf Ihr Studium, ohne jemals die Verbindung mit der Bewegung zu verlieren, erringen Sie eine bürgerliche Stellung und halten Sie sich bereit, bis die Bewegung Sie ruft. Je mehr Sie können, umso mehr wird diese Sie brauchen, umso eher wird diese Sie rufen.«[22]

Diese Worte nahm Renner schließlich als Leitlinie seines Lebens. Kein Wunder, war es doch Victor Adler, der von Gestalt so klein und zerbrechlich wirkte, mit höchstem Aufwand an geistiger wie physischer Energie gelungen, in unermüdlicher Aufklärungsarbeit und Versammlungstätigkeit die Basis der Sozialdemokratie stetig bis zur Massenbewegung zu vergrößern. »Wir sind von einer Sekte oder Horde von Radaumachern zu einer politischen Partei avanciert, die sich Anerkennung erzwungen hat, und mit der man rechnet«, schrieb Adler 1891 stolz in einem Brief seinem Mentor Friedrich Engels. Binnen weniger Jahre hatte er eine geschlossen auftretende, nachwuchskräftige Partei von internationalem Ansehen ins Leben gerufen, er war dabei, als zur Hundertjahrfeier der Französischen Revolution 1889 die II. Internationale gegründet wurde, und hatte mit der im selben Jahr erstmals herausgegebenen »Arbeiter-Zeitung« ein Parteiorgan von großer Reichweite geschaffen. Adler war eben nicht bloß ein Idealist oder ein weltferner Theoretiker, sondern investierte ungemein viel Mühe und Aufwand in die täglich anfallenden Aufgaben. Trotz all der Kleinarbeit verlor er sich aber nicht in Teilerfolgen, stets behielt er den Blick für die großen Ziele der Bewegung im Auge. Genügsame oder zynische Praktiker hatten seiner Ansicht nach in der

Karl Renner mit Frau Luise und Tochter Leopoldine (um 1895).

Sozialdemokratie nichts verloren. Die Partei durfte nicht zu einer in Routine erstarrten politischen Gruppierung gleich vielen anderen werden. Mit seiner Akribie, seiner Detailarbeit, seiner Behutsamkeit war Victor Adler bei den jungen Sozialisten zwar hoch geachtet, blieb jedoch bisweilen etwas unnahbar, hingegen liebten die jungen Heißsporne den emotionalen, geradlinigen, nur das Große im Leben suchenden Pernerstorfer, der – in hohem Maße von der deutschen Kultur beeinflußt – betont national dachte. Renner verehrte Pernerstorfer derart, daß er ihm 1910 eine eigene Hymne widmen sollte.

An der Universität gründete Renners Gruppe unter der Obmannschaft Max Adlers die »Freie Vereinigung sozialistischer Studenten«, um in einer Art wissenschaftlichen Seminars Diskussionen und Vorträge zu veranstalten. Zusammen mit sozialliberalen Studenten initiierten sie auch den überparteilichen »Sozialwissenschaftlichen Bildungsverein«, dem unter anderem Ludo Moritz Hartmann und Karl Grünberg angehörten. Gemeinsam mit Alois Rohrauer rief Renner außerdem den Wanderverein der »Naturfreunde« ins Leben.

Der Privatunterricht und seine unermüdliche politische Tätigkeit hielten ihn aber zunehmend vom Studium ab. Im Herbst 1895 zog er daher mit Luise und Leopoldine in eine Wohnung in der Viaduktgasse, um sich dort ungestört auf die letzten entscheidenden Prüfungen vorzubereiten. Als ihn durch Professor Philippovich das Angebot erreichte, sich für eine Stelle als »wissenschaftlicher Hilfsarbeiter« im Archiv des Reichsrats zu bewerben, kämpfte Renner mit seinem Gewissen. Schließlich wollte er doch Anwalt werden, Strafverteidiger der von der alten Ordnung verfolgten Mitstreiter der Bewegung. Zudem hatte er als Staatsbediensteter im Parlament auch jede parteipolitische Betätigung zu unterlassen. Letztlich jedoch überzeugte ihn die Möglichkeit, die akademische Laufbahn mit dem Bibliotheksdienst verbinden zu können. Außerdem, und dies wog nicht weniger, mußte er ja auch für seine Familie sorgen. So sagte er zu und nahm seinen Dienst am 1. Dezember 1895 auf. Da er nach Dienstschluß auch noch Nachhilfestunden gab, war die Zeit für das Studium enger bemessen denn je. Doch seine ungeheure Energie und Arbeitskapazität, seine Fähigkeit, mit der Aufgabe zu wachsen, sollte für sein ganzes weiteres Leben charakteristisch sein.

Das österreichische Parlament glich damals immer mehr einem Tollhaus. Ministerpräsident Kasimir Graf Badeni, ein konservativer Pole, hatte eine Verordnung erlassen, wonach alle Beamte Böhmens und Mährens auch die tschechische Sprache für den Parteienverkehr beherrschen mußten, und damit die Deutschnationalen herausgefordert. Diese gingen bis zum Äußersten: durch Dauerreden, Lärmen und selbst Raufereien im Abgeordnetenhaus des Reichsrats suchten sie die Verordnung zu Fall zu bringen. Die Exekutive mußte eingreifen und einige Abgeordnete gewaltsam entfernen. Am 26. und 27. November 1897 kam es auf der Ringstraße zu Massendemonstrationen, an denen neben den Deutschnationalen und Christlichsozialen auch die Sozialdemokraten teilnahmen. Großdeutsche Studenten, die die »Wacht am Rhein« intonierten, marschierten Seite an Seite mit den Sozialisten, die das »Lied der Arbeit« sangen. Berittene Polizei und Militär lösten schließlich die Demonstration vor dem Parlament auf, und am 28. November veranlaßte Kaiser Franz Joseph die Schließung des Reichsrats und den Rücktritt Badenis. Doch der Bruch zwischen Tschechen und Deutschen war nicht mehr zu kitten und sollte schließlich zum Zerfall des Reichs im Jahre 1918 entscheidend beitragen. Badeni hatte, noch vor seiner umstrittenen Sprachenverordnung, eine Wahlrechtsreform eingeleitet, die auch Kandidaten von Massenparteien den Einzug in den Reichsrat ermöglichte. Zu den vier Wählerkurien kam nun eine fünfte hinzu, für die alle männlichen Staatsbürger über 24 Jahre wahlberechtigt waren. Freilich entsandte diese Kurie nur 72 der 425 Mandatare ins Abgeordnetenhaus. Immerhin zogen aber dadurch nach den Wahlen vom März 1897 die ersten 15 Sozialdemokraten in den Reichsrat ein. Die Zensusmandate verzerrten das wahre Bild der ›Volksvertretung‹ jedoch weiterhin kraß. Während die etwa 5 000 Großgrundbesitzer 86 Abgeordnete entsandten, vermochten die 5,3 Millionen Wähler der neugeschaffenen fünften »Allgemeinen« Kurie nur 72 Vertreter in den Reichsrat zu wählen.

Die Familie Renner war mittlerweile in die Hernalser Kalvarienberggasse umgezogen. Karl hatte sich – nach Ansicht seines Vorgesetzten – bestens bewährt, und so stand für ihn schon nach kurzer Zeit das Definitivum, die Pragmatisierung als Bibliotheksbeamter, in Aussicht, was das Ende der finanziellen und sozialen Sorgen bedeutet hätte. Voraussetzung dafür waren allerdings Promotion und Heirat. Wie später so oft in seinem langen Leben ging Karl Renner pragmatisch an die Sache heran, er warf seine ideologischen Bedenken über Bord und entschied sich nüchtern wie verantwortungsbewußt für eine gesicherte Existenz. Tief saß die Abneigung gegen die bürgerliche Legalisierung seiner Beziehung zu Luise, doch – so erinnerte er sich an Victor Adlers Worte – ein gescheiterter und verarmter Idealist half der Bewegung nicht weiter. So paßte er sich eben den Verhältnissen an – eine Vorgangsweise, die auch in Zukunft für ihn charakteristisch sein sollte. Ohne innere Überzeugung ging die Hochzeit am 28. Februar 1897 in der Pfarre St. Othmar unter den Weißgerbern über die Bühne, »ohne alle Form und Festlichkeit, auch ohne Seelenbewegung, als eine Selbstverständlichkeit, die eben bei der ersten, schicklichen Gelegenheit zu erledigen war«.[23] Im Jahr darauf absolvierte er seine letzten großen Prüfungen, das judizielle, gemeinrechtliche und staatswissenschaftliche Rigorosum. Am 18. November 1898 promovierte er zum Doktor beider Rechte.

Die Voraussetzungen für die Pragmatisierung waren erfüllt. Da machte das Ministerium plötzlich Schwierigkeiten. Das Leumundszeugnis der Polizeidirektion bestätigte zwar wider Erwarten die politische »Unbedenklichkeit« des Kandidaten, doch daß Renner jahrelang mit seiner Frau nur im »Konkubinat« gelebt und danach »in blutjungen Jahren, ohne Vermögen und ohne ausreichende Stellung« seine »durchaus nicht ebenbürtige Frau« geheiratet hatte, erachtete man im Ministerium als sittenlos und leichtsinnig. Angesichts dieses »mangelnden Standesgefühls« hielt man Renner des Staatsdiensts unwürdig, bis sich der Direktor der Parlamentsbibliothek schließlich in einem ausführlichen Schreiben mit Nachdruck bei Innenminister Paul Gautsch für seinen Schützling einsetzte – mit Erfolg.

Höchst zwiespältig muß sich Karl Renner nun als Beamter der Parlamentsbibliothek gefühlt haben, als Rädchen im Getriebe der alten, von der Sozialdemokratie bekämpften, feudal-bürgerlichen Ordnung. Dennoch, die Existenznot hatte ihr Ende. Renner war legal getraut. Er übte einen bürgerlichen Beruf aus. Und er hatte einen neuen Glauben gefunden: das beherzte Engagement in der Arbeiterbewegung für die Schwachen und Ausgebeuteten – den Glauben an eine bessere und gerechtere, an eine sozialistische Welt.

II. Schriftsteller in der Anonymität

Karl Renners politische Karriere schien – ohne richtig begonnen zu haben – schon wieder beendet. Als k.k. Beamter war es ihm untersagt, ohne ausdrückliche Genehmigung zu publizieren oder gar systemkritisch zu agitieren. In der beschaulichen Atmosphäre der Parlamentsbibliothek in der Wiener Reichsratsstraße, in ihren »kühlen, schweigenden Räumen«, wie er sie selbst treffend beschrieb, hätte es zudem nur allzu leicht geschehen können, daß das politische Talent zugunsten des loyalen Bibliotheksadjunkten bald verkümmert wäre. Immerhin erhielt Renner die Aufgabe, binnen relativ kurzer Zeit nicht weniger als 25 000 Bände inhaltlich aufzuarbeiten und danach zu katalogisieren. Aber ausgelastet fühlte er sich damit keineswegs. Er besaß zu viel Ehrgeiz, zu viel Sendungsbewußtsein, um sich mit der Rolle eines braven Dieners seines Staates zufriedenzugeben. So entschied er sich – wie später noch so oft in seinem langen Leben – für einen Kompromiß.

Wenngleich er seine politische Betätigung aufgeben mußte, nahm Renner immerhin die Möglichkeit wahr, unter Decknamen verschiedenste politische, juristische und gesellschaftswissenschaftliche Abhandlungen zu veröffentlichen. Der junge Beamte legte sich dabei ganz den Stil eines Aufklärers zu und konnte – beinahe völlig ins Geistesleben zurückgezogen – sowohl seiner Gesellschafts- und Staatskritik als auch seiner Kreativität und philosophischen Neigung publizistisch vollen Lauf lassen. Renner legte damit einen entscheidenden Grundstein für seine weitere Zukunft. Bevor er nämlich noch als Politiker seine Fähigkeiten unter Beweis stellen konnte, sollte er bereits als Schriftsteller unter verschiedenen Pseudonymen seinen Ruf als Wissenschafter und Vordenker neuer staatlicher Konzeptionen begründen. In zahlreichen, bis zum heutigen Tag beachteten und gelobten Werken zeigte er sich als erklärter Kritiker des franzisko-josephinischen Systems. Dies betraf nicht nur die herrschende Staats- und Regierungsform, sondern vor allem den inneren, multinationalen Aufbau des Habsburgerreichs. Sein Ruf als Schriftsteller und Staatswissenschafter allerdings sollte beinahe bis zum Ende der Monarchie nie zum Wiener Hof vordringen.

Die einzelnen in der Donaumonarchie beheimateten Völker zeigten sich längst mit ihrem politischen Status unzufrieden. Die zuweilen militanten Emanzipationsbestrebungen rüttelten an den Grundfesten Österreich-Ungarns, das Karl Renner als »das eigenartigste Staatengebilde Europas« bezeichnete. Während überall in der Alten Welt der Nationalstaatsgedan-

ke zu einer Welle neuer Staatsgründungen geführt hatte, präsentierte sich das traditionsbewußte Habsburgerreich immer noch als höchst heterogenes Gebilde. Zwar waren Rußland und das Osmanische Reich ebenfalls Vielvölkerimperien, doch besaßen sie mit der russischen bzw. der türkischen Bevölkerungsgruppe jeweils eine – schon zahlenmäßig – klar dominierende Staatsnation. Die Doppelmonarchie verfügte aber gleich über zwei staatstragende Völkerschaften, die deutsche und die magyarische. Keine der beiden verfügte freilich über die absolute Bevölkerungsmehrheit in ihrer Reichshälfte. Zu Beginn des 20. Jahrhunderts standen den 35,6 Prozent Deutschen in Österreich allein 23 Prozent Tschechen, 17,8 Prozent Polen und 12,6 Prozent Ruthenen gegenüber. Die Ungarn stellten im Reich der Stephanskrone unter Einschluß des Königreichs Kroatien-Slawonien immerhin 48,1 Prozent der Bevölkerung. Der Ausgleich von 1867 befriedigte nur die beiden staatstragenden Nationen, insbesondere die Ungarn, die in ihrer Reichshälfte gegen die beinahe machtlosen Rumänen, Slowaken und Südslawen eine rigoros nationalistische Sprachenpolitik betrieben. Für die herrschenden Kreise in Wien und Budapest war der österreichisch-ungarische Dualismus nur die logische Konsequenz der gegebenen Verhältnisse, mit denen sich die Monarchie konfrontiert sah. Der deutschmährische Kleinadelige Gustav Graf Kálnoky – mit fast vierzehn Jahren Amtszeit der am längsten dienende Außenminister des Kaisers und somit ein typischer Vertreter des Ancien régime – vertrat etwa die Auffassung, daß die Ungarn, umgeben vom Deutschtum und den slawischen Völkern, das größte Interesse an der Erhaltung der Doppelmonarchie besäßen. Die Deutschen der Monarchie müßten dagegen als die am höchsten entwickelte Nation unbedingt im Staatsverband gehalten und von einem Anschluß an das attraktive und aufstrebende Wilhelminische Reich abgehalten werden: »Die Führung des Reiches einerseits auf jene Nationalität zu basieren, deren Interessen am festesten mit dem Fortbestande desselben verknüpft sind, andererseits aber auf jene Nationalität, deren moralischer Abfall an die Existenzfragen der Monarchie rühren würde, ist die logische Rechtfertigung des dualistischen Systems in Österreich-Ungarn ...«[1]
Aber die Mehrzahl der Völker des Habsburgerreichs fühlte sich benachteiligt, sowohl politisch als auch in der Verwaltungspraxis. In Österreich traf dies, wie schon erwähnt, in besonderem Maß auf die kulturell und wirtschaftlich hochentwickelten Tschechen zu. Aus historischen Motiven forderten sie das Tschechische als die einzig offizielle Sprache in Böhmen und Mähren, sogar für die überwiegend deutschsprachigen Gebiete der beiden Kronländer. Die dort ansässige selbstbewußte deutsche Minder-

heit, die Jahrzehnte später vereinfacht »Sudetendeutsche« genannt werden sollte, reklamierte im Gegenzug für ihre Bezirke ebenfalls die Verwendung ihrer Muttersprache. Sie forderten deshalb die administrative Teilung des Königreichs Böhmen und Mähren in eine deutsche und eine tschechische Einheit; in der Südsteiermark und im Trentino wollte die deutsche Mehrheit den Slowenen bzw. Italienern eine ähnliche Vorgangsweise allerdings nicht zugestehen. Die Tschechen wiesen ihrerseits den deutschen Plan ohnehin heftig zurück. Aus ihrem Verständnis heraus waren die Länder der Wenzelskrone unteilbar. Diese Widersprüchlichkeit, da, wo man die Mehrheit besaß, für die Erhaltung geschichtlich gewachsener Einheiten einzutreten, hingegen dort, wo man sich selbst in der Minderheit befand, klar abgegrenzte Sprachgebiete zu fordern, charakterisiert die verhängnisvolle Intoleranz der Nationalitäten untereinander wohl am deutlichsten.

Auch in anderen Kronländern gab es genügend Konfliktstoff. In Galizien dominierte mit dem Sanktus des Wiener Hofs die reiche polnische Adelsschicht über die einflußlose ruthenische Landbevölkerung. In der Untersteiermark, in Krain und Istrien fühlten sich Slowenen und Kroaten von Deutschen bzw. Italienern unterdrückt. Bukarest unterstützte die Rumänen in Siebenbürgen in ihrem Kampf gegen den ungarischen Chauvinismus. Der italienische Irredentismus sehnte wiederum eine Angliederung des Trentinos und Triests an das Apenninenkönigreich herbei.

Die Führung der österreichischen Sozialdemokratie war – aufgrund ihrer überwiegend deutschnationalen Wurzeln – in der Nationalitätenfrage großteils zentralistisch orientiert. Die marxistische Doktrin forderte ohnedies, in geographisch übergreifenden Räumen die Befreiung der Arbeiterschaft anzustreben. Für die österreichische und deutsche Sozialdemokratie bedeutete dies vor allem den gemeinsamen Kampf gegen den Zarismus und den russischen Anspruch auf Vorherrschaft über alle slawischen Völker Osteuropas. Dem Nationalitätenprogramm des sozialdemokratischen Parteitags 1899 in Brünn gingen deswegen heftige Debatten zwischen den deutschen und den tschechischen Delegierten voraus. Die endgültige, einstimmig angenommene und mit frenetischem Beifall bedachte Resolution stellte somit einen mühsam erkämpften Kompromiß zwischen den zentralistischen deutschen und den föderalistischen slawischen Interessen dar. Die Forderungen nach einer Umbildung Österreichs in einen demokratischen Nationalitätenbundesstaat, nach der Ersetzung der alten Kronländer durch national abgegrenzte autonome Verwaltungseinheiten und die Ablehnung einer Staatssprache waren keineswegs neu. Diese Konzeption eines ethnischen Föderalismus stammte vielmehr noch aus der Zeit der Revolution von 1848/49. Das politisch ausgesprochen gemäßigte Programm bedeutete noch dazu die Bejahung der Reichsidee durch die österreichische Sozialdemokratie. Dies war auch jenes Element des Brünner Programms, das Karl Renner mit Abstand am meisten beeinflußte. Ansonsten dachte er jedoch wesentlich moderner. Im selben Jahr, 1899, publizierte er unter dem Pseudonym Synopticus sein Erstlingswerk »Staat und Nation«. Darin bezeichnete er das österreichische Problem aufgrund der »Kompliziertheit und Beispiellosigkeit der Verhältnisse« als das »schwierigste aller modernen staatlichen Probleme«. Der ungeduldige, knapp dreißigjährige Jungreformer befürchtete allerdings, daß das Nationalitätenproblem »in echt österreichischer Weise verschlampt« werden könnte. Renner wollte die Nationalitätenfrage nicht bloß auf die Verwendung der Sprache in der Verwaltung reduziert wissen. Er verwies auf die dahinterliegenden materiellen Interessen, auf das politische Machtstreben der nationalen Parteien. Mit dem Eintritt der Arbeiterbewegung in die österreichische Politik wurde für ihn das Nationalitätenproblem von einer Machtfrage zu einer Kulturfrage. Der junge Sozialdemokrat forderte daher, ein Österreich zu schaffen, »wo sich alle Nationalitäten selbst regieren und verwalten, jede ihre Angelegenheiten allein, alle ihre gemeinsamen zusammen.«[2]

Erstes Ziel Renners war die Reorganisation der Monarchie in einen föderalistischen Staat, in einen Bundesstaat. Die Vereinigten Staaten von Amerika und die benachbarte Schweiz dienten ihm dabei als allseits bekannte Vorbilder. Er zog einen klaren Trennungsstrich zwischen kulturell-nationalen und gemeinsamen übernationalen wirtschaftlichen Angelegenheiten. Als Synopticus kritisierte er heftig das immer wieder – auch in Brünn – vertretene Prinzip der Territorialautonomie zur Lösung der nationalen Frage. Da dessen Wesen Herrschaft und Gewalt sei, könne es niemals Kompromiß und Gleichberechtigung, sondern lediglich Kampf und Unterdrückung nach sich ziehen: »Wohnst du auf meinem Boden, so bist du meiner Herrschaft, meinem Rechte, meiner Sprache unterworfen.« Das Territorialprinzip bedeute »die rücksichtslose Preisgabe der eigenen, die rücksichtslose Beherrschung der fremden Minoritäten zugunsten der altansässigen, besitzenden Klassen. Es verquickt den nationalen Gedanken mit patrimonialen Ideen und wird so vielfach antinational.« Renner setzte das Territorialprinzip mit der Formel für die Bildung eines Nationalstaats gleich. Es sei aber keine Lösung für die habsburgische Nationalitätenfrage. Österreich vertrage kein lediglich auf das Gebiet bezogenes, territoriales Staatsrecht. Diese, speziell von den Tschechen vertretene Auffassung erzeuge und vertiefe nur den Konflikt.[3]

Es entsprach Renners Charakter und seinem Selbstverständnis als Patriot, als der er sich wiederholt bezeichnete, sich nicht bloß als Kritiker der herrschenden Zustände zu erweisen. In seiner so typischen optimistischen Reformfreudigkeit stellte er eine neue Konzeption zur Diskussion, indem er die Idee der Personalautonomie zur Lösung der nationalen Frage vorschlug. Die einzelnen Nationen sollten sich demnach nicht als Gebietskörperschaften, sondern als Personalverbände konstituieren, nicht als Staaten, sondern als Völker. Der autonome Status bezog sich folglich nicht mehr auf das Territorium, sondern auf das Individuum. Der einzelne Staatsbürger erhielt seine eigene, persönliche nationale Autonomie, die ähnlich dem religiösen Glaubensbekenntnis von seinem jeweiligen Wohnsitz völlig losgelöst war. Es betraf daher alle, selbst innerhalb eines Staates weit voneinander verstreute Angehörige einer bestimmten Volksgruppe. Renner entwickelte damit eine – in der Praxis wohl nur schwer durchführbare – minderheitenfreundliche doppelte Gliederung des Staates: »Überall erscheint das Staatsgebiet nach einem einfachen Schema geteilt in Provinzen, Bezirke und Gemeinden. Wir aber müssen das Land zweimal nach verschiedenen Grundsätzen vermessen, ein doppeltes Netz in die Landkarte eintragen, ein ökonomisches und ein ethnisches, wir müssen einen Schnitt durch die Summe der Staatstragenden machen, nationale und politische Geschäfte scheiden, die Bevölkerung zweimal organisieren, einmal national, das andere Mal staatlich ... Das ergibt sich also als staatsrechtliches und verwaltungstechnisches Novum ..., als die uns Österreichern vorbehaltene juristische und politische Aufgabe, die wir mit Mut und Entschlossenheit ins Auge fassen müssen.«[4]
In all seinen Studien dieser Zeit war es jedoch Renners historischer Fehler, die politische Entwicklung Europas weg von der Idee des Nationalstaats und hin zum Vielvölkerreich zu erwarten. Seiner irrigen – durch den Ausgang des Ersten Weltkriegs nachdrücklich widerlegten – These nach besaß der nationale Gedanke nicht mehr die Kraft, neue Staaten ins Leben zu rufen. Außerdem glaubte er, daß gerade die benachteiligten, sogenannten »geschichtslosen« Nationalitäten wie Slowaken, Slowenen oder Ruthenen des bundesstaatlichen Zusammenhalts verschiedener Völker bedurften. Diese Föderation könnte zwar die »natürliche Ungleichheit« nicht aufheben, »wohl aber ihnen Bestand und Handlungsfähigkeit in der Welt garantieren ... und ihnen an Stelle der wertlosen und gefährlichen anarchischen Freiheit jene höhere Daseinsgewähr bieten, die wir unter dem Namen der politischen Freiheit bereits kennen.«[5]
Im Jahre 1902 veröffentlichte Renner – diesmal unter dem Decknamen Rudolf Springer – sein vielfach anerkanntes Werk »Der Kampf der Öster-

reichischen Nationen um den Staat«. Darin setzte er den Nationalitäten-konflikt mit dem Kampf um die Macht gleich. Die Völker der Donau-monarchie kämpften seiner Auffassung nach »ihren historischen, unver-meidlichen, naturnotwendigen Kampf um den Staat«. Erneut ging Ren-ner wissenschaftlich an das Problem heran und analysierte, »was da in Österreich alles zu tun ist, was da fallen und neu erstehen, was da zu den Toten geworfen und ins Leben gerufen werden muß«. Österreich, so hoffte er, »kann wieder geboren werden aus dem Geiste der Massen, kann Macht und Größe gewinnen unter dem Zeichen der politischen Demo-kratie und nationalen Autonomie.«[6]

Mit Akribie suchte Renner weiter nach einem Ende der innenpolitischen Wirren. Er kritisierte dabei die Lethargie großer Bevölkerungsteile ge-genüber dem drohenden Zusammenbruch des Dualismus. Die Parla-mente und die bürgerliche Presse stellten für ihn nur ein Zerrbild der Wirklichkeit dar. Nicht zwischen Budapest und Wien konnte die Reichs-frage gelöst werden, sondern nur in Österreich, »oder sie wird ungelöst bleiben«. Während die führenden Kreise am österreichisch-ungarischen Dualismus weiterhin festhielten, setzte sich Renner mit seinem ganzen publizistischen Gewicht für dessen Abschaffung ein. Das System der Realunion zwischen Österreich und Ungarn hielt seiner Ansicht nach das Reich nicht zusammen, sondern zerstörte es durch die Entfremdung der unzufriedenen Nationalitäten von der Wiener Zentralmacht.

Vehement forderte Renner die nationale Kreisverfassung, die konstrukti-ve Auseinandersetzung zwischen Deutschen, Tschechen, Polen und Süd-slawen, »dann bricht der magyarische Turm von selbst zusammen, dann ordnet sich das Reich von selbst«. Für ihn standen die nationale Selbstre-gierung, die territoriale Autonomie und die Einheit des Reichs in unlösli-chem Zusammenhang. »Keine davon kann ohne die andere und Öster-reich nicht ohne eine derselben bestehen!« Renner hielt dagegen die alte Gliederung der Monarchie in siebzehn Kronländer wie Tirol, Galizien oder Kroatien-Slawonien für völlig überholt. Daher setzte er sich zunächst für die Schaffung von sechs autonomen Reichsteilen in Gestalt der Alpenländer, der Sudetenländer, des Karstgebiets, Ungarns, Sieben-bürgens und des Karpatenvorlands ein. Dieses Konzert der sechs Gleich-berechtigten sollte den Unterbau für die Einheit des Reiches darstellen. Für den Gesamtstaat reichten sodann seiner Auffassung nach – abgese-hen von bestimmten Steuerleistungen – ein Zollparlament, eine Militär-konvention und ein Bundesgerichtshof als Einheitsorgane völlig aus.[7]

In all seinen Schriften, wie etwa in den 1906 publizierten »Grundlagen und Entwicklungszielen der Österreichisch-Ungarischen Monarchie«, wandte sich Renner stets an alle Nationen und Klassen. Er bemühte sich dabei auch, seine politische wie seine nationale Einstellung weder zu verleugnen noch zu überspannen. Österreich, so lautete sein Tenor, brauche eine moderne und demokratische Lokalverwaltung. Ungarn müßte dann wohl oder übel folgen. Angesichts der realen politischen Verhältnisse konnten Renners Konzepte größtenteils aber nur Theorie bleiben. Eine Ausnahme bildete der Ausgleich zwischen Tschechen und Deutschen in Mähren im Jahre 1905, der mit seinen Regelungen das Rennersche Programm zu bestätigen schien. Ansonsten war weder die Staatsführung in Österreich noch der großgrundbesitzende Adel oder das deutschliberale Bürgertum in den Städten für diese Pläne zu gewinnen. An eine Unterstützung durch die mächtige ungarische Gentry konnte ohnehin nicht gedacht werden. Andere selbstbewußte Völker wie etwa die Tschechen oder die Polen ließen sich ebenfalls nicht von den, wie es bisweilen kritisch hieß, »zu schematischen und blutleeren« Vorstellungen Renners überzeugen.

Selbst in seiner eigenen Partei stieß Renner mit seinen Plänen auf heftigen Widerspruch: bei den Slawen, insbesondere bei den Tschechen, und beim linken, radikal-marxistischen Flügel deutschsprachiger Provenienz. Ersteren erschien sein Programm zu deutschnational, letzteren zu gemäßigt und zu wenig linientreu. Zweifellos ließen bereits Renners erste Veröffentlichungen mehr deutschnationale Züge als eine internationale Orientierung erkennen. Das hinderte ihn allerdings keineswegs, sich für den Fortbestand des Vielvölkerstaats mit aller Kraft einzusetzen. Einen Anschluß der deutschsprachigen Gebiete an das 1871 von Bismarck gegründete Deutsche Reich kam für ihn damals einer Degradierung Österreichs zum preußischen Hinterland gleich. Auch vom wirtschaftlichen Gesichtspunkt hielt er einen Zusammenschluß für wenig erfolgversprechend. Seine Meinung sollte sich diesbezüglich noch grundlegend ändern.

Obwohl Renner in seinen Werken keineswegs seine politische Gesinnung verleugnete, zeigte er sich eher als humanistisch-demokratischer Reformer denn als marxistischer Doktrinär. Freilich fand diese Haltung ihre innerparteilichen Kritiker. So trat ein junger Mann auf, der nicht bloß selbst an der Lösung der Nationalitätenfrage arbeitete, sondern bereits seit Jahren zum Freundeskreis Karl Renners zählte: Otto Bauer, der für fast vier Jahrzehnte Karl Renners Weggefährte und zu einer der prägendsten Persönlichkeiten der österreichischen Politik jener Zeit werden sollte.

Otto Bauer wurde am 5. September 1881 in Wien als Sohn eines Textilfabrikanten geboren. 1906 promovierte er zum Doktor der Rechte, ein Jahr später erschien sein berühmtes Werk »Die Nationalitätenfrage und die Sozialdemokratie«. Darin stimmte er noch zu einem Gutteil mit Renners Vorstellungen überein und arbeitete sie sogar näher aus. Während aber Renner die Reorganisation des Vielvölkerreichs zur Verwirklichung besserer Bedingungen für die Arbeiterschaft in den Blickpunkt rückte, stand für Bauer der Aufstieg des Proletariats zur Macht im Mittelpunkt. Er ordnete die nationalen Probleme der großen sozialen Frage unter. Das neugestaltete Österreich diente demnach nur als Basis für die sozialistische Weltrevolution. Für die Zusammenarbeit der einzelnen Völker der Donaumonarchie mußte aber eben zuerst die nationale Frage gelöst werden. Für Bauer leitete sich Renners Nationalitätenprogramm jedenfalls zu wenig von der gesellschaftlichen Stellung der Arbeiterklasse ab. Der führende deutsche Sozialist Karl Kautsky meinte einmal, daß Bauer als Forscher und Ökonom, Renner dagegen als Realpolitiker und Jurist schreibe.

Mit seinen Vorschlägen zur Lösung der Nationalitätenfrage zeigte sich Renner offenkundig weit mehr durch das Verfassungsprojekt des österreichischen Reichstags von Kremsier inspiriert als durch Marx oder Engels. Im Herbst 1848 waren seinerzeit die freigewählten Reichstagsabgeordneten im Zuge der Wiener Revolutionswirren nach Mähren in die Sommerresidenz des Erzbischofs von Olmütz, nach Kremsier, geflüchtet. Der Entwurf des Deutschschlesiers Kajetan Mayer sah schließlich schon damals einen Kompromiß zwischen Föderalismus und Zentralismus, eine Kombination zwischen der historischen Gliederung in Kronländer und der originellen wie komplizierten Einrichtung nationaler Kreise für die Verwaltung vor. Der damals noch junge Kaiser Franz Joseph verhinderte jedoch mit seinem Beharren auf dem zentralistisch-absolutistischen Prinzip diese erste und gleichzeitig letzte Einigung der Nationalitätenvertreter Österreichs für ein friedliches Zusammenleben der Völkerschaften in der Habsburgermonarchie. So gesehen, kamen Renners ähnlich geartete Konzeptionen um ein halbes Jahrhundert zu spät, denn mittlerweile hatten sich die Nationalitäten des Habsburgerreichs vielfach auseinandergelebt. Angesichts der geringen Verhandlungsbereitschaft aller Seiten war so um die Jahrhundertwende ein Kompromiß kaum mehr zu erreichen.

Zusammen mit den nationalen Problemen beschäftigte sich Karl Renner auch eindringlich mit der Frage der Demokratisierung des Habsburgerreichs. Noch immer regierte Kaiser Franz Joseph sein Reich mit Hilfe einer Klasse pflichtbewußter konservativer Adeliger, die dem größten Teil der Bevölkerung nur wenig Mitbestimmung oder gar Machtfülle zukommen lassen wollten. Die großen Massenparteien, allen voran die Sozialdemokraten, forderten dagegen in friedlich verlaufenden Großkundgebungen in allen wichtigen Städten der Monarchie immer entschiedener das allgemeine und gleiche Wahlrecht. Auch Renner stellte sein ganzes Engagement zunehmend in den Dienst dieser Sache. Seit geraumer Zeit stellte er eine allgemeine Parlamentsverdrossenheit in Österreich fest. Er selbst bezeichnete das österreichische Abgeordnetenhaus als das »Gespött der Welt«. Für ihn stellte es lediglich eine »Kammer von Privilegierten« dar, »in der die Selbstsucht der Stände und Nationen durch Jahrzehnte getobt hat«. Keine Nation, Partei oder Bevölkerungsschicht benötigte seiner Meinung nach das allgemeine, gleiche und direkte Wahlrecht so dringend wie der Staat selbst. Es sei geradezu dessen Existenz- und Entwicklungsbedingung.

Als es im Jahre 1905 im autokratischen Rußland als Folge der ersten bürgerlichen Revolution erstmals zur Bildung einer Volksvertretung, der »Duma«, gekommen war, erkannte selbst Franz Joseph die Notwendigkeit einer Wahlrechtsreform. Der Monarch und seine politische Umgebung erwarteten sich vom allgemeinen und gleichen Wahlrecht, das allerdings den Männern vorbehalten bleiben sollte, eine Stärkung der christlichen und sozialistischen Massenparteien zugunsten der bürgerlich-nationalistischen Bewegungen. Dies, so hoffte man, bot endlich die Chance für eine Beilegung des Nationalitätenkonflikts. Ministerpräsident Max Wladimir Freiherr von Beck brachte das neue Wahlgesetz Ende 1906 schließlich durch. Demnach erhielten etwa die Deutschen, die zwar über 63 Prozent der österreichischen Steuern zahlten, jedoch nur wenig mehr als ein Drittel der Gesamtbevölkerung ausmachten, 43 Prozent der Abgeordnetensitze im Reichsrat.

Die Realisierung der so lang ersehnten Wahlrechtsreform forderte Renner zu wahren Begeisterungsstürmen heraus. Er hielt sie schlicht für die »fortgeschrittenste und beste Wahlordnung Europas«. Das »Österreichertum« sei nun wie verwandelt und vollbringe eine »wirkliche Revolution«. Das allgemeine und gleiche Wahlrecht, so meinte er, würde die nationale Frage zwar nicht aus der Welt schaffen, aber die Politik der Nationen Österreichs umgestalten. Das neue Parlament werde sich nach Anfangsschwierigkeiten zur »konstituierenden Nationalitätenversammlung Österreichs« entwickeln und schließlich den Nationalitätenbundesstaat verwirklichen.

Renner publizierte unermüdlich. Als Josef Karner widmete er sich volkswirtschaftlichen und rechtswissenschaftlichen Themen. Besondere Beachtung findet dabei noch immer sein 1904 erschienenes rechtssoziologisches Werk »Die soziale Funktion der Rechtsinstitute, besonders des Eigentums«. Unter dem Pseudonym O.W. Payer veröffentlichte er in der »Arbeiter-Zeitung«, im Wiener »Arbeiter-Kalender« und in den »Neuen Glühlichtern« Erzählungen, Kurzgeschichten, Lieder und Gedichte. Seine im Stil biederen, literarisch nicht bedeutenden Dichtungen wie etwa »Dämon Alkohol«, »Marx lebt in uns« oder »An Friedrich Schiller« spiegelten dabei seine humanistisch-sozialistische wie gleichzeitig seine unbedarft kleinbürgerliche Ideenwelt wider. Seriösen wissenschaftlichen Studien wie »Die soziale Funktion der Rechtsinstitute« und staatskritischen Artikeln in der »Arbeiter-Zeitung« und in der Zeitschrift »Deutsche Worte« standen naive Poesie oder seine jährlichen Maifestschriften gegenüber. Seine Künstlernamen wie Karl von Tannow oder Thomas Wahrmund nahmen dabei immer skurrilere Formen an.

Als unverzagter Poet ließ Renner seine strengen Moralvorstellungen in seine Werke einfließen. 1902 veröffentlichte er etwa unter dem Titel »Der schwarze Schmied« voll Pathos Lieder über Leben und Liebe der Arbeiter. Dieser Vierteiler über die Beziehung eines Schmieds zu einer Näherin spiegelt das sittlich-erotische Empfinden des Anfang Dreißigjährigen wider, der in diese Lieder auch Autobiographisches mit einbringt. Zum Beispiel beschreibt die Näherin ihre Gefühle für den Liebsten folgendermaßen:

»Schlage ruhig wieder,
Du, mein krankes Herz!
Schweiget, meine Wünsche,
Sucht nicht Glück und Scherz!

Wohl ist er vor Allen
Schön und lieb und gut,
Und ich gäbe gerne
Für ihn hin mein Blut!

Könnt' ich doch nur einmal
Satt an ihm mich sehen.
Unbeachtet wieder
Dann von hinnen gehen! –

Nein, an meinen Busen
Stürmisch drücken ihn
Und an seinem Arme
Stolz durchs Leben zieh'n!

Schlage ruhig wieder,
Du, mein krankes Herz!
Für mich armes Mädchen
Blüht nicht Glück und Scherz …

Er steht und schmiedet
Mit sicherm Muth,
Mir aber siedet
Im Herzen das Blut,
Mir ist's als triebe
Die Sorge um Dich
Die glühende Liebe
In Flammen mich –
Ich sinke! Erfaß' mich mit sicherem Arme
Und rette mich aus verzehrendem Harme …

Der schwarze Bart – das lange Haar! –
So bleich – so ernst das Angesicht! –
Sieht aus wie Marx – wie Christus gar …«

Nach diesem Vergleich seines neuen mit dem alten Messias findet Renner
außerdem einmal mehr Gelegenheit, dem dekadenten Bourgeois den
aufrichtigen Arbeiter gegenüberzustellen, die Scheinmoral des Bürgertums anzuprangern und den neuen Lebensstil, die moderne soziale Kultur des Proletariers zu propagieren:

»Auf sammt'nem Divan, bei Zigarr' und Mokka,
Macht man in Kunst und hütet die Kultur!
Wir aber sind Barbaren und Vandalen,
Die jeder Schönheit drohn den Untergang.
Ja, ja, die heuchlerische Sippe lügt
Nicht über uns nur, sie belügt sich selbst.
Uns lügen sie ein jedes Laster an,
Dem sie ergeben, machen uns zum Vorwurf
Gemeinen Neid, die Trunksucht und die Spielsucht.

So werfen sie uns ›freie Liebe‹ vor,
Wie sie sie meinen, wie sie sie üben!
Die Unzucht und die Prostitution,
Den Zwang zur Ehe und den Kauf des Fleisches,
Statt freier Wahl der Seelen und der Herzen!
Sie, die Vermögen mit Vermögen paaren
Und darum einzig Hand mit Hand verkoppeln,
Die für die Widerwärtigkeit daheim
Am Sündenmarkt sich reich entschädigen,
Die gnadenreichste Gabe dieser Welt,
Die Frauenschönheit und die Frauenliebe,
Wie Pferd und Hunde kaufen und verderben,
Sie ahnen nichts von Eh'n der freien Liebe!«[9]

Immer wieder drängte es Renner, sich als Dichter zu beweisen, doch sein vorrangiges Interesse galt den theoretischen Veröffentlichungen. Sein reges wissenschaftliches und publizistisches Schaffen ließ in ihm daher den Gedanken reifen, eine Dozentur an der Wiener Universität zu erlangen. Als Thema seiner Habilitation faßte er dabei ausgerechnet die Soziologie der katholischen Heiligsprechung ins Auge. Bevor er die Pläne für eine akademische Laufbahn jedoch umsetzen konnte, wurde ihm von der sozialdemokratischen Parteileitung für die Kampagne zu den ersten allgemeinen, gleichen, direkten und geheimen Wahlen im Mai 1907 ein Mandat für das Abgeordnetenhaus im Reichsrat angeboten. Selbst der deutschliberale Nationalökonom und spätere Bundespräsident in der Ersten Republik, Michael Hainisch, unterstützte die Entscheidung Karl Renners, sich vollends der Politik zu widmen. Trotz seines Beamtenstatus war Renner mit der Sozialdemokratie, mit Otto Bauer, Rudolf Hilferding, Engelbert Pernerstorfer und natürlich Victor Adler, den er ebenfalls in Versen verehrte, in Kontakt geblieben. Er konnte auch anführen, als Funktionär des »Sozial-Wissenschaftlichen Bildungsvereins an der Wiener Universität« und Generalsekretär der »Österreichischen Gesellschaft für Arbeiterschutz« mitgewirkt zu haben. Nur für die Arbeiterschaft galt er als völlig unbeschriebenes Blatt.
Dabei gehörte Renner jenem Kreis an, der rund um den 1903 ins Leben gerufenen wissenschaftlichen Verein »Zukunft« eine Richtung des Sozialismus begründete, die, nach Renner, das System »unseres Altmeisters Karl Marx mit größtem Nachdruck als Wissenschaft ... und nicht etwa als bloßes politisches Propagandawerk zu erkennen und fortzubilden unternahm«[10]: den Austromarxismus. Während im Deutschen Reich weite

Engelbert Pernerstorfer, Renners wohl größtes politisches Vorbild, dem er sogar eine eigene Hymne widmete.

Teile der Arbeiterbewegung dazu neigten, Gesellschaftsreformen unter Verwerfung des marxistischen Dogmas nur auf dem parlamentarisch-demokratischen Weg – auch in Zusammenarbeit mit nichtsozialistischen Parteien – anzustreben, steuerte man in Wien einen anderen Kurs: Die Austromarxisten hielten zwar, im Gegensatz zu den deutschen »Revisionisten«, an den radikalen Grundvorstellungen Marx' fest, betonten jedoch gleichzeitig die Notwendigkeit, die soziale Revolution mit dem Prinzip der Demokratie im Rahmen parlamentarischer Institutionen zu verbinden. Gleich ihren deutschen Parteifreunden lehnten damit auch Renner, Bauer oder Max Adler einen gewaltsamen Umsturz, wie ihn zum Beispiel Lenin forderte und Jahre später auch in Rußland verwirklichen sollte, entschieden ab. Und durch die Anerkennung der marxistischen Theorie glückte es dem »Hofrat der Revolution«, Victor Adler, in Österreich den radikaleren linken Flügel in der Partei zu halten.

Der Parteivorstand schlug Renner jedenfalls als Kandidat des niederösterreichischen Wahlkreises Neunkirchen vor. Sofort meldeten die Funktionäre erhebliche Zweifel an ob der Erfolgsaussichten des ihnen völlig unbekannten jungen Intellektuellen. Pernerstorfer oblag es letztlich, die Parteibasis aufzuklären. Er machte die Vertrauensleute dabei nicht bloß auf die bäuerlich-proletarische Herkunft Renners aufmerksam, sondern verwies zudem auf dessen beachtliche schriftstellerische Tätigkeit. Die Lobeshymne Pernerstorfers und nicht zuletzt Renners Auftreten selbst überzeugte schließlich auch die hartnäckigsten Skeptiker.

In Neunkirchen entwickelte sich in der Folge im wahrsten Sinne des Wortes ein ›Wahlkampf‹. Die Sozialdemokraten durften nicht eine einzige Versammlung abhalten. Die Gastwirte verweigerten den verhaßten ›Roten‹ ihre Lokale. Außerdem wurden die Wahlkreise oft willkürlich in geographisch und verwaltungstechnisch überhaupt nicht zusammenhängende Gerichtsbezirke unterteilt, um so eine Mehrheit der Arbeiterschaft zu verhindern und Bauernpolitiker und Bürgerliche zu begünstigen. Eine Abordnung von Industriellen sprach bei Ministerpräsident Beck vor, um gegen die Kandidatur des Staatsbeamten Renner Protest einzulegen. Doch selbst diese Intervention konnte nicht verhindern, daß Renner im ersten Wahlgang vom 14. Mai 1907 auf Anhieb der Einzug ins Abgeordnetenhaus gelang.

Der Urnengang sollte für seine Partei zum Triumph werden. Nach der Stichwahl am 23. Mai stellten sie 87 von insgesamt 516 Abgeordneten zum Reichsrat. Diese setzten sich aus 50 Deutschen, 23 Tschechen, sieben Polen, fünf Rumänen und zwei Ruthenen zusammen. Die »Arbeiter-Zeitung« nannte deshalb die Sozialdemokratische Arbeiterpartei als die einzig »wahre Reichspartei«, die tatsächlich alle Nationalitäten erfasse. »Sie ist die erste Reichspartei, die die Fahnen ihres Sieges in Czernowitz wie in Innsbruck, in Prag wie in Triest flattern läßt; die erste, die ihr Bekenntnis in allen acht Sprachen des Staates verkündet.«[11]

Die zweite aufstrebende Massenpartei war die der Christlichsozialen, sie bildete gemeinsam mit den Konservativen einen Block von 96 Mandataren. Die verschiedenen deutschnationalen Gruppierungen erhielten insgesamt 90 Sitze.

Am 17. Juni 1907 wurde Renner als Abgeordneter zum Reichsrat angelobt. Stolz stand er nun mit einer roten Nelke im Knopfloch in einer Reihe mit seinen Parteifreunden, die ihn noch für Jahrzehnte auf seinem politischen Lebensweg begleiten und wie er zu Leitfiguren des Austromarxismus werden sollten: dem Volksschullehrer und exzellenten Redner Karl Seitz, dem Arzt Wilhelm Ellenbogen, dem gelernten Drechsler Jakob Reumann aus Favoriten, den aus Böhmen stammenden Ferdinand Hanusch und Otto Glöckel. Otto Bauer, neben Renner wohl das größte politische Talent der Bewegung, übernahm das Sekretariat des zu stolzer Zahl angewachsenen sozialdemokratischen Parlamentsklubs.

Vielleicht erinnerte sich Renner noch an seine eigenen Worte in seinem Buch »Der Kampf der Österreichischen Nationen um den Staat«, wonach einen Politiker »der Blick ins Weite und auf das Ganze« auszeichnen sollte. Schon damals, 1902, als bloßer Bibliotheksadjunkt, legte er denkbar hohe Maßstäbe an und verlangte von Staatsmännern »Lenker der großen Bewegungen«, »Strategen der Politik« zu sein. Noch war er freilich weit davon entfernt, für große Staatsaufgaben als geeignet zu gelten. Noch war er bloß ein kleiner Abgeordneter eines Wahlkreises in der Provinz ohne größere politische Erfahrung, der breiten Öffentlichkeit völlig unbekannt. Er wußte, daß es nun an ihm lag, Profil zu gewinnen und sich als Politiker einen Namen zu machen. Renner sollte dieses Vorhaben derart eindrucksvoll gelingen, daß er schon nach wenigen Jahren – gemeinsam mit Otto Bauer und Karl Seitz – zu Victor Adlers wichtigstem und einflußreichstem Gefolgsmann aufstieg.

III. Abgeordneter zum Reichsrat

Karl Renner war als Mandatar eines Wahlkreises in Niederösterreich ins Parlament gewählt worden. Er dachte aber nie daran, lediglich die Interessen dieser kleinen, vor dem Semmering gelegenen Region zu vertreten. Vielmehr hatte er von Beginn an höhere Ziele vor Augen und meinte, eine ganz bestimmte Mission erfüllen zu müssen. Als Sozialdemokrat glaubte er, »im Interesse der übergroßen Mehrheit des Menschengeschlechts« zu sprechen. »Der ganze Parlamentarismus und unsere politische Bewegung«, so formulierte er später einmal auf einem Parteitag, »laufen darauf hinaus, den Staat in den Dienst der Arbeiterklasse zu stellen.« Demnach bezeichnete er es auch im Reichsrat als vordringliche Aufgabe seiner Fraktion, »dem Proletariat, das uns hereingeschickt hat, zu dienen, alle Anschläge, die das Proletariat treffen könnten, mit aller Energie abzuwehren und dafür zu sorgen, daß dem Proletariat die Existenz, soweit es auf uns ankommt, möglich gemacht werde«.[1]

Renner wurde im Reichsrat gleich in mehrere Ausschüsse gewählt und zählte dort zu den Experten für Fragen des Budgets, des Justizwesens und der Ausgleichsbestimmungen zwischen Österreich und Ungarn. Bereits in seiner am 27. Juni 1907 gehaltenen ersten Rede erwies er sich im Plenum des Abgeordnetenhauses als exzellenter Rhetoriker. Von da an profilierte er sich – stets bestens vorbereitet und mit dem ihm eigenen Wortwitz – in seinen nicht selten mehrstündigen Beiträgen nahezu in allen Themenbereichen.

Innenpolitisch sah sich Renner damals einem Szenario gegenüber, daß ihn zu schärfster Kritik herausforderte. Alle zehn Jahre mußten zwischen den Vertretern der beiden Reichsteile die Ausgleichsverhandlungen geführt werden. In diesen, stets bis an die Grundlagen der Existenz des Habsburgerreichs gehenden Diskussionen wurde der jeweilige Anteil an der Kostendeckung der gemeinsamen Angelegenheiten, die sogenannte Quote festgelegt. 1867, im ersten Jahr des Ausgleichs, hatte man für das wirtschaftlich schwächere, jedoch politisch überaus einflußreiche Königreich Ungarn einen Anteil von nur 30 Prozent am gemeinsamen Budget, das die Bereiche Außenpolitik, Heer- und Kriegswesen sowie die Finanzen betraf, ausgehandelt. Vier Jahrzehnte später, 1907, war nun auch Renner an den Ausgleichsverhandlungen beteiligt, die schließlich die österreichische Quote mit 63,6 Prozent gegenüber der ungarischen von 36,4 Prozent verbesserte. Er nahm die Ausgleichsdebatte zum Anlaß, um einmal mehr den dualistischen Staatsaufbau der Monarchie zu kritisieren. Renner bezeichnete das staatsrechtliche Verhältnis zwischen Österreich und Ungarn als auf die Dauer technisch unmöglich und nicht lebensfähig. Beide Reichsteile hätten auf der »Tribüne der Welt« vielfach andere Interessen. In wirtschaftlicher Beziehung sei die doppelstaatliche Konstruktion unhaltbar, denn Österreich besitze als Industriestaat gegenüber den Balkanländern ganz andere Interessen als das agrarische Ungarn. Während Wien zunehmend neue Handelsbeziehungen forcieren müsse, strebe Budapest nach der »absoluten Absonderung« gegenüber der Konkurrenz aus Südosteuropa. Davon abgesehen hielt er es auch für völlig verfehlt, »zwei Staaten, zwei getrennten Parlamenten die Verfügung über ein gemeinsames Heer zu überlassen.« Den Dualismus des Jahres 1867 bezeichnete Renner daher für die ganze zukünftige Entwicklung der Donaumonarchie als politisch unerträglich und unzulänglich. Österreich-Ungarn, so kritisierte er mit Ironie, »ist eine verdoppelte Halbheit, beide Staaten sind Rudimentenstaaten, das heißt zusammengesetzt aus Rudimenten der Vergangenheit, welche noch nicht absterben können und durch ihr Dasein jeder künftigen Entwicklung im Wege stehen.« Einmal mehr trat Renner deshalb für die Autonomie der Nationen ein, »damit wir, in nationalen Dingen voneinander getrennt, im stande seien, jede Nation für sich, ihre eigene Kultur zu fördern und alle vereint die gemeinsamen wirtschaftlichen Interessen auf dem Weltmarkte zur Geltung zu bringen«. Bereits 1907 wähnte Renner die Monarchie am Wendepunkt angelangt. Dies bedeutete für ihn die wirtschaftliche Umgestaltung der – »Zisleithanien« genannten – westlichen Reichshälfte. Deshalb sollten alle Parteien, »die ein fortschreitendes, industriefreundliches Österreich wollen«, zusammenarbeiten.[2]

Auch mit der Außenpolitik Österreich-Ungarns, die er als reine Hofpolitik abqualifizierte, zeigte sich Renner nicht einverstanden. »Wir machen uns lächerlich, wenn wir überhaupt von auswärtiger, von irgend einer cäsaristischen, von irgend einer weitausgreifenden Politik sprechen, solange wir selbst unser Haus nicht bestellt haben.« Der Abgeordnete trat daher für eine Kehrtwendung der bisher verfolgten Außenpolitik des Ballhausplatzes ein, denn »wir haben uns verhaßt gemacht durch den aufdringlichen Großmachtswahnsinn.« »Machen wir uns«, so forderte er, »beliebt durch eine selbstlose Politik der politischen Freiheit und der Selbstbestimmung der Völker des Ostens.« Renner strebte im Zuge dessen die wirtschaftspolitische Abnabelung Österreichs von Ungarn an. Der ungarische »Kompagnon« sollte durch die »jungen, aufstrebenden, sich entwickelnden, zukunftsfrohen Völkerschaften« Südosteuropas, »welche unsere Freundschaft suchen«, ersetzt werden. Dementsprechend mußte das Habsburgerreich freilich aufhören, »auf dem Balkan den Gendarmen des Sultans« und »den Komparsen des Zaren« zu spielen. Die Monarchie habe vielmehr die politische Selbständigkeit dieser Nationen zu achten und deren Entwicklung in Richtung der Unabhängigkeit vom Osmanischen Reich zu fördern.[3]

Doch am Ballhausplatz hegte man freilich ganz andere Pläne. Am 28. Juni 1878 hatte Österreich-Ungarn am Berliner Kongreß vom Konzert der Mächte das Mandat erhalten, Bosnien und die Herzegowina zu okkupieren und künftig zu verwalten. Der Sultan des Osmanischen Reiches blieb allerdings de jure weiterhin der Souverän über die beiden Provinzen. Trotzdem kam die k.u.k. Armee zunächst als Eroberer ins Land, dem die moslemischen Freischärler anfangs erbitterten Widerstand leisteten. Im Laufe der Zeit gelang es aber der österreichisch-ungarischen Verwaltung, das Schul- und Sanitätswesen dieser rückständigen Region erheblich zu verbessern und sogar die Wirtschaft anzukurbeln.

Wiederholt wurde von der Reichsführung die Annexion Bosniens und der Herzegowina erwogen. Es bedurfte schließlich eines bekannt ehrgeizigen Ministers des Äußern, um dieses Vorhaben in die Tat umzusetzen. Aloys Lexa Freiherr von Aehrenthal, ein deutschböhmischer Kleinadeliger und konservativer Karrierediplomat, entschied sich im Jahre 1908 zum Handeln. Beunruhigt durch die demokratische Revolution der »jungtürkischen« Reformer im Osmanischen Reich, die nicht nur den Sultan gestürzt hatte, sondern auch Wahlen in Bosnien-Herzegowina forderte, entschloß sich Aehrenthal zur raschen Aktion.

Das Bekanntwerden der endgültigen Annexion Anfang Oktober 1908 verwickelte Europa jedoch in eine schwere Krise. In Serbien und Rußland drohten die chauvinistischen Kreise mit Krieg. Auch London und Konstantinopel protestierten heftig. Im Reichsrat empörten sich erwartungsgemäß die Sozialdemokraten als erklärte Gegner jeder Eroberungssucht über das gewagte Vorgehen des Außenministers. »Wir verwalten Bosnien auf Grund der Bajonette und vorläufig erst auf Grund eines Rechtsbruches, nicht auf Grund irgend eines Rechtes«, so bezog Renner in einer Reichsratsrede gegen die offizielle Politik Stellung. Österreich-Ungarn befinde sich nun wegen des »juristischen Kretinismus Aehrenthals« mit ganz Europa in Konflikt. War dieses Vorgehen ein solches Opfer wert? Die Annexion sei zweifellos im denkbar ungünstigsten Augenblick vollzogen worden. Renner schien es jedenfalls schon damals voraussehbar, daß dieses Auftreten der Doppelmonarchie das gesamte europäische Staatensystem beunruhigen mußte, mitten im Kampf um die Vorherrschaft in der »imperialistischen Weltmachtpolitik« zwischen England und Deutschland. Jeder Vorwand, so vermutete Renner, kam deshalb der chauvinistisch-imperialistischen internationalen Presse gelegen, um Österreich-Ungarn zu treffen und gegen dieses ein Kesseltreiben zu initiieren. Mit der Monarchie sollte indirekt auch das Deutsche Reich getroffen werden und ein Keil zwischen die beiden seit drei Jahrzehnten verbündeten mitteleuropäischen Mächte getrieben werden.

Renner warf aber der gesamten europäischen Diplomatie »völlige Volksfremdheit und Unfähigkeit« vor. Besonders Aehrenthal habe dabei die Verhältnisse weder in der Türkei noch in Rußland oder England richtig beurteilt. Dadurch hätte er die Donaumonarchie jedoch der unmittelbaren Gefahr eines Krieges ausgesetzt. Hauptschuld an dem offensiven und unvorsichtigen Vorgehen des Außenamts trage allerdings die »Großmannssucht« der magyarischen Gentry, die »Eroberungsgelüste Ungarns gegenüber den Balkanvölkern und die Regierungspraktiken der magyarischen herrschenden Klassen« sowie ihr starker Einfluß auf die österreichische Außenpolitik. Mit großem Unbehagen konstatierte Renner einmal mehr, daß die Monarchie ein vorrangig agrarisch regiertes Land war. Den Großgrundbesitz, das Agrariertum, stellte er dabei als Todfeind jeder Weiterentwicklung der auswärtigen Politik Österreich-Ungarns dar.

Renner protestierte nicht gegen die dauernde Einverleibung Bosniens und der Herzegowina an sich, sondern nur gegen die »Art und Weise dieser Maßregel und den Zeitpunkt, in dem sie ausgeführt wurde, in dem wir unrecht bekommen auch dort, wo wir nicht unrecht haben«. Aehrenthal hätte jedenfalls einen Vertrag gebrochen und damit die sieben Großmächte, die Österreich-Ungarn seinerzeit in Berlin das Besetzungs- und Verwaltungsrecht garantiert hatten, brüskiert. Durch diese Politik, so bedauerte Karl Renner, der die Moral stets hochhielt, befinde sich das Habsburgerreich nunmehr vor aller Welt im Unrecht.

Er klagte den »ledernen Kanzler«, wie der einflußreiche und entschlossene Aehrenthal zuweilen genannt wurde, an, die Annexion »ohne ersichtlichen Grund und ohne Not« in einer Zeit höchster internationaler Spannungen vollzogen zu haben. Durch diesen reinen Prestigeakt sei vielerorts der Glaube an eine Eroberungssucht Österreich-Ungarns wachgerufen worden. Zudem habe er durch sein leichtsinniges Handeln die Gefahr eines großen europäischen Krieges heraufbeschworen, die die gesamte wirtschaftliche Stellung der Doppelmonarchie ernstlich bedrohte. Deshalb forderte Renner, daß das Habsburgerreich in Hinkunft vor solchen »Extratouren unserer Diplomatie« zu bewahren sei: »Zu diesem Zwecke brauchen wir vor allem eine andere, gewissenhaftere Leitung unserer auswärtigen Angelegenheiten, eine Vertretung, die auch dem Auslande Garantien gegen eine leichtsinnige und ungeschickte Gefährdung des Friedens darstellt. Wir fordern in der gegenwärtigen Situation zur Verhinderung der Kriegsgefahr die Klarstellung unserer Absichten und die Gutmachung des gemachten Schadens. Wir wollen, daß vor der ganzen Welt klipp und klar erklärt werde, daß unsere Absichten überhaupt friedliche sind, daß wir keinerlei expansive Politik zu machen gewillt sind. Wir fordern, daß die Kränkung der Türkei gutgemacht werde, daß wir mit der Türkei ein friedliches und freundschaftliches Verhältnis gewinnen ... und die Leistung der Bürgschaft, daß wir gegenüber der Türkei territorial vollständig uninteressiert sind.«[4]

Die Monarchie hatte es zu guter Letzt vor allem der entschiedenen Unterstützung des verbündeten Deutschland zu verdanken, daß durch das selbstbewußte und geschickte Auftreten der Berliner Diplomatie eine große militärische Auseinandersetzung noch einmal vermieden werden konnte. Rußland fühlte sich nach seiner katastrophalen Niederlage im Krieg gegen Japan von 1904/05 noch zu geschwächt, um eine ernsthafte Konfrontation mit den Mittelmächten vom Zaun zu brechen. Demzufolge sah sich auch Belgrad wohl oder übel gezwungen, am 31. März 1909 endlich klein beizugeben. Die Türkei wurde für den Verlust Bosniens und der Herzegowina finanziell entschädigt. Die Krise war damit beigelegt.

In Österreich-Ungarn wertete man die vollzogene Annexion als beträchtlichen Erfolg. Vermochte man schon im kolonialen Wettlauf mit den anderen Großmächten nicht mitzuhalten, so hatten sich wenigstens am Balkan – sozusagen vor der eigenen Haustür – die Interessen der Donaumonarchie durchgesetzt. Kaiser Franz Joseph konnte sich zu seinem sechzigjährigen Regierungsjubiläum als ›Mehrer des Reiches‹ feiern lassen. Doch dieser Erfolg wurde teuer erkauft, denn St. Petersburg und Belgrad fühlten sich tief gedemütigt. Eine konstruktive Zusammenarbeit mit dem Zarenreich, wie sie bisher immer wieder betrieben worden war, schien nun kaum mehr möglich. Im Königreich Serbien sann man auf Rache und fühlte sich berufen, die im »Völkerkerker« des Habsburgerreichs »unterdrückten« Brüder zu befreien. Die Lunte zum Pulverfaß war gelegt. Im Sommer 1914 sollte das Faß explodieren.

Auf dem sozialdemokratischen Parteitag im böhmischen Reichenberg vom 19. bis 24. September 1909 trat Renner erstmals auch vor diesem, für seinen weiteren Lebensweg so wichtigen Forum deutlich in Erscheinung. Der aufstrebende Politiker bedauerte in seiner Rede, daß die parlamentarische Tätigkeit die Agitation an der Basis der Arbeiterbewegung überschattete und daß die Parteipresse nur die Oberschicht des Proletariats erreichte. Zudem stellte er fest, daß selbst die Massenversammlungen nicht mehr einen so überzeugenden Eindruck wie früher hinterlassen würden. Die Partei war mittlerweile ein komplizierter Apparat geworden, und die jungen Genossen sahen sich nun nicht mehr mit den Grundfragen des Sozialismus, sondern mit Detailproblemen konfrontiert. Renner propagierte deshalb, wieder auf die allgemeinen großen Prinzipien einzugehen und erneut mit dem »ABC-Sozialismus« anzufangen.

Außerdem räumte er ein, daß die Sozialdemokratie auf parlamentarischem Gebiet bislang nur geringen Erfolg erlangen konnte. Daher zeigte er auch für die Unzufriedenheit innerhalb der Arbeiterbewegung Verständnis. Die zeitweilig nur allzu merkliche vollständige Arbeitsunfähigkeit des Wiener Reichsrats und die österreichische Regierungskrise in Permanenz gingen freilich, so betonte er ausdrücklich, nicht auf ein besonders destruktives Verhalten der Sozialdemokraten, sondern auf die »Verbrechen der anderen« zurück. Die bürgerlichen Parteien hätten »die ganze Hoffnung Österreichs zertrümmert«. Entsprechend zeichnete Renner ein düsteres Bild: »Das Bürgertum hat den Staat aufgelöst, wir haben keinen Reichsrat, keine Regierung, keinen Landtag! Immer verwickelter wird das Verhältnis zu Ungarn! Alles ist vergiftet. Man weiß überhaupt nicht, wie das Werk geflickt werden kann. Wir könnten mit Spott darauf hinweisen, daß das Bürgertum nicht imstande ist, zu regieren. Aber wir leiden darunter, wie der leidet, der fürchten muß, daß jeden Tag das Dach über seinem Haupte zusammenbricht, und also fordern wir, daß das wählende Volk selbst Wandel schaffe.«[5]

Der bürgerliche Radikalismus hatte nach Renners Auffassung nichts Positives, keine sozialen Errungenschaften für die Bevölkerung geleistet. Schließlich sei es zum Arrangement der Bourgeoisie mit dem Adel und der alten Bürokratie gekommen. Nun regiere der Chauvinismus, und die ganze öffentliche Ordnung sei in Auflösung begriffen. Die bürgerlich-deutschnationale Politik empfand Renner in diesem Zusammenhang als in hohem Maß »kindisch und lächerlich«. Die einen, so stellte er scherzend fest, »möchten uns an die Hohenzollern als Gardisten, die anderen möchten uns an die Habsburger als Prätorianer verschachern«. Er definierte daher sein schon zu dieser Zeit stark ausgeprägtes Zugehörigkeitsgefühl zur deutschen Nation in sozialistischer Weise. Demnach stellte für ihn der deutsche Arbeiter »den wertvollsten Bestandteil der deutschen Nation« dar. »Uns deutsche Sozialdemokraten«, so erklärte er, »verbinden mit unserer deutschen Nation die breitesten und herrlichsten geschichtlichen Erinnerungen der Jahrhunderte und Jahrtausende, uns verbindet die lebendige Gegenwart mit unserer deutschen Bruderpartei im Reiche ... Wenn wir national sind, sind wir es immer im Hinblick darauf, daß über dem nationalen Sonderinteresse das gemeinsame kulturelle Interesse der Menschheit steht. Die anderen sind national in dem Sinne, daß kein anderer existieren soll, daß jeder absolut herrscht und den anderen nicht kennt, und so machen sie die törichte Politik, daß sie das große Ganze zerstören, um in kleinen nationalen Sonderwünschen recht zu behalten. So haben sie es durch diese Übertreibungen dahin gebracht, daß Österreich in der schwersten Krise steht.«[6]

Den bürgerlichen Parteien machte er zum Vorwurf, lediglich ihre nationalen, staatsrechtlichen und konfessionellen Anliegen zu verfolgen. Für die Sozialdemokratie stünde dagegen »das Leben und Leiden der Volksmassen« im Brennpunkt des Interesses. Beinahe fünf Jahrzehnte lang habe sich der österreichische »Scheinparlamentarismus« nur mit religiösen und nationalen Fragen beschäftigt. Nun sollte aber »das materielle, ökonomische und kulturelle Interesse des Volkes« zur Geltung kommen. Im Namen der gesamten Partei erklärte Renner die Sozialdemokraten zum Gewissen des Parlaments, das die anderen politischen Gruppen warnen würde, nicht das gesamte Wohl und Wehe eines Volkes von der leidigen Sprachenfrage in Böhmen abhängig zu machen.

»Wir sehen«, so hielt er einmal im Plenum des Abgeordnetenhauses den deutschen und tschechischen Bürgerlichen entgegen, »die nationale Politik von der anderen Seite; sehen Sie sie von oben, von der Seite der Ministerien, der Statthalterei, der Postdirektionen usw., so sehen wir sie von unten, von dem Manne aus, der in der Hütte wohnt und seine Kinder nur mit Müh und Not aufziehen kann, von dem kleinen Häusler; wir sehen sie von den breiten Massen des Volkes aus, und wir finden, daß diese unsere nationale Politik eine fruchtbarere und wichtigere ist als diejenige, die Sie führen.«[7] Renner umriß das nationale Programm der Sozialdemokratie als ein Programm der nationalen Autonomie, der Föderation freier Nationen: »Wir wollen einerseits, daß die Konstituierung Österreichs als Nationalstaat, die Begründung dieses Völkerstaates vorgenommen werde durch die Völker selbst und dieses Parlament. Das ist eine sehr hohe Aufgabe, ist die eine Aufgabe; die andere Aufgabe ist die Fortführung der wirtschaftlichen Politik, der Sozialpolitik und der Kulturpolitik.«[8]

Die tschechischen wie die deutschen Nationalisten beschuldigte Renner gleichermaßen, dem Ansehen des Landes in der Welt durch den jahrzehntelangen, erfolglosen nationalen Grabenkampf wirtschaftlich und moralisch nachhaltig geschadet und es zurückgeworfen zu haben. Das Prestige Österreichs in Europa schien ihm verlorengegangen, die ökonomische Stellung der Monarchie am Balkan dahin. Auch die fortwährende Niederlage der westlichen Reichshälfte gegenüber der »magyarischen Adelsoligarchie« gehe auf das Verschulden sowohl der deutschen als auch der tschechischen Nationalliberalen zurück. Der nicht aus Notwehr, sondern vielmehr mutwillig provozierte Nationalismus war seiner Auffassung nach auch die Ursache des finanziellen Bankrotts Österreichs.

Erwartungsfroh hatte Renner nach den ersten allgemeinen und gleichen Wahlen sein Mandat als Reichsratsabgeordneter angenommen. Doch seine Hoffnungen auf eine konstruktive Zusammenarbeit mit den Christlichsozialen erfüllten sich nicht. Die Bürgerlichen hätten, so kritisierte er wiederholt, die Bevölkerung in ihrer großen Hoffnung auf das neue Parlament schmählich betrogen. Sie zeigten sich, wie es ihm schien, mittlerweile selbstzufrieden und geradezu dekadent. Die Kapitalisten glaubten, mit dem Bürgerlichen Gesetzbuch, mit Polizei und Gendarmerie alles, was sie einst gefordert hatten, erhalten zu haben. Soziale Gesetzgebung in Form von Arbeiterschutzgesetzen bedeute für sie, so Renner, daher nur eine Last.

Entsprechend seiner gesellschaftspolitischen Überzeugung und seinem sozialen Sendungsbewußtsein setzte sich Renner besonders in der Frage der Lebensmittelteuerungen massiv ein. Doch seine Klagen wurden von den bürgerlichen Parteien kaum gehört. »Diese Herren«, so stellte er bitter fest, »haben kein Interesse für das Entbehren und Hungern der Volksmassen.« Und er beklagte »die große Schmach unseres politischen Lebens, die Herzlosigkeit der bürgerlichen Parteien angesichts der offenkundigen wirtschaftlichen Bedrängnis der Bevölkerung«. Die Arbeiter mußten sich deshalb selbst helfen. Die Gewerkschaften sollten dafür kämpfen, den Lebensstandard zu heben und die Löhne der Preisentwicklung anzupassen. Auf der anderen Seite mußte durch die Errichtung von Konsumgenossenschaften die Kaufkraft des Proletariats organisiert werden, um damit Einfluß auf den Warenmarkt zu gewinnen.

Den von den Bürgerlichen so gefürchteten Klassenkampf hielt Renner für notwendig, selbstverständlich und zeitgemäß. Wie schwer er auch sei und »wie schwere Wunden er der Gesellschaft unter Umständen schlagen mag«, so bringe er die Gesellschaft doch weiter. »Jeder Klassenkampf«, so brach er für die marxistische Doktrin ein Lanze, »hat große Vorteile, weil er ein ernstes und reelles Ziel hat, weil er die Menschen auf das Praktische und Notwendige hinlenkt, weil er bewirkt, daß die Bedingungen und Bedürfnisse der Zeit erfüllt werden, daß die Menschen über alle nationalen und konfessionellen Gegensätze hinweg gesammelt und vereinigt werden. Der nationale und konfessionelle Kampf spaltete die Menschen auf Grund von Prinzipien, die heute nicht mehr die Prinzipien und Grundsätze der Zeit sind. Für wie wertvoll auch das religiöse Moment für die Geschichte der Menschheit gehalten wird, entscheidend ist, daß es heute nicht den Ausschlag gibt, daß das vergangene Jahrhunderte angeht und daß es die Nachwehen vergangener Jahrhunderte sind, denen wir hier als Epigonen in kläglicher Weise erliegen, ohne daß irgendein positives Ergebnis herauskommen könnte. Der nationale Kampf seinerseits hat seine große Rolle im Staatenbildungsprozeß des vorigen Jahrhunderts gehabt ... Es sind die Nachwehen der Zeit der nationalen Staatenbildung in Mitteleuropa, es sind vielleicht Vorwehen einer anderen Zeit, wenn die Landkarte Europas neu gebildet wird. Aber für das tägliche Leben des Staates, der heute, in dieser Phase, in erster Linie ein Wirtschaftsstaat, ein sozialer Staat sein muß, wirkt der nationale Kampf spaltend und zersetzend. Deshalb bekennen wir uns ganz ruhig und mit vollem Selbstbewußtsein zum Klassenkampf und betonen: der Klassenkampf kann für dieses Staatswesen, wenn es dafür überhaupt ein Rezept gibt, eine Art Erholung von schweren Krisen bilden; aber niemals kann das der nationale und konfessionelle Kampf.«[9]

Selten berührte Renner das Thema Kirche und Religion. Stets tolerierte er, der einst als Jugendlicher enttäuscht und voller Skepsis der Frömmigkeit den Rücken zugekehrt hatte, das Glaubensbekenntnis anderer. Er hielt es für müßig und völlig verfehlt, die Dogmen, das »Metaphysische, das Sublime des Christentums« anzugreifen. Die Verflechtung von Politik und Kirche lockte ihn jedoch gelegentlich aus der Reserve und veranlaßte ihn zu bisweilen heftiger Polemik. Die katholische Kirche beutete seiner Auffassung nach die soziale Not der Massen aus, um sie für ihre Zwecke zu nützen. Der Katholizismus habe bloß durch die »betrügerische Ausbeutung der Not des kleinen Mannes«, durch das Anfachen des religiösen und wirtschaftlichen Antisemitismus an Macht gewonnen. Nur für den Machtgewinn des Heiligen Stuhls und des »Pfaffentums« würde den Notleidenden Unterstützung gewährt und das Volk mobilisiert. »Wir glauben«, so führte der ehemals gläubige Katholik Karl Renner im Parlament aus, »daß der wahre, entscheidende und in letzter Linie siegreiche Kampf gegen den Klerikalismus nur auf der Basis der Wirtschaftspolitik, einer entscheidenden Wirtschafts- und Sozialpolitik geführt werden kann. Wir meinen, daß der Klassenkampf die Geister mehr befreit als der Kulturkampf. Wir scheiden dabei sehr wohl die Wirtschaftsinteressen der Arbeiter von dem, was man das religiöse Bedürfnis der Leute nennt. Wir treiben nicht eine Politik, die darauf ausgeht, den Leuten eine andre Auffassung über die höchsten Dinge der Welt zu geben. Wir wissen sehr wohl, über diese höchsten Dinge gibt es in den meisten Fällen keinen Richter. In diesen Dingen gibt es keinen unfehlbaren Lehrer. Das religiöse Empfinden eines jeden Arbeiters ist uns immer heilig gewesen, das religiöse Empfinden des Arbeiters, der noch glaubt, als auch das religiöse Empfinden dessen, der nicht mehr glaubt; denn sowohl im Glauben wie im Unglauben liegt ein Bekenntnis, ein Bekenntnis zu einer Weltanschauung, und dieses Bekenntnis über die höchsten Dinge muß notwendigerweise jedem einzelnen anheimgegeben sein.« Auch die Sozialdemokraten, und dies schien ihm besonders wichtig, verfügten über eine Art religiöses Programm. Sie vertraten nach Renners Interpretation die Zuversicht, »daß die Menschen sich herausarbeiten werden aus dieser klassenteiligen Gesellschaft, herausarbeiten zur Einheit der Menschheit, zur Einheit des menschlichen Bewußtseins und zur Freiheit und Gleichheit alles dessen, was Menschenantlitz trägt«. Schon längst war für ihn der Sozialismus nicht bloß Religionsersatz. Er war, nach seinem Glauben, die bessere Religion. Auf traditionell konfessionelle Fragen sollte sich ein Sozialdemokrat zwar grundsätzlich nicht einlassen. Doch der Katholizismus stelle sich in Form von hetzenden Pfarrern und Kaplänen ostentativ und militant gegen die Bedürfnisse und die rechtmäßigen Forderungen der Arbeiterschaft. »Wenn man uns immer und immer wieder Jesus Christus, den Zimmermannssohn, als Hindernis hinstellt für die Emanzipation des Proletariats, dann muß der Glaube im Proletariat erlöschen, und es muß jeder aufgepeitscht werden und muß Widerspruch erheben gegen eine solche Einmengung von Dingen in die Politik, die nicht in die Politik hineingehören.« Religion war Privatsache und durfte sich daher auch nicht in Angelegenheiten des Staates und des Schulwesens einmischen. Das galt Renner als sozialdemokratisches Credo. In zunehmendem Maße mußte er jedoch eine Verbindung zwischen katholischer Kirche und Politik, zwischen Klerus und Wirtschaft feststellen. Diese »klerikale Demagogie« mache es den Arbeitern daher immer schwerer, an ihrer neutralen Stellung zum Katholizismus festzuhalten.[10]

Seit Beginn seiner politischen Karriere zählte Renner zum gemäßigten Parteiflügel innerhalb der Sozialdemokratie. Darüber ließ er bei niemandem, auch nicht bei Tagungen der Sozialistischen Internationale 1907 in Stuttgart oder 1910 in Kopenhagen, Zweifel aufkommen. Vor allem die russische Linke kritisierte ihn deswegen schärfstens. So brandmarkte der junge Josef Stalin Renners Nationalitätenprogramm als »spitzfindige

Form des Nationalismus«. Er bezeichnete den Austromarxisten zudem als einen Imperialisten und polemisierte gegen die Auffassung der österreichischen Sozialdemokratie, wonach nationale Reformen auch im Rahmen des Kapitalismus und damit noch vor der sozialistischen Revolution möglich seien. Lenin wandte sich energisch unter anderem gegen Renners Prinzip der Personalautonomie: »Kampf gegen jede nationale Unterdrückung – jawohl unbedingt. Kampf für jedwede nationale Entwicklung, für die ›nationale Kultur‹ überhaupt – keinesfalls.«[11]

Auch Trotzki befand sich unter den Kritikern. Er war 1907 nach seiner Flucht aus der sibirischen Verbannung nach Wien gekommen und wohnte mit Frau und Kind in dem westlichen Vorort Hütteldorf. Wien hatte sich damals in seinem gleichermaßen luxuriösen wie morbiden Glanz der Jahrhundertwende zum Anziehungspunkt von Intellektuellen, Politikern und Künstlern entwickelt: Als kultureller und wirtschaftlicher Mittelpunkt beherbergte die Donaumetropole, die mehr als zwei Millionen Einwohner zählte, Arthur Schnitzler, Gustav Mahler, Sigmund Freud ebenso wie Thomas Masaryk, Josip Broz-Tito, Josef Stalin und eine gescheiterte Existenz namens Adolf Hitler. Trotzki, der immerhin sieben Jahre in der auf ihn völlig fremd wirkenden Hauptstadt des Vielvölkerreichs blieb, hatte bald nach seiner Ankunft Kontakt zu den führenden österreichischen Sozialdemokraten aufgenommen. Bei seinen Zusammenkünften mit Renner, Bauer und den Adlers mußte er allerdings zur Kenntnis nehmen, daß auch die junge Garde keineswegs den gewaltsamen Umsturz anstrebte. »Diese Menschen«, so fand er erstaunt, »waren keine Revolutionäre. Mehr noch: sie stellten einen Menschentypus dar, der dem Typus des Revolutionärs entgegengesetzt war.«[12]

Besonders überrascht zeigte sich Trotzki nach seiner ersten ausgiebigen Begegnung mit Renner. Nach einer angeregten, bis in die Nacht reichenden Diskussion im Café Central lud Renner den russischen Genossen ein, in seiner Wohnung zu übernachten. Auf dem Heimweg – welch historische Szene – erörterten die beiden so entgegengesetzten Charaktere die Lage des Zarenreichs nach der gescheiterten bürgerlichen Revolution von 1905. Trotzki schätzte seinen Gesprächspartner dabei als gebildeten Marxisten, doch noch mehr stellte Renner für ihn den »begabten habsburgischen Beamten« ohne jegliche revolutionäre Perspektive dar. Als Trotzki etwa von einer bevorstehenden zweiten russischen Revolution sprach, die dem Proletariat zur Macht verhelfen würde, reagierte Renner fassungslos und ungläubig. Trotzki hielt ihn daraufhin »von der revolutionären Dialektik ebensoweit entfernt ... wie den konservativsten der ägyptischen Pharaonen«.[13]

Jahre danach bezeichnete ihn Trotzki – ungeachtet der ihm einst erwiesenen Gastfreundschaft – als »operettenhaften Kanzler« und »den prachtvollen, künstlich gezogenen, in sich am meisten verliebten Vertreter des Typus der Austromarxisten«. Und weiter: »Die Gabe der literarischen Nachahmung oder, einfacher, der stilistischen Täuschung«, so kritisierte Trotzki, »ist ihm in hohem Maße gegeben. Seine feierlichen Maiartikel stellten eine vortrefflich stilisierte Kombination der allerersten vortrefflichsten Worte dar. Da aber sowohl die Worte, wie ihre Zusammenstellung in gewissem Umfange ihr eigenes selbständiges Leben führen, so weckten die Artikel von Renner in den Herzen vieler Arbeiter das revolutionäre Feuer, welches ihr Verfasser, wie es scheint, nie gekannt hat. Der Firlefanz der österreichisch-wienerischen Kultur, die Jagd nach der Äußerlichkeit, nach dem Rang, nach dem Titel war Renner in höherem Maße eigen als seinen übrigen Kommilitonen. Im Grunde blieb er stets nur k.u.k. Beamter, der sich der marxistischen Phraseologie vorzüglich zu bedienen verstand.«[14]

Unbestritten war Renner jeder Hang zum gewaltsamen Umsturz der bestehenden Ordnung fremd. Außer Streit steht zudem, daß gerade er die Genüsse des bürgerlichen Lebens durchaus begrüßte und kultivierte. Mittlerweile zu bescheidenem Wohlstand gekommen, besaß der Sozialdemokrat, im Laufe der Zeit zum Bibliotheksdirektor II. Klasse avanciert, seit 1910 in dem kleinen, vor dem Semmering gelegenen Gloggnitz eine Villa, die 1894 im späthistoristischen Stil erbaut worden war. Bereits zwei Jahre zuvor war Renner nämlich auch in den niederösterreichischen Landtag gewählt worden, dem er bis 1921 angehören sollte. In Wien war er erst vor gar nicht allzu langer Zeit von der Auhofstraße in Wien-Hietzing in die Lange Gasse 5 in der Josefstadt umgezogen. Rund um den Erwerb seines Landhauses in der – nach zwei, keineswegs mit ihm verwandten Flugpionieren benannten – Rennergasse in Gloggnitz und dem damit verbundenen bourgeoisen Lebensstil entwickelte sich in der Folge zwischen der deutschnationalen und sozialdemokratischen Lokalpresse eine heftige Polemik. So bezeichneten ihn die »Wiener Neustädter Nachrichten« als einen »Phraseur, der im Sonnenschein des Privateigentums sich eines besseren Lebens freut«.[15]
Inzwischen sah sich die österreichische Sozialdemokratie mit einer verhängnisvollen Zerreißprobe konfrontiert. Die Ereignisse rund um die russische Revolution von 1905, das Scheitern eines Ausgleichs in Böhmen zwischen Tschechen und Deutschen und die Verschärfung der südslawischen Frage durch die Annexion Bosniens und der Herzegowina ließen

Die Villa in Gloggnitz (um 1912).

die nationalen Gegensätze selbst innerhalb der Arbeiterbewegung endgültig unüberbrückbar erscheinen. Die russische Revolution hatte bei den Slawen Österreichs der Forderung nach Gleichstellung mit den Ungarn und Deutschsprachigen Auftrieb gegeben. So verlangten die Tschechen in der Partei die Errichtung eigener tschechischer Minderheitenschulen in Wien und eine tschechische Kandidatur für die Reichsratswahlen im Wahlkreis Favoriten II. Das Problem der Amtssprache und ein Gewerkschaftskonflikt in Mähren 1909 machte die Prager Parteileitung nur noch unnachgiebiger. Die Tschechen warfen den Deutschen – besonders auch in den Gewerkschaften – einen übermächtigen Einfluß vor. Tatsächlich präsentierten sich Teile der deutschösterreichischen Sozialdemokratie in nationalen Belangen nicht unbedingt vorurteilsfrei. Sie befanden sich damit – wie sie meinten – in bester Gesellschaft und konnten sich dabei sogar auf Marx und Engels berufen.

Der Konflikt wurde vor die Internationale in Kopenhagen gebracht, wo der tschechische Separatismus verurteilt wurde. Der Riß war jedoch nicht mehr zu kitten. Am 13. und 14. Mai 1911 konstituierte sich in Brünn die »Tschechische Sozialdemokratische Arbeiterpartei«. Der Reichsratsklub der SDAP spaltete sich sodann nach der nationalen Herkunft der Abgeordneten. Victor Adlers Lebenswerk war zerstört, die unentwegt beschworene Einheit der Bewegung dahin. Der Streit zwischen Deutschen und Tschechen mußte die Sozialdemokratie auch bei den Neuwahlen zum Reichsrat empfindlich schwächen. Der vorgezogene Urnengang war dabei wirklich längst notwendig geworden: Demonstrationen und Krawalle aufgrund der Teuerungswelle sowie Zusammenstöße der nationalen Gegner in ganz Österreich nahmen immer bedrohlichere Formen an.

Zu allem Übel sah sich die k.k. Regierung nicht mehr in der Lage, mit dem Abgeordnetenhaus zusammenzuarbeiten. Immer wieder wurde die parlamentarische Arbeit unterbrochen. Trotz aller Enttäuschung über die bürgerliche Politik hielt Renner aber an der Anschauung unverbrüchlich fest, »daß die Mehrheit das Recht hat, und so haben wir nicht das Recht, im Parlament die Mehrheit zu hemmen«. Daher sprach er sich auch gegen eine sozialistische Obstruktionspolitik aus, da er wußte, daß mit einer solch destruktiven Maßnahme doch keine Beschlüsse der Mehrheitsparteien zu verhindern waren. »Die Obstruktion«, so definierte er einmal die Crux des österreichischen Reichsrats, »ist nichts anderes als die Verneinung des Rechtsweges, das heißt die Verneinung des parlamentarischen Weges, der Versuch, Gewalt gegen Gewalt zu setzen.«[16]

Renners Wahlkampagne im Wahlkreis Neunkirchen gestaltete sich erneut äußerst schwierig. Wie schon 1907 lehnten es die Wirte ab, Versammlungsräume zur Verfügung zu stellen. Die Unternehmer versuchten, die Arbeiterschaft aus den Fabriken von den sozialdemokratischen Kundgebungen fernzuhalten. Außerdem stellten sie deutschnationale, kapitalistisch gesinnte Gegenkandidaten auf. Anläßlich einer von den Industriellen initiierten Massenveranstaltung in Neunkirchen, zu der sie die Belegschaften aus den umliegenden Ortschaften eigens organisiert hingebracht hatten, verursachten die Sozialdemokraten im Saal einen Tumult. Die Gendarmerie löste daraufhin die Versammlung auf. Draußen, auf dem Hauptplatz, wartete bereits Karl Renner. Er nutzte die Gelegenheit und hielt vor den herbeiströmenden Arbeitern mit großem Erfolg eine Kundgebung ab. Der Bann schien gebrochen, der Boykott gegen ihn war nicht mehr aufrechtzuerhalten. Ab diesem Zeitpunkt ermöglichte es seine Popularität, Räume für Veranstaltungen des sozialistischen Abgeordneten in diesem Wahlkreis zu erhalten. Neuerlich wurde Renner mit absoluter Mehrheit bereits im ersten Wahlgang am 13. Juni 1911 in den Reichsrat gewählt. Dennoch hatte ihn die Kampagne derart in Anspruch genommen, daß er auf ein anderes wichtiges Ereignis gänzlich vergaß: die Matura seiner geliebten Tochter Leopoldine.

Nach den internen nationalen Querelen blieb für die Sozialdemokratie der erwartete Rückschlag nicht aus. Noch vor anderthalb Jahren hatte Renner vehement gefordert, den Widerspruch, in dem sich seiner Meinung nach die bürgerlichen Parteien gegenüber dem Volksempfinden befanden, durch Neuwahlen zu lösen und »durch des Volkes Willen diese nationalistische Blase« aufzustechen. Nun hatte die Linke selbst unter ihren ungelösten nationalen Problem zu leiden. Die deutschsprachigen Sozialdemokraten steigerten sich zwar gegenüber den Wahlen des Jahres 1907 von 513 219 auf 542 439 Stimmen. Aufgrund der eigenwilligen Wahlarithmetik verbuchten sie jedoch einen Mandatsverlust von 50 auf 44 Abgeordnetensitze. Den tschechischen Separatisten schenkten dagegen nicht weniger als 357 000 Wähler ihr Vertrauen. Die großen Verlierer waren die Christlichsozialen, die sich nach dem Tod ihrer alles überragenden und hochverehrten Leitfigur Karl Lueger 1910 in heftige Richtungsstreitigkeiten verwickelt sahen. Der rechtsbürgerliche Deutsche Nationalverband ging aus den Wahlen somit als klarer Sieger hervor. Die sozialdemokratischen Parlamentarier zerfielen fortan in einen deutschen, polnischen und den separatistischen »tschechoslawischen« Klub, dessen 25 Mitglieder nicht selten eigene Wege gingen.

Die Internationalität der Sozialdemokratie lebte für den »Patentösterreicher«, wie Renner gelegentlich scherzhaft genannt wurde, keineswegs nur vom Verhältnis zwischen Deutschen und Tschechen. »Unsere Internationalität«, so bekundete er am Innsbrucker Parteitag 1911, »ist die große Gemeinschaft der Proletarier nicht nur aller mitteleuropäischen Länder, sondern der Proletarier der ganzen Welt, und somit ist der tschechische Fall für uns im Grunde genommen nur ein Inzidenzfall. Und in dieser großen internationalen Gemeinschaft können wir ganz ruhig, wirklich mit Geduld zuwarten ... die Weltgeschichte wird unser Schicksal in der Richtung bestimmen, wie wir sie voraussehen auf Grund wirtschaftlicher Erkenntnis, und wenn wir gerade einen häuslichen Ärger haben mit den Tschechen – es kann uns nichts geschehen.«[17]

Die Tschechen verfolgte nach Renners Meinung das Unglück, in der Geschichte wiederholt ihren Staat verloren zu haben, »und wie der Peter Schlemihl seinem verlorenen Schatten nachrennt, so rennen die Tschechen immer und immer ihrem Staate nach«. Renner warf den tschechischen Sozialisten freilich vor, für die eigene Sache den Deutschenhaß innerhalb des eigenen Proletariats geschürt zu haben. Das war nun für ihn »die große Abirrung, deren sie sich schuldig gemacht haben, weswegen man sagen muß: Ihr habt nicht gekämpft wie anständige Genossen, sondern wie ganz gewöhnliche nationalistische Demagogen!« Diesen Kampf, der »gegen die persönliche Würde eines jeden Sozialdemokraten geht«, wollte Renner nicht dulden. Für ihn kam der Abfall eines Teils der tschechischen Sozialdemokratie einer Rebellion gegen die »alten Traditionen der Internationale« gleich. Die Separatisten hätten damit die Bahn der Internationale verlassen. Trotzdem sprach sich der konsensbereite Pragmatiker Renner für eine weitere Zusammenarbeit der beiden Lager im parlamentarischen Alltag aus: »Der tschechische Arbeiter muß Sozialdemokrat sein, auch wenn er es nicht will ... Aber diese Männer sind nicht Sozialdemokraten, sie nennen sich vielleicht Sozialdemokraten, aber unsere Parteigenossen können sie nicht sein. Aber die Beziehungen abbrechen, ist eine absolute Unmöglichkeit. Wir können nicht eine Partei mit ihnen sein, bis diese Dinge geklärt sind. Aber so wahr der deutsche und der tschechische Arbeiter miteinander in einer Fabrik arbeiten, also die Beziehungen miteinander aufrecht erhalten müssen, so wahr wir im Parlament gemeinsam proletarische Interessen verfechten müssen, werden wir täglich und stündlich in der parlamentarischen Praxis gezwungen dazu, mit ihnen in innigster Fühlung zu bleiben. Das ist so notwendig, wie daß wir die gemeinsame Luft miteinander atmen.«[18]

Renner ließ nach außen hin nie einen Zweifel aufkommen, daß für ihn, die »Irrungen und Wirrungen« innerhalb der österreichischen Sozialdemokratie nur eine Episode bedeuteten. Sein eigenes nationales Programm jedoch wurde nach der Spaltung zunehmend in Zweifel gezogen, obwohl Victor Adler seit 1907 den Ausbau des Brünner Nationalitätenprogramms im Sinne des längst historischen Kremsierer Verfassungsentwurfs verlangte. Für betont deutschgesinnte Sozialdemokraten wie für den Historiker Ludo Moritz Hartmann bedeutete Renners damit verwandtes Prinzip der Personalautonomie nur einen unnötigen Hemmschuh bei der Assimilierung von Minderheiten, während bei den meisten Volksvertretern der Trend immer mehr in Richtung einer weitgehenden nationalen Trennung ging.

Die parlamentarische Arbeit war für Renner nach den Wahlen nicht gerade leichter geworden. Er saß in nicht weniger als neun von insgesamt 32 Fachausschüssen des Reichsrats. Dabei beschlich ihn allmählich die Sorge, »ob das, was wir tun, draußen auch verfolgt und verstanden wird«. Tatsächlich fürchtete er, daß nur »wenig von unserer Arbeit hinausdringt«. Renner akzeptierte zwar den Nationalverband als führende Gruppierung im Reichsrat und gab zu, daß dieser zusammen mit den Christlichsozialen »innerhalb der deutschen Nation unsere Politik« entscheiden würde. Aber, so warf er dem deutschen Freisinn vor, »in nationaler, in wirtschaftspolitischer und steuerpolitischer Beziehung ist seine Leistung – nichts! Nur in einer Beziehung hat er sich besonders hervorgetan: in der Sozialpolitik. Er hat vom ersten Tage an bis zum letzten seine Todfeindschaft gegen jede Maßregel zum Schutze der Arbeiterklasse bekundet. Sonst hat er selbst für das bürgerliche, für das deutsche Österreich nach jeder Richtung vollkommen versagt.«[19]

Immer öfter bezeichnete er die Sozialdemokraten im Reichsrat als »Verteidiger der Volksrechte«: »Wir sind in der Defensive«, so betonte er, »was das Stimmen und die Erfolge betrifft. Wir sind aber in der Offensive mit den Argumenten. Wenn wir in der Defensive sind, können wir auch manches bewirken, dadurch, daß wir die schlafende Mehrheit überrumpeln. Aber sie muß schlafen, wenn man sie überrumpeln soll. Doch als Sozialdemokraten wissen wir, daß dieser Staat und dieses Parlament nichts sind als Organe der herrschenden Klasse, daß wir drinnen stehen im Hause der Feinde, vorläufig in der Minderheit, bereit den Kampf aufzunehmen.«[20] Innerhalb der Bevölkerung befand man sich nach Renners Dafürhalten hingegen in der Offensive. Den ganzen Kampf im Reichsrat wertete er nur als Vorspiel für die Aufklärung jener Teile der Bevölkerung, die sich noch in der Gefolgschaft der bürgerlichen und bäuerlichen Parteien befanden. Die Arbeiterbewegung mußte sich seiner Maxime gemäß in drei Kräften ausleben: in den Gewerkschaften, den Genossenschaften und den Bildungsorganisationen. Demgemäß sprach der ›ge-

scheiterte‹ Katholik Renner in diesem Zusammenhang auch von der »Dreifaltigkeit« des Sozialismus.
1910 publizierte er seine Abhandlung »Landwirtschaftliche Genossenschaften und Konsumvereine«. 1911 wurde er zum Verbandsobmann der österreichischen Konsumgenossenschaften bestellt. Im Jahr darauf rief er den Kreditverband österreichischer Arbeitervereinigungen ins Leben. Mit dieser Maßnahme wollte er das sozialdemokratische Konsumgenossenschaftswesen vom erdrückenden Einfluß der bürgerlich-kapitalistischen Großbanken befreien. Die Arbeiterbewegung sollte zukünftig imstande sein, sich auch wirtschaftlich selbst zu helfen. 1913 trat Renner im schottischen Glasgow auch dem Zentralkomitee des internationalen Genossenschaftsbundes bei.
Dieses von Victor Adler forcierte Engagement im Genossenschaftswesen sollte Renner über die Jahrzehnte hinweg viel Substanz kosten und nur wenig Anerkennung einbringen. Aber er tat, wie er zugab, was die Partei von ihm verlangte; »der dicke Renner«, wie ihn Adler bisweilen scherzhaft nannte, gestand diesem daher auch einmal ein: »Sie haben es leicht mit mir, Sie haben an mir den ›bequemsten Parteigenossen‹.« Aufgrund seiner vielen Begabungen, so gab er sich nicht gerade frei von Eitelkeit, sei es ihm zudem erspart geblieben, über seine künftige Rolle innerhalb der Bewegung nachzudenken. »Was kommt, wird genommen – nichts wird erstrebt.« Bis zu seinem Lebensende sollte Renner immer wieder voll Stolz behaupten, sich nie um ein Amt oder um eine politische Funktion beworben zu haben, sondern stets dafür gerufen worden zu sein.[21]
Seine wahre Passion blieb aber die Schriftstellerei. 1907 begründete er gemeinsam mit Otto Bauer, Max Adler und anderen die wissenschaftliche Monatszeitschrift der österreichischen Sozialdemokratie, »Der Kampf«, für den er dann jahrzehntelang regelmäßig Artikel verfaßte. Dieses theoretische Organ des Austromarxismus konzentrierte sich in erster Linie auf die spezifisch österreichischen Probleme, da deren Lösung ohnehin für die gesamte sozialistische Internationale Bedeutung besaß. Als Vorbild diente die berühmte, in Deutschland von Karl Kautsky und Franz Mehring herausgegebene »Neue Zeit«. Trotz seines unübersehbaren Hangs zur Pragmatik in der Tagespolitik blieb Renner ein begeisterter Staatstheoretiker. Unermüdlich fuhr er fort, zahlreiche Studien zur nationalen Frage zu veröffentlichen, wie »Der deutsche Arbeiter und der Nationalismus«, »Was ist nationale Autonomie?« oder »Die Nation als Rechtsidee und die Internationale«. Daneben setzte er sich im zweibändigen »Das arbeitende Volk und die Steuern« sowie in der Untersuchung »Neue Steuern« mit der Finanzpolitik auseinander. In anderen Werken

widmete er sich wiederum Fragen der Nationalökonomie, »dem Kampf um Brot und Arbeit« und auch der politischen Bekehrung der ländlichen Bevölkerung.

Privat sorgte die Heirat seiner Tochter Leopoldine mit dem Zivilingenieur und leitenden technischen Direktor der »Hammer«-Brotwerke Hans Deutsch für eine beträchtliche Veränderung. Die Hochzeit fand am 13. Mai 1913 in der altkatholischen Salvatorkirche statt, obwohl der 1878 geborene Deutsch einer jüdischen Familie entstammte. Seiner Ehe mit Leopoldine sollten drei Kinder entspringen.

Das Schicksalsjahr 1914 begann dagegen politisch höchst unheilvoll. Zum einen hatten es Hof und Regierung in Wien unterlassen, die plötzlich möglich erscheinende deutsch-tschechische Versöhnung in Böhmen endlich Wirklichkeit werden zu lassen. Zum anderen vertagte der seit drei Jahren amtierende österreichische Ministerpräsident Karl Graf Stürgkh im März den Reichsrat, der durch die tschechische Obstruktion wieder einmal arbeitsunfähig war, unter Berufung auf einen einschlägigen Paragraphen im Staatsgrundgesetz von 1867 und regierte mit Notverordnungen.

Diese Maßnahme nannte Renner erzürnt ein »Regime des Leichtsinns«, einen Staatsstreich und Verfassungsbruch. Seit geraumer Zeit hatte er bedauert, daß die »absolute passive Ideenlosigkeit« von den letzten österreichischen Regierungen zur »höchsten ministeriellen Tugend« stilisiert worden sei. Die gesellschaftlichen, verfassungsrechtlichen und nationalen Probleme blieben dabei freilich nach wie vor im argen. »Ein Staatswesen«, so warnte der engagierte Abgeordnete etwa im »Kampf«, »das solche Fragen von Jahrzehnt zu Jahrzehnt ungelöst fortschleppt, reizt die Nachbarn zum Krieg gegen sich auf und macht zugleich sich selbst unfähig, den Krieg mit Erfolg zu bestehen.« Einem Freund schrieb er sogar zu den Zuständen innerhalb der Monarchie in dunkler Vorahnung: »Ich werde die Besorgnis nicht los, das wird das Finale ...«[22]

In der Tat hatte sich die Lage auf dem Balkan seit zwei Jahren immer prekärer gestaltet: In zwei Balkankriegen mit wechselnden Koalitionen wurde das Osmanische Reich weiter beschnitten und fast zur Gänze aus Südosteuropa verdrängt. Der Konflikt drohte noch dazu größere Formen anzunehmen, als sich die Donaumonarchie anschickte, in der albanischen Frage zu intervenieren. Die allgemeine Kriegsangst wuchs. Die Sozialdemokraten initiierten in den europäischen Großstädten Friedenskundgebungen. Renner trat dabei in Berlin als prominenter ausländischer Redner auf. Im österreichischen Reichsrat sprach er den Wunsch

Karl Renner mit Luise und Leopoldine vor der Villa in Gloggnitz (um 1917).

aus, daß die Diplomatie der Donaumonarchie, die das Reich ohnehin schon »von Blamage zu Blamage« geführt hätte, die Hände vom Balkan lassen sollte. Wie Zehntausende pazifistische Demonstranten bekundete auch er seinen Willen, den Frieden aufrechtzuerhalten.

Die regierenden Kreise, so mahnte er, durften nicht mit einer Aggression nach außen von den inneren Problemen des Vielvölkerstaats ablenken. Nicht zuletzt aufgrund der Einflußnahme Berlins und Roms griff Österreich-Ungarn schließlich doch nicht aktiv ins Geschehen ein. Die Grenzen auf dem Balkan wurden jedenfalls neu gezogen, die ›türkische Beute‹ zwischen den Nationalstaaten aufgeteilt. Trotz der Gebietsgewinne machten sich in Sofia und besonders Belgrad große Enttäuschung breit. Der chauvinistische Hunger war noch lange nicht gestillt, Serbien durch die Gründung Albaniens der ersehnte Zugang zur Adria verwehrt. Die Lage am Balkan blieb labil und gespannt.

Immerhin war aber noch ein letztes Mal die große Konfrontation vermieden worden. In allen maßgeblichen Kreisen vertrat man zu diesem Zeitpunkt noch die Auffassung, daß es sich wegen einer politischen Verwicklung am Balkan nicht lohne, einen allgemeinen Krieg in Europa zu riskieren. Auch Karl Renner rief – etwa anläßlich einer großen Kundgebung in Bregenz Mitte August 1913 – wie die gesamte internationale Sozialdemokratie, dazu auf, den Völkerfrieden zu bewahren. Erstaunlich nur, wie schnell dieser Ruf verstummen und durch einen ganz anderen ersetzt werden sollte. Ein Wandel, den Karl Renner eifrig mitvollzog. Freilich hatte er bereits im Dezember 1912 im parlamentarischen Justizausschuß erklärt: »Wenn wir – durch wessen Schuld immer – in einen Verteidigungskrieg gedrängt sind, so werden wir ... selbstverständlich uns wehren und können nicht übersehen, daß unsere eigenen Leute am meisten bedroht sind ... Daß es den Sozialdemokraten – wenn das Unglück eines Krieges einmal da ist – einfallen könnte, den Soldaten die Möglichkeit der Verteidigung und der Ernährung zu versagen, wäre eine lächerliche Zumutung.«[23]

IV. Der »Lueger der Sozialdemokratie«

»Wir haben keine Ursache uns schwach oder schuldig zu fühlen.
Wir müssen das gleiche Recht zur Landesverteidigung haben wie andere.«
(Karl Renner am 12. April 1915 in der gemeinsamen Sitzung des deutsch-
österreichischen und reichsdeutschen Parteivorstands.)

Die Straßen waren voller Menschen. Überall hörte man das »Gott erhal-
te« und das »Deutschlandlied«. Von den Häusern hingen schwarz-gelbe
Fahnen, Denkmäler wurden mit Monarchenbildern verziert, spontane
Kundgebungen abgehalten. Blumengeschmückt zogen die Soldaten zu
den Bahnhöfen, begleitet von jubelnden Passanten. »Nieder mit Serbien!
Nieder mit den Mördern!« Die Massen waren verzückt, im blinden Taumel. Wien, Budapest, Prag, Triest oder Czernowitz – die Bilder ähnelten
einander verblüffend. Ende Juli 1914. Österreich-Ungarn hatte Serbien
soeben den Krieg erklärt.
Die Ermordung des Thronfolgerpaars am 28. Juni in Sarajevo durch den
serbischen Studenten Gavrilo Princip im Auftrag der Geheimorganisati-
on »Schwarze Hand« hatte ungeheure Folgen nach sich gezogen. Durch
ein – ursprünglich von Bismarck begonnenes, von seinen Nachfolgern jedoch mißverstandenes und damit unzulässig vereinfachtes Bündnisnetz
war Europa seit Jahrzehnten in zwei gegnerische Machtblöcke gespalten:
Die Donaumonarchie bildete mit dem Deutschen Reich und Italien den
Dreibund, dem allerdings eine rein defensive Strategie zugrunde lag.
Rußland, Frankreich und England hatten sich zur Entente formiert. Auch
sie diente ursprünglich bloß zur Verteidigung. Doch als das Habsburgerreich Serbien zur Klärung des Attentats an Franz Ferdinand zunehmend
unter Druck setzte, bot der Zar Belgrad seine Unterstützung an. Mit der
Kriegserklärung Österreich-Ungarns an Serbien am 28. Juli und dem
Drängen des deutschen wie des k.u.k. Generalstabs zu einer militärischen
Lösung des Konflikts nahm die Bündnisautomatik ihren so verhängnisvollen Lauf. Nach einer Welle von gegenseitigen Kriegserklärungen befanden sich nach wenigen Tagen – einerseits wegen des verzweigten
Bündnissystems, andererseits aufgrund der im imperialistischen Wett-
kampf um Aufrüstung und Kolonien aufgestauten Aggression – alle europäischen Großmächte im Krieg. Nur Italien blieb vorerst noch neutral.
Das Osmanische Reich schloß sich am 2. November den Mittelmächten
an.
Die ›gerechte Strafexpedition‹ Österreich-Ungarns gegen Serbien und
die Bündnistreue Deutschlands im Krieg gegen das imperialistisch ag-

gressive Zarenreich schienen die innerlich so zerstrittene und inhomogene Doppelmonarchie noch einmal zu einen. Praktisch die gesamte Bevölkerung war – in erstaunlicher Entsprechung zu Rußland, Frankreich oder Deutschland – von einer ekstatischen Kriegsbegeisterung ergriffen. Den Glauben an den ›gerechten Krieg‹ teilte das sogenannte ›gemeine Volk‹ mit nahezu allen Gelehrten, Schriftstellern und Künstlern wie Sigmund Freud, Stefan Zweig oder Hugo von Hofmannsthal. Vorbei schien zunächst – trotz einiger Zwischenfälle – der nationale Zank zwischen Deutschen und Tschechen. Die Südslawen der Donaumonarchie zogen ohne große Bedenken in den Krieg gegen ihre ›slawischen Brüder‹ aus dem Zarenreich, Serbien und Montenegro. Alle Nationen glaubten freilich, nach dem raschen Sieg spätestens zu Weihnachten wieder Frieden zu haben.

Vergessen schien auch vorerst jeglicher Pazifismus, besonders jener der Sozialisten. Die österreichische Sozialdemokratie unterstützte vielmehr – ähnlich wie ihre Schwesterparteien in Deutschland und Frankreich – den Verteidigungskrieg. Der ›Geist von 1914‹ hatte auch sie in unerwartet starkem Ausmaß erfaßt. Hatten sich die Sozialisten während der bangen Tage der Julikrise noch in Zurückhaltung geübt, das Ultimatum an Serbien vehement verurteilt und jede Verantwortung für den Krieg abgelehnt, stimmte die Partei nach der Kriegserklärung vom 28. Juli schließlich ebenfalls in den Chor der Vaterlandsverteidiger und Patrioten mit ein. Einen ersten ›Höhepunkt‹ bildete dabei Chefredakteur Friedrich Austerlitz' Artikel »Der Tag der deutschen Nation« in der »Arbeiter-Zeitung«. Der »Burgfriede« war somit praktisch auch in Österreich-Ungarn geschlossen. Die Sozialdemokratie bekundete Solidarität mit den Interessen der Habsburgermonarchie, die nun durch das Militär vertreten wurden. Selbst die größte Zukunftshoffnung der Bewegung, Otto Bauer, trug den »Rock des Kaisers« und zog gegen Rußland. Bereits am 23. November geriet der Leutnant, der es innerhalb kurzer Zeit zum Kompaniekommandanten gebracht hatte, allerdings beim Versuch, eine russische Stellung mit dem Bajonett zu nehmen, in Kriegsgefangenschaft. Bauer wurde schließlich in einem sibirischen Lager in der Nähe des Baikalsees interniert.[1]

Der »große Krieg«, wie der Waffengang allgemein genannt wurde, schien auch Karl Renner unausweichlich. Stets hatte er sich, bei aller Kritik und Reformbestrebungen, als Patriot gefühlt und war damit in der Praxis eben doch Lassalle weit näher gestanden als Marx. Nun, da die Monarchie von außen ernstlich bedroht wurde, mußte man im Hinblick auf sie positiv denken und handeln. Im Unterschied zu den russischen Bolschewiken wollte Renner den Staat und das System in der größten Krise nicht stürzen, sondern bewahren. Im Einklang mit dem österreichischen Parteivorstand, dessen Linie er stets befolgte, lagen ihm Gedanken über Subversion oder Revolution völlig fern. In der Stunde der Gefahr durfte das Vaterland nicht im Stich gelassen werden, und so machte Renner auf publizistischem Wege mobil. Dabei blieb er durchaus auf dem Boden der marxistischen Terminologie, wenn er etwa den Krieg im Westen als einen Krieg des Imperialismus, als eine bewaffnete Auseinandersetzung gleich starker und gleich gearteter kapitalistischer Systeme und Staaten bezeichnete. Im Osten dagegen betrachtete er das »zukunftsfreudige Erwachen der geschichtslosen, die heroische Erhebung der geknechteten historischen Nationen« als die wichtigste innere Ursache des Krieges. »Und dieses gewaltige Schauspiel, wie da viele Millionen einer erstarrten, bisher kulturlosen Menschheit den Schlaf der Jahrhunderte von sich schütteln und die Tore der Geschichte für sich entriegeln, dieses Schauspiel ist wahrlich nicht danach angetan, einen Sozialisten kleinmütig und bange zu machen ... Der Krieg im Osten, wie immer er enden mag, wird ein Instrument des Fortschritts sein, denn er wird an die hundert Völker dem abendländischen Kulturkreis einverleiben.«[2]

Auch die nationale »Selbstverteidigung« rechtfertigte Renner auf sozialistische Art: Da das Proletariat engstens mit der wirtschaftlichen und finanziellen Situation seines Landes verbunden sei, bedeute der Krieg eine Gefährdung der eigenen Lage. Die Arbeiterklasse aller kriegführender Staaten handle somit aus einem Notstand heraus. »Der gewaltsame, kriegerische Einbruch in die Interessensphäre« bedrohe die Existenz der Arbeiterklasse. Dies bedeute keineswegs das Ende des Klassenkampfes. Im Gegenteil, der Sieg im Krieg bringe sogar für das Proletariat noch mehr Vorteile. »Vom größeren Stück Profit«, so interpretierte er die weitverbreitete Auffassung, »können wir ein größeres Stück Brot erwarten! Das ist auch nicht das Ende des Sozialismus, scheint vielmehr die schlaueste Überlistung des Kapitalismus: Je reicher er ist, um so mehr werden wir erben. Somit verheißt der Imperialismus im Gegenwartskampf einen größeren Anteil, im Zukunftskampf ein größeres Erbe. Ist der Imperialismus der Planet, der nun einmal die Welt regiert, so setzen wir neben den kapitalistischen Imperialismus den sozialistischen! Steht unsere Epoche unter dem Zeichen des Kriegsgottes Mars, so setzen wir statt des internationalen Sozialismus des Friedens eben den nationalen, den imperialistischen Sozialismus des Krieges!«[3]

Die gedeihliche Zukunft der Arbeiterklasse war für Renner untrennbar mit der »Schicksalsgemeinschaft von Kapital und Arbeit« verbunden: Wenn daher die kapitalistische Entwicklung des Landes durch eine Niederlage unterbunden wäre, würde dies auch eine Untergrabung der Zukunftschancen für die Arbeiterbewegung nach sich ziehen. »Wie der Sozialismus jeder Nation«, so argumentierte er deshalb im »Kampf«, »das Recht der Selbstbestimmung und damit im Krieg der Selbstbehauptung und Selbstverteidigung zuerkennt, keiner Nation aber das Recht auf Beherrschung einer anderen, so muß als unanfechtbar gelten, daß jedes bestehende Wirtschaftsgebiet und seine Bewohner, Bourgeois und Proletarier, jeder für sich und beide zusammen das Recht haben müssen, die einmal gewonnene Wirtschaftssphäre zu verteidigen mit allen Mitteln, die ihnen der Notstand an die Hand gibt. Sind einmal durch die Tatsache des ausgebrochenen Krieges, des Kampfes aller gegen alle, der eine wie der andere und alle zusammen wider Willen in diesen Notstand versetzt, dann kann nur der Unverstand oder widerwärtige Heuchelei so weit gehen, den anderen der Minderwertigkeit im Sozialismus, der Knechtseligkeit gegen seine herrschenden Klassen, der imperialistischen Verseuchung, des nationalen Chauvinismus und ähnlicher Dinge zu beschuldigen, wo doch dem simpelsten Mann, sofern er nur redlich ist, sofort klar ist, daß alle miteinander bloße Opfer des gleichen Notstandes sind.«[4]

Ende Juli 1914 hatte die Versammlung der Sozialistischen Internationale in Brüssel ihre Ohnmacht, sich dem von Politik, Presse und Militär geschürten Kriegswillen entgegenzustellen, nur zu offensichtlich gezeigt. Patriotismus und Kriegsbegeisterung zeigten sich stärker als internationalistisches Denken und Handeln. Zumindest nach außen hin wollte Renner jedoch das Versagen und die faktische Auflösung der II. Internationale nicht zur Kenntnis nehmen. Er räumte lediglich ein, in Friedenszeiten einer »utopischen Internationale« angehört zu haben, die sich einem Wunderglauben an die Macht des gemeinsamen Büros und der alle drei Jahre stattfindenden Kongresse hingegeben hatte. Doch trotz des offenkundigen Scheiterns der gemeinsamen Organisationsform beharrte er am faktischen Weiterbestehen der Internationale. Diese definierte er nun als »Nationengemeinschaft selbst, soweit sie Gemeinschaft ist«. Seiner lapidaren Beschwichtigung nach bestand die Internationale weiter in der Weltwirtschaft, in der Verkehrsgemeinschaft aller Völker, in der Wissenschaft und nicht zuletzt in der Arbeiterschaft selbst. Doch was hatten diese allgemein bekannten Tatsachen mit Sozialismus und Solidarität, mit einer marxistisch orientierten, antiimperialistischen Staatengesellschaft zu tun?[5]

Für die offenkundige Handlungsunfähigkeit und die – einem totalen Bankrott der alten Friedensbeschwörungen gleichkommende – Ratlosigkeit der 1889 gegründeten Institution der Sozialistischen Internationale, für die er noch kurz vor Ausbruch des Krieges als O.W. Payér ein Hymne getextet hatte, machte Renner mehrere Faktoren verantwortlich. Ein Grund schien ihm in der unterschiedlichen Stellung der Sozialdemokratien in den einzelnen kriegführenden Staaten zu liegen. In zu wenigen Ländern waren sie an der Regierung beteiligt und verfügten deshalb über zu wenig Macht und Einfluß. Immerhin gestand Renner aber ein, daß die bisherige Organisation der Internationale einfach zu schwach und naiv gewesen war. »Solange der Kapitalismus in der Ökonomie, das anarchische Nebeneinander der Staaten in der Völkerrechtsordnung bestehen, bleiben die Kriegsursachen und muß mit Kriegsgefahren gerechnet werden. Also ist der Krieg aus dem politischen Gedankenkreis der Sozialisten nicht auszuschließen, sondern als höchste Gefährdung der menschlichen Entwicklung in den Mittelpunkt unserer politischen Praxis zu rücken.«[6] Daher konnten weder die Arbeiter der Ententestaaten noch die der Mittelmächte auf ihre »Selbstverteidigung« verzichten. Ein große internationale Friedensaktion mußte gleichzeitig und gleichmäßig erfolgen. Aber es existierte nun einmal noch keine »reale Instanz ..., die den Völkern und Staaten ihre Erhaltung garantiert«. Demzufolge besaßen diese seiner Ansicht nach »das Recht der Selbstbehauptung durch geordnete Eigenmacht. Ist es Pflicht jedes Proletariats, für die Bewahrung des Friedens seine höchste Kraft einzusetzen, so ist es zugleich sein Recht, sobald der Krieg Tatsache und die internationale Gemeinschaft gebrochen ist, seine ganze Kraft in den Dienst der Selbsterhaltung der Nation und seines Staates zu stellen.«[7]

Renner meinte, mit leuchtendem Beispiel vorangehen zu müssen. Noch in den ersten Monaten nach Ausbruch der Kampfhandlungen veröffentlichte er Artikel über die »Volksernährung im Kriege« sowie über »Kriegsfürsorge und Sozialdemokratie«. Ab 1915 publizierte er für die »Arbeiter-Zeitung« und die Zeitschrift »Der Kampf« zahlreiche Artikel. Zudem erschienen auch Studien wie »Probleme des Ostens«, die sogar in ukrainischer Sprache abgedruckt wurden. Der Kriegsabsolutismus, der sich in Versammlungsverbot, Pressezensur, politischer Verfolgung, Spitzelwesen und ganz allgemein in der Einschränkung der Grundrechte ausdrückte, schien ihn nicht wesentlich zu stören. Der Reichsrat wurde ohnedies nicht einberufen. Renners so charakteristischer Zweckoptimismus ließ ihn daher selbst angesichts der mittlerweile notgedrungen praktizierten Kriegswirtschaft auf eine zunehmende Verstaatlichung der Ökonomie, auf eine »Verwirtschaftlichung der Staatsgewalt« hoffen. Er spekulierte damit, daß der Staat demnach auch nach Kriegsende sich massiv und zentral um die soziale und wirtschaftliche Versorgung der arbeitenden Bevölkerung kümmern würde. 1915 trat er auch in die Kriegsgetreide-Verkehrsanstalt und in den Approvisionierungsbeirat ein. Im niederösterreichischen Landtag setzte er sich freilich weiterhin mit regionalen und sehr prosaischen Problemen auseinander.

Inzwischen war jedoch die geplante und von der überwiegenden Mehrheit der Bevölkerung Österreich-Ungarns begrüßte rasche Strafexpedition gegen Serbien gescheitert. Anfang Dezember 1914 hatte man zwar kurzfristig Belgrad eingenommen, doch nach der Schlacht von Arangjelovac hatte die k.u.k. Armee nicht nur hohen Blutzoll, sondern auch einen bedeutenden Prestigeverlust zu beklagen. Noch dazu mußte das österreichisch-ungarische Heer an zwei Fronten bestehen. Im Osten drangen die zahlenmäßig überlegenen russischen Streitkräfte in Galizien ein, eroberten Lemberg und die Festung am San, Przemysl, sodaß sie schließlich vor der alten polnischen Königsstadt Krakau standen. Ungarn war wiederum durch den Ansturm der »russischen Dampfwalze« an den Karpatenpässen ernstlich bedroht. Nachdem die Offensive der zaristischen Truppen in Mensch und Tier alles abverlangenden Winterschlachten abgewehrt werden konnte, gelang den vereinten deutschen und österreichisch-ungarischen Truppen im Mai 1915 mit der Durchbruchsschlacht bei Tarnów und Gorlice ein entscheidender Erfolg. Galizien und die Bukowina wurden wieder zurückerobert. Die gemeinsame Offensive im Spätsommer führte schließlich zur Einnahme von Warschau, Kowno, Brest-Litowsk und Wilna.

Nach weniger als einem Kriegsjahr und ungeheuren Verlusten hatte die Donaumonarchie jedoch noch eine dritte Front zu verteidigen. Bei Kriegsausbruch hatte sich der Dreibundpartner Italien – auf Basis der bestehenden Verträge durchaus zu Recht – »wohlwollend neutral« erklärt. Obwohl sich die Mehrheit der italienischen Bevölkerung nach wie vor für eine Beibehaltung dieser, für das Land so vorteilhaften, Position aussprach, glückte es der militanten Minderheit der sogenannten Interventionisten, zu denen auch der junge Journalist Benito Mussolini und der Nationaldichter, Abenteurer und Frauenheld Gabriele d'Annunzio zählten, über den Druck der Straße, das Apenninenkönigreich in den Krieg zu drängen. Die verzweifelten Versuche Wiens, das sogar die italienischsprachigen Gebiete des Habsburgerreichs abzutreten versprach, halfen nichts. Die Entente konnte dem – den »heiligen Egoismus« predigenden – Italien weit mehr versprechen. Die im Londoner Geheimvertrag vom 26. April 1915 in Aussicht gestellte Gebietsvergrößerung – Brennergrenze, Görz, Triest und Istrien, große Teile Dalmatiens sowie Libyen, Eritrea und Teile Kleinasiens – veranlaßten Rom am 23. Mai zur Kriegserklärung an die Donaumonarchie.

Dieser kühl kalkulierte Schritt der Geheimdiplomatie zog für den ›gemeinen‹, wehrfähigen Bürger freilich schreckliche Folgen nach sich. Die Generalstäbe aller kriegsführenden Nationen waren in ihren Strategien von falschen Voraussetzungen ausgegangen. Und Menschen wurden zu bloßem ›Material‹ degradiert, das man bedingungslos und ohne Skrupel für Durchbruchsoffensiven, Abnützungsschlachten, für das »Weißbluten« des Gegners einsetzte. Während die militärische Führung anhand ihrer Karten plante, litten die Soldaten und Offiziere an der Front wahre Höllenqualen. »Entsetzliches Bombardement, das über menschliche Kräfte geht«, notierte etwa ein Subalternoffizier über den Beginn der zweiten Isonzoschlacht in sein Tagebuch. »Ein Wunder, daß man noch am Leben ist ... Die Zahl der Verwundeten ist ungeheuer, wir haben nicht mehr genug Verwundetenträger. Die Leute sind vor Schrecken sinnlos geworden.« Am darauffolgenden Tag – unmittelbar vor seinem Tod – beschrieb er noch ein letztes Mal das unvorstellbare Grauen: »Das Artilleriefeuer wird in der Nacht wahnsinnig heftig. Es geht zu Ende, dachte ich und bereite mich vor, als braver Christ zu streben. Es ist zu Ende. Eine beispiellose Schlächterei. Ein entsetzliches Blutbad. Blut fließt überall und rings im Kreise liegen die Toten und Stücke von Leichen, so daß ...« Der Offizier konnte den Satz nicht mehr beenden. Er war soeben gefallen.[8]

Bereits im Sommer 1915 sprach Renner von der »unerhört langen Dauer dieses Krieges«. Eine politische Friedensaktion hielt er jedoch nur gegenüber dem Balkan für spruchreif, keineswegs aber in Richtung Italien oder Rußland. Im sozialdemokratischen Parteivorstand machte er sich sogar für einen »Siegfrieden« stark, denn nur dieser konnte eine dauernde Beruhigung Europas sichern, jeder andere Friede käme lediglich einem Waffenstillstand gleich. Daher schien ihm die prinzipielle Ablehnung von Annexionen »ganz unsinnig«. Das Deutsche Reich dürfe zwar keinen Landgewinn im Westen suchen, dafür sei aber der »Osten nur Annexionsland«. »Jetzt halt sagen, bedeutet ein Verbrechen an unseren Söhnen, die in 15 Jahren wieder in den Krieg ziehen müssen.«[9]

Im Herbst 1915 gelang es schließlich den – um Bulgarien verstärkten – Mittelmächten, Serbien und Montenegro zu erobern, auch Teile Albaniens wurden okkupiert. Dem verbliebenen Rest der serbischen Armee glückte es aber, durch Schiffe der Entente evakuiert zu werden. Gleichzeitig verabsäumten es die Mittelmächte, Saloniki einzunehmen. Ein verhängnisvoller Fehler, wie sich später herausstellen sollte. Immerhin war man aber vorerst mit den Alliierten Bulgarien und Türkei nun auf dem Landweg verbunden. An der Ostfront mußte man dagegen empfindliche Rückschläge verkraften. War schon die Offensive der Zentralmächte im September 1915 in der Schlacht von Tarnopol steckengeblieben, so führte die erste großangelegte Angriffsoperation des russischen Generals Aleksej Brusilov bei Luck am 4. Juni 1916 zu einem Desaster der k.u.k. Streitmacht. Tschechische und ruthenische Soldaten ergaben sich teilweise ohne Widerstand oder liefen sogar zu den Russen über, die insgesamt 300 000 Gefangene machten und Ländergewinne in Wolhynien und Galizien erzielten.

Mitte November 1915 zeigte sich auch Renner über die Möglichkeit eines baldigen Friedens pessimistisch, da er keinen Grund sah, warum etwa England Frieden schließen sollte. »Wir dürfen uns«, so führte er aus, »nicht der Täuschung hingeben, daß unsere Reden den Frieden bewirken können, sondern durch unsere Reden erfüllen wir unseren Parteigenossen gegenüber unsere Pflicht.« Diese Pflicht schien er sodann auch publizistisch zu erfüllen, wenn er bereits in der »Arbeiter-Zeitung« zu Jahresbeginn 1916 den Höhepunkt des Krieges, der mittlerweile »ohne Leidenschaft, beinahe mechanisch« fortrolle, für überschritten erklärte. 1916 betitelte er jedenfalls als das »Jahr des künftigen Friedens«.[10]

Die militärischen Teilerfolge der Mittelmächte ließen Gelehrten- und Wirtschaftskreise mittlerweile die Frage eines deutsch dominierten Mitteleuropas, das sogar vom Atlantik bis zum Persischen Golf reichen mochte, angeregt erörtern. Der deutsche Publizist Friedrich Naumann hatte Ende 1915 mit seinem in der bürgerlichen Welt begeistert aufgenommenen Werk »Mitteleuropa« die Diskussion aufs heftigste entflammt. Dieser Veröffentlichung war dabei noch eine »Denkschrift aus Deutsch-Österreich« aus dem Umfeld des namhaften Historikers Heinrich Friedjung vorausgegangen. Es scheint nicht weiter verwunderlich, daß sich Karl Renner ebenfalls der Faszination eines gewaltigen, politisch und ökonomisch geeinten Mitteleuropas nicht entziehen konnte. Ihm, dem Sozialisten, der immer schon in territorialen Großräumen zu denken pflegte, begeisterte Naumanns Idee einer »Ausweitung der Wirtschaftsgebiete«, hinter der freilich eindeutig deutsche Hegemonialpläne standen. Demgemäß bezeichnete Renner dieses Gebilde nicht ohne Pathos auch als »tausendjährige Wirklichkeit«.

Damit war der Bann endgültig gebrochen: Der linke Flügel innerhalb der österreichischen Sozialdemokratie ließ seine Rücksichtnahme auf die Parteieinheit fallen und eröffnete gegen Renner einen ideologischen

Feldzug, dessen letzte Scharmützel bis heute fortdauern. Seit Beginn des Weltkriegs verfolgten viele Renners Loyalität gegenüber der Staatsführung mit Skepsis. Der linke Flügel verurteilte ihn als »k.u.k. Sozialdemokraten, der sich den Kopf der Habsburger zerbreche«. Immer öfter warf man ihm vor, ein bloßer »Sozialpatriot«, ja ein »Sozialimperialist« zu sein. Renner zog sich damals die Feindschaft vieler ehemaliger Freunde und alter Mitstreiter zu. Er überwarf sich mit Rudolf Hilferding, Max Adler und Friedrich Adler, Friedrich Austerlitz sowie nicht zuletzt mit Karl Kautsky.

Unter den orthodoxen Austromarxisten galt Renner zunehmend als Durchhaltepolitiker und Kollaborateur der herrschenden Klassen. Bei vielen Genossen, auch innerhalb der Parteiführung, war die Kriegsbegeisterung, ›der Geist von 1914‹, einem immer unbändiger werdenden Wunsch nach einem sofortigen Frieden gewichen. Während Friedrich Adler die Haltung der gesamten europäischen Sozialdemokratie bei Kriegsausbruch anprangerte, verurteilte Hilferding dagegen lediglich den »Burgfrieden« der reichsdeutschen Sozialisten. Renner, der die deutsche Sozialdemokratie stets als beispielhaften Vorreiter in der internationalen Arbeiterbewegung betrachtet hatte, verteidigte die Kriegsbereitschaft der west- und mitteleuropäischen Sozialisten freilich weiterhin. Für ihn handelte es sich dabei um ein »positives Tun«. Der Soldat im Schützengraben sollte wissen, daß er sich selbst und sein Land in Notwehr verteidigte. Er konnte dies nach Renner sehr wohl mit reinem Gewissen tun, da er – wie auch die gesamte Sozialdemokratie – am Krieg schuldlos sei.

Zudem bestritt Renner, daß die Antikriegsposition der russischen Sozialdemokraten auf eine »höhere Reife der Verhältnisse und der Parteierziehung« zurückzuführen wäre. Für ihn bewies dies im Gegenteil lediglich, wie weit entfernt Lenin, Trotzki und Genossen, die Renner umgekehrt einen »Sozialchauvinisten« und »gewöhnlichen Makler des mitteleuropäischen imperialistischen Bundes« nannten, sich noch von der realen politischen Macht befanden. Renner vertrat die These: Je größer der wirtschaftliche Einfluß des Proletariats in einem industriell hochentwickelten Staat wäre, desto größer würde sich auch seine politische und soziale Mitverantwortung und damit die Zwangslage, sich auch an einem – an sich verhaßten – Krieg zu beteiligen, gestalten. Die alte Organisation der Sozialistischen Internationale war eben deswegen gescheitert, so wiederholte er, weil sie einer bloßen Utopie nachgegangen war. Das Ansinnen der Kongresse in Stuttgart, Kopenhagen und Basel sei zwar zweifellos richtig gewesen, doch für einen wirklichen Erfolg historisch einfach zu früh gekommen. »Der Friede ohne Sozialismus ist eine Illusion!« Dies bedeutete für Renner, daß sich zunächst die gesamte Arbeiterschaft zur sozialdemokratischen Idee bekennen mußte, um nach außen hin den Weltfrieden zu sichern. Zuallererst war die Macht im eigenen Land zu erobern, der Sozialismus daheim zu erarbeiten: »Ohne Sieg über das Kapital, ohne internationale Weltorganisation gibt es keine Bürgschaft des Friedens – der bloße Pazifismus, wie er sich bisher gab, die pazifistische Ideologie überwindet den Krieg nicht.«[11]

Mittlerweile dauerte der Krieg freilich bereits zwei harte Jahre lang, und ein Friede schien nicht in Sicht. Die Verluste an Toten, Verwundeten, Vermißten und Deserteuren nahmen unvorstellbare Dimensionen an. Allein an der Nordostfront büßte die k.u.k. Streitmacht gegen Rußland im Hochsommer 1916 nicht weniger als 300 000 Mann ein. Dagegen machten sich in der Heimat, in Österreich-Ungarn, die Folgen der englischen Seeblockade schmerzlich bemerkbar. Die eigenen Ressourcen gingen dem Ende zu. Aufgrund der steigenden Lebensmittelknappheit bei Kartoffeln, Milch, Eiern und Fett im Verein mit bedrohlichen Teuerungswellen kam es am 11. Mai 1916 in Wien zu ersten Hungerkrawallen. Während an der Front mit Flammenwerfern und Giftgas zu immer drastischeren Mitteln gegriffen wurde, stieg im Hinterland die Unzufriedenheit. Vor allem die Arbeiterschaft begann sich zu radikalisieren und der linke Flügel innerhalb der Sozialdemokratischen Partei an Bedeutung zu gewinnen.

Friedrich Adler hatte den Krieg von Beginn an verurteilt und war der Idee internationaler sozialistischer Solidarität treu geblieben. Nun entschied sich ausgerechnet der Sohn des so moderaten und humanen Parteivorsitzenden zum Terror, zur Ermordung eines verantwortlichen Politikers. Mehrere potentielle Opfer, wie etwa Außenminister Burián oder der ungarische Ministerpräsident Tisza, waren von ihm dabei in Erwägung gezogen worden. In letzter Konsequenz fiel seine Wahl auf den allseits unbeliebten k.k. Ministerpräsidenten Stürgkh. Der österreichische Regierungschef galt als Symbol für den Kriegsabsolutismus, für Ausnahmezustand, Zensur, die Diktatur und das überlebte System schlechthin. Beinahe täglich pflegte Stürgkh im Hotel »Meissl und Schadn« am Neuen Markt in der Wiener Innenstadt zu Mittag zu speisen. Am 21. Oktober 1916 beobachtete Friedrich Adler sein Opfer, das in Gesellschaft bei Tisch saß, zwei Stunden lang, bis er schließlich auf den stark sehbehinderten Stürgkh zuging und ihn aus unmittelbarer Nähe mit drei Schüssen tötete.

Niemand schien die Ermordung des Ministerpräsidenten wirklich zu berühren. Die Sozialdemokratische Partei ließ das Attentat offiziell durch

Pernerstorfer im Abgeordnetenhaus verurteilen. Renner kommentierte nüchtern vor der Parteivertretung, der Gewerkschaftskommission und dem Wiener Vorstand:»Allen Respekt vor der individuellen Tat, doch ist sie für die Arbeiterbewegung von keinem Nutzen. Die ganze Haltung Fritz Adlers war ein ständiges Mißtrauensvotum auf die Gesamtorganisation. Die Partei hat dabei als Institution erbärmlich abgeschnitten. Man verleitet den Arbeiter zu dem Schluß: Die Partei taugt nichts, die Gewerkschaft taugt nichts, das Entscheidende ist nur die individuelle Tat.«[12] Monate später, Mitte Mai 1917, stand Friedrich Adler vor dem Ausnahmegericht. Die Verteidigungsrede seiner Tat gestaltete er zu einer wahren Anklage gegen das alte Regime und seine eigene Partei. Dabei griff er Renner mit aller Schärfe an. Dieser, so beschuldigte ihn Adler, verhöhne die Revolution. Renners höchstes Prinzip sei der Staat. Der»Lueger der Sozialdemokratie« habe den»Geist der Prinzipienlosigkeit, den Geist der Gaukelei in unsere Partei gebracht ..., daß man sich immer schämen muß, das auf sich sitzen zu lassen.« Renner, so führte Adler aus, verkleide seine»wahre innerliche Überzeugung des Österreichertums«, schmuggle sie in die Partei ein als»internationale Überzeugung.« Er rechtfertige geradezu den Absolutismus, spiele in der Partei eine besondere Rolle und fungiere als Präsidialist der jeweiligen Regierung. Daher könne man ihn nicht zum Maßstab der Partei nehmen.[13]

Renner wandte sich öffentlich keineswegs gegen die schweren Beschuldigungen des zum Tod verurteilten Friedrich Adler, obwohl er sie naturgemäß als ziemlich schmerzlich empfand. »Wenn man in einer Partei wirkt«, sollte er später einmal erklären, »so empfiehlt es sich nicht, auf harte Worte, die gegen einen fallen, wie auf Worte, die man allenfalls selber gebraucht, empfindlich zu reagieren. Es bleibt im Grunde nichts anderes übrig, als weiterzuarbeiten und abzuwarten, bis die Massen der Partei sich nach der Leistung der Person von ihr ein Bild gemacht haben. Vertrauen wird erarbeitet und nicht erzankt.«[14]

Mit der Herausgabe seines dreibändigen Werkes»Österreichs Erneuerung«, das sich im wesentlichen aus seiner Artikelserie in der»Arbeiter-Zeitung« zusammensetzte, sowie mit einer Vielzahl von Aufsätzen im theoretischen Organ»Der Kampf« suchte Renner seine Position zu Krieg, Monarchie und Sozialismus gegenüber seinen innerparteilichen Gegnern klarzustellen. Da begannen sich die Ereignisse für Österreich-Ungarn im Inneren wie an den Fronten zu überstürzen. Ermutigt durch die Katastrophe des k.u.k. Heeres bei Luck war Rumänien am 27. August 1916 an der Seite der Entente in den Krieg eingetreten. Dies bedeutete für die Mittelmächte eine Verlängerung der Ostfront und die Verstärkung der Gegner um 620 000 Mann. Binnen kurzer Zeit gelang es aber den vereinten Streitkräften Deutschlands, der Doppelmonarchie, Bulgariens und des Osmanischen Reichs, die unerfahrenen rumänischen Truppen entscheidend zu besiegen und Bukarest noch im Dezember einzunehmen. Die Russen scheiterten mit zwei Offensivversuchen unter General Brusilov, sodaß sich die Lage der Donaumonarchie vom militärischen Standpunkt durchaus günstig präsentierte. Schließlich hatten auch die Italiener in drei weiteren Isonzoschlachten keine großartigen Erfolge errungen.

Im Inneren wurde das Habsburgerreich durch ein ganz besonderes, wenngleich vorhersehbares Ereignis nachhaltig erschüttert. Am 21. November 1916 endete das lange Leben Franz Josephs. Mit dem ›alten Kaiser‹ sollte auch die letzte Epoche des – wenngleich nur mehr mühsamen – Zusammenhalts der Völker der Donaumonarchie zu Grabe getragen werden. Sein Großneffe und Nachfolger, der junge Kaiser Karl I., besaß zweifellos – schon aufgrund seiner unsicher wirkenden äußeren Erscheinung – nicht genügend Autorität und Anziehungskraft, um die Monarchie vor dem Zusammenbruch zu retten. Obwohl es militärisch zwar durchaus noch nicht danach aussah, so sollten doch die ›Nebenerscheinungen‹ dieses gewaltigen Krieges für die Beschleunigung des Zerfalls Österreich-Ungarns sorgen.

Durch den Ausfall des Frontgebiets Galizien, durch den Mangel an Bauern, Landarbeitern, Pferden und Dünger sowie aufgrund des dramatischen Importrückgangs durch den Krieg mit Rumänien war 1916 der Ertrag der westlichen Reichshälfte gegenüber dem letzten Friedensjahr um mehr als die Hälfte gesunken. In der ›ungarischen Kornkammer‹ sah die Lage zwar wesentlich besser aus, doch die – durch das dualistische System geförderte und von Renner stets hart kritisierte – egoistische und eigennützige Haltung Budapests verhinderte eine entscheidende Unterstützung der östlichen Reichshälfte für Österreich. Die Errichtung eines Ernährungsamts sollte diesem Mißstand Abhilfe schaffen und eine Hungerkatastrophe vermeiden. Die nicht von der Armee benötigten Nahrungsmittel waren demnach durch eine eigene Behörde gleichmäßig auf das Hinterland zu verteilen.

Am 4. Oktober 1916 wurde Renner als Verpflegsakzessist der Reserve zum k.k. Landsturm-Bezirkskommando Nr. 1 in die Hütteldorfer Straße 188 einberufen und einer Intendanzabteilung des Kriegsministeriums unterstellt. Koerber, der erneut als k.k. Ministerpräsident amtierte, erinnerte sich des früheren Bibliothekars, den er bereits um die Jahrhundertwende kennengelernt hatte, und berief ihn zu sich ins Ministerratspräsidium in der Herrengasse 7. Sehr zu Koerbers Belustigung erschien Renner in Uniform mit Zweispitz und Degen, als ihm der Ministerpräsident den Vorschlag unterbreitete, ins kriegswirtschaftliche Ernährungsamt einzutreten. Ende November übernahm Renner als Mitglied des siebenköpfigen Direktoriums, das sich aus Politikern und Interessenvertretern, darunter der spätere christlichsoziale Vizekanzler Jodok Fink, zusammensetzte, eine Begutachterfunktion. Besonders am Anfang beschäftigte er sich dabei intensiv mit den Angelegenheiten dieses Amts. Als zuständiger Präsident war der Chef des Generalquartiermeisteramts, Generalmajor Anton Höfer, sein Vorgesetzter.

Höfer war es auch, durch dessen Vermittlung Renner Ende April 1917 zu Kaiser Karl zur Audienz nach Laxenburg gerufen wurde. Skeptische Neugierde begleitete ihn auf seiner Fahrt in die kaiserliche Residenz südlich von Wien. Das Treffen endete für Renner enttäuschend. Der Kaiser wirkte uninformiert und seltsam befangen. Angeblich soll Karl – wie Obersthofmeister Josef Graf Hunyadi Wochen später erzählte – sogar ein Attentat des »Freimaurers« Renner befürchtet haben. So nimmt es nicht wunder, daß Renner mit seiner Kritik und seinen Anliegen zur Umgestaltung des Versorgungswesens nicht durchzudringen vermochte. Zudem hatte der junge, knabenhaft wirkende Kaiser die Eitelkeit seines Besuchers gekränkt, als er in völligem Ernst und verwundert äußerte: »Bücher haben Sie auch geschrieben?«[15]

Inzwischen hatten die Abnützungs- und Ermattungsstrategien einen ersten Erfolg gezeitigt. Die Versuche des russischen Generalstabs, den in Gräben und hinter Stacheldrahtverhauen erstarrten Stellungskampf durch den massiven Einsatz von Artillerie zu überwinden, war endgültig fehlgeschlagen. Dagegen nahmen die Versorgungsschwierigkeiten gewaltige Ausmaße an. Außerdem mißlang es, der allgemeinen Kriegsmüdigkeit aufgrund der hohen Verluste und der militärischen Mißerfolge Einhalt zu gebieten. Der an sich bereits friedenswillige Zar wurde gestürzt und eine liberal-bürgerliche provisorische Regierung eingesetzt. Parallel dazu übte schon der Petrograder Sowjet die Kontrolle über die russischen Streitkräfte aus.

Die Ereignisse rund um die russische Februarrevolution mußten auch Rückwirkungen auf Österreich-Ungarn nach sich ziehen. Für die österreichische Sozialdemokratie war mit dem Ende des Zarismus ein Hauptmotiv für die Unterstützung des Krieges, für die Erhaltung des ›Burgfriedens‹ weggefallen. Das weiterhin bündnistreue Rußland hatte sich von einem despotisch-autokratisch regierten Kaiserreich zu einem demokratischen Staat verwandelt. Und die Entente konnte nun ohne Einschränkung einen ›Kreuzzug‹ der Demokratien gegen die alten, reaktionären Monarchien propagieren und die Befreiung der ›unterdrückten‹ Völker fordern.

Auch Kaiser Karl erschien es völlig klar, daß nun der österreichische Reichsrat baldigst wieder einberufen werden mußte. Noch dazu, wo der Prozeß gegen Friedrich Adler kurz bevorstand. Da das Parlamentsgebäude aber nach Kriegsausbruch zum Lazarett umfunktioniert worden war, dauerte es letztlich bis zum 30. Mai 1917, bis der Reichsrat endlich zusammentreten konnte. Doch dabei zeigte sich deutlich, wie überaus skeptisch die einzelnen Nationalitäten dem alten Staat mittlerweile gegenüberstanden. Zudem hätte es wohl niemand mehr vermocht, die einander so entgegengesetzten und ausschließenden Forderungen der Tschechen, Polen, Ruthenen und Südslawen gerecht zu erfüllen. Zwei Wochen später griff auch Renner wieder in die nationale Debatte ein: »Wenn dieser Staat Österreich bestehen soll«, forderte er im Reichsrat, »so muß seine Notwendigkeit sich offen und gerade heraus für alle Völker erweisen, ohne Zurückhaltung ihrer innersten Wünsche.« Zudem beklagte er, daß das k.k. Kabinett sich stets aus demselben exklusiven Kreis weniger Mitglieder aus Aristokratie und Bürokratie zusammensetzte, »die ohne inneren Zusammenhang mit der Volksvertretung und ohne innere Fühlung mit dem Volke jeweils durch eine unnennbare Vorsehung uns als Regierung eingesetzt werden.« Das Ausleseprinzip für diese Staatsmänner bestünde ohnehin in nichts anderem als der »Hofgunst«.[16]

Von der Regierung forderte er die »Wiederherstellung sämtlicher Freiheiten, die sofortige kategorische Außerkraftsetzung aller Ausnahmsgerichte«. Drei Jahre lang seien schließlich die staatsbürgerlichen Rechte »von allen Seiten mit Füßen getreten« worden. Der Abgeordnete ging jedenfalls von der Annahme aus, daß die allgemeine Gleichgültigkeit der Nationalitäten Österreichs gegenüber Verfassungsfragen und die »absolute Unfähigkeit« der Regierungskreise, Verfassungsfragen überhaupt zu begreifen, zu den Hauptursachen des Krieges zählten. »Schaffen Sie uns die Möglichkeit in diesem Lande zu leben«, so appellierte er dramatisch, »schaffen Sie dem Arbeiter die Möglichkeit, in der Gemeinde, im Kreise, im Land und im Staate zu wirken, das bißchen Arbeiterschutz sich durchzusetzen, seine persönliche Würde sich zu wahren, schaffen Sie ihm diese rechtliche Möglichkeit, und er wird in diesem Lande arbeiten und mit ihm verwachsen. Wenn aber der Staat ein Staat des Chaos bleibt, der Willkür, der Recht- und Gesetzlosigkeit, dann soll er zugrunde gehen!«[17]

Renner war freilich noch weit davon entfernt, den Vielvölkerstaat aufgegeben zu haben. Vielmehr gehörte er zu den wenigen Politikern, die noch an den Fortbestand des Habsburgerreichs glaubten. Von vielen, von Kaiser Karl ebenso wie von Finanzminister Alexander Spitzmüller oder von ausländischen Beobachtern, wurde er zunehmend als Kandidat für einen Ministerposten gehandelt. Am 17. Juni 1917 bot Ministerpräsident Heinrich Graf Clam-Martinic dem Sozialdemokraten dann tatsächlich ein Ministeramt in einer Konzentrationsregierung an. Renner hielt aber Clam-Martinic, einen tschechischen Aristokraten, der nach Stürgkhs Ermordung und Koerbers Demission für die Geschicke Österreichs verantwortlich zeichnete, für eine »politische Null«, und es fiel ihm leicht, sich – ähnlich wie bei seinem Rückzug aus dem Ernährungsamt – der Entscheidung des Parteivorstands zu beugen, der das Angebot Clams ablehnte.

Dafür hoffte Renner nun auf eine gemeinsame europäische Friedensaktion der Sozialdemokraten. Die sozialistischen Parteien der Niederlande, Dänemarks, Schwedens und Norwegens verbanden sich in Stockholm zum »holländisch-skandinavischen Komitee«. Auch das Büro der Internationale verlegte seinen Sitz von Den Haag in die schwedische Hauptstadt, um von der Rußland nahegelegenen nordeuropäischen Metropole aus Verhandlungen nach beiden kriegführenden Seiten einzuleiten. Für den 15. Mai war schließlich eine gemeinsame Konferenz geplant. Mitte April waren Renner, Victor Adler und Karl Seitz in Begleitung ungarischer Sozialdemokraten zu Philipp Scheidemann nach Berlin gefahren. Gemeinsam mit den holländischen Genossen sollte in Stockholm versucht werden, Kontakt zu den Bolschewiki aufzunehmen.

Dieser Reise waren Gespräche über einen russischen Sonderfrieden mit dem k.u.k. Außenminister Ottokar Graf Czernin vorausgegangen. Czernin, der aus Böhmen stammte, händigte den österreichischen Sozialdemokraten auch die Pässe für die Stockholmer Konferenz aus. »Entweder sie bringen den Frieden«, so rechtfertigte er sich gegenüber dem ungarischen Ministerpräsidenten István Tisza, »dann wird es sicherlich ein ›sozialistischer‹ sein, und der Kaiser wird ihn aus der Tasche bezahlen. Das, lieber Freund, weiß ich auch. Aber wenn der Krieg nicht zu beenden ist, so wird der Kaiser noch viel mehr bezahlen – verlasse Dich darauf. Oder sie bringen – wie zu erwarten – den Frieden nicht, dann war mein Vorgehen um so richtiger, denn dann habe ich ihnen bewiesen, daß nicht die ›Unfähigkeit der zünftigen Diplomatie‹, sondern die Verhältnisse daran schuld sind, daß der Krieg nicht aufhört. Hätte ich ihnen die Ausreise verweigert, so hätten sie noch über mein Grab hinaus täglich erklärt, ›sie hätten den Frieden gemacht, wenn man sie hinausgelassen hätte‹.«[18]

In der Tat maß Karl Renner dem Stockholmer Treffen die Funktion bei, die Arbeiterbewegung aller Länder wieder im Friedenswillen zu einigen und zu einer geordneten und einheitlichen Friedensaktion zu verpflichten. Es galt, nach drei Kriegsjahren die tiefe Kluft zwischen den einzelnen nationalen sozialistischen Parteien erst einmal zu überwinden. Der Zustand der österreichischen Sozialdemokratie war kritisch. Nicht nur die tschechischen, auch die polnischen Genossen gingen zunehmend ihre eigenen Wege.

Fern der Heimat, in Stockholm, schien es allerdings, als sei ein wiederaufkeimendes Zusammengehörigkeitsgefühl der verschiedenen Nationalitäten festzustellen. »Dort in der Fremde empfanden wir«, berichtete Renner in »Der Kampf«, »erst so recht, ... daß wir doch noch zusammengehören.« Die Ententepropaganda, gegen die Mittelmächte einen »Befreiungskrieg« für deren unterjochte Völkerschaften zu führen, qualifizierte er nach wie vor als »lügnerischen Vorwand« für ihren »imperialistischen Raubkrieg« ab. Trotz aller folgenschweren Unterlassungen der österreichischen Regierungen in den letzten Jahrzehnten stand für ihn noch immer fest, »daß es in der ganzen Welt kein einziges Staatswesen gibt, das so sehr alle Volksstämme, die es umschließt, erhalten und zur Entwicklung gebracht hätte, wie Österreich-Ungarn.«

Ohne Unterlaß forderte Renner nicht bloß den äußeren, sondern auch den inneren Frieden für die Monarchie. Damit würde schließlich auch der Vorwand für eine Intervention fremder Mächte wegfallen. Die Emanzipation der Nationalitäten mußte deren eigenes Werk und zudem die gemeinsame Pflicht des Proletariats aller Völkerschaften sein. Wieder einmal rief er seine Partei zur Einigkeit auf, in der Hoffnung, daß die Sozialisten der Habsburgermonarchie »den Verhandlungssaal von Stockholm als dauernd geeinigte Sozialdemokratie des Donaureiches verlassen. Wir müssen erwarten, daß wir als andere von Stockholm zurückkehren, als wir nach Stockholm gegangen sind.« Schließlich standen zwei große Zukunftsaufgaben bevor: die Sozialreform und eine völlige Neugestaltung der Verfassung.

Stockholm entpuppte sich jedoch als herbe Enttäuschung. Vielen Sozialisten wurde die Ausreise aus ihrem Heimatland verwehrt, und so kam es bloß zu einer Vielzahl von Einzelbesprechungen, wobei Renner auch mit Lenin zusammentraf. Nach deren Abschluß im Oktober 1917 wurde schließlich ein Manifest erlassen, das – gemäß den mittlerweile berühmt gewordenen bolschewistischen Forderungen – auf einen raschen Frieden ohne Annexionen und Kontributionen drängte. Die Kriegsschuldfrage blieb allerdings ausgespart.[19]

Die österreichische Abordnung in Stockholm 1917. In der Mitte Victor Adler, rechts von ihm Karl Renner.

Der Krieg war mittlerweile längst trauriger Alltag geworden. Der Stellungskampf an der Südfront gegen Italien, das – trotz der so blutigen Schlachten an der Somme, um Verdun und in Flandern – deutsch-französisch-englische Patt im Westen, der »uneingeschränkte U-Bootkrieg« der deutschen Seestreitkräfte gegen die englische Hungerblockade, ja selbst die Rückgewinnung fast ganz Galiziens und der Bukowina durch die gemeinsame Offensive der Mittelmächte ab Juli 1917 – all das vermochte die Bevölkerung in der Heimat nicht mehr allzu sehr zu berühren. Dagegen brachen allerorts Streiks aus. In Wien, Prag und Pilsen gingen die Arbeiter in den Ausstand. Sie forderten humanere Arbeitsbedingungen, ein Ende der Teuerungswelle und eine bessere Nahrungsmittelversorgung. Doch der Sommer 1917 war ein »Sommer glühender Sonne«, der Gemüse, Mais und Kartoffeln einfach »zu Tode röstete«, wie der spätere Finanzminister Josef Redlich in seinem Tagebuch vermerkte. Die Märkte waren leer. Für den Winter mußte das Schlimmste befürchtet werden. Kaiser Karl war sich dessen völlig bewußt. Daher zeigte er sich auch bereit, das deutsche Bündnis aufzugeben und einen Sonderfrieden abzuschließen. Doch die erfolglosen geheimen französischen und englischen Kontakte sollten Karl im letzten Kriegsjahr noch in ärgste Verlegenheit bringen.

Die neue Führung in Wien sah sich in zunehmenden Maße veranlaßt, die Sozialdemokraten für eine Regierungsbeteiligung zu gewinnen. So versuchte auch der neue Ministerpräsident Ernst Ritter von Seidler, der wie Clam-Martinic zuvor das Ackerbauministerium leitete, Anfang August, Victor Adler für eine Koalitionsregierung zu gewinnen. Neuerlich wiesen die Sozialdemokraten solch ein Angebot zurück. »Prinzipielle Erwägungen«, wie es von seiten der Parteileitung hieß, »lassen der Sozialdemokratie die Teilnahme an der Regierung eines kriegführenden Staates für ausgeschlossen erscheinen. Die erste Aufgabe der Sozialdemokratie ist zurzeit die internationale Arbeit für den Frieden. Außerdem lassen die herrschenden Verfassungszustände keine Möglichkeit zu, irgendeine Verantwortung zu übernehmen. An der Aufrichtung einer dauernden parlamentarischen Ordnung und an der Herstellung des Friedens zwischen den Nationen Österreichs und einer Verfassung, die diesen Frieden verbürgt, wird die Partei nach wie vor mitarbeiten.«[20]

Diese Mitarbeit innerhalb des Ancien régime war es aber, die man besonders dem »k.k. Sozialdemokraten« Renner innerparteilich zum Vorwurf machte. Immer häufiger und heftiger wurde er angegriffen. Er konterte mit seinem umfassenden Werk »Marxismus, Krieg und Internationale«. In dieser – sich aus seiner Artikelserie in »Der Kampf« zusammensetzenden – Abhandlung rechnete er neuerlich mit den »Vulgärmarxisten«, wie er seine Kritiker beurteilte, ab. Zudem bezeichnete er die politischen Systeme in Frankreich und England vom Standpunkt der »sozialen Weltauffassung« gegenüber der »deutschen Rechtsgestaltung« als reaktionär. Nur Anhänger eines »naiven Demokratismus« konnten diese beiden westlichen Länder als »Pioniere der Entwicklung« ansehen. Für ihn war eben der Sozialstaat auch ohne demokratische Rahmenbedingungen positiv, zumal seiner Ansicht nach das ökonomisch so vorbildliche Deutschland sich ohnehin längst demokratischer entwickelt hatte als die französische »Bourgeoisrepublik«.[21]

Im Zuge der schrittweisen Rückkehr zu den allgemeinen bürgerlichen Freiheiten war es den Sozialdemokraten möglich, am 19. Oktober 1917 endlich wieder einen Parteitag einzuberufen. Bis dahin war es lediglich gestattet gewesen, sogenannte »Reichskonferenzen« in den Arbeiter- bzw. Eisenbahnerheimen abzuhalten. An diesem ersten Parteitag im Krieg sah sich Renner, wie zu erwarten, heftigen Vorwürfen ausgesetzt. »Ich bin weder Reformist, noch Revolutionär«, setzte er sich entschieden zu Wehr, »ich lasse mich nicht einrangieren in eine Rechte oder Linke. Ich behalte mir vor, jeden einzelnen Fall so zu beurteilen, wie er am bestimmten Tage und am bestimmten Orte ist.« Er vertrat zudem die Auffassung, daß der Weg des Klassenkampfes sehr wohl im Alltag durch eine Vielzahl kleiner Schritte begangen werden könnte, in der Verwaltung wie in den Genossenschaften, im Staat wie in der Gemeinde. Ausdrücklich lehnte er den Reformismus als eine Richtung ab, die das Schwergewicht der Arbeiterbewegung auf die »Bürokratie der Arbeiterschaft« und auf die »ewige einzelne Reformarbeit, ohne das Ganze zu sehen«, lege. Gleichzeitig wies er aber auch den »Doktrinarismus und Revolutionismus« zurück, »der meint, alles und jedes lasse sich durch die unmittelbare Aktion der Massen verwirklichen«. Renner beteuerte, keineswegs bloß auf die »ganz gemeine Schützengrabenarbeit des gewerkschaftlichen und genossenschaftlichen kommunalen Kampfes« fixiert zu sein. Er wisse sehr wohl, daß die Arbeiterschaft zu einem gewissen Zeitpunkt auch zu Höherem berufen sein konnte, »und ich warte auf die Stunde, wo die Arbeiterschaft in ihrer gesamten Masse durch eine einzige große Aktion imstande ist, das Schicksal der Welt zu wenden«. Noch schien ihm allerdings dieser Zeitpunkt nicht gekommen. »Wenn sie mich deshalb einen Rechten nennen«, rief er seinen Kritikern zu, »so bin ich ein Rechter; wenn die Stunde kommt, werden Sie sehen, daß ich auch ein Linker sein kann.«

Auch sah sich Renner gezwungen, sein 1916 erschienenes Buch »Österreichs Erneuerung« zu verteidigen, in dem er Österreich »vielleicht in

schönen Worten, aber in energischer Weise charakterisiert« hatte. Es wundert freilich nicht, daß auch diese Studie Renners nicht auf die Auflösung, sondern vielmehr auf die Umgestaltung des Staates abzielte. Trotzdem bestritt er mit Nachdruck, ein blinder »Staatsfanatiker« zu sein. Die Bewegung mußte sich seiner Meinung nach jedoch klar werden, ob sie den Staat wirklich definitiv ablehne. Wolle sie dies nicht, »so muß sie die Zelle, in der man sie gefangenhält, sauber halten«. Seine Forderung für die einzuschlagende Politik des Proletariats war es demnach, die Staatsgewalt zu erobern, um sie in den Dienst der Arbeiterschaft zu stellen. Der Staat sollte von der Macht des Kapitals befreit werden. Doch der zu erobernde Staat durfte unter keinen Umständen negiert werden. Die Sozialisten sollten ihn vielmehr studieren und in die Gesetzgebung, Verwaltung und Wirtschaft eindringen. »Wir haben keine andere Gemeinschaft als den Staat, und darum muß der Staat da sein und muß die notwendigen Mittel haben.«[22]
Doch nicht nur Renner, der ganze Parteivorstand wurde wegen der Loyalität gegenüber der k.u.k. Staatsführung am Parteitag scharf kritisiert. Trotzdem gelang es Victor Adler letztendlich, eine Parteispaltung wie in Deutschland zu vermeiden. Der Parteivorstand vollzog – ohne etwaige eigene, seit der Julikrise 1914 begangene Fehler einzugestehen – allmählich eine Annäherung an den linken Flügel, der den zu lebenslangem Kerker begnadigten Friedrich Adler längst zum Symbol und Märtyrer des wahren Marxismus hochstilisiert hatte. Zwar dachte man noch immer nicht an einen politischen Umsturz, rief aber mit steigender Vehemenz nach einem sofortigen Frieden ohne Annexionen und Kontributionen. Renners Durchhalteparolen für einen Siegfrieden waren da nicht mehr gefragt. Zudem erwuchs ihm mit der Rückkehr Otto Bauers aus der Kriegsgefangenschaft ein innerparteilicher Konkurrent, der ihm intellektuell nicht bloß gleichwertig war, sondern als Victor Adlers ›Kronprinz‹ das Parteivolk allmählich nach links führte. Während Bauers Popularität in der Arbeiterbewegung stetig wuchs, schien Renner zunehmend ins Abseits zu geraten.

V. Der »letzte Monarchist«

Es mutet recht seltsam an, daß ausgerechnet ein Sozialdemokrat, der bereits viele Jahre für die Demokratisierung Österreich-Ungarns gekämpft hatte, beinahe bis zum Regierungsverzicht Kaiser Karls eine auffallende Loyalität gegenüber dem Haus Habsburg unter Beweis stellte. Zwar sollte praktisch die gesamte, vom gemäßigten Victor Adler geführte Bewegung bis zum Ende der Monarchie staatsbewahrend wirken und deshalb auch von den Ereignissen im Herbst 1918 fast überrumpelt werden, doch keiner in seiner Partei kam dermaßen in Verdacht, ein überzeugter Anhänger des alten Vielvölkerreichs zu sein wie eben Karl Renner. Keiner sollte derart lange und zäh an der supranationalen Idee festhalten wie er. Nicht umsonst bezeichnete ihn Trotzki einmal als »aufgeklärten Habsburger Bürokraten«, der »unermüdlich im Tintenfaß des Austromarxismus nach Verjüngungsmitteln für den Habsburger Staat« suchte, »– bis zu der Stunde, wo er sich als verwitweten Theoretiker der österreichisch-ungarischen Monarchie erblickte«.[1]

Noch war es freilich nicht soweit, denn die militärische Situation gestaltete sich im Herbst 1917 für die Mittelmächte äußerst günstig. Im Oktober gelang ihnen am Isonzo bei Flitsch-Tolmein der Durchbruch. Die Italiener mußten sich hinter den Piave zurückziehen. Nahezu 300 000 Soldaten der königlichen Armee gerieten in österreichisch-ungarische Kriegsgefangenschaft, rund 400 000 ergriffen die Flucht nach Hause oder liefen zu den Truppen der Zentralmächte über. Die totale Kapitulation Italiens konnte nur durch die Hilfe der Franzosen und Engländer vermieden werden. Anfang Dezember kam die Front jedoch wieder zum Stillstand. Der gewaltige Sieg der Mittelmächte, der vor allem der deutschen Kampfstärke zuzuschreiben war, brachte auch einen ganz folgenschweren Nachteil mit sich, denn die Hunderttausenden an Kriegsgefangenen mußten auch ernährt werden. Wie sollte dies ein Staat bewältigen, der sich nicht einmal mehr imstande sah, seine eigenen Bewohner ausreichend zu versorgen?

Inzwischen überstürzten sich die Ereignisse in Rußland. Lenin hatte durch den Putsch einer verhältnismäßig kleinen Gruppe die Macht errungen. Durch das vom II. Allrussischen Sowjetkongreß erlassene Dekret über die Beendigung des Krieges sollten die Mittelmächte an der Ostfront, an der es seit September ohnehin kaum mehr zu Kampfhandlungen gekommen war, naturgemäß eine immense Entlastung erhalten. Gleichzeitig mußte aber ein Übergreifen der bolschewistischen Agitation auf Österreich-Ungarn und Deutschland befürchtet werden. Es drohte die sozialistische Weltrevolution.

Renner hatte schon die russische Februarrevolution aufgrund ihrer Forderung nach Demokratie und nationaler Selbstbestimmung begrüßt. Die österreichische Sozialdemokratie, so hatte er die Parole ausgerufen, würde den Gleichgesinnten in Rußland am besten helfen, wenn sich die Forderungen der russischen Revolution auch in der Donaumonarchie erfüllten. Nun, zwischen dem 6. und 8. November, hatten die Bolschewiki die Macht erobert. Obwohl Renner den Bolschewismus als »organisierte Anarchie« zu bezeichnen pflegte, verkündete er Anfang Dezember im Reichsrat – wohl als Warnschuß für die Regierungskreise in der Monarchie –, daß mittlerweile in Rußland jene Leute herrschten, »die zum großen Teil unsere Parteigenossen, unsere verehrten und geliebten Parteifreunde sind«. Am 11. November, also nur wenige Tage nach dem Sturm auf das Petersburger Winterpalais, hielt die österreichische Sozialdemokratie im Wiener Konzerthaus vor mehr als 2000 Besuchern eine großangelegte Friedenskundgebung ab. In seiner Rede forderte Renner von der k.u.k. Regierung den sofortigen Eintritt in die Friedensverhandlungen mit den neuen Machthabern in Petrograd, die er von der Mehrheit des russischen Volkes eingesetzt glaubte. Nach Friedensschluß sollte dann nicht zuletzt auch mit den Kriegshetzern abgerechnet werden.

Zunächst wurde aber erst einmal in Brest-Litowsk über die Friedensbedingungen verhandelt. Czernin ging dabei von der Maxime aus, daß der Frieden unter allen Umständen geschlossen werden mußte. Selbst ein Separatfrieden mit Rußland war einem eventuellen Scheitern wegen maßloser deutscher Wünsche vorzuziehen. Der Außenminister besaß dabei die Rückendeckung des ebenfalls friedenswilligen Kaisers Karl. Die Führung in Wien befürchtete die deutsche Unersättlichkeit, entfacht durch die großen militärischen und strategischen Erfolge. Und sie wußte sowohl um die prekäre Versorgungslage als auch um die soziale und nationale Unzufriedenheit innerhalb Österreich-Ungarns. Am 8. Januar 1918 hatte noch dazu der amerikanische Präsident Woodrow Wilson seine berühmten »Vierzehn Punkte« erklärt, die unter anderem auch die freie und autonome Entwicklung für die Völker der Donaumonarchie forderten. Vom demokratischen Westen wie vom bolschewistischen Osten waren eindeutige Friedenssignale zu hören, die immer wieder auch das Selbstbestimmungsrecht der Völker betonten. Das Habsburgerreich aber sah sich in der Mitte Europas eingekreist von Feinden, unterdrückt vom militärisch dominierenden Deutschen Reich, dem Annexionen nach allen Himmelsrichtungen vorschwebten.

Das Stocken der Friedensverhandlungen in Brest-Litowsk, die unzumutbare Versorgungslage, der Einfluß der russischen Oktoberrevolution und die allgemeine Verdrossenheit über die Fortdauer des Krieges ließen die Arbeiterschaft der Donaumonarchie, die hungrig, unterbezahlt und noch dazu größtenteils der Militärdisziplin unterworfen war, schließlich zum Mittel des Streiks greifen. Überall legten sie, die nicht einmal den Betrieb wechseln durften, die Arbeit nieder: in Wien, Niederösterreich, in der Steiermark, Triest, Krakau, Böhmen und Ungarn. Die lokalen Streiks, die vor allem Waffen- und Munitionsfabriken betrafen, weiteten sich zum Massenausstand aus, an dem sich allein in der westlichen Reichshälfte bis Mitte Januar 1918 etwa 600 000 Arbeiter beteiligten. Es kam zu Demonstrationen und Krawallen auf den Straßen. In Budapest rissen eines Nachts die Arbeiter die Straßenbahnschienen heraus. Bis auf das sozialistische Parteiorgan wurden alle Zeitungen eingestellt, die meisten Läden geschlossen. Die Regierungen in Wien und Budapest befürchteten, daß eine Revolution bevorstand, und erwogen die Errichtung einer Militärdiktatur. Kaiser Karl widersetzte sich jedoch diesem Vorhaben.

Der sozialdemokratische Parteivorstand wurde von der Radikalisierung der Arbeiter überrascht. Getreu seiner gemäßigten Linie war Adler keinesfalls an einer Ausweitung des Streiks oder gar an einem politischen Umsturz, sondern im Gegenteil an der Eindämmung der allgemeinen Unruhe interessiert. Nach vorangegangenen Detailbesprechungen und einer außenpolitischen Debatte über die Verhandlungen in Brest-Litowsk im parlamentarischen Budgetausschuß wurden Adler, Renner, Seitz, Hanusch und Franz Domes am 19. Januar von Ministerpräsident Seidler, Ernährungsminister Höfer, Innenminister Friedrich Graf Toggenburg und Landesverteidigungsminister Karl Czapp zu einem Gipfeltreffen empfangen. Sie verlangten dabei den Verzicht auf territoriale Forderungen der Mittelmächte in Brest-Litowsk, die Verbesserung der Ernährungslage, die Wahl von Gemeindevertretungen sowie für etliche Betriebe die Aufhebung der Militarisierung. Seidler gelang es, die Sozialdemokraten hinzuhalten, und gab vor, auf die Forderungen einzugehen. Ministerpräsident Sándor Wekerle verhielt sich den ungarischen Sozialdemokraten gegenüber ganz ähnlich.

Daraufhin rief der Parteivorstand der österreichischen Sozialdemokraten zur Wiederaufnahme der Arbeit auf. Die radikalisierte Arbeiterschaft zeigte sich mit den erhaltenen Versprechungen keineswegs befriedigt. Vielerorts, besonders in Böhmen, wurde der Streik fortgesetzt. Die Wut der revolutionär gesinnten Genossen bekam Renner am eigenen Leibe zu spüren, als er bei einer tumultartigen Versammlung in Wiener Neustadt sogar für einige Zeit gefangengesetzt wurde. Der »Sozialpatriot« Renner war insbesondere für die Linke der meistgehaßteste Mann innerhalb der österreichischen Sozialdemokratie geworden. Selbst seine alte Freundschaft mit dem im September 1917 aus russischer Kriegsgefangenschaft zurückgekehrten Otto Bauer zerbrach. Vorerst teilten beide noch in der Redaktion der »Arbeiter-Zeitung« ein Zimmer. Doch bald hielt sich Renner von diesem fern. Bauer, der zweifellos unter dem Eindruck der bolschewistischen Agitation stand, hatte seinen alten Weggefährten »einen lächerlichen kleinen Spießer« genannt.[2]

In der Januar-Ausgabe der Zeitschrift »Der Kampf« sah sich Renner daher aufs neue gezwungen, sehr persönlich und entschieden auf die massive Kritik seiner innerparteilichen Gegner einzugehen. Eine Partei sei kein gesellschaftlicher Zirkel oder eine Gelehrtenschule, sondern eine »kämpfende Armee«, die die Interessen und nicht die Meinungen des Proletariats zum Sieg führe. Zugleich betonte er aber auch den alten Leitsatz, wonach es besser sei, »mit seinen Genossen zu irren, als gegen sie recht zu behalten«. Er empfand es deshalb vom linken Flügel als disziplinlos, eitel und rechthaberisch, »sich der Mehrheit, die man noch nicht zu überzeugen vermocht hat, nicht zu fügen, und hinterher mit einer besonderen Meinung Staat zu machen«. Schließlich gehe die Partei über den einzelnen. Nicht immer, so räumte Renner ein, habe er in Fragen der Verfassung, der Verwaltung oder nationaler Belange Zustimmung gefunden. Stets habe er dann gewartet, ob sich seine Meinung durchsetze. Es sei ihm aber nie eingefallen, eine taktische Richtung oder eine besondere Schule zu begründen. »Es genügt mir, Sozialdemokrat schlechthin zu sein, mehr davon scheint mir von Übel, ich lasse mich auf keine Rechte oder Linke einschwören und verzichte darauf, Führer einer Sekte zu werden.«[3] Er nahm auch zur Frage der Weltrevolution und zu den Ereignissen in Rußland Stellung: »Ich bin kein Bolschewik ... Trotzdem habe ich als Sozialdemokrat schlechthin seit vielen Wochen und bevor die Dinge zur Entscheidung kamen, das Gefühl gehabt: Wäre ich in Rußland, ich ginge jetzt wahrscheinlich mit den Bolschewiki.« Die Taktik der Bolschewisten, so differenzierte er allerdings, konnte freilich nur aufgrund bestimmter Voraussetzungen Erfolg haben: Zum einen hielt Renner nämlich die Landfrage, also die Bodenreform, als geeignete Voraussetzung, die russische Bauernschaft für die Revolution zu gewinnen; in Österreich meinte er hingegen solche Bedingungen höchstens in Galizien vorzufinden. Zum anderen waren in Rußland die Staatsgewalt und das Heer völlig desorganisiert. Diese Umstände trafen aber seiner Ansicht nach auf Deutschland gar nicht und für die Donaumonarchie nur zu einem Teil zu. Schließlich stehe an der Grenze zu Rußland mit den Mittelmächten ein zum Frieden bereiter, defensiv ausgerichteter Feind. An Deutschlands Westgrenze sehe dies mit dem aggressiven Frankreich dagegen ganz anders aus.

Die Situation Österreich-Ungarns war in den ersten Monaten des Jahres 1918 immer zwiespältiger geworden. Einerseits war es den Mittelmächten in Brest-Litowsk endlich gelungen, am 9. Februar mit der von Rußland abgefallenen Ukraine und am 3. März schließlich mit Petrograd selbst Frieden zu schließen. Vor allem der Vertrag mit den Bolschewisten kam dabei einem Diktat gleich. Aufgrund des Hilferufs der von Rußland bedrohten Ukraine verschob sich die Front für die Zentralmächte sodann noch viel weiter nach Osten ins Landesinnere des ehemaligen Zarenreichs. So standen die k.u.k. Truppen sogar in Odessa. Der sogenannte »Brotfriede« mit der Ukraine versprach den Mittelmächten die Lieferung von einer Million Tonnen Getreide. Auf der anderen Seite verärgerte aber das Versprechen eines eigenen ruthenischen Kronlandes und die Abtretung des Cholmer Landes an die Ukraine die bisher so loyalen Polen maßlos. Sie veranstalteten in Galizien einen »nationalen Trauertag«, der mit dem Standrecht beantwortet wurde. Allerdings entfremdete dies die Polen vom Habsburgerreich nur noch mehr. Die Tschechen wiederum hatten in der sogenannten »Dreikönigsdeklaration« eindeutige Separationstendenzen bekundet. Der wegen Hochverrats ursprünglich zum Tod verurteilte führende national-liberale Politiker Karel Kramář arbeitete nach seiner Amnestie und seiner triumphalen Rückkehr nach Prag mit allen ihm zu Gebote stehenden Mitteln an der Zerstörung des Habsburgerreichs. Im westlichen Ausland agitierten Thomas Masaryk und sein engster Mitarbeiter Edvard Beneš mit zunehmendem Erfolg für einen selbständigen tschechoslowakischen Staat. Nicht zuletzt stand seit geraumer Zeit die aus Kriegsgefangenen und Deserteuren der k.u.k. Armee gebildete tschechische Legion auf der Seite der Entente.

Renner erkannte natürlich die Gefahr eines Auseinanderbrechens der Donaumonarchie. Doch noch immer setzte er sich lediglich für eine nachhaltige und umfassende Reform, nicht aber für das Ende der Monarchie ein. Anfang März verkündete er neuerlich seinen seit Jahrzehnten propagierten Leitsatz, wonach jede Nation auf ihrem Gebiet und in ihrem Interessenkreis sich selbst bestimmen, alle Völker nebeneinander frei sein sollten in einem »Bunde von Nationen, der ... als Staat über Staaten, als Bundesstaat erkannt und eingerichtet werden muß«. Renner befürchtete allerdings, daß nach Kriegsende das alte Regime zurückkehren könnte, ohne den freien und demokratischen Bundesstaat zu errichten. Indessen gestaltete sich die innere Lage in Österreich-Ungarn zunehmend bedrohlich. Hunderttausende k.u.k. Kriegsgefangene kehrten aus Rußland heim. Da ihnen erneut ein Einsatz an der Front – diesmal gegen Italien – drohte und sie sich zudem noch für ihr Verhalten in der russischen Kriegsgefangenschaft verantworten mußten, bildeten sie einen Hort der Unruhe. Die unerträglich gewordene Kriegsmüdigkeit führte letztlich zu Meutereien und Rebellionen in Cattaro, Judenburg, Pécs, Kragujevac, Rumburg und Leitmeritz, die freilich bald durch Assistenzen niedergeschlagen wurden. Die Requisitionen durch die Armee und ihr Einsatz gegen Demonstrationen brachten wiederum die Zivilbevölkerung gegen das Militär auf. Nach wie vor kam es in den Industriezentren zu Streiks und Zusammenstößen, die Tote forderten. Renner verhandelte mit der Regierung. In Wien stellten sich bereits Tag für Tag 150 000 Menschen an, um ohnehin nur geringe Portionen an Fett, Fleisch, Eiern und Gemüse zu erhalten, so mancher davon ohne Erfolg. Plünderungen und Krawalle nahmen daraufhin zu.

Frühjahr und Sommer 1918 sollten schließlich den Anfang vom Ende des Habsburgerreiches und seines letzten Krieges einleiten. Kaiser Karl hatte sich durch den Skandal der »Sixtus-Affäre«, in dessen Verlauf das streng geheime Zugeständnis des Monarchen zur Abtretung Elsaß-Lothringens an Frankreich veröffentlicht worden war, völlig blamiert. Karls Stellung war innen- wie außenpolitisch unhaltbar geworden. Sein Canossagang zu Kaiser Wilhelm ins Hauptquartier der Obersten Heeresleitung im belgischen Spa führte Österreich-Ungarn endgültig in die bedingungslose Abhängigkeit von Deutschland. Da nun ein Separatfrieden nicht mehr in Frage kam, ließ auch die Entente ihre Rücksichten fallen und erkannte den tschechoslowakischen Nationalrat im Pariser Exil als »erste Grundlage einer künftigen Regierung« und die tschechoslowakischen Legionen als verbündete Armee an.

Militärisch geriet die Ordnung nicht bloß wegen der Zunahme der Desertionen ebenfalls aus den Fugen. Im Juni scheiterte die letzte Offensive der k.u.k. Armee an der Piavemündung, im Spätsommer mußte die deutsche Front nach dem alliierten Tankangriff bei Amiens dramatisch zurückverlegt werden. In Panik suchte der Ballhausplatz – neuerlich ohne Absprache mit Berlin – am 4. September bei den westlichen Alliierten um sofortige Friedensverhandlungen an. Die Entente wies diesen Vorschlag jedoch zurück. Noch im selben Monat brach schließlich die bulgarische Front durch den Vorstoß der französischen Salonikiarmee in Mazedonien zusammen. Sofia kapitulierte. Das Entstehen einer neuen

Front, die totale Unterversorgung von Heer und Hinterland wie die allgemeine Kriegsmüdigkeit selbst in Deutschland gestaltete die Lage für die Doppelmonarchie aussichtslos. Gemeinsam mit dem Deutschen Reich bot Österreich-Ungarn am 4. Oktober den Gegnern an, die Vierzehn Punkte Wilsons als Basis der Friedensverhandlungen zu akzeptieren.

Mit einer an Starrsinn grenzenden Beharrlichkeit glaubte Renner unverdrossen weiter an die Möglichkeit des Fortbestands des Vielvölkerreichs, noch dazu unter dem Szepter der Habsburger. In seinem berühmt gewordenen Werk »Das Selbstbestimmungsrecht der Nationen« hielt er unverbrüchlich an seiner nun seit fast zwei Jahrzehnten verfolgten Grundidee fest, die Struktur des Bundesstaats den Erfordernissen der Donaumonarchie anzupassen. Die »eingeordnete« Gewalt sollte die Nation sein, die übergeordnete Gewalt jedoch »übernational«. Die Bundesgewalt hätte sich demnach nur auf die Zusammenfassung jener Kompetenzen zu beschränken, »die die militärischen, wirtschaftlichen und sozialen Aufgaben des menschlichen Gemeinlebens verwirklichen«.[6]

Noch weigerte sich Renner, eine Anpassung an den Nationalstaatsgedanken zu vollziehen, und schwamm gleichermaßen gegen den Strom der Zeit. In der Oktoberausgabe des »Kampfs« legte er etwa den Tschechen nahe, doch als eigener gleichberechtigter Gliedstaat in einem künftigen demokratischen Bundesstaat zu verbleiben, dessen Hauptaufgabe sich auf die Aufrechterhaltung der Wirtschaftsgemeinschaft beschränken würde. Ein eigenständiger, auf das tschechische Siedlungsgebiet unter Einschluß der Slowakei beschränkter und abgeschlossener Staat konnte seiner Auffassung nach auf Dauer nicht überleben; dagegen sprachen seiner Ansicht nach schon ökonomische und verkehrstechnische Gründe. Mähren gravitiere seit ehedem nach Wien, die Slowakei ins deutschsprachige Ostösterreich und nach Ungarn. Seit Beginn des Krieges hatte er die »Wehr- und Wirtschaftsgemeinschaft der Völker« gepredigt. Der Zusammenschluß der Donaustaaten schien ihm für deren Zukunft nach wie vor lebensnotwendig. »Wer dauernde Nationsverbindungen für unmöglich hält, überträgt den Gedankengang des Anarchismus ... vom einzelnen auf die Völker, er ist das, was der Sozialist einen nationalen Chauvinisten oder kurz einen Nationalisten nennt.«[7]

Angesichts seiner Treue zum im Untergang begriffenen Reich überrascht es nicht, daß Renner immer häufiger – etwa von Finanzminister Alexander Spitzmüller und dessen Nachfolger Josef Redlich – als Kandidat für einen Ministerposten, ja sogar für die Ministerpräsidentschaft vorgeschlagen wurde. Selbst in manchen Offizierskreisen dachte man so. Anläßlich eines Abendessens ermutigte Edmund Glaise von Horstenau den sozialistischen Abgeordneten, doch das Amt des Ministerpräsidenten zu übernehmen. Noch meinte Renner daraufhin scherzend: »Ja, wenn ihr mich zum Ministerpräsidenten hättet, ich möchte schon Ordnung in den Saustall hineinbringen, oder vielmehr, ich möchte nicht; denn ihr würdet mich sofort hinauswerfen. Ihr würdet gar nicht merken, daß ich der ›letzte Monarchist‹ Österreichs bin und ihr anderen seine Totengräber. Durch euch wird die Monarchie zerfallen.« Kaiser Karl bot Renner Tage später tatsächlich den Posten des österreichischen Regierungschefs an, doch die Sozialdemokratische Partei wollte nicht das Steuer eines sinkenden Schiffes übernehmen und lehnte ab.[8]

Freilich übersah Renner nicht, daß sich der »Zustand, an dem die Massen des arbeitenden Volkes leiden, ... sich bis zur Unerträglichkeit gesteigert« hatte. »Es gibt nur eine Ernährungsmaßregel, die wirksam ist, ... diese Maßregel ist der Friedensschluß.« Er warnte die Regierungskreise und die Bürgerlichen, danach in wirtschaftlicher Hinsicht wieder zum Vorkriegssystem zurückkehren zu wollen. Mit der reinen Privatwirtschaft sei unter keinen Umständen mehr das Auslangen zu finden. Das »parasitäre Einkommen dieser Gesellschaft«, so argumentierte er marxistisch, mußte beseitigt werden. Dies bedeutete für ihn: Abschaffung der Grundrente, der Kapitalzinsen und des Unternehmerprofits. Der mittlere und größere Grundbesitz sowie die Produktionsmittel sollten »vergesellschaftet«, die Großbetriebe verstaatlicht werden. Die Kapitalisten- und Grundherrenklasse war demnach »auszuschalten«, denn sie schien ihm überflüssig und für die »verarmende« Gesellschaft, die sich ohnehin in einem »fortwährenden Umwandlungsprozeß« befinde, zu kostspielig. »Wir stehen tatsächlich auf einem Trümmerfelde«, so war er sich am 8. Oktober im Reichsrat der prekären Lage durchaus bewußt. »Wir werden erst dessen inne werden und werden erst sehen, was alles untergegangen ist in diesem furchtbaren Sturm und was noch alles zugrunde gehen wird. Wenn wir aber auf diesem Trümmerfelde stehen und so viel Reichtum und Menschenglück zugrunde gegangen finden, so bleibt uns ein Trost: durch diesen Jammer hindurch führt ein Weg aufwärts, ein Weg zu einer neuen Welt, der Weg zum Sozialismus.«[9]

In seinem Festhalten am Vielvölkerstaat befand sich Renner durchaus im Einklang mit der Mehrheit des Parteivorstands. Ein Ausnützen des Todeskampfes der Donaumonarchie im Sinne einer sozialistischen Revolution wie 1917 in Rußland lag der Führung um Victor Adler fern. Man zögerte, wollte sich »die Hände für alle Möglichkeiten freihalten«, tendierte aber in erster Linie dahin, »nur die Möglichkeiten eines Umbaues Österreichs ins Auge« zu fassen. Noch im September sprach sich auch Otto

Bauer gegen eine Revolution aus, die den Zerfall des Habsburgerreichs bedeuten und den Anschluß Deutschösterreichs an das Deutsche Reich bewirken würde. Der von Kaiser Karl erwogene Separatfrieden mache Österreich dann erst recht zum Bundesgenossen des kriegführenden Wilhelminischen Reiches.

Der große Umschwung innerhalb der deutschösterreichischen Sozialdemokratie in Richtung eines Anschlusses an Deutschland vollzog sich durch den Eintritt der reichsdeutschen Sozialdemokraten in die Regierung Max von Badens und dem Waffenstillstandsangebot vom 4. Oktober an die Entente. Es war Bauer, der nun die Avantgarde innerhalb der deutschösterreichischen Sozialdemokratie bildete. Am 11. Oktober verlangte er im Parteivorstand eine deutliche Stellungnahme, wie die Sozialdemokratie zur Neuordnung des zerfallenden Österreichs stehe. Bauer regte dabei die Konstituierung von drei deutschen Staaten auf österreichischem Boden an, die sich – wenn es die Umstände und die Aktionen der slawischen Nachbarn erforderten – auch an das Deutsche Reich anschließen könnten. Diese Initiative kam dem Rest der Parteileitung aber noch immer zu früh. Nicht bloß Renner, auch Victor Adler und Karl Seitz schreckten vor so weitreichenden Schritten zurück und wollten vorerst einmal die Entwicklung der nächsten Wochen abwarten.

Kaiser Karl startete mittlerweile einen letzten Versuch, zu retten, was nicht mehr zu retten war. Nach dem Wortlaut seines Völkermanifests vom 16. Oktober sollte Österreich »dem Willen seiner Völker gemäß« zu einem Bundesstaat umfunktioniert werden, »in dem jeder Volksstamm auf seinem Siedlungsgebiete sein eigenes staatliches Gemeinwesen bildet«. Bis zur tatsächlichen Vollendung dieser Umgestaltung blieben die bestehenden Einrichtungen »zur Wahrung der allgemeinen Interessen« unverändert aufrecht. Karl beauftragte seine Regierung, ohne Verzug alle Arbeiten zum Neuaufbau Österreichs vorzubereiten. »An die Völker«, so endete sein verzweifelter Appell, »ergeht mein Ruf, an dem großen Werke durch Nationalräte mitzuwirken, die – gebildet aus den Reichstagsabgeordneten jeder Nation – die Interessen der Völker zueinander sowie im Verkehre mit Meiner Regierung zur Geltung bringen sollen.«[10]

Das Manifest war nur an die Völker der westlichen Reichshälfte, nicht aber an Ungarn gerichtet. Zwei Tage später erhielt Wien die niederschmetternde Antwort Wilsons auf das Waffenstillstandsangebot vom 4. Oktober. Der amerikanische Präsident war mittlerweile zur Auffassung gekommen, daß die Forderung nach einer Autonomie für die Völker der Monarchie bereits überholt und statt dessen das Recht auf nationale Selbstbestimmung durchzusetzen war. Tschechen, Polen, Südslawen,

Ruthenen, Italiener und Rumänen, sie alle erhielten somit den Freibrief zur Abspaltung vom alten Reich. Die Zerstörung der Habsburgermonarchie galt nun als ein erklärtes Kriegsziel der Entente. Das alte Regime mußte alle seine Hoffnungen begraben. Das neue Zeitalter der nationalen Eigenstaatlichkeit brach für die Völker des Donauraums an.

Am 21. Oktober traten im Sitzungssaal des niederösterreichischen Landhauses in der Wiener Herrengasse die Reichsratsabgeordneten der deutschen Gebiete Österreichs zusammen. 37 Sozialdemokraten saßen damals neben 65 Abgeordneten der Christlichsozialen Partei und nicht weniger als 106 Mandataren deutschnationaler oder liberaler Gruppen. Diese Zusammensetzung resultierte noch aus den letzten Parlamentswahlen von 1911 und entsprach inzwischen keineswegs mehr den tatsächlichen politischen Kräfteverhältnissen. Dennoch konstituierte sich dieses Forum schlußendlich als »Provisorische Nationalversammlung für Deutschösterreich« und wählte einen zwanzigköpfigen Vollzugsausschuß, den Staatsrat, dem auch die drei Präsidenten der Nationalversammlung angehörten. Wenngleich die genauen Grenzen Deutschösterreichs noch ungeklärt waren, so setzten doch alle Anwesenden im überfüllten Saal die Zugehörigkeit der deutschsprachigen Gebiete Böhmens, Mährens und Schlesiens voraus.

Der bereits schwerkranke Victor Adler beglückwünschte in seiner Rede die slawischen Völker der Monarchie zu ihren Emanzipationsbestrebungen und anerkannte ihr Recht auf Selbstbestimmung, das er naturgemäß auch für die Deutschen Österreichs forderte, vorbehaltlos an. Das »deutsche Volk in Österreich« sollte seinen eigenen demokratischen Staat, »seinen deutschen Volksstaat bilden, der vollkommen frei entscheiden soll, wie er seine Beziehungen zu den Nachbarvölkern, wie er seine Beziehungen zum Deutschen Reiche regeln soll. Er soll sich mit den Nachbarvölkern zu einem freien Völkerbunde vereinen, wenn die Völker dies wollen. Lehnen aber die anderen Völker eine solche Gemeinschaft ab oder wollen sie ihr nur unter Bedingungen zustimmen, die den wirtschaftlichen und den nationalen Bedürfnissen des deutschen Volkes nicht entsprechen, dann wird der deutschösterreichische Staat, der, auf sich selbst gestellt, kein wirtschaftlich entwicklungsfähiges Gebilde wäre, gezwungen sein, sich als Sonderbundesstaat dem Deutschen Reiche anzugliedern. Wir verlangen für den deutschösterreichischen Staat die volle Freiheit, zwischen diesen beiden möglichen Verbindungen zu wählen.« In jedem Fall, so fuhr Adler fort, sollte Deutschösterreich ein echter »Volksstaat« werden. Bereits an diesem 21. Oktober versprach Adler dafür zu kämpfen,

Der deutschösterreichische Staatsrat.

»daß der deutschösterreichische Staat zu einer demokratischen Republik werde«. Der sozialistische Parteivorsitzende unterließ es nicht, nunmehr auch für die Frauen das allgemeine Wahlrecht zu fordern. Außerdem dürfe nur eine deutschösterreichische Regierung »im Namen des deutschen Volkes in Österreich vollkommen selbständig« die zukünftigen Friedensverhandlungen führen, denn man wollte seine Interessen nicht der »volksfremden Diplomatie« überlassen. Die einzusetzende deutschösterreichische Regierung habe möglichst bald die gesamte innere Verwaltung, vor allem den öffentlichen Ernährungsdienst, zu übernehmen. Dem Staatsrat kam aber bereits die Aufgabe zu, sowohl mit den ausländischen als auch mit den neuen slawischen Nationalregierungen in unmittelbare Beziehungen zu treten und mit Präsident Wilson Verhandlungen über Waffenstillstand und Friedensschluß einzuleiten.[11]

Parallel zum deutschösterreichischen Staatsrat bestand allerdings noch immer eine eigene kaiserliche Regierung. Das am 27. Oktober ernannte letzte Kabinett sah dabei immerhin den namhaften Völkerrechtsgelehrten und exponierten Pazifisten Heinrich Lammasch an seiner Spitze. Der Staatsrechtler Josef Redlich wurde Finanzminister, und Prälat Ignaz Seipel, der sich für die Geschichte der Ersten Republik als noch so bedeutend erweisen sollte, übernahm das Ressort für soziale Verwaltung. Selbst der alte k.k. Reichsrat tagte noch. In dessen Sitzung am 22. Oktober stellte Renner einen fundamentalen Wandel in der nationalen Politik der Deutschen in Österreich fest und reklamierte das Recht auf nationale Selbstbestimmung. Gleichzeitig erteilte er jeglicher Intervention gegenüber fremden Ländern und Völkern eine klare Absage. Die letzte k.u.k. Regierung sei nicht mehr in der Lage, noch irgendeine Nationalität der Monarchie zu vertreten. Sie stellte für ihn schon aufgrund ihrer Vergangenheit mit ihrer bloßen Existenz ein ernstes Friedenshindernis dar. Die alte dualistische Ordnung hätte das Habsburgerreich ein halbes Jahrhundert lang auf ein unmögliches System festgenagelt. Der Ausgleich, so griff Renner noch einmal auf eines seiner Lieblingsthemen zurück, »war ein verlogenes Verhältnis, denn man hat von Freundschaft geredet und auf beiden Seiten war man voll Groll und Selbstsucht, man hat einen stillen Bürgerkrieg geführt, es waren ununterbrochene Versuche gegenseitiger Ausbeutung, aber man hat nach außen zu immer von brüderlicher Gemeinschaft gesprochen«.[12]

Der Dualismus bedeutete seiner Auffassung nach nicht nur das wahre Unglück der einzelnen Völkerschaften Österreich-Ungarns, sondern sei sogar die Ursache des Weltkriegs gewesen. Daher könne man weder von der Krone noch von der alten Diplomatie und Verwaltung eine entscheidende Hilfe erwarten. Die Völker mußten sich nun selbst helfen. Die Deutschen Österreichs, so fuhr Renner fort, seien gewillt, gegenüber jeder Nation gerecht zu sein, im Gegenzug aber selbst auch diese Gerechtigkeit in Anspruch zu nehmen. Die Friedensbeteuerungen des alten Regimes und das Völkermanifest Kaiser Karls, diese »Bekehrungen« kämen zu spät, zumal Renner diesen Versprechungen ohnehin mißtraute. Die Zeit schien reif, daß die einzelnen Nationen der in Agonie liegenden Habsburgermonarchie zunächst an sich selbst dachten. Trotzdem hoffte Renner angesichts des nahen Friedensschlusses auch auf eine Beilegung ihrer Streitigkeiten.

Am Abend des 23. Oktober reiste Renner mit einer aus Abgeordneten und Ministerialbeamten bestehenden deutschösterreichischen Delegation von dem »ganz in Finsternis gehüllten« Wiener Nordbahnhof mit dem Zug nach Berlin ab, um in Verhandlungen über Ernährungsangelegenheiten nachdrücklich auf die Not seines Landes hinzuweisen und Mehl und Getreide zu erhalten. Solche Lebensmittellieferungen waren unumgänglich geworden, da Ungarn und Böhmen nichts mehr nach Österreich exportierten. Wiens Versorgung, so hatte man ausgerechnet, war nur mehr bis zum 7. November gesichert. Von seiner Reise ohne befriedigendes Ergebnis zurückgekehrt, unterbreitete Renner am 28. Oktober dem Staatsrat einen Plan für die Einrichtung einer Landesverwaltung in den Sudetengebieten und die Dislokation des Heeres. Der Staatsrat beauftragte ihn, einen Entwurf für ein Organisationsstatut für Deutschösterreich vorzulegen. In seinem ersten Entwurf nannte Renner das neue Staatsgebiet noch »Südostdeutschland«. Er stellte sich darunter einen unabhängigen Freistaat vor, »der auf dem Willen des Volkes und auf der Gemeinschaft der Nationszugehörigkeit beruht ... Das Staatsgebiet, über das der Freistaat seine volle Hoheit ausübt, ist das geschlossene Siedlungsgebiet der Deutschen innerhalb der bisherigen im Reichsrat vertretenen Königreiche und Länder.« Bis zur Festlegung seiner Rechtsverhältnisse durch die Friedenskonferenz sollte sein Verhältnis zu den Nachbarstaaten durch völkerrechtliche Verträge geregelt werden.[13]

Die Konstituierung der Provisorischen Nationalversammlung hatte trotz alledem die so entscheidende Frage offen gelassen, welche Herrschaftsform der neuentstehende Staat Deutschösterreich besitzen sollte. Mit dem Separatfriedensangebot des letzten k.u.k. Außenministers Julius Andrássy an die Entente vom 27. Oktober wandte sich die Stimmung innerhalb der Bevölkerung und der Politiker allerdings zunehmend gegen die Monarchie. Andrássys Kündigung des deutschen Bündnisses rief einen Sturm der Empörung – selbst bei den Sozialisten – hervor. Im gleichen Maße wie die Habsburgermonarchie allmählich immer mehr diskreditiert wurde, stieg der Wunsch nach einem Anschluß an Deutschland.

Renner, der bisher immer nur in staatlich großräumigen Konzepten zu denken gewohnt war, erschien ein auf sich allein gestelltes Deutschösterreich schlicht »lebensunfähig«. Da eine Föderation gleichberechtigter Donaustaaten angesichts des Siegeszugs des Nationalstaatsgedankens zunehmend unwahrscheinlicher wurde, mußte der Anschluß an ein anderes großes und mächtiges Staatengebilde gesucht werden. Hiebei kam für ihn freilich nur eine Alternative in Frage: der Anschluß an Deutschland. Wenngleich der »Patentösterreicher« Renner auch bisher durchwegs deutsch dachte und fühlte, lag sein Zugang zu dieser neuen Option zunächst im Wirtschaftlichen begründet. Nur durch den Anschluß an das ökonomisch so hochentwickelte Deutsche Reich konnte Wien und sein Hinterland weiterleben. Ein selbständiges Österreich vermochte seiner Einschätzung nach – von feindlichen Nachbarn eingekreist – weder politisch noch wirtschaftlich zu bestehen. Renner wähnte nämlich, wie die meisten anderen deutschösterreichischen Politiker auch, den neugeschaffenen kleinen Staat von Feinden umgeben, »die das Weiße aus seinem Auge wollten«.[14]

Am 28. Oktober wurde am Prager Wenzelsplatz vor einer gewaltigen Menschenansammlung die tschechoslowakische Republik ausgerufen. Einen Tag später proklamierte der Nationalrat in Agram die Loslösung Kroatien-Slawoniens vom Königreich Ungarn und vollzog den Anschluß Sloweniens. In Budapest, an der Kettenbrücke etwa, kam es zu Straßenschlachten. In allen Zentren der Monarchie beherrschten Aufruhr, Meutereien und Demonstrationen das Straßenbild. Die Polen, Rumänen und Ruthenen sagten sich vom Staatsganzen los. Umsturz überall, das Habsburgerreich zerfiel. Die Tage und Wochen seit dem Völkermanifest bestimmten die weitere Zukunft für ganz Mitteleuropa nachhaltig.

In der zweiten Sitzung der deutschösterreichischen Nationalversammlung am 30. Oktober stellte Karl Renner, vom Staatsrat dazu ermächtigt, die provisorische Verfassung vor. Als Berichterstatter des Vollzugsausschusses bezeichnete Renner dabei die Vorlage nur als »ein Stück einer Verfassung«, als einen ersten Versuch. »Wir sind über Nacht auf einmal ein Volk ohne Staat geworden ... Jedes Volk hat sein Recht auf Selbstbestimmung in Anspruch genommen, und so ist auch für uns nichts anderes übrig geblieben, als von dem unveräußerlichen und unverjährbaren Rechte eines Volkes Gebrauch zu machen, sich seine eigenen staatsrechtlichen Einrichtungen zu schaffen.«[15] Die Verfassungsvorlage, so fuhr er fort, bringe die »erste Aufrichtung einer öffentlichen Gewalt«. Die so wichtige Frage der Staatsform war dagegen noch nicht berücksichtigt worden. Der Staatsrat ging jedenfalls von der einfachen Annahme aus, daß die 1911 gewählte Volksvertretung »die nächste gegebene Verkörperung des Volkswillens ist«. Demnach übte auch die Provisorische Nationalversammlung die oberste Gewalt aus. Sitz und Träger aller Gewalt im Staat sollte freilich das Volk sein. Das Parlament übertrug die Regierungs- und Vollzugsgewalt dem selbstgewählten Vollzugsausschuß, dem sogenannten Staatsrat, der die Beschlüsse der Nationalversammlung durchzuführen hatte. Der Staatsrat war aber, wie Renner betonte, keine Regierung im vollen Sinne des Wortes. Er stand vielmehr als »mittelndes Organ« zwischen der Gesetzgebung und der Verwaltung. Der Staatsrat sollte die Gesetzesvorlagen für die Nationalversammlung vorberaten. Außerdem hatte er die Beschlüsse des Parlaments zu beurkunden, um sie für den Staatsbürger verbindlich zu verlautbaren. Der Staatsrat übte nicht zuletzt jene ergänzende Gesetzgebung aus, die bisher die alten k.k. Regierungen in Vollzugsverordnungen gehandhabt hatten. Er werde an der Verwaltung in der Form von »Dienstanweisungen« an die Regierung teilnehmen. Die zukünftigen Regierungen sollten demnach nur mehr bloße Verwalter aufgrund der Gesetze und der vom Staatsrat ausgearbeiteten Durchführungsvorschriften und Dienstanweisungen sein. »Der Begriff der Regierung wird also«, so interpretierte Renner weiters, »eine entsprechende Herabminderung erfahren.«

Trotzdem mahnte Renner angesichts der so angespannten Situation zur Zusammenarbeit aller Kräfte. Die Staatsgeschäfte wären einträchtig zu führen, »von allen großen Klassen des Staates, die jetzt das ernste Bedürfnis haben, über dem Haupte ein Dach und im Hause wieder einen Herd zu haben, die gezwungen sind, die notwendigsten und elementarsten Bedürfnisse des sozialen Zusammenlebens ... sicherzustellen, bevor die großen politischen Fragen der Weltanschauung ausgetragen werden können«.[16] Bereits ganz in seinem später so gewohnt staatsmännischen Stil rief Renner die drei großen Klassen der Bürger, Bauern und Arbeiter zur einträchtigen Zusammenarbeit auf. In dieser derart labilen Lage mußte ein Waffenstillstand zwischen den politischen Gegnern geschlossen werden, um »das sinkende Schiff des Gemeinschaftslebens noch aufrecht zu erhalten ... Dabei weiß jeder von uns, daß es wohl eine hohe geschichtliche Ehre, aber für den Augenblick kein dankenswertes Werk ist, überaus verantwortlich und vor allem andern ungewiß im Erfolge; denn das wissen wir alle noch heute nicht, ob es gelingen wird, aus dem Zusammenbruche die primitivsten Grundlagen des Gemeinschaftslebens zu retten oder nicht.«[17]

Vom Balkon des Landhauses wurde schließlich am 30. Oktober 1918 die Provisorische Verfassung der wartenden Menschenmenge, die die gesamte Herrengasse richtiggehend verstopfte, verkündet. Am selben Tag wurde Karl Renner vom Staatsrat auch zum Leiter der Staatskanzlei ernannt. Er war damit faktisch zum Chef der ersten deutschösterreichischen Regierung aufgestiegen. Diese setzte sich aus den drei großen politischen Lagern sowie aus parteilosen Beamten zusammen. Victor Adler übernahm das Außenamt, Ferdinand Hanusch die soziale Verwaltung. Der Christlichsoziale Heinrich Mataja wurde Staatssekretär für Inneres, der Großdeutsche Otto Steinwender stand dem Finanzressort vor.

Als provisorischen Sitz für die Regierung ließ Renner das Herrenhaus beschlagnahmen. Als sich dessen adeliger Präsident Alfred Fürst zu Windisch-Graetz über die durch den Umzug entstandene Unruhe beschwerte, erwiderte Renner in ungewöhnlicher Schärfe, daß sich dieser einen anderen Platz zum Schlafen suchen sollte. Es würden ohnedies bald andere Zeiten anbrechen. Die ersten Kabinettssitzungen der deutschösterreichischen Regierung gestalteten sich allerdings nach dem Zeugnis des Staatssekretärs für Volksernährung, Hans Loewenfeld-Russ, »fast operettenhaft«, präsentierten sich doch einige seiner Ministerkollegen »hilflos wie Kinder«. Renner, der den k.k. Beamten Loewenfeld-Russ in die Regierung geholt hatte, fand dagegen dessen volle Bewunderung. Der Leiter der Staatskanzlei führte den Vorsitz souverän, und seine Arbeitskraft fand allgemeine Bewunderung.

Renner hatte nun eine Funktion inne, die oft mit der eines Ministerpräsidenten verglichen wurde. Aber dem Aufstieg in seiner politischen Karriere stand die deprimierende Auflösung der alten Ordnung gegenüber. Nicht einen Augenblick lang konnte er sich der Erlangung einer ›Machtposition‹ erfreuen. Vielmehr mußte er – förmlich von Stunde zu Stunde – seine völlige Ohnmacht als Regierungschef eines besiegten und desorientierten Landes zur Kenntnis nehmen. Nichtsdestoweniger machte der »Staatsfanatiker« Renner seinem Ruf alle Ehre und entwickelte sogleich ein Staatswappen, das aus einem Stadtturm aus schwarzen Quadern und roten gekreuzten Hämmern, umgeben von einem goldenen Ährenkranz, bestand. Die Idee zu den Staatsfarben Rot-Weiß-Rot stammte hingegen vom christlichsozialen Abgeordneten und späteren Bundespräsidenten Wilhelm Miklas.

Alles befand sich in Auflösung: Die einst so stolze k.u.k. Armee zerfiel. Soldaten trugen ihre Medaillen verkehrt – mit dem Kaiserkopf nach innen –, hielten Versammlungen ab, verließen unerlaubt die Kasernen, desertierten, demonstrierten. Selbst viele Offiziere nahmen freiwillig ihre

Kokarden ab. Flüchtlinge und Gefangene strömten nach Wien. Es kam zu Schießereien, Depots wurden geplündert. Während von den Geschäften der Doppeladler abgenommen wurde, waren allerorts rote Fahnen zu sehen. An der Universität hielten deutschnationale Studenten Kundgebungen für den Anschluß an das Deutsche Reich ab. Die Haustore wurden geschlossen. Dort, wo es keine Rolläden gab, vernagelte man die Auslagen notdürftig mit Brettern. Die Verkehrssituation wurde zunehmend schwieriger. Eine Fahrt mit der Eisenbahn von Wien nach Wiener Neustadt dauerte mittlerweile vier Stunden. Auf den Dächern der Züge drängten sich unzählige Menschen. Die zurückflutende Armee stellte die Hauptgefahr dar. Die Wiener Garnison befand sich in revolutionärer Stimmung. Die alte Kaiserstadt war in Angst.

Wie würde die Sozialdemokratie darauf reagieren? Am 31. Oktober eröffnete sie ihren zweiten Parteitag im – noch immer fortdauernden – Krieg. Otto Bauer trat dabei deutlich als künftiger Führer der Partei in Erscheinung. Bemerkenswerterweise bremste er den revolutionären Elan des linken Flügels. So hob er hervor, daß die Bewegung erst am Anfang einer Revolution stehe, in der ersten Phase der großen Umwälzungen, denen der Kapitalismus schließlich erliegen werde. Daher sollte vorerst nicht die Macht im Staat zu erobern versucht, sondern die Staaten, die einst erobert würden, zunächst einmal geschaffen werden. Die Grundlage des Klassenkampfes stellte für ihn nun das »Prinzip der freien Nationen« dar, das zugleich das Pendant zum »reaktionären Prinzip Österreich« bedeutete. Erste Aufgabe für die Sozialdemokratie sei es jedenfalls, die »volle Demokratie« in dem neu zu errichtenden Staat zu erkämpfen: »Die Demokratie ist für uns eine Notwendigkeit geworden. Wir brauchen sie heute nur zu verwirklichen, um zum Sozialismus zu gelangen.« Trotz aller Bedenken entschied sich die Parteispitze jedenfalls vorerst zur Zusammenarbeit mit den Bürgerlichen. Der Parteitag ermächtigte daher die sozialdemokratischen Abgeordneten, so lange an der Regierung des neuen Staates teilzunehmen, »als dies zur Sicherung der demokratischen Errungenschaften der jüngsten Tage notwendig erscheint«.[18]

Wenige Tage später ereignete sich an der Südfront eine Katastrophe, die für Österreich zum Ende des Krieges führte, zugleich aber der alten Elite endgültig ihre Daseinsberechtigung kostete. An der italienischen Front waren trotz starker Truppenabzüge noch immer 400 000 Mann der k.u.k. Armee verblieben. Hungernd und schlecht ausgerüstet, hielten sie tapfer ihre Stellung. Der Offensive der Entente-Truppen am 24. Oktober hatten sich die österreichisch-ungarischen Streitkräfte zunächst trotz hoher Verluste todesmutig entgegengestemmt. Als aber nach dem ersten Tag des alliierten Angriffs die magyarischen Soldaten zur Verteidigung der ungarischen Heimat abgezogen wurden, brach der Kampfeswille der k.u.k. Truppen zusammen. Meutereien blieben nicht aus. Die ausgezehrten und völlig verzweifelten Männer weigerten sich, für einen Staat ins Feuer zu gehen, den es praktisch gar nicht mehr gab.

In der Villa Giusti in der Nähe von Padua wurde schließlich der Waffenstillstand ausgehandelt. Aufgrund einer skandalösen Fehlinterpretation über das exakte Datum der Einstellung der Feindseligkeiten kam es zum Desaster von Vittorio Veneto, das die Italiener als großen Sieg feiern sollten: Die k.u.k. Truppen legten bereits am 3. November – 24 Stunden zu früh – die Waffen nieder; die zermürbten und ausgelaugten Männer zogen ahnungslos in Richtung Heimat, sie wurden jedoch von den Streitkräften der Entente eingeholt, umstellt und nicht weniger als 360 000 Soldaten von ihnen gefangengenommen. Ungehindert rückten nun die englischen und italienischen Einheiten nach Triest, ins Kanaltal und gegen den Brenner vor. Dieses totale Versagen des k.u.k. Armeeoberkommandos, das manch einer im Gegenteil als listigen Schachzug verstand, die Versorgung der k.u.k. Heeresmassen den Italienern zu überlassen und damit die Heimat zu entlasten, hatte auch verheerende Folgen auf die politische Führung und somit für Kaiser Karl selbst.

Der Staatsrat lehnte für diese Schlappe freilich jede Verantwortung ab. Für ihn stellte sich die Frage nach der internationalen Stellung Deutschösterreichs. Nach Renners Erachten besaß das neuerstandene Staatswesen keinen neutralen Status. Man habe sich nie – etwa mittels einer Urkunde – neutral erklärt und besitze keineswegs die volle Souveränität. Außerdem habe man öffentlich die Freundschaft mit dem kriegführenden Deutschen Reich bekundet. Nicht zuletzt schien auch das Verhältnis zu den slawischen Nachbarn unklar. So sei nur die tschechische Regierung völkerrechtlich anerkannt, nicht deren Staatsgebiet. Renner hielt somit auch Deutschösterreich für einen kriegführenden Staat, der sich nun im Waffenstillstand befand und unter die Gewalt des Siegers gestellt war.

Für die deutschösterreichische Außenpolitik sah er nur zwei Alternativen. Es mußte die Zusammenarbeit entweder mit den Magyaren oder mit den Tschechen gewählt werden: Ungarn, so erläuterte er im Staatsrat am 8. November, »ist Tiefland und hat Frucht und Zucker. Wir können mit den Ungarn eine wirkliche Freundschaft von Freistaat zu Freistaat schließen und uns mit den Ungarn zusammen gegen die Tschechen stellen. Der zweite Weg ist der, daß wir den Tschechen sagen, wenn wir erklärt haben, was wir wollen: Wir schließen mit euch Tschechen gegen die alte Magyarenpolitik ein Bündnis; wenn ihr mit uns zusammengeht und uns unsere bestimmten Forderungen bewilligt, gehen wir mit euch nach Westungarn, ihr nach Oberungarn. Dann können wir durch diese Konzession, welche für die Tschechen sehr wertvoll ist, uns unsere Situation in Deutschböhmen sichern, indem wir ihnen in Oberungarn helfen, das einzustecken, was sie brauchen. Eines dieser Bündnisse müssen wir ergreifen. Das muß erwogen werden, je nach dem Verhalten der Tschechen. Eine andere politische Möglichkeit gibt es nicht.«[19]

Da erfolgte der Umsturz in Deutschland, der auf die deutschösterreichische Politik maßgeblichen Einfluß hatte. Am 9. November gab Kaiser Wilhelm seinen Verzicht auf den Thron bekannt und trat seine Flucht ins niederländische Exil an. Der Sozialdemokrat Philipp Scheidemann rief daraufhin die Republik aus. Die Regierungsgeschäfte wurden dem SPD-Vorsitzenden Friedrich Ebert anvertraut. Diese entscheidende Wende schien der deutschösterreichischen Sozialdemokratie eine historische Chance zu bieten: den Anschluß an Deutschland. Für Otto Bauer bedeutete dies den Zusammenschluß mit dem »Deutschland Liebknechts und Bebels«, mit dem »Deutschland der deutschen Demokratie und des deutschen Proletariats«.

Auch Renner zeigte sich zutiefst beeindruckt und trug der neuen Entwicklung sofort Rechnung. Völlig neue Perspektiven hatten sich entwickelt, und er gab seine Pläne für einen föderativen Staatenbund im Donauraum auf. Die Idee einer Donauföderation war gestorben. Überall in Ost- und Mitteleuropa hatte sich der Nationalstaatsgedanke durchgesetzt. Tschechen, Ungarn, Südslawen, Polen, Ukrainer, sie alle strebten nach Eigenstaatlichkeit, Unabhängigkeit und völliger Ungebundenheit. Es dürfte Renner leichtgefallen sein, seine alte Konzeption des Vielvölkerreichs zugunsten der Idee des großdeutschen Nationalstaats fallen zu lassen. Sein Geschichtsbild war immer schon deutsch geprägt, die von ihm so verehrten Dichter, Philosophen und Ideologen stammten aus Deutschland: Lessing, Kant, Lassalle, Marx und Engels. Aber nicht nur kulturell, auch wirtschaftlich war Deutschland hochentwickelt und verkörperte mit seinem selbstbewußten Industrieproletariat das Mutterland des Sozialismus. Nun hatten die Sozialdemokraten gar die Macht im Reich erobert, und Renner besaß zu den deutschen Genossen besonders gute Kontakte.

Was also lag näher, als das von Wilson proklamierte Selbstbestimmungsrecht für sich in Anspruch zu nehmen und den Anschluß an die deutsche »Schwesterrepublik« zu suchen? Dieser Anschluß an ein allerdings »entpreußtes« Deutschland, so pflichtete er Bauer durchaus bei, bedeutete, abgesehen vom rein nationalen Standpunkt, den Anschluß an die Demokratie, an den Fortschritt, ja an den Sozialismus. Renner sprang damit auf einen fahrenden Zug auf und vertrat nun jene Idee, die Otto Bauer, sein großer Gegenspieler vom linken Parteiflügel, bereits seit Oktober unter anderem publizistisch vorbereitet hatte. Obwohl Renner sich fortan energisch für diese Linie einsetzte, blieben über all die Jahre Zweifler zurück, die seinen Anschlußaspirationen mißtrauten und ihn nach wie vor für einen Verfechter einer Donauföderation hielten.

In den ersten Novembertagen des Jahres 1918 war Deutschösterreich vom totalen Chaos beherrscht. Nach der Auflösung der Südfront zogen, auf dem Weg in ihre Heimat, Massen von ungarischen, tschechischen und polnischen Soldaten durchs Land, ebenso wie die zahllosen freigewordenen italienischen, serbischen und russischen Kriegsgefangenen. Völlig ausgehungert und nunmehr ohne jegliche Disziplin, plünderten sie, wo sich Gelegenheit bot. Nicht genug damit, rückte in Salzburg und Tirol überraschend am 5. und 6. November das bayrische Alpenkorps in der Stärke von 35 000 Mann ein, eine Eliteeinheit, die auf Befehl Münchens handelte. Selbst Berlin zeigte sich über diese eigenmächtige Aktion bestürzt, mit der Bayern die deutschösterreichische Südgrenze gegen die Ententestreitkräfte sichern wollte. Die Bevölkerung wie auch die Landesregierungen waren über diese Besetzung alles andere als erfreut und erhoben Protest, der von Wien unterstützt wurde. Nach solch einem Anschluß sehnte man sich offensichtlich nicht. Die Entente übte schließlich Druck auf Deutschland aus, und das bayerische Kriegsministerium sah sich veranlaßt, seine Einheiten zurückzubeordern. Am 11. November verließen die letzten Truppen westösterreichisches Gebiet.
Dieser 11. November sollte aus mehreren Gründen zu einem entscheidenden Tag werden, für ganz Österreich wie für Karl Renner persönlich. Während in Wien der Volksgarten, Schloß Schönbrunn und die Hofburg von der Volkswehr besetzt gehalten wurden, entschied sich das weitere Schicksal Kaiser Karls. Seit der Katastrophe von Vittorio Veneto bekam die Sozialdemokratie auch von der christlichsozialen Bauernschaft in ihrem Anliegen Unterstützung, Karl zur Abdankung zu zwingen. Renner und Karl Seitz als Präsident der Provisorischen Nationalversammlung drängten auf die Abdankung des Kaisers, da das Parlament noch am 12. November das so wichtige »Gesetz über die Staats- und Regierungsform von Deutschösterreich« beschließen sollte. Gemeinsam begaben sie sich im Auftrag des Staatsrats ins k.k. Ministerpräsidium. Sie wiesen Heinrich Lammasch darauf hin, daß bei einem Verzicht des Hauses Habsburg auf

die Thronrechte eine erhebliche Entspannung der innenpolitischen Situation geschaffen werden könnte. Aber Lammasch zögerte, und Seipel besprach die Lage mit dem Wiener Kardinal Gustav Piffl, der sich für Kaiser Karl einsetzte. Der junge Habsburger betrachtete sich seinerseits nach wie vor als von Gottes Gnaden eingesetzt. Es war ein führender Kleriker in der Christlichsozialen Partei, ihr interimistischer Obmann und oberösterreichische Landeshauptmann, Prälat Johann Nepomuk Hauser, der auf die antimonarchische Stimmung in der Landbevölkerung Rücksicht nahm und sich für den Rücktritt Karls stark machte. Renner arbeitete schließlich gemeinsam mit Lammasch, Redlich und Seipel die Erklärung für den Habsburger aus. Dabei konnte er sich jedoch nicht zur Gänze gegen Seipel durchsetzen. Die Verzichtserklärung stellte somit einen fatalen Kompromiß dar: Karl erklärte, sich nicht der freien Entfaltung der Völker als Hindernis entgegenstellen zu wollen. Er erkannte deshalb im voraus jene Entscheidung an, die Deutschösterreich über seine künftige Staatsform treffen würde. Zugleich verzichtete er auf jeden Anteil an den Staatsgeschäften, keineswegs aber auf die Thronrechte, weder für sich noch für das Haus Habsburg. Renner war es klar, daß diese Lösung lediglich ein – durchaus brisantes – Provisorium bedeutete, doch der Staatsrat erklärte sich damit schließlich einverstanden.

Mit diesem Manifest in der Aktentasche fuhren am späten Vormittag des 11. November Ministerpräsident Heinrich Lammasch und k.k. Innenminister Edmund Gayer im Auto beim Schloß Schönbrunn vor. Sie befanden sich in großer Eile, denn bereits zu Mittag sollte der Rücktritt Kaiser Karls im Parlament proklamiert werden. Doch Karl war noch immer unentschlossen. So liefen die beiden ungebetenen Besucher im Schloß dem zögernden Kaiser schließlich von Zimmer zu Zimmer nach. Als diesem selbst die engsten Berater zur Unterschrift rieten, unterzeichnete er endlich das Schriftstück. Mit Bleistift. Die Würfel waren gefallen. Aus Furcht vor den ›roten Horden‹ – die Regierung verfügte in Wien über keine 3 000 Mann Militär – flüchtete Karl mit seiner Familie und der engsten Umgebung ins niederösterreichische Eckartsau, nachdem er das Manifest unterzeichnet hatte. Dabei hatte er, streng juristisch betrachtet, nicht eigentlich abgedankt, sondern lediglich seinen Verzicht auf die Regierungsausübung erklärt. Nach eigener Auffassung hatte er den Thron nicht verlassen, war er noch immer Herrscher über Österreich und Ungarn. Und der »Pemsel«, wie Renner Kaiser Karl verächtlich nannte, sollte dem Kanzler und dem jungen Staat noch einige Schwierigkeiten bereiten.

Der 11. November sollte zugleich für Renner wie für seine Genossen zu einem bitteren Datum werden: die Sozialdemokratie hatte den Verlust

120

ihrer Leit- und Integrationsfigur zu beklagen. Der seit Tagen mit dem Tod ringende Victor Adler war seinem schweren Herzleiden erlegen. Er fürchte das Sterben nicht, soll er noch am Tag zuvor zu Ludo Moritz Hartmann gesagt haben, nur hätte er allzugern noch ein wenig die Geschehnisse rund um die neuentstandene Republik beobachtet. Noch am selben Tag hatte Karl Renner Gelegenheit gefunden, seinen Lehrmeister kurz vor dessen Tod in seiner Wohnung zu besuchen. Adler hatte sich noch über die triumphale Haftentlassung seines amnestierten Sohnes Friedrich freuen dürfen, doch die Ausrufung der Republik konnte er nicht mehr erleben. Der ›Fanatiker der Parteieinheit‹, der skeptische Pragmatiker, das Vorbild aller Austromarxisten war tot.

Sein Erbe trat der bisweilen patriarchalisch wirkende Präsident der Nationalversammlung, Karl Seitz, als Parteivorsitzender an. Es war aber Otto Bauer, der nicht bloß als Staatssekretär für Äußeres Victor Adler nachfolgte, sondern nach ihm zum bestimmenden und verehrten Führer der österreichischen Sozialdemokratie emporstieg. Renner hingegen, in der eigenen Partei von weiten Kreisen angefeindet, stand an der Spitze der Regierung eines Staates, dessen Zukunft noch völlig ungewiß schien. Er, der die langgehegte Idee des alten Österreich schließlich doch als überholt verworfen hatte, bekleidete nun das Amt eines Staatskanzlers der Republik Deutschösterreich, die am 12. November 1918 ausgerufen werden sollte.

Österreicher
wider Willen

VI. Staatskanzler Deutschösterreichs

Am Nachmittag des 12. November 1918, gegen halb vier Uhr, hatte sich vor dem Parlament auf der Wiener Ringstraße eine unüberschaubare Menschenmenge gebildet. Verschiedene Schätzungen sprachen von bis zu einer halben Million Teilnehmern. In der Hauptstadt herrschte Werksruhe. Arbeiter hatten sich mit roten, Studenten mit schwarz-rot-goldenen Fahnen von der Bellaria bis zum Burgtor erwartungsvoll versammelt. Etwa 2000 sozialdemokratische Parteigänger fungierten als Ordnungsdienst, nur wenige Soldaten der sozialistisch gesinnten Volkswehr bildeten entlang der Parlamentsrampe ein Spalier. Noch herrschte trotz der allgemein spürbaren Spannung völlige Ruhe.

Inzwischen hielt drinnen im Plenarsaal die Provisorische Nationalversammlung ihre dritte Sitzung ab und debattierte das »Gesetz über die Staats- und Regierungsform von Deutschösterreich«. Karl Renner erstattete Bericht. In den wenigen Tagen seit dem 30. Oktober war er durch seine Stellung im Kabinett vom bloßen Leiter der Staatskanzlei zum Staatskanzler, zum Regierungschef aufgestiegen. Ursprünglich nur Ersatzmitglied des Staatsrats und lediglich beamteter Gehilfe des Staatsratspräsidiums, stand er gleichermaßen routiniert wie selbstbewußt der ersten Regierung des neuen Staates vor. Aus dem intellektuellen Theoretiker war ein nüchterner Praktiker, aus dem »letzten Monarchisten« ein überzeugter Protagonist der republikanischen Bewegung, aus dem besorgten Anhänger der multinationalen Reichsidee ein Verfechter Großdeutschlands, aus dem sozialdemokratischen Oppositionellen ein souverän agierender Staatsmann geworden.

Die von ihm entworfene Gesetzesvorlage über die Staats- und Regierungsform war, wie er selbst betonte, »im Drange der Not« geschaffen worden. Deutschösterreich, so ließ er gleich von Anfang an keinen

Zweifel, »kann nur ein freier Volksstaat sein«. Dieser Staat durfte »nach der furchtbaren Katastrophe, die alle überlieferten Autoritäten entwurzelt hat, nur eine öffentliche Gewalt kennen, die aus dem Volke selbst und aus der Volksvertretung hervorgegangen ist«. Unter dem stürmischen Beifall der Versammlung erhob Renner die freie Zusammenarbeit aller Kräfte am Wiederaufbau des Staates zur unbedingten Voraussetzung für dessen weitere Existenz. Er verlangte die volle Demokratie, denn es schien ihm unbestreitbar, daß diese mittlerweile zum Grundgesetz der ganzen Welt geworden war. Die Monarchie war seiner Auffassung nach dagegen nur mehr Vergangenheit, und so mußte folgerichtig auch Deutschösterreich »mit den Methoden der modernen Zivilisation« regiert werden.

Die Proklamation der Republik galt für ihn als ein Bekenntnis nach außen: Aufgrund des allgemeinen und gleichen Wahlrechts aller Männer und Frauen sollte es demnach »auch nicht eine Gemeinde geben, in der nicht das Volk selbst mitentscheidet, damit wir dem Vorurteile der Welt begegnen, als wollten wir fremdes Volksgut uns aneignen.« In einem vollkommen demokratischen Staatswesen schien ihm nationale Fremdherrschaft fortan unmöglich, und so bekundete er der ganzen Welt, »daß uns jeder Imperialismus fremd ist.« Unter der Begeisterung des Plenums bekannte er freilich auch in seiner Rede, »auf keinen in unserem organischen Siedlungsgebiete eingeschlossenen Volksteil« verzichten zu wollen. Es bedeutete für ihn nun die Probe aufs Exempel, ob die durch Wilson proklamierte nationale Selbstbestimmung tatsächlich für alle Völker galt.

Das Bekenntnis zur demokratischen Republik stellte für den Kanzler allerdings mit der Abwehr der Reaktion auch eine Notwendigkeit nach innen dar. Beruhte doch das neue System auf der Idee, daß sich in der größten Not Bürger, Bauern und Arbeiter zusammenschlossen, um sich selbst und das Land zu retten. Renner versprach jedoch, sobald das »Wesentliche des Gemeinschaftslebens« gesichert sein würde, Neuwahlen zur Konstituierenden Nationalversammlung ausschreiben zu lassen: »In der Stunde, wo das Werk vollbracht ist, der Notbau errichtet ist, in derselben Stunde werden wir abtreten.« Der Konstituierenden Nationalversammlung fiel sodann die Aufgabe zu, eine Verfassung für die Republik auszuarbeiten.

Deutlich wie nie zuvor bekannte sich der Republiksgründer zur deutschen Nation und zum Anschluß an das seit 9. November demokratische, von seinen Gesinnungsfreunden Friedrich Ebert und Philipp Scheidemann geführte Deutschland: »Wir sind ein Stamm und eine Schicksalsgemeinschaft.« Mit solch nationalem Pathos hatte er die Abgeordneten völlig auf seine Seite gezogen. Die Versammlung und die Besucher auf der Galerie erhoben sich und spendeten ihm langanhaltenden Beifall. Danach erklärte er weiters, »daß mit unserem freien Willen niemals deutsches Gebiet unter fremde Herrschaft gestellt wird«. In dieser neuen Zeit, so verkündete er in scheinbar völliger Mißachtung der realen Verhältnisse, würden Nationen nicht mehr vergewaltigt, und ein »Völkerbund von ganz Europa« den »Mutterkontinent der menschlichen Kultur« vor imperialistischen Neigungen der »angloächsischen Bourgeoisie« schützen. Als er zu guter Letzt mit »Heil unser deutsches Volk und heil Deutschösterreich!« seine Rede beschloß, erhoben sich Abgeordnete und Zuhörer neuerlich unter nicht verstummen wollenden Heil-Rufen. Eindrucksvoll hatte Renner demonstriert, daß in diesen Tagen nur er es sein konnte, der die junge Republik im Inneren zu führen und nach außen hin zu vertreten vermochte.[1]

Nachdem die Vorlage zum Staats- und Gebietsgesetz für Deutschösterreich unter stürmischem Beifall angenommen worden war, begaben sich Regierung und Nationalversammlung vor die Tore des Parlaments ins Freie. Dort empfing sie erwartungsfroher Jubel, und ausgerechnet der als phlegmatisch bekannte, deutschnationale Erste Präsident der Nationalversammlung, Franz Dinghofer, machte der Menge die Gründung der deutschösterreichischen Republik kund.

Wie Renner waren sich mittlerweile alle Politiker und Parteien darüber einig, das junge Staatswesen als Bestandteil der Deutschen Republik zu betrachten. Alle Rechte, die nach der Verfassung der im Reichsrate vertretenen Königreiche und Länder dem Kaiser zugestanden waren, gingen – bis die Konstituierende Nationalversammlung die endgültige Verfassung festgesetzt haben würde – auf den deutschösterreichischen Staatsrat über. Die kaiserlichen Ministerien wurden aufgelöst, ihre Aufgabenbereiche und Vollmachten den republikanischen Staatsämtern übertragen. Alle Gesetze und Bestimmungen, die dem Haus Habsburg Vorrechte eingeräumt hatten, wurden aufgehoben. Beamte, Offiziere und Soldaten sahen sich nun des dem Kaiser geleisteten Treueeids entbunden. Die Übernahme der Krongüter sollte ein eigenes Gesetz regeln. Politische Privilegien wurden aufgehoben, die Delegationen, das Herrenhaus und die bisherigen Landtage abgeschafft. Die Konstituierende Nationalversammlung sollte im Januar 1919 gewählt, die Wahlordnung noch von der Provisorischen Volksvertretung beschlossen werden. Diese Ordnung beruhte fortan auf der Verhältniswahl sowie auf dem allgemeinen, gleichen, direkten und geheimen Stimmrecht aller Staatsbürger«.[2] Während auch Karl Seitz zu den Massen sprach, nahm der dritte der Parlamentspräsidenten, die christlichsoziale Integrationsfigur Johann Hauser, an dieser Proklamation nicht teil.

Vor der Parlamentsrampe begann sich mittlerweile eine kleine bolschewistische Gruppe unter den Hunderttausend bemerkbar zu machen und riß den weißen Streifen aus der rot-weiß-roten Nationalflagge heraus, um damit ihren Wunsch nach einer sozialistischen Räterepublik zu bekunden. Als die Rotgardisten das Herunterrattern der Rollbalken an den Fenstern des Parlamentsgebäudes als Maschinengewehrfeuer auffaßten und daraufhin die ersten Schüsse abfeuerten, brach unter den Teilnehmern der Feierlichkeiten Panik aus. In Todesangst stürmten sie vom Parlament weg, viele stürzten und wurden niedergetrampelt. Zwei Menschen kamen im Zuge der allgemeinen Verwirrung zu Tode. Der Pressechef des Staatsrats, Ludwig Brügel, verlor durch eine Gewehrkugel ein Auge. Die Abgeordneten flohen ins Innere des Gebäudes, wo aus Sicherheitsgründen bald das Licht gelöscht wurde. Fensterscheiben gingen zu Bruch. Tapfer stellten sich Karl Seitz und Julius Deutsch den Rotgardisten, die im Parlament Waffen vermuteten, entgegen und beschwichtigten sie. Die Volkswehr sicherte endlich das Gebäude. Die enttäuschten Kommunisten machten danach noch einen Versuch, mit der Besetzung des Redaktionsbüros der »Neuen Freien Presse« und der Publikation einer Sonderausgabe einen Umschwung in ihrem Sinne herbeizuführen. Das massive Auftreten der Polizei beendete aber noch am Abend den Spuk. Die Rote Garde zog ab. Der erste bolschewistische Putschversuch war kläglich gescheitert.

Trotz dieser Vorfälle meinte Renner, daß Deutschösterreich die Umwandlung von der Monarchie in eine Republik von allen Nachfolgestaaten des Habsburgerreichs noch am schmerzlosesten vollzogen hätte. Dies führte er nicht zuletzt auf die maßvolle und reife Haltung der Arbeiterschaft zurück. Gleichzeitig schien sich der Antirevolutionär Renner der epochalen, jedoch moralisch und juristisch nicht völlig unbedenklichen Tragweite des Umsturzes bewußt. In einem Anflug von Angst vor der eigenen Courage und schlechtem Gewissen wies er auf die schicksalhafte Bedeutung dieses 12. November hin: »Auch wir haben in gewisser Weise an jenem Tage ein Verbrechen begangen, das Verbrechen des Hochverrats gegen unsere früheren staatlichen Einrichtungen.« Daher zeigte er überraschenderweise selbst für die linksradikalen Heißsporne Verständnis: »Nicht alle Menschen können so ruhig und besonnen sein wie wir. Solche geschichtlichen Umwälzungen kann man nicht mit der Denkweise eines Strafrichters beurteilen, sondern mit der eines Historikers. Es war bei uns bloß eine ganz kleine Gruppe von überstudierten und überverhungerten jungen Leuten, die sich haben hinreißen lassen ... Das allerbeste ist, man schließt das ganze Kapitel und spricht nach vollzogener Bewegung eine Amnestie aus.«[3]

Nur eine halbe Stunde nach den Tumulten im Zuge der Ausrufung der Republik nahm die Nationalversammlung jedenfalls wieder ihre Sitzung auf, und Renner sollte auch weiterhin der dominierende Mann im Plenum bleiben. Schließlich war er es, der zwischen den revolutionären Ideen einiger seiner Parteigenossen und dem Zaudern der Bürgerlichen das für Tage desorientierte Staatswesen in die Demokratie, in die Republik führte. Zielstrebig und voller Tatkraft, überzeugt von der Idee einer »Gesellschaft unter Gleichen«, im Kampf gegen Anarchie und Reaktion – so gestaltete er den 12. November, der ein halbes Jahr später zum Nationalfeiertag erklärt werden sollte, auch zu seinem Tag. Freilich, während die Sozialdemokraten unter Renners Führung ihr Image als Schöpfer und Beschützer der Republik pflegten, trauerten konservative Kreise vielfach der vergangenen Größe des untergegangenen Habsburgerreichs nach. Für die einen galt der 12. November als Tag des Umsturzes des herrschenden legalen Systems, für die anderen als Tag des Aufbruchs in eine neue Welt. Die Bevölkerung indes sehnte sich in erster Linie nach Frieden, Ordnung, geregelter Arbeit und gesicherter Versorgung. Die Frage der Staatsform erschien in diesen Tagen der Not zweitrangig, was jedoch nicht darüber hinwegtäuschen konnte, daß die Gefühle für das Haus Habsburg zunehmend erkaltet waren.

Renners Arbeitskraft fand damals allgemeine Bewunderung. Das Erbe der zerfallenen Donaumonarchie, die völlig neu zu gestaltende Außenpolitik eines völkerrechtlich noch gar nicht anerkannten Kleinstaats, die angespannte innenpolitische Lage, die verzweifelte Ernährungssituation erschienen als beinahe unlösbare Probleme. Es drohte die Unregierbarkeit, die Selbstauflösung des jungen Staatswesens. Deutschösterreich stand an der Schwelle zum totalen Chaos. Die Verwaltungs- und Koordinationstätigkeit in der Staatskanzlei, die langwierigen Staatsrats- und Kabinettssitzungen waren mehr als aufreibend. Für die Partei, in der Otto Bauer unmißverständlich die ideologische Führung übernommen hatte, blieb Renner daher nur wenig Zeit, und sein bisher so heilig gehaltenes Privatleben mußte der Staatskanzler nunmehr vollends vernachlässigen. Doch in dieser Phase andauernder Anspannung und allgemeiner Verzweiflung und Ratlosigkeit half ihm sein stabiler Charakter. Er blieb zum Erstaunen vieler unkompliziert und, durch seine Familie abgesichert, emotional ausgeglichen.

Über die innere Sicherheit Deutschösterreichs zeigte er sich besorgt. Das Kabinett trat etwa jeden zweiten Tag im Sitzungssaal des ehemaligen Ministerratspräsidiums in der Herrengasse 7 zusammen, wo auch die Staatskanzlei eingerichtet worden war. Zum Schutz vor einem kommunistischen oder reaktionären Putsch wurden in den Fensternischen Maschinengewehre postiert, und im Hof lagerten Volkswehrleute. Diese Sicherheitsmaßnahmen waren notwendig, da angesichts der aufgewühlten gesellschaftlichen Situation ein gewaltsamer Umsturz jederzeit möglich schien. Renner befürchtete etwa einen monarchistischen Staatsstreich durch aktive, verzweifelte Offiziere. »Es ist tatsächlich so«, klagte der Kanzler, »daß wir heute von 20 entschlossenen Männern auseinandergesprengt werden können.«[4] Daher mußten die Regierungszentren geschützt werden. Der Sturm auf das Petersburger Winterpalais im Oktober 1917 sollte in Wien ein Jahr später keine Nachahmung finden.

Die Hauptstadt bot zu jener Zeit ein elendes Bild. Abgeschnitten von seinen früheren Versorgern spitzte sich die Ernährungssituation, durch den Kälteeinbruch noch mißlicher geworden, immer mehr zu. Aus Böhmen wurde die Lebensmittelzufuhr ganz gesperrt, und auch mit Ungarn unter Michael Károlyi befand sich die junge Republik im Wirtschaftskrieg. Obwohl man Zucker aus der Tschechoslowakei, Getreide und Vieh aus Ungarn und Jugoslawien sowie Kartoffeln aus Polen und der Ukraine dringend benötigte, zogen sich die Verhandlungen mit den Nachbarn ergebnislos hin. »Es ist ein Compensationsschacher schlimmster Sorte«, schrieb der Staatssekretär für Volksernährung, Hans Loewenfeld-Russ, seinen Eltern. »Kartoffeln gegen Papier, Petroleum gegen Zucker, Durchfuhrverhandlungen – scheußlich. Dabei wird gestohlen, geraubt, geplündert.« Tatsächlich mangelte es praktisch an allen Grundnahrungsmitteln wie Milch, Obst und Eiern. Das Fleischangebot wurde immer dürftiger. Hilfe durch die Entente schien noch unsicher. Aufgrund des Kohlemangels mußte bereits die Produktion vieler Wiener Industriebetriebe eingestellt und die Geschäfte frühzeitig geschlossen werden. Ohne Einfuhren aus dem Ausland war das bereits vorratslose Wien zum Hungertod verurteilt.[5]

Zu allem Unglück übten sich auch die Bundesländer in einer selbstsüchtigen Versorgungspolitik, die das Verhältnis zur Zentralregierung nachhaltig belastete. Renner wurde nicht müde, »die Notwendigkeit einer einvernehmlichen Zusammenarbeit aller Organe des Staates im Wege einer Einordnung der einzelnen Glieder unter das Ganze« zu betonen. Nur zu deutlich kam ihm zu Bewußtsein, daß »das allerschwierigste Problem jeder Demokratie ... in der Verbindung von Freiheit und Ordnung« lag.

Der Zusammenhalt zwischen den Ländern und der Staatsregierung war jedoch viel zu locker. »Es ist sicher«, so unterstrich Renner im Staatsrat, »daß die republikanische Freiheit und Selbstverwaltung nur dann mit Erfolg gehandhabt werden können, wenn jeder, der im Genuß der Freiheit ist, sich selbst die notwendige Disziplin auferlegt. Einzelne Landesregierungen und innerhalb dieser auch einzelne Unterorgane tun aber, was sie wollen.«⁶ Eigens einberufene Länderkonferenzen sollten das Problem lösen, doch stieß der Kanzler gerade dort auf den vehementen Widerstand der westösterreichischen Landeshauptleute. Der offene Konflikt zwischen christlichsozialem Föderalismus und sozialdemokratischem Zentralismus hatte seinen Anfang genommen.

In der Nationalversammlung wiederum ging es um das Gebietsgesetz für Deutschösterreich. Der Verfassungsausschuß hatte seine Vorlage in einigen wesentlichen Punkten abgeändert. Während außer Diskussion stand, daß die Provinzen Deutschböhmen, Sudetenland, Böhmerwaldgau und Deutschsüdmähren als feste Bestandteile des neuen deutschösterreichischen Staatswesens einzufordern waren, entwickelte sich die Frage, ob die Republik auch für die deutschen Sprachinseln Brünn, Iglau und Olmütz in der Tschechoslowakei seine volle Gebietshoheit beanspruchen sollte, zum Streitpunkt. Gerade der Deutschmährer Renner, der an diese drei Städte sentimentale Jugenderinnerungen knüpfte, war sich über den schmerzlichen Verlust, den dieser Verzicht bedeuten mußte, im klaren. Doch angesichts der außenpolitischen und militärischen Lage Deutschösterreichs forderte er in der Nationalversammlung am 14. November mit Nachdruck, den Gesichtspunkt »einer geschlossenen, einheitlichen, nach keiner Richtung hin mißzuverstehenden und zu mißdeutenden Auffassung« zu verfolgen und auf die Enklaven zu verzichten. Gewiß, vor nicht allzu langer Zeit hatte der Kanzler noch die Bildung einer multinationalen Gemeinschaft ohne strenge Staatsgrenzen zwischen den Siedlungsgebieten vorgezogen. Doch mittlerweile schien ihm die Idee eines Gebildes, in dem sich die einzelnen Nationen mit einem bestimmten Maß an nationaler Autonomie begnügten, »während die großen Tatsachen des modernen Wirtschaftslebens über nationale Grenzen hinweg eine höhere organische Gemeinschaft« herstellten, weder zeitgemäß noch umsetzbar. Da sich Renner der Ablehnung »einer internationalen Gemeinschaft im Staate« seitens der Nachbarn sicher war, hatte er den Schwenk hin zur Konzeption des geschlossenen und souveränen Nationalstaats vollzogen. Mit dem zu erlassenden Gebietsgesetz machten seiner Auffassung gemäß nun auch die Österreicher, indem sie das gesamte deutsche Siedlungsgebiet – über die Grenzen der ehemaligen habsburgischen Länder hinaus – zu einer staatlichen Gemeinschaft zusammenzufassen beabsichtigten, vom Recht auf nationale Selbstbestimmung Gebrauch. Renner reduzierte dies auf die bündige Formel: »Das geschlossene, das heißt nach allen Richtungen hin zusammenhängende deutsche Siedlungsgebiet, ist das Staatsgebiet.«

Abseits aller Sentimentalitäten hielt es der Pragmatiker zudem für völlig unrealistisch, Brünn, Iglau und Olmütz als Enklaven für Deutschösterreich von den Tschechen einzufordern. Freilich forderte Renner den Schutz ihrer nationalen Rechte und ihrer kulturellen Entfaltung. Und er berücksichtigte die internationale Position, angesichts derer man seiner Meinung nach nur mit einem einheitlichen, klaren und glatten Standpunkt recht behalten konnte: »Unser eigenes geschlossenes Sprachgebiet umfaßt eben Deutschböhmen und das Sudetenland, es schließt das deutsche Südmähren und das deutsche Südböhmen und den deutschen Böhmerwald mit ein, aber diese Enklaven schließt es nicht mit ein.« Renner weigerte sich zunächst auch, auf die westungarischen Komitate Preßburg, Wieselburg, Ödenburg und Eisenburg Anspruch zu erheben, hielt er diesen doch für annexionistisch: »Wir können, wenn wir nicht den Kriegszustand erklären wollen, ein bis heute unter einer fremden Hoheit rechtlich, wenn auch nicht faktisch stehendes Gebiet nicht besetzen.« Die tschechoslowakischen Maßnahmen in den Sudetengebieten bewertete er als Krieg, den nachzuahmen er nicht die Verantwortung übernehmen wollte.[7]

Im Staatsrat beklagte er die gleichgültige Haltung der Öffentlichkeit gegenüber der Notwendigkeit eines Gebietsgesetzes. Er selbst hielt es aber in bezug auf die Verwaltung für unbedingt erforderlich, fürchtete er doch nichts mehr als die Anarchie: »Es zahlt niemand die Steuern, es gehorcht auch niemand einer Behörde, wenn man nicht autoritativ in einem Staatsakte sagt, dieser Behörde hast Du zu folgen, dort hast Du die Steuern zu zahlen.« Auch ein Wahlgesetz schien so unmöglich. Deswegen drängte er zur raschen Durchführung des Gesetzes, denn schließlich sollte auch die Entente wissen, welches Gebiet Deutschösterreich in Anspruch nehme und wofür es eine neutrale Besetzung durch amerikanische Truppen verlangte. Die Republik war gegenüber den Nachbarn ohnehin arg ins Hintertreffen gelangt: »Wir hören jeden Tag, daß deutsches Gebiet besetzt wird. Wir unterliegen, wenn sich der Staatsrat nicht aufrafft, diese Sache rasch durchzuführen und imstande ist, die einzelnen Gruppen in der Nationalversammlung, welche die Sache verzögern, zu beruhigen.«[8]

Doch Renner scheiterte schließlich mit seiner Formel, das Wesentliche mit aller Kraft festzuhalten und das Unwesentliche abzustoßen, am Widerstand der Deutschnationalen. Nach den Bestimmungen des »Gesetzes über Umfang, Grenzen und Beziehungen des Staatsgebietes von Deutschösterreich« vom 22. November umfaßte die Republik demnach neben den Bundesländern des heutigen Österreich – freilich unter Einschluß Südtirols und der Untersteiermark – Deutschböhmen und das Sudetenland sowie die Enklaven Brünn, Iglau und Olmütz. Lediglich die deutschen Sprachinseln in Slowenien, Gottschee und Cilli, blieben unberücksichtigt.

Das Gesetz wandte sich, wie es Renner ausdrückte, nach innen und war als eine Art Behelf für die tägliche Verwaltung konzipiert. Die am selben Tag abgegebene Staatserklärung sollte dagegen die deutschösterreichischen Wünsche an Wilson und den Friedenskongreß festlegen. Mit diesem nach außen gewandten »Verhandlungsinstrument mit den anderen Nationen« bestand man darauf, daß die westungarischen Komitate bei den Friedensverhandlungen das gleiche Selbstbestimmungsrecht zuerkannt erhielten, das nach den wiederholten Erklärungen der Budapester Regierung allen anderen Völkern Ungarns eingeräumt worden war. Alle deutschen Minderheiten in den Nachbarstaaten wurden zum »nationalen Interessenbereich« Deutschösterreichs gezählt. Das Industriegebiet im Norden Ostmährens und Ostschlesiens, worauf freilich auch die Tschechoslowakei und Polen Anspruch erhoben, sollte als »zwischenstaatliches Verwaltungsgebiet der drei Staaten mit einer von ihnen zu vereinbarenden zwischenstaatlichen Verwaltung« völkerrechtlich gestaltet werden. Angesichts der von den Nationalstaaten betriebenen Absperrungspolitik erklärte Deutschösterreich auch die volle Freiheit der Handels- und Verkehrswege zu seiner Lebensnotwendigkeit und erwartete vom Friedensschluß die Anerkennung dieses »wirtschaftlichen und kulturellen Interessenbereichs«.[9] Insgeheim mochten vielen, vor allem Renner selbst, die Ansprüche auf die von den Tschechen besetzten Sudetengebiete unrealistisch erschienen sein. Das Gebietsgesetz sollte vielmehr für die Verhandlungen mit Prag als Basis dienen. Möglicherweise strebte man eigentlich bloß die Autonomie der deutschen Gebiete im tschechischen Staatsverband an. Dies um so mehr, als Renner immer deutlichere Hinweise erhielt, wonach die überwiegende Mehrheit der Sudetendeutschen bei Erhalt der Autonomie für den Anschluß an die Tschechoslowakei stimmen würden.
Etwas größere Hoffnungen hegte man dagegen für Südtirol, obgleich man über die alliierte Zusage für den italienischen Kriegseintritt von

1915 wohl informiert war. Zudem war Tirol nur mit Vorbehalt der Republik Deutschösterreich beigetreten. Erst ein frei gewählter Landtag sollte darüber entscheiden, ob das auf das Selbstbestimmungsrecht der Völker pochende Land in diesem Staatsverband bleiben würde. Die gegen das »Rote Wien« gerichtete separatistisch-konservative Strömung setzte sich aber für die Schaffung eines völlig selbständigen Tirols ein. Hauptmotiv dafür war – neben den ideologischen Differenzen – das Bestreben, Südtirol für das Land zu retten. Ein unabhängiges Tirol bis zur Salurner Klause sollte den Westmächten wie Italien die Angst vor einem um Österreich erweiterten Deutschland nehmen. Doch Südtirol war bereits von italienischen Truppen besetzt, von denen ein Teil sogar in Innsbruck einmarschierte. Selbst der Verbleib Vorarlbergs schien unklar, da weite Kreise der dortigen Bevölkerung einen Anschluß an die Schweiz forderten und auch die christlichsozialen Landespolitiker diesem Verlangen verstärkt nachgaben.

Der Klagenfurter Landtag hatte am 11. November den Anschluß Kärntens an Deutschösterreich proklamiert. Doch im Gegenzug bereitete die Laibacher Regierung die Einverleibung »Slowenisch-Kärntens« systematisch vor. Neben der jugoslawischen Propagandatätigkeit des Domvikars Franz Smodej nahmen im Laufe des Monats November südslawische Einheiten die südlich der Drau liegenden Ortschaften Ferlach, Bleiburg und Rosenbach widerstandslos ein. Trotz der Bedrohung Klagenfurts beabsichtigte die Wiener Regierung aufgrund der Lebensmittelverhandlungen mit den Südslawen, den Konflikt durch einen Kärntner Abwehrkampf nicht weiter eskalieren zu lassen. Daher mußte am 23. November die Drau-Gail-Linie als Demarkation anerkannt werden.

Inzwischen wurde Renners beherrschende Stellung als Staatskanzler bereits zunehmend angefeindet. So manchem schien diese schon beinahe mächtiger zu sein als die eines Ministerpräsidenten. Er selbst nannte sie freilich bloß einen »Reflex des Staatsrates«. Der Staatskanzler, so beschwichtigte er, sei kein Regierungschef, sondern lediglich der »Sprecher des Staatsrates in der Gesamtheit der Staatssekretäre und der Vorsitzende im Rate der Staatssekretäre, solange der Staatsrat nicht einen anderen Vorsitzenden bestimmt«.[10] Doch hier übte sich Renner in taktischem Euphemismus, denn zweifellos war er längst zum bestimmenden Mann der Republik geworden. Aber in den ersten Tagen des noch so unsicheren Staatswesens, in dem der Begriff der Demokratie beinahe überstrapaziert wurde, galt es als unschicklich, sich als starker Mann offen in den Vordergrund zu schieben. Dies geschah durch seine Kompetenzen und sein Wirken ohnehin ausreichend, wobei er den Sozialdemokraten stets gegenüber dem Staatsmann zurückstellte. Keiner aus der SDAP konnte so glaubhaft Parteipolitik und Regierungsgeschäft trennen wie er. Schließlich gestand er auch Sir Thomas Montgomery-Cuninghame, eine ganz eigene Art von Sozialismus voranzutreiben. Der britische Bevollmächtigte in Wien hielt ihn ohnehin mehr für einen sentimentalen Liberalen mit starken konservativen Neigungen als für einen orthodoxen Sozialdemokraten. Ohne Zweifel verkörperte Renner jedoch schon damals viel eher einen neuen progressiven Politikertypus. Seine Auffassung des Regierungsgeschäfts war fortschrittlich und sozial ausgerichtet und stand daher in krassem Gegensatz zur überholten Ideologie der deutschnationalen Parlamentsmehrheit. Doch selbst diese anerkannte seine Bemühungen, das Gemeinwesen vor der Katastrophe zu retten, und begrüßte zudem seinen Einsatz für den Anschluß an Deutschland. Letztlich versuchte er auch in seinem Bestreben nach einer Wahlrechtsreform Unparteilichkeit zu demonstrieren. »Die Arbeit, die ich mache«, so versicherte er dem Staatsrat, »ist keineswegs etwa das, was meine Partei verlangen wird. Ich war bestrebt, einen Entwurf auszuarbeiten, der von allen Parteien akzeptiert werden kann.« Nichtsdestoweniger bemühte er sich einstweilen, die Wahlreform so rasch wie möglich voranzutreiben, zumal er befürchtete, daß aufgrund der Rückwirkung der revolutionären Ereignisse in Deutschland die fragile Wiener Koalition zerfallen könnte: »Wir stehen unter der Zwangsvorstellung, daß wir unsere Wähler möglichst rasch mit der Wahl beschäftigen müssen, damit sie auf andere Gedanken kommen; das ist eine Lebensnotwendigkeit für uns.«[11]

Diskussionsstoff bot freilich die von den Christlichsozialen aufgeworfene Frage der Wahlpflicht. Diese sollte nach der Strategie der Konservativen verhindern, daß nur die politisch bewußten Sozialdemokratinnen zu den Urnen gingen, während sich Frauen aus dem Bürger- und Bauernstand nur gering an der Wahl beteiligten. Die SDAP stemmte sich jedoch heftig gegen die Wahlpflicht. Damit würden, so sorgte sich etwa Renner, ungebildete Frauen zur politischen Entscheidung gezwungen werden. Und angesichts einer so folgenschweren Wahl wie der zur Konstituante durfte man die Entscheidung nicht den »Indifferenten ausliefern, die noch nicht reif zur Politik sind, die aber wahrscheinlich größtenteils für die alte Gesellschaftsform der patriarchalischen Monarchie eintreten und damit unser ganzes Verfassungswerk gefährden würden.« Renner wollte einen Wahlkampf, der an einfachste Emotionen, an die »Mutterinstinkte der Frauen« appellieren würde, vermieden wissen. Ein solcher mußte sich auch anstatt mit der Zukunft vielmehr mit der Vergangenheit beschäftigen. »Wir Sozialdemokraten«, so erinnerte er einmal im Staatsrat, »stellen alle sozialen und alle kulturellen Aufgaben vollständig zurück, während die übrigen Parteien nur Dinge zurückstellen, die heute ohnehin abgetan sind. Unser Opfer und unsere Verantwortung vor den Wählern ist also gewiß größer.«

Der schlaue Taktiker wußte freilich um die größte Angst der Bürgerlichen, nämlich die vor der roten Revolution. Im Bewußtsein der Macht seiner Partei, die Arbeitermassen im gleichen Maße besänftigen wie radikalisieren zu können, drohte er mit den schwerwiegenden Konsequenzen, die ein für die Reaktion günstiger Wahlausgang nach sich ziehen mochte: »Wir haben auch insofern eine schwere Aufgabe, als wir eine in äußerster Not befindliche Bevölkerungsklasse vor dem Angriff zurückhalten müssen, und das muß uns auch für den Fall ermöglicht werden, daß das Proletariat bei den Wahlen in der Minorität bleibt und darüber enttäuscht ist. Wenn in diesem Zeitpunkte die Arbeiter noch dazu das Gefühl hätten, nur deshalb unterlegen zu sein, weil die Bürgerlichen auf Grund der Wahlpflicht das ganze Heer der Indifferenten haben aufmarschieren lassen, so wären die Folgen unabsehbar.«[12]

Renners Entwurf zum Wahlgesetz, das er als das Hauptwerk der Provisorischen Nationalversammlung erachtete, erfuhr schließlich mehrere Modifikationen. Daher weigerte er sich auch, dieses Gesetz, das am 8. Dezember durch die Nationalversammlung beschlossen wurde, als eines zu betrachten, das lediglich auf seine Konzeption zurückging. Im Gegensatz zum altösterreichischen Wahlrecht, das ein Mehrheitswahlrecht war, hatten sich die Parteien geeinigt, zum Verhältniswahlrecht überzugehen, einer alten Hauptforderung der Sozialdemokraten. Dadurch meinte man, keine einzige Wählerstimme zu verlieren. Kleine Parteien waren dabei allerdings stark benachteiligt und somit eine klare Wahlniederlage der Deutschnationalen vorhersehbar. In dieser Frage kam aber bei Renner der Sozialdemokrat voll zum Tragen, hielt er doch Parlamentarier alter, bürgerlich-feudaler Prägung, die sich bei den Massen nicht durchzusetzen vermochten, für politisch wertlos. Die so heftig umstrittene Wahlpflicht blieb schließlich den Landtagen vorbehalten.

Viele drohten freilich, von der Wahl ausgeschlossen zu bleiben, denn die siegreichen Nachbarstaaten mißachteten das Recht auf nationale Selbstbestimmung und beschnitten den Territorialbestand der Ersten Republik weiter. Da die Entente die tschechischen Truppen als verbündete Streitkräfte anerkannt hatte, wagte es die Regierung in Wien nicht, sich der Besetzung der Sudetengebiete durch spärliche tschechische Freiwilligenverbände militärisch zu widersetzen. Die sudetendeutsche Bevölkerung verhielt sich weitgehend passiv, und so blieb es bei fruchtlosen Protesten gegen die Ende Dezember praktisch abgeschlossene Okkupation. Sowohl die deutschböhmische als auch die sudetenländische Landesregierung mußte sich aus Reichenberg bzw. Troppau nach Wien zurückziehen. Renner wußte um die Stimmung der deutschsprachigen Bevölkerung, die nicht zuletzt aufgrund ihrer Abhängigkeit in der Lebensmittelversorgung bereits ein Übereinkommen mit der Prager Regierung wünschte, während die endgültige Auseinandersetzung dem Friedenskongreß vorbehalten bleiben sollte. Er berücksichtigte in seinem Kalkül auch den vielfach auftauchenden Wunsch, den Beitritt zum tschechoslowakischen Staat zu vollziehen. Da ihm Verhandlungen über ein Verwaltungsübereinkommen wegen der rigorosen Haltung Prags zwecklos erschienen, mußte man seines Erachtens die vom Gründer des tschechoslowakischen Staates, Thomas Masaryk, als »Immigranten und Kolonisten« diskriminierte deutschsprachige Bevölkerung zum Ausharren auffordern, ihr jedoch zugleich mitteilen, daß die Wiener Regierung sich nicht in der Lage sah, sie zu unterstützen. Berlin interessierte sich in diesen Tagen überhaupt nur am Rande für das Schicksal der etwa drei Millionen Sudetendeutschen, nicht zuletzt aufgrund der Tatsache, daß diese ohnehin den Wunsch bekundeten, sich zunächst an Deutschösterreich anzuschließen. Mehr in einem Anflug von Ratlosigkeit als aus wirklicher Überzeugung vertraute Renner jedenfalls auf eine Wendung zum Besseren, auf ein, wie er sich gelegentlich im Staatsrat ausdrückte, »Ende der annexionistischen und imperialistischen Richtung der Tschechen«.[13]

Slowenische Truppen hielten inzwischen Südostkärnten und die Untersteiermark besetzt. Nach der Okkupation Völkermarkts und der offenkundigen Bedrohung Klagenfurts beschloß die Kärntner Provisorische Landesversammlung am 5. Dezember 1918 einstimmig, einer weiteren Aggression der Südslawen mit Gewalt entgegenzutreten. Bauer riet in seiner Funktion als Staatssekretär für Äußeres freilich von solchen Maßnahmen dringend ab. Nichtsdestotrotz zeitigte der Widerstand der überparteilichen Kärntner Volkswehr im Gail-, Rosen- und Lavanttal die ersten Erfolge. Die besetzten Städte wurden zurückerobert. Der Widerstand gegen die vereinigten südslawischen Streitkräfte bedeutete allerdings durchaus keinen Bruch des Waffenstillstands, denn nur das Königreich Serbien allein galt als Entente-Verbündeter. Nach erfolglosen Verhandlungen zwischen Kärntnern und Slowenen in Graz bereiste schließlich eine amerikanische Studienkommission unter Oberstleutnant Sherman Miles vom 28. Januar bis zum 6. Februar 1919 das tiefwinterliche Kärnten und die Untersteiermark. Besonders aus wirtschaftlichen und militärisch-strategischen Überlegungen setzte sich die Kommission schließlich gegen eine Teilung Kärntens und für die Karawankengrenze ein. Dieses Urteil war für die Kärntner Grenzfrage vorentscheidend, wenngleich es auch den enttäuschten Jugoslawen gelang, die Veröffentlichung des Miles-Berichts zu verhindern.

Während ihrer Reise wurden die Kommissionsmitglieder freilich Zeugen eines blutigen Zwischenfalls in Marburg. Nach der Insultierung eines jugoslawischen Offiziers durch die deutschösterreichisch gesinnte Volksmenge, die die amerikanische Mission begeistert am Hauptplatz empfing, eröffneten die SHS-Truppen das Feuer. Dabei kamen acht Menschen zu Tode, zwanzig wurden verwundet. Der Staatsrat sprach auf Renners Antrag hin sein tiefstes Mitgefühl aus, ersuchte die Untersteirer jedoch, »auf die Gerechtigkeit der westlichen Demokratien zu vertrauen« und »mit würdiger Entschlossenheit auszuharren, bis das verbürgte Recht der nationalen Selbstbestimmung auch ihnen das Recht zur politischen und nationalen Gemeinschaft aller Deutschösterreicher ermöglicht«.

Die Fixierung auf den Anschluß an Deutschland dominierte die gesamte Außenpolitik der unter sozialdemokratischer Führung stehenden Wiener Regierung. Die Christlichsozialen schlossen sich dieser Linie nur zögernd an. Die »Reichspost« als ihr mediales Sprachrohr warnte sogar vor den Gefahren eines linksrevolutionären Deutschlands, und auch die österreichische Wirtschaft stand dem Anschluß skeptisch gegenüber. Ein Aufgehen Österreichs im Deutschen Reich hätte außerdem das Ende der Hoffnungen auf eine mögliche Restauration der Habsburger bedeutet, die sich noch immer einer namhaften Anhängerschaft erfreuten. Im Deutschen Reich selbst legte man in Hinblick auf die Pariser Friedensverhandlungen in der Anschlußfrage äußerste Zurückhaltung an den Tag. Zwar strebte man auch in der Wilhelmstraße die Inkorporation der Alpenrepublik an, doch sollten zunächst alle Aktivitäten von Deutschösterreich ausgehen.[14]

Es war der Außenstaatssekretär selbst, der in Wien die Speerspitze für den Anschluß bildete: Otto Bauer forderte für Deutschösterreich das uneingeschränkte Selbstbestimmungsrecht und wies darauf hin, daß schon aufgrund der Absperrung der Lebensmittellieferungen seitens der neuen Nationalstaaten der Anschluß aus wirtschaftlichen Gründen unbedingt notwendig war. Obwohl weite Kreise der Arbeiterschaft, die oft aus Böhmen oder Mähren stammte, der großdeutschen Idee eher gleichgültig gegenüberstanden, setzte sich auch Karl Renner heftig für den Anschluß ein. Während sich das Berliner Auswärtige Amt über Renners wirkliche Gesinnung nicht vollständig im klaren war, pries er in der Nationalversammlung die deutsche Nation als das Volk der Dichter und Denker und beklagte das Leid und die Demütigung, die die Besiegten nun zu erleiden hatten. In seiner Regierungserklärung über die politische und wirtschaftliche Lage Deutschösterreichs am 5. Dezember strich er sodann auch das nationale Motiv deutlich heraus: »Der eine glaubt, daß die Sozialisten hinüberstreben, weil dort der Sozialismus mächtig sei – das kann sein; der andere glaubt, daß der, dessen Gesinnung in erster Linie von dem kirchlichen Glauben beherrscht ist, hinüberstrebe, weil das Zentrum draußen eine starke Macht sei – das kann sein; aber der Wege sind so viele wie der Motive. Ein Motiv aber beherrscht uns alle ... wir gehören hinaus einfach kraft der Tatsache, daß wir Deutsche sind, aus diesem einfachen Grunde, der uns alle einigt und uns zusammenfaßt. Und das Bewußtsein dieser Einheit ist so mächtig und so unwiderstehlich geworden, daß man uns zwar durch feindliche Macht oder durch die Macht unverständiger Schiedsrichter wieder Grenzpfähle auf Zeit setzen kann, aber die Grenzpfähle, die man in die Erde einschlägt, kann man aus der Erde herausreißen, die Blutgemeinschaft aber überdauert die Jahrhunderte. Es ist ganz vergebens, für jedermann ganz vergebens, uns fürder geistig zu trennen.«[15]

Doch Renner rechnete mit einem harten Friedensschluß, mit einem Siegfrieden. In seinem Leitartikel »Niedergang und Wiederaufstieg« in der »Arbeiter-Zeitung« am Christtag prangerte er die Gier der dem »Fluch des Sieges« verfallenen Entente- und Nachbarstaaten nach Gebietszuwächsen an. Er beklagte, daß die Arbeiterklasse der kriegführenden Länder über Jahrzehnte für die Sünden der Herrschenden zu büßen hätte. Gleichzeitig hoffte er jedoch, daß nicht die fehlenden materiellen, sondern vielmehr die geistigen Kräfte Deutschösterreich wieder aufrichten würden. Den bisher unterdrückten Gesellschaftsschichten stand seiner Auffassung nach nun der geistige und soziale Aufstieg frei. Die Republik werde mittels eines »freien Wettstreits des Geistes« allen Talenten die Bahn frei machen. Wieder einmal benutzte er den Sozialismus als Ersatzreligion, als Heilslehre, wenn er etwa pathetisch die Arbeit als »Himmelskraft, die in letzter Linie allein die Hungernden speist und die Nackten bekleidet«, darstellte. Die kapitalistische Ordnung ortete er in ihrem Innersten für gebrochen. Demgegenüber stand der Sozialismus als neue organisatorische Idee, derer die Gesellschaft und die Produktion bedurften. »Freiheit, Arbeit, Sozialismus! In diesem Zeichen wollen wir das Unheil des Krieges und der Niederlage besiegen!«[16]

Mit dem Aufruf des Parteivorstands an die Wähler vom 29. Dezember

1918 läuteten die Sozialdemokraten ihren Wahlkampf ein. Es galt mit den Verantwortlichen des Krieges »Abrechnung zu halten«: »Fort mit den schuldigen Parteien!« hieß daher eine Forderung, »Vor den Staatsgerichtshof die schuldigen Staatsmänner und Generale!« eine zweite. Das Programm der SDAP war klar und einfach. Die Sozialdemokraten forderten das Selbstbestimmungsrecht des deutschen Volkes und präsentierten sich als einziger Garant der demokratischen Republik. Sie wandten sich gegen den Militarismus und setzten sich für ein »wahres« Volksheer, für eine Miliz mit kurzer Dienstzeit ohne Drill und Privilegien, ein. Zudem verlangten sie die volle Glaubens- und Gewissensfreiheit und die Trennung von Staat und Schule sowie die von Kirche und Schule. Der Unterricht sollte von »pfäffischer Unduldsamkeit und monarchischer Legende befreit werden.« Die Partei strebte nach wie vor das alte Ziel der »Befreiung des Volkes von der wirtschaftlichen Ausbeutung« durch eine Neugestaltung der Eigentumsverhältnisse an. Diese vorrangige Aufgabe sollte durch die Enteignung der Fabriksherren, Großbanken und Handelshäuser, des Großgrundbesitzes und der Kirche möglich werden. Die Entschädigung hätte durch eine progressive Vermögenssteuer zu erfolgen. Die Gesamtheit der Reichen sollte für die enteigneten Kapitalisten bezahlen. Staat, Gemeinde und Bezirk würden die sozialistische Gesellschaft aufbauen: »Auf der Grundlage der demokratischen Republik ersteht der Sozialismus!« Daher mußte auch die Arbeiterschutzgesetzgebung ausgebaut, die volle Gleichberechtigung der Geschlechter hergestellt und eine bessere Kinderfürsorge erreicht werden. Außenpolitisch beharrte man auf den Anschluß, der die Republik als Bundesstaat in Deutschland integrieren sollte. Getreu der Formel Bauers bedeutete demnach der Anschluß an Deutschland den Anschluß an den Sozialismus.[17]

Renner meinte, durch die Schaffung einer starken demokratischen Mitte die Mehrheit für die Partei erobern zu können. Während die Sozialdemokraten die Habsburgerrestauration fürchteten, witterten die Christlichsozialen die Gefahr des Bolschewismus. Sie sorgten sich um den christlichen Glauben und das bürgerliche Gesellschaftssystem. Die Deutschnationalen wiederum wandten sich gegen Marxisten und gegen Juden. Als eine bedauerliche Begleiterscheinung dieses Wahlkampfes schürten alle Parteien – wenngleich aus unterschiedlichen Motiven – den Antisemitismus. War es bei den Christlichsozialen die religiöse Komponente, so verkörperte der jüdische Bürger für die Linke den Typus des privilegierten kapitalistischen Ausbeuters der Arbeiterklasse. Der Parteivorstand, in dem etwa mit Otto Bauer, Julius Deutsch und Wilhelm

Ellenbogen selbst Juden vertreten waren, schob dieser Vulgäragitation keinen Riegel vor. Die Tradition der Judenverachtung setzte sich ungehemmt fort.

Der Wahlkampf fiel in den strengen Winter 1918/19. In Wien herrschte große Hungersnot, und die Spanische Grippe kostete vielen Menschen das Leben. Die Fleischversorgung war zu Beginn des ersten Friedensjahres zusammengebrochen. Es folgten die berüchtigten »fleischlosen Wochen«, und es fehlte außerdem an Kartoffeln sowie an Milch für Kinder und Kranke. Aufgrund des Brennstoffmangels sah sich die Bevölkerung der Hauptstadt gezwungen, ihr Holz im Wienerwald zu suchen. Die Ärmsten trugen teilweise nur mehr Kleider aus Papier und Schuhe aus Holz. Vor den Geschäften und den Ausspeiseküchen des Roten Kreuzes bildeten sich lange Warteschlangen. Kinder litten häufig an Tuberkulose und Rachitis, die Gesunden unter ihnen durchstöberten die Abfalleimer der Stadt. Zu wenige konnten zur Erholung ins Ausland geschickt werden. Die Ententemächte wie nicht zuletzt die neutralen Schweizer und Schweden riefen Hilfskomitees ins Leben. Die Quäker nahmen sich auch der verarmten Adeligen an. Die Not kannte keinen Klassenunterschied mehr.

In einem Interview mit einem amerikanischen Reuter-Journalisten hob Renner den Zusammenhang zwischen der dringend benötigten Lebensmittelhilfe durch die Alliierten und der Aufrechterhaltung der demokratischen Ordnung nur allzu deutlich hervor: »Ob wir noch weitere Revolutionen haben werden oder nicht, das hängt jetzt ebenso sehr von den Ententemächten als von uns selbst ab.« Der Kanzler lobte zwar die Besonnenheit der deutschösterreichischen Staatsführung, gleichzeitig machte er jedoch nachdrücklich klar, daß »Not, Verzweiflung und Ohnmacht eines Staates« stärker »als die Klugheit seiner Lenker« sein konnten.[18] Zu dieser Auffassung rangen sich auch die Siegermächte durch und beschlossen endlich eine ausreichende Unterstützung. Am 5. Januar 1919 trafen die ersten 305 Tonnen Lebensmittel aus Italien ein, doch die Hilfssendungen reichten nur für wenige Wochen.

Die Hilfe durch die eigenen Landsleute erwies sich ebenfalls als zu spärlich, und die uneinsichtige Haltung der Länder ließ Staatssekretär Loewenfeld-Russ beinahe resignieren, während sie Renner immer mehr erboste. »Wenn ... der Verwaltungsdienst der Volksernährung so fortschreitet, wie er sich jetzt entwickelt«, so drohte er den Landesfürsten in der dritten Länderkonferenz am 31. Januar 1919, »so sage ich Ihnen, daß wir in wenigen Wochen vollständig anarchisiert sind. Sind wir anarchisiert, so hilft dann nur entweder eine Diktatur des Säbels oder eine Diktatur der Bureaukratie oder eine Diktatur des Proletariats oder irgend eine andere Diktatur.« Mit Nachdruck ermahnte er die Landeshauptleute zur Solidarität mit Wien und der Staatsregierung. Alle sollten an einem Strang ziehen, der einzelne könne sich auf Dauer doch nicht allein retten. Mit dem ganzen Gewicht seiner Stellung setzte er sich daher für zentralistische Grundsätze in Ernährungs- und Verwaltungsfragen ein, nicht aus einer besonderen Neigung zum Zentralismus, wie er betonte, sondern lediglich aus dem Motiv der Überlebensstrategie,»als ein Ausfluß einer urgenten Notwendigkeit«. Für den Fall weiterer Uneinigkeit entwarf er ein apokalyptisches Szenario:»Wenn aber diese Solidarität in der Ernährung nicht hergestellt wird, dann reißen wir den ganzen Staat auseinander, dann werden wir nicht den Anschluß gemeinsam vollziehen, sondern wir werden Stücke sein, die der eine oder andere Nachbar, der den nächsten Zugriff hat, an sich reißt; jedenfalls werden wir unsere staatliche Selbständigkeit und Selbstbestimmung dabei einbüßen, wir werden zumindesten die Schande erleben, daß uns die Entente die Einheit der Verwaltung aufzwingen wird.«[19]

Indessen traten vor allem Bregenz und Innsbruck immer selbständiger auf, und so drohten die auf Renners Initiative verkündeten »Zusammenschlußerklärungen« der Länder vom November 1918 Schall und Rauch zu bleiben. Dabei hatte sie der Kanzler bewußt in Anlehnung an die Pragmatische Sanktion der Habsburger aus dem Jahre 1713 frei nach dem Leitsatz stilisiert:»Wir sind de facto mit dem Willen der Länder heute schon eine Staatsgemeinschaft, die Pragmatische Sanktion ist im Wege der Demokratie für die ehemaligen deutschen Erblande tatsächlich erneuert.«[20] War für ihn Deutschösterreich eine Gemeinschaft, die alle Merkmale eines Staates besaß, eines Staates, der auf dem Willen seiner Glieder beruhte, betonten die Politiker Vorarlbergs und Tirols immer stärker den provisorischen Charakter der Landtage und deren Beitrittserklärungen. Klagte Wien über den Länderegoismus, fühlte sich die Provinz nicht zuletzt durch den Zentralismus und die bürokratischen Tendenzen der Staatsregierung bevormundet und benachteiligt. Die Realpolitik und die überragende Stellung Renners stießen in Westösterreich zunehmend auf heftige Kritik und Unverständnis. Die Länder befürchteten die Wiederherstellung der alten Machtvollkommenheit in der Person des Staatskanzlers. Der Vorarlberger Landeshauptmann Otto Ender bezeichnete Renner gar als einen »imperator redivivus«.

Eine überzeugende sozialdemokratische Mehrheit in der Konstituierenden Nationalversammlung schien daher unbedingt erforderlich, um Renners Position nicht zuletzt gegenüber seinen innerparteilichen Kriti-

140

kern zu stärken und seine Reformvorstellungen umzusetzen. Der Ausgang der Wahl vom 16. Februar 1919 galt jedoch als höchst ungewiß. Die Vergleichsmöglichkeit der Vorkriegsergebnisse bot naturgemäß keine große Hilfe mehr, und auch Renner traute sich keinerlei Prognose zu. Der Wahltag brachte den Sozialdemokraten schließlich die relative Mehrheit von 40,76 Prozent der Stimmen. Die Christlichsozialen erhielten 35,93 Prozent, während die Deutschnationalen nur mehr 18,36 Prozent der Wähler für sich gewinnen konnten. Der Rest der gültigen Stimmen entfiel auf verschiedene Splitterparteien.

Die Sozialdemokraten jedenfalls interpretierten dieses Wahlergebnis als Verurteilung der alten feudalen und kapitalistischen Gesellschaftsordnung. Nach Renner drückte es den Willen des Volkes aus, »daß die werktätige Arbeit in Stadt und Land endlich zu ihrem Rechte komme.« Zudem hatten seiner Auffassung nach die Wähler den alten Obrigkeitsstaat verworfen und »gebieterisch die Selbstregierung gefordert«.[21] In den umkämpften bzw. besetzten Gebieten wie Südkärnten, in der Untersteiermark und in Südtirol war es der Bevölkerung freilich verwehrt geblieben, vom Wahlrecht Gebrauch zu machen. Dies traf natürlich auch auf die sudetendeutschen Gebiete zu. Als anläßlich des Zusammentritts der Konstituierenden Nationalversammlung am 4. März 1919 in mehreren Städten der Sudetengebiete Demonstrationen für das Selbstbestimmungsrecht stattfanden, forderte der Waffengebrauch des nervösen tschechoslowakischen Militärs über 50 Tote. Noch beinahe 20 Jahre später nannte Renner sie »Heilige Opfer der Freiheit«, und besonders die blutigen Vorfälle in Kaaden wurden auch ihm zum Symbol der gewalttätigen tschechischen Unterdrückung des deutschen Nationalgefühls.[22]

Wie man von sozialdemokratischer Seite das Wahlergebnis auch immer deuten mochte, die Linke war neuerlich gezwungen, mit den Bürgerlichen zusammenzuarbeiten und als Folge Kompromisse einzugehen. Dieser Umstand stärkte nun die Position Renners, der ja aufgrund seiner gemäßigten Haltung in der Partei isoliert war. Immerhin galt er in der sozialdemokratischen Führung als der konsensbereiteste Politiker, und man benötigte in diesen Tagen – wohl oder übel – einen ›Kollaborateur‹, der mit den Christlichsozialen das Fundament einer neuen Ordnung zu errichten bereit war. Sein »Regierungssozialismus« gipfelte in der pragmatischen Erkenntnis, lieber auf Grundsätze zu verzichten, als prinzipientreu in machtloser Opposition zu verharren. Und es entsprach seinem Wesen, die Verantwortung für Bestehendes zu übernehmen und seine demokratische Auffassung des Sozialismus den Gegebenheiten ständig neu anzupassen.

Das Kabinett Renner II.

Die Regierung wurde am 15. März gewählt. Es war die erste große Koalition in der Geschichte der Republik Österreich. Karl Renner übernahm als Staatskanzler nun auch das Innen- und Unterrichtsressort, Chefideologe Otto Bauer blieb Staatssekretär für Äußeres, Julius Deutsch stieg vom Unterstaatssekretär zum Leiter des Staatsamts für Heereswesen auf, Ferdinand Hanusch zeichnete wieder für die Soziale Verwaltung verantwortlich, in der er noch Außerordentliches leisten sollte. Den Parteilosen wurden die undankbarsten Ämter übertragen: Der Nationalökonom Josef Schumpeter übernahm jenes des Finanzstaatssekretärs, Hans Loewenfeld-Russ blieb das Volksernährungswesen erhalten. Die Christlichsozialen hatten unter Vizekanzler Jodok Fink, einem Vertreter des konsensbereiten bäuerlichen Flügels, nur die weniger bedeutenden Staatsämter inne. Noch waren sie bloß der Juniorpartner im Koalitionskabinett.

In seiner Regierungserklärung am 15. März ließ Karl Renner jedenfalls keinen Zweifel daran, daß diese Kooperation als bloße Arbeitsvereinigung zu verstehen war. Die Abgeordneten sollten sich daher nicht einem starren Koalitionszwang unterwerfen. Stolz und bestimmt bezeichnete er das Bestehen der Republik als unverrückbare und unzerstörbare Tatsache. Mit seinem martialischen »Jeden, der sich gegen sie auflehnt, wird sie zermalmen«, erntete er sodann auch den stürmischen Beifall des Plenums. In Anlehnung an das sozialdemokratische Wahlprogramm forderte er zudem das Recht auf Freiheit und Arbeit sowie die Neuorganisation der Volkswirtschaft. Das hehre Ziel erfordere freilich seine Opfer: »Es müssen die arbeitenden Klassen um des näheren Zieles willen das fernere zurückstellen lernen, es müssen die besitzenden Klassen sich auf empfindliche Opfer an ihrem Vermögen und Rechten gefaßt machen, um das größere Übel zu vermeiden ... Ohne diese Opferbereitschaft drohen der Gesellschaft Gefahren, die einer Beschreibung und Benennung nicht mehr bedürfen, denn sie haben ihren geschichtlichen Namen.«[23] Erneut rief er alle Kräfte zur Zusammenarbeit auf und hoffte auf die neue, aus der Schulreform hervorgehende geistige Elite. Deutschösterreich, so verlautbarte er entgegen der vorherrschenden Meinung, »hat eine wirtschaftliche Zukunft«. Dafür bedurfte es allerdings, wie er nicht zu betonen vergaß, des Glaubens an sich selbst. Doch gerade daran sollte es seit Gründung der Republik so sehr mangeln.

Einmal mehr proklamierte er die »Wiedervereinigung mit unserem Mutterlande« als »Leitstern« der deutschösterreichischen Außenpolitik. Gleichzeitig erklärte er, die bilateralen Verhandlungen mit Deutschland so rasch wie möglich zum Abschluß bringen zu wollen. Renner bezog sich dabei auf die Besprechungen Otto Bauers mit dem deutschen

Eröffnung der Konstituierenden Nationalversammlung.

Außenminister Ulrich Graf Brockdorff-Rantzau vom 27. Februar bis zum 2. März in Berlin. Das Abschlußprotokoll der viertägigen Verhandlungen bekundete demzufolge die Absicht, »mit tunlichster Beschleunigung über den Zusammenschluß des Deutschen Reiches und Deutsch-Österreichs einen Staatsvertrag abzuschließen«. Die Alpenrepublik sollte als selbständiger Gliedstaat dem Reich beitreten, das deutsche Zollsystem übernehmen, in die deutsche Wirtschafts- und Währungsgemeinschaft eintreten sowie bei der Reichswehr und beim Eisenbahnsystem »landsmannschaftlich« Berücksichtigung finden.[24]

Die intensiven Verhandlungen Bauers in Berlin schürten jedoch in Paris und Prag Mißtrauen. Die französische Führung konnte es vor ihrer Bevölkerung unmöglich verantworten, nach dem mit so vielen Opfern gegen den ›Erbfeind‹ errungenen Sieg ein um Österreich vergrößertes Deutschland zuzulassen, und verharrte in einer dem Anschluß unversöhnlich gegenüberstehenden Position. Ministerpräsident Georges Clemenceau verlangte von Österreich mit deutlichen Worten die Unabhängigkeit: »Macht mit eurer Unabhängigkeit was ihr wollt: aber ihr dürft keinem deutschen Block beitreten oder an einem deutschen Revanchekrieg teilnehmen.«[25] Am Hradschin erklärten es Masaryk, Beneš und Kramář ebenfalls zur Existenzfrage der tschechoslowakischen Republik, nicht von einem Großdeutschland national, politisch und wirtschaftlich zunächst zur Bedeutungslosigkeit verurteilt und schlußendlich aufgesogen zu werden. Man scheute daher nicht davor zurück, Deutschösterreich, das dringend Lebensmittel- und Kohlelieferungen brauchte, zu erpressen, denn selbstverständlich besaßen diese auch für Renner und Bauer allemal Vorrang vor dem Anschluß. Immerhin hatten die Alliierten der Alpenrepublik am 5. März einen Kredit von 30 Millionen Dollar gewährt, damit sie die nötigsten Lebensmittel bezahlen konnte. Zudem steigerten sie die Durchschnittslieferungen an Getreide und Mehlerzeugnissen merkbar. Das wiederum erhöhte die Abhängigkeit Deutschösterreichs von den Alliierten auch politisch bloß noch mehr und beeinflußte die weitere Entwicklung der Anschlußfrage nachhaltig.

Im ›Ländle‹ hatte mittlerweile die proschweizerische Agitation stark zugenommen. Man entschied, erst einmal abzuwägen, an welchen Staat der Anschluß gesucht werden sollte. Demzufolge ermächtigte der Vorarlberger Landtag am 15. März die Landesregierung, mit der Schweiz, Deutschland und Deutschösterreich Verhandlungen über die Zukunft des Landes zu führen. Die am 3. November 1918 abgegebene Beitrittserklärung an den deutschösterreichischen Staatsverband hatte somit für Bregenz nur mehr provisorischen Charakter, denn nur der neu zu wählende Landtag sollte über das weitere Schicksal Vorarlbergs entscheiden. Beflügelt durch verschiedene Strömungen innerhalb der Eidgenossenschaft, beschloß die Landesversammlung am 25. April 1919 einstimmig, für den 11. Mai eine Volksabstimmung über die Aufnahme von Anschlußverhandlungen mit Bern anzusetzen. Karl Renner beeindruckte dieser Schritt nur wenig. Vielmehr wies er darauf hin, daß die Lostrennung vom deutschöster-reichischen Staat nur mit Zustimmung der Nationalversammlung vollzo-gen werden könnte. Die Landesregierung hatte seiner Ansicht nach gar nicht die Macht, mit Bern in direkte Verhandlungen einzutreten.

Innsbruck wiederum zeigte, im Bestreben, Südtirol zu retten, verstärkte Ambitionen, Tirol als selbständigen, demokratischen und neutralen Staat zu proklamieren. Diese Idee wurde durch den Beschluß des Landtags vom 3. Mai 1919 manifestiert. Bei einem Verlust Südtirols sah man sich in Tirol freilich schon aus wirtschaftlicher Notwendigkeit heraus veran-laßt, sich an Deutschland anzuschließen. Selbst im Ausland ging Inns-bruck eigenmächtig vor, besaß in Bern einen eigenen Bevollmächtigten und errichtete in Genf ein Agitationsbüro für die Tiroler Selbständigkeit. Renner versuchte eine Loslösung auf taktische Weise zu verhindern: nur für den Fall eines Entscheids der Friedenskonferenz, daß ein unabhängi-ges Tirol das Gebiet bis zur Salurner Klause behalten könnte, sei er bereit, das Bundesland aus dem Staatsverband zu entlassen. Das selbständige Vorgehen des Tiroler Landtags wurde von ihm als kontraproduktive Kompetenzüberschreitung betrachtet. In Berlin beobachtete man die Ab-setzbewegungen in den beiden westlichsten Bundesländern mit steigen-der Sorge, da man dadurch das eigene Anschlußprojekt gefährdet wähn-te. Von christlichsozialer Seite setzte sich aber mittlerweile auch Ignaz Seipel verstärkt für ein Zusammenbleiben der einzelnen Länder ein. Er konnte dies schon allein mit dem Hinweis darauf begründen, daß die En-tente einen Austritt aus dem österreichischen Staatsverband ohnehin nicht gestatten würde.

Ein anderes, besonders heikles Problem stellte die Anwesenheit des ehe-maligen Kaisers von Österreich in der Nähe Wiens dar. Schon Anfang Ja-nuar 1919 wollte Staatskanzler Renner eine Lösung vorantreiben und be-suchte Karl in dessen Refugium in Eckartsau im Marchfeld, doch weiger-te sich der entthronte Monarch, seinen Besucher persönlich zu empfan-gen. Dieser Eklat war symptomatisch für die höchst angespannten Beziehungen zwischen den beiden. Karl betrachtete Renner als revolu-tionären roten Usurpator, der nicht nur die 650jährige Herrschaft des Hauses Habsburg in Österreich beendet hatte, sondern sich auch noch als Staatskanzler der Republik an die Spitze des Staates stellte. Für Renner bedeutete umgekehrt der Weiterverbleib Karls in Österreich in gleichem Maße ein Ärgernis wie eine politische Gefahr, war doch ein Restaurationsversuch keineswegs auszuschließen. Zudem bot der ehemalige Kaiser ein willkommenes Ziel bolschewistischer Aggression. Der Kanzler ließ daher den Habsburger wissen, daß dieser schon aus Gründen der eigenen Gesundheit und Sicherheit das Land verlassen sollte.

Zwei Monate später forderte Renner als Chef der neuen Regierung Karl schließlich ultimativ auf, entweder abzudanken und als einfacher Bürger in Österreich zu bleiben oder das Land freiwillig zu verlassen, ansonsten müsse er gewärtig sein, interniert zu werden. Noch immer war Karls Widerstand nicht gebrochen, und Renner hatte zudem mit dem britischen, zum persönlichen Schutz des ehemaligen Monarchen abgestellten Offizier, Lisle Edward Strutt, einige heftige Auseinandersetzungen auszutragen. Dem ultrakonservativen, von chevaleresken Gefühlen verklärten Schotten galt der republikanische Staatskanzler lediglich als »Gauner« und »Dieb«. Dementsprechend emotional und bisweilen gehässig fielen die Begegnungen der beiden aus. Renner hielt den Weiterverbleib des uneinsichtigen, durch seine Frau Zita stark beeinflußten Karl immer mehr für eine unzumutbare Provokation. Er zeigte sich infolgedessen auch nicht bereit, Karl eine Übersiedlung nach Tirol zu gestatten, und versuchte bis zum Schluß, den Habsburger zur formalen Abdankung zu zwingen.[26]

Doch dieser weigerte sich weiterhin beharrlich, und es bedurfte für seinen Entschluß, Österreich in Richtung Schweiz zu verlassen, der englischen Vermittlung. Karl wurde in einem Sonderzug außer Landes gebracht, und Strutt mußte sich schriftlich dafür verbürgen, daß nur Privateigentum mitgeführt würde. Der gestürzte Monarch rächte sich für seine Demütigung. Anläßlich seiner Ausreise am 24. März 1919 bestritt er im »Feldkircher Manifest«, das er an freundlich gesinnte Staatsoberhäupter, nicht aber nach Wien sandte, die Autorität der demokratisch gewählten Staatsregierung. »Was die deutsch-österreichische Regierung, Provisorische und Konstitutionelle Nationalversammlung seit dem 11. November 1918 ... beschlossen und verfügt haben und weiter resolvieren werden, ist ... für Mich und Mein Haus null und nichtig.« Renner griff den Fehdehandschuh auf und konterte mit dem sogenannten Habsburgergesetz vom 3. April 1919. Dieses dekretierte die Aufhebung der Herrscherrechte des Hauses Habsburg-Lothringen »für immerwährende Zeiten« sowie die Landesverweisung Karls und seiner Familie, sofern sie nicht auf die Mitgliedschaft zu diesem Haus und auf alle Herrschaftsansprüche verzichteten und sich »als getreue Staatsbürger der Republik bekannt haben«. Die Republik Deutschösterreich erklärte sich als Eigentümerin des gesamten hofärarischen sowie des für das ehemals regierende Haus oder eine Zweiglinie gebundenen Vermögens, das zur Fürsorge für Kriegsinvalide und Soldatenwitwen und -waisen verwendet werden sollte. Es war Renner ein besonderes Anliegen, für die rasche Durchführung dieses vom rechtsstaatlichen Gesichtspunkt nicht unbedenklichen Gesetzes zu sorgen.[27]

Er trieb aber nicht bloß das Habsburgergesetz samt Abschaffung der Adelstitel und kaiserlichen Symbole voran, sondern erließ auch ein Gesetz zur Enteignung von Schlössern und Palästen zur Unterbringung von Pflegestätten für Kranke und Kinder. »Die herrschende Feudalität und die Kapitalistenklasse«, gab er sich im Leitartikel der »Arbeiter-Zeitung« vom 20. April betont klassenkämpferisch, »die den alten Staat geführt und ausgebeutet, die ihn unter der angeeiferten oder geduldeten Leitung des früheren Herrscherhauses in den Krieg gestürzt haben, bringen hiemit das erste, aber lange nicht das letzte Opfer, das zur Sühne dienen soll für das, was an den Volksmassen und insbesondere an unserer Jugend gesündigt worden ist.« Unnötig hinzuzufügen, daß er diese Enteignung, die er feierlich als »Ostergabe für die Leidenden und die Kinder des Proletariats« bezeichnete, frei von anarchischen Untertönen organisiert und im Bewußtsein der zu schützenden Kunstschätze durchzuführen beabsichtigte. Die Einrichtung des Fideikommiß blieb so freilich auch weiterhin bestehen.[28]

Inzwischen war die junge Republik Nachbar zweier Räterepubliken geworden. In Budapest übernahm Béla Kun an der Spitze der geeinten Kommunisten und Sozialdemokraten am 21. März 1919 »für die Arbeiterklasse« die Regierungsgewalt. Am 5. April riefen die Spartakisten in München die »Diktatur des Proletariats« aus. Die kommunistische Gefahr drohte von Bayern und Ungarn auf Deutschösterreich überzugreifen. Sozialen Zündstoff gab es ausreichend, denn im Frühjahr 1919 fanden sich aufgrund der zunehmenden Fabriksschließungen bereits 300 000 Menschen arbeitslos. Kriegsheimkehrer und Versehrte bildeten die Speerspitze der Unzufriedenen in der Bevölkerung. In den Betrieben kam es aufgrund von – für das bloße Überleben notwendigen – ›Hamsterfahrten‹, wegen des schlechten Gesundheitszustands der Arbeiter und der teilweise chaotischen Verkehrsverhältnisse nur zu geringer Produktivität. Infolge Brennstoffmangels waren weite Teile der Eisen-, Stahl- und Bauindustrie lahmgelegt. Zudem fehlte es den Unternehmern nicht selten an den für Neuinvestitionen nötigen Geldmitteln. Hinzu kam, daß aufgrund der neuen gesetzlichen Bestimmungen praktisch gar nicht mehr die Möglichkeit bestand, Arbeitnehmer zu entlassen. Angesichts der – gegenüber dem normalen Verdienst nicht wesentlich geringeren – Arbeitslosenunterstützung sahen sich außerdem viele Arbeiter veranlaßt, durch lukrative Nebenbeschäftigungen ihren Lebensunterhalt zu verbessern.

Die Aggression verzweifelter Heimkehrer, Kriegsinvalider und Arbeitsloser entlud sich schließlich am 17. April in einer Demonstration vor dem Wiener Parlament, die in Gewalttätigkeiten ausartete und – als loyale Volkswehrtruppen sowie die Sicherheitswache eingriffen – sechs Tote und an die 50 Schwerverletzte forderte. Aufgrund dieser Ereignisse stellte der konservative und großdeutsch gesinnte Polizeipräsident, Johann Schober, Renner gegenüber den Antrag, das Standrecht anzuordnen. Da jedoch bereits der nächste Tag völlig ruhig verlief, sah der Kanzler keinen Grund, von dieser äußersten Notmaßnahme Gebrauch zu machen. Zudem gelang es seiner Partei, bolschewistische Tendenzen innerhalb der Arbeiterschaft einzudämmen. Die SDAP verurteilte die kommunistischen Methoden der Machtergreifung und setzte weiterhin auf den demokratischen Weg zum Sozialismus. Dieser mußte erarbeitet werden, wie Renner betonte, »seine Voraussetzungen sind nicht Pistolenschüsse und Brandstiftung, sondern besonnene Selbstzucht und scharf überlegende Tatkraft«.[29]

Schon aus politischem Kalkül erschienen Putschversuche kontraproduktiv, da diese nach der Auffassung des Parteivorstands nur die Reaktion im Land stärken mußten. Vor allem Renner, Seitz und Ellenbogen ließen ein Naheverhältnis oder ein Bündnis mit der in der Bevölkerung nur wenig verankerten KPDÖ erst gar nicht aufkommen. Vielmehr wurden die Arbeiterräte immer mehr in die sozialdemokratische Partei einbezogen, und Friedrich Adler stellte durch seine für die Revolutionäre charismatische Erscheinung den linken Flügel der Bewegung zufrieden. Julius Deutsch, der ebenfalls zur Parteilinken zählte, nahm sich hingegen der Soldatenräte an, integrierte die Rote Garde in die Volkswehr und formte sie so von einer staatsgefährdenden in eine systembewahrende Kraft um. Trotzdem ersuchten konservative Kreise die Alliierten, gegen den drohenden Bolschewismus zu intervenieren. Die Pariser Friedenskonferenz schloß ein militärisches Eingreifen jedoch aus. Besonders Präsident Wilson lehnte aus Furcht vor möglichen Rückwirkungen auf das eigene Land einen antikommunistischen Kreuzzug energisch ab. Die linksradikale Gefahr sollte vielmehr durch Hilfsgütersendungen, nicht durch Waffengewalt gebannt werden. Und entsprechend ließ der britische Bevollmächtigte Cuninghame seine Drohung, »daß Unruhe in Wien von der Entente mit dem Hungertod bestraft werde«, an allen Wänden der Hauptstadt plakatieren.[30] Immer deutlicher stand Renners Politik unter dem Einfluß der Pariser Friedensverhandlungen. Neben der Tschechoslowakei unterstützten mittlerweile auch Italien und Jugoslawien die ablehnende Haltung Frankreichs bezüglich eines Anschlusses Österreichs an Deutschland. Besonders Belgrad und Prag lehnten daher auch die Bezeichnung »Deutschösterreich« für die Erste Republik ab. Entscheidend war freilich das Durchsetzungsvermögen des französischen Ministerpräsidenten Georges Clemenceau gegenüber der amerikanischen und englischen Position. Denn David Lloyd George stand aus wirtschaftlichen Gründen dem Anschluß nicht ganz so feindlich gegenüber, und Woodrow Wilson wollte den Österreichern das Selbstbestimmungsrecht nicht verwehren. Der französische Standpunkt behielt schließlich die Oberhand. Am 22. April 1919 einigten sich die Alliierten, das Deutsche Reich zur Anerkennung der österreichischen Unabhängigkeit zu verpflichten. Otto Bauers Anschlußpolitik war somit bereits zu diesem Zeitpunkt gescheitert. Obgleich er nicht nur aus der Wirtschaft, sondern auch in der Arbeiterschaft zunehmend Vorbehalte gegen den Anschluß an Deutschland vernehmen mußte, bedeutete die Anschluß-Politik für ihn auch eine Gegenposition zu den französischen Mitteleuropa-Plänen und zur Idee einer habsburgischen Donaukonföderation.

Südtirol war inzwischen de facto verloren. Dabei hatte Bauer so sehr gehofft, daß Italien doch noch auf dieses Gebiet verzichten würde. Zum einen, weil mit dem Zerfall der Donaumonarchie der Brennergrenze nicht mehr die überragende strategische Bedeutung zukam, zum anderen, weil das Apenninenkönigreich für die Zukunft mit einer Deutschtiroler Irredenta rechnen mußte. Die französische Propaganda irritierte den Staatssekretär für Äußeres noch zusätzlich, indem sie das Gerücht in Umlauf brachte, daß Österreich bei einem Verzicht auf den Anschluß neben günstigen wirtschaftlichen Friedensbedingungen Südtirol, Südkärnten, die Untersteiermark und das Sudetenland zugesprochen bekäme. Das Gerücht blieb Schimäre. Italien bestand auf der Erfüllung des alliierten Versprechens von 1915 und zeigte sich nicht gewillt, direkt an ein um Österreich vergrößertes Deutschland zu grenzen. Aus seinem Sicherheitsbedürfnis heraus wollte es nur einen machtlosen Kleinstaat zum nördlichen Nachbarn haben. Somit war für die Republik sowohl der Anschluß an das Deutsche Reich wie auch der Erhalt Südtirols unmöglich geworden. Am 24. April sprach der amerikanische Präsident Woodrow Wilson schlußendlich das gesamte Gebiet südlich des Brenners Italien zu. Bereits am 6. April waren die Delegierten der Westmächte übereingekommen, das Marburger Gebiet Jugoslawien zuzuteilen. Im Klagenfurter Becken sollte dagegen ein Referendum durchgeführt werden. Die Südslawen sahen daraufhin ihre Pläne gefährdet und entschieden sich deshalb am 29. April zum Angriff auf Villach und die Landeshauptstadt. Dabei stießen sie jedoch auf den erfolgreichen Widerstand der Kärntner Volks- und Heimwehreinheiten, obwohl diese vielfach an Waffen unterlegen waren. Aufgrund eines Kabinettsbeschlusses erhielten die Kärntner durch die Entsendung von Volkswehrtruppen aus den anderen Bundesländern die dringend nötige Unterstützung. Schon am 30. April gingen die Kärntner Abwehrkämpfer zum Gegenangriff über, gewannen Völkermarkt zurück und drangen bald bis zur alten Landesgrenze vor. Renner erteilte Klagenfurt allerdings den kategorischen Auftrag, die vereinbarte Demarkationslinie nicht zu überschreiten, da dies Deutschösterreich ins Unrecht setzen und so der Sache schaden würde. Immer noch zeigte er sich bestrebt, den Eindruck eines Krieges zu vermeiden. Nicht zuletzt aus Angst vor ihrem eigenen Sturz widersetzte sich aber die Kärntner Landesregierung dieser Weisung. Sie tat freilich recht daran, denn auch Italien zeigte sich interessiert, dem slowenischen Expansionsdrang Einhalt zu gebieten. Selbst Belgrad distanzierte sich von dem aggressiven Vorgehen Laibachs. Renner entsandte jedenfalls Staatssekretär Julius Deutsch zu Waffenstillstandsverhandlungen nach Klagenfurt, die jedoch ergebnislos endeten.

Innenpolitisch hielt der Kanzler angesichts der ungewissen Zukunft Deutschösterreichs mit dem Entwurf einer Verfassung zurück. Im Fall des herbeigesehnten Anschlusses an das Deutsche Reich hing diese wesentlich von der deutschen Neuordnung ab. Dabei strebte Karl Renner freilich nicht – wie ihm von den Ländern häufig vorgeworfen wurde – ein zentralistisches Verfassungsmodell nach französischem Vorbild an, sondern vielmehr das auf der Selbstregierung beruhende englische System. Dieses betraf nicht bloß die Verwaltung, sondern auch die Rechtspflege, und der Kanzler bemühte sich, diese Ordnung bereits langsam einzuführen. Für den Fall, daß die Republik von den Siegermächten zur Selbständigkeit angehalten werden würde, hielt er wiederum das Schweizer Verfassungsmodell für die beste Lösung.

Dennoch hoffte er weiterhin auf den Anschluß ganz Österreichs an ein nach den »großen historischen Stämmen gegliedertes« Deutschland. Unter dieser Voraussetzung, so argumentierte er, würde Deutschösterreich ein Siebentel des deutschen Gesamtstaats ausmachen und somit ein dementsprechendes politisches Gewicht erhalten. Sollten die Länder jedoch einzeln beitreten, besäßen sie nur einen verschwindenden Bruchteil dieses Einflusses. Daher appellierte er an die Landeshauptleute, unter allen Umständen den Anschluß gemeinsam zu vollziehen, um möglichst viele Vorteile zu erzielen. Eindringlich verkündete er ihnen sein Credo: »Wir gehen in der Anschlußfrage solidarisch vor und legen das ganze Gewicht unserer zehn Millionen, wir legen das ganze Gewicht unserer Wirtschaftsmacht in die Waagschale und haben dadurch die Hoffnung, für uns alles Nötige durchzusetzen. Gehen wir aber einzeln vor, so unterwerfen wir uns bedingungslos, vorbehaltlos der neuen Gemeinschaft und wir erreichen dadurch für uns selbst nichts, das heißt wir unterwerfen uns.«[31]

Getreu dem vorherrschenden Zeitgeist lehnte Renner mittlerweile die Alternative einer Donauföderation, »in der wir von niemandem geliebt, von allen unterdrückt, wirtschaftlich wahrscheinlich aus unserer Stellung herausgeworfen werden würden«, entschieden ab. Die Deutschösterreicher wären dann die verhaßte Minorität. Außerdem würde, so befürchtete er, damit die Brücke zwischen west- und südslawischen Siedlungsgebieten, zwischen der Slowakei und Slowenien also, der sogenannte »slawische Korridor«, Wirklichkeit und die Stellung Preßburgs gegenüber Wien ausgebaut werden. Die Zeit der Idee einer Völkerverständigung in Mitteleuropa war damals eben längst vorbei. Die Alpenrepublik sah sich dem Machtstreben der Nachbarn, ihrem Streben nach Land und wirtschaftlichen Vorteilen ausgesetzt. Italiener, Tschechen, Slowaken und Südslawen wurden so in den Augen vieler Österreicher zu den berüchtigten und verhaßten Kriegsgewinnlern, die über ein Volk im Todeskampf herfielen und es weiter schwächten. Die daraus entstandene Antipathie belastete das Verhältnis Österreichs zu seinen Nachbarn bis in die Gegenwart. Doch Renner suchte nach einem Hoffnungsschimmer am Horizont und prognostizierte demzufolge – völlig unzutreffend – in Hinblick auf die Pariser Friedenskonferenz, daß sich bereits in den nächsten Monaten Bedeutung und Stärke der Siegerstaaten vermindern würden. Im Gegenzug erwartete er sich einen raschen Wiederaufbau der Stellung der deutschen Nation in der Welt: »Wir haben den Tiefpunkt der Demütigung überschritten, und ich glaube fest daran, daß wir auf dem aufsteigenden Ast der Reorganisation sind. Es ist danach die Frage, ob sich nicht das Gleichgewichtsverhältnis in Europa sehr wesentlich verschieben wird.«[32]

Trotz aller Schwierigkeiten, trotz der ungewissen Zukunft zeigte er sich stolz, daß mit der deutschösterreichischen Republik ein demokratischer Nationalstaat gegründet worden war. Die Schöpfung des 12. November war für ihn eine historische. Sie beendete, wie er sich noch zehn Jahre später in einem Artikel des sozialistischen Parteiorgans ausdrückte, »das unglückselige Zwischenspiel von 1866 bis 1918, das Zwischenspiel habsburgisch-hohenzollerischer Auseinandersetzung auf Kosten der deutschen Nation«. Der Beschluß der Nationalversammlung, die »deutschen Alpenländer als Bundesstaat in die Gemeinschaft des Deutschen Reiches zurückzuführen«, stellte für Renner dann als zweiten Schritt, in einer Diktion, die eben nicht nur Adolf Hitler gebrauchte, »den tausendjährigen geschichtlichen Zusammenhang« wieder her. Der Staatskanzler, der von Thomas Masaryk verächtlich als »pangermanistischer Agitator« bezeichnet wurde, fühlte sich mittlerweile nicht mehr als Österreicher, sondern ausschließlich als Deutscher. Das Österreichische schien ihm bourgeois, katholisch, »alpin«, provinziell. Das geschichtlich gewachsene Österreich war für ihn mit der Monarchie untergegangen, doch dachte er nach wie vor in Reichsdimensionen: die Erste Republik galt für ihn als »Deutsche Alpenlande«. Der Nationalstaat durfte allerdings nur die Vorstufe zur großen Völkergemeinschaft sein. Die Internationale verstand er demnach als »Gemeinschaft der Nationen«, deren Glieder »vorher in sich geeinigte Nationen sind«. Am Ende der Entwicklung mußte jedoch – auch für Renner – der Sozialismus stehen.[33]

Karl Renner konnte Anfang Mai 1919 auf über ein halbes Jahr Regierungstätigkeit in schwerster Zeit und höchster Not zurückblicken. Innenpolitisch hatte er viel erreicht: Die Wahl zur Konstituante brachte eine Stärkung der demokratischen Kräfte im Land, die sozialdemokratische Partei besaß die – wenngleich nur relative – Mehrheit, und die ersten kommunistischen Putschversuche blieben lediglich Strohfeuer. Anarchie und Bolschewismus schienen gebannt. Der Ex-Kaiser war außer Landes gebracht und damit der Restauration ein entscheidender Schlag versetzt. Der Kanzler schien im Begriff, die junge Republik zum Sozial- und Wohlfahrtsstaat zu führen.

Außenpolitisch befand er sich jedoch in einem entscheidenden Dilemma, denn sein Ansinnen, Deutschösterreich vor der Welt als vollständig neuen Staat und nicht nur als bloßen Rest der zertrümmerten Donaumonarchie darzustellen, mißlang. Völkerrechtlich noch immer nicht anerkannt, wurde die Republik sowohl von der Entente als auch von den neugegründeten Nationalstaaten als Rechtsnachfolger der Habsburgermonarchie angesehen und daher als Verlierer des Weltkriegs behandelt. Schon Mitte Mai, in Saint-Germain, sollte Renner unmißverständlich zu spüren bekommen, was dies bedeutete.

VII. Saint-Germain

»Hohes Haus! Ich bin zu sehr ergriffen durch das Gefühl der hohen Verantwortung, die das Haus mir übertragen hat, um viele Worte zu machen. Ich bin um so ergriffener, als dieser Betrauung die Nachricht vorangeht von den Friedensbedingungen, die gestern der deutschen Nation, unserer Nation, gestellt worden sind. Das ganze Haus ist mit mir ... eins in dem tiefen Mitgefühl mit unserer Nation, ist mit mir zutiefst ergriffen und erschüttert durch das Schicksal, das ihr droht und das – so wollen wir hoffen – durch die wachsende Erkenntnis der Völker dieser Erde gemildert werden soll.

Hohes Haus! Nach der Unglücksbotschaft von gestern wird der Gang, den die Friedensdelegation jetzt unternimmt, nicht so sehr einem Gang an den Beratungstisch als einem Bußgang gleichen. Aber es war immer so in der Geschichte, daß die Völker für das büßen, was die Herrschenden verbrochen haben.

Hohe Nationalversammlung! Ich weiß es und ich bin dessen Zeuge, daß die breiten Massen und nicht nur die Arbeitermassen allein, sondern die breiten Massen des Volkes von Deutschösterreich niemals den Krieg gewollt und keinen Krieg verschuldet haben. Ich bin aber ebenso dessen gewiß, daß wir die Verantwortung werden übernehmen müssen. Wir alle wissen es, daß die Republik Deutschösterreich entstanden ist nach dem Kriege, daß sie nie einen Krieg geführt hat, daß unser junges Staatswesen sich bemüht hat, Frieden nach allen Seiten zu halten, Frieden selbst um den Preis empfindlicher Opfer. Und trotzdem wird die Last dieses Friedens auf unser junges Staatswesen fallen. Wir können nicht anders, wir müssen, weil wir verantwortlich gemacht werden. Bei dem Wege, den die Friedensdelegation unternehmen wird, wird uns ein Leitstern leiten: Für unser Verhalten besteht eine feste gesetzliche Richtlinie. Wir sind gewillt, die Politik festzuhalten und fortzuführen, die durch die Beschlüsse vom 12. November 1918 von diesem Hause zum ersten Mal festgelegt und von der konstituierenden Nationalversammlung einstimmig bekräftigt worden ist. Wir sind gewillt, die Politik fortzuführen, die von dem verstorbenen Dr. Victor Adler eingeleitet, von dem Staatssekretär Dr. Bauer fortgeführt worden ist und weitergeleitet wird.

Verehrte Versammlung, hohes Haus! Es ist ja unstreitbar, physische Übermacht kann uns zwingen, höhere Gewalten können unser Handeln zurückbannen und können bewirken, daß unser Ziel jetzt nicht ganz oder vielleicht auch gar nicht erreicht wird; aber unser Ziel steht fest, so wahr wir Deutsche sind. Man kann uns das Herz nicht aus dem Leibe reißen, wenn wir fortleben sollen; so wird man es niemals und nimmermehr vermögen, uns vergessen zu machen, daß wir Deutsche und damit Kinder der unglücklichsten Nation der Welt sind. Aber, meine Herren, es kann sein, daß eine geschichtliche Phase gegen uns ist; es ist möglich – wir wissen es nicht – aber es wird sich erweisen, früher oder später, daß das tausendjährige Band des Blutes stärker ist als der geschichtliche Eintag. Wir werden uns selbst treu bleiben, wenn wir auch den Notwendigkeiten der Zeit, vielleicht mehr als wir wünschen, Rechnung tragen müssen.

Hohes Haus! Ich danke für das mir und meinen Mitentsendeten bewiesene einstimmige Vertrauen. Der Friede, der geschlossen werden soll, soll nicht ein Friede für eine oder die andere Partei sein. Er soll ein Friede für unser Volk und für unser Land sein, und deshalb werden die Parteiunterschiede bei den Friedensverhandlungen zurücktreten und nur eines wird uns führen und leiten: das Wohl, die Zukunft, die Wiedererhebung unseres Volkes. So wollen wir ans Werk gehen. Und ich hoffe – viel mehr als Hoffnung können wir ja nach dem, was wir gestern erlebt haben, nicht mitnehmen – ich hoffe, daß der Friede sein wird ein Friede der Arbeit und des Lebens und nicht der Friede eines wirtschaftlichen und nationalen Kirchhofs.«[1]

Wie die gesamte Bevölkerung in Deutschland und Deutschösterreich stand auch Renner bei seiner von viel Beifall begleiteten Rede vor der Nationalversammlung, die ihn am 8. Mai zum Leiter der Friedensdelegation gewählt hatte, noch unter dem Schock der alliierten Friedensbedingungen an das Deutsche Reich vom Vortag. Ohnmächtig vor Wut und Entsetzen sprach die Öffentlichkeit nur vom »Vernichtungsfrieden«.

Am 18. Januar 1919 war die Pariser Friedenskonferenz mit 70 Delegierten der 27 Siegerstaaten unter Vorsitz von Ministerpräsident Georges Clemenceau im französischen Außenministerium feierlich eröffnet worden. Das Außenamt am Quai d'Orsay erwies sich aber als Konferenzzentrum schon sehr bald als zu klein. Zudem wollte man die Möglichkeit von Kontakten und informellen Gesprächen, aus denen die Verliererstaaten womöglich Nutzen ziehen konnten, vermeiden. Auch die Kriegshysterie war noch nicht vollends abgeklungen, und so mußte man auf die Sicherheit der ›gegnerischen‹ Delegationsmitglieder Bedacht nehmen. Als Abhilfe blieben die Sieger des Weltkriegs in Paris, während die Besiegten getrennt voneinander in verschiedenen Vororten der französischen Hauptstadt streng isoliert auf die Entscheidungen zu warten hatten.

Schon bald traten in den Verhandlungen des Obersten Rats, in dem die »Großen Vier« – Wilson, Lloyd George, Orlando und vor allem Clemenceau – den Ton angaben, die berühmten »Vierzehn Punkte« des amerikanischen Präsidenten hinter die in Geheimverträgen beschlossenen Kriegsziele der Entente zurück. Clemenceau, der »Tiger«, wie er auch genannt wurde, setzte sich mit seiner harten Linie gegenüber den besiegten ehemaligen Mittelmächten durch. Er wollte Deutschland demütigen, dessen Hegemonie in Europa auf immer zerstören, für die Schmach der französischen Niederlage von 1871 Rache nehmen. Das Reich, das die ›Grande nation‹ im Herbst 1914 beinahe ein zweites Mal vernichtend geschlagen hätte, sollte nun militärisch, territorial, wirtschaftlich und moralisch entscheidend geschwächt aus dem Krieg hervorgehen. Es sollte als Kompensation für das verwüstete französische Gebiet finanziell ausgebeutet werden.

Dabei vertrat Clemenceau im Vergleich zu Staatspräsident Raymond Poincaré und Marschall Ferdinand Foch sogar noch eine maßvolle Politik, denn die französische Rechte beabsichtigte die Entmachtung Deutschlands auch ohne die Zustimmung Englands und der Vereinigten Staaten zu erreichen. Tatsächlich hatte Clemenceau mit dem »walisischen Zauberer« David Lloyd George mehr zu kämpfen als mit Woodrow Wilson. Noch im Juli 1918 hatte der amerikanische Präsident der Entente das Ziel gesetzt: »Was wir erreichen wollen, ist die Herrschaft des Rechts, das auf dem Konsens der Regierten beruht und von der organisierten Willensbekundung der Menschheit untermauert wird.« Jedem müßte danach eine »unparteiische Gerechtigkeit« zuteil werden.[2] Es sollte eine Gerechtigkeit sein, die niemanden bevorzugte und deren einziger Maßstab es sei, allen beteiligten Völkern gleiches Recht zuzuerkennen. Doch für die Siegermächte, also auch für die Vereinigten Staaten, bedeutete eine gerechte Behandlung der Besiegten keineswegs eine auf der Grundlage der Gleichberechtigung. Ein ›Verbrecher‹ mußte eben anders behandelt werden als seine Opfer. Als Verbrecher wurde in erster Linie Deutschland, als dessen ›Komplizen‹ seine Verbündeten wie Österreich-Ungarn angesehen. Als Opfer galten für Clemenceau und Wilson neben Frankreich, Belgien oder Serbien auch die bisher »im Völkerkerker unterdrückten« Nationalitäten der Donaumonarchie.

Lloyd George war dagegen Realpolitiker. Er handelte nicht als Moralist, sondern als Pragmatiker. Daher strebte er danach, eine Demütigung Deutschlands zu vermeiden. Das Reich sollte vielmehr die Nachkriegsordnung aus eigenem Willen heraus akzeptieren. Der britische Premier wollte es – nicht zuletzt aus der berechtigten Sorge vor einer deutsch-russischen Allianz der Verlierer – nicht bloß friedfertig, sondern auch weiterhin wohlhabend und als Festung der westlichen Ordnung gegen den drohenden Bolschewismus erhalten wissen. Folglich zeigte sich der liberale Vollblutpolitiker schließlich mit dem Ergebnis der bis 21. Januar 1920 tagenden Friedenskonferenz am wenigsten zufrieden. Der französischen Öffentlichkeit erschienen hingegen die Friedensbedingungen für Deutschland noch zu milde, und Clemenceau mußte sich diesbezüglich schwere Vorwürfe gefallen lassen. Wilson meinte wiederum, Deutschland und seinen Opfern Gerechtigkeit widerfahren haben zu lassen.

Die Deutschen hatten aber eine Behandlung erwartet, die sie mit den anderen Konferenzteilnehmern gleichsetzte. Das preußisch-selbstbewußte Auftreten der Friedensdelegation unter Außenminister Brockdorff-Rantzau half Deutschland nichts, im Gegenteil. Nach ihrem Eintreffen am 29. April in Versailles wurde der Abordnung ein Quartier in einem Hotel hinter Stacheldraht zugewiesen und mündliche Verhandlungen verweigert. Als Clemenceau schließlich bei der Überreichung des Entwurfs zum deutschen Friedensvertrag am 7. Mai im »Trianon-Palace« von der »Stunde der Abrechnung« sprach, reagierte Brockdorff mit einer scharfen Entgegnung, die dem Reich mehr schadete als nützte.

Der »Gewaltfriede« sah unter anderem die Reduzierung der stolzen, »im Felde ungeschlagenen« deutschen Armee auf ein kümmerliches Berufsheer von bloß 100 000 Mann ohne moderne Waffensysteme und ohne Luftwaffe vor. Deutschland, so wurde vorerst festgelegt, mußte Westpreußen, Posen und Oberschlesien an das wiedererstandene Polen abtreten, Danzig wurde zur »Freien Stadt« erklärt. Frankreich erhielt das 1871 verlorene Elsaß-Lothringen zugesprochen. Das Rheinland sollte besetzt und entmilitarisiert werden. Durch die Feststellung der deutschen Kriegsschuld waren horrende Reparationen zu leisten. Artikel 80 erzwang schließlich die deutsche Anerkennung der Unabhängigkeit Österreichs, die nur durch die Zustimmung des Völkerbundrats eine Veränderung erfahren durfte. In der Alpenrepublik vermengte sich ähnlich wie in Deutschland Empörung mit Depression. Wie sollte unter solchen Voraussetzungen die Zukunft zu bewältigen sein?

Am 2. Mai 1919 erreichte auch Staatssekretär Otto Bauer endlich die Einladung des Obersten Rats, eine mit allen Vollmachten ausgestattete Delegation am Abend des 12. Mai nach Saint-Germain-en-Laye zur Prüfung der Friedensbedingungen zu entsenden. Ursprünglich war der Rechtsgelehrte und ehemalige k.k. Justizminister Franz Klein als Leiter der Delegation vorgesehen gewesen. Der 1854 geborene Jurist hatte sich aber zu stark für den Anschluß an Deutschland exponiert und war damit in Frankreich als Delegationsleiter unerwünscht. Die Christlichsozialen nahmen auf diese Entwicklung Rücksicht und sprachen sich gegen den deutschnationalen Kandidaten der neugegründeten »Bürgerlich-demokratischen Partei« aus. Der ehemalige k.k. Ministerpräsident und nunmehrige Präsident des Obersten Rechnungshofes, Freiherr von Beck, war hingegen ihr Kandidat. Auf Renners Antrag einigte sich der Hauptausschuß der Nationalversammlung am 7. Mai nach längerer Debatte auf Karl Seiz, dem Präsidenten der Nationalversammlung. Doch dieser lehnte seinerseits aus Gesundheitsgründen wie aus staatsrechtlichen und politischen Motiven die Führung der Friedensdelegation ab. So wurde schließlich Karl Renner in der Plenarsitzung der Nationalversammlung am 8. Mai mit der Leitung beauftragt. Seine Berufung war jedoch selbst innerhalb der SDAP umstritten.

Am 12. Mai um sieben Uhr abends erschien die deutschösterreichische Delegation am Wiener Westbahnhof, wo sie von den Mitgliedern des Kabinetts verabschiedet wurde. Zwanzig Minuten später setzte sich der Sonderzug mit seinen zehn Waggons in Richtung Saint-Germain in Bewegung. Erwartungsfroh wünschte die erschienene Menschenmenge den Reisenden viel Erfolg: »Bringen Sie einen guten Frieden mit! Wir wollen Deutsche sein und bleiben!« Die Abordnung kam zwar bei ihrer vorerst bequemen Fahrt durch die Schweiz rechtzeitig an die französische Grenze, doch da man die Ankunftszeit am Bestimmungsort plötzlich um zwölf Stunden später angesetzt hatte, mußte, um nicht einen langen Halt auf offener Strecke zu verursachen, die Reisegeschwindigkeit auf ein Minimum reduziert werden. Tatsächlich waren in Saint-Germain die Vorbereitungen für die Unterbringung der Delegierten noch nicht zu Ende gediehen, so daß Renner und seine Gefolgschaft bei rechtzeitigem Eintreffen ohne Unterkunft dagestanden wären.

Nachdem man Paris weiträumig umfahren hatte, traf man endlich am 14. Mai um sechs Uhr abends am Bahnhof von Saint-Germain ein. Der Präfekt von Seine-et-Oise empfing die Delegation, der sogleich alliierte Offiziere zur Bewachung beigestellt wurden. Der von zahlreichen Journalisten und Fotografen empfangenen, mehr als 40köpfigen deutschösterreichischen Abordnung gehörten die beiden Parlamentsabgeordneten Alfred Gürtler von den Christlichsozialen und der Großdeutsche und Chirurg Ernst Schönbauer als sogenannte »politische Berater« des Staatskanzlers an. Renners engste Mitarbeiter waren aber die vier »Generalkommissäre« aus dem Staatsamt für Äußeres: Franz Klein, als Stellvertreter des Staatssekretärs, die Sektionschefs Franz Peter für juristische Fragen und Johann Andreas Eichhoff, ein hochgebildeter Meraner Adeliger, für die politischen Belange sowie der ursprünglich aus dem k.k. Handels-

Letzte Besprechung der deutschösterreichischen Friedensdelegation mit Präsident Seitz und Außenstaatssekretär Otto Bauer vor der Abreise nach Paris.

ministerium stammende Richard Schüller für die wirtschaftlichen und finanziellen Problemkreise. Sie wurden von Beamten aus den jeweiligen Ressorts sowie aus den Staatsämtern für Heerwesen, Finanzen, Justiz, Handel und Verkehrswesen unterstützt. Die Delegation erhielt außerdem durch »Sachverständige« wie den letzten k.k. Ministerpräsidenten Heinrich Lammasch, den ehemaligen Gouverneur im Sudan im Dienst der englischen Krone, General Rudolf Slatin, und den Präsidenten der Anglo-österreichischen Bank, Julius Landesberger, Unterstützung. Die »Experten für die Abgrenzungsfragen« kamen aus den besetzten und bedrohten Ländern, wie die Landeshauptleute für Deutschböhmen und das Sudetenland, Rudolf Lodgman-Auen und Robert Freissler. Zudem waren der Abordnung noch sechs Journalisten und erforderliches Hilfspersonal angeschlossen.

Die Delegation wurde in zehn Villen in der Rue de Medici untergebracht. Der Staatskanzler bewohnte die Villa Reinach, die bald »Rennerei« genannt wurde und in der er über ein großes Arbeitszimmer und eine Bibliothek verfügte. Das Haus besaß zudem einen schönen französischen Garten und einen attraktiven Ausblick auf die Seine. Doch sehr bald wurde die Isolation augenfällig. Die Österreicher durften sich nur in einem äußerst beschränkten Territorium aufhalten. Die französischen ›Gastgeber‹ gewährten den Delegierten als Rayon lediglich drei Straßen und einen durch Stacheldraht und Holzzäune abgesperrten Teil eines Parks. Auf der einen Seite promenierten die Österreicher, auf der anderen, wie Klein ironisch bemerkte, »gaffende Menschen, die sich die wenigen herumwandelnden Menagerietiere anschauen«.

Überall wachte Militär, das die Delegierten auch auf ihre spärlichen, genehmigungspflichtigen Einkaufsbummel durch die Stadt begleitete. Erst nach einigen Wochen durfte die Delegation an Sonntagen mit Militärautos Ausflüge wie etwa zu den Loire-Schlössern unternehmen. Die Entente-Offiziere benahmen sich distanziert und korrekt, durften jedoch den ›feindlichen‹ Abgesandten nicht einmal die Hand reichen. Dies hatte die französische Regierung ausdrücklich verboten. Zunächst funktionierte für die deutschösterreichische Abordnung selbst der Kurierdienst nicht. In den ersten Tagen erhielten die Delegierten keinerlei Briefe oder Zeitungen aus der Heimat. Auch die telegraphische Verbindung besserte sich erst nach einer Intervention Renners. Der Staatskanzler kümmerte sich um die einzelnen Mitglieder der Delegation und zeigte nach außen hin trotz der zunehmend beklemmender werdenden Situation ostentativ Heiterkeit. Die Delegierten empfanden den Zwangsaufenthalt in Saint-Germain zunächst recht unterschiedlich. So mancher erfreute sich an der

Ankunft am Bahnhof von Saint-Germain. Renner stellt sich den Journalisten.

reichlichen und exquisiten französischen Küche und war froh, weit weg von der trostlosen armen Heimat, in der Nähe von Paris, in der »Ville autrichienne« zu weilen. Während etwa Richard Schüller die sonnigen, warmen Tage im Garten seiner ihm zugeteilten Villa durchaus genoß, litt der tief deprimierte Klein unter diesem »Leben von Gefangenen, die nur am Grün der Bäume und an der frischen Luft sich mehr erfreuen dürfen und besser genährt sind als Sträflinge«.[3] Die Abende vertrieb man sich unter anderem mit Tarock. Renner, Slatin und Schüller bildeten eine solche Kartenrunde. Gerne ließ man sich auch vom exzellenten Klavierspiel des Universitätsprofessors Rudolf Laun und des Pressechefs Otto Pohl von der Tristesse ablenken. Die dabei oft dargebotenen Schubert-Lieder erinnerten Renner wehmütig an den Gesang seiner Tochter Poldi daheim. Bisweilen ließen sich auch die Sektionschefs zum Tanz mit den Sekretärinnen hinreißen. Abgeschnitten von der Außenwelt überkam die Delegation aber immer mehr das Gefühl der Hilflosigkeit. Dieser Zustand verstärkte sich, als man bereits wochenlang auf die Einladung Clemenceaus warten mußte. Die Friedenskonferenz hatte die Österreicher zu früh nach Saint-Germain berufen. Der Vertragsentwurf war noch nicht fertig, da man zu spät erkannt hatte, daß die deutschen Bedingungen nicht so ohne weiteres auf die viel kompliziertere österreichische Materie übertragbar waren. Dabei hatte die Delegation aus Wien sofort nach ihrer Ankunft eigene Arbeitsgruppen gebildet, um für die rasche Beantwortung der Friedensbedingungen bestens vorbereitet zu sein. Am 17. Mai begannen wenigstens die Verhandlungen mit Vertretern des Obersten Wirtschaftsrats über die Finanzierung der Lebensmittelsendungen.

Die Ernährungslage Wiens blieb auch im Sommer prekär, und dabei mußte bereits Vorsorge für den Winter getroffen werden. Persönliche Unterredungen außerhalb des eingegrenzten Rayons hinsichtlich des Friedensvertrages waren strikt verboten. So kam es nur zu einigen wenigen informellen Gesprächen. Die Italiener machten dabei klar, daß sie sich vehement gegen eine immer wieder erörterte Donaukonföderation stellten. Heinrich Lammasch, der zum Interesse der Regenbogenpresse sogar mit Frau und Tochter angereist war, gelang es nicht, seine französischen Kontakte nutzbringend umzusetzen. Rudolf Slatin, der sich vor allem für die Frage des Rücktransports österreichischer Kriegsgefangener in die Heimat einsetzte, wurde dagegen von den Engländern höflich und zuvorkommend behandelt.

Renner befürchtete mittlerweile, daß die Verzögerungen bei der Überreichung der Friedensbedingungen ihm und seiner Regierung zur Last ge-

Die deutschösterreichische Friedensdelegation vor der Villa Reinach (links neben Renner in der ersten Reihe sein deprimierter Kritiker Franz Klein.

legt werden könnte. Die »Wiener Stimmen«, das Abendblatt der christlichsozialen »Reichspost«, karikierte die Delegation bereits als eine Gruppe, die es sich in Saint-Germain gutgehen ließ. Auch die französische Presse stellte die Österreicher als »lustige, gern essende und unernste Menschen« dar. Dabei zogen sich die Tage trostlos und langweilig dahin. Die Nervosität stieg. Besonders für den aufgrund seiner Zurücksetzung tief beleidigten Klein bedeutete jeder Tag eine physische und psychische Qual. Neidvoll und wehleidig kritisierte er in seiner täglichen, von Depressionen geprägten Korrespondenz mit seiner Freundin Ottilie Friedländer unter anderem die Delegationsführung Renners: »Dem Mann ist die Aufgabe über den Kopf gewachsen. Sein Kanzleramt zerrinnt ihm unter den Fingern, er hört von nichts, das sich vorbereitet, es ist die kahlste Bürokratenweise, in die er sich verrannt hat oder verlocken ließ und hier scheint Angst und Unsicherheit stets im Nacken zu sitzen ... R[enner] ist aber, dem ›Zauber‹ gescheiter Juden auf naive Gemüter erliegend, betreffs der Verwirklichung des Anschlusses mehr als resigniert und zugleich neigt er infolgedessen zur Politik des gekrümmten Rückens, des schmeichelnden Sichauslöschens, um den Mächtigen sich geneigt zu machen ...«[4] Klein hielt den Kanzler bei aller Bürgerlichkeit für einen eigensinnigen Sozialdemokraten, den der Umgang mit einer Klasse, die er verachtete, auch nicht schmiegsamer machen würde. Doch trotz seines marxistischen Innenlebens wäre er auch für eine bürgerliche Mehrheit geeignet, schien ihm Renners »letzte Zweckvorstellung« doch mehr bürgerlich als sozialistisch zu sein.

Die Presse war jedenfalls den Österreichern gegenüber freundlich eingestellt. Die britischen Zeitungen bezeichneten die Mitglieder der Delegation als »happy, smiling family-party«. Die französischen Blätter betonten besonders das diplomatische und moderate Auftreten Renners in seinen Pressekonferenzen. »Die österreichischen Delegierten«, so schrieb das »Journal des Débats«, »haben sich in Saint-Germain eingerichtet. Sie haben sofort gezeigt, was sie von den Deutschen unterscheidet, den Franzosen für den guten Empfang gedankt und ihre gute Laune, ja ihre Freude gezeigt. Der Wiener gleicht nicht dem Berliner. Obwohl er sich einige Zeit in das Lager der Pangermanisten hat verführen lassen, ist der Kanzler Renner jovial und voll Rücksichtnahme. Er hat recht, guter Hoffnung zu sein, jedermann will bei ihm gut angeschrieben sein.«[5]

Am 19. Mai wurde der Staatskanzler zur Übergabe der Vollmachten in den Pavillon Henri IV., einem am Rand des Parks gelegenen Restaurant, geladen. Die Formalität dauerte nur wenige Minuten. Die Ungewißheit blieb. Zwei Tage später schilderte Renner seiner Frau Luise die erste Woche in Saint-Germain: »Mein Befinden ist geradezu ausgezeichnet. Ich lebe in der Villa eines der reichsten Pariser Geldmenschen, ... habe einen eigenen französischen Diener ›Anton‹ ..., übe mich im Französischen, halte mit meinen Delegationsmitgliedern Besprechungen ab, studiere Akten und gehe im Park spazieren. Das ist alles! Vorgestern war erste Vorstellung: Im Zylinder und Gehfrack mit grauen Seidenhandschuhen und Lackschuhen soll ich sehr elegant ausgesehen haben, sogar ein französisches Blatt bestätigte es, bemerkte jedoch, daß mir eine zu große Goldkette über dem Bauch gehangen ... Wir sind vollständig eingesperrt. Mir hat man ein Auto und die Freiheit zu Ausfahrten gelassen, aber ich mache bis jetzt absichtlich keinen Gebrauch davon. Bettlerstolz!« Hinsichtlich des abzuschließenden Friedens ahnte er schon damals nichts Gutes, denn »die Sieger schreiten einfach über solche Zwergstaaten, wie wir es sind, hinweg ohne viel zu fragen. Sie glauben genug zu tun, wenn sie uns füttern, und am Ende muß man ihnen auch dafür noch danken.«[6]

Immer mehr gewann Renner den Eindruck, daß die Entente dem österreichischen Problem ratlos gegenüberstand. Schließlich war ihm auch zu Ohren gekommen, daß Wilson, um Italien von seinen Forderungen an der Adria abzulenken, sich für die Brennergrenze entschieden hatte und die finanziellen Bedingungen höchst ungünstig ausfallen würden. Zehn Tage waren seit der Ankunft der Delegation in Saint-Germain vergangen, ohne daß die Friedenskonferenz Anstalten machte, die deutschösterreichische Abordnung offiziell anzuerkennen und die Friedensbedingungen zu überreichen. Ungeduldig schrieb Renner daher an Ministerpräsidenten Clemenceau am 24. Mai eine Urgenznote: »Das lange Warten auf den Frieden erregt im Geiste des Volkes Deutschösterreichs eine umso größere Beunruhigung, als die Verzögerung den Massen unverständlich erscheint und notwendigerweise Gerüchte und Besorgnisse aller Art erzeugen muß. Eine solche Stimmung der öffentlichen Meinung gibt zu ernsten Besorgnissen für die Aufrechterhaltung der Ordnung und der Ruhe in unserem Vaterlande, namentlich in den großen industriellen Zentren, sowie in den strittigen Bezirken, und zwar sowohl in den durch Nachbarstaaten besetzten, als auch in den militärischen Einfällen ausgesetzten, Anlaß. Dieser Zustand der Ungewißheit scheint geeignet, einer Erregung der Massen, in der ungesunde Ideen ihren Gärstoff finden könnten, ein günstiges Terrain zu bieten.«[7]

Am 29. Mai anerkannte die Friedenskonferenz schließlich die Delegation unter der Führung Karl Renners als Abordnung der »Republik Österreich«. Damit war – politisch einleuchtend ebenso wie völkerrechtlich umstritten – gegen das nationale Selbstverständnis eines Staates entschieden worden, denn die Republik war ja am 12. November 1918 ausdrücklich als »Deutschösterreich« ausgerufen worden. Die Entente wollte jedoch mit Österreich einen unabhängigen Staat schaffen, der nicht einmal dem Namen nach sein Zusammengehörigkeitsgefühl mit Deutschland ausdrücken sollte. Renner stellte daraufhin zur Erwägung, das Staatsgebiet nach allfälliger Aberkennung der Sudetenländer in Anlehnung an die römische Besatzung in der Antike durch Verfassungsänderung gar in »Norische Republik« umzubenennen. Später, im Juli, bezeichnete er das Staatswesen als »Ostalpinische Republik«, im September sollte er Österreich auch »Ost-Alpenlande« oder »Deutsche Alpenlande« nennen.

Nach einer weiteren Verschiebung wurde die Überreichung des Vertragsentwurfs endlich für den 2. Juni angekündigt. Dies war hoch an der Zeit, denn selbst Renner klagte in einem Privatbrief vom 31. Mai über die bereits ganz unleidlichen Zustände. »Wir sind absolut abgeschlossen. Ich bin auf eine Gesellschaft angewiesen, wie ich sie mein Leben lang in der Art nicht genossen habe.« Zunehmend empfand er »dieses absolute Hinbrüten« als entnervend und zermürbend: »Das unerträglichste dabei ist der Gedanke, daß diese Verbannung unendlich lange dauern könnte.« Seine bösen Vorahnungen sollten bittere Wahrheit werden.[8]

Die Probleme in der Heimat verringerten sich ebenfalls nicht. In Vorarlberg hatten in der Volksabstimmung am 11. Mai 1919 80,6 Prozent der Bevölkerung für eine Vereinigung mit der Schweiz gestimmt. Selbst die restlichen knapp 20 Prozent bevorzugten den Anschluß an Deutschland gegenüber einem Weiterverbleib bei Österreich. Die Regierung in Bern erklärte sich jedoch so lange nicht zu Verhandlungen bereit, bis die Friedenskonferenz das Selbstbestimmungsrecht Vorarlbergs anerkannt und Wien der Trennung zugestimmt hätte. Der Kanzler dachte aber keinen Moment daran, Vorarlberg ziehen zu lassen. Die Volksabstimmung war für ihn nur Ausdruck einer momentanen Stimmung ohne Aussicht für die Zukunft. Zudem hielt er die Bevölkerung für in die Irre geleitet. Er wollte daher, wie er einmal Julius Deutsch schrieb, »um ihre Seelen kämpfen«. Es mußte klargestellt werden, daß Deutschösterreich weitaus freiheitlicher und sozialer sei als die »durch und durch bourgeoise und reaktionäre Schweiz«. Vorarlberg würde bloß ein schweizerisches Nebental anstatt der österreichische Brückenkopf zum Westen werden. Zur verkehrstechnischen Sackgasse verkümmert, drohe so dem Land in der Eidgenossenschaft wirtschaftlich eine untergeordnete Rolle. Auch die Friedenskonferenz lehnte einen solchen Anschluß Vorarlbergs ab. Man wollte einen Präzedenzfall für die anderen österreichischen Länder verhindern, die sich mit ihrer Abspaltung zugleich von den Lasten der Staatsschuld befreien würden. Somit waren die Chancen einer Angliederung des ›Ländles‹ an die Schweiz gleich Null.

In Kärnten wurde die Lage inzwischen immer bedrohlicher. Am 28. Mai starteten die Südslawen einen Großangriff, an dem auch zwei serbische Infanterieregimenter und eine serbische Haubitzendivision teilnahmen. Der Oberste Rat in Paris hatte freilich bereits am 12. Mai beschlossen, innerhalb des Klagenfurter Beckens durch eine interalliierte Kommission den Willen der ansässigen Bevölkerung zu ermitteln. Daher ließ Clemenceau – auf Drängen der deutschösterreichischen Delegation – Belgrad wissen, daß die Regelung dieses Grenzstreits durch die Friedenskonferenz erfolgen würde. Die SHS-Truppen wurden zudem aufgefordert, sich hinter die Karawanken zurückzuziehen. Trotzdem marschierten sie am 6. Juni in Klagenfurt ein und verblieben dort einige Wochen. Die Kärntner Landesregierung flüchtete nach Spittal an der Drau. Italienische Einheiten besetzten die Eisenbahnlinie Villach–St.Veit, um ein weiteres Vordringen der Südslawen in Richtung Norden zu verhindern. Erst am 31. Juli sollten sich die jugoslawischen Truppen aufgrund einer Entscheidung des Obersten Rats der Friedenskonferenz auf die Linie südlich des Wörthersees, der Glan, der Gurk und der Nordgrenze des Bezirks Völkermarkt zurückziehen.

Der Kanzler wartete inzwischen in Saint-Germain auf die »offizielle Hinrichtung«. Viel lieber hätte er die innenpolitischen Probleme in Angriff genommen. »Ich beneide Euch allesamt«, schrieb er in einem Privatbrief nach Wien, »daß Ihr in Freiheit arbeiten könnt, während ich hier in Gefangenschaft zu geschäftigem Nichtstun verurteilt bin.« Dabei schien ihm nichts notwendiger, »als unsere innere Verwaltung in Ordnung zu bringen. Ich halte die Verwaltungsreform für die Voraussetzung der Gesundung unseres Staates. Aber schließlich wird ja doch einmal Frieden werden müssen und dann werde ich mir die Sache mit verdoppelter Kraft angelegen sein lassen.«[9]

Am 2. Juni war es endlich soweit: Die Delegation wurde per Auto und Eskorte zum Renaissanceschloß und archäologischen Museum von Saint-Germain gebracht. Um zwölf Uhr mittags, nachdem die Vertreter der alliierten und assoziierten Regierungen im sogenannten Steinzeitsaal, der Geburtsstätte des Sonnenkönigs Ludwig XIV., Platz genommen hatten, wurde die deutschösterreichische Delegation durch den Hintereingang in den dicht besetzten Raum geführt. Verlegen saßen die Sieger der

neuen Nationalstaaten neben den Besiegten aus Österreich. Jahre später erinnerte sich Renner an diese Szenerie: »Dort in Saint-Germain saß man nicht an einem Tisch. An der hufeisenförmigen Tafel saßen die Sieger, an der Spitze Clemenceau inmitten der ›big five‹; an sie reihten sich links und rechts die Vertreter der Alliierten, weiter der assoziierten Mächte und zuunterst die Vertreter der Nachfolgestaaten Österreichs, Staatsmänner und Politiker, die zum größten Teil vor etlichen Monaten noch mit den Vertretern Österreichs zusammen im Wiener Parlament gesessen waren. Die offene Seite des Hufeisens nahm ein Tischchen ein, an dem der Präsident der österreichischen Friedensdelegation Platz zu nehmen hatte. Dort die Sieger, hier die Besiegten! Dort die Staatsmänner, die in täglichem Umgang mit den Großen der Entente, in täglichem Verkehr mit den Büros des Friedenskongresses die Ergebnisse der Verhandlungen beeinflussen konnten, hier der Vertreter des Restes von Österreich, des übriggebliebenen Winkels, der die Verantwortung für ganz Österreich auf sich zu nehmen von Vornherein verurteilt war; nicht gehört, sondern auf die Erstattung von Schriftsätzen beschränkt, von denen er niemals sichere Kunde erlangen konnte, ob sie wirklich vollinhaltlich denen, auf deren Stimme im Rate es so sehr ankam, auch nur zu Gesicht kamen.«[10]
Clemenceau hielt eine kurze Ansprache, die von Dolmetschern ins Englische, Italienische und Deutsche übersetzt wurde. Danach überreichte Generalsekretär Paul Armand Dutasta dem Staatskanzler den Text der Friedensbedingungen. Es handelte sich dabei allerdings nur um den ersten Teil, der zweite sollte später nachgereicht werden. Nun war Renner an der Reihe. Gewissenhaft hatte sich der Kanzler auf seinen Auftritt vorbereitet. Mit einer Beamtin des Außenamts hatte er angestrengt Französisch gelernt, das er nicht sonderlich gut sprach. Besonders auf die korrekte Aussprache nahm er Bedacht. »Es ist schrecklich«, so beteuerte er Schüller gegenüber einmal in diesem Zusammenhang, »immer ein armer Hund gewesen zu sein.«
In seiner Rede, die er trotz Abraten verschiedener Delegationsmitglieder auf französisch hielt, betonte Renner, daß Deutschösterreich gleich den anderen Nationalstaaten zwar aus der zerfallenen Donaumonarchie entstanden war, jedoch ebensowenig wie diese als Nachfolger des Habsburgerreichs zu betrachten sei. Freilich genüge es nicht, eingegangene Pflichten einfach durch Namensänderung oder Regimewechsel zu tilgen. Doch nach dieser Interpretation hätten auch die anderen Völker der ehemaligen Monarchie die Verantwortung für die Folgen des Krieges, »zu dem die Machthaber sie alle gezwungen haben«, zu tragen. Obwohl die Republik Deutschösterreich weder den Westmächten noch den Nachbarstaa-

»Orpheus in der Unterwelt« (1919).

ten den Krieg erklärt oder einen solchen geführt hatte, lastete auf ihr wie »auf allen anderen Staaten, die auf dem Boden der einstigen österreichisch-ungarischen Monarchie entstanden sind, ein Teil des furchtbaren Erbes des zerfallenen Reiches: das Erbe des Krieges ... Wir stehen also vor Ihnen als einer der Teile des besiegten und untergegangenen Reiches. Bereit, unseren Teil, der aus diesem Verhältnis zu den Mächten der Entente entspringenden Verantwortung auf uns zu nehmen ... Wir setzen voraus, daß die praktische Vernunft der Welt auch unseren wirtschaftlichen Untergang nicht wünschen und ertragen kann.«[11]

Damit war die in kühler Atmosphäre abgehaltene Zeremonie beendet. Mit dem einige hundert Seiten dicken Papier verließ die Delegation den Konferenzraum. Zurück in der »Rue autrichienne«, wirkte die erste Durchsicht der Bedingungen ernüchternd. Verbittert mußte man zur Kenntnis nehmen, daß man, entgegen aller Hoffnungen, noch härter als Deutschland behandelt worden war. Von den zehn Millionen Deutschen des alten Österreich sollten demgemäß mehr als vier Millionen unter Fremdherrschaft kommen: das Sudetenland und kleinere Teile niederösterreichischen Gebiets sollten an die Tschechoslowakei fallen, Südtirol wurde Italien und Südkärnten mit Klagenfurt sowie die Untersteiermark mit Radkersburg dem SHS-Staat zugeschlagen. Tschechen, Polen und Südslawen erhielten das Recht zugesprochen, Vermögen deutschösterreichischer Staatsbürger in den Nationalstaaten zu konfiszieren. Als Otto Bauer in Wien von den Bestimmungen erfuhr, reagierte er entsetzt: »Deutschösterreich sieht jetzt wie töricht die Hoffnung war, durch Verzicht auf den Anschluß bessere Behandlung zu erlangen.«

Die französische Presse kritisierte die Bruchstückhaftigkeit der Friedensbedingungen. Gleichzeitig anerkannte sie Renners Bemühen, sein Land sympathisch zu präsentieren, und lobte seinen Sinn für die Realität. So schrieb das »Journal des Débats«: »Die Zeremonie unterschied sich von jener am 7. Mai in Versailles genau so wie sich ein Österreicher von einem Preußen unterscheidet. Herr Renner präsentierte sich der Konferenz mit der Miene eines guten Wieners, der wünscht, jedem angenehm zu sein.«[12]

In Österreich machte sich über die Bedingungen freilich helle Empörung breit. Es war schlimmer gekommen als befürchtet. Die »Reichspost« sprach von einem »Raubfrieden«, und für die »Arbeiter-Zeitung« bedeuteten sie schlicht den »Tod für Deutschösterreich«. Im ganzen Land kam es zu spontanen Protestkundgebungen. Die Tschechen zeigten sich hingegen über die Rede Renners beunruhigt. Im »Matin« bezeichnete Edvard Beneš den Staatskanzler als genauso hinterhältig wie die einstigen k.u.k. Außenminister Aehrenthal und Czernin. Die Alliierten wären verpflichtet, den Standpunkt, daß Deutschösterreich nicht die Verantwortung übernehmen könnte, entschieden abzulehnen.

Karl Renner wiederum mußte erkennen, daß viele Bestimmungen des deutschen Vertrages – unter teilweise nur geringfügigen Modifikationen – auf den österreichischen Entwurf übertragen worden waren. Die Entente ging von der Annahme aus, daß sie sich mit Deutschösterreich als Rechtsnachfolger der aufgelösten Donaumonarchie im Krieg befunden und dieses letztlich auch besiegt hätte. Die daraus abgeleiteten wirtschaftlichen und finanziellen Forderungen mußten aber die so bettelarme Alpenrepublik in den Abgrund treiben. Die Delegation zeigte sich nun bestrebt, den Beweis anzutreten, daß sich diese rechtlichen und ökonomischen Grundlagen des Friedensvertrages für das junge, durch den langen Krieg ruinierte Staatswesen als völlig untragbar darstellten. Anläßlich einer Pressekonferenz noch am 2. Juni erklärte Renner:»Der Friedensvertrag vollendet die Verstümmelung, welche die militärische Besetzung deutschen Landes durch die Nationalstaaten begonnen hat. Nahezu alle Länder, selbst Niederösterreich werden verstümmelt, das letztere, indem die künftige Wasserstraße an der March ihm einfach weggenommen wird. Alle Bahnlinien, alle Straßenzüge, alle Flußläufe werden verstümmelt. Fast nirgends ist die Paßhöhe die Grenze, sondern überall eine Linie unter der Paßhöhe. Wo eine blühende Stadt rein deutschen Charakters sich dem fremden Sprachgebiet nur nähert, wird sie einfach annektiert, so Klagenfurt, Marburg und Feldsberg.

Die Westmächte haben sich durch sechs Monate, einseitig durch unsere beutegierigen Nachbarn beraten, diesen einfach ein weißes Blatt hingelegt. Die älteren völkerrechtlichen Grundsätze, so daß ein Grenzfluß jedem Nachbarn bis zu dessen Mitte gehört, daß eine Stadt nicht von ihren Gemüsegärten, ein Bauerndorf nicht von seiner Flur getrennt werden dürfe, sind unbeachtet geblieben. Straßen, die nur den Sinn haben, wenn sie einheitlich verwaltet werden, sind zerrissen. Unsere sämtlichen Alpenbahnen bis auf die Linie St. Michael–Tarvis werden zu betriebsunfähigen Sackbahnen gemacht; sie enden in der Einöde oder auf freiem Felde. Deutschösterreich hat in seinen Alpenbahnen kostspielige und prächtige Verkehrsanlagen geschaffen, die der ganzen Welt dienstbar waren. Diese Bahnen kann niemand rationell als Rumpf- und Sackbahnen betreiben. Nun sind die Engländer und Amerikaner praktische Leute und würden sich meines Erachtens nie dazu entschlossen haben, solche Unsinnigkeiten zu unterschreiben, wenn sie eben Zeit und Gelegenheit genommen hätten, uns zu hören. Ich glaube nicht, daß sie eine sadistische Zerstörung aller Verkehrsadern und damit eines lebendigen Wirtschaftskörpers billigen werden, wenn sie erfahren, was da in ihrem Namen gesündigt wird. Wir begreifen nun, warum man die deutschösterreichische Friedensdelegation in solcher Klausur hält und warum unsere Nachbarn in solchen Scharen sich um die Staatsmänner und um die Presse der Entente drängen. Es wird den Führern der Entente so rasch als möglich klargemacht werden, daß sie, wenn sie Deutschösterreich zur Fertigung dieses Friedensvertrages zwingen, ihren Ruf gefährden, indem sie auf ihren Triumphwagen eine Leiche laden.«[13]

Das Arbeitspensum der Delegation steigerte sich ab dem 2. Juni drastisch. Noch am folgenden Tag reiste Renner mit Richard Schüller, dem Sektionschef im Staatsamt für Verkehrswesen Otto Müller-Martini und dem Tiroler Landeshauptmann-Stellvertreter Franz Gruener vom brütend heißen Saint-Germain ins kalte und verregnete Feldkirch, um sich dort mit Seitz, Fink und Bauer über die weitere Vorgangsweise zu beraten. Die Anschlußdiskussion, so kam man überein, sollte nicht öffentlich vorangetrieben werden. Dagegen wäre die Furcht der Entente vor dem Vordringen des Bolschewismus zugunsten einer Erleichterung der Friedensbedingungen auszunützen. Otto Bauer hoffte, Südtirol durch Verhandlungen mit Italien doch noch zurückzubekommen. Vorerst galt es aber, gegenüber den Alliierten mit aller Deutlichkeit hervorzuheben, daß Österreich unter diesen Friedensbedingungen lebensunfähig wäre. Immer noch ließ Bauer von seinem vorrangigen Ziel, dem Anschluß an das Deutsche Reich, nicht ab. Wieder in Wien, bat er von dort aus Renner dringend, hinsichtlich dieser Frage jede einschlägige Erklärung in Saint-Germain zu vermeiden: »Die Dinge sind so im Rollen, und jeder Tag kann solche Veränderungen bringen, daß es töricht wäre, vorzeitig auf irgend etwas zu verzichten. Und dabei ist es durchaus möglich, daß der Anschluß leichter durchzusetzen ist, als irgend welche kleinere Zugeständnisse.«[14]

In Feldkirch hatte man jedenfalls entschieden, in vier getrennten Noten über die territorialen, verkehrspolitischen, wirtschaftlichen und finanzpolitischen Fragen auf die alliierten Bedingungen zu antworten. Bei den »besonders bedrückenden« Bestimmungen sollte auf die Unmöglichkeit ihrer Durchführung und »ihre katastrophalen Folgen für den Staat« mit Nachdruck hingewiesen werden. Deutschösterreich würde, so schrieb Renner auch in der ersten Beantwortung der Friedensbedingungen am 10. Juni, »seiner reichsten und fruchtbarsten Landstriche beraubt. Gegen ihren Willen, gegen ihr nationales Bewußtsein und ihre wirtschaftlichen Interessen würden mehr als vier von zehn Millionen Deutschösterreichern einer Herrschaft unterworfen, die volksfremd und unserem Volkstum feindselig ist.« Deutlich wies er auf den Widerspruch zwischen den Kriegszielen der Entente und den Grundsätzen Woodrow Wilsons hin. Mit dem Verlust der sudetendeutschen Gebiete, Südtirols, der Untersteiermark und Teilen Südkärntens würde das »geschlossene Ganze unseres Heimatbodens, der eine nationale und wirtschaftliche Einheit bildet, ... so verstümmelt, wenn man die aus dem lebendigen Leibe eines Volkes gerissenen Stücke unter die reichen Nachbarn verteilt, die sie unter der Wucht ihrer wirtschaftlichen Überlegenheit erdrücken wollen. Was von Deutschösterreich übrig bleibt, kann nicht mehr leben ...«

Dieser Rumpfstaat, so argumentierte Renner, könnte nur mehr ein Viertel der notwendigen Nahrungsmittel selbst produzieren und hätte die verbleibenden drei Viertel zu importieren. Außerdem müßte die Republik neben anderen wichtigen Rohstoffen und zahlreichen Industrieprodukten jährlich zwölf Millionen Tonnen Kohle im Ausland kaufen, da sie nur zwei Millionen zu fördern imstande wäre. Ohne die Exportgüter aus den Braunkohlelagern, den Webereien, den Glas- und Porzellanfabriken sowie aus der Zucker- und der chemischen Industrie könnten diese wichtigen Rohstoffe aber nicht bezahlt werden. Die Verschlechterung des Eisenbahnliniennetzes brächte erhebliche Transportprobleme, und der Verlust wichtiger Fremdenverkehrszentren in Deutschböhmen und Südtirol schwächten den Tourismus entscheidend. Die Liquidierung des Vermögens deutschösterreichischer Staatsbürger in den auf dem Boden der ehemaligen Monarchie gegründeten Nationalstaaten würde letztlich unweigerlich zum totalen Zusammenbruch des Staates, aller Kreditinstitute, Versicherungsgesellschaften und aller Privatunternehmen führen. Abschließend warnte der Kanzler vor den weitreichenden Folgen einer aufgrund der überharten Friedensbedingungen unausweichlichen Zerstückelung der Republik. Der Zusammenbruch Deutschösterreichs »müßte den Untergang jeder staatlichen Autorität auf diesem im Herzen des Festlandes gelegenen Gebiete, die Auflösung des Staates in seine Teile und das politische und soziale Chaos bewirken, in das unvermeidlich die nächsten Nachbarn verstrickt würden und dessen letzte Auswirkungen unabsehbar sind.«[15]

Tatsächlich versuchten die Kommunisten, die Unzufriedenheit der Bevölkerung für einen Staatsstreich zu nutzen. In Wien rief die KPDÖ in Flugblättern für den 15. Juni 1919 zum Massenaufmarsch auf dem Rathausplatz auf – für die Weltrevolution, für die Errichtung einer Rätediktatur, gegen Hunger und Ausbeutung. Vor allem die Volkswehrleute soll-

»Das Riesenspielzeug«. »Die Riesen: Schau, schau, er protestiert – wie niedlich das ist!« (Als Riesen: rechts Lloyd George, in der Mitte Wilson, links Clemenceau).

ten sich daran beteiligen. Polizeipräsident Johann Schober gelang es nicht, die Regierung zu einem Verbot der Demonstration zu gewinnen. Die Arbeiter- und Soldatenräte riefen aber auf, sich von der Kundgebung fernzuhalten: »Laßt euch nicht zu Putschversuchen mißbrauchen! Bleibt den gewissenlosen Veranstaltungen der Kommunisten fern!«[16] Als Schober die kommunistische Parteispitze verhaften ließ, zogen am 15. Juni schließlich 5000 Demonstranten von der Votivkirche zum Landesgericht und weiter zum Polizeigefängnis auf der Elisabethpromenade. Die Exekutive versperrte ihnen den Weg. Es kam zum Schußwechsel. Zwanzig Demonstranten fanden den Tod, sechzig wurden schwer verletzt. Die Presse forderte Renner daraufhin auf, in die Hauptstadt zurückzukehren. Sie bezweifelte die Notwendigkeit seiner weiteren Anwesenheit in Saint-Germain, da der Notenaustausch doch auch mittels Kurieren erfolgen könnte. Doch Renner lehnte diese Forderungen hartnäckig ab.

Der Kanzler hieß die Aktion des Polizeipräsidenten jedenfalls gut und bat den durch die sozialistischen Medienangriffe verdrossenen Schober, weiter im Amt zu bleiben. Gleichzeitig verteidigte der Staatskanzler die Sozialdemokraten, die die Ordnung mit moralischen Mitteln, durch die Presse und Versammlungen, aufrechtzuerhalten und die Gewalt der Exekutive sogar auszuschalten versuchten. Darin lag aber, wie Renner später selbst einräumte, ihr großer Irrtum, »denn immer bleibt ein Residuum von verbrecherischen, fanatisierten oder ehrlich ideologischen Elementen, das nicht überzeugt werden kann. Und gegen diese nützt nichts als Gewalt.« Die Arbeiterbewegung, so bat er um Verständnis für deren mangelnde Einsicht »in das Verhältnis von Supression und Prävention«, müsse erst ihre Erfahrungen machen. Ein zweites Mal würde sie sich nicht mehr einen Putschversuch als Versammlung unter freiem Himmel einreden lassen. »Die bürgerliche Öffentlichkeit und die politischen Parteien«, so holte er schließlich zum Gegenschlag aus, »tun wieder einmal der Arbeiterschaft schweres Unrecht. Außerstande, auch nur das geringste Abwehrmittel selbst zu treffen, und an die geistloseste Repression gewöhnt, verstehen und schätzen sie nicht, was die Arbeiterschaft zur Rettung der Gesellschaft tut.«[17] Renner war davon überzeugt, daß die Bevölkerung eine Ausrichtung auf nahe optimistische Ziele brauche, »damit sich die Köpfe orientieren und die Gemüter hoffen«. Den Arbeitern mußte klargemacht werden, daß sie ihre Sache gefährdeten, wenn sie zuviel forderten. Ihnen sollte deshalb klipp und klar gesagt werden, daß der Kommunismus die Wiederaufnahme des Krieges bedeutete. Gleichzeitig wollte er die Frage des Großgrundbesitzes im Zusammenhang mit dem

Problem der Volksernährung aufwerfen und die Bürgerlichen vor die Entscheidung »Sozialisierung oder Anarchie« stellen.

Da die Entente mündliche Verhandlungen mit den Österreichern strikt ablehnte, verfaßte die Delegation unermüdlich Noten zur Verbesserung der Friedensbedingungen: am 12. Juni eine zur Verwahrung gegen die Vermögensbeschlagnahme in den Nationalstaaten, am 14. Juni intervenierte Renner bereits zum sechsten Mal gegen die südslawische Aggression in Südkärnten. Die Beantwortung der territorialen Bedingungen des Friedensvertragsentwurfs erfolgte in zwei getrennten Noten. Eine Denkschrift befaßte sich ausführlich mit der sudetendeutschen Frage, ein zweites Memorandum behandelte die übrigen Grenzfragen. Außerdem legte die Delegation der Friedenskonferenz eine Note über die völkerrechtliche Stellung Deutschösterreichs und dessen Verhältnis zur aufgelösten Monarchie vor. Damit trat man der alliierten Auffassung, die die Alpenrepublik als Rechtsnachfolger des früheren kaiserlichen Österreichs ansah, entgegen. Doch Renner zeigte sich über die Vorgangsweise und den Wert dieses Schriftverkehrs zunehmend skeptisch. Seinem Parteifreund, Unterstaatssekretär Otto Glöckel, klagte er brieflich: »Diese Friedensverhandlungen ziehen sich entsetzlich hinaus. Sie geben mir eine Fülle von Einzelarbeiten, über die ich deshalb unbefriedigt bin, weil ich die Entwürfe nicht aus erster Hand selbst [er]arbeiten kann, sondern bloß was andere machen hinterher einzurichten habe. Jeder Bürokrat kämpft natürlich um jedes Wort und um jede Wendung eines Stiles. Alles aber ist so geschrieben, daß es auf Ententemenschen nicht wirkt, welche ihre Staatsschriften, wie alles, im Zeitungsstil abfassen. Aber ich hoffe es wird auch hier ein Ende zu erleben sein.«[18]
Durch die totale Absperrung von der Außenwelt und das entnervende Warten in der sengenden Hitze von Saint-Germain verliefen die Tage weiterhin gleichmäßig. Aufgrund der reichlichen Nahrung und zuwenig Bewegung litt der Kanzler an Fettleibigkeit, was ihn zur ironischen Bemerkung verleitete, einstweilen »rundgemästet« zu werden, »damit die Bolschewiken mich mit besserer Fleischausbeute schlachten können«.[19]
Seine Leberbeschwerden suchte er mit der Karlsbader Kur zu bekämpfen. Während seiner Brunnenpromenade paukte er weiterhin Französisch, das er stetig verbesserte. Seiner Frau Luise schilderte er sein Tagesprogramm: »Äußerlich geht es mir sehr gut. Ich stehe um ½ 6 Uhr auf, trinke sehr langsam, bis 7 Uhr, meine 3 Becher, die mir der Eisenbahner Stackler wärmt, laufe dann bis 8 Uhr auf derselben eingezäunten Stelle im Park herum, wasche und kleide mich an, esse um ½ 9 Uhr die Butter-

wecken, die mir die Maltschi streicht, bade übrigens jeden zweiten Tag, ruhe dann von 9 bis 10 Uhr auf dem Diwan und lese französische Zeitungen. Von 10 bis 12 Uhr habe ich Bureau, von 12 bis ½ 1 habe ich dienstliche Pressekonferenzen, von ½ 1 bis ½ 2 speisen wir, wobei mich Professor Laun wegen der Diät beaufsichtigt, von ½ 2 bis 2 Schwarzer und Virginier im Salon, wo Zerkle gehalten wird, dann ein kleiner Spaziergang, hierauf eine halbe Stunde schlafen und von 3 bis 7 Uhr wieder Bureau-Arbeiten, um 7 Uhr abends Hauptmahlzeit, von 8 bis 9 Uhr gemeinsamer Aufenthalt im Park, worauf entweder Tarock oder Preferanz oder weitere Arbeit bis ½ 1 Uhr nachts.«[20]

Immer deutlicher trat die Inhomogenität und die mangelnde Effizienz der deutschösterreichischen Friedensdelegation zutage. Die im Zeichen des Proporzes Renner mitgegebenen Parlamentsabgeordneten Alfred Gürtler und Ernst Schönbauer leisteten nur wenig konstruktive Arbeit. Die beiden Universitätsprofessoren betätigten sich vielmehr als Detektive, die bloß eifrig darauf Bedacht nahmen, daß Renner und seine engsten Mitarbeiter aus dem Außenamt nicht gegen die Parteiinteressen der Christlichsozialen oder der Großdeutschen handelten. Auf diplomatischem Gebiet zeigten sie jedoch keinerlei Fähigkeiten. Der international anerkannte Völkerrechtler und Pazifist Heinrich Lammasch hatte zu seiner großen Enttäuschung bei den Franzosen kein Gehör gefunden und war bereits am 10. Juni nach Wien abgereist. Franz Klein agierte wiederum zu sehr auf den Anschluß ausgerichtet und kritisierte eifersüchtig den Staatskanzler und seinen engsten Mitarbeiter Richard Schüller, den er nicht zuletzt wegen dessen jüdischer Herkunft verachtete. Im persönlichen Gespräch Renner gegenüber korrekt, ließ er in seiner Privatkorrespondenz an der Delegations- und Verhandlungsführung des Kanzlers kein gutes Haar: »Der Mann will nicht nach Hause. Erstens offenbar so lange als möglich wenig zu tun haben und sich ein bequemes Leben gönnen. Dann wie ich schon einmal sagte, in den unsicheren Zeiten weit vom Schusse, sollen sich andere die Finger verbrennen.«[21]

Die Wirklichkeit war aber anders. Während etwa in der Seine-Metropole der 14. Juli gleichzeitig als französischer Nationalfeiertag und als große Siegesfeier mit Militärparaden, Tanz auf allen Plätzen, Fackelzügen und Feuerwerk ausgelassen begangen wurde, schrieb Renner seiner Frau in durchaus melancholischer Stimmung. Der schleppende Fortgang der Verhandlungen, »das nutzlose Zuwarten, die lange Trennung von der Heimat und die Ödigkeit des hiesigen Aufenthalts drücken mich doch sehr nieder«. Immer wieder bedurfte es des guten Zuredens seiner Sekretärin, um seine schlechte Laune zu besänftigen. Allmählich beschlich ihn auch das Gefühl, »daß ich zu sehr den Zusammenhang mit der Heimat verliere, obschon ich weiß, daß man mich immer brauchen wird. Wenn ich einmal wenigstens einen Tag bei Euch sein könnte, würde diese Heimweh-Psychose wohl wieder verflogen sein.« Für die Zukunft nahm er sich vor, so »stumpfsinnig viel wie bisher« nicht mehr arbeiten zu wollen und als Ausgleich »– in eingeschränktem Umfang – ein gesellschaftliches Leben« zu beginnen. Die Tage in Saint-Germain wurden immer qualvoller. »Es ist«, so klagte er seiner »lieben fernen Kanzlerin, hier beinah nicht mehr auszuhalten. Nicht, weil es mir äußerlich schlecht ginge, im Gegenteil!« Mittlerweile kochte für die Delegation immerhin »ein erstes Pariser Restaurant, daß Sacher dagegen eine Volksküche ist«. Nach seiner Kur zeigte sich Renner auch wieder »gesund und gefräßig, ich fange schon wieder an, zu schnallen, und merkwürdigerweise wird mir der Halskragen eng. Wir haben abends sehr gute Musik, kurz alles Gute! Trotzdem ist das Zuwarten unerträglich ... Man bekommt allmählich die Stimmung absoluter Hilflosigkeit, dabei wird das Heimweh immer mächtiger. Es ist Zeit, daß die Geschichte hier ein Ende nimmt.«[22]

Genau auf den Tag fünf Jahre nach der Ermordung des Thronfolgerpaars in Sarajevo, am 28. Juni, erfolgte im Spiegelsaal von Versailles die Unterzeichnung des deutschen Friedensvertrages. Die deutsche Delegation hatte gegenüber den Bedingungen vom 7. Mai nur wenig Änderungen zu ihren Gunsten erreicht. Unter Protest hatte die Nationalversammlung in Weimar aufgrund des drohenden alliierten Einmarsches ihre Zustimmung zur Unterzeichnung gegeben. Brockdorff-Rantzau war zurückgetreten. Statt dessen setzten sein sozialdemokratischer Nachfolger Hermann Müller und der Kolonialminister Johannes Bell von der Zentrumspartei ihren Namen auf das Papier, das den Diktatfrieden besiegelte. Renner gab sich über das Schicksal seines Landes ebenfalls keinerlei Illusionen hin. »Trotzdem die Entente unsere Argumente hört und vielerlei Entgegenkommen zeigt«, so vermutete er, daß »der Friede noch unter den günstigsten Umständen ein Elendsfriede« werden würde. »Es scheint so, daß die deutsche Nation bestimmt ist, in der Welt die Proletariernation zu werden.«[23]

In der Tat bedurfte die bedrohliche Ernährungslage dringend einer Besserung. Das französische Parlament verlangte für die Gewährung weiterer Lebensmittelkredite Sicherheiten. Der von der Entente im ganzen eingeräumte Kredit von 45 Millionen Dollar war bereits Anfang Juni erschöpft. Renner blieb nichts anderes übrig, als das Gold- und Silbergeld, ausländische Wertpapiere, Guthaben von Holzverkäufen, Hypotheken auf Großforste, Gewinne aus den staatlichen Salinen sowie Eigentum der

Stadt Wien und anderer österreichischer Städte für den Fall der Zahlungsunfähigkeit als Sicherheit anzubieten. Die deutschösterreichische Nationalversammlung bewilligte dieses Generalpfandrecht am 8. Juli. Tags darauf scheute Renner gegenüber dem Präsidenten des Obersten Wirtschaftsrats der Entente keineswegs vor einer versteckten Drohung zurück: »Würden die Sendungen der alliierten Großmächte aufhören, so müßte die Hungersnot, die eine Zeit lang durch diese Sendungen gemildert wurde, mit erneuter Wucht über uns hereinbrechen, und es wäre unmöglich, die soziale Ordnung aufrechtzuerhalten.«[24] Am 15. Juli urgierte der Staatskanzler nochmals die Fortsetzung der Lebensmittelsendungen, denn in Wien und den Industriebezirken gab es bereits kein Fleisch und keine Kartoffeln mehr. Die Verteilung von Mehl und Brot drohte eingestellt zu werden. Zwei Tage später sagte der Oberste Wirtschaftsrat zu. Das Deutsche Reich, von Otto Bauer um Lebensmittel- und Finanzhilfe gebeten, verweigerte hingegen Ende Juli die Unterstützung.

Die Gegensätze zwischen Italien und dem von Frankreich unterstützten Jugoslawien verzögerten die Ausarbeitung des noch ausstehenden zweiten Teils der Friedensbedingungen. Die italienische Abordnung war mit der klaren Vorgabe nach Paris gekommen, nicht weniger als das im Londoner Vertrag von 1915 versprochene Territorium zu erhalten. Die Konstellation hatte sich aber grundlegend geändert. Nicht mehr die mächtige Donaumonarchie war Italiens nördlicher Nachbar, sondern das schwache republikanische Österreich, von dem sich der Apenninenstaat wahrlich nicht bedroht fühlen mußte. Mit dem Königreich der Serben, Kroaten und Slowenen stand Rom aber ein neuer Gegenspieler in der Adria- und Donaupolitik gegenüber, der sich zudem auf der Seite der Siegerstaaten befand und sich des Schutzes Frankreichs bewußt war. Fiume, das heutige Rijeka, wurde zum Streitobjekt zwischen Italien und Jugoslawien, zur Frage der nationalen Ehre hochstilisiert. Die Eingliederung der istrischen Hafenstadt in das italienische Königreich stand jedoch nicht im Londoner Abkommen. Während es Italien mißlang, in dieser Frage von den Westmächten ein Entgegenkommen zu erreichen, erhielt es ohne Schwierigkeiten die Brennergrenze zugesprochen. Die Befürchtung, daß Österreich doch noch im Deutschen Reich aufgehen könnte, schien bei dieser raschen Lösung des Südtirolproblems eine entscheidende Rolle gespielt zu haben, war diese Grenzziehung doch nur mit dem italienischen Sicherheitsbedürfnis gegenüber einem benachbarten starken Deutschland zu rechtfertigen.

Renners Versuche, von Clemenceau empfangen zu werden, scheiterten. Der französische Ministerpräsident schickte statt dessen den Generalsekretär der Friedenskonferenz, seinen Neffen Paul Armand Dutasta, von dem es zudem hieß, er sei der uneheliche Sohn des »Tigers«. Im Gespräch der beiden am 3. Juli in der Villa Reinach machte der Kanzler darauf aufmerksam, daß bereits acht Monate seit Kriegsende vergangen waren und die Delegation seit nunmehr acht Wochen in Saint-Germain weilte. Mit großem Nachdruck ersuchte Renner daher um den Abschluß der Verhandlungen. Dutasta beschränkte sich auf Vertröstungen. Das Warten ging weiter.

Aufgrund der kurzen Beantwortungsfrist für den ersten Teil der Friedensbedingungen von vierzehn Tagen hatte die deutschösterreichische Delegation angenommen, bald darauf den zweiten Teil zu erhalten. Doch es dauerte bis zum 20. Juli, als Renner – erneut um zwölf Uhr mittags – von Dutasta in der Villa Reinach formlos die als definitiv bezeichneten vollständigen Friedensbedingungen erhielt. Diese sahen wenigstens für Südkärnten eine Volksabstimmung vor. Zum ersten Mal wurde auch Deutschwestungarn mit einbezogen. Das zugesprochene Gebiet, das bisher zum Königreich Ungarn gehört hatte, umfaßte eine Bevölkerung von 250 000 Deutschsprachigen. Während Wieselburg, Güns und St. Gotthard bei Ungarn verblieben, sollte Ödenburg an Österreich fallen. Die Friedensbedingungen vom 2. Juni hatten dagegen noch die Beibehaltung der alten österreichisch-ungarischen Grenze an der Leitha vorgesehen. Doch zwischen dem 7. und 11. Juli entschied sich die Friedenskonferenz schließlich anders. Die Tschechen ließen aufgrund der italienischen Einwände ihren Plan eines »slawischen Korridors« von Preßburg nach Laibach fallen. Die Alliierten beabsichtigten, Österreich für die – wider die Idee der nationalen Selbstbestimmung – abgetrennten Gebiete territorial zu entschädigen und gleichzeitig der ungarischen Räterepublik einen Schlag zu versetzen. Renner, dessen Frau Luise aus dem ebenfalls betroffenen Güssing stammte, nahm Westungarn nur ungern als Trostpflaster. Das recht arme Land schien im Vergleich zu Südtirol und dem Sudetenland keine entsprechende Kompensation zu sein. Aus Prinzip forderte er weiterhin – schon im Hinblick auf die nicht zugesprochenen deutschsprachigen Gebiete Südtirol und Sudetenland, in denen es kein Plebiszit gegeben hatte – für Westungarn eine Volksabstimmung.

In Rom war bereits am 19. Juni die Regierung Orlando aufgrund der allgemeinen Unzufriedenheit über die Pariser Verhandlungen zurückgetreten und durch das Kabinett Nitti abgelöst worden. Während sich Otto Bauer noch vom alten Außenminister Sidney Sonnino den Ausbau einer italienisch-österreichischen Interessengemeinschaft erhoffte, hielt dessen Nachfolger Tommaso Tittoni bei den Verhandlungen des Obersten Rats konsequent an der Linie des Londoner Vertrages fest. Südtirol war damit endgültig und ohne Einschränkungen verloren und Bauers Politik gescheitert. Renner drohte der Regierung in Rom noch am 20. Juli mit einer politischen Wende, denn Bauer war zurückgetreten und unter den Christlichsozialen würde ein Umschwung von der bisherigen italienfreundlichen Außenpolitik hin zu einer Verständigung mit Frankreich und den Südslawen in Richtung einer Donauföderation eintreten. Der Kanzler beteuerte zwar, als vermutlich zukünftiger Staatssekretär für Äußeres eine solche slawophile Politik nicht einleiten zu wollen, doch würde er die anderen Parteien nur mit einem »wesentlichen Erfolg« bei der Stange halten können. Dieser Erfolg müßte aber durch die Regierung in Rom gesichert werden. Noch vor Unterzeichnung des Friedensvertrages sollte sie daher erklären, Südtirol eine weitgehende provinzielle Autonomie einzuräumen. Diese würde dem Land deutschsprachige Behörden und Schulen sowie die Zoll- und Verkehrsgemeinschaft mit Deutschösterreich sichern. Ohne einer solchen, natürlich streng vertraulich zu behandelnden Mitteilung hätte er keine Hoffnung, vor der Nationalversammlung mit einer italienfreundlichen Politik zu bestehen.[25]

Wieder fuhr Karl Renner in Begleitung Schüllers zur Beratung mit Seitz, Fink, Schumpeter, Zerdik und Bauer nach Feldkirch. Dabei wurden die Weichen für die deutschösterreichische Außenpolitik neu gestellt. Es schien mittlerweile unmöglich, große Korrekturen des Friedensvertragsentwurfs zu erreichen, daher beschloß man, in Spezialfragen Verbesserungen zu erzielen. Besonders Schüller vertrat die Ansicht, daß so viele Finanzfragen wie möglich auf die für Österreich zuständige Reparationskommission übertragen werden sollten, um mit dieser zu einem späteren Zeitpunkt Vorteile für die Republik aushandeln zu können.

Weiters entschied man, sowohl die Sudetengebiete als auch die Anschlußpolitik endgültig aufzugeben, obgleich die Bedingungen vom 20. Juli noch kein Verbot eines Zusammenschlusses mit dem Deutschen Reich enthielten. Otto Bauer, der Staatssekretär für Äußeres, stand vor den Scherben seiner Diplomatie und entschied sich, zurückzutreten. Schon seit geraumer Zeit hatte er die Demission erwogen. Zu sehr hatte er sich für den Anschluß eingesetzt und war dadurch bei der Entente in Ungnade gefallen. Er hätte Schüller als seinen Nachfolger im Außenamt bevorzugt, doch legten es innen- und außenpolitischen Erwägungen nahe, Renner vorzuschlagen. Der Kanzler seinerseits hatte aus taktischen Gründen bereits seit Wochen Bauers Rücktritt für notwendig erachtet. Und so kam es endlich am 26. Juli zum Wechsel. Renners Macht und Verantwortung wuchsen. Er war nun Staatskanzler sowie Staatssekretär für

Inneres und Äußeres in einer Person. Dabei hatte er ursprünglich durchaus Bedenken gehabt, die auswärtigen Angelegenheiten zu übernehmen. Er hielt sich für zu wenig geschickt und diplomatisch für die Außenpolitik. Doch gleich, ob es sich nun um bloße Koketterie oder tatsächliche Fehleinschätzung seiner eigenen Person handelte, gerade Renner war mit seinem Hang zur politischen Pragmatik, die bis zur Selbstverleugnung gehen konnte, wie geschaffen für das auswärtige Geschäft.

Als neuer Ressortleiter im Außenamt vertrat Renner die Auffassung, daß die Diplomatie der Zukunft in engster Fühlung mit der Volksvertretung arbeiten und deren Leitlinien im Ausland zur Geltung zu bringen habe. Die alte Diplomatie schien ihm reformbedürftig. Nicht zuletzt sollten auch Sozialdemokraten für die auswärtigen Missionen herangezogen werden. Nach dem Frieden mußte binnen kurzer Zeit eine eigene, republikanische Diplomatie geschaffen werden, die – in erster Linie wirtschaftspolitisch orientiert – die Schwierigkeiten des jungen Staates und seinen Versuch des Wiederaufbaus ins rechte Licht rückte. Die Nationalen in Österreich und Deutschland fürchteten – zu Recht – mit dem Wechsel am Ballhausplatz eine Wende von der Anschlußpolitik hin zu einer frankophilen Politik. Realpolitisch war aber der Zusammenschluß mit Deutschland völlig unmöglich geworden. Dabei war England ursprünglich dem Anschluß durchaus verständnisvoll und positiv gegenübergestanden. Man war sich bewußt, daß das Anschlußverbot eines der Grundprinzipien verletzte, für die die Alliierten gekämpft hatten. In einer Denkschrift des Political Intelligence Department im britischen Außenamt hatte es bereits Ende 1918 geheißen: »Wir können die Deutschösterreicher nicht ausrotten, wir können nicht erreichen, daß sie sich nicht mehr als Deutsche fühlen. Sie müssen irgendwohin gehören. Nichts würde dadurch gewonnen, daß man sie zwingt, getrennt von Deutschland zu existieren. Eine solche erzwungene Trennung würde nur den deutschen Nationalismus fördern, könnte aber weder die Zusammenarbeit zwischen den beiden Zweigen verhindern noch ihre spätere Vereinigung. Schließlich ist die Vereinigung von Deutschösterreich mit Deutschland von unserem Gesichtspunkt aus nicht unvorteilhaft, weil sie das Gleichgewicht zwischen dem katholischen Süden und dem protestantischen Norden wiederherstellen und dazu beitragen würde, dem Preußentum in Deutschland Einhalt zu gebieten. Der Plan, den Deutschösterreichern zu verbieten, sich an Deutschland anzuschließen, selbst wenn beide Seiten es wünschen, muß daher aufgegeben werden, sowohl aus prinzipiellen Gründen wie aus denen der Zweckmäßigkeit.«[26]

Doch unter dem beherrschenden Einfluß Frankreichs auf der Friedenskonferenz ging London von seiner wohlwollenden Haltung ab. Dies spiegelt ein Memorandum des Foreign Office vom August 1919 wider:»Sobald Deutschland in Wien ist, ist es wiederum auf dem Weg zum Balkan und nach Konstantinopel und wird seine Politik des ›Dranges nach Osten‹ erneuern, die eine der Ursachen des Krieges war. Damit wird die Frage der deutschen Minderheit in Böhmen akut und die Existenz der Tschechoslowakischen Republik bedroht.«[27]

Der neue Staatssekretär für Äußeres und seine nächste Umgebung am Ballhausplatz, darunter Eichhoff und Schüller, erkannten am raschesten, daß es notwendig war, die außenpolitische Strategie zu ändern. Dies bedeutete jedoch keineswegs, wie allgemein angenommen, daß sich der Staatskanzler zu einem Anschlußgegner und Befürworter einer Donauföderation entwickelt hatte, obschon den heißblütigsten Anschlußanhängern in Österreich wie in Deutschland seine Taktik zu sehr auf Frankreich hin orientiert war. So hatte zum Beispiel Franz Klein die Sympathie Renners für den Anschluß nie für »groß und echt« gehalten, da dieser doch »die Sache geradewegs beschämend zynisch« erledigt hätte. Selbst Richard Schüller, wenngleich bedeutend weniger germanophil als Klein, war ähnlicher Meinung. Ernst Schönbauer hielt Renner für einen ehrlichen Politiker und echten Anschlußfreund, der jedoch aufgrund seiner 25jährigen Vergangenheit als Anhänger einer Erneuerung des kaiserlichen Österreich noch gewisse Schwierigkeiten mit der prodeutschen Politik habe. Als Außenstaatssekretär hielt Schönbauer den Kanzler jedenfalls für ungeeignet. Renner selbst aber fühlte sich weiterhin als Deutscher. Sein Anschlußprogramm war zudem auch ökonomisch begründet im Hinblick auf die wirtschaftliche Existenzmöglichkeit Deutschösterreichs, der Übernahme eines Teils der Kriegslasten, der Herstellung einer gemeinsamen neuen Währung sowie der Erhaltung des Verkehrswesens und der Möglichkeit des Weges zur Nordsee.
In einer Unterredung mit dem deutschen Geschäftsträger in Wien, Wilhelm Prinz zu Stolberg-Wernigerode, bestätigte Renner seine Absicht, als Staatssekretär für Äußeres weiterhin die Außenpolitik seines Vorgängers Otto Bauer einzuhalten. An seiner »treudeutschen« Gesinnung sei nicht zu zweifeln. Seine nach der Entente ausgerichtete Politik sei aus dem Zwang der Verhältnisse heraus zu verstehen – Deutschösterreich hänge durch seine Notlage ganz von der »Gnade der Entente« ab. Er müsse daher versuchen, soviel wie möglich für sein Land zu retten. Würde die Entente nun einen Anhaltspunkt für eine fortgesetzte Anschlußbestrebung

entdecken, sei damit der Friede und die zukünftige Existenz der Republik gefährdet. Das Land würde dann ihn und seine Partei verantwortlich machen. Komme er dadurch zu Fall, würden die Sozialdemokraten zurückgedrängt und die Anschlußbewegung einen schweren Rückschlag erleiden. Deshalb sei er gezwungen, nach außen hin den Anschluß aus seiner Politik auszusparen und der Entente gegenüber die Völkerbundidee als »spanische Wand« aufzustellen. Gleich nach dem Frieden wolle er auf dem Gebiet des Finanz-, Schul- und Verkehrswesens die Angleichung an das Deutsche Reich energisch in die Wege leiten:»Wenig Worte machen, um so mehr handeln.« Zu gegebener Zeit werde sich der Anschluß von selbst vollziehen. Freilich sei zu befürchten, daß die Entente seine wahre Einstellung erkannte und ihn dann der »Doppelzüngigkeit« beschuldigte. Trotzdem bekräftigte der Kanzler, der Verwirklichung des Anschlusses optimistisch entgegenzusehen; er glaubte schon deswegen nicht an die Realisierung einer Donaukonföderation, da die anderen Nachfolgestaaten eine solche ohnehin gar nicht wollten.[28]

In einem letztlich auch für die Friedenskonferenz bestimmten Schreiben an Karl Seitz vom 1. August erklärte sich Renner offiziell bereit, die Leitung des Staatsamts für Äußeres zu übernehmen. Das Ausscheiden Bauers, so begründete er, sei »aus Rücksichten diplomatischer Zweckmäßigkeit« erfolgt. Nochmals hob er den schier aussichtslosen Kampf Deutschösterreichs um seine Existenz hervor:»Eine Mauer von Vor- und Fehlurteilen ist gegen unser Volk im Ausland aufgerichtet. Man kennt dort nicht die staatsrechtlichen Verhältnisse, unter denen es zu leben gezwungen war, ahnt nicht den Grad seiner Einflußlosigkeit auf die Geschicke des Reiches, macht es für das Unheil des Krieges verantwortlich.«

Die Schuld am Kriegsausbruch lag für Renner bei der »Hof- und Militärkamarilla«, die für die ungarischen Oligarchen, für die Wiederherstellung Polens und für die klerikale Richtung der Südslawen den Krieg mit »unserem Gut und Blut« geführt hatte. »Aus einem Opfer des Krieges ist der Schuldige gemacht worden.« Man müsse sich aber nun einmal mit dem Gedanken vertraut machen, daß der Friedensvertrag kein Instrument des Rechts, sondern eine Schöpfung des Krieges sein werde, »der bekanntlich immer mehr Unrecht schafft, als er tilgt.« Deutschösterreich könne in seiner Situation natürlich auch keine aktive Außenpolitik betreiben, sondern sich lediglich vertrauensvoll an den Völkerbund wenden. Die junge Republik brauche Ruhe und müsse sich aus allen internationalen Verwicklungen heraushalten. Am allerwenigsten, so betonte Renner ausdrücklich, wollte es »in den erweiterten Balkan, zu dem sich der europäische Südosten zu entwickeln droht«, mit einbezogen werden.[29]

Am 6. August erhob die Delegation unter Renner mittels einer Note ihre Einwendungen gegen die Friedensbedingungen. Es waren die letzten österreichischen Gegenvorschläge, die sich nur mehr darauf beschränkten, Milderungen durchzusetzen, »die für das deutschösterreichische Volk daseinsnotwendig sind, und die abzulehnen dieses Volk der Anarchie und dem Elend preisgeben hieße.« Der Wortlaut der Bedingungen, so schrieb der Kanzler an Georges Clemenceau, »bringt dem deutschösterreichischen Volke eine glatte und scharfe Ablehnung seines Wunsches nach nationaler Freiheit und Einheit«. Die Delegation lehne daher für den Friedensvertrag die Verantwortung ab. Gezwungen durch die Siegermächte, wolle man ihn jedoch akzeptieren und versuchen, selbständig in Frieden leben zu können. Die drohenden wirtschaftlichen Lasten würden – ohne entscheidende Milderung – jedoch den so schwachen Staat unweigerlich in den Zusammenbruch führen. »Wir wollen nichts als leben – geben Sie uns die Gewißheit, daß wir es auch können werden.« Deutschösterreich hatte sich dareinzufügen, daß es unter die finanzielle Kontrolle der Großmächte gestellt wurde. Daran ging kein Weg vorbei. Doch Renner verlieh seiner Erwartung Ausdruck, daß die Reparationskommission die Republik in ihrer verzweifelten Lage wenigstens schonend behandeln und die nötigen Lebensmittel- und Rohstoffkredite einräumen werde. Mit Entschiedenheit verwahrte er sich dagegen, daß die Schuldenlast der ehemaligen Doppelmonarchie von Deutschösterreich allein zu tragen wäre: »Wenn einem besiegten Reiche einzelne Teile seines Gebietes genommen werden, können diese Teile, wie dies im Frieden mit Deutschland der Fall ist, ohne Verpflichtung zur Zahlung von Staatsschulden übernommen werden, weil der Staat selbst weiterbesteht. Wird aber das ganze Reich in Teile aufgelöst, wie es bei uns geschieht, dann kann nicht erklärt werden, daß vier Fünftel der Staatsangehörigen keinen Anteil an der Hauptmasse der Verpflichtungen des ehemaligen Gesamtstaates haben.« Daher war es nach Renners Ansicht rechtlich und wirtschaftlich nur selbstverständlich, daß sich alle Nachfolgestaaten die Schulden der alten Monarchie zu teilen hätten. Die Reparationskommission sollte die adäquate Aufteilung der Schulden gemäß der Leistungsfähigkeit der einzelnen Nachfolgestaaten bestimmen. Ohne eine Abänderung der Friedensbestimmungen würden zwei Drittel der Schuldenlast Österreich-Ungarns einem Fünftel der früheren Bevölkerung aufgelastet werden: »Es ist eben nicht möglich, daß sechs Millionen Menschen den größten Teil der Schulden der 30 Millionen Einwohner des früheren Staates tragen. Wie erst nach einem tödlich erschöpfenden fünfjährigen Krieg! Wie erst nach der Auflösung des Jahrhunderte alten Wirtschaftsgebietes, welche die wirtschaftlichen Kräfte Deutschösterreichs so außerordentlich geschwächt hat!« Ein überverhältnismäßig großer Schuldenanteil hätte den Zusammenbruch der Staatsfinanzen, der Banken und Versicherungen, der Produktion und der gesellschaftlichen Ordnung unweigerlich zur Folge. Renner verkannte die unterlegene Stellung Österreichs in keiner Weise. Dennoch verlangte er, daß zur deutlicheren Darlegung der maßvollen Änderungs- und Verbesserungsvorschläge die Mitglieder der deutschösterreichischen Abordnung angehört und in die zuständigen Ausschüsse einberufen werden sollten.[30]

Noch am 6. August reiste der Großteil der Delegation mit Renner an der Spitze um sechs Uhr abends von Saint-Germain ab. Eichhoff und Schüller blieben zurück. Zwei Tage darauf erstattete der Staatskanzler dem Hauptausschuß der Nationalversammlung seinen Bericht, dessen Beschlüsse der Friedenskonferenz am 9. August zur Kenntnis gebracht werden sollten. Im Kabinettsrat referierte Renner noch spät abends über die Vorbereitungen der gesetzlichen und administrativen Maßnahmen im Falle der Unterzeichnung oder der Zurückweisung des Friedensvertrages. Am 12. August kehrte er wieder nach Saint-Germain zurück. Nun war nur noch auf den endgültigen Friedensvertrag zu warten. Renner zeigte sich desillusioniert: »Die öffentliche Meinung von Frankreich und England denkt nicht im Entferntesten daran, sich mit uns einzulassen oder uns wieder herzustellen ... Sie ziehen vor, nicht unsere Kompagnons pro parte, sondern unsere Nachfolger in toto zu werden; sie wollen nicht uns wiederherstellen, sondern wollen sich selbst auf unsere Kosten wiederherstellen.«[31]

Am 2. September erhielten Renner und der verbliebene Rest der Delegation endlich den 381 Artikel umfassenden Vertrag. In einer Begleitnote mit dem Charakter einer Anklageschrift stellte Clemenceau unzweifelhaft fest, daß das österreichische Volk »in weitem Umfange mit seinem Nachbarn, dem ungarischen Volke, die Verantwortung für die Übel, unter denen Europa während der letzten fünf Jahre gelitten hat«, teile. Klar und deutlich erteilte er der österreichischen Position in der Frage der Kriegsschuld und der Rechtsnachfolge eine Absage: »Die österreichische Delegation scheint zu meinen, daß die Verantwortlichkeit für diese Handlungen ausschließlich der habsburgischen Dynastie und ihren Satelliten zur Last fällt. Nach dieser Meinung könnte sich das österreichische Volk infolge des Zusammenbruches der Monarchie unter den Schlägen der siegreichen Alliierten der Verantwortlichkeit für die Handlungen entziehen, die von einer Regierung, die die ihrige war und ihren Sitz in ihrer Hauptstadt hatte, begangen wurden. Wenn das österreichische Volk

Schubkarrenfahrt Paris—Wien.

»Dienstmann Renner: Wenn i damit nach Wien kumm', ohne daß i umschmeiß, sollt's mi wundern.«

während der Jahre, die dem Kriege vorausgegangen sind, sich bemüht hätte, den Geist des Militarismus und der Herrschsucht, von dem die Regierung der Monarchie beseelt war, zu erdrücken, wenn es einen wahrhaften Protest gegen den Krieg erhoben hätte, wenn es verweigert hätte, seine Machthaber in der Absicht, den Krieg fortzuführen, zu unterstützen und zu erhalten, so könnte man jetzt der erwähnten Verteidigung einige Aufmerksamkeit schenken. Aber der Krieg wurde im Augenblick seiner Erklärung in Wien stürmisch begrüßt, das österreichische Volk war vom Beginne bis zum Ende sein glühender Parteigänger, es hat bis zur endgültigen Niederlage auf dem Schlachtfelde nichts getan, um sich von der Politik seiner Regierung und seiner Verbündeten zu trennen. Angesichts so vieler offenkundiger Beweise muß das österreichische Volk entsprechend den geheiligten Regeln der Gerechtigkeit gezwungen werden, seinen vollen Anteil an der Verantwortlichkeit für das Verbrechen, das über die Welt ein solches Unheil gebracht hat, auf sich zu nehmen.«[32] Bis zur Vertragsunterzeichnung bleibe nach Clemenceau das österreichische Volk jedenfalls ein feindliches Volk. Erst nach Friedensschluß könnten die Alliierten mit Österreich wieder freundschaftliche Beziehungen aufnehmen.

Neben den Sudetengebieten und Südtirol gingen die slowenische Untersteiermark mit den deutschsprachigen Städten Marburg, Pettau und Cilli sowie das bisher zum Herzogtum Kärnten gehörende Kanaltal verloren. Dazu mußten aus »eisenbahntechnischen Gründen« auch kleine Gebiete im Norden Niederösterreichs um Gmünd und Feldsberg an die Tschechoslowakei abgetreten werden. In Südkärnten sollte eine international kontrollierte Volksabstimmung über den Weiterverbleib des Landes bei Österreich entscheiden. Die vorwiegend deutschsprachigen Gebiete der vier westungarischen Komitate Preßburg, Wieselburg, Ödenburg und Eisenburg, von denen sich der spätere Name »Burgenland« ableitete, wurden Österreich zugesprochen. Von besonderer Bedeutung war freilich der Artikel 88: »Die Unabhängigkeit Österreichs ist unabänderlich, es sei denn, daß der Rat des Völkerbundes einer Abänderung zustimmt. Daher übernimmt Österreich die Verpflichtung, sich, außer mit Zustimmung des gedachten Rates, jeder Handlung zu enthalten, die mittelbar oder unmittelbar oder auf irgendwelchem Wege, namentlich – bis zu seiner Zulassung als Mitglied des Völkerbundes – im Wege der Teilnahme an den Angelegenheiten einer anderen Macht seine Unabhängigkeit gefährden könnte.«[33]

Der Vertrag reduzierte immerhin die Reparationsverpflichtungen und die Schuldenbelastung merklich. Der jungen Republik wurde ein Berufsheer von 30 000 Mann gestattet, was bedeutete, daß sie einer Aggression seiner Nachbarn nahezu hilflos ausgeliefert war. Die rechtliche Fiktion der alleinigen Nachfolge, so faßte der Staatskanzler in der höchst emotional geführten Debatte in der Nationalversammlung am 6. September zusammen, war von den Alliierten zwar juristisch aufrechterhalten worden, doch die praktischen Folgen zeigten sich mittlerweile entscheidend gemildert. So wurde das Eigentum der Österreicher auf dem Gebiet der Nationalstaaten nicht konfisziert. Die Nachfolgestaaten trugen nun sowohl an den Vorkriegsschulden als auch an den Kriegsschulden selbst gewissen Anteil. Renner mußte allerdings eingestehen, daß der Kampf um das nationale Selbstbestimmungsrecht »aller Deutschen Österreichs« ohne Erfolg geblieben war. Dies lag vornehmlich an den mit Italien und dem tschechoslowakischen Staat geschlossenen Geheimverträgen der Entente.

»Es war der Welt das nationale Selbstbestimmungsrecht und die Freiheit der Völker als Grundsatz verkündet worden, aber dieser Grundsatz wird gegen uns verleugnet, indem man im Norden die historischen Grenzen und das tote Recht der Vergangenheit an Stelle des lebendigen Rechtes der Völker setzt. Die Sudetendeutschen, mit denen wir vier Jahrhunderte in einer staatlichen Gemeinschaft lebten, mit denen die Alpenlande in eins verwachsen sind, werden losgerissen und einer fremden Staatlichkeit unterstellt. Es gibt keinen Deutschen, der diese Lösung nicht als nackte Vergewaltigung empfinden würde und der Schmerz darüber wird nie stille, die Klage über dieses Unrecht niemals stumm werden. Vertragsurkunden, Grenzpfähle, faktische Gewalt werden uns trennen, unsere Herzen aber schlagen zusammen, jetzt und immerdar!«

Der Staatskanzler verwies in seiner von stürmischem Beifall begleiteten Rede auf den Widerspruch, daß die unverletzlichen historischen Grenzen, wie sie die Tschechen für Böhmen und Mähren erfolgreich gefordert hatten, hinsichtlich Kärntens und Tirols nicht mehr galten. Renner blieb nur mehr die Hoffnung, daß der Völkerbund das Unrecht von Saint-Germain wieder aus der Welt schaffen würde. Das nationale und politische Ergebnis des Friedens war freilich, daß selbst der Staatsname der Republik von den Siegermächten verändert und diktiert worden war: »Deutschösterreich – das sollte besagen, alle Deutschen des ehemaligen Österreich sind vereinigt und bilden einen Staat. Nun sind die Sudetendeutschen von den Alpendeutschen getrennt und unser Staat ist seinem Wesen nach nur mehr die Republik der deutschen Alpenlande ... Für dieses Staatswesen der deutschen Alpenlande sieht nun der Vertrag den Namen Republik ›Österreich‹ vor ... Ich glaube, da die schlimmsten Folgen, die aus der Fiktion der Rechtsnachfolge abgeleitet worden sind, beseitigt worden sind, können die deutschen Alpenlande diesen Namen auf sich nehmen. Sie nehmen diesen Namen auf sich, weil er geschichtlich da ist, aber mit dem klaren Vorsatze und Vorbehalte, daß dieser unser Staat ein neues, frei gegründetes freiheitliches Staatswesen ist, das mit den sogenannten österreichischen Traditionen nichts zu tun hat.«

Es war Renner ein dringliches Anliegen, der Öffentlichkeit die Bedeutung des Vertrages noch einmal in Erinnerung zu rufen. Nach seiner eigenen Auffassung war er in vielen Teilen undurchführbar, seine Belastungen unerträglich. Die Frage, ob Österreich seine Verpflichtungen selbst bei redlichstem Willen voll und ganz erfüllen würde können, mußte offen bleiben. Es gab, davon hatte er sich vielfach und gewissenhaft überzeugt, keine Chance mehr, weiter zu verhandeln und noch etwas an den Bestimmungen zu ändern. Das letzte Wort war gesprochen. »Im Zuge dieser Verhandlungen, das bezeuge ich mit meinem Wort, war nicht mehr zu erreichen ...« Renner hoffte aber auf die Stunde, in der es möglich sein würde, »im Völkerbund unsere Stellung zur Welt, unsere Stellung zum deutschen Mutterland und auch unsere Lasten einer Revision zu unterziehen«.

Es war typisch für Renners pragmatische Denkart, daß er selbst im größten Unglück noch etwas Positives fand. Endlich waren nun die Deutschen Österreichs frei, frei von den Fesseln der Rücksicht auf andere Nationalitäten im alten Vielvölkerreich. Der »deutsche Nationalstaat« Österreich konnte sich nun endlich selbst verwalten und innerlich komplett reformieren. Der Kanzler forderte daher alle auf, an die Zukunft zu glauben, an einem Staat von musterhafter Freiheit, Arbeitsamkeit und vorbildlichen wirtschaftlichen Erfolgen zu bauen: »Arbeiten, arbeiten und nicht verzweifeln, an die Zukunft glauben, glauben an die Gemeinsamkeit unserer Interessen im Rahmen dieses Staates, glauben an die Bildungsfähigkeit, glauben an die Tüchtigkeit unseres Volkes und glauben daran, daß wir auch für uns die Tore der Zukunft aufreißen werden. Hohes Haus! Wenn wir schon den Nacken beugen müssen unter dieses Joch, trotzdem die Herzen hoch!«[34]

Der Bericht Renners wurde schließlich von der Mehrheit der Nationalversammlung unter feierlichem Protest angenommen. Die Großdeutschen stimmten nach einer vertraulichen Absprache mit Renner in Ausnutzung ihrer Oppositionsrolle dagegen. Der Staatskanzler war damit zur Unterzeichnung, des »Todesurteiles« für Österreich, wie es Prälat Hauser ausdrückte, ermächtigt. »Was man für notwendig hält, muß man den Mut haben, auch selbst zu tun.« Und so schritt er an jenem schicksalhaften 10. September 1919 gegen elf Uhr vormittags gemeinsam mit

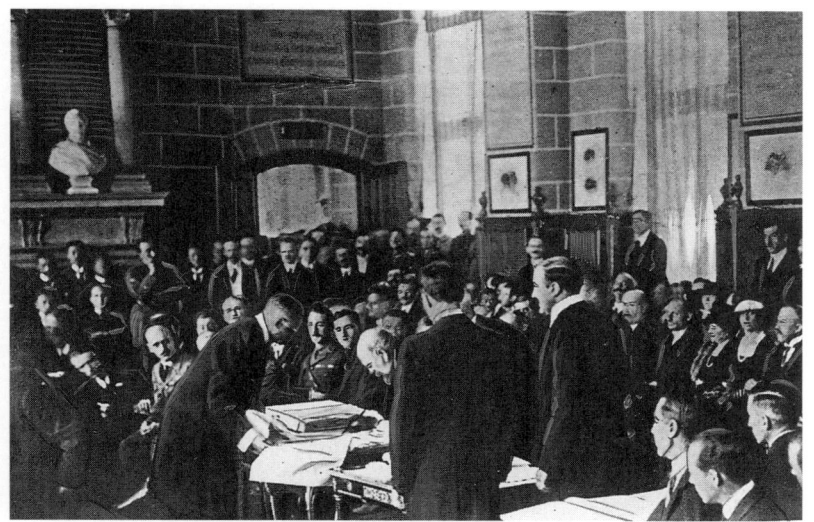

Renners schwerster Augenblick: Die Unterzeichnung des Friedensvertrags im Schloß von Saint-Germain.

Eichhoff, der nun Gesandter in Paris werden sollte, und Konsul Walter Mayerhauser zur Unterzeichnung des Vertrages – diesmal durch den Haupteingang des Schlosses. Nach einer kurzen, formalen Ansprache Clemenceaus unterfertigte Renner den Friedensvertrag von Saint-Germain.[35] Am frühen Abend verließ er den »Käfig von Saint-Germain« und trat die lange Heimreise an, wissend, daß mit diesem Ausgang der Friedensverhandlungen überaus harte Jahre für ihn und für Österreich bevorstanden.

VIII. Bettler für Österreich

Der Friede war nun endgültig besiegelt, seine harten Bedingungen vertraglich fest verankert. Karl Renner beschloß daher einmal mehr, seine Strategie auf die gegebenen Verhältnisse abzustimmen. Die Anschlußpolitik mußte zumindest aufgeschoben werden. An eine Revanche war erst gar nicht zu denken. Die Welt, so meinte er, würde wieder zur Ruhe kommen, und so verschrieb er sich voll der Idee des Völkerbundes. Diese »Weltorganisation der freien Nationen« sollte den Frieden sichern und die internationale Zusammenarbeit fördern. In dieser Gemeinschaft mitzuwirken schien Renner der einzig gangbare Weg zu sein. Mit dem Beitritt Österreichs erhoffte er sich nicht zuletzt eine Chance, den Anschluß an Deutschland doch noch realisieren zu können. Obwohl die Pariser Vororteverträge dies zwar – ohne internationale Zustimmung – untersagten, hielt Renner trotz allen Taktierens noch für Jahrzehnte an seinem Ziel fest. Er fühlte sich ausdrücklich als »deutscher Sozialdemokrat« und war in diesem Sinne Österreicher wider Willen. Als Staatskanzler bestand allerdings seine erste Aufgabe darin, alle Anstrengungen zu unternehmen, um die katastrophale Lage, in der sich die kleine Alpenrepublik befand, zu überwinden. Jeder Form einer Gewaltpolitik im Inneren erteilte er eine klare Absage. Immer wieder rief er die Arbeiterschaft auf, sich nicht bloß von der Leidenschaft, sondern auch vom Verstand leiten zu lassen. Im zusammengebrochenen Österreich konnte seiner Meinung nach so schnell weder der Kapitalismus gestürzt noch der Sozialismus errichtet werden. Die Massenbewegungen mußten für den Wiederaufbau zusammenarbeiten und sich der schwierigen Lage anpassen.

Am 17. Oktober 1919 wurde der Staatsvertrag von Saint-Germain vom Wiener Parlament ratifiziert. Das Kabinett trat zurück, doch die große Koalition erlebte noch einmal eine Neuauflage, denn die Nationalversammlung wählte gleich danach die neue Regierung Renner III. Jodok Fink von den Christlichsozialen blieb Vizekanzler. Der bisherige Sektionschef im Staatsamt für Finanzen, Richard Reisch, löste den mit seinen Vorhaben gescheiterten Josef Schumpeter ab. Der christlichsoziale Innsbrucker Gelehrte Michael Mayr sollte als Staatssekretär die neue republikanisch-demokratische Verfassung, die Renner immer als erstes Ziel der Arbeit von Parlament und Regierung nannte, vorbereiten. Keine Frage, daß er dem Kanzler aber auch als politisches Gegengewicht beigestellt wurde.
Die Koalition war freilich schon damals innerhalb beider Parteien nicht

»Der Müller und sein Kind«. Renner und Fink sehen die politischen Toten (1919).

sehr populär. Renners lange Abwesenheit während der Friedensverhandlungen hatte die Lager zunehmend voneinander getrennt. Nicht selten stellten die Christlichsozialen die Koalitionsregierung eher als sozialistisches Kabinett dar. Tatsächlich standen neben Renner mit Hanusch, Glöckel, Eldersch und Deutsch besonders die sozialdemokratischen Staatssekretäre im Vordergrund. Die Vollblutpolitiker Seitz und Bauer beherrschten als exzellente Redner die Nationalversammlung. Gerade Otto Bauer und sein kongeniales Pendant von den Christlichsozialen, Ignaz Seipel, sorgten aber dafür, daß der Antagonismus zwischen den beiden Parteien immer stärker in Erscheinung trat. Der gemäßigte bäuerliche Flügel unter Jodok Fink und Prälat Johann Hauser zeigte sich nicht mehr in der Lage, die Gegensätze zu überbrücken und die Zusammenarbeit zu fördern. In seiner Regierungserklärung räumte Renner daher auch ein, daß die beiden Koalitionsparteien von entgegengesetzter Richtung an die Aufgaben herantraten: »Die einen mit dem Gesichtspunkte der Erhaltung und schrittweisen Fortbildung des bestehenden, die anderen mit dem Gesichtspunkte der Erneuerung der Gesellschaft in allen ihren Grundlagen. Sie treffen sich in dem Wunsche, das was der Tag erfordert, zu erfüllen.«[1]
Der Friedensschluß, so stellte der Kanzler neuerlich fest, habe das Land vollends in die Wirtschaftsnot gestürzt. Nach vier Jahren Krieg seien die ökonomischen Kräfte durch die lähmende Ungewißheit des erst zehn Monate nach Waffenstillstand unterzeichneten Staatsvertrages endgültig verbraucht. Wäre der Friede hingegen entscheidend früher zustandegekommen und hätte Österreich dadurch seine Verpflichtungen schon im Frühjahr gekannt und somit die Möglichkeit besessen, nach außen wie nach innen wieder zur Normalität überzugehen, stellte sich die Lage ganz anders dar, »wir wären heute über dem Berg«. Angesichts der bedenklichen Lage der Republik hätten nun die ideologischen Interessen der beiden Parteien hintanzustehen. Die Koalition bedeutete für den ganz im Staatsinteresse denkenden Renner »keine Aufopferung und keinen Verrat der Prinzipien, sondern eine stolze Tat der Selbstüberwindung, ... eine Tat, die des Dankes und des Ruhmes wert ist«.
Doch die Kritik an der Fortsetzung der Koalitionsregierung wollte nicht verstummen. Renner wurde der Vorwurf gemacht, für einen solch kleinen Staat zuviele Staatssekretäre berufen zu haben. Zudem säßen die wirklichen Parteiführer gar nicht in der Regierung. Die Nationalversammlung hätte das Koalitionsprogramm bei der Wahl des Kabinetts nicht gekannt, und außerdem würde die Regierung auch keinerlei Verbindung zur Bevölkerung besitzen. Renner trat dieser Kritik entgegen,

und er verteidigte die Koalition unentwegt, in der sich zwei Parteien mit äußerst unterschiedlichen Weltanschauungen zusammengefunden hatten. Dabei beschrieb er in einer Parlamentsrede am 23. Oktober 1919 die Christlichsozialen als Gruppierung, die von der geschichtlichen Überlieferung, von der Tradition ausging; allerdings rechnete er ihnen an, nicht jeglicher modernen Entwicklung entgegenzuwirken und dem Fortschritt auch Rechnung zu tragen. Die Sozialdemokraten bezeichnete er dagegen als eine »Gruppe von Männern, welche grundsätzlich von dem Neuen ausgehen, welche erfüllt sind von der Idee der Umgestaltung der Gesellschaft in ihren Grundlagen, welche also das vorwärtstreibende Element in der sozialen Entwicklung bilden.« Der Kanzler wies in der erwähnten Rede auch den Vorwurf der Bankrottpolitik energisch von sich. Dieses Wort müsse man viel eher in zwei Teile zerlegen: »Den Bankrott haben die anderen gemacht, die Politik, uns zu retten, müssen wir machen.«
Die beiden Regierungsparteien entschlossen sich, einen gemeinsamen Koalitionsausschuß als vorbereitendes Gremium für das Parlament einzurichten, um die ärgsten Konflikte zu vermeiden. In ihrem Programm hatte sich die Regierung außerdem darauf geeinigt, so rasch wie möglich eine Verfassung für die Republik zu entwerfen. Renner beauftragte damit den Universitätsprofessor für Staats- und Verwaltungsrecht in Wien, Hans Kelsen. Die einschlägigen Verhandlungen der beiden Parteien gestalteten sich – wie nicht anders zu erwarten – äußerst schwierig. Der Kanzler mußte im Interesse einer staatlichen Konsolidierung Zugeständnisse an den Föderalismus der Länder machen, die Christlichsozialen an die zentralistischen Vorstellungen der Sozialisten.
Deshalb legte Renner Wert darauf, nicht als alleiniger Verfasser dieses Gesetzeswerkes zu gelten. Die Partei und er selbst wollten sich »nur bedingterweise zur Vaterschaft bekennen«. Vor allem in der Frage der Verwaltung spießten sich die Anschauungen gehörig. Der Kanzler bezeichnete es dabei als Irrtum, von einem historischen Recht der Länder auf eine Gleichberechtigung gegenüber dem Staat in der Verwaltung zu sprechen, waren sie doch bis 1914 nichts anderes als von k.k. Statthaltern regierte Provinzen gewesen. Erst die Revolution habe sie davon befreit. Außerdem verwahrte sich Renner gegen den Vorwurf der Christlichsozialen, die Sozialdemokraten wären Anhänger des Zentralismus alter Prägung. Man wollte lediglich eine unvernünftige Verteilung der Kompetenzen zwischen Staat und Ländern nicht zulassen. Daher mußten dem Bund auch die auswärtige Politik, die judikative Gewalt und das Heerwesen vorbehalten bleiben. Als wesentlichste Ziele schienen dem Kanzler allerdings, daß Österreich sowohl als Wirtschaftsgebiet als auch in seiner sozialen

Gesetzgebung einheitlich gestaltet würde. Der freie Handel innerhalb der Alpenrepublik mußte gesichert werden. Dem Bund sollte auch die Finanzoberhoheit erhalten bleiben. Ein Teil der Steuerquellen wäre dem Staat vorbehalten, der andere Teil den Ländern überlassen. Das Verhältnis von Kirche und Staat sollte grundsätzlich neu definiert, Schulwesen und Agrargesetzgebung vom Bund durch Rahmengesetze geregelt werden. Gerade in bezug auf das Schulwesen erwartete sich Renner aber schwere Kämpfe, um die ehrgeizigen Ziele der Sozialdemokraten durchzusetzen.

Eine besondere Konzession an den konservativen Koalitionspartner stellte für Renner die Einrichtung eines aus den Landesregierungen zusammengesetzten Bundesrats neben dem vom Volk gewählten Nationalrat im Parlament dar. Dieser schwere Entschluß wurde ihm allerdings durch das deutsche Beispiel erleichtert, wo ebenfalls neben dem Reichstag ein Reichsrat als eine Art zweite Kammer eingesetzt worden war. Dem österreichischen Bundesrat sollte es somit zustehen, die Beschlüsse des Nationalrats auf ihre Durchführbarkeit zu prüfen. Bei seinem Veto würde eine Volksabstimmung entscheiden. Dies war nun für Renner eine Konstruktion, die er »eben noch mit seinem demokratischen Gewissen vereinbaren« konnte. Doch sie entsprach keineswegs seinem Ideal. »Ein besonderes Unglück«, so tröstete er seine Parteifreunde, »wird der Bundesrat nicht sein, ein Erschwernis auf jeden Fall.«

Obschon er die Verfassung aufgrund der Rücksichtnahme auf den Koalitionspartner als mangelhaft betrachtete, hielt er sie doch für weitaus demokratischer als etwa das französische oder schweizerische Gegenstück. Auf dem von 31. Oktober bis 3. November 1919 stattfindenden Parteitag mahnte er die weniger konzilianten Genossen, die sich mehr zum revolutionären als zum evolutionären Weg bekannten, zur Geduld: »Nur nicht glauben, daß sich der gesellschaftliche Fortschritt jemals so vollzieht, daß es heißt: Alles oder nichts! Er vollzieht sich auch hier schrittweise, und wenn ich gegen diesen Entwurf das halte, was wir noch vor anderthalb Jahren in unserem Lande besessen haben, so sage ich: das ist ein so gewaltiger Schritt nach vorwärts, wie wir ihn uns vor zwei Jahren nicht hätten träumen lassen.«[2]

Es war auch typisch für Renners gemäßigte Auffassung von Sozialismus, vor den Parteitagsdelegierten die bürgerlichen Grundrechte der Staatsgewalt gegenüberzustellen. Selbst in einer sozialistischen Gesellschaft mußte der einzelne noch das Recht besitzen, »in gewissen Sphären nichts als Privatmann zu sein«. Auch gegenüber dem Sozialismus hatte seiner Meinung nach der Bürger noch immer das Recht, alles zu sagen. Dies bedeutete für ihn ein »Stück europäischer Erziehung«. Gerade diese Mißachtung der staatsbürgerlichen Grundrechte machte er auch den Rätediktaturen in Ungarn und Rußland zum größten Vorwurf. Eine solche Diktatur würde in Österreich schon an der Arbeiterschaft selbst scheitern, in der das Rechtsbewußtsein zu tief verankert war. Vielmehr wollte Renner das deutsche Recht auch in die österreichische Verfassung aufnehmen. Den Genossen riet er dringend von jeder Gewaltanwendung ab. Die Arbeiterschaft sollte sich in ihrem Kampf auf die gesetzlichen Mittel der Propaganda beschränken. Mit dieser Strategie würde man die Bewegung nur noch stärken. Renner verhehlte nicht, hinsichtlich der neuen Verwaltung und Verfassung eigentlich »Größeres« zu wollen, doch einmal mehr zeigte er sich pragmatisch und kompromißbereit. Trotzdem würde eine Verfassungsurkunde noch immer »das Werk der Revolution gleichsam in Granit« fassen und »auf Jahrzehnte hinaus unzerstörbar« machen. Das bisher Erreichte bedeutete für ihn immer noch einen »so gewaltigen Fortschritt, daß wir zufrieden sein können« und »ein gewisses Selbstbewußtsein des Schaffenden zur Schau tragen dürfen«. Die Demokratie mußte seinem Dafürhalten nach schließlich erst »erlernt« werden. Sie erforderte viel Geduld und das Vertrauen der Bevölkerung. Gerade dieses Vertrauen zu erhalten, erschien ihm wesentlich.

Vom linken Parteiflügel, besonders von Max Adler, wurde ihm allerdings der Vorwurf gemacht, bloß wie ein Staatskanzler und nicht auch wie ein Sozialist zu denken. Diesen theoretischen Streit hielt Renner für »kindisch, wenn man dem Menschen, der vor einer nüchternen, konkreten und sachlichen Arbeit steht, immer wieder die allgemeine Beichtvaterfrage vorhält: wie hältst du's mit der Revolution? Wie hältst du's mit dem Klassenkampf? Wenn ich eine konkrete Maßregel zu ergreifen habe, so muß ich mich fragen: was brauche ich in diesem Moment, an diesem Orte und unter diesen Verhältnissen, was kann ich jetzt durchsetzen? Meine Überzeugung muß ich mitbringen, alles andere ist bloße Hemmung ... Bei dem ganzen großen Werke der Verfassungsreform kommt der Sozialdemokrat Renner nur wenig in Betracht. Denn wenn wir uns jetzt eine Bundesverfassung geben, ein demokratisches Gemeinwesen aufrichten, machen wir, was unsere Bürgerlichen wenigstens längst hätten machen sollen. Das ist alles Nachtragsarbeit. Das ist die Aufrichtung des Staates, wie man ihn anderwärts schon hat. Als Sozialdemokrat hätte ich eigentlich nicht für das allgemeine Wahlrecht kämpfen dürfen, weil das eine bürgerliche Forderung ist. Ordentliche Staatsverwaltung und Rechtspflege sind Dinge, die vor dem Sozialismus liegen, die uns die Bürgerlichen hätten hinterlassen sollen, uns aber nicht hinterlassen haben. Deshalb haben Sie bei dieser Arbeit nicht zu prüfen: wo spricht er als Sozialdemokrat? Da komme ich zu kurz, aber die Verfassung ist eben Juristenwerk und ein Problem der Demokratie.«[3]

Auch bezüglich der Frage, von wem die Revolution ausging, strich Renner am Parteitag deutlich den Praktiker heraus und verwahrte sich entschieden gegen die Behauptung seines heftigen Kritikers Max Adler, daß nur die bekannt radikalen Arbeiterräte das eigentliche Organ der Revolution seien. Revolution mache man nicht im Kaffeehaus oder auf dem Katheder, sondern in der Praxis vielmehr dort, »wo die Arbeiterschaft dem Klassengegner Aug' in Aug' gegenübersteht«. Jeder führe den Klassenkampf eben auf seinem Posten. Seiner Auffassung nach waren es die Gewerkschaften, die politischen und Bildungsorganisationen und nicht zuletzt die von ihm so forcierten Genossenschaften, deren Funktion »Revolution in Permanenz« bedeutete. »Der Geist der Umwälzung, der gänzlichen Neugestaltung der Gesellschaft«, so gab er sich aus Rücksicht auf den linken Parteiflügel radikal, »ist jedem Sozialdemokraten eingeboren und nicht das Spezialprodukt irgendeiner Spezialorganisation.« Renner vergaß allerdings nicht zu betonen, daß erst noch die Voraussetzungen für den Sozialismus geschaffen werden mußten und sich die Genossen daher gewisse Beschränkungen aufzuerlegen hätten. Zunächst sei eben erst einmal die vollständige bürgerliche Demokratie zu konstituieren. Die Stunde der Arbeiterschaft würde noch kommen, doch auf evolutionärem Weg: »Ich bin allerdings überzeugt, daß eine Diktatur des Proletariats, die nicht erhastet und gehetzt ist durch den Zusammenbruch eines Krieges, sich vollziehen wird unter voller Achtung der individuellen Freiheit jedes einzelnen, daß sie nicht die harten, blutigen Mittel brauchen wird, die im Kriege wegen des Krieges in Erscheinung getreten sind.«[4]

Der Republik drohte ein neuerlicher Hungerwinter. Österreichs Lage schien hoffnungslos. Die Produktion im Inland war nur unzureichend, der Ententekredit erschöpft, und es mangelte an Zahlungsmittel für Einkäufe im Ausland. Die heimische Ernte brachte nicht die erhoffte Entlastung, im Gegenteil. Die Situation hatte sich bereits seit September täglich verschlimmert. Aufgrund des Rohstoffmangels drohte der Wiener Bürgermeister Jakob Reumann mit der Einstellung der Elektrizitätswerke, des Straßenbahnverkehrs und verschiedener Industriebetriebe. Zu allem Übel fiel schon im November der erste Schnee. Da es keine Kohle gab, verheizten die frierenden Menschen sogar ihre Wohnungstüren. In den Wäldern der Umgebung wurden von den verzweifelten Städtern unter Polizeiaufsicht Bäume für den unmittelbaren Eigenbedarf gefällt. Große Teile des Wienerwalds waren bald kahlgeschlagen. Selbst die Holzkreuze von den Friedhöfen wurden als Heizmaterial verwendet. Auch die Zimmer der Nobelhotels blieben unbeheizt. Aufgrund der niedrigen Temperaturen in den Spitälern erfroren viele der Neugeborenen. Wien glich einer sterbenden Stadt. Täglich fanden bis zu 2 000 Begräbnisse statt. Oft mußten Soldaten dabei den Totengräbern helfen. In Österreich waren vier von fünf der meist nur in Lumpen gekleideten Kinder unterernährt, in der Hauptstadt so gut wie alle. Trotzdem stiegen die Lebensmittelpreise noch weiter an. Die Länder ließen größtenteils die verzweifelten Hilfsgesuche der Hauptstadt unbeachtet. Vieles, was es im normalen Handel nicht zu kaufen gab, tauchte auf dem Schwarzmarkt zu horrenden Preisen auf. Die mit ihren Rucksäcken beladenen Hausierer beherrschten das Stadtbild. Der Boykott der konservativen Provinz für das »Rote Wien« rief ausländische Hilfsorganisationen auf den Plan. Sowohl die Organisationen der neutralen Staaten als auch die britischen Quäker versuchten in der Not zu helfen, wo sie konnten.

Seit seiner Rückkehr aus Saint-Germain ließ Renner mehr als 30 Telegramme von Wien an die Pariser Friedenskonferenz absenden, um die Lebensmittel- und Kohleversorgung zu urgieren. So hieß es etwa in einer Depesche vom 30. September: »In wenigen Wochen schon wird in Österreich kein Mehl sein und Ernährungskatastrophe eintreten.« Am 19. November erhielt Clemenceau folgendes Schreiben: »Nächste Woche ist in großen Teilen Österreichs weder Brot noch Mehl vorhanden; auch in den übrigen Teilen Österreichs nur verkürzte Brotrationen. Seit langem erbetene Getreideaushilfe noch immer nicht bewilligt, geschweige denn auf dem Wege. Da auch keine anderen Lebensmittel vorhanden, ist die Situation unhaltbar. Erbitte sofortige Bewilligung der 30000 Tonnen italienischen Getreides und Veranlassung, daß die italienische Regierung die Absendung verfüge.«[5] Auch in der Nationalversammlung legte Renner die katastrophale Ernährungssituation dramatisch offen: »Der ganzen Welt rufen wir das Wort zu, das im Angesichte des Gekreuzigten gesprochen wurde: Ecce homo! So leiden Menschen!«

Zu Recht ortete der Kanzler die Ursache für das Leiden im Auseinanderbrechen der alten Wirtschaftsgemeinschaft und Freihandelszone der Doppelmonarchie. Durch die Gründung der Nachfolgestaaten waren sechs Zollgrenzen entstanden und der Warenverkehr somit erheblich erschwert worden. Renner verglich Österreich bildlich mit einer wirtschaftenden Hausfrau: »Wir haben in unserem deutschösterreichischen Gebiete noch immer die Herde in den Wohnungen und Küchen; aber über die Kohle verfügt nicht Deutschösterreich, über die verfügen Tschechen und Polen. Wir haben noch die Küchengerätschaften, wir haben noch die

»Lumpenball« (1919).

Pfannen; aber über das Mehl, das wir brauchen, verfügt Ungarn, Jugoslawien und Rumänien. Wir haben die Lampen zum Beleuchten der Zimmer; aber über das Petroleum verfügen die Polen und die Rumänen. Mit einem Wort: alle Bedürfnisse des täglichen Lebens, alle Bedarfsartikel, die jeder täglich braucht, die wir haben müssen, stehen außerhalb der Einflußsphäre dieser Regierung, stehen unter der Gewalt anderer Staaten und der freie Verkehr und die freien Beziehungen zwischen diesen anderen Staaten und uns bestehen nicht mehr.«[6]

Der späte Friedensschluß und die fast ein Jahr dauernde Ungewißheit hatten die Situation zusätzlich erschwert. Nun war es Österreich auch nicht mehr möglich, die Produkte aus dem Ausland zu kaufen. Es mußten Kompensationsverträge geschlossen werden, Ware gegen Ware. Österreich, so klagte Renner, präsentiere sich mittlerweile von aller Welt abhängig, von der Entente, von den Nachbarstaaten, von jeder gesellschaftlichen oder ökonomischen Störung in der Welt. »So von der Hand in den Mund kann man ein Volk nicht leben lassen ... es zehrt allmählich nicht nur das leibliche, sondern auch das Nervenkapital unseres Volkes auf. Unser Volk kann das nicht mehr ertragen und wir müssen ernsthaft befürchten, daß alle Bemühungen, es zur Ruhe zu mahnen und an seine Besinnung zu appellieren, vergeblich werden.«[7] Deshalb verlangte der Kanzler – abgesehen von allen politischen Erwägungen – schon vom rein menschlichen, moralischen Gesichtspunkt ausländische Hilfe. Die internationale Staatengemeinschaft forderte er in einem dramatischen Appell auf: »Laßt diesen Untergang eines schuldlosen, unglücklichen Volkes nicht zu, tut als Völker unter Völkern uns gegenüber eure Bruderpflicht!«

Doch das Leid wollte kein Ende nehmen. Es herrschte bitterste Kälte, und in Wien konnten täglich pro Kopf nur mehr 100 Gramm Brot und Mehl ausgegeben werden. In vielen Orten außerhalb der Hauptstadt gab es überhaupt kein Brot mehr. Die Plünderungen nahmen zu. Selbst die so geringe Versorgung drohte, nur mehr bis Januar fortgesetzt werden zu können. Danach wäre Wien gänzlich ohne Lebensmittel gewesen. Da die Landwirtschaft auch in Mittel- und Osteuropa darniederlag, konnte eine entscheidende Hilfe nur aus dem Westen kommen. Verzweifelt bat Renner am 3. Dezember die Gesandten der Großmächte in die Staatskanzlei in der Herrengasse. Von österreichischer Seite wohnten noch die Staatssekretäre Loewenfeld-Russ, Reisch, Zerdik, Paul und Sektionschef Schüller dieser Konferenz bei. Der Kanzler machte dabei den ausländischen Diplomaten schonungslos klar, daß Österreich – ohne kurzfristige Hilfe – aus eigener Kraft nicht mehr imstande war, die Ordnung aufrechtzuerhalten. Die Aktion blieb nicht ohne Erfolg. Wenige Tage später erhielt Renner eine Einladung, nach Paris zum Obersten Rat zu kommen.

Am 11. Dezember traf der Sonderzug aus Wien mit mehrstündiger Verspätung in der französischen Hauptstadt ein. Renners Delegation mit Loewenfeld-Russ, Reisch und Schüller wurde vom Gesandten Eichhoff empfangen. Die Anteilnahme der Pariser Öffentlichkeit war groß. Sogar die Ankunft wurde von Journalisten gefilmt. Eichhoff, der sich dem Staatskanzler gegenüber aufgrund seiner Ernennung zum Missionschef in Paris äußerst devot zeigte, führte die Delegation in die österreichische Gesandtschaft. Diese war in einem kleinen, unscheinbaren Hotel untergebracht. Gerade Eichhoff, der noch als ein typischer Vertreter des Ancien régime galt, mußte die Erinnerung daran, daß die alte k.u.k. Botschaft vor dem Krieg noch in einem prächtigen Hotel in der Rue Varenne eingerichtet war, besonders schmerzen.

Noch am Nachmittag erschien die Abordnung vor dem Organisationskomitee der Reparationskommission. Die Delegation war sich durchaus ihrer demütigenden Lage bewußt. So meinte etwa Loewenfeld-Russ, daß die Deutschen, obwohl besiegt, eine Großmacht geblieben, die Österreicher dagegen zum »Niemand und Bettler« geworden waren. Renner erklärte jedenfalls den Kommissionsmitgliedern ohne Umschweife, »daß er es nicht wagen könne, nach Wien zurückzukehren, ohne Brot und Kredite mitzubringen«. Er wollte um jeden Preis Clemenceau selbst an sein Versprechen erinnern, Österreich zu helfen. Schließlich hatte die Entente in der Mantelnote zum Vertrag von Saint-Germain eine Unterstützung für Österreich in Aussicht gestellt.

Tatsächlich lud der französische Ministerpräsident, der sich erst kurz zuvor durch einen unglücklichen Sturz auf einem Kriegsschiff bei der Überfahrt über den Kanal einen Rippenbruch zugezogen hatte, Renner in seine Privatwohnung. Dort, in der Rue Franklin, in einem durch die vielen Anwesenden zu eng gewordenen Raum, legte der Kanzler am 18. Dezember voll Pathos dem Obersten Rat die erbärmliche Lage Österreichs dar. Der Kleinstaat an Donau und Alpen, so führte er aus, präsentiere sich als Zentrum der wirtschaftlichen Depression in Europa. Der Versorgungsmangel mache es Österreich unmöglich, seine Wirtschaft wieder in Gang zu bringen. Die Republik könne das notwendige Minimum an Lebensmitteln und Kohle nur durch einen ausreichenden Kredit der alliierten Westmächte erlangen. Doch die Zeit drängte. Selbst die augenblickliche Gewährung eines Kredits zur Nahrungsmittelbeschaffung mußte zu spät kommen, denn das tatsächliche Eintreffen der Lebensmittel aus Übersee würde zwei Monate in Anspruch nehmen. Für die Zwischenzeit benötigte Österreich daher zusätzlich Nahrungsmittel aus Westeuropa. Und da die Währung der Republik zusammengebrochen war, bat Renner, die aus den europäischen Beständen erhaltenen Lebensmittel in Naturalien kreditiert zu erhalten.

Er hatte Clemenceau überzeugt. Auch die Pariser Presse zeigte sich wohlgesonnen, doch war keine Entscheidung gefallen. Die Verhandlungen sollten schließlich bis Februar andauern. Die Delegation mußte daher ohne greifbares Ergebnis die Rückreise nach Wien antreten. Renner hatte um die Gewährung eines langfristigen Kredits von 100 Millionen Dollar und die Freigabe gewisser österreichischer Vermögenswerte aus dem Generalpfandrecht gebeten, um weitere Kredite und Rohstoffe für den Wiederaufbau zu beschaffen. Doch er erhielt lediglich die Zusage, daß sich die Reparationskommission mit dem von Loewenfeld-Russ konzipierten Ernährungsprogramm und den gestellten Anträgen befassen werde. Die österreichische Presse zeigte sich über das Erreichte enttäuscht. Eine Karikatur spottete zur Rückkehr Renners: »Träger g'fällig, Herr Kanzler? – Danke, im Tascherl ist eh nicht viel drin.«[8]

In der Vorarlberger Frage errang er hingegen einen Erfolg für die Wiener Zentralregierung. Aufgrund der großen wirtschaftlichen Not in Österreich hatte im Ländle die Anschlußbewegung an die Schweiz verstärkten Zulauf erhalten und Bundesrat Felix Calonder mit einer Rede im Berner Parlament nur noch Öl ins Feuer gegossen. Renner griff daraufhin zu einer List. Er erklärte sich bereit, bei Einhaltung des gesetzlichen Weges, ein Ansuchen Vorarlbergs an den Völkerbund weiterzuleiten. Der Bregenzer Landtag wollte durchaus eigenmächtig vorgehen, doch der Staatskanzler vertrat die Auffassung, daß bei aller Berücksichtigung des nationalen Selbstbestimmungsrechts sich nicht jedes »Segment eines Volkes« vom Ganzen verabschieden könne. Schließlich hätte die Vorarlberger Frage auch im Staatsvertrag von Saint-Germain keinerlei Berücksichtigung gefunden. Demnach könne nur der Völkerbund entscheiden, ob sich das Bundesland – im Verband mit Österreich – an einen anderen Staat angliedern durfte. Von diesem »weitgehendsten Entgegenkommen« erhoffte sich der Kanzler bis zur endgültigen internationalen Entscheidung eine Eindämmung der Agitation sowohl in Vorarlberg als auch in der Eidgenossenschaft.

Er dachte freilich keinen Moment daran, dem Bregenzer Separatismus verhandlungsbereit gegenüberzustehen. Im äußersten Notfall wollte er sogar italienische Truppen ersuchen, der in Vorarlberg herrschenden »Enderei« (nach dem Landeshauptmann Otto Ender) ein Ende zu machen. Dennoch verhielt er sich den Vorarlbergern gegenüber nach außen hin diplomatisch, beinahe verschlagen. Schließlich ging es darum, die gesamtösterreichischen Interessen zu wahren. Einer Verletzung des Vertrages von Saint-Germain oder der bestehenden Gesetze wollte Renner »mit allen ihr zu Gebote stehenden Mitteln entgegentreten«. Anläßlich seiner Reise nach Paris vereinbarte er mit Ender in Buchs, eine Denkschrift zu entwerfen, um damit das Selbstbestimmungsrecht für Vorarlberg zu begründen. Vorher würde die Frage in Paris nicht zur Sprache gebracht werden. Doch Renner war klar, daß die Alliierten an der Integrität Österreichs nicht mehr rütteln wollten. Tatsächlich befürchtete der Oberste Rat durch einen Anschluß Vorarlbergs an die Schweiz das Auseinanderbrechen der Alpenrepublik und stellte schlußendlich die Unabänderlichkeit der Grenzen des Staatsvertrages fest. Alle separatistischen Bewegungen waren demnach zu verurteilen. Trotz dieser Erklärung, die einer endgültigen Entscheidung gleichkam, wollten die Christlichsozialen in Bregenz aber ihren Plan noch nicht ganz aufgeben.

Am 20. Dezember berichtete Renner der Nationalversammlung über seinen Paris-Aufenthalt. In politischer Hinsicht stellte er ihn als vollen Erfolg dar. Der Staatskanzler betonte, daß die österreichische Delegation ungleich freundlicher von Presse und Politikern aufgenommen worden war als zur Zeit der Friedensverhandlungen. Der größte Teil der durch den Krieg hervorgerufenen Empfindlichkeiten schien überwunden zu sein. Die französischen Zeitungen hätten Österreichs Anliegen sogar mit Elan unterstützt. Die Koalitionsregierung besitze zudem das volle Vertrauen der Alliierten. Für Renner war mit der Erklärung der Siegermächte eine gewisse innere Beruhigung geschaffen. Das wirtschaftliche Ergebnis der Verhandlungen präsentierte sich jedoch bloß als eine »Ankündigung eines Erfolges«, wie er sich diplomatisch ausdrückte. Österreich war für die allernächste Zeit daher nur höchst mangelhaft versorgt. Trotzdem rief der Staatskanzler die Bevölkerung und die Politiker des Landes auf, nicht bloß »vor Selbstmitleid zu zerfließen«, sondern alle Kräfte für den Wiederaufbau einzusetzen:»Hören wir auf mit dem, was unser aller Erbteil ist, mit dem ewigen, unfruchtbaren, tatenlosen Raunzen! Hören wir auf mit der Selbstzerfleischung und Selbstherabsetzung, glauben wir an uns, dann wird auch die Welt an uns glauben und uns helfen.«[9]

Mit der Unterzeichnung und der Ratifikation des Staatsvertrages von Saint-Germain glaubte Renner den Beginn einer neuen Phase der europäischen Politik gekommen. Nun konnten die einst gegnerischen Lager wieder darangehen, ein normales Verhältnis zueinander aufzubauen. Die starken friedensvertraglichen Bindungen und die fatale Lage der Republik ließen beinahe seine gesamte Außenpolitik mit Wirtschaftspolitik gleichsetzen. Zwei Aufgaben besaßen demnach oberste Priorität: Die in Saint-Germain übernommenen Verpflichtungen nach Kräften durchzuführen und bestmögliche Beziehungen mit allen Staaten zu pflegen, nicht zuletzt, um die erforderliche Unterstützung zur Milderung der Not Österreichs zu erhalten. Als allererste Leitlinie galt jedoch die Völkerbundpolitik: »Völkerbundpolitik machen aber besagt: Wir betrachten uns nach dem Friedensschluß als ein Glied der durch die Friedensschlüsse von Versailles und St. Germain in Konstituierung begriffenen, von den Puissances principales geleiteten abendländischen Kulturgemeinschaft, als ein vorläufig noch leidendes Glied, das jedoch durch den Völkerbund selbst zu einem mittätigen Glied jener Gemeinschaft und im bescheidenen Verhältnisse seiner Größe und Kulturbedeutung gleichberechtigt werden soll und alle seine sonstigen Ideale den künftigen Entschließungen dieser abendländischen Kulturgemeinschaft anvertraut. Außer dieser führen wir keine Politik.«[10]

Auf einen Punkt konzentrierte sich naturgemäß die österreichische Außenpolitik ganz besonders, »auf das Bestreben, unserem Volke das zu verschaffen und auch für die Zukunft zu sichern, dessen es am meisten bedarf: Brot, Kohle, Arbeit«. Das Anschlußvorhaben mußte vorübergehend auf Eis gelegt werden, da es keinerlei Aussicht auf Erfolg hatte und Österreich isolieren mußte. Letzteres hätte aber den totalen Zusammenbruch und möglicherweise die Aufteilung auf die Nachbarstaaten zur Folge gehabt. Deshalb beschloß Renner, den Ring der feindseligen Staaten, der Österreich umschloß, zu sprengen. Außerdem brauchte Österreich Verbündete, um die Burgenlandfrage endgültig zu seinen Gunsten zu entscheiden.

Die Tschechoslowakei bot sich als erster Partner an. Am Hradschin begrüßte man eine Annäherung, bedeutete eine solche doch letztlich die Anerkennung des Pariser Friedensvertragswerkes und der führenden Rolle Prags in Zentraleuropa. Eine Verbesserung des österreichisch-tschechischen Verhältnisses konnte auch die Sudetendeutschen beruhigen. Beide Staaten hatten zudem in Ungarn, wo im Sommer 1919 die Reaktion unter Konteradmiral Miklós Horthy die Räteherrschaft Béla Kuns besiegt hatte, einen gemeinsamen Feind. Von den Magyaren, die noch auf ihren Friedensschluß warten mußten, drohte monarchische Restauration und militärische Revanche gegen die Nachfolgestaaten. Einer Annäherung an die ČSR kam auch zweifellos entgegen, daß dort ebenfalls die Sozialdemokraten in einer ähnlichen Koalition wie in Österreich an der Macht waren.

Am Morgen des 10. Januar 1920 traf die Delegation am Prager Wilson-Bahnhof ein, wo sie von Ministerpräsident Vlastimil Tusar, einem Du-Freund Renners aus besseren Tagen, empfangen wurde. Sofort war zu erkennen, daß das Eis gebrochen war. Man fuhr auf den Hradschin. Streng geheim verhandelte Renner mit Edvard Beneš, dem Außenminister, in Anwesenheit des bis 1938 amtierenden österreichischen Gesandten in Prag, Ferdinand Marek, im Arbeitszimmer von Beneš.

Renner versicherte, daß sich die Stimmung in Österreich gewandelt und die Bevölkerung mit dem Friedensvertrag und der Eigenstaatlichkeit der Tschechoslowakei abgefunden habe. »Die Vergangenheit ist begraben, was war, ist gewesen und wir müssen vom Frischen neu anfangen ... Der deutsche Nationalismus, der früher insbesondere durch den deutsch-böhmischen Einschlag in der österreichischen Politik genährt war, ist heute vorüber.« Hinsichtlich des magyarischen Revisionismus und restaurativer Tendenzen führte der Staatskanzler aus, daß die Führungsschicht in Ungarn aus innenpolitischem Zwang auf die territoriale Integrität des Königreichs bestehen mußte. Sie könnten den Frieden gar nicht annehmen, sonst breche ihr Regime zusammen. Die Engländer, so meinte Renner, die Budapest zu einem Brückenkopf ihres Einflusses ausgestalten wollten, würden die Ungarn unterstützen. In Österreich wären dagegen die monarchistischen Bestrebungen – geschrumpft auf einen kleinen christlichsozialen Kreis – nicht mehr bedenklich. Der Kanzler hob aber hervor, daß Österreich bei seinem kleinen Berufsheer nur defensiv wirken könne. »Wenn man uns von den 30000 Mann Soldtruppen befreien würde, könnten wir eventuell ein ganz anderes Engagement eingehen.« Beneš beruhigte umgekehrt den Staatskanzler bezüglich des Schicksals der Sudetendeutschen. Renner hielt in diesem Zusammenhang die Präsenz von Masaryk, Tusar und Beneš an der Staatsspitze für wichtig. Die Regierung in Wien brauche in Böhmen die nationale Ruhe, um zu Hause eine ebenso ruhige Politik betreiben zu können.

Das von Renner und Beneš unterzeichnete Geheimprotokoll vom 12. Januar versprach sodann gegenseitige diplomatische und politische Unterstützung im Falle einer ungarischen Bedrohung. Die Lieferung von Waffen an Ungarn sollte künftig verhindert und das Königreich dabei einer »sehr strengen Blockade« unterworfen werden. Die ČSR und Österreich garantierten einander die volle und konsequente Einhaltung des Friedensvertrages, »insbesondere hinsichtlich des Gebietes von Westungarn«. Ausdrücklich wurde betont, daß diese Abmachungen nur defensiven Charakter besaßen. Auf Ansprüche, die vertraglich nicht beinhaltet waren, wollten sowohl die Alpenrepublik als auch die Tschechoslowakei verzichten. Für den Fall eines ungarischen Angriffs auf einen der beiden Staaten sollte in freien bilateralen Vereinbarungen eine etwaige militärische Kooperation erwogen werden. Die Frage der nationalen Minderheiten wurde als rein intern betrachtet. Beide Teile sagten einander gegenseitige Unterstützung in der Abwehr einer habsburgischen Restauration zu. Eine Donaukonföderation wurde ebenfalls abgelehnt, doch wollten beide Länder wirtschaftlich enger zusammenarbeiten.[11]

Neben diesem Geheimabkommen mußte Renner aber mit greifbaren Ergebnissen nach Wien zurückkehren, die auch für die Öffentlichkeit bestimmt waren. Hier konnte nur recht wenig erreicht werden. So kam man etwa überein, Kommissionen für die Regelung der Grenzfragen, des Minderheitenschutzes, der Staatsbürgerschaft und Schiedssprüche sowie für Verkehrs- und Versorgungsprobleme zu bilden. Nach langwierigen Verhandlungen gelang es endlich, ein Abkommen über eine tägliche Lieferung von 500 Waggons Kohle zu treffen. Für die Dauer von zweieinhalb Monaten wurde Österreich zudem eine Zuckermenge von insgesamt 2 500 Waggons in fünf Teillieferungen zugestanden.

Renner verbuchte die Entspannung des Verhältnisses zu seinem nordöstlichen Nachbarn als beachtlichen Erfolg. Tatsächlich war die österreichische Abordnung in Prag auf sehr freundliche Gastgeber getroffen, die ihre Gäste mit allen Würden empfangen hatten. Selbst mit Staatspräsident Masaryk, der sich in der Vergangenheit wenig schmeichelhaft über den Kanzler geäußert hatte, führte Renner eine befriedigende Unterredung über gesamteuropäische Fragen. Lediglich Karl Kramář und Finanzminister Alois Rašín hatten die wechselvolle gemeinsame Geschichte noch nicht vergessen können und sich den Treffen demonstrativ ferngehalten. Das Klima zwischen den ehemals erbitterten Feinden hatte sich weitgehend gebessert. Das konnte allerdings nicht verwundern. Die Tschechoslowakei hatte durch den Friedensschluß alle sudetendeutschen Gebiete Altösterreichs erhalten und befand sich außerdem gegenüber der Alpenrepublik wirtschaftlich, politisch und militärisch in einer ungleich stärkeren Position. Während es sich bloß um die Bewahrung der Pariser Nachkriegsordnung sorgen mußte, glich Österreich einem Bettler. Und diesem Bettler mißlang es erneut, mehr als nur bescheidene Almosen zu erhalten. Am 13. Januar reiste die Wiener Abordnung ab, ohne in ökonomischer Hinsicht viel für ihr Land erreicht zu haben.

Mit so geringer Ausbeute konnte scharfe öffentliche Kritik nicht ausbleiben. Am nächsten Tag räumte Renner deshalb vor dem Kabinettsrat auch durchaus ein, wirtschaftlich gesehen weit hinter den ohnedies bescheidenen Erwartungen geblieben zu sein. Trotzdem versicherte er, daß auf-

»Der Weg nach Canossa«. Renners Besuch bei Masaryk (1919).

grund der politischen Schwierigkeiten, in denen auch die Tschechoslowakei steckte, das Erreichte das Äußerste war, was für den Moment errungen werden konnte. In seinem Bericht im Ausschuß für Äußeres betonte er wiederum den Wunsch Österreichs nach geordneten Friedensbe-
ziehungen gerade mit der Tschechoslowakei, mit der man wirtschaftlich
am innigsten verbunden sei. Der Kanzler hob die entscheidende Bedeutung der Konsolidierung der beiden benachbarten Staaten für ganz Mitteleuropa hervor. Er erklärte die Überwindung »einer leidvollen Vergangenheit voller Mißverständnisse und Zerwürfnisse« ebenso zur Aufgabe
wie die Anbahnung einer amikalen wirtschaftlichen Zusammenarbeit
der beiden aufeinander so angewiesenen Länder. Dies bedeutete freilich
kein Bündnis, sondern lediglich gute Nachbarschaft. Sehr zum Zorn der
bürgerlichen Kreise lehnte Renner jeden Revisionismus ab und strebte
die Erhaltung des Friedens im Donauraum auf der Basis des Pariser Friedensvertragswerkes an. Nicht ohne jede Hoffnung zog er ein sachliches
Resümee, das allerdings nicht viele begeistern konnte: »Mag das unmittelbare Ergebnis der Prager Zusammenkunft, insbesondere nach seiner
wirtschaftlichen Seite hin, wenig befriedigen, so bedeutet es doch den
Durchbruch durch eine Mauer von Feindseligkeiten, die erste offene Verständigung mit einem Nachbarstaat und damit das Ende der Vereinsa-
mung, unter der wir so schrecklich zu leiden haben. Es ist ein erster, zag-
hafter Schritt, der uns aus der Verlassenheit herausführt; der erste bescheidene Schritt auf dem Weg ins Freie.«[12]
Die Bestimmungen des Geheimprotokolls blieben nicht lange geheim.
Schon am Tag der Unterzeichnung zeigte sich etwa die Budapester Zeitung »Az újság« bestens über den Inhalt der gegen Ungarn gerichteten
Besprechungen informiert. Tatsächlich hatte Renner mit seinen Prager
Abmachungen das Pariser Vertragssystem neuerlich anerkannt und sogar
noch dessen peinlich genaue Einhaltung garantiert. Diese Zementierung
des Status quo, die Abwendung Renners, des gebürtigen Südmährers, von
der sudetendeutschen Frage und ihre Anerkennung als internes Problem
der Tschechoslowakei sowie die deutlich antiungarische Politik mußten
starke Gegenstimmen hervorrufen. Sowohl die Großdeutschen als auch
Teile der Christlichsozialen Partei unter Leopold Kunschak betrachteten
die Prager Abmachungen als Verrat, als Verletzung der Neutralitätspolitik
und als Beispiel für die Fortsetzung einer Geheimdiplomatie vergangener
Zeiten.
In einer parlamentarischen Anfragebeantwortung versicherte Renner,
daß mit der Tschechoslowakei kein die beiden Staaten unmittelbar ver-
pflichtendes Übereinkommen, kein Staatsvertrag geschlossen worden

war. Konfrontiert mit dem Vorwurf des Bittganges, erinnerte er daran, daß der Vertrag von Saint-Germain Österreich sowohl in bezug auf Kohle- und Lebensmittellieferungen als auch hinsichtlich einer Kredithilfe nicht zu unterschätzende Rechte und Ansprüche gewährte. Doch dafür mußte man eben entsprechende Pflichten übernehmen. Renner betonte, daß »geschichtlich, sachlich und volklich« Österreichs nächster Weg nach Prag führe. Und er nahm auch zum Vorwurf Stellung, die deutsche Minderheit in der ČSR im Stich gelassen zu haben: »Das Los unserer ehemaligen deutschen Staatsgenossen in der tschecho-slowakischen Republik wird unserem Volke immer am Herzen liegen, aber eine richtige Einschätzung der realen Machtverhältnisse in der Welt und unserer eigenen Kraft wird uns darüber belehren, daß die sechseinhalb Millionen Österreicher in dem wirtschaftlichen und politischen Zustand, in dem sie sich heute befinden, außerstande sind, irgendwie sich zum Schützer der drei Millionen Deutschen in der Tschechoslowakei aufzuwerfen.«[13]

Im Gegensatz zur offiziellen Außenpolitik der Regierung nahm der rechte Flügel der Christlichsozialen zunehmend Kontakt zu ultrakonservativen magyarischen Kreisen auf. Renner seinerseits schloß eine Annäherung an das reaktionäre Horthy-Regime – nicht zuletzt auch wegen der Burgenlandfrage – aus. Die Beziehungen der beiden Nachbarn zueinander blieben gespannt bis feindselig. Bereits in den ersten Augusttagen 1919 war das Burgenland von ungarischen Freikorpseinheiten Horthys besetzt und in der Folge von den Bolschewisten Béla Kuns, der nach Österreich ins Exil geflüchtet war, brutal gesäubert worden. An den Sympathisanten eines Anschlusses an Österreich wurde blutige Vergeltung geübt. Im Burgenland herrschte der ›weiße Terror‹. Mit Panzerwagen wurden wahre Treibjagden auf Organisatoren von proösterreichischen Versammlungen veranstaltet. Renners Aufforderung an Budapest, die Truppen aus dem Burgenland abzuziehen, wurde von Horthy mit Säbelrasseln beantwortet. Sollten österreichische Einheiten es wagen, ihren Fuß auf »vaterländischen« ungarischen Boden zu setzen, würde mit ihnen wie mit »Einbrecherbanden« verfahren werden.

Bereits im Herbst 1919 wandte sich Renner an Clemenceau und suchte die Zusammenarbeit mit Beneš. Die Entente aber zögerte. Mit der Niederlage des kommunistischen Rätesystems in Ungarn hatte sich die Situation grundlegend geändert. Schon um gegen das Schreckgespenst eines Anschlusses Österreichs an Deutschland ein Druckmittel in Händen zu haben, blieb vorerst eine deutliche Unterstützung für Österreich aus. Selbst die deutschsprachigen westungarischen Großgrundbesitzer gaben nun dem Weiterverbleib des Burgenlandes bei Ungarn den Vorzug gegenüber einer Angliederung an die vom »Roten Wien« regierte Erste Republik. Renner wußte, daß mit dem noch ausstehenden ungarischen Friedensvertrag eine für Österreich positive Entscheidung fallen mußte. Er verzichtete daher auf eine militärische Aktion. Horthy ließ dagegen seinerseits nichts unversucht. Er verlangte eine unter der Aufsicht ungarischer Behörden durchgeführte Volksabstimmung und bot dem Burgenland Autonomie an, die selbst dann gelten sollte, wenn das Plebiszit zugunsten Ungarns ausgehen sollte. Zudem lockte man Österreich mit wirtschaftlichen Kompensationen, Präferenzzöllen, ja sogar mit der Fortführung der alten österreichisch-ungarischen Wirtschaftseinheit. Renner, der zudem informiert war, daß Ungarn zusammen mit den österreichischen Konservativen und Legitimisten auf seinen Sturz hinarbeitete, lehnte diese Angebote brüsk ab.

In der Nationalversammlung am 19. Februar 1920 erklärte er offiziell die Stellung der Regierung zur Burgenlandfrage und machte deutlich, daß diese auf der Grundlage des Vertrages von Saint-Germain beruhte. Es erschien ihm deshalb völlig ausgeschlossen, daß Österreich auf dessen Durchführung in diesem Punkt jemals verzichten könnte. Er lehnte es ab, mit Budapest darüber zu verhandeln. Gemäß des Friedensvertrages gehörte das Burgenland schon de jure zu Österreich. Für Renner war dieser Streitpunkt eine »entschiedene Sache«. Das Burgenland oder Deutschwestungarn, wie es damals vielfach noch genannt wurde, gehörte für den Kanzler klar zum geschlossenen deutschen Sprachgebiet. Im Gegensatz zur ungarischen Auffassung der historischen Grenzen ging Renner nach wie vor vom Grundsatz des geschlossenen nationalen Wirtschaftsgebiets aus. Die Inkorporation der Deutschen Westungarns stellte für ihn die Wiedergutmachung einer alten, historischen Annexion von Ungarn dar. Die österreichische Regierung wolle, so versprach er, »das Land wirklich befreien und zu sich selbst kommen lassen«. Eine Volksabstimmung sollte keinesfalls unter der Besetzung durch eine der beiden Streitparteien, sondern von den Landesbehörden selbst durchgeführt werden. Die Frage des Plebiszits war für ihn ohnedies höchstens eine Frage zwischen Österreich und dem Burgenland selbst, keineswegs aber eine zwischen Wien und Budapest. Westungarn sollte die Verfassung eines österreichischen Bundeslands, die Freiheit zur Wahl eines Landtags und einer Landesregierung gegeben werden. Doch bis dahin war es noch ein weiter Weg, und Ungarn harrte noch immer seines Friedensvertrages.

In der schwierigen Versorgungsfrage errang der Staatskanzler einen zweischneidigen Erfolg. Nachdem er noch wenige Tage zuvor die Entente-

Vertreter wieder einmal auf die wirtschaftliche und soziale Not Wiens sowie auf die drohende Anarchie aufmerksam gemacht hatte, wurde Ende März endlich ein Warenkredit über 200 000 Tonnen Mehl aus Amerika gewährt. England, Frankreich und die skandinavischen Staaten schlossen sich dieser Aktion an. Zur Abdeckung dieser Kredite wurde freilich Staatseigentum verpfändet, und Österreichs Schuldenberg stieg gewaltig. Renner erhielt zunehmend das Image eines Schuldenkanzlers.

Am 30. März erreichte Renner durch Vermittlung des Gesandten Torretta die offizielle Einladung Ministerpräsident Nittis, im Rahmen eines Staatsbesuchs zu Pfingsten nach Rom zu kommen. Nitti beabsichtigte, wie er sich ausdrückte, die Beziehungen zu Deutschland und Österreich zu »bereinigen«. Nach wie vor war die Alpenrepublik für das Königreich ein wichtiger Bestandteil des Donauraums, für den es sich zunehmend interessierte. Renner seinerseits erhoffte sich den Ausbau einer Freundschaft zwischen Italien und Deutschland als Gegengewicht zur Pariser und Prager Dominanz in Mitteleuropa. Trotzdem waren die politischen Folgen einer demonstrativen Annäherung an Italien noch unsicher. Österreich, so war zu befürchten, könnte für italienische Sonderinteressen verpflichtet werden. Dies würde vielleicht eine Verstimmung Londons und Paris' hervorrufen. Auch Belgrad mochte empfindlich reagieren. Angesichts der noch offenen Kärnten- und Burgenlandfrage erschien andererseits eine italienische Unterstützung allerdings höchst willkommen.

Die italienische Regierung ließ Renner jedoch gar nicht viel Zeit zu überlegen, denn Torretta eilte dem Staatskanzler schon zwei Tage später sogar nach Gloggnitz nach, um ihm Nittis Bitte zu übermitteln, wegen der Entente-Konferenz in San Remo sofort nach Rom zu reisen. Renner lehnte dieses überstürzte Ansinnen zunächst ab. Es waren schließlich noch überhaupt keine Vorbereitungen getroffen worden. Außerdem mußte diese Hast in der europäischen Öffentlichkeit wilde Spekulationen nach sich ziehen. Andererseits sah Renner durch die Eile Roms seine Position gestärkt. Torretta deutete ihm auch eine italienische Unterstützung in der Burgenlandfrage an. Vielleicht, so spekulierte der Kanzler, konnte man zu guter Letzt in der Südtirolproblematik Konzessionen erhalten.

Diese Motive überzeugten ihn schließlich. In einer Art Blitzaktion verpflichtete er die Staatssekretäre Loewenfeld-Russ, Paul und Ellenbogen für die Reise nach Rom. Auch Schüller war wieder dabei. Doch mißlang es Renner in der Eile, Vizekanzler Jodok Fink, der gerade in der Karwoche auf einer Vorarlberger Alm bei seiner geliebten Bienenzucht weilte und deshalb unauffindbar war, zu informieren. So gesellte sich von christlichsozialer Seite noch Staatssekretär Zerdik zur Abordnung. Doch Zerdik war aufgrund einer Dispensehe, d.h. seiner von der katholischen Kirche nicht gebilligten zweiten Heirat, innerhalb seiner Partei in Ungnade gefallen. Fink sollte es dem Kanzler nie verzeihen, von der Reise nicht rechtzeitig verständigt worden zu sein. Auch nahm er es ihm übel, daß er von christlichsozialer Seite ausgerechnet »den Mann mit den zwei Weibern« ins katholische Rom mitnahm.

Nicht zuletzt um vor den Italienern, den ehemaligen ›Erzfeinden‹, Eindruck zu schinden, reiste die Abordnung diesmal mit dem aus lauter Salonwagen bestehenden ehemaligen Hofzug Kaiser Karls nach Rom. Nach dem Empfang durch Nitti und einiger seiner Minister am Bahnhof am 7. April wurde die Delegation in den fürstlichen Appartements des besten Hotels der Stadt, im »Excelsior«, untergebracht. Der Prunk der Zimmer und der Überfluß im Speisesaal mußte den Österreichern angesichts der Situation in der Heimat gemischte Gefühle bereiten. Aus seiner Kindheit an Entbehrungen gewöhnt, war Renner ein solches Ambiente ohnehin fremd. Sein einziger Luxus war, wie er beteuerte, der Tabakkonsum, der täglich nicht weniger als 50 Zigarren betrug. Scherzhaft meinte er einmal Schüller gegenüber, daß es ihm seine Frau Luise niemals erlauben würde, Schulden zu machen und sie ihn gar schlecht ernähre. Doch so sah der »Ehesklave« in Anbetracht seiner Statur nun wahrlich nicht aus.

Als Kanzler »eines überwiegend katholischen Landes« mußte Renner dem Papst im Vatikan seine Aufwartung machen. Wegen eines Mißgeschicks des österreichischen diplomatischen Vertreters in Rom war die Audienz der Delegation beim Papst vor dem Empfang beim König anberaumt. Dies war jedoch politisch unmöglich. Renner ließ sich daher im Vatikan wegen einer auf der Zugfahrt erlittenen »schweren Verkühlung« entschuldigen und den Termin verschieben. Um den Schein zu wahren, blieb er daher am Tag der Ankunft im Hotel. Am 8. April kam es zum Zusammentreffen mit dem König, tags darauf machte der Kanzler sodann dem Papst seine Aufwartung – allein, denn da Zerdik aufgrund seiner zweiten, nichtkatholischen Ehe dem Vatikan nicht zumutbar war, wurde auch den anderen Staatssekretären der Besuch beim Papst vorenthalten. Kirchenpolitische Verhandlungen fanden aber ohnehin keine statt.

Mit Ministerpräsident Nitti führte Renner insgesamt drei Unterredungen. Die Bitte des Kanzlers um die italienische Unterstützung für eine rasche Volksabstimmung in Kärnten zeitigte Erfolg. Gleichzeitig versuchte er auch eine ähnliche Hilfeleistung in der Anschlußfrage zu erhalten. Doch Nitti wollte sowohl aufgrund der heiklen Stellung des Apenninenkönigreichs gegenüber Frankreich als auch aus Eigeninteresse keine

Verpflichtung für eine Förderung dieser Frage vor dem Völkerbund eingehen. Renner konnte auch lediglich eine mündliche Zusage hinsichtlich der Gewährung einer Autonomie für Südtirol erreichen. Schriftlich wollte sich der italienische Ministerpräsident nicht festlegen. Am 12. April schloß Renner mit Nitti einen Geheimvertrag. In diesem verpflichtete sich Italien, die territoriale Integrität Österreichs zu schützen. Wie schon im Vertrag mit der ČSR wurde auch im italienischen Abkommen sowohl einer Habsburgerrestauration als auch einer Donaukonföderation eine klare Absage erteilt. Österreich erhielt die Unterstützung Italiens gegen jeden Aggressor. Diese Defensivallianz richtete sich in der Praxis einerseits gegen ein jugoslawisches Vorgehen in Kärnten wie andererseits gegen die ungarische Haltung in der Burgenlandfrage. Analog zum Abkommen mit Außenminister Beneš wurde auch diesmal die Behandlung der Minderheiten zur rein inneren Frage erklärt. Renner sagte Italien zu, es über alle wirtschaftlichen und politischen Verhandlungen mit anderen Staaten zu unterrichten. Diese ungewöhnlich enge Bindung wurde am Ballhausplatz schon bald nach Renners Abgang als »sehr peinlich« kritisiert. Offiziell wurde das Abkommen aber nie gekündigt.

Nach herrlichen, beinahe schon sommerlichen Tagen, die auch zur Stadtbesichtigung genutzt worden waren, verließ die Delegation Rom, um am 13. April noch Florenz und am Tag darauf ein verregnetes Venedig zu besuchen. Der Kanzler hatte im Königreich Italien eine Atmosphäre der Versöhnung mit dem Willen zur Freundschaft vorgefunden. Dies war freilich leichtgefallen, denn Österreich war durch den Friedensschluß völlig entmachtet worden und die Brennergrenze auf Kosten des nationalen Selbstbestimmungsrechts Italien zugesprochen worden. Österreich stellte für seinen Nachbarn im Süden weder politisch und militärisch noch wirtschaftlich eine Gefahr oder Konkurrenz dar. Die einzige Bedrohung wäre ein Zusammenschluß mit dem Deutschen Reich gewesen, wogegen man sich in Rom aber erfolgreich zur Wehr setzte.

In der österreichischen Öffentlichkeit wurde der Rom-Besuch keineswegs so positiv aufgenommen, wie ihn Renner oft darzustellen versuchte. Man hatte den ›Verrat‹ Italiens im Ersten Weltkrieg nicht vergessen. Der südliche Nachbar blieb der ›Erbfeind‹. Das schriftlich nicht fixierte Autonomieversprechen Nittis schien im Vergleich zum Wunsch einer Rückkehr, einer ›Erlösung‹ Südtirols völlig ungenügend zu sein. Renners Verhalten wurde als unterwürfig und geschmacklos, seine Politik als dilettantisch abgelehnt. Für die konservative und nationale Presse stand seine Diplomatie im Widerspruch zum Volkswillen: der Kanzler hätte sich den

Siegern unterworfen. Nur um den Kriegsgewinnern zu gefallen, würde er Südtirol preisgeben. In Wahrheit hatte Renner aus einer Zwangslage, einer Notsituation heraus gehandelt. Denn ein Beharren auf dem nationalen Standpunkt, eine unversöhnliche Haltung gegenüber den Nachbarn hätte die österreichische Bevölkerung schlichtweg verhungern und ins Chaos stürzen lassen.[14]

Sehr bald nach seiner Rückkehr zeichnete Renner im Ausschuß für Äußeres ein, wie erwähnt, denkbar positives Bild seines Aufenthalts. Die Beweggründe für seine Reise waren die gleichen wie für seine Besuche in Paris und Prag: die Wiederherstellung eines normalen Verhältnisses und die Aufnahme von Verhandlungen über die Durchführung des Friedens von Saint-Germain. Renner stellte fest, »daß mehrhundertjährige Mißverständnisse zwischen den beiden Völkern aus der Welt geschafft und ihre Beziehungen auf neue Grundlagen gestellt sind«. Beide Regierungen würden in loyaler Weise an die Ausführung des Friedensvertrages schreiten, wobei Italien den wirtschaftlichen Problemen Österreichs Rechnung trüge. Erneut machte er der Öffentlichkeit klar, daß am Friedensvertrag nicht zu rütteln war, denn Italien sollte Österreich nicht bloß bei der Aufnahme in den Völkerbund, sondern auch bei der Sicherung seines in Saint-Germain garantierten Besitzstands unterstützen. Die Südtiroler Frage war im Abkommen ausgespart worden. Die getroffenen wirtschaftlichen, verkehrstechnischen, finanz-, handels- und ernährungspolitischen Vereinbarungen schienen wichtiger, als mittlerweile aussichtslosen nationalen Fragen nachzuweinen. Immerhin sagte Italien 20 000 Tonnen Mehl und Getreide für den sofortigen Abtransport nach Österreich als Vorschuß zu. Zudem beteiligte sich Rom mit 100 Millionen Lire an dem interalliierten Kredit für Österreich. Nicht zuletzt wurde auch die für den österreichisch-italienischen Eisenbahnverkehr dringend benötigte Kohle zur Verfügung gestellt. Für Renner stellten sich die Vereinbarungen als ein »verheißungsvoller Anfang« dar. Sie änderten den Friedensvertrag von Saint-Germain zwar nicht, doch sie bahnten seine Durchführung an, wobei auf die schwierige Lage Österreichs Rücksicht genommen würde. Dies stellte für ihn die Voraussetzung für eine »dauernde Versöhnung beider Nationen« dar.

Innenpolitisch verlangte es dem so konsensbereiten Renner immer größere Mühe ab, die zentrifugalen Kräfte innerhalb der beiden Großparteien einzudämmen. Seine Rede vor der Nationalversammlung am 21. April 1920 glich daher einem Plädoyer für die Koalition der zwei größten Volksparteien, die immerhin fünf Sechstel der Bevölkerung vertraten. Beide, so lobte der Staatskanzler, übten sich trotz entgegengesetzter Weltanschauungen in »großer und weiser« Selbstbeschränkung. Sie hätten sich zu einer Arbeitsgemeinschaft zur Rettung des Landes in seiner höchsten Gefahr verbunden. Die Koalition sei eine »Opfergemeinschaft«, »der Klassenkampf ist eben zum Heile aller von der Straße an den grünen Tisch verpflanzt, wo er zäher, wenn auch weniger blutig geführt wird«. Ein Grundsatz dieses Systems wäre eben nicht die »Diktatur der einen Klasse über die andere, sondern die verhältnismäßige Anteilnahme aller werktätigen Klassen an der Macht, somit nicht Alleinherrschaft, sondern Mitregierung.«

Zur Rechtfertigung der Koalition führte der Staatskanzler deren Leistungen an. Schließlich war nicht wenig erreicht worden: Die Regierung hatte immerhin den Übergang von der Verwaltung eines 50-Millionen-Reiches auf einen Kleinstaat von 6,5 Millionen Menschen in nicht mehr als anderthalb Jahren vollzogen. Zehntausende Offiziers- und Beamtenfamilien waren vor dem Untergang bewahrt worden. Unter den schwierigsten Voraussetzungen war die Kriegs- auf Friedenswirtschaft umgestellt worden. Unblutig, ohne Gewalt, bloß mit Überzeugungskraft hatte nach Renners Auffassung die Koalition die öffentlichen Einrichtungen von der Monarchie in die Republik übergeleitet. Aus einem Militärstaat war ein Volksstaat geformt, das Heer abgebaut und Hunderttausende Kriegsveteranen ins Zivilleben hinübergeführt worden. Die Arbeitslosigkeit war durch eine planmäßige Sozialpolitik erfolgreich bekämpft, dazu noch eine Invaliden- und Kriegsopferfürsorge eingerichtet worden. Die Koalition hatte auch, so vergaß er nicht hinzuzufügen, den Frieden zum Abschluß gebracht: »Noch ist niemandem der Beweis gelungen, daß ein besserer Friede zu haben war.« Die Regierung hatte nicht nur eine »Notverfassung« in Kraft gesetzt, sondern auch »das durch das Waffenhandwerk des Rechtes entwöhnte Volk wieder an Recht und Gesetz« zu gewöhnen versucht. Mit ganzem Nachdruck bestritt Renner, daß irgendein besiegter Staat dieses Ziel erfolgreicher verwirklicht hätte. Am stolzesten zeigte sich der Kanzler jedoch über die Bewahrung des sozialen Friedens: »So hat die Koalition ein oberstes und unvergängliches Verdienst für unser Volk erworben: Sie hat den Kampf, der hinter allen Hütten und Straßenecken lauerte, den allgemeinen Bürgerkrieg und damit die wirtschaftliche Vernichtung unseres Volkes verhütet ... Mögen beide Parteien und die von ihnen vertretenen Klassen bis zur endgültigen Überwindung unserer wirtschaftlichen und staatlichen Not alles aufbieten, um unserem Lande dieses äußerste Übel zu ersparen!«[15]

Immer noch der Anschlußidee verbunden, erhoffte sich der Kanzler außenpolitisch den baldigen Beitritt Österreichs zum Völkerbund, »um das legale Forum für die Vertretung seines Herzenswunsches zu gewinnen.« Einstweilen hätten die Österreicher aber ihr Staatswesen »so zu nehmen, wie es ist, und ihm liebend zu dienen«. Voller Bangen ersehnte Renner die von den Vereinigten Staaten versprochenen 200 000 Tonnen Mehl, um sodann zur vollen Ausgabe der Brot- und Mehlrationen übergehen zu können. Dies und der Erhalt der nötigen Rohstoffe sollte Österreich endlich den »Weg ins Freie« ebnen. »Nun«, so hoffte der Kanzler, »kann es anders werden.« Große Aufgaben waren von der Regierung noch zu bewältigen: die durchgreifende Steuerreform, die Stabilisierung der Währung und die Festigung des Staatshaushalts. Als wichtigstes Ziel galt freilich die Verfassung, »die Aufrichtung der Republik als freier Bundesstaat, die Einrichtung einer östlichen Schweiz neben der alten, eines Bundes, in dem die Freiheit jedes einzelnen und jedes Landes sich eingliedert in das harmonische kraftvolle Ganze der Nation und des Staates. Wir Alpendeutschen sind tatsächlich ein Volk, Leute eines Stammes und einer Geschichte, eine Schicksalsgemeinschaft.«[16] Wenigstens eine Hoffnung sollte sich erfüllen. Die Versorgungslage besserte sich. Anfang Mai lief der erste Dampfer aus Übersee in Triest ein. Ende September sollte schließlich die gesamte Lieferung im Werte von 24 Millionen Dollar durchgeführt sein. Damit war die Brot- und Mehlversorgung Österreichs endlich wieder für längere Zeit gesichert. Die ärgste Not hatte ihr Ende.

Doch Renners Stellung erfuhr bald eine schlimme Schwächung. Am Abend des 10. Juni 1920 stand der Staatskanzler vor den Trümmern seiner Bemühungen. Die Koalition war auseinandergebrochen, aufgelöst wegen einer Nichtigkeit. Doch nicht selten sind es eben solche Nichtigkeiten, die als Symptom für das Scheitern den Anlaß zur Beendigung einer hoffnungslos gewordenen Zusammenarbeit geben. Das Minimum an Vertrauensbasis war endgültig verlorengegangen. Dabei war der Anlaß für das Auseinanderbrechen denkbar undramatisch. Die Großdeutschen stellten im Parlament wegen eines umstrittenen Erlasses von Staatssekretär Julius Deutsch über den Wirkungsbereich der Soldatenräte, einer Institution, die an Attraktivität und Bedeutung vollends verloren hatte, eine dringliche Anfrage. Dahinter vermuteten die Sozialdemokraten fälschlich ein Zusammenspiel der beiden bürgerlichen Parteien. Zum Verhängnis wurde schließlich, daß für die SDAP ausgerechnet der als Heißsporn bekannte Karl Leuthner sprach. Dieser war für verbale Eskapaden immer gut. Daraufhin erschien von den Christlichsozialen mit Leopold Kunschak einer der härtesten Kritiker der Regierung Renner am Rednerpult. Das Schicksal nahm seinen Lauf. Herausfordernd wandte sich

Kunschak an den Regierungspartner: »Wenn Sie aber wirklich und ernstlich glauben, daß wir als zweite Koalitionspartei unsere Entscheidungen nur nach Ihrem Kommando zu treffen haben, dann sprechen Sie das offen aus, denn dann hat mit dieser Stunde die Koalition aufgehört.«[17] Mit diesem Satz hatte Kunschak das Ende der Koalition eingeläutet. Was folgte, war der ohrenbetäubende Beifall beider Parlamentsfraktionen, der den Wunsch nach der Scheidung dieser Zweckehe nur zu deutlich bekundete. Renner kam dieser frühzeitige Bruch der Koalition – abgesehen von seinen persönlichen Motiven – höchst ungelegen. Zum einen sollte doch erst im Herbst gewählt werden, und zum anderen waren die Arbeiten zur Bundesverfassung noch keineswegs abgeschlossen. Gerade in der Verfassungsfrage war in der Zwischenzeit wenig nach seinem Wunsch gelaufen. Mit der Auflösung des Kabinetts war er somit der Chance beraubt worden, seine eigenen Vorstellungen in die endgültige Verfassung einzubringen. Am 8. Juli veröffentlichte er aber das bisher geheimgehaltene Verhandlungsergebnis der beiden ehemaligen Koalitionsparteien. In seinen »Vorbemerkungen« zu dem gemeinsam mit Staatssekretär Mayr verfaßten Entwurf kritisierte Renner nicht nur die übertriebenen Föderalismusbestrebungen der Christlichsozialen, sondern ging selbst gegenüber seiner eigenen Partei auf Distanz, was dazu führte, daß er sich in der Endphase der Verfassungsverhandlungen von seinen Genossen ausgebootet sah. So gehörte er auch nicht dem Verfassungsunterausschuß an, der von Bauer und Seipel dominiert wurde.

Es steht außer Zweifel, daß Renner die beiden Parteien am liebsten wieder zusammengebracht und die Koalition bis zu den Wahlen erneuert hätte, doch dies war zu einem Ding der Unmöglichkeit geworden. Wenngleich auch er die Kooperation der beiden Massenparteien für nahezu unhaltbar und eine Kraftprobe für unvermeidbar hielt, warnte er doch davor, alle Macht aus der Hand zu geben. Otto Bauer hingegen war für den Austritt aus der Koalition, schon deswegen, weil er in letzter Zeit nicht zu Unrecht eine zunehmende Schwächung der Sozialisten innerhalb der Regierung feststellte.

Da auch eine Minderheitsregierung chancenlos schien, entschied man sich für das seltsame Konstrukt einer »unpolitischen Übergangsregierung« mit Staatssekretär Mayr als Vorsitzenden und Hanusch als dessen Stellvertreter. Dem Kabinett stand kein Staatskanzler mehr vor. Renner blieb lediglich Staatssekretär für Äußeres. In dieser am 7. Juli von der Nationalversammlung gebilligten Proporzregierung agierte aber jede Partei selbständig: sie wählte nur ihre eigenen Vertreter in das Kabinett und übernahm für die Ressortleiter der anderen Fraktion keinerlei Verant-

»Eine Faust-Komödie«. Weiskirchner, Kunschak, Renner, Seitz (1920).

wortung. Personell veränderte sich dieses politische Unikum gegenüber der großen Koalition freilich nicht. Mit entwaffnender Nüchternheit erklärte Mayr, daß diese Proporzregierung keinen einheitlichen, geschlossenen Willen und daher auch kein Programm besaß. Ihre Aufgabe war es lediglich, »unter Wahrung strengster Objektivität« die Neuwahlen vorzubereiten und durchzuführen. Da sie jeder inneren Einheitlichkeit entbehrte, galt sie auch für Renner als bloßes »Notauskunftsmittel«.

Innenpolitisch im gleichen Maße entlastet wie entmachtet und parteiintern gegenüber Otto Bauer, Karl Seitz, Robert Danneberg und Friedrich Adler im Abseits, konnte sich Renner nun voll und ganz auf die Leitung des Außenressorts konzentrieren. Vor dem Hintergrund des im Osten tobenden russisch-polnischen Krieges kreierte er am Ballhausplatz die Konzeption eines übernationalen Sicherheitssystems in Mitteleuropa. Er vermutete nämlich, daß Frankreich und vielleicht auch England die internationale Staatengemeinschaft bis zum nächsten Frühjahr unter starken Druck setzen könnten, um einen Krieg gegen Sowjetrußland vorzubereiten. Dagegen sollte schon jetzt Vorsorge getroffen werden. Jeder Krieg zwischen Ost und West, so war Renner überzeugt, würde den vollständigen Ruin der mitteleuropäischen Staaten und wahrscheinlich ihre Bolschewisierung bedeuten. Die »Mittelstaaten« sollten daher mit einer gemeinsamen Politik eine neutrale Barriere dagegen aufrichten. Die Mitglieder dieser gesicherten Gruppe, wie Österreich, konnten sich dann einem kriegerischen Konflikt entziehen. Die bestehenden Abkommen und Friedensverträge sollten ausdrücklich keine Änderung erfahren.

Mit einer solchen Neutralitäts-Entente gedachte Renner die Franzosen daran zu hindern, sich – für Europa – ruinösen Hegemonieplänen hinzugeben. Den russischen Bolschewisten würde sie wiederum dem Argument einer ständigen unmittelbaren Bedrohung den Boden entziehen, mit dem sie den Kriegswillen im Riesenreich aufrechterhielten und die Idee des Marxismus nach Westen tragen wollten. Ein mitteleuropäischer Neutralitätspakt würde den Rüstungsanstrengungen beider Seiten ein Ende bereiten und gleichzeitig der ungeduldigen und revolutionswilligen Bevölkerung die beruhigende politische Vision vermitteln, daß die zentraleuropäischen Staaten mit ihrer Auffassung einer »sozialen Demokratie« sowohl den Imperialismus des Westens als auch den Bolschewismus des Ostens ablehnten.

Der Außenstaatssekretär sah allerdings nur dann eine Chance auf die Verwirklichung dieses Plans, wenn er nicht von Österreich, als einem kleinen, besiegten Land, sondern von anderen Staaten propagiert würde. Daher wollte er die Initiative Italien überlassen. Wien sollte sich ganz zurückhalten, Prag vorgeschoben und Berlin erst offiziell durch die römische Regierung mit dieser Konzeption befaßt werden. Er übersah aber, daß für die neugegründeten siegreichen Nationalstaaten nicht ein möglicher Ost-West-Konflikt, sondern vielmehr eine habsburgische Restauration und ungarische Revanchegelüste eine anhaltende und ernste Gefahr bedeuteten.

Durch den am 4. Juni 1920 unterzeichneten Friedensvertrag von Trianon präsentierte sich nun auch Ungarn als ein an allen Grenzen beschnittener Rumpfstaat. Es blieb nur mehr das alte national-einheitliche Kernland über. Gleich Österreich wurde auch Ungarn als Nachfolger der zertrümmerten Doppelmonarchie angesehen und für den Weltkrieg verantwortlich gemacht. Es mußte an alle seine Nachbarn Gebiete abtreten: Die ČSR erhielt die Slowakei, das ehemalige Oberungarn, und die Karpato-Ukraine. Dem südslawischen Königreich gelang es, nicht bloß Kroatien-Slawonien, sondern auch Teile des Banats zu gewinnen. Rumänien wurde gar durch die Zuwächse anderer Teile des Banats und Siebenbürgens zu einem südosteuropäischen Staat von beachtlicher Größe. An Österreich, das selbst so gedemütigt war, mußte es endgültig das ehemalige Deutschwestungarn, jetzt Burgenland, abtreten. Im Vergleich zu seinem Vorkriegsbestand war Ungarn, das Königreich ohne König, von 325 411 auf 93 073 km^2 geschrumpft und beherbergte statt 20,9 nur mehr 7,6 Millionen Einwohner. Zurückgedrängt hinter die Volkstumsgrenze, verlor es zudem nicht nur seine wichtigsten Bodenschätze, sondern durfte auch nur mehr ein Berufsheer von 35 000 Mann halten. Ein Drittel der ungarischen Bevölkerung des alten Königreichs lebten noch dazu als Minderheit in der Tschechoslowakei, in Rumänien und Jugoslawien.

Zurück blieb der Haß der sich kulturell überlegen fühlenden Magyaren auf Tschechen, Rumänen und Südslawen. In Budapest konnte und wollte man diese Nachkriegsordnung, die so deutlich in Sieger und Besiegte trennte, nicht hinnehmen. Leidenschaftlich forderten daher die führenden Gesellschaftsschichten eine Revision des Pariser Friedensvertragswerks. Die siegreichen Nachbarn Tschechoslowakei, Jugoslawien und Rumänien fühlten sich dadurch über die gesamte Zwischenkriegszeit von einem ungarischen Revanchismus, der die Grenzziehungen anfocht, bedroht. Eine Zusammenarbeit der Nachfolgestaaten der Habsburgermonarchie schien in der Folgezeit deshalb immer nur gegen, aber nie mit Ungarn möglich. Schon am 14. August 1920 schlossen die ČSR und Jugoslawien ein Defensivbündnis gegen alle ungarischen Revisions- und Restaurationsbestrebungen. Dieses bildete den Ausgangspunkt der noch folgenden bilateralen Abkommen mit Rumänien, die in ihrer Gesamtheit schließlich die drei Staaten zur Kleinen Entente formierten. Renner dachte aber keineswegs daran, Österreich an die Kleine Entente zu binden. Zwar versuchte er zu ihren drei Mitgliedsstaaten ein freundschaftliches Verhältnis zu unterhalten und die Wirtschaftsbeziehungen auszubauen, doch vor einer slawisch dominierten Mitteleuropapolitik ohne Deutschland schreckte er zurück. Diplomatisch zog er sich auf ein diesbezügliches Werben Prags und Belgrads mit dem formalen Argument aus der Affäre, daß die Alpenrepublik gar nicht das Recht besitze, an solchen Abmachungen teilzunehmen.

Zwischen Österreich und Jugoslawien wiederum stand noch die ungelöste Kärntner Frage. Wenige Tage nach Inkrafttreten des Friedensvertrages von Saint-Germain am 16. Juli 1920 nahm die alliierte Abstimmungskommission ihre Tätigkeit auf. Im selben Monat fuhr Renner gemeinsam mit Julius Deutsch und Innenstaatssekretär Walter Breisky nach Kärnten, um mit der Landesregierung und den Landespolitikern den Vorgang des Plebiszits zu besprechen. Südkärnten war in zwei Abstimmungszonen geteilt worden. Die südslawischen Besatzungstruppen setzten dabei die Bevölkerung in der Zone A mit oft gewaltsamen Mitteln schwer unter Druck. Renner befürchtete daher, daß die Volksabstimmung dort für Österreich ungünstig ausgehen könnte. Auf der Konferenz von St. Veit am 28. Juli äußert er deshalb sogar die Idee, auf das Plebiszit überhaupt zu verzichten. Es sei besser, so argumentierte er, Jugoslawien einen Teil des umstrittenen Gebiets zu überlassen, als womöglich alles zu verlieren. Doch die Kärntner zeigten sich hinsichtlich des Ausgangs optimistisch. Nach der Volksabstimmung vom 10. Oktober 1920 entschieden sich dann tatsächlich 59 Prozent für einen Weiterverbleib des Landes bei Österreich. Die Landeseinheit blieb damit gewahrt.

Bereits am 1. Oktober 1920 war die neue Bundesverfassung vom Parlament einstimmig angenommen und beschlossen worden. Schon damals waren allen Protagonisten ihre Mängel klar. Die Frage der Grundrechte und die Regelung des Schul- und Erziehungswesens blieben ungelöst. Wien wurde von Niederösterreich getrennt, der Bundesrat als Länderkammer mit suspensivem Vetorecht eingerichtet. Die erste Kammer der vom Volk gewählten Abgeordneten hieß fortan Nationalrat. Der Bundespräsident sollte vom Parlament gewählt werden. Vor allem die Sozialdemokraten hatten sich dafür eingesetzt, daß dem Staatsoberhaupt nur repräsentative Aufgaben zufielen.

Inzwischen war der Wahlkampf äußerst gehässig und mit vielen persönlichen Anschuldigungen geführt worden. Die gescheiterte Koalition wurde vor allem für die schlechte Versorgungslage verantwortlich gemacht.

Politprominenz bei der Vereidigung des neugeschaffenen Bundesheeres am Heldenplatz (u.a. Glöckel, Renner, Schober, Tandler, Seitz, Deutsch, Körner).

Auch das Problem der zu Tausenden aus Galizien nach Wien strömenden Ostjuden wurde hochgeschaukelt. Otto Bauer erhoffte sich von den Wahlen eine »Verschiebung« der Gesellschaft, die nicht zuletzt in der Zusammensetzung des Parlaments ihren sichtbaren Ausdruck finden sollte. Der Ausgang des Urnengangs vom 17. Oktober bescherte seiner Partei aber eine herbe Enttäuschung. Die Sozialisten wurden mit 62 Mandaten von den Christlichsozialen, auf die 79 Abgeordnetensitze entfielen, klar in der Gunst der Bevölkerung überholt. Die Großdeutsche Vereinigung erhielt 18 und die Deutsche Bauernpartei sechs Mandate. Zu guter Letzt zog noch der ehemalige k.u.k. Außenminister Ottokar Czernin in den Nationalrat ein.

Nach diesem Erdrutschsieg und der vorangegangenen parteipolitischen Schlammschlacht erschien es offensichtlich, daß an eine Neuauflage der großen Koalition nicht zu denken war. Wenige Tage später, am 22. Oktober, schied Karl Renner aus dem Außenamt. Damit endete seine Regierungstätigkeit für lange, sehr lange Zeit. In den vergangenen zwei Jahren hatte er als Kanzler, als Staatssekretär für Inneres und Äußeres sowie als Präsident der Friedensdelegation das Schicksal Österreichs maßgeblich beeinflußt. Kein anderer Politiker schien es dabei so sehr verstanden zu haben, Parteiinteressen von Staatsgeschäften zu trennen. Als Staatskanzler hatte sich Renner vom oppositionellen Sozialdemokraten der alten Monarchie zum ersten Mann der Republik entwickelt, der ihr alle ideologischen Hemmnisse geopfert und daher bald den Ruf eines Opportunisten in Kauf nehmen hatte müssen.
Es entsprach Renners Wesen und Werdegang, sich für nahezu alles verantwortlich zu fühlen. So entwarf er nicht nur ein Wappen für die neue Republik, sondern dichtete sogar eine eigene vierstrophige Hymne, »Deutsch-Österreich, Du herrliches Land«, und ließ sie von seinem Freund Wilhelm Kienzl vertonen. Doch die patriotische Ode an die Schönheit des Landes blieb weithin unbekannt. Vieles hatte Renner in seiner Amtszeit erreicht, an vielem war er gescheitert. Dank seines Parteifreunds und besten Mitarbeiters in der Regierung, Ferdinand Hanusch, war die Sozialgesetzgebung revolutioniert worden. So wurde unter anderem der Achtstundentag festgesetzt, die Kinderarbeit und die Nachtarbeit für Frauen neu geregelt, die Arbeitslosenversicherung eingeführt, die Arbeiter und Angestellten in das Krankenversicherungssystem mit einbezogen, die Kollektivverträge gesetzlich verankert. Außenpolitisch hatte Renner an der Spitze der von ihm geführten Delegation gegenüber den ersten Friedensbedingungen immerhin das Burgenland für

Österreich gewonnen und finanzielle Erleichterungen für die darniederliegende Alpenrepublik erreicht.

Dennoch begleitete ihn fortan der Schatten jenes Mannes, der seine Unterschrift unter den Staatsvertrag von Saint-Germain gesetzt hatte. In
den letzten Monaten als Außenstaatssekretär setzte er sich vehement für
einen Beitritt Österreichs zum Völkerbund ein, der schließlich am 15.
Dezember 1920 auch Wirklichkeit werden sollte. Seiner Initiative war es
auch zu verdanken, daß die Verfassung ziemlich rasch verabschiedet und
die Wahlen korrekt durchgeführt werden konnten. Durch die erfolgrei-
che Zusammenarbeit mit der Exekutive mißlang es den Kommunisten, in
Österreich die Macht zu ergreifen und das Land mit Terror zu überzie-
hen. Dies alles waren Ergebnisse, die in dieser Zeit des totalen Umbruchs,
der katastrophalen Hungersnot und der Revolutionierung der breiten
Massen nicht selbstverständlich waren. In den beiden anderen Verliererstaaten des Ersten Weltkriegs, in Deutschland und Ungarn, erfolgte die
staatliche Konsolidierung weit blutiger.

Doch in vielen Punkten war Renner auch gescheitert: Südtirol, die Untersteiermark und die Sudetengebiete waren verlorengegangen. Auch
mußte der Herzenswunsch vieler Politiker – der Anschluß an Deutschland – unerfüllt bleiben. Die Versorgungslage besserte sich während seiner Kanzlerschaft trotz der großen Anstrengungen von Staatssekretär
Hans Loewenfeld-Russ nicht entscheidend. Innerparteilich gaben mit
Seitz und Bauer seine schärfsten Rivalen den Ton an. Der rechte Flügel
der Sozialdemokraten, den er gemeinsam mit Wilhelm Ellenbogen vertrat, wurde zur Minderheit innerhalb der SDAP. Zudem mißlang es, die
Gegensätze zu den Christlichsozialen zu überbrücken. Die Radikalisierung nahm in beiden Lagern stetig zu. Der Konsens war nicht mehr
mehrheitsfähig. Renner saß praktisch zwischen zwei Stühlen: den Sozialisten war er zu bürgerlich und kompromißbereit, für die Christlichsozialen blieb er ein – wenn auch gemäßigter – Revolutionär. Wenige Wochen
vor seinem 50. Geburtstag mußte Renner erkennen, daß er als Staatsmann, als bestimmende Persönlichkeit der jungen Republik vorerst gescheitert war. Sein Regierungssozialismus fand keine tragfähige Majorität
mehr. Schweren Herzens mußte er die Verantwortung abgeben und den
Weg in die Opposition antreten. Natürlich dachte er damals, im Herbst
1920, nicht im Traum daran, daß er ein viertel Jahrhundert später erneut
als Staatskanzler eine Republik gründen und zum zweitenmal am Wiederaufbau Österreichs maßgeblich mitwirken sollte.

IX. Kampf gegen Seipel

Karl Renner war Demokrat genug, um das Ergebnis der Nationalratswahlen ohne Einschränkungen zu akzeptieren. Er nahm zur Kenntnis, daß die Mehrheit der Bevölkerung für eine Trendwende in Richtung einer bürgerlich dominierten Regierung votierte. Trotz alldem schien ihm eine Neuauflage der großen Koalition noch immer die vernünftigste Lösung, obschon die Sozialisten dabei nur mehr die zweite Geige spielen konnten. Er glaubte sogar noch eine Bereitschaft dafür in den gemäßigten Teilen beider Parteien zu erkennen. Aber die großen Antagonisten Otto Bauer und Ignaz Seipel machten durch ihren Dogmatismus eine Wiederaufnahme dieser rein pragmatischen Zusammenarbeit unmöglich.

»Lieber eine bürgerliche Regierung als eine Koalition«, lautete Bauers Grundsatz. Als exzellenter Theoretiker schien er froh, in die Opposition zurückkehren und gegen das bürgerliche System ankämpfen zu können. Er war sich durchaus bewußt, daß die seinerzeitige Regierungsbeteiligung der Sozialisten eine Abweichung von den Thesen Karl Marx' bedeutete, lehnte dieser doch den bürgerlichen Staat rundweg ab. Die Doktrin konnte so wieder über die politische Praxis siegen. Eine öffentliche Diskussion unter den Sozialdemokraten über die Frage einer Rückkehr zur großen Koalition hätte wohl zu einer Parteispaltung geführt. Dieser Preis schien auch Renner viel zu hoch. Die Einheit der Arbeiterbewegung und die Geschlossenheit innerhalb des Parteivorstands waren ihm allemal wichtiger als eine Teilnahme an der Regierung. So schwieg er wider besseres Wissen und unterwarf sich der Führerschaft Otto Bauers. Die Bevölkerung sollte es zudem nur deutlich merken, daß es nicht gleichgültig war, welches politische Lager für die Geschicke des Staates verantwortlich zeichnete. Der gesamte Parteivorstand war der Überzeugung, schon sehr bald wieder – und dann endgültig – die Macht zurückzuerlangen. Es schien nur eine Frage der Zeit, bis die bürgerliche Politik vollends abgewirtschaftet hatte und die Sozialdemokratie daraufhin das Land aus diesem »Rückfall in die Reaktion« befreien würde.

»Unser Volk«, so argumentierte Renner einmal auf einem Parteitag, »ist unfertig, und agitieren gehen heißt, nun nicht bloß die Sache der Partei allein führen, sondern heißt, die politischen Energien wecken, das Bewußtsein wecken, was mit dem Volke geschieht.« Der Sozialdemokratie fiel seiner Auffassung nach daher die Aufgabe zu, die »Erzieherin« des Volkes zu werden. »Wir haben den Österreichern eine Republik geschaffen und jetzt müssen wir für die Republik ein Volk erziehen.« Mit der

Forderung nach einer sozialen und »kulturell-freiheitlichen« Republik wollte er die Arbeiterbewegung zu einem breiten Sammelbecken machen.[1]

Den aus der Nationalratswahl siegreich hervorgegangenen Christlichsozialen war es mißlungen, mit den Großdeutschen eine Koalition einzugehen. Daher sah sich Bundeskanzler Michael Mayr gezwungen, eine Minderheitsregierung aus vier Christlichsozialen und acht Beamten zu bilden. In seiner ersten Parlamentsrede als Abgeordneter zum Nationalrat, am 23. November 1920, betonte Renner die unbedingte Notwendigkeit einer wirksamen Opposition für die Öffentlichkeit. Die Interessen der Arbeiterschaft, so verkündete er, wären besser gewahrt, wenn die Sozialisten in keiner Weise am bürgerlichen Kabinett teilnähmen.

Noch als Staatskanzler hatte Renner den Christlichsozialen vorgeworfen, »eine Regierungspartei in Opposition zu sein«. Diese ambivalente Haltung hätte sie schon in der Monarchie eingenommen. Nun ortete Renner in der neuen Regierung Mayr II einmal mehr ein Doppelspiel der Konservativen. Unter der »zynischen Ausnutzung der Notlage« der Bevölkerung hätte man im Wahlkampf die unglaublichsten Versprechungen gemacht. Nach den Gesetzen der Demokratie wären diese nun einzulösen. Doch Mayrs Kabinett glich vielmehr einem Beamtenministerium. Diese Beamten schienen von den Christlichsozialen zu ›Prügelknaben‹ auserkoren zu sein. Die bestimmenden Männer wie Seipel, Kunschak oder der ehemalige Wiener Bürgermeister Richard Weiskirchner hätten es, so Renner in seiner Rede, dagegen vorgezogen, sich der Verantwortung zu entziehen. Andere sollten für sie die Regierungsgeschäfte führen und sich gegebenenfalls von ihnen sogar verleugnen lassen. Renner verlangte von Mayr, daß sich die Regierung nicht als Statthalter der alliierten Reparationskommission fühlen, sondern das Land gegen unrechtmäßige Forderungen der Siegermächte verteidigen solle. Nochmals klagte der Altkanzler die »Unbotmäßigkeit« der Bundesländer an. Die Christlichsozialen, so hob er den Zwiespalt hervor, wollten einerseits den Staat regieren, den die Landesparteien aber andererseits ablehnten. Für den Wiener Zentralisten Renner bedeutete dieses Verhalten nichts anderes als blanke Anarchie.

In Österreich stand damals die große Wirtschaftskatastrophe in Gestalt des Zusammenbruchs der Währung, der Produktion und der Volksernährung zu befürchten. Die Sozialdemokraten hielten freilich nur die Verstaatlichung der Wirtschaft für ein probates Gegenmittel. Was aber von den Christlichsozialen mehrheitlich abgelehnt wurde. Renner sah daher bereits wieder ein »neues Manchestertum« und den Ausverkauf der österreichischen Wirtschaft an Private und Banken drohen. Und er kündigte an, daß ein Sozialabbau nicht geduldet werden würde. Die europaweit geschätzten gesellschaftlichen Errungenschaften Österreichs durften nicht wieder auf den Stand zu Zeiten der Monarchie gebracht werden. Gegenüber der Erfüllung der christlichsozialen Wahlversprechen sei daher äußerste Skepsis angebracht. Ja, Renner ermunterte die Konservativen, ihre Ideen in die Tat umzusetzen.

Diese erste Rede als Abgeordneter zum Nationalrat fand bei Renners Fraktionskollegen betont anhaltenden Beifall. Lebhaft wurde der Altkanzler von seinen Parteifreunden für seine Ausführungen beglückwünscht.[2] Er hatte sich als scharfsinniger Oppositioneller erwiesen, und doch wäre er – schon aus seinem pragmatischen Verständnis heraus – weit lieber mit am Steuer gestanden, um das Staatsschiff durch den nahenden Sturm der wirtschaftlichen Depression zu manövrieren. Damals, im Herbst des Jahres 1920, dachte er nicht im entferntesten daran, daß seine Partei in dieser – Ersten – Republik keine Gelegenheit mehr erhalten sollte, die Geschicke des Landes in die Hand zu nehmen.

Mayr regierte glücklos, und für Renner waren die Regierungsmitglieder »Männer der zweiten Garnitur«. In der Tat zweifelte auch sonst niemand daran, daß die eigentliche Macht bei Ignaz Seipel lag, der schließlich 1921 als Obmann der Christlichsozialen endgültig an die vorderste Front des politischen Geschehens rücken sollte. Unaufhörlich empörten sich die Sozialisten darüber, daß die christlichsoziale Führung den Wahlkampf demagogisch angeheizt hätte, um dann lediglich im Hintergrund die Fäden der marionettenhaften Regierung Mayr zu ziehen. Renner nannte diese Vorgangsweise ein »System der politischen Unaufrichtigkeit«. Dabei stand die junge Republik knapp vor dem Abgrund: Die Ernährungslage zeigte sich auch im dritten Nachkriegswinter trist. Die westlichen Bundesländer fühlten sich nach wie vor dem österreichischen Staat nicht zugehörig und demonstrierten in inoffiziellen Volksabstimmungen ihren ungebrochenen Willen nach einem Anschluß an das Deutsche Reich. In Tirol stimmten 98,8 Prozent, in Salzburg gar 99,2 Prozent dafür. In der Steiermark war ein ähnliches Ergebnis zu erwarten. Erst als die Alliierten mit der Einstellungen der Lebensmittellieferungen drohten, wurde das Plebiszit abgesagt. Daraufhin entzogen die Großdeutschen dem Bundeskanzler ihre Unterstützung, und das Kabinett Mayr mußte demissionieren.

In Ungarn versuchte Karl Habsburg auf den Thron zurückzukehren. Heimlich traf er am 25. März 1921 mit dem Zug aus Paris in Wien ein,

wo er privat übernachtete. Am nächsten Tag fuhr er mit seinem Jugend-
freund Thomas Erdödy per Auto nach Steinamanger, wo er seine Ver-
trauten traf. Trotz der Warnung des ungarischen Ministerpräsidenten
Paul Teleki machte sich Karl am 27. März, dem Ostersonntag, nach Bu-
dapest auf. Doch Reichsverweser Horthy dachte nicht daran, ihm die
Macht zu übergeben. Er fürchtete einen Krieg mit den Nachbarstaaten
und verfolgte zudem machthungrig eigene Pläne. Am 5. April sah sich
Karl gezwungen, vorerst aufzugeben.
In Österreich herrschte über den Restaurationsversuch große Aufregung.
Die Sozialdemokraten sagten den Monarchisten den Kampf an. Renner
bezeichnete die Angehörigen der Familie Habsburg ab nun nur mehr als
Usurpatoren. Der »Narrenstreich des Ex-Kaisers« bedeutete für ihn einen
Anschlag auf das österreichische Volk. Bei einer Rückkehr Karls drohe
nicht nur ein Bürgerkrieg, sondern auch der Casus belli für die neuent-
standenen Nationalstaaten. Zudem lehnte der überwiegende Teil der Bevölkerung, so war Renner überzeugt, jede Rückkehr zur Monarchie oder
zum Dualismus mit Ungarn strikt ab. Eine solche Rückkehr hielt der Altkanzler schon völkerrechtlich für ausgeschlossen. Die Christlichsoziale
Partei sah er von Monarchisten beherrscht, die sich um die konservative
»Reichspost« sammelten. Nicht die eigentlich »volkstümlichen Elemente« hätten bei den Christlichsozialen die Führung inne, sondern – so vermerkte er in ungewohnt drastisch antisemitischem Ton – das einst von
Lueger so bekämpfte »jüdische Großkapital«. Renner warnte die Bürgerlichen, mit einer Restauration zu kokettieren, und drohte mit Generalstreik und bewaffnetem Widerstand: »Nehmen Sie zur Kenntnis und
richten Sie sich danach, daß in dem Augenblicke, wo irgend ein Habsburger von irgend jemandem zurückgeführt werden sollte, daß von der
Stunde an kein Eisenbahnrad sich drehen wird, und daß von der Stunde
an sich keine Hand regen wird, die ein Arbeiter führt, und daß wir den
Kampf, und sei es mit bewaffneter Hand, bis zum Ende durchführen werden. Wir haben es satt, untertan zu sein, wir wollen die Freiheit unseres
Volkes mit allen Mitteln verteidigen.«[3]
Auch der Kampf um das jüngste Bundesland war noch nicht ausgestan-
den. Ungarn reagierte auf die Übergabe des Burgenlandes an Österreich,
wie es die Entente verlangte, mit bewaffnetem Widerstand und Terror
durch Freischärler und getarntes Militär. Als österreichische Gendarmerie im Sommer 1921 einmarschierte, kam es zu bewaffneten Zusammenstößen, die etliche Tote forderten.
Für Renner war der Anschluß des Burgenlandes nicht bloß eine Frage des
nationalen Selbstbestimmungsrechts, sondern auch eine der europäischen

Demokratie und der sozialen Entwicklung Europas. Die Burgenländer standen demnach vor der Alternative: demokratische Republik oder »mittelalterliche Monarchie«, friedliches Staatswesen oder »Säbelherrschaft«, ein Staat mit einer zum Teil vorbildlichen Sozialgesetzgebung oder die »brutalste Klassenherrschaft der Bourgeoisie und des Agrariertums«. Renner gab allerdings zu, daß Österreich das Burgenland schon aus militärstrategischen Gründen, für die Sicherung Wiens und seiner unmittelbaren Umgebung, und für die Versorgung der Hauptstadt brauchte. Zugleich schien es ihm für den burgenländischen Handel von erheblichem Nachteil, wenn durch einen Verbleib bei Ungarn sein traditionelles Absatzgebiet – Wien und Niederösterreich – durch Zollgrenzen verschlossen wäre. Nach wie vor erwartete Renner von den Unterzeichnerstaaten jedenfalls die Einhaltung der Bestimmungen von Saint-Germain und Trianon.[4] Die Entente überließ letztlich Italien die Regelung dieses Problems. Im Zuge des italienisch-jugoslawischen Konflikts in der Fiume- und Adriafrage zeigte sich Rom aber nicht mehr gewillt, gegen Ungarn – als einen möglichen Verbündeten gegen Belgrad – in der Burgenlandfrage hart vorzugehen. Für Österreich sollte diese Strategie, wie zu zeigen sein wird, noch einen schmerzlichen Verlust nach sich ziehen. Am 20. Oktober 1921 setzte Karl Habsburg zu seinem zweiten Versuch an, in Ungarn die Krone wiederzugewinnen. Er landete mit dem Flugzeug in Ödenburg, stellte sich an die Spitze ihm ergebener Truppen und zog gegen Budapest. Obwohl die königstreuen Einheiten im Feld entscheidend geschlagen wurden, weigerte sich Karl noch immer, auf den Thron zu verzichten. »Nie, solange ich lebe«, wollte er abdanken. In Österreich verfolgten die Sozialisten diese Entwicklung mit gesteigerter Sorge. Die Restaurationsversuche Karls waren längst keine innerungarische Angelegenheit mehr. Es schien vielmehr gewiß, daß Budapest nur eine Station auf dem Weg nach Wien sein sollte. Am 25. Oktober 1921 – knapp eine Woche, bevor Karl und Zita den Briten übergeben und ins Exil nach Madeira gebracht werden sollten – betonte Renner im Nationalrat die jahrhundertealte »Ländergier« der Dynastie Habsburg und verwies zudem darauf, daß diese Familie ihre Ansprüche noch keineswegs aufgegeben hatte. Renner nannte die Monarchie als »eine unter allen Umständen schlechte Staatsform« und pries im Gegenzug die Republik als »das gute, das heilige Recht jedes Volkes«.
Dabei kritisierte der Altkanzler auch die uneinheitliche und lasche Haltung der Alliierten in der Burgenlandfrage. Die Entente-Kommissäre erlägen der ungarischen Gastfreundschaft, »die sich bekanntlich auf Tisch und Bett zu beziehen pflegt«, anstatt gegen Horthys Aufrüstung einzu-

schreiten. In derselben Parlamentsrede verurteilte Renner auch die unklare und zweideutige Haltung der Christlichsozialen zur Republik. Seipel habe demnach »ein ebenso namenlos kühles Verhältnis zu dieser Republik, wie er es zu der Frage der Bedrohung aller unserer Grenzen durch einen Krieg hat.« Gerade diese Ungewißheit hätte aber die Ungarn ermutigt, Österreich das Burgenland streitig zu machen. Vehement griff der Altkanzler die seiner Meinung nach so unehrliche und reaktionäre Strategie Iganz Seipels an: »Wozu brauchen Sie den Staat und wozu wollen Sie seine Regierung übernehmen? Nicht aus Staatsfreundschaft, sondern aus prinzipieller Staatsfeindschaft, weil Sie nicht zulassen wollen, daß der Staat mit seinen erhöhten sozialen Mitteln etwa ein Werkzeug in den Händen der arbeitenden Klasse zu ihrer Wohlfahrt werden soll. Lieber soll der Staat verkümmern, lieber soll man nicht eingreifen in das Wirtschaftsleben, die Börse, alles soll frei sein, alles frei vom Staate, nur kein staatlicher Eingriff! Sie sind dazu da, den Staat zu verelenden. Das ist ihre Staatsfreundschaft.«[5]

Renner befürchtete zudem, daß die Christlichsozialen auch den Aufbau des österreichischen Heeres sabotierten. Ganz eindeutig sprach er sich für eine Wehrmacht aus, die in Ehren gehalten und auf den vollen Stand ausgebaut werden sollte. Zwar ließ der Staatsvertrag von Saint-Germain nur ein Heer von 30 000 Mann zu, doch trat Renner trotzdem für ein Milizsystem ein, »der Wehrhaftigkeit des ganzen Volkes«. Falls der Völkerbund nicht imstande wäre, der bedrängten Republik zu helfen, dann müßte Österreich sich selbst vor der Willkür der Nachbarn schützen. Renner schloß seine umfangreiche Rede vor dem Nationalrat mit dem Bekenntnis zu den republikanischen Errungenschaften jener drei Staaten, die seiner Meinung nach das ›echte‹ Mitteleuropa umfaßten: Deutschland, die Tschechoslowakei und Österreich. Die Arbeiterschaft dieser drei Länder zeige sich entschlossen, die Republik aufrechtzuerhalten und zu verteidigen, notfalls auch mit der Waffe in der Hand: »Wenn unsere Regierungen und unsere herrschenden Parteien zweifelhaft und wankelmütig sind, wir sind festgerüstet und so werden wir die Freiheit unseren Ländern erhalten.«[6]

Die neue Bundesregierung unter Johann Schober erwies sich letztlich als ebenso erfolglos und nur sehr kurzlebig wie die Kabinette Mayr. Der parteilose Kanzler – der als starker, der alten Monarchie noch immer verbundener Mann galt – war zunächst von allen Parteien geachtet worden; gerade zu Renner pflegte er persönlich ein ausgesprochen gutes Verhältnis. Zwei außenpolitische Entscheidungen trugen jedoch maßgeblich zu seinem Scheitern bei. Zum einen unterzeichnete er in Venedig auf italienische Initiative ein Protokoll, wonach eine Volksabstimmung über die Zukunft des westungarischen Ödenburgs entscheiden sollte. Die Volksabstimmung am 14. November 1921 gestaltete sich aber aufgrund – international geduldeter – ungarischer Manipulation zur Farce und ging wie erwartet klar für die Magyaren aus. Zum anderen brachte der Vertrag, den Schober im tschechischen Präsidentenschloß Lána mit der Tschechoslowakei abschloß, zwar der Republik den dringend erforderlichen Kredit von 500 Millionen Tschechenkronen zum Ankauf von Kohle und Zucker. Doch bestätigte das Abkommen – in Fortsetzung des geheimen Protokolls zwischen Karl Renner und Edvard Beneš von 1920 – erneut den österreichischen Verzicht auf die Sudetengebiete. Dies wurde vor allem von den Großdeutschen als Verrat an der ›unerlösten‹ deutschen Minderheit in Böhmen und Mähren gewertet. Monate später sollten sie Schober ihre Unterstützung entziehen und auch seine Regierung zu Fall bringen.

Inzwischen verfiel die Krone, die österreichische Währung, zunehmend. Gleichzeitig stiegen die Lebenshaltungskosten ins Unerträgliche. Renner warf den Bürgerlichen vor, den Staat wirtschaftlich »entwaffnet« und ihn so der Spekulation preisgegeben zu haben. Die Zahl der Millionäre und Milliardäre steige an, doch der Staat bleibe dabei als Bettler zurück. Die Österreicher wurden zwar nach allgemeiner Auffassung ausländischer Beobachter als ungewöhnlich leidensfähig bewundert, schließlich entlud sich aber der Haß gegen die Schieber und Spekulanten in einer Hungerrevolte. Die Unruhen brachen am 1. Dezember 1921 an mehreren Stellen Wiens aus. Vor allem die Innenstadt war davon betroffen, als die Demonstranten, größtenteils verzweifelte Arbeiter, in die als Hort der Neureichen geltenden Nobeladressen wie das »Grand-Hotel«, »Imperial« oder »Bristol« eindrangen und die Einrichtungen der Appartements und Speisesäle demolierten. Die Scheiben vieler eleganter Geschäfte und Cafés gingen zu Bruch. Stundenlang wüteten die mehrere tausend zählenden Randalierer. Die Polizei war ebenso wie die sozialdemokratische Parteispitze gegen diesen – von den Kommunisten eifrig geschürten – Ausbruch des Volkszorns machtlos. Trotzdem wurden am Ende rund 400 Unruhestifter verhaftet.

Neben den Kräften des linksradikalen Anarchismus gab es auch noch immer monarchisch-legitimistische Strömungen. So führte eine Gedenkmesse im Wiener Stephansdom für Karl Habsburg, der am 1. April 1922 an einer Lungenentzündung auf Madeira verstorben war, zu innenpolitischen Turbulenzen. Nicht nur, daß Mitglieder der Regierung an der Trauerkundgebung teilnahmen, die ganze Prozession entwickelte sich auch noch durch die rege Teilnahme traditionsbewußter Bevölkerungskreise zu einer Demonstration für die Monarchie. Der Abgeordnete Karl Leuthner stellte daraufhin wenige Tage später für die Sozialdemokraten im Parlament eine dringliche Anfrage an Bundeskanzler Schober. In der darauffolgenden Debatte warnte Renner neuerlich vor einem durch die Restauration hervorgerufenen Chaos: »Was hinter dieser monarchistischen Bewegung steht, ist tatsächlich nichts anderes als die Bedrohung der Verfassung dieses Landes und die Bedrohung dieses Landes mit Bürgerkrieg, und mit dieser Bedrohung darf auch in entferntester Weise auch ein Bundeskanzler nicht spielen. Er hat sie ernst zu nehmen!« Obwohl Renner stets einen Kulturkampf, wie ihn der linke Flügel seiner Partei bisweilen forderte, vermieden wissen wollte, stellte er sich doch mit aller Deutlichkeit gegen den Einfluß des Klerus auf Politik und Gesellschaft: »Es ist die höchste Zeit für die katholische Kirche daran zu denken, daß sie etwas anderes ist als eine politische Partei ... Religion ist Privatsache ... Aber der politische Mißbrauch der Religion ist eben nicht Privatsache, sondern politische Sache.«[7]

In der ersten Hälfte des Jahres 1922 nahm die Inflation schließlich chaotische Ausmaße an. Die Preise waren auf das Vierzehntausendfache gegenüber der Vorkriegszeit emporgeschnellt. Der Anstieg der Löhne konnte damit nicht Schritt halten. Bald wurden von der Notenpresse sogar Ein-Millionen-Kronen-Scheine gedruckt. Doch selbst diese Banknote war nicht mehr sehr viel wert. Den Christlichsozialen erschien es mittlerweile klar, daß es als Regierungschef ihres stärksten Mannes bedurfte, um die schwer bedrohte Republik aus der Existenzkrise zu führen. Am 31. Mai 1922 wählte der Nationalrat die neue Regierung mit Bundeskanzler Ignaz Seipel an ihrer Spitze. Der Geistliche, Sohn eines Wiener Fiakerkutschers und später Universitätsprofessor für Moraltheologie, wurde zum bestimmenden Politiker Österreichs in den zwanziger Jahren. Nach außen hin unduldsam und selbstbewußt, hat er stets unter der Spannung gelitten, Staatsmann und Priester in einer Person zu sein. An seinem Lebensabend gelangte er schließlich zur Erkenntnis, daß ein Geistlicher nicht Politiker werden sollte. Vorerst bildete er aber zusammen mit den Großdeutschen ein Koalitionskabinett. Auch die Sozialdemokraten hatten schon seit geraumer Zeit gefordert, daß der mächtige Prälat endlich seine Rolle als graue Eminenz aufgeben und selbst die Regierungsgeschäfte in die Hand nehmen sollte.

Seipel zählte zu den schärfsten Gegnern der SDAP und war bereits zu Zeiten der großen Koalition ein Skeptiker der Zusammenarbeit mit den

Sozialdemokraten. Nun zeigte er sich gewillt, den »revolutionären Schutt« der Kanzlerschaft Renners wegzuschaffen. Österreich sollte – auf der Basis einer Kooperation der bürgerlichen und bäuerlichen Kräfte – streng katholisch und antimarxistisch bleiben. Einer Bolschewisierung mußte mit allen Mitteln Einhalt geboten werden. Während Seipels schärfster Kontrahent, Otto Bauer, erstaunlicherweise zu diesem privat ein recht gutes Verhältnis aufbauen konnte, blieb Renner stets auf Distanz. Seipel gegenüber äußerte er sich einmal darüber: »Sie beide [Seipel und Bauer] sind, der eine bewußt, der andere vielleicht unbewußt, erfüllt von der Idee des Klassenkampfes. Und in ihm liegt zweifellos eine wahre Idee. Aber Sie beide übertreiben die Idee, und das liegt mir nicht.«[8]

Im August 1922 stand die junge Republik endgültig vor dem Staatsbankrott. Alle Maßnahmen der Regierung, die Krise zu bewältigen, waren fehlgeschlagen. Seipel sah daher keinen anderen Ausweg, als das »österreichische Problem« vor die Weltöffentlichkeit zu bringen. Er unternahm seine umstrittene »große Reise« nach Prag, Berlin und Verona, in deren Zuge es ihm gelang, die Rivalität zwischen Deutschland, Italien und der Tschechoslowakei um die Vorherrschaft in Mitteleuropa diplomatisch äußerst geschickt auszunützen. So überzeugte er sowohl Masaryk und Beneš wie auch Reichskanzler Joseph Wirth und den italienischen Außenminister Carlo Schanzer von den bedrohlichen Folgen einer Auflösung Österreichs und eines dadurch entstehenden Vakuums im Donauraum.

Seipels Bemühungen gipfelten schließlich in der Unterzeichnung der Genfer Protokolle am 4. Oktober 1922, die die weitere Entwicklung der Ersten Republik maßgeblich beeinflussen sollten. England, Frankreich, Italien und die Tschechoslowakei erklärten, die Garantie für eine österreichische Anleihe von 650 Millionen Goldkronen zu übernehmen. Die Republik durfte freilich ihre Selbständigkeit für zwanzig Jahre nicht aufgeben und hatte binnen zwei Jahren das Gleichgewicht im Staatshaushalt herzustellen. Die Regierung sollte ferner vom Nationalrat mit außerordentlichen Vollmachten ausgestattet werden, um die öffentliche Ruhe und Ordnung zu sichern. Außerdem wurde zur Überwachung der ganzen Aktion vom Völkerbundrat ein ausländischer Generalkommissär in der Person des ehemaligen Rotterdamer Bürgermeisters Alfred Zimmermann eingesetzt. Ihm oblag so die Kontrolle über die Finanzgebarung des Staates.

Die Sozialdemokraten liefen gegen diese »Entmündigung« Österreichs Sturm. Seipel wurde als Hochverräter bezeichnet, die Anleihe als Sklavenvertrag verdammt. Die »Arbeiter-Zeitung« forderte, den Prälaten vor

Bundeskanzler Seipel (links) verläßt in Begleitung des österreichischen Gesandten in Bern, Leo di Pauli, die Sitzung des Völkerbundrates.

den Verfassungsgerichtshof zu stellen. Auch für Renner bedeutete der Gang nach Genf »die schwerste Demütigung unserer Nation« vor den »Feinden« des deutschen Volkes, den Siegern des Ersten Weltkriegs. Die »große Reise« Seipels wurde vom Altkanzler nicht als genialer Schachzug, sondern als Flucht und bloße Ablenkung bewertet. Die Republik nach zwei Jahren Freiheit freiwillig der Kontrolle eines »Wirtschaftsdiktators« zu unterwerfen, empfand er als eine Niederlage der gesamten österreichischen Politik und des Parlaments. Die Regierung, so zeigte er sich entsetzt, lieferte damit die Schlüssel der Notenbank fremden und privaten Kapitalisten aus. Österreich dürfe dann in der Wirtschaftspolitik keinen Schritt mehr ohne die Erlaubnis des Kontrollkommissärs tun. Daß dieser vom Völkerbund bestellt werden würde, bedeute auch nichts Gutes. Renner setzte in den Völkerbund nämlich kein Vertrauen mehr, gehörten ihm doch Deutschland, Rußland und die USA gar nicht an. Deshalb erschien er ihm nur mehr als eine »Art lateinischer Union« unter dem Einfluß des französischen Imperialismus mit »slawischen Vorposten im Osten«. Für Renner glich die ausländische Anleihe jedenfalls einem Mißtrauensvotum gegen das österreichische Volk. Daher kam auch keinerlei sozialdemokratische Regierungsbeteiligung unter einer Kanzlerschaft Seipels in Frage: »Der Wagen paßt uns nicht: wegen des Kutschers, dann weil er versaut ist, wir wollen von dem Wagen nichts wissen, wir werden schon schauen, daß wir einen neuen Wagen bekommen, in den man ehrlicher- und anständigerweise einsteigen kann.«[9]
Auf dem Mitte Oktober 1922 in Wien abgehaltenen Parteitag rief Renner daher zum »unbedingten und ausnahmslosen Kampf« auf gegen »diese Regierung, die uns nach Genf geführt hat«. Er warf seinem Nachfolger vor, daß dieser im Namen Österreichs und – im großen Unterschied zum Diktat von Saint-Germain – aus freiem Entschluß einen Bittgang zu den Siegermächten unternommen hätte. Die Regierung unterwerfe die Republik somit freiwillig dem Anschlußverbot, und Renner vermißte eine entsprechende Reaktion der deutschnationalen Intelligenz, die sich diesem »Verrat« entgegenstellte. Statt dessen zogen die Großdeutschen mit, was den Altkanzler veranlaßte, ihren Führer Franz Dinghofer bloß als »traurige Entartung des deutschen Gedankens in diesem Lande« zu bezeichnen. Auch die akademische Jugend, und Renner meinte damit in erster Linie die Burschenschaften, hätte völlig versagt. So sei es Seipel gelungen, ein der Entente gefügiges System nahezu widerspruchslos einzurichten.[10]
Die Sanierungsaktion Seipels erschien als Abenteuer, »wie es schlimmer noch nie gemacht wurde«. Jetzt erst recht befürchtete Renner den wirtschaftlichen Untergang. Im Nationalrat rief er den Abgeordneten in Er-

innerung, über die völkerrechtliche und politische Machtstellung Österreichs für mindestens zwanzig Jahre abzustimmen. Es sei demnach eine Entscheidung »über unsere Ehre und unsere Zukunft«. So sah Renner für die Alpenrepublik eine »Schuldknechtschaft« von zwei Jahrzehnten beim Ausland voraus, das Österreich auch immer wieder zur Zinsenzahlung ermahnen würde. Der sozialistische Vorwurf lag nicht in der Tatsache einer Schuldverpflichtung an sich, sondern in der Art der Kontrolle. Die Sozialdemokraten, so erinnerte Renner, hatten ein Reform- und Sanierungsprogramm verlangt, das alle Bevölkerungsschichten heranziehen, das Budgetdefizit ausgleichen und die Stillegung der Notenpresse ermöglichen sollte. Die Goldwerte mußten aber sofort erfaßt werden, um sich die Aufnahme einer Anleihe zu ersparen. Doch aus Rücksicht auf die obersten Sozialschichten, denen man die notwendigen Opfer ersparen wollte, war man, so klagte Renner, nach Genf gereist und habe damit die Unabhängigkeit Österreichs preisgegeben.

Die Sozialdemokraten propagierten hingegen die »Selbsthilfe«. Daß die Regierung nicht alles unternommen hätte, diesen Weg zu beschreiten, bedeutete für Renner schlicht »die Schande der besitzenden Klassen und die Schande der bürgerlichen Parteien«. Der Altkanzler erblickte im Genfer Protokoll I noch eine viel stärkere Aufgabe der nationalen Selbstbestimmung als im Artikel 88 des Friedensvertrages von Saint-Germain, da man gleichsam darum gebeten habe. Man könnte daher klar erkennen, daß die Kapitalistenklasse wie vom ersten Tag der Republik an den Anschluß sabotiere. Für eine »Scheinrettung« aus der wirtschaftlichen Misere die Freiheit Österreichs aufgegeben zu haben, darin lag für den Altkanzler die »geschichtliche Schuld« Seipels. Das Gesamtschicksal der deutschen Nation wäre beim Gang nach Genf völlig außer acht gelassen worden. Renner empfand diese »Preisgabe der Freiheit« aber als ausgesprochen widernatürlich.

Seiner Überzeugung nach war es das Verdienst der Sozialdemokratie, der Welt vor Augen geführt zu haben, daß nicht ganz Österreich mit dankbarer Ergebenheit und Unterwürfigkeit die Auslandskontrolle aus den Händen der Siegermächte entgegennahm. Durch den energischen Widerstand der Sozialisten war nach seinem Dafürhalten der Alpenrepublik diese Schande noch einmal erspart worden. Der Kampf um die österreichische Unabhängigkeit ging für Renner aber weiter. Dieser würde erst an dem Tag zu Ende sein, an dem der letzte Kontrollor einer fremden Macht das Land verlassen hatte. Der Abgeordnete entgegnete auch stolz dem Vorwurf, daß die SDAP aus dem Widerstand gegen die Genfer Protokolle isoliert und geschwächt hervorgegangen sei: im Gegenteil, die Bewegung sei noch nie stärker gewesen, stellte sie doch »die einzige und alleinige österreichische Unabhängigkeits- und Anschlußpartei« dar, nachdem die Bürgerlichen den Anschluß verraten hätten. Da die Genfer Protokolle lediglich von fünf Signatarstaaten des Vertrages von Saint-Germain unterzeichnet worden waren, hielten die Sozialdemokraten diese nicht für international rechtskräftig und fühlten sich demnach auch nicht daran gebunden. Daß Renner seine Hoffnung auf eine Vereinigung mit der Weimarer Republik keineswegs aufgegeben hatte, spiegelt sich auch in seinem Zuruf an den Nationalrat, mit dem er seine Rede beschloß: »Die Unabhängigkeit der Republik Österreich und der Anschluß an unser deutsches Mutterland, sie leben hoch!«[11]

Trotz der aufgeschaukelten Leidenschaften in der parlamentarischen Auseinandersetzung mußte Seipel zu einem Konsens mit den Sozialdemokraten gelangen. Für bestimmte Verfassungsänderungen – gerade für die Übertragung besonderer Vollmachten an die Regierung – benötigte er eine Zweidrittelmehrheit. Da sich die Sozialisten aber wütend gegen besondere Vollmachten stemmten, wurden diese einem alle Fraktionen umfassenden Parlamentsausschuß übertragen. In diesem »Außerordentlichen Kabinettsrat« genügte bereits die einfache Mehrheit; somit konnten die erforderlichen Maßnahmen trotz der Gegenstimmen durchgeführt werden. Die SDAP tröstete sich damit, die Sanierung auf diesem Weg wenigstens überwachen zu können. Doch in Wirklichkeit hatte sich Seipel auf allen Linien durchgesetzt. Es gelang ihm, die Währung zu stabilisieren. Weiters wurde die Nationalbank gegründet und ein Ausgleich des Budgets erreicht. Allerdings stellten sich als Negativerscheinungen jedoch Deflation und steigende Arbeitslosigkeit ein. Die Wirtschaft erholte sich nicht, denn durch die neuen Steuern wurden auch die heimischen Betriebe belastet. Diese schlugen die Steuern wiederum auf die Verkaufspreise auf, was zu einem Konsumrückgang und mangelnder internationaler Wettbewerbsfähigkeit führte. Zudem wurden im Rahmen des Sparprogramms fast 100 000 Bundesbedienstete und Eisenbahnangestellte abgebaut und die Anzahl der Ministerien verringert.

Das politische Klima verschlechterte sich zunehmend. Der politische Gegner wurde mehr denn je verteufelt. Seipel empfand die heftige sozialistische Agitation gegen die Genfer Protokolle als staatsfeindliche Aktion. Gleichzeitig konnte er sich darüber freuen, daß die linke Propaganda das bürgerliche Lager näher zusammenführte, ja zu einem Block gegen die Sozialdemokratie formte. Renner meinte seinerseits, bei den Christlichsozialen eine totale geistige Umkehr zu erkennen. Seipel, den er gar als »Judenliberalen in der Soutane« bezeichnete, habe das Wesen seiner

Partei verändert und Teile der alten Machtschicht der untergegangenen Monarchie aufgenommen. Die alten sozialstaatlichen Ideen müßten dem »ältesten Manchesterliberalismus« Platz machen. Das einst so »böse Gold« sei zum reinen Fetisch der Seipelschen Politik geworden, die nur mehr den freien Waren- und Arbeitsmarkt propagiere. »Alle Tatkraft, alle Leidenschaft gilt nun der Idee, dem fremden Kapital möglichst große Stücke des Staats- und Volksgutes, ja selbst der Privatunternehmungen preiszugeben!« Der Katholizismus habe demnach aufgehört, wirkliche Kirche zu sein, und sei vielmehr zur politischen Partei verkommen.[12]

Nach der heftigen Auseinandersetzung um die Genfer Anleihe zog sich Renner im großen und ganzen von der Bühne der Bundespolitik zurück. Innerparteilich standen mit Karl Seitz und Otto Bauer zwei Männer unangefochten an der Spitze, zu denen er kein spannungsfreies Verhältnis unterhielt. Friedrich Adler und Julius Deutsch führten ein oft radikal gesinntes Fußvolk an, zu dem Renner wenig Kontakt hatte. So engagierte er sich wieder verstärkt im Genossenschaftswesen. In einem Leitartikel der »Arbeiter-Zeitung« warb er um Mitglieder und erhöhte Aufmerksamkeit für diese durch die wirtschaftliche und politische Lage bedrohte Bewegung. Und so erklärte er in einfacher Sprache nochmals ihr Wesen: »Der freiorganisierte Konsument deckt in seiner demokratisch verwalteten Gemeinschaft seinen eigenen Bedarf, schließt dadurch jede Ausbeutung durch das Handelskapital aus und verteilt allenfalls gemachte Erübrigungen auf seine Mitglieder. Sollen Arbeiter und Angestellte, öffentliche und private Bedienstete, schon einmal ausgebeutet bei ihrer Arbeit und beim Erwerb ihres kargen Lohnes, nicht noch ein zweitesmal – diesmal durch das Handelskapital – ausgebeutet werden bei der Verausgabung ihres Lohnes und Gehalts, dann brauchen sie die Konsumgenossenschaft, ... als Waffe im Kampfe um ihr Dasein!«[13] Einerseits lobte er die österreichische Arbeiterbewegung, die es verstanden hatte, das große Ziel der Verwirklichung des Sozialismus mit der nüchternen Tagesarbeit zu verbinden. Sie stellte für ihn eine gelungene Kombination aus der revolutionären Leidenschaft der russischen Arbeiterschaft und dem Realismus des englischen Proletariats dar. Andererseits wußte er, daß der stillen »Korallenarbeit« der Genossenschaftsbewegung nur wenig Aufmerksamkeit geschenkt wurde. Zäh verfolgte er sein Vorhaben, die Genossenschaften so auszurüsten, daß sich der proletarische Haushalt selbst versorgen konnte. Das war nüchterne Kleinarbeit, doch sie führte, wie er es formulierte, »zu großen Zielen« und diente »der hohen Idee des Sozialismus«. Am 1. Januar 1923 öffnete die von ihm gegründete »Arbeiterbank« in den Kassaräumen der »Großeinkaufsgesellschaft für Consumvereine«, der GÖC, in der Leopoldstädter Praterstraße 8, in dem Haus, wo auch Renner wohnte, ihre Tore. Sie löste damit den seit 1913 bestehenden »Kreditverband österreichischer Arbeitervereinigungen« ab. Renner wurde Vorsitzender des Verwaltungsrats. Die Arbeiterbank stellte für ihn eine logische Konsequenz der Genossenschaftsbewegung und ein weiteres Hilfsmittel im »Befreiungskampf der Arbeiterschaft« dar: »Die Arbeiterbank dient ausschließlich den Interessen der Arbeiterinstitute, sie drängt sich nicht in den kapitalistischen Markt ein und hat weder die utopische Hoffnung noch den Ehrgeiz, diesen zu erobern oder zu ersetzen oder gar zu zerstören. Es handelt sich somit gar nicht darum, den bürgerlichen Instituten auf ihren Gebieten Konkurrenz zu machen ... und so gleichsam den Teufel des Kapitalismus durch einen kapitalistischen Beelzebub auszutreiben, sondern einzig und allein darum, den Organisationen und Instituten der Arbeiterklasse ein Hilfsinstitut zu schaffen, das ihnen die Benützung kapitalistischer Institutionen tunlichst erspart und auf eigenem Boden zu bleiben ermöglicht.«[14] 1931 sollte die Arbeiterbank – trotz aller wirtschaftlicher Krisen – schließlich ihre Zentrale in der Wiener Seitzergasse in einem eigenen Haus einrichten. Renner mußte 1926 aufgrund des neugeschaffenen Unvereinbarkeitsgesetzes aus der Arbeiterbank ausscheiden, wurde aber daraufhin 1927 Präsident der Konsumgenossenschaft.

Im Vergleich zu seiner Zeit als Staatskanzler, wo er sich nicht selten bis zu 16 Stunden den Amtsgeschäften gewidmet hatte, nahm sich Renner im politischen Alltag nun merklich zurück. Der unentwegte Bienenfleiß Otto Bauers, dessen bedingungslose Hingabe an die Politik und die Arbeiterbewegung war ihm, der sich eines intakten Familienlebens erfreuen konnte, fremd. So nützte er seine bisweilen isolierte Stellung in der Partei, um sich endlich ein ruhigeres Leben zu gönnen. Nach der Agitation gegen die Genfer Sanierung besaß er nun wieder genügend Zeit für gesellige Zusammentreffen mit Freunden und Tarockpartnern. Der Altkanzler liebte seine – zutiefst bürgerliche – Idylle in Gloggnitz über alles: »Es gibt doch nichts über das Nest, das ich mir gerichtet habe.« Noch immer konnte er ausgelassen und fröhlich sein und erschien gelegentlich, volksverbunden und junggeblieben, wie er war, als gern gesehener Gast bei Dorffesten. Renner schätzte auch besonders die Hausmusik, und er verkehrte bisweilen in Künstlerkreisen, wie etwa mit Willy Forst und der Volksschauspielerin Annie Rosar. Nicht zuletzt besann er sich wieder seiner Naturverbundenheit und wanderte durch die Wälder auf der Suche nach Pilzen. Selbst hier blieb Renner freilich seiner politischen Berufung treu, und so versuchte er auf den geselligen Wanderungen unentwegt, seinen Begleitern das Wesen der Welt näher zu erklären.

Gegen Mitte der zwanziger Jahre hatte er – trotz seiner Obmannschaft im parlamentarischen Budgetausschuß – Abstand zum aufreibenden Tagesgeschäft der Politik gewonnen. Getreu seinem Leitsatz, für besondere Aufgaben auf den Ruf der Partei zu warten und sich keinesfalls aufzudrängen, trat er innerhalb der SDAP in die zweite Reihe zurück und überließ anderen die Führung. Dafür widmete er sich einstweilen theoretischen Studien und der Schriftstellerei. Renner schrieb wieder regelmäßig im »Kampf«, edierte eine Auswahl von Reden und Schriften seiner politischen Leitfigur, Ferdinand Lassalle, und versuchte, das komplizierte System Karl Marx' auf knapp 400 Seiten in »Die Wirtschaft als Gesamtprozeß und die Sozialisierung« populärwissenschaftlich darzustellen. Diese Monographie erschien in der Sowjetunion auch in russischer Sprache. Daneben konnte er sich wieder mehr seiner Lehrtätigkeit widmen. Er unterrichtete an der Wiener Parteischule Volkswirtschaftslehre und an der Arbeiterhochschule Staatsrecht. Seine Vorlesungen und Kurse waren sehr beliebt, er sprach mit klarer Stimme und in freier Rede, und er verstand es, komplizierte Sachverhalte höchst einfach darzulegen. An Wahlversammlungen nahm er nur mehr ungern teil, und selbst wichtigen Beratungen im Parlament blieb er immer häufiger fern. Ellenbogen, der sich zwar ideologisch weitgehend auf seiner Linie befand, sich aber persönlich zunehmend mit ihm zerstritt, nannte ihn bereits einen »Müßiggänger«, der es vorziehe, ins Ausland zu reisen, um dort »sein Licht strahlen« zu lassen.[15]

Tatsächlich wollte Renner so gerne die »weite Welt« sehen. Er fühlte sich in Österreich durch seine Verpflichtungen wie in ein Gefängnis gesperrt, und er beneidete seinen Schwiegersohn, Hans Deutsch, als dieser in die Vereinigten Staaten reiste. Karl Renner selbst weilte aufgrund seines chronischen Leberleidens jeden Sommer im mondänen Karlsbad oder in Marienbad. 1925 reiste er im Anschluß an die Lehrtätigkeit an einer Parteischule in Schleswig-Holstein mit seiner Frau nach Südtirol, Mailand, Genua, an die Côte d'Azur und Lyon. Während er in Marseille den Internationalen Sozialistenkongreß besuchte, genoß er in Chamonix und im Berner Oberland die herrliche Bergwelt. Wenig später führte der Parteitag der deutschen Sozialdemokratie Renner nach Heidelberg. Im Anschluß daran wohnte er in Paris dem Internationalen Genossenschaftskongreß bei.

Nichts als Ärger und Unannehmlichkeiten bereitete Renner seine weitverzweigte Verwandtschaft – nicht seine Tochter, zu der er eine besonders

Eröffnung der Rax-Seilbahn 1926. Renner u.a. mit Helmer, Paul Richter und Danneberg.

enge Bindung hegte, und ihr Mann, den nur sieben Jahre Altersunterschied von seinem Schwiegervater trennten. Sie und die drei Enkel liebte er, wie seine Frau, innig und tief. Gerne bezeichnete er seine Enkelkinder Franziska, Hans und Karl als seinen »Stolz« und seine »Zuckerln«, und Großmutter Luise pflegte trotz eigener gesundheitlicher Beschwerden die häufig kranken Kinder aufopferungsvoll. Doch immer wieder wandten sich völlig unbekannte Großneffen und Großnichten mit beruflichen, finanziellen und Wohnungsanliegen an den so einflußreichen Onkel. Obwohl er wenig Neigung verspürte, seinen politischen Einfluß für die »geschäftlichen Interessen von Verwandten« zur Geltung zu bringen, half er anfänglich doch regelmäßig mit Geldsendungen für den Kauf von Lebensmitteln aus und vermittelte wiederholt Posten und Wohnungen. Aber er machte damit schlechte Erfahrungen. So wurde er unter anderem als Bürge zur Verantwortung gezogen und mußte allmählich zur Kenntnis nehmen, daß so manch einer aus der zahlreichen Unter-Tannowitzer Nachkommenschaft ein bedenkenlos verschwenderisches und unstetes Leben führte oder gar ins Kriminelle abgerutscht war.

Der Großneffe Ernst Renner beispielsweise neigte zu Hochstapelei und Betrügereien, die dazu führten, daß er sich schließlich nach Barcelona absetzte. Großneffe Alfred wiederum galt in Wien als bezirksbekannter Einbrecher. Seinem Bruder Johann schickte Karl Renner Geld ins Armenhaus nach Südmähren. Nahezu die gesamte Verwandtschaft, die es zu nichts gebracht hatte, hielt den Altkanzler für eine nie versiegende Geld- und Protektionsquelle. Nach vielen Enttäuschungen und mannigfachen Zahlungen begann sich Karl Renner schließlich dagegen zu wehren, ständig zu Interventionen herangezogen zu werden. An seine Schwägerin Therese schrieb er einmal nach Unter-Tannowitz: »Ich kann mir schon denken, daß Du die Auffassung hast, die Sozialdemokraten treiben es wie die anderen auch und betrachten ihre Vertrauensstellung als ein Mittel, um Protektion zu üben und Verwandte unterzubringen. Ich muß Dir aber sagen, daß das ganz falsch ist. Wir geben uns Mühe, alle Protektion auszuschließen und alle Stellen nur nach Recht und Gerechtigkeit zu vergeben. Und das ist eben der Grund, warum wir die Gemeinde Wien gut verwalten, während die anderen sie schlecht verwalteten. Was nun die Auffassung betrifft, es sei jetzt in diesen Krisenzeiten eine Leichtigkeit, jemanden unterzubringen, so bist Du auch im Irrtum. Das ist selbst für einen mächtigen Mann ungeheuer schwer.«[16]

Auch von den Verwandten seiner Frau erreichte ihn »eine Hiobsbotschaft nach der anderen«. Im Zuge der Kämpfe um das Burgenland wurde der Mann ihrer Nichte Rosa Illés, ein proösterreichisch gesinnter Kreisnotar

in St. Michael, von ungarischen Freischärlern in der Nähe eines Stein-
bruchs erschossen. Beinahe zur gleichen Zeit, im Spätsommer 1921, war
auch Samu Schalk, der Vater Rosa Illés', auf rätselhafte Weise zu Tode gekommen. Viele vermuteten, daß der fast vier Jahrzehnte lang amtierende
Bürgermeister der Gemeinde Güssing und Cousin Luise Renners vergiftet worden war. Ein Gerücht, dem auch sein Sohn Franz nachhing, der
Jahre danach wegen Körperverletzung, Ehrenbeleidigung und unbefug-
ten Waffenverkaufs verurteilt wurde.

Politisch hatte Renner zwar nicht resigniert, aber weitgehend an Einfluß
verloren. Trotzdem wurde der Altkanzler auf dem Parteitag, der Mitte
November 1923 stattfand, von den Delegierten mit stürmischem Beifall
begrüßt. Die Sozialdemokraten hatten bei den Wahlen vom 21. Oktober
nur 68 von 165 Sitzen im Nationalrat erobern können, was allerdings einen Zuwachs von sechs Abgeordneten im Vergleich zu den Wahlen von
1920 bedeutete, die Christlichsozialen hatten jedoch vom Niedergang der
Großdeutschen noch weit mehr profitiert und mit 82 Mandaten die absolute Mehrheit nur knapp verfehlt. Obwohl die Sozialisten damit von
ihrem Traumziel, als klar stärkste Partei die Regierungsgewalt zu übernehmen, weiter denn je entfernt waren, bezeichneten sie in propagandi-
stischer Übertreibung den Wahlkampf, in dem es naturgemäß vorrangig
um die Genfer Anleihe gegangen war, als denkwürdig.

Auch der erfahrene Politiker Renner ließ sich am Parteitag keine Enttäuschung über den eher bescheidenen Wahlerfolg anmerken. Im Gegenteil,
mit Nachdruck verwies er auf die Bedeutung der öffentlichen Angestellten und Teilen sowohl der Intelligenz als auch der Privatangestellten als
neu gewonnene »Grenzschichten« und setzte sich für die Öffnung der
Partei ein. Die Bewegung sollte auf alle, »die an Produktionsmitteln besitzlos sind und den arbeitenden Klassen angehören«, ausgedehnt werden. Dies bedeutete für Renner keineswegs einen »Allerweltssozialis-
mus«, wie dies der Chefredakteur der »Arbeiter-Zeitung« Friedrich Austerlitz spöttisch bemerkte, sondern verkörperte vielmehr »revolutionäre
Praxis« im Sinne Marx'. Renner machte die Genossen darauf aufmerksam, daß die neuen Wähler aus ganz anderem Milieu stammten. Die
Kernschicht der Sozialdemokratie, das industrielle Proletariat, müsse
Verständnis für die anderen aufbringen und dürfe sie nicht durch einen
dogmatischen Verbalradikalismus abstoßen. Manchmal sei nämlich das
Auftreten »unserer geschlossenen Heerhaufen, so nötig ihre Tatkraft ist,
derart, daß sich mancher, der zu uns gehört, nicht angezogen fühlt«. Vielmehr sollten die neuen Sympathisanten in die Organisation aufgenommen werden. »Die Genossen müssen begreifen, daß eine ganz lautlose

Arbeit auch revolutionär sein kann, nicht nur das Wort.« Renner maß dabei der Verwaltung große Bedeutung bei und hob das Wirken Hugo Breitners in Wien als besonders gelungenes Beispiel erfolgreicher sozial-demokratischer Praxis hervor.[17]

Tatsächlich präsentierte sich die »Wiener Schule der Kommunalpolitik« vor allem im Sozial- und Gesundheitswesen als zukunftsweisendes Beispiel sozialistischer Gesellschaftsordnung. In nur drei Jahren wurden 25 000 neue Wohnungen aus Steuermitteln gebaut. Der Universitätsprofessor für Anatomie, Julius Tandler, kämpfte als Stadtrat für Wohlfahrt, Jugendfürsorge und Gesundheitswesen mit einer Zahl von Maßnahmen zur Vorsorgemedizin gegen Mangelkrankheiten wie Tuberkulose oder Rachitis und gegen den aufgrund der tristen Lage weitverbreiteten Alkoholismus. Renners Intimus Otto Glöckel leitete eine in der Welt allgemein anerkannte und nachgeahmte Schulreform ein, durch die er einer möglichst breiten Bevölkerungsschicht einen leichteren Zugang zu einer höheren Schulbildung ermöglichen wollte. Durch eine aktive Mitwirkung der Schüler am Unterricht sollten Begabungen besonders gefördert werden. Nicht zuletzt mußte das Schulwesen von der Kirche getrennt werden und der Unterricht unentgeltlich sein. Auch in der Kinder- und Jugendfürsorge versuchte das »Rote Wien« mit dem Bau von Kindergärten, Tagesheimen und Schwimmbädern die sozialistischen Vorstellungen einer »neuen Gesellschaft« umzusetzen. Entsprechend hielt Renner den Christlichsozialen die Errungenschaften der sozialistischen Stadtverwaltung vor: »Wir können regieren, aber Sie nicht.«

Heftig kritisierte Renner, daß das Sanierungsprogramm Seipels bloß die Währung und die Staatsfinanzen im Auge hätte, jedoch ideenlos keinerlei Wiederaufbau des maroden Landes nach sich ziehen würde. Außerdem hielt er es für widersinnig, daß Österreich als ein »ausgesprochener Industriestaat« von einer überwiegend agrarischen Mehrheit regiert und wirtschaftlich vom Bankkapital, das die Arbeitnehmer ausbeute, geführt wurde. Die Regierung Seipel stellte für ihn somit eine höchst sonderbare »Allianz zwischen Banken und Kaplänen« dar. Demgegenüber vertrat er einen eigenen Plan zum Wiederaufbau des darniederliegenden Landes. Dem Altkanzler war dabei völlig klar, daß noch nicht an die Errichtung eines sozialistischen Wirtschaftssystems gedacht werden konnte. Eine Art »Zwischenprogramm« sollte daher auch auf das bürgerliche Element Rücksicht nehmen. Renner forderte, die Importe zu drosseln und die Ausfuhr zu forcieren. Österreich müsse endlich als Industrie- und Exportstaat aufgefaßt und geführt werden. Für die Konkurrenzfähigkeit der Industrie sollten die Lebensmittel mindestens zum Weltmarktpreis verbilligt werden. Außerdem trat er zur Ankurbelung der Wirtschaft – entgegen der Praxis von Bundesregierung und Unternehmer – für eine Lohn- und Gehaltssteigerung ein. Löhne würden schließlich nicht akkumuliert werden, sondern flössen vielmehr sofort wieder in die Hände des Kapitals zurück. Niedrige Löhne und Gehälter würden dagegen nur den Konsum vermindern und so die Produktion hemmen. Das amerikanische Beispiel zeigte nach Renners Meinung auch, daß gerade die sozialen Errungenschaften wie der Achtstundentag die Leistungskapazität eher gestärkt denn geschwächt hatte. Für die Landwirtschaft propagierte Renner eine Politik der Kleinbauern und der Landarbeiter. Für den Handel strebte er wiederum eine Stärkung der Genossenschaften gegenüber dem Handelskapital an. Für ihn, der am liebsten »das ganze Denken unseres Volkes umwälzen« wollte, glich jedenfalls das Regierungsprogramm Seipels einem Rückfall ins tiefste Mittelalter.

Die politischen Fronten verhärteten sich unaufhaltsam. Im Nationalrat befleißigte man sich einer immer rüderen Wortwahl und schreckte auch vor persönlichen Beleidigungen nicht zurück. So nannte der christlichsoziale Außenminister Heinrich Mataja den ehemaligen niederösterreichischen Landeshauptmann und sozialistischen Abgeordneten aus Ottakring, Albert Sever, einen »Lump« und »Halunken«. Außerparlamentarisch ergriffen wiederum die Sozialisten eine verhängnisvolle Maßnahme. Aufgrund eines Parteitagsbeschlusses gründete der ehemalige Staatssekretär für Heereswesen und Organisator der Volkswehr, Julius Deutsch, die paramilitärische Gruppierung des »Republikanischen Schutzbundes«. Damit verfügten nun auch die Sozialdemokraten in der politischen Auseinandersetzung über bewaffnete Einheiten. Ihnen stand die reaktionäre Heimwehr gegenüber, die sich – offiziell gar nicht in die christlichsoziale Partei eingebunden – als Wehrorganisation zur Bekämpfung des Bolschewismus verstand. Beide Gruppierungen glaubten aus falsch verstandenem Patriotismus den Staat aufs äußerste bedroht. Anstatt ihn zu retten, führten sie ihn jedoch direkt in den Abgrund. Nach dem Ersten Weltkrieg waren viele Bestände an Waffen und Munition der aufgelösten k.u.k. Armee in private Hände gewandert. Die Siegermächte ordneten zwar eine allgemeine Entwaffnung beider Wehrverbände an, doch übten sie hiebei viel zu wenig Druck aus. Österreich blieb ein Zentrum des nationalen und internationalen Waffenhandels. Auf dem Mitte November 1925 abgehaltenen Parteitag verabschiedeten die Sozialdemokraten ein Agrarprogramm. Im Zuge der Debatte forderte Renner die bäuerliche Bevölkerung auf, sich der Bewegung anzuschließen. Freilich war es für ihn weder in der Stadt noch auf dem Land Sache der Partei, Religion und Kirche in die Agitation mit einzubeziehen und zu bekämpfen. Doch der Einfluß des Klerus im Schulwesen störte auch ihn erheblich. Er betrachtete demgemäß die weltliche Schule als wesentlichste Voraussetzung zur Förderung der bäuerlichen Produktion. Zudem sprach er sich für eine Bekämpfung des Handelskapitals und des Einflusses des Großbürgertums auf die Bauern aus. Die ländliche Bevölkerung sollte sich der Führerschaft der Holz-, Wein- und Viehhändler entziehen und von der politischen Bevormundung durch die Christlichsozialen befreien. Obwohl Renner zwischen Arbeiterbewegung und Bauernschaft jede Menge Brücken sah, machte er, der die Verhältnisse aus seiner Kindheit nur zu gut kannte, seine Parteifreunde auf die völlig anderen Arbeits- und Sozialverhältnisse der Kleinbauern nachdrücklich aufmerksam.

Gleichzeitig zeigte sich Renner über die Entwicklung der internationalen Arbeiterbewegung zunehmend besorgt. Schon 1923 hatte ihn die Ohnmacht des französischen Proletariats angesichts der alliierten Besetzung des Ruhrgebiets empört. Zwei Jahre später konstatierte er sogar eine Phase des Stillstands. Dieser Stagnation sei freilich eine »heldenhafte Geschichte« vorausgegangen, denn das republikanische Nachkriegseuropa präsentierte sich für ihn zu seinem größten Teil als Schöpfung der Sozialdemokratie. Aufgrund der wirtschaftlichen und politischen Situation in der alten Welt erkannte er sorgenvoll eine Pendelbewegung ins rechte Spektrum und hielt die internationale Arbeiterklasse für noch nicht geschlossen und stark genug, um eine entscheidende Wende herbeizuführen.

In Österreich hielt Ignaz Seipel, nachdem er am 1. Juni 1924 durch das Pistolenattentat eines Psychopathen schwer verletzt worden war, mittlerweile die Zügel wieder fest in der Hand. Die bürgerlichen Kräfte rückten immer näher zusammen. Die SDAP war dagegen isoliert. »Wir in Österreich«, so bemerkte Renner in einem Brief an Rudolf Hilferding verärgert, »haben glücklich so manövriert, daß der Seipel wieder oben und der absolute Herr in seiner Partei ist. Wir haben also glücklich so lange manövriert, bis unsere Gegner eine geschlossene Phalanx sind.« Allgemein zeigte sich Renner über die Situation der Arbeiterbewegung unglücklich. Angesichts der Entwicklung in Ungarn und selbst in der Tschechoslowakei hatte er den Eindruck, »daß die europäische Reaktion Volldampf vorwärts fährt«.[18]

Um so kämpferischer gaben sich die österreichischen Sozialdemokraten, die am 30. Oktober 1926 zu einem historischen Parteitag im Linzer

Volksgartensalon zusammentraten. In hoffnungsvoller Stimmung verab-schiedeten die Delegierten das neue Parteiprogramm, stammte das alte doch noch aus dem Jahre 1901. Es war ein »Programm der Machterobe-rung«, indem deutlich angekündigt wurde, daß man sich die in der Zu-kunft zu erringende Macht unter keinen Umständen wieder entreißen lassen würde. Dem Bürgertum warf man vor, eine Republik mit einer so-zialistischen Regierung stürzen und daraufhin eine monarchistische oder gar faschistische Diktatur errichten zu wollen. Doch die Sozialdemokra-ten ließen keinen Zweifel daran, daß sie die Republik auch mit Waffenge-walt verteidigen wollten. Sollte einer sozialdemokratischen Bundesregie-rung durch planmäßige bürgerliche Obstruktion in Wirtschaft und Poli-tik, durch eine Verschwörung mit »gegenrevolutionären Mächten« Wi-derstand entgegengesetzt werden, müßte dieser »mit den Mitteln der Diktatur« gebrochen werden. Zu diesem gewaltsamen Weg, die demo-kratische Republik zu schützen, könne die Sozialdemokratie allerdings nur durch den politischen Gegner gezwungen werden.

Trotz der verhängnisvollen Konzessionen Otto Bauers, des Autors des Parteiprogramms, an den linken Parteiflügel, zeigte sich auch der gemäßigte Renner über das neue Konzept hoch erfreut, das er immerhin als »unermeßlichen« Fortschritt erachtete. Er betrachtete es als Antwort auf die veränderte Struktur von Kapitalismus und Weltpolitik. Und es bedeutete das Ende der theoretischen Streitigkeiten. Die Partei schien im Inneren konsolidiert. Auf dem – aus seiner Sicht sogar »glänzend verlau-fenden« – Parteitag vergaß Renner jedoch nicht zu betonen, daß sich die Sozialisten eben immer nach den Voraussetzungen des jeweiligen Landes zu richten hätten. Seit Mitte des Ersten Weltkriegs und in zunehmendem Maße seit Victor Adlers Tod hatte der linke Parteiflügel stetig an Bedeu-tung gewonnen. Lautstark gab er viele Themen und Richtlinien inner-halb der Partei vor und prägte vor allem ihr äußeres Erscheinungsbild. Mit Unbehagen nahm Renner diese Entwicklung wahr, doch er kämpfte wenig gegen diese Entwicklung an. Er war der aufreibenden Parteiarbeit müde, zudem ging ihm, als gehorsamem Schüler Victor Adlers, die Ein-heit der Bewegung über alles.

Natürlich stimmte gerade Renner für die Wiedereroberung der Macht, die Wiedergewinnung der Staatsgewalt. Zwar hielt er es nicht gerade für eine verlockende Aufgabe, das durch die Herrschaft eines »verfaulten« und »energielosen« Bürgertums heruntergewirtschaftete Staatswesen zu übernehmen, doch mußte für die Bevölkerung eine Machtübernahme der Sozialdemokraten, seiner Meinung nach, einer Erlösung gleichkom-men. Und diese Machtübernahme, so war er überzeugt, würde trotz aller

Rückschläge kommen. Man mußte nur die Geduld bewahren. Also rief er den Christlichsozialen im Parlament unter den Ovationen seiner Parteifreunde zu: »Wir haben Zeit, aber wir sehen unsere Stunde kommen.«[19]

X. »Die ewige Unruhe, die mein Leben beherrscht ...«

Der Nachmittag des 30. Januar 1927 läutete den Anfang vom Ende einer vergleichsweise ruhig und demokratisch verlaufenden Entwicklung der Ersten Republik ein. Ort der Handlung: das kleine Schattendorf im Burgenland. Es war keineswegs das erste Mal, daß Schutzbündler auf die rechtsradikalen, deutschnationalen und antisemitischen »Frontkämpfer« trafen und es dabei zu wilden Raufereien kam. Doch diesmal zielten ein Gastwirt, dessen Söhne und zwei weitere Frontkämpfer scheinbar völlig unmotiviert aus dem Hinterhalt des Gasthausfensters auf nichtsahnende, vorbeiziehende Schutzbündler. Ein Kriegsinvalider und ein achtjähriger Junge wurden dabei erschossen, einige Schutzbündler durch die Gewehrsalven verletzt. Die mutmaßlichen Täter wurden schließlich von der Gendarmerie festgenommen und warteten auf ihren Prozeß.

Am 3. Februar 1927 stellte die sozialdemokratische Fraktion eine dringliche Anfrage zu den blutigen Vorfällen in Schattendorf. Renner machte dabei in seiner Rede deutlich, daß für ihn die Tat nichts anderes als eine »brutale Äußerung eines bestialischen Mordwillens« bedeutete. Dagegen lobte er die »bewunderungswürdige Haltung der Arbeiterschaft«, die den Gedanken der individuellen Vergeltung weit von sich gewiesen habe. Die herausragende Selbstbeherrschung wäre freilich der systematischen Volkserziehung der österreichischen Sozialdemokratie zu verdanken. Die Massen der Arbeiterschaft würden dazu erzogen, Gewalt abzulehnen. Gewalt, so berief sich der Altkanzler auf das Linzer Parteiprogramm, konnte lediglich das letzte Mittel der Selbstverteidigung darstellen. Der Abgeordnete bestritt auch, daß die jüngste Tat als Rache für die wüsten Prügeleien am Schattendorfer Bahnhof zu bewerten wäre. Es handelte sich für ihn dabei auch keineswegs um eine Affekthandlung aus einem Gefühl der wirklichen Bedrohung, sondern »um eine brutale, feige und absichtliche Tötung«.

Dem Mord von Schattendorf war eine ganze Reihe anderer Gewalttaten an Sozialdemokraten vorausgegangen, die allesamt ungesühnt blieben. Daher gab Renner auch den Christlichsozialen die politische Verantwortung, die solche Taten in immer wachsender Zahl ermöglichten. Die Konservativen hätten es nämlich an der Erziehung ihrer Sympathisanten gänzlich fehlen lassen. Zu allem Übel ermutige und rechtfertige die »schwarze« Presse sogar derlei Täter. Weite Kreise bei den Christlichsozialen liebäugelten außerdem mit dem Faschismus eines Mussolini oder

Horthy und der Niederwerfung der Arbeiterklasse. Bei allen Anlässen würde die Idee favorisiert, eine »Bande von entschlossenen Männern ... zu bewaffnen, um die Mehrheit des Volkes zu beherrschen«. Dementsprechend würde auch die Jugend erzogen. Der Mord von Schattendorf, so warf Renner den Christlichsozialen im Nationalrat vor, war keine unpolitische Tat. Die Täter seien vielmehr »von dem Geist angesteckt, der von Ihren Reihen ausgeht, und das ist mit Ihre Schuld«.[1]

Die Bürgerlichen ließen solche Schuldzuweisungen freilich nicht auf sich sitzen und konterten scharf. Das innenpolitische Klima war somit rauher geworden. Man entschloß sich, die Nationalratswahlen auf den 24. April vorzuverlegen. Was folgte, war die totale Polarisierung der politischen Kräfte. Die Wahl sollte über die politische Zukunft Österreichs entscheiden. Es ging, wie die Parteizeitungen kämpferisch schrieben, »um Sein oder Nichtsein«, »um Österreichs Gedeihen und Verderben«. Die Christlichsozialen traten nicht mehr allein, sondern gemeinsam mit Großdeutschen und einem Teil der Nationalsozialisten in einer antimarxistischen »Einheitsliste« an. Dieser standen die Sozialdemokraten gegenüber, die stolz auf ihre Errungenschaften im »Roten Wien« hinwiesen. Sie warben damit, weitere 30 000 Wohnungen bauen zu wollen, und kündigten an, mit Krediten und Investitionen die Arbeitslosigkeit zu bekämpfen, das Gewerbe anzukurbeln, die städtischen Unternehmen auszubauen und den Industrieexport anzuheben. Zudem versprach die SDAP, das Sozial-, Kultur- und Unterrichtswesen weiter voranzutreiben sowie den Fremdenverkehr und den Sport zu fördern. Sie warf den Bürgerlichen Korruptions- und Bankenskandale, Sozialabbau und Antisemitismus vor. Die Einheitsliste warnte dagegen vor Bolschewismus, Terror, Klassenhaß und den »Breitner-Steuern«, die nur der Arbeiterklasse zugute kämen. Neben den allgegenwärtigen traditionellen Wahlplakaten und Großaufmärschen wurden von den Sozialisten damals bereits auf einer 60 m^2 großen Leinwand bis spät in die Nacht eigene Propagandafilme im Wiener Resselpark gezeigt.

Die SDAP erreichte schließlich bei der Wahl stimmenmäßig das beste Resultat in der Geschichte der Ersten Republik. Der Gewinn von drei Mandaten reichte jedoch bei weitem nicht aus, um eine bürgerliche Regierung mit Ignaz Seipel als Bundeskanzler zu vereiteln. Obgleich die Christlichsozialen neun Mandate verloren hatten, bildete der Prälat sein fünftes Kabinett, dem auch der zweite Wahlgewinner, der stark auf Südösterreich konzentrierte Landbund angehörte. Renner verstand den politischen Gegner, er empfand es als logisch und taktisch notwendig, daß sich die bürgerlichen Kräfte gegen die so reformfreudige Sozialdemokratie zusammenschlossen. Dennoch, die Bürgerblockregierung mußte mit allen Mitteln der Demokratie bekämpft werden.

Am 5. Juli begann der mit großer Spannung erwartete Prozeß gegen die Attentäter von Schattendorf im großen Schwurgerichtssaal des Wiener Landesgerichts. Die Frontkämpfer wurden jedoch nicht des Mordes, sondern des »Verbrechens der öffentlichen Gewalttätigkeit durch boshaftes Handeln oder Unterlassen unter besonders gefährlichen Verhältnissen« angeklagt. Für die sozialistische Presse waren sie indes schlicht »Arbeitermörder«, deren Tat unter allen Umständen strengstens bestraft werden mußte. Sowohl die Verteidigung der Angeklagten als auch die bürgerlichen Medien beschuldigten jedoch die Schutzbündler, den Zwischenfall von Schattendorf provoziert zu haben. Nach dreieinhalbstündiger Beratung sprachen sechs der neun Geschworenen am Abend des 14. Juli die drei Angeklagten schließlich frei. Sie begründeten dies damit, daß es sich nicht mehr feststellen ließe, von wem die tödlichen Schüsse stammten; außerdem hätten die Schutzbündler das Wirtshaus angegriffen. Erst dann wären die Schüsse von den Frontkämpfern – in einer Art Notwehr – abgefeuert worden. Nach der Bekanntgabe des Urteils mußte die Polizei die Freigesprochenen und ihren Verteidiger Walter Riehl, den früheren Obmann der NSDAP in Österreich, durch die aufgebrachte Menschenmenge eskortieren.

Während die »Arbeiter-Zeitung« in ihrem Morgenblatt vom 15. Juli den Freispruch aufs schärfste brandmarkte und das »Schandurteil« allerorts heftigst diskutiert wurde, zeigte sich der sozialdemokratische Parteivorstand völlig ratlos. Renner selbst weilte gar nicht in Wien. Zu spät entschloß sich Julius Deutsch, den Schutzbund als Ordnerdienst für die zu erwartenden Demonstrationen einzusetzen. In Wien wurde der Strom für die Straßenbahnen abgeschaltet. Die Arbeiter der Elektrizitätswerke marschierten zum Parlament. Dort gelang es der berittenen Polizei, die führerlosen Demonstranten zu vertreiben, die sich daraufhin zum Justizpalast am Schmerlingplatz, zum Symbol der ›Klassenjustiz‹, begaben. Nachdem dort die Polizei eine weitere Attacke gegen die Menge geritten hatte und ein Demonstrant durch einen Schuß verletzt worden war, drangen die wütenden Arbeiter in das benachbarte Polizeiwachzimmer Lichtenfelsgasse ein. Vergebens versuchten einige Schutzbündler, die Menschenmenge von einem Sturm auf den Justizpalast abzuhalten. Gegen zwölf Uhr mittags gelangten die ersten mit Hilfe von Leitern in das Innere des Gebäudes. Schreibmaschinen, Tische, Bilder wurden aus den Fenstern geworfen. Die Wütenden zündeten Akten an und steckten damit den Justizpalast in Brand. Schon bald war aus der Ferne eine gewaltige Rauchsäule über der Innenstadt zu sehen. Unter tatkräftiger Mithilfe des erfahrenen ehemaligen k.u.k. Offiziers und nunmehrigen hochrangigen Schutzbundfunktionärs Oberst Theodor Körner glückte es, die noch im Gebäude eingeschlossenen Beamten, Polizisten und Schutzbündler zu evakuieren. Die alarmierte Feuerwehr hatte aber größte Mühe, zum Geschehen vorzudringen. Immer wieder versperrte ihr die Meute den Weg. Selbst Bürgermeister Karl Seitz mißlang es, die Menge, die ihn unflätig beschimpfte, zu beruhigen. Inzwischen wies der Kanzler Polizeipräsident Schober an, Ruhe und Ordnung wiederherzustellen – nötigenfalls mit Gewalt. Daraufhin erschienen 600 mit Karabinern des Bundesheeres bewaffnete Polizisten am Schauplatz der Ausschreitungen. Die meisten von ihnen waren noch unerfahrene Polizeischüler. Nachdem Warnschüsse die Lage nicht beruhigt hatten, eröffneten sie auf die Demonstranten das Feuer. Auch auf Flüchtende wurde noch gezielt geschossen. Zum Teil verwendete die Exekutive sogar Scheibenmunition, die eine ähnlich schreckliche Wirkung wie die allseits geächteten Dumdumgeschosse hatte. Das Bild glich einer Menschenjagd. Der Zorn der Arbeiter richtete sich nun auch gegen die Redaktionsbüros der »Reichspost« und der »Wiener Neuesten Nachrichten«, die gestürmt und angezündet wurden. Auch in anderen Bezirken kam es zwischen der Exekutive und den Demonstranten zu Kampfhandlungen. Seipel sah im Sturm auf den Justizpalast den Ausbruch einer Revolution. Seine Antwort darauf kostete 85 der insgesamt 200000 Demonstranten und vier Polizisten das Leben. Hunderte Menschen wurden zum Teil schwer verletzt.

Noch am selben Tag forderten die Sozialdemokraten die Ablöse der Regierung Seipel durch ein Beamtenkabinett. Danach wollten sie selbst wieder Regierungsverantwortung übernehmen. Seipel lehnte im Wissen, daß dieser 15. Juli ein Tag des Sieges der Bürgerlichen über die konfusen Sozialisten, ein Sieg der Staatsautorität über die ungezügelte Arbeiterbewegung war, ab. Er ließ sich auch durch den von der SDAP initiierten eintägigen Generalstreik und einen unbefristeten Verkehrsstreik nicht in die Knie zwingen. Die Sozialdemokratie aber war durch die Disziplinlosigkeit der Massen und die Verwirrung innerhalb der Parteiführung schwer angeschlagen. Dennoch versuchte Renner der deprimierten Stimmung innerhalb der Partei entgegenzuwirken. Nach außen hin, so gab er sich zweckoptimistisch, habe die Bewegung gar nicht ihr Gesicht verloren. Das »Mißlingen der Machtprobe« hielt er vielmehr für ein parteiinternes Problem. Der Parteivorstand der SDAP mußte jedenfalls erkennen, daß seine Beziehung zur Basis der Arbeiterschaft nicht so eng war, wie er bislang meinte. Die Parteiführung war von der spontanen Protestkundgebung, die schließlich zu einem Gewaltstreich eskalierte, völlig überrascht worden. Außerdem mußten Bauer und Seitz sowie Deutsch – als Organisator des Schutzbundes – zugeben, am 15. Juli zu spät gehandelt zu haben und in keiner Phase Herr der Lage gewesen zu sein. So manchem Arbeiter erschien der Schutzbund mittlerweile sogar als Ordnungstruppe der bürgerlichen Staatsgewalt. In den konservativen Teilen der Bevölkerung auf dem Land wie in der Stadt wurden die Ereignisse des 15. Juli hingegen als Versuch einer roten Revolution aufgefaßt. Diese Befürchtung verstärkte den Zustrom zu den antimarxistischen Wehrverbänden. Die politischen Gegner witterten nach dem offenkundigen Versagen der SDAP Morgenluft, während die Arbeiterbewegung seit dem 15. Juli ihren Ruf der Geschlossenheit und Disziplin eingebüßt hatte.

Die Sozialdemokraten forderten von der Regierung die Amnestie für die verhafteten Demonstranten. Für Seipel handelte es sich bei diesen jedoch um politische Gewalttäter, denen er keine Gnade gewähren wollte. Er warf den Sozialdemokraten vor, die Unruhe durch ständige Agitation geschürt zu haben. Otto Bauer hielt dem entgegen, daß die Bundesregierung die Augen vor dem drohenden Bürgerkrieg verschließe und kein Zeichen des Ausgleichs und der Versöhnung setze. Renner hielt fest, daß das rechtsstaatliche Denken in weiten Teilen der bürgerlichen Welt verlorengegangen sei. Seiner Auffassung nach war diese Unruhe aus dem Gefühl der Rechtsunsicherheit innerhalb der Bevölkerung entstanden. Das Recht sah er für politische Zwecke mißbraucht. Die Justiz stecke in einer Vertrauenskrise. Die Vorfälle des 15. Juli bedeuteten für den Altkanzler jedenfalls ein nationales Unglück. Wiewohl er nicht zu den einseitigen Anklägern der Exekutive zählte, regte er doch eine Untersuchung der Vorfälle an, denn auch für ihn hatte »von einer bestimmten Stunde an ein Exzeß der Notwehr« seitens der Polizisten stattgefunden. Renner führte dies freilich auf absichtlich lancierte Falschmeldungen zurück, die davon sprachen, daß Dutzende Wachleute bereits den Tod gefunden hätten. Er wertete dies als eine »ganz erbärmliche Mache, die das Unglück größer gemacht hat, als es hätte sein müssen.« Er warnte die Bürgerlichen, das Einschreiten der Exekutive als Denkzettel an die Sozialisten zu betrachten. Vielmehr forderte er die Regierung auf, nicht mehr mit dem Faschismus zu kokettieren. Mit dem Wegfallen der Gefahr eines autoritären Putsches in Österreich würde auch der innere Friede wieder leichter herzustellen sein.

Karl Renner war sich darüber im klaren, daß er durch seine Bemühungen um den inneren Frieden mit Teilen seiner eigenen Partei in Widerspruch geraten würde. Besorgt beobachtete er den »tollen Rüstungswahn« beider Lager als Folge des Justizpalastbrands, hielt aber gewisse Abwehrmaßnahmen der Arbeiterbewegung für durchaus berechtigt. Als einer der wenigen innerhalb der sozialdemokratischen Führung suchte er die Zusammenarbeit. Der tote Punkt der politischen Entwicklung konnte seiner Meinung nach nur durch eine große Koalition überwunden werden: »Ich sehe«, so schrieb er einmal, »noch schlimmere Folgen voraus und habe, was ich an Freunden besitze, mobilisiert, um ein Regime der Verständigung herbeizuführen. Ich bin sicher, daß heute die Mehrheit meiner Partei bereit wäre, in eine Koalition mit den Christlichsozialen zu treten, um eine innere Abrüstung zu vollziehen, eine ausländische Anleihe zu bewirken und das Land der wirtschaftlichen Arbeit zuzuführen.«[2]

Endlich, nach Jahren selbstauferlegter Zurückhaltung, trat Renner wieder auf den Plan. Er hatte spätestens seit dem Brand des Justizpalasts die bedrohlichen Zeichen der Zeit erkannt. Und so stand der im Herbst stattfindende Parteitag im Ottakringer Arbeiterheim ganz im Zeichen der Auseinandersetzung zwischen ihm und Otto Bauer. Die Partei lag in Agonie. Renners Stunde schien gekommen, der zunehmenden Radikalisierung und Polarisierung entgegenzutreten.
In seiner Rede auf dem Parteitag verteidigte Bauer freilich seinen Kurs der aggressiven Opposition, was bedeutete: kein Eintritt in eine Koalition als Juniorpartner und keine Absage an die revolutionäre Propaganda. Um endlich die schicksalhafte 51-Prozent-Hürde bei den Nationalratswahlen zu überspringen, sei eine Straffung der Parteidisziplin notwendig. Zügellosigkeiten wie am 15. Juli sollten nicht mehr vorkommen. Dann trat Renner auf. Auch er hielt diesmal ein Hauptreferat. Ein Gegenreferat. Zwar betonte er gleich zu Beginn die Einheit und innere Stabilität der Partei, doch verhehlte er andererseits nicht, Bauer in einigen Punkten widersprechen zu müssen. Die Ereignisse des 15. Juli zwangen die Sozialisten zur ernsten Prüfung. Der Altkanzler vertrat ebenfalls die Auffassung, daß Disziplinlosigkeiten einzelner Gruppen die sichere Niederlage der Arbeiterbewegung in der »offenen Feldschlacht« des Klassenkampfes bedeuten mußten, und bezeichnete es als unbedingtes Gebot, daß in Hinkunft nur mehr die Sozialdemokratie in ihrer Gesamtheit und nicht bloß ein kleiner Teil zum Handeln aufrufen durfte. Unter Gesamtheit verstand Renner freilich im Klartext den Parteivorstand, der sich nicht mehr von radikalen Elementen der Straße überrumpeln lassen sollte.
Als Realist forderte er neben dem legitimen Enthusiasmus auch die »kalt erwägende Vernunft«. Das Barometer stand aber auf Sturm, und mit dem 15. Juli hatte die Gefahr eines Bürgerkriegs zugenommen. Das Bürger-

Otto Bauer auf dem Parteitag 1927.

tum fühlte sich nun erstarkt. Und angesichts der allgemeinen Aufrüstung warnte er: »Wenn es zum Bürgerkrieg kommt, so heißt das bei uns der Kampf der gesamten Fronten und wahrscheinlich der Kampf bis ans Ende.«[3] Die Auslandskredite würden entzogen werden, die Industrie zusammenbrechen, das Wirtschaftsleben stillstehen. Die Arbeiterklasse hätte schwerstens unter den irreparablen Schäden der Industrie zu leiden, während sich die Landwirtschaft und mit ihr die Bauern wesentlich schneller erholen würden. Außerdem schien Renner bei einem Bürgerkrieg eine bewaffnete Intervention des Auslands unvermeidlich. Diese, so vervollständigte er sein Gemälde einer Apokalypse Österreichs, wäre aber gleichbedeutend mit dem Verlust Kärntens, Tirols und des Burgenlands an die Nachbarn.

Der Altkanzler forderte demnach mehr politische Erziehung der Massen und einen Kurswechsel der sozialdemokratischen Politik. In diesem Zusammenhang kritisierte Renner »den falschen Begriff der Revolution«, der in der Arbeiterklasse genährt werden würde. Durch ungezügelte Leidenschaften entstünde nämlich leicht die Gefahr, in ein faschistisches Abenteuer verwickelt zu werden. In Österreich, so hob er in aller Deutlichkeit hervor, sei eine Revolution auf absehbare Zeit unmöglich. Mit einem Seitenhieb gegen die ungestüme Parteilinke betonte er, daß man nicht ständig von Revolution reden dürfe, um zugleich zu behaupten, sie ohnehin nicht durchführen zu können. Seine Strategie ging dagegen vom »individuellen Klassenkampf« aus, der am Arbeitsplatz und nicht auf der Straße geführt werden müsse.

Er distanzierte sich auch von Bauer, indem er die Alltagspraxis sozialdemokratischen Wirkens der Theorie und Propaganda voranstellte. Die Mehrheit zu erringen, das Kleinbürgertum und die Angestellten zu gewinnen wäre nur durch die positive Verwaltungsarbeit in Wien und anderen sozialistisch regierten Städten möglich. Dies und nicht die wortgewaltige Agitation Bauers im Parlament sei siegentscheidend gewesen. Wieder einmal legte Renner ein Bekenntnis zum Staat ab, den er als die »wichtigste Art der sozialen Gemeinschaft« bezeichnete. Er kritisierte dabei die von Bauer propagierte These: »Die ganze Staatsgewalt oder gar nichts.« Aus innerster Überzeugung schien ihm dieser rigorose Anspruch falsch. Und er verteidigte in diesem Sinne die sozialistische Regierungstätigkeit in den ersten Jahren der Republik: »Die Koalition der Jahre 1918 und 1920 war auf der ganzen Linie ein Glück für uns, kein Unglück für die Christlichsozialen und die Rettung für Österreich.«[4]

Die große Koalition, so erklärte er seine Auslegung eines demokratischen Sozialismus, verlege den Klassenkampf nur vom Parlament in die Beratungszimmer des Ministeriums. Sie widerspreche also ganz und gar nicht dem Prinzip des Klassenkampfes. Angesichts eines drohenden Faschismus sollten die Sozialisten – auch als Juniorpartner – in ein Regierungsbündnis eintreten und den »überspitzten Machtgebrauch der Mehrheit« verhüten. Renner wußte natürlich, daß eine solche Koalition nicht populär sein konnte, »aber die Geschichte wird denen recht geben, die sie machen«. Mit größtem Nachdruck forderte er sozialistische Regierungsverantwortung. Die Anteilnahme der Arbeiterschaft an der Staatsgewalt sei nur ihr gutes Recht und kein Geschenk Seipels. Als man Renner für seine Rede stürmisch feierte, wurde offensichtlich, daß er an politischer Ausstrahlung nichts eingebüßt hatte und daß seine pragmatisch-gemäßigte Strategie erheblichen Anklang fand. Damit war Renner zwar gelungen, entschieden gegen Bauer aufzutreten, doch die notwendige Kursänderung blieb aus. Der Parteitag beschloß sogar, den Schutzbund weiter in Richtung eines militärisch organisierten Wehrverbands auszubauen. Aber auch hier trafen zwei gegensätzliche Auffassungen aufeinander. Theodor Körner war überzeugt, daß nur ein politischer Massenaufstand in Form eines Generalstreiks und Großdemonstrationen die Reaktion im Ernstfall wirksam in die Schranken zu verweisen vermochte. Die Heimwehr, so befürchtete er, würde in einem Bürgerkrieg von der Exekutive und dem Bundesheer unterstützt werden. Gegen diese Allianz besäße der Republikanische Schutzbund keine Chance. Die Parteileitung unterstützte jedoch die Strategie Alexander Eiflers, eines ebenfalls erfahrenen Offiziers aus dem Ersten Weltkrieg. Eifler verfolgte die Taktik des militärisch geführten Straßenkampfes. Demnach sollten die verbessert ausgerüsteten Schutzbündler auch während der ersten entscheidenden 24 Stunden im Kampf gegen das Militär nicht chancenlos sein. Verhängnisvollerweise wurde Eiflers Konzept das Vertrauen geschenkt und der Schutzbund militärisch aufgerüstet.

Auch die Heimwehren gewannen an Stärke. Sie hatten sich am 15. Juli in den Bundesländern dem Schutzbund entgegengestellt und fühlten sich nun als Sieger. Der Steirer Walther Pfrimer und der Tiroler Richard Steidle, beides Heimwehrführer, sympathisierten offen mit dem Faschismus Benito Mussolinis. Auch ihnen schwebte in Analogie zu den italienischen Ereignissen anläßlich der Machtergreifung des Duce vom 28. Oktober 1922 ein Marsch auf die Bundeshauptstadt vor. Die »staats- und ordnungsgefährdende« Demokratie, symbolisiert in der »Quatschbude« des Parlaments, sollte ausgeschaltet werden. Mussolinis Italien und Horthys Ungarn förderten die Aufrüstung der Heimwehren durch Waffen-

und Geldlieferungen. Von Prälat Seipel ermuntert, unterstützte auch die katholische Kirche diese – sich nicht gerade in christlicher Nächstenliebe übende – Bewegung. Durch die Kirchenaustrittswelle sozialistischer Sympathisanten geschockt, schlug sich der Klerus mit der Abhaltung von Feldmessen offen auf die Seite der Heimwehren, die die alten Werte, die Tradition aus der Monarchie zu sichern schienen.

Renner verachtete die Heimwehr aus tiefster Seele und bezichtigte Steidle und Pfrimer des »nacktesten, offenkundigsten Hochverrats«. Seiner Partei verordnete er »kluge Zurückhaltung«, wobei er jedoch immer mehr erkannte, wie schwer es war, »diese Atmosphäre des gegenseitigen Hasses abzubauen und das Gift des 15. Juli aus unserem sozialen Leib herauszubringen«. Seine unermüdlichen Ausgleichsversuche blieben selbst dem Ausland nicht verborgen. Das »Prager Abendblatt« bezeichnete den Mahner zur Mäßigung denn auch als »Rufer in der Wüste«. Dabei sah sich Renner selbst weit revolutionärer. »Viele meiner Freunde«, so schrieb er einmal an Karl Kautsky, »beurteilen mich falsch, wenn sie glauben, daß ich in eine solche Taktik verliebt bin. Ganz im Gegenteil! Ich wäre froh, wenn wir wieder einmal frisch-fröhlich vorwärtsstürmen könnten.«[5]

Am 7. Oktober 1928 planten die Heimwehren einen Marsch auf das sozialistisch dominierte Wiener Neustadt, mit dem sie die Machtergreifung proben wollten. Daraufhin kündigte der sozialdemokratische Parteivorstand für diesen Tag die Feier eines »Arbeitertages« eben in Wiener Neustadt an. Eine bewaffnete Auseinandersetzung zwischen Schutzbund und Heimwehren schien unausweichlich. Es drohte der Bürgerkrieg. Renner stellte daraufhin im Parlament eine dringliche Anfrage. Er machte dabei deutlich, daß es sich bei dem Aufmarsch der Heimwehr nicht um eine politische Kundgebung, sondern um eine militärische Vorführung, um eine Heeresschau handelte, von der sich die Arbeiterschaft bedroht fühlen mußte. Während der Schutzbund als ein Organ der Partei zur Aufrechterhaltung der Selbstdisziplin strikt der SDAP unterstellt wäre, seien die Heimwehren keinerlei Parteiwillen unterworfen, sondern gekaufte Banden, die man als Werkzeug der Reaktion auf die Arbeiter losließ.

Seipel wies die Vorwürfe, daß die Heimwehren die Republik und ihre demokratische Entwicklung gefährdeten, entschieden zurück. Trotzdem reagierte er und bot schließlich Bundesheer und Gendarmerie auf, um die Aufmärsche der beiden gegnerischen Lager nicht in einer Katastrophe enden zu lassen. Nicht weniger als 14 Infanteriebataillone, drei Artilleriebatterien und eine Kavallerieschwadron stellten sich – unterstützt von 2 500 Mann Exekutive – zwischen die beiden Lager. Stacheldraht wurde gespannt und Maschinengewehre postiert. Die Bundesbahn brachte insgesamt 50 000 Schutzbündler, Heimwehrmänner und Schaulustige mit insgesamt 45 Sonderzügen innerhalb von sechs Stunden nach Wiener Neustadt. Doch die Gegner bekamen sich nicht einmal zu sehen. Während die einen am Bahnhof ankamen, mußten die anderen noch auf dem Feld die Waggons verlassen. 300 Journalisten, davon ein Drittel aus dem Ausland, warteten auf den Ausbruch des Bürgerkriegs. Doch angesagte Revolutionen finden nicht statt. Der Tag verlief friedlich. Am Vormittag hielten die Heimwehren ihre Kundgebung ab, am Nachmittag marschierte der Schutzbund auf. Auch Karl Renner war gekommen und hielt auf dem Hauptplatz eine Ansprache: »Wiener Neustadt ist rot, Wiener Neustadt bleibt rot!« Tatsächlich fühlten sich am Abend des 7. Oktober alle Beteiligten als Sieger. Die Heimwehren meinten, das sozialistische Monopol auf die Beherrschung der Straße gebrochen zu haben. Der Schutzbund zeigte sich wiederum befriedigt, der Reaktion getrotzt zu haben. In Wirklichkeit hatte aber Seipel und mit ihm die Staatsgewalt die paramilitärischen Formationen und ihre aggressiven Führer in Schach gehalten und das Land noch einmal vor einem blutigen Bürgerkrieg bewahrt. Trotzdem entschied sich der »Prälat ohne Milde« – wie er von den Sozialdemokraten seit dem 15. Juli verächtlich genannt wurde – überraschend knapp nach Ostern 1929, zurückzutreten.

Sein Nachfolger wurde nach zähen Verhandlungen schließlich der Industrielle Ernst Streeruwitz, der allerdings bei den Christlichsozialen nur wenig Rückhalt besaß. Daß er auf Demokratie und Parlament vertraute und einen gewaltsamen Umsturz ablehnte, machte ihn noch dazu bei der Heimwehr verdächtig. Dafür erwarb er sich bei den Sozialdemokraten gewisse Sympathien, besonders bei Renner. Der Altkanzler erhoffte sich von einer Regierung Streeruwitz den längst notwendigen Schritt in Richtung eines Ausgleichs der immer unerträglicheren innenpolitischen Spannungen.

Anläßlich der Regierungserklärung des neuen Bundeskanzlers rechnete Renner in seiner Parlamentsrede am 7. Mai 1929 mit Seipel ab. Dessen bisheriger Politik warf er vor, wesentlich dazu beigetragen zu haben, die Gegensätze dermaßen zu überhitzen, daß er damit die Zukunft und die innere Lage Österreichs gefährdete. Es sei ein schwerer Fehler der Bürgerlichen, es als Schwäche zu deuten, daß die Sozialdemokraten auf ihrem Parteitag von 1927 zur inneren Abrüstung aufgerufen hatten. Der österreichische Arbeiter sei zwar besonnen, jedoch nicht feige. Der Altkanzler beklagte zudem, daß die konservativen Bundesregierungen ihr Augenmerk vorrangig auf die Bekämpfung der Sozialdemokratie gelenkt hätte.

Renner bei der Versammlung des Republikanischen Schutzbunds in
Wiener Neustadt 1928.

Die sozialistische Opposition wäre außerhalb des Gesetzes gestellt und ihr somit die »gewöhnliche staatsbürgerliche Achtung« versagt geblieben. Die Unkosten dieses »Feldzugs« gegen die Arbeiterbewegung drückte sich in einer Stagnation der Politik in wirtschaftlicher, staatlicher und kultureller Hinsicht aus. Warnend wies er darauf hin, daß ein Bürgerkrieg gerade für das so unfertige österreichische Staatswesen ungeahnte Folgen nach sich ziehen mußte. Innere Wirren, so wiederholte er, könnten zu Interventionen im Burgenland, in Tirol und Kärnten durch die Nachbarstaaten führen. »Aber davon noch abgesehen«, so fügte er hinzu, »unsere Volkswirtschaft, die auf ausländische Kredite angewiesen ist, gleicht doch einem Krankenhaus, in dem die Kranken mühselig am Leben erhalten werden. Nun, in einem Krankenhaus veranstaltet man keine Tumulte, und ein Bürgerkrieg in unserem Lande würde selbstverständlich den wirtschaftlichen und den politischen Ruin bedeuten.«[6]

In der Tat reagierte das Ausland auf die Bedrohung der Demokratie durch einen Heimwehrputsch empfindlich. Der Kurs des Schilling fiel bereits spürbar. Streeruwitz wuchsen die Sorgen über den Kopf, zumal es auch im steirischen St. Lorenzen am 18. August 1929 zu einem schweren Zusammenstoß zwischen Schutzbund und Heimwehr gekommen war, der auf seiten des Schutzbundes drei Tote gefordert hatte. Realpolitisch hielt Renner diesen Vorfall in einem Anflug machiavellistischer Betrachtungsweise für die Sozialdemokraten sogar für nützlich. Die Gewalt sei schließlich von der Heimwehr ausgegangen, während der umgekehrte Fall dagegen die schrecklichsten Folgen hätte bedeuten können.

Die ständige Drohung der Heimwehr, auf Wien zu marschieren, und die Gefahr einer Wirtschaftskrise ließen Streeruwitz jedenfalls bereits nach wenigen Monaten resignieren. Wieder einmal sollte Johann Schober als Bundeskanzler für stabile Verhältnisse sorgen. Doch der Heimwehr war es mit einem Putsch ernst: Am 29. September 1929 marschierte sie bis in die Nähe Wiens, nach Stockerau und Mödling. Tags darauf legten Steidle und Pfrimer dem neuen Bundeskanzler ihre Forderungen vor. Sie verlangten dabei die verfassungsmäßige Umwandlung Österreichs in einen Staat mit einem starken Bundespräsidenten, der nach eigenem Gutdünken mit Notverordnungen regieren könnte. Naturgemäß sollten auch die Machtbefugnisse der Exekutive erweitert und der Bundesrat – als Gegenpol zum Nationalrat – in einen Länder- und Ständerat umgewandelt werden. Wien müßte zudem wieder Niederösterreich eingegliedert und künftige Verfassungsänderungen bereits durch eine einfache Mehrheit im Parlament beschlossen werden. Zu diesen Änderungen ist es aber nicht gekommen.

In aller Ruhe schätzte Renner, »marxistisch gesehen«, diese Bewegung als Aufbäumen gegen die Unterlegenheit der bürgerlichen Führung ein. Es schien ihm augenscheinlich, daß man sich im rechten Lager nur durch harte Attacken gegen die Sozialdemokratie am besten profilieren konnte. Dieser Umstand rühre freilich von einem Minderwertigkeitskomplex. Jeder einzelne Sozialdemokrat sei einem Dutzend Christlichsozialer geistig überlegen. Auch der Haß gegen Wien sei nur eine Quittung für diese sozialdemokratische Überlegenheit. Das von den Heimwehren geforderte »Regime der starken Hand« könne in Wirklichkeit nur ein »Regime des schwachen Verstandes« bedeuten. Genauso armselig würde daher auch der Austrofaschismus enden. »Armselig, das heißt vielleicht mit viel Radau, aber ohne daß es jemand wagt, zum Äußersten zu schreiten.« Da aus der Heimwehr noch schwächere Politikerpersönlichkeiten stammten als aus dem Umfeld Seipels, sollte man die wenigen vernünftigen und fähigen Christlichsozialen notgedrungen mit Respekt behandeln.[7]

Als Schober dem Nationalrat einen von den Forderungen der Heimwehr inspirierten Verfassungsentwurf vorlegte, stieß er bei den Sozialisten auf entschiedene Ablehnung. Karl Renner nahm sich der Thematik besonders an und bezeichnete die geplante Novelle als »eine Brandfackel, die in das Volk geworfen wird«. Auch lehnte er jede Verantwortung dafür ab, daß durch die Behandlung dieses Gegenstands ausgerechnet zum wirtschaftlich und sozial so ungünstigen Zeitpunkt das Volk »in seinem tiefsten Innern aufgewühlt werden muß«. Der Altkanzler hielt den Kampf um die Verfassung zwar für höchst unzeitgemäß, doch er erklärte sich entschlossen, ihn aufzunehmen. In dem Verfassungsentwurf sah er eine »repressive Überspannung der Staatsautorität«. Gleichzeitig, so klagte er an, würde die Regierung vor den faschistischen Privatarmeen, vor den »Jägertruppen« feudaler Herren, die Augen verschließen. Die innere Abrüstung schien ihm aber die wichtigste Frage überhaupt. Sie stelle einfach die Voraussetzung für die Gesundung des Staates und dessen wirtschaftlicher Beruhigung dar. Die Verfassungsvorlage betrachtete Renner dagegen als Ausfluß »bürokratischen Allmachtswahns«. Sie zielte seiner Ansicht nach auf die »Köpfung« des Parlaments und damit des österreichischen Volkes ab. Er ließ keinen Zweifel aufkommen, daß besonders die älteren Sozialisten nach jahrzehntelangem Kampf für die Freiheitsrechte diese erbittert verteidigen würden. Gerade die »alte Garde« wolle die Demokratie nicht »einer Bande von bezahlten Abenteurern« ausliefern.

Nach dem Verfassungsentwurf hatte die Volksvertretung nicht mehr das alleinige Gesetzgebungsrecht, sondern stand in Konkurrenz zum Bundespräsidenten. Der Nationalrat sollte beschnitten und zugunsten der Büro-

264

kratie seiner Grundrechte beraubt werden. Zudem wußte Renner, was sich hinter der Verfassungsnovelle verbarg: das Drängen der erzkonservativen Kräfte nach dem Ständestaat. Die Gesellschaft sollte in bewußter Anlehnung an das Mittelalter nicht in politische Bewegungen und soziale Klassen, sondern wieder nach ihren Berufsgruppen gegliedert sein. Die Arbeiterschaft mußte nach dem Ständemodell ›entproletarisiert‹, die marxistisch orientierten Gewerkschaften und die politischen Parteien zerschlagen werden. Das von der Romantik des 19. Jahrhunderts maßgeblich beeinflußte berufsständische Modell sah die Rückentwicklung zu einem Staatswesen, in dem die Landwirtschaft vorherrschte, zu einer katholischen Gesellschaft vor, in der alle Berufsstände – entpolitisiert und in perfekter Harmonie – durch Bünde vertreten leben sollten. Für die Sozialdemokratie war dies natürlich ein Rückfall in längst vergangene Zeiten, und Renner bezeichnete den ständischen Gedanken als »reaktionäre Utopie«. Am Ende würde wiederum nur die Bürokratie allein den Staat verkörpern. »Der so von einer engen Gruppe von Leuten, in denen die Stände und die Landesregierungen die Hauptrolle spielen, entscheidend gewählte Bundespräsident ist nichts anderes als der Ausdruck der verewigt gedachten bourgeoisen Klassenherrschaft über das Proletariat. Diese Klassenherrschaft soll durch den Bundespräsidenten mit Hilfe der Bürokratie ausgeübt werden, und damit die Bürokratie sie ausüben kann, bekommt sie alle Rechte der Gesetzgebung und der Durchführung, natürlich immer so verklausuliert, daß das Parlament noch immer als spanische Wand zur Deckung stehen bleibt. Aber in Wahrheit wird diese Bürokratie durch die Figur des Bundespräsidenten das Volk regieren, und das Volk hat seine Rechte geopfert zugunsten einer schmalen Schichte, die sich zwar mit den Agenden des Staates berufsmäßig befaßt und deshalb ein sehr wichtiger Beruf ist, die aber dem Volke zu dienen und nicht des Volkes Herr zu sein hat.«[8]

Der Bundespräsident wäre lediglich der »Monarch ohne Insignien, der Platzhalter, für den, der kommen soll«. Nicht zuletzt enthielt der Verfassungsentwurf auch schwere Kompetenzbeschränkungen für die Länder, die künftig die Zustimmung für Landesgesetze bei der Bundesregierung einholen sollten. Renner befürchtete demnach, daß die Klerikalen damit auch die fortschrittliche Wiener Schulreform Otto Glöckels zu »vernichten« beabsichtigten. Zu allem Übel sah die Vorlage auch eine gefährliche Stärkung der Polizeigewalt und eine Einschränkung des Wahlrechts vor. Diese Bestrebungen verfolgten nach Renners Ansicht lediglich den Zweck, die Arbeiterklasse zu schwächen. Deshalb hielt er diesen Gesetzentwurf für »nichts anderes als ein Sozialistengesetz im 20. Jahrhundert«.

Gemeinsam mit Robert Danneberg, dem Sprecher der SDAP für Verfassungsfragen, versuchte Renner, den Bundeskanzler Schritt für Schritt von diesem autoritär angelegten Entwurf abzubringen und ihm klarzumachen, daß eine Verfassungsänderung ja nur mit Zweidrittelmehrheit im Nationalrat beschlossen werden konnte, was bedeutete, daß Schober zumindest einen Teil der sozialdemokratischen Stimmen brauchte. Renner hielt es freilich für völlig falsch, Schober wegen des Verfassungsentwurfs anzugreifen, handelte es sich doch dabei vielmehr um eine »Heimwehrverfassung«. Eine Haltung, die ihm einmal mehr innerparteiliche Kritik eintrug. Die abfälligen Bemerkungen von Friedrich Austerlitz, dem Chefredakteur der »Arbeiter-Zeitung«, über seine konziliante Verhandlungsstrategie zur neuen Verfassung machten ihn besonders wütend. »Erstens«, so stellte er klar, »habe ich von niemandem einen Auftrag, zu packeln und packele mit niemandem, und zweitens muß die Partei jetzt mit aller Vorsicht verhandeln, weil so hohe Dinge auf dem Spiel stehen, und es wäre noch schöner, wenn mir dieses saure Amt ausgelegt würde als Vergnügen.«[9] Zornig warf er Austerlitz vor, »tief gesunken« zu sein. Überdies beklagte er den Zustand der »Arbeiter-Zeitung«: »Witz, Satire, Humor, liebenswürdigen Spott, überlegene Ruhe ..., das alles gibt es nicht mehr, all das, was früher einmal in der ›Arbeiter-Zeitung‹ so wirkungsvolle Abwechslung geboten hat.«
Die zähen Verhandlungen mit Schober zeitigten jedenfalls Erfolg, und die endgültige Verfassungsreform vom 7. Dezember 1929 stellte schließlich einen Kompromiß dar. Der Bundespräsident sollte fortan durch das Volk gewählt werden und tatsächlich mehr Machtbefugnis erhalten, was Renner für einen Lieblingsgedanken der Legitimisten hielt, um »ihren Otto im Wege der Wahl zum Präsidenten in die Wiener Hofburg zurückzuschwärzen«.[10] Der Bundespräsident ernannte in Zukunft die Bundesregierung. Zudem wurde er Oberbefehlshaber des Heeres und besaß die Befugnis, das Parlament aufzulösen und Neuwahlen ausschreiben zu lassen. Ja, er konnte sogar durch Notverordnungen selbst in die Regierungsgeschäfte eingreifen. Renner und Danneberg war es aber gelungen, den Status Wiens als eigenes Bundesland zu bewahren. Die Exekutive erhielt keine Sonderrechte. Die Habsburgergesetze blieben aufrecht. Auch die Institution der Geschworenengerichte wurde beibehalten. Dagegen unterstand künftig auch das mittlere Schulwesen dem Staat. Außerdem kontrollierte fortan der Rechnungshof die Finanzgebarung der Stadt Wien. Alles in allem zeigten sich die Sozialisten mit dem Erreichten zufrieden und feierten die Verfassungsreform als Sieg über die Heimwehren.

266

Nichtsdestoweniger befürchtete Renner zunehmend die Gefahr eines Staatsstreichs durch die Heimwehren. Die Schuld an dieser Entwicklung sah er in der Unfähigkeit der Bürgerlichen, das Land zu regieren. Die Führung der Christlichsozialen, so beklagte er schon auf dem Parteitag im Herbst, sei schwach und der Ruf Seipels als großer Staatsmann bloße Legende. Eben in dieser Schwäche sah der Altkanzler auch eine der Hauptursachen für den Machtzuwachs der Heimwehr. Renner bezog auch gegenüber Mißdeutungen des sozialdemokratischen Linzer Programms Stellung. Die Sozialisten, so versicherte er, wollten Demokratie, und jeder Versuch der Bürgerlichen, eine Diktatur zu errichten, würde mit eiserner Energie abgewehrt werden: »Wenn alles auf dem Spiele steht, dann werden wir auch alles einsetzen. Aber wenn ich sage, ich werde mich nicht abschlachten lassen, so sage ich damit nicht, daß ich den Gegner abschlachten will.«[11]

Heftig bestritt Renner die Vorwürfe der Bürgerlichen, daß der Austromarxismus eine österreichische Variante des Bolschewismus sei. Gerade er hatte sich doch immer am schärfsten von den Kommunisten abgegrenzt. Der Unterschied zu ihnen liege allein schon im Ausschluß jeglicher Gewalt. Die Austromarxisten strebten zudem keine überstürzte Wirtschaftsumstrukturierung an. Außerdem betonte er: »Die Sozialdemokratie hält fest an der in der bürgerlich-demokratischen Entwicklung der Gesellschaft gewonnenen Einrichtung der Grundrechte. Der Sozialist will diese Freiheitsrechte des Individuums nicht preisgeben, er will die öffentliche Gewalt beschränkt sehen. Die Grundrechte sind eben die selbstverständlichen Schranken der öffentlichen Gewalt. Er will den Rechtsstaat aufrechterhalten, und er will also Gemeinwirtschaft vereint mit den subjektiven Freiheitsrechten des einzelnen, während der Kommunist glaubt, er könne die Gemeinwirtschaft nicht erobern oder nicht behaupten, ohne die individuellen Freiheitsrechte aufzuheben ... und jedem Sozialdemokraten ist der Kampf um die Grundrechte ein ernster und heiliger Kampf.«[12]

Renner vergaß auch nicht, die Einigkeit zwischen Bauer und ihm zu beschwören, doch blieb der fundamentale Gegensatz der beiden führenden Persönlichkeiten der SDAP kaum jemandem verborgen. An Karl Kautsky schrieb Renner über seine grundsätzlichen Meinungsunterschiede mit Otto Bauer: »Ich befinde mich mit Otto in einem absoluten Widerspruch, der gar nichts mit Rechts und Links zu tun hat, sondern bloß eine Frage der politischen Klugheit ist. Ich bin der Meinung, daß in diesem Augenblick nichts besser ist als Geduld, ja selbst Dulden. Solche Bewegungen wie der österreichische Putschismus verlaufen in nichts, wenn

267

man den Herren nicht den Gefallen tut, sich dorthin zu stellen, wohin sie schießen. Dann treffen sie die öffentliche Gewalt und zwingen die Bürgerlichen im eigenen Interesse, sie abzutun. Aber Otto ist doch dank seiner Kriegsgefangenschaft von einer verhängnisvollen Revolutionsromantik befangen.«[13]

Inzwischen war Johann Schober an seinem Versuch einer Gratwanderung zwischen links und rechts gescheitert. Heeresminister Carl Vaugoin und die Heimwehren hatten ihn zu Fall gebracht. Bundespräsident Wilhelm Miklas ließ daraufhin für den 9. November 1930 Neuwahlen ausschreiben und ernannte für die Zwischenzeit eine Übergangsregierung. Der glühende Mussolini-Verehrer Vaugoin wurde Bundeskanzler. Mit Ernst Rüdiger Starhemberg als Innenminister und dem Salzburger Franz Hueber als Justizminister waren nun auch erstmals zwei Vertreter der Heimwehr im Kabinett vertreten. Ignaz Seipel übernahm das Außenressort. Renner bezeichnete diese Regierung als dunkelste Epoche der Ersten Republik, als »Regierung der Gewalt, der Gesetzlosigkeit, des täglich drohenden Faschismus«.
Der Wahlkampf für die ausgeschriebenen Neuwahlen wurde mit großem Aufwand geführt. Die politischen Lager beschuldigten sich gegenseitig, einen Bürgerkrieg vom Zaun brechen zu wollen. Die Bürgerlichen erinnerten mahnend an den 15. Juli als Beispiel linksradikaler Anarchie. Die Sozialisten warnten vor den Heimwehren. Die Nationalsozialisten beschimpften Österreich gar als »Dreckstaat«. Die Nationalratswahlen – es sollten die letzten der Ersten Republik sein – gewannen die Sozialisten mit 72 Mandaten trotz leichter Stimmenverluste als stärkste Partei. Die Christlichsozialen verfügten dagegen bloß noch über 66 Parlamentssitze, was sie den Heimwehren zu verdanken hatten, die aber auch nur acht Mandate errangen. Großdeutsche und Landbund blieben als »Schober-Block« bei stabilen 19 Mandaten. Die Heimwehren besaßen nun ihre Kleinpartei. Kommunisten und Nationalsozialisten waren Splittergruppen. Die Bürgerlichen hatten aber zusammen noch immer die absolute Mehrheit inne – ein Dämpfer für die Siegesfreude der Sozialdemokraten. Die Erweiterung des Parteienspektrums im Nationalrat erforderte es nach Renners Auffassung, keine feste Koalition einzugehen, jedoch – beweglich nach allen Seiten hin – zweckbezogene Allianzen zu schließen. Diese Taktik bezog sich vor allem auf den Kampf gegen den Faschismus, in dem man sich mit jedem alliieren sollte, »wer immer es sei, und sei es der schwärzeste Klerikale, und wenn er nur ein Demokrat ist«.[14]
Die neue Bundesregierung wurde wieder von Christlichsozialen, Groß-

deutschen und Landbund gebildet. Der Landeshauptmann von Vorarlberg und einst so heftige Widersacher Renners in den ersten Tagen der Republik, Otto Ender, stand ihr als Bundeskanzler vor. Carl Vaugoin blieb erneut Heeresminister, und Schober gehörte ihr diesmal als Außenminister an. »Wir sind auch als Opposition zu jeder positiven Mitarbeit bereit«, hieß daraufhin Renners Antwort in seiner letzten Rede als Nationalratsabgeordneter am 5. Dezember 1930. »Wir werden es angesichts der Notlage des Landes niemandem schwer machen, sich mit uns loyal zu verständigen, aber jeder Gewalt, jeder Illoyalität, jedem Versuch, uns zu ächten, werden wir die gewohnte eiserne Energie entgegensetzen ... Wir Sozialdemokraten werden den Kampf gegen den Faschismus führen bis zum endgültigen Sieg der Demokratie«.[15]

Privat litt Renner immer mehr an der »Überbürdung mit tausenderlei Obliegenheiten«. Er beklagte die »Verarmung des intimen menschlichen Seelenlebens«, die er als die »vielleicht größte Strafe, die ein Politiker von heute erfahren muß«, betrachtete. Die ständige Überarbeitung, »die ewige Unruhe, die mein Leben beherrscht«, machte ihn zunehmend nervös. Nicht selten klagte er, so überlastet zu sein, »daß ich kaum atmen kann«. Seine Familie versuchte ihn daraufhin zur Erholung an die Côte d'Azur zu schicken, was er allerdings für keine gute Idee hielt: »Ich lehne das ab, zumal ich gar keine Lust habe, dort allein unter lauter schönen jungen Leuten herumzuirren und vor Neid, daß ich nicht dreißig oder vierzig, sondern ein angehender Sechziger bin, coram publico zu platzen.«[16]
Was ihn besonders ärgerte, war der Umstand, daß er sich in seiner »literarischen Lebensaufgabe« weit im Rückstand wähnte. Ganz eindeutig bedrückte Renner der »zweifelhafte Fortschritt, der im Alter liegt«. Ein kulinarischer Genießer, wog der nur 1,74 Meter große Mann mittlerweile an die 100 Kilogramm. Auch litt er an einem chronischen Leberleiden. Dies und das Rheuma und die Gicht seiner Frau Luise führten dazu, daß das Ehepaar Renner gemeinsam im Sommer nach Böhmen zur Kur zu fahren pflegte.
An einem heißen Sonntag im Juni 1930 unternahm Renner eine Reise in die Vergangenheit. Er wohnte zunächst in Nikolsburg der Jubiläumsfeier seines ehemaligen Gymnasiums bei. Anschließend wagte er sich mit Luise, den Enkelkindern und Bekannten nach Unter-Tannowitz oder Dolní Dunajovice, wie es nun tschechisch hieß. Als er dort nach Jahrzehnten wieder das Elternhaus besichtigen wollte, stieß er auf den höchst unfreundlichen neuen Besitzer, der den berühmten Sohn dieses Marktfleckens nicht einmal in den Hof lassen wollte. Auch das Wiedersehen

mit dem eigens angereisten Bruder Ignaz verlief äußerst kühl und unpersönlich. Die beiden hatten sich nichts zu sagen. Alte Wunden schienen aufzubrechen, das alte Elend wieder sichtbar zu werden. Man verübelte es dem Altkanzler, daß er sich, wie man meinte, um seine Verwandtschaft zu wenig gesorgt hatte. Unter-Tannowitz blieb Renner ein verhaßter Ort.

Nach dem Börsenkrach der New Yorker Wallstreet hatte die Weltwirtschaftskrise auch Österreich heimgesucht. Etwa eine halbe Million Menschen verloren ihre Arbeit. Industriestädte wie Steyr und Donawitz boten ein trostloses Bild. Die Hälfte ihrer Bevölkerung war ohne jegliches Einkommen. Arbeitslose wurden delogiert, und die Ärmsten der Armen fanden sich oft am Stadtrand in höhlenartigen Behausungen wieder. Die Warteschlangen vor den Arbeitsämtern wuchsen. Bettler und Straßenmusikanten prägten das Straßenbild in Wien, Graz oder Linz. Es regierte der Hunger. Wieder mußten Hilfsorganisationen für nötigste Verpflegung und Bekleidung sorgen. Die Lage schien neuerlich hoffnungslos und bereitete den Boden für den Nationalsozialismus vor.

Angesichts des Elends meinte Renner, daß nur ein Zusammenwirken der Großmächte eine Linderung der Wirtschaftskrise erreichen konnte. Doch eine solche Maßnahme war nicht zu erwarten. Resignierend stellte er daher fest: »Die kapitalistischen Kreise sagen sich einfach: Das Schiff ist mit zuviel Menschen besetzt, man muß die Armen, die Kranken, die Arbeitslosen einfach über Bord werfen, damit wenigstens die Besitzenden davonkommen. Aus dieser Erwägung heraus bezahlen sie die Hitlerbewegung, welche meint oder wenigstens behauptet, durch Gewalt lasse sich etwas richten. Die Diktatur hat ja nur den einzigen Sinn, die Leidenden, denen man nicht helfen kann, mit brutaler Gewalt stumpf zu machen oder aus der Welt zu schaffen. Die Arbeiter, welche auf diese Parole hineinfallen, bewirken einfach den Selbstmord der Arbeiterklasse. Wenn sich jetzt die Arbeiterschaft spaltet, so bedeutet das ihren endgültigen Zusammenbruch.«[17]

Auch die Renners bekamen die Depression zu spüren. Der Altkanzler hatte Ende der zwanziger Jahre seine Villa in Gloggnitz umbauen lassen. Er mußte daraufhin publizistisch »wie ein Tier« arbeiten, um die Schulden abzuzahlen. Außerdem unterstützte er das Unternehmen seines Schwiegersohns mit allen Ersparnissen. Die verzweifelten Bemühungen fruchteten jedoch nicht. Die schwere Rezession zwang die Möbeltischlerei in den Ausgleich. Als Folge war schließlich Renner selbst »blank wie eine Kirchenmaus«. Ja, er mußte sich sogar verschulden und für den Unterhalt der fünfköpfigen Nachkommenschaft sorgen, da sogar die Pension seines Schwiegersohns verpfändet worden war.

Am Ballhausplatz suchte Außenminister Schober durch eine Zollunion mit Deutschland den Weg aus der Sackgasse. Als Anfang März 1931 sein deutscher Ressortkollege Julius Curtius nach Wien reiste, wurden die gemeinsamen Verhandlungen zum Abschluß gebracht. Die SDAP erfuhr von diesen geheimen Besprechungen erst am 20. März im Hauptausschuß des Nationalrats. Dem Ausland waren aber die deutsch-österreichischen Abmachungen durch Indiskretionen verfrüht bekannt geworden und erregten in ganz Europa großes Aufsehen. Vor allem Prag und Paris bezogen aus Sorge um ein wiedererstarktes Großdeutschland energisch dagegen Stellung. Beide sahen ihre Pläne im Donauraum gefährdet und zogen alsbald auch England, das dem Zollunionsprojekt zunächst nicht unbedingt ablehnend gegenüberstand, auf ihre Seite.

Eine Woche später fuhr der Altkanzler nach Berlin. Im Sekretariat der deutschen Schwesterpartei erörterte Renner mit Sozialdemokraten anderer europäischer Staaten die Lage. Für ihn war die Zollunion freilich ein Schritt vorwärts, den »Bann der Erstarrung, der über ganz Europa liegt und uns in Österreich völlig fesselt, zu brechen«. Wenngleich auch der Zeitpunkt der Vereinbarungen nicht geschickt gewählt schien, bezeichnete er die Union doch als »Lebensinteresse« der Alpenrepublik. Als er merkte, daß vor allem die französischen Sozialisten unter Léon Blum die Zollunion als Auftakt zum Anschluß ablehnten, betonte er ihnen gegenüber die Notwendigkeit bilateraler Verständigungen im Kampf gegen den Faschismus, sowohl zwischen Deutschland und Frankreich als auch zwischen der Tschechoslowakei und Österreich. »Wenn die Republik Österreich«, so verteidigte er Schobers Politik, »nicht fortwährend von dem Anschluß sprechen und dadurch Frankreich beunruhigen würde, könnte es sein, daß sich in der Welt überhaupt niemand um uns kümmert. Auf den Anschluß zu verzichten, wäre also die falsche Taktik.«[18]

Gerade in dieser außenpolitisch für Österreich so heiklen Phase erhielt Karl Renners Leben eine neue Wendung, die für die Republik noch sehr bedeutend sein sollte. Nach dem unerwarteten Tod seines Parteifreunds Matthias Eldersch wurde Karl Renner am 29. April 1931 im zweiten Wahlgang mit den Stimmen der sozialdemokratischen Fraktion zu dessen Nachfolger als Erster Nationalratspräsident gewählt. In seiner Antrittsrede stimmte Renner eine wahre Lobeshymne auf die Leistungen des Parlaments seit den Umbruchtagen des Jahres 1918 an. Er bezeichnete es nicht nur als vornehmste Pflicht, die Rechte und Würde der Volksvertretung zu wahren, sondern gelobte auch, strengste Objektivität und Unparteilichkeit an den Tag zu legen. Zu guter Letzt mahnte Renner zur

Achtung des politischen Gegners und bat um die wohlwollende Unterstützung aller. Eindringlich hob er hervor, daß der größte Teil der Misere Österreichs »durch die höhere Gewalt der Friedensverträge« bedingt sei. Für diesen Übelstand brauchten sich die inländischen Politiker nicht gegenseitig verantwortlich zu machen. »Vereinigen Sie sich vielmehr, um diese höhere Gewalt zu überwinden ... So wollen wir uns alle vereinen in der großen Aufgabe, dem aufopfernden Dienst für unser Volk und Land, für unsere geliebte Republik!«[19]

Vor dem Nationalrat sprach Renner außerdem die Hoffnung auf ein Gelingen der Zollunion aus, die er als wirtschaftliche Vereinigung mit dem Mutterland betrachtete. Die schwere Krise der Österreichischen Creditanstalt im Frühjahr 1931 und die Kündigung kurzfristiger französischer Kredite, die die gesamte österreichische Wirtschaft ernstlich bedrohte, spielten aber Paris schließlich alle Trümpfe in die Hand, die Zollunion zu vereiteln. Selbst Deutschland sah sich nun außerstande, Österreich entscheidend helfen zu können. »Der Zustand unseres Landes«, so schrieb Renner dem deutschen Gesandten Hugo Graf Lerchenfeld deprimiert, »ist einfach furchtbar. Durch eine wahrhaft heroische Zurückhaltung der Sozialdemokratie wird die Bevölkerung in Ruhe gehalten, wobei man sich nur fragen muß, wie lange das noch möglich sein wird. Wir hätten jetzt allen Grund, die oberflächliche, leichtsinnige Politik der herrschenden Partei, die an der gesamten Entwicklung die Hauptschuld trägt, öffentlich zu geißeln. Stattdessen tun wir alles, um der Regierung Ender das Leben zu ermöglichen. Unser Grund ist die Angst vor dem täglichen Ausbruch der Katastrophe.«[20]

Am 16. Juni 1931 trat die Regierung Ender zurück, nachdem Paris durch seinen Gesandten in Wien eine finanzielle Unterstützung nur gegen Aufgabe des Zollunionsprojekts in Aussicht gestellt hatte. Die Sozialdemokraten zeigten sich über dieses Ultimatum empört. Otto Bauer bezeichnete die offenkundige Erpressung als einen »Ausbeutungsversuch der österreichischen Not«. Die Alpenrepublik solle »ähnlich den afrikanischen Negerstämmen unter französische Kolonialherrschaft« gebracht werden. Angesichts des drohenden Chaos beauftragte Bundespräsident Miklas den gesundheitlich durch Diabetes geschwächten Seipel eine Konzentrationsregierung zu bilden. Interessanterweise beabsichtigte der Prälat dabei, gerade mit seinem stärksten Widersacher, Otto Bauer, der das Amt des Vizekanzlers übernehmen sollte, zusammenzuarbeiten. Renner trat dagegen für eine Regierungsbildung mit Personen ein, »die sich leichter verstehen«, mit Gemäßigten beider Parteien, und dies schloß Bauer und Seipel aus. Aber der Führer der Christlichsozialen wies diese

Idee brüsk zurück, da ein Zusammengehen der beiden Großparteien nur bestehen könnte, »wenn die schärfsten Vertreter beisammen sitzen«. Alle maßgeblichen sozialdemokratischen Spitzenpolitiker wie Bauer, Seitz und Danneberg lehnten in ihrer Klubsitzung am 19. Juni das Angebot Ignaz Seipels ab. Die SDAP glaubte dabei nichts gewinnen zu können. Sie fürchtete im Gegenteil, mit der Beteiligung an einer Regierung, die unpopuläre Maßnahmen setzte, ihren Oppositionsbonus als Kritiker einer verfehlten bürgerlichen Finanzpolitik zu verlieren. Auch Renner mißtraute Seipel. Zuerst müßten die Christlichsozialen ihr Versagen der letzten zwölf Jahre eingestehen und eine loyale Kooperation in einer Regierung zusichern. Seipels Angebot einer Konzentrationsregierung war seiner Meinung nach hingegen nur abzulehnen: »Es bleibt schön alles beim alten, er [Seipel] segnet weiter die Heimwehren, und wir nehmen ihm einstweilen seine Schande ab. So wetten wir nicht. Die Bedingungen unseres Eintrittes, die Voraussetzung wie notwendige Folge muß sein, daß das Land ernsthaft befriedet wird und daß der Staat ernsthaft ein Rechtsstaat ist, in dem gleiches Recht auch für den Arbeiter gilt. Wenn die bürgerlichen Parteien das nicht wollen oder nicht können, kommt die Frage einer Koalitionsregierung gar nicht in Betracht.«[21]

So kam es erneut zu einer bürgerlichen Regierung unter dem ehemaligen niederösterreichischen Landeshauptmann Karl Buresch. Diese »Regierung der schwachen Hand«, wie sie spöttisch genannt wurde, hatte schon bald die undankbare Aufgabe, dem Zollunionsprojekt offiziell abzuschwören. Zwei Tage nachdem Außenminister Schober am 3. September vor dem Völkerbundrat gemeinsam mit Curtius diesen Canossagang nach Genf angetreten hatte, entschied der internationale Haager Gerichtshof mit nur acht zu sieben Stimmen, daß das deutsch-österreichische Vorhaben die Verpflichtungen der Genfer Protokolle verletzen würde. Nur sechs der fünfzehn Richter hielten die Zollunion mit dem im Vertrag von Saint-Germain beinhalteten Passus über die Unabhängigkeit Österreichs für unvereinbar.

Die österreichische Innenpolitik wollte nicht zur Ruhe kommen. Der neue Bundesführer der Heimwehren, Walther Pfrimer, für Renner ein »Mussolini im Taschenformat« und »Faschist reinsten Wassers«, ließ 14 000 steirische Heimwehrleute in der Nacht vom 12. auf den 13. September bewaffnen und mobilisieren. Die wichtigsten Orte der Obersteiermark wurden besetzt und Graz belagert. Größenwahnsinnig ernannte sich Pfrimer selbst zum »Führer des Staates Österreich«. Sein Plan, im Verein mit den von Julius Raab angeführten niederösterreichischen

Heimwehren auf Wien zu marschieren, schlug jedoch fehl. Der Putschversuch blieb auf die Steiermark beschränkt. Die Heimwehren der anderen Bundesländer erhoben sich nicht. Pfrimer floh ins benachbarte Jugoslawien. Wenig später kehrte er nach Österreich zurück und wurde in
einem Prozeß freigesprochen.

Wie viele Zeitgenossen reagierte Renner auf dieses neuerliche Fehlurteil
wütend. Das Rechtsbewußtsein in Österreich schien ihm zutiefst erschüttert. Die Schwurgerichte, die Pfrimer eigentlich abschaffen wollte, hätten
völlig versagt. Ihre Einrichtung sei unhaltbar geworden. Durch Frei-
sprüche für so offensichtliche Hochverräter mußte das Vertrauen der Be-
völkerung in die Rechtsprechung vollkommen in die Brüche gehen. Die
Mitglieder der reaktionären paramilitärischen Einheiten bezeichnete
Renner als »junge Gelbschnäbel und Milchgesichter ..., die, weil sie eine
Uniform anziehen, meinen, daß sie eine Macht sind, und weil sie einen
Stahlhelm aufsetzen, meinen, daß sie ein erleuchtetes Gehirn haben. Die
Wahrheit ist, daß die Uniform nur die wahre innere Feigheit und der
Stahlhelm die Leere ihres Gehirnes verdeckt.«[22]

Ausgerechnet in dieser schweren inneren Krise sollte laut neuer Verfassung zum erstenmal der Bundespräsident vom Volk gewählt werden. Als
stärkste Partei besaß die SDAP beste Chancen, den höchsten Mann im
Staat zu stellen. Es bedurfte nur eines attraktiven Kandidaten. Renner als
Staatskanzler a.D., Erster Nationalratspräsident und bekannt gemäßigter
Politiker schien besonders geeignet. Er selbst wollte allerdings diese Wahl
am liebsten »ganz abwürgen«, seine Partei respektierte aber diesen
Wunsch nicht. Am 25. September 1931 nominierten die Wiener Vertrau-
ensmänner in einer Versammlung Renner zum Kandidaten für die Bundespräsidentschaft. Nach minutenlangem Beifall ergriff der Auserwählte
selbst das Wort. Er machte kein Hehl daraus, daß er sich zur Annahme
der Kandidatur nur schwer durchringen konnte. »Kein Mann von Gewissen drängt sich zu solcher Verantwortung.« Die Wahl falle mitten in eine
ernste Staats- und Wirtschaftskrise und sei der SDAP aufgezwungen
worden. Noch einmal bekannte er sich offen, besonderen Bedacht auf die
Legalität der Staatsform zu legen, deren Rechtsgrundlagen – im Gegensatz zur antidemokratischen Propaganda der Heimwehren – unanfechtbar seien. Er erklärte sich außerdem als unbedingter Anhänger des
»Wirtschaftsstaates« und plädierte demnach für die Verstaatlichung der
Banken und der Rohstoffindustrie. Nicht zuletzt verteidigte er die Errungenschaften in der Sozialgesetzgebung und betonte erneut die innige
Kulturgemeinschaft mit Deutschland.

Im Zuge der Wahlkampagne sprach Renner auf rund 50 Massenveranstaltungen, Anstrengungen, die ihn freilich stark mitnahmen. So litt er als Folgeerscheinung an Asthma und Katarrh, den der Kettenraucher skurrilerweise mit Nikotin bekämpfte. Da entschieden die Parteien, angesichts der angespannten Lage noch einmal auf eine Volkswahl zu verzichten. Damit waren Renners Chancen drastisch gesunken. Bei der Wahl im Nationalrat am 8. Oktober 1931 fiel seine Niederlage gegenüber dem Christlichsozialen Wilhelm Miklas mit 93 gegenüber 109 Stimmen sogar knapper als erwartet aus.

Immer deutlicher mußte der Altkanzler jedoch erkennen, daß der auch in Österreich an Popularität gewinnende Nationalsozialismus langsam zum gefährlichsten Gegner der Arbeiterklasse heranwuchs, »weil er vom Sozialismus die Äußerlichkeiten, die äußere Form und gewisse Einzelheiten herausnimmt und aufpflanzt auf den reaktionären Boden wirtschaftlich ungeschulter, verzweifelter Menschen, der es ihnen möglich macht, zugleich die grimmigsten Feinde der Arbeiterklasse, die grimmigsten Feinde des Sozialismus zu sein, und sich doch Sozialisten zu nennen.«[23] Renner forderte daher auf dem Parteitag 1931 gerade die Jugend auf, an der Basis gegen die nationalsozialistischen Demagogen – propagandistisch – zu kämpfen. Aber, meinte er, man könne nicht verlangen, daß sich ein »alter Knochen« wie er mit »unreifen Ignoranten« auseinandersetze. Der alte, erfahrene Redner wußte genau, wie sein Auditorium in den Bann zu ziehen war, und übte sich in marxistischer Diktion. Er prophezeite, daß die wirtschaftliche und politische Krise eine der letzten des niedergehenden Kapitalismus sein würde, und schloß mit dem Ausblick auf eine Weltrevolution, die die bestehende Ordnung durch eine neue, bessere, sozialistische Welt ersetzen würde. Die Parteitagsdelegierten bereiteten ihm daraufhin stürmisch für Minuten stehende Ovationen.

Mittlerweile begannen die Nationalsozialisten politische Gegner immer massiver zu terrorisieren. Saalschlachten, der Einsatz von Rauchgasbomben und Prügeleien besonders auf den Universitäten gehörten bald zum Alltag. Der Erfolg schien den Braunhemden recht zu geben. Die Landtagswahlen in Wien, Niederösterreich und Salzburg im April 1932 brachten ihnen erhebliche Gewinne. In Deutschland waren die Nationalsozialisten bereits zur stärksten Partei – noch vor den Sozialdemokraten – aufgestiegen. Renner nannte Adolf Hitler ein »österreichisches Gewächs«, das er in die Tradition eines Georg Schönerer und Karl Lueger stellte. Besonders der vulgäre Antisemitismus, dieser »Sozialismus der dummen Kerls«, die maßlose, ekstatische Vergötterung eines politischen Führers sei schon einmal dagewesen. In einer Hinsicht aber irrte er: »Gegen diese mit dem nationalen und dem Rassenschlagwort arbeitende Bewegung ist in Österreich Bürgertum und Arbeiterschaft ziemlich vorgeimpft. Kein Prophet ist eben in seiner Heimat geehrt.«[24] Seipel selbst hätte aber dem Nationalsozialismus den Zugang »in das Herz« der Christlichsozialen Partei, zur Bauernschaft, geöffnet. Er legitimierte nach Renners Ansicht die Politik des Staatsstreichs und der Gewalt, der nur aufgrund der entschlossenen Einheit der Arbeiterbewegung und des maßgeblichen Einflusses des Klerus auf weite Teile der Bevölkerung der Erfolg versagt blieb. Krieg, Zusammenbruch, Währungsverfall und der Verlust der alten Absatzmärkte hätten eine Wirtschaftsnot erzeugt, die den Klassenkampf verschärfte und der jungen Demokratie hart zusetzte. Trotzdem glaubte Renner nicht, daß die Christlichsozialen mit dem erstarkenden Nationalsozialismus einen Pakt schließen würden. Die logische Konsequenz war die große Koalition. Jeder verständige Sozialdemokrat mußte darin einwilligen, um die Demokratie zu retten. Die politischen Verhältnisse erschienen aber sogar dem optimistischen Renner zunehmend trostlos. »Die Unfähigkeit der bürgerlichen Parteien«, so beschwerte er sich, »ist einfach ruinös. Ich bin neugierig, wie lange sich noch die industriellen und kommerziellen Kreise Österreichs der absoluten Notwendigkeit einer Kooperation der größten Parteien verschließen werden.«[25]

Am 20. Mai 1932 trat eine neue bürgerliche Regierung unter einem Kanzler ihr Amt an, der mit den Sozialdemokraten keineswegs zusammenarbeiten wollte: Engelbert Dollfuß. Der kleingewachsene, erst vierzigjährige Bauernbündler bedeutete vielmehr – schon aufgrund seiner Zugehörigkeit zu den Heimwehren – eine Kampfansage der Christlichsozialen an die Sozialdemokraten. Energisch und sendungsbewußt übernahm er auch die Ministerien für Auswärtige Angelegenheiten und Landwirtschaft. In Lausanne handelte er beim Völkerbund eine Anleihe in der Höhe von 300 Millionen Schilling aus, an die ein neuerliches Anschlußverbot an die Weimarer Republik geknüpft wurde. Neben erheblichen Belastungen für die österreichische Wirtschaft wurde mit dem Niederländer Rost van Tonningen, einem späteren Nationalsozialisten, erneut ein Kontrollor zur Überwachung der Staatsfinanzen nach Wien entsandt. Erwartungsgemäß liefen die Sozialdemokraten gegen die neuerliche Völkerbundanleihe Sturm – wieder drohte der Ausverkauf Österreichs an das Ausland, und jede Möglichkeit des Anschlusses schien in weite Ferne gerückt. Nur Renner bewertete das Ergebnis von Lausanne als Erfolg des »wirklich geschickten Dollfuß«.

Am 2. bzw. 20. August 1932 starben mit Ignaz Seipel und Johann Schober zwei der wichtigsten Persönlichkeiten der Ersten Republik. Als Erstem Nationalratspräsidenten oblag es Renner, der beiden im Parlament zu gedenken. Immer wieder hatte er Prälat Seipel einen »krankhaften Fanatiker« genannt, der Österreich zum Kirchenstaat machen wollte, der die »Faschistenbanden« der Heimwehren geschaffen und auch den Anschluß an Deutschland hintertrieben hätte. Solche Vorwürfe waren nun zurückzustellen. In seinem Nachruf vor dem Nationalrat pries er Seipel nun sogar als einen Genius, als einen vorbildlichen Staatsmann und Parteiführer, der das erste Jahrzehnt der Republik beherrscht hatte, nannte ihn wegen seiner Anwendung wissenschaftlicher Methoden für die aktuelle Politik aber auch eine »durchaus eigenartige Persönlichkeit«. Bei Johann Schober, mit dem Renner ja ein Naheverhältnis verbunden hatte, hob er dessen loyale und unparteiliche Staatsauffassung hervor.

Dollfuß beabsichtigte, die Zügel nicht mehr aus der Hand zu geben. Der durch die hinzugekommene großdeutsche Opposition dramatisch knappen Abstimmungen im Nationalrat müde geworden, entschloß er sich, ab 1. Oktober 1932 mittels des alten »kriegswirtschaftlichen Ermächtigungsgesetzes« aus dem Jahre 1917 mit Notverordnungen zu regieren. Immer deutlicher zeichnete es sich ab, daß Dollfuß gewillt war, zunehmend auf die Zustimmung und die Kontrolle des Parlaments zu verzichten.

Auf dem Mitte November 1932 abgehaltenen Parteitag der Sozialdemokraten nahm Renner besonders zu ökonomischen Fragen Stellung. Die österreichische Wirtschaft sollte, wie er es austromarxistisch formulierte, nach dem Gesichtspunkt der »planmäßigen Zusammenfassung der Produktivkräfte im Dienste einer systematischen Bedarfsdeckung« ausgerichtet werden. Zur Rettung des Staates wären nun einmal sozialistische Maßnahmen notwendig. Das Grundübel der österreichischen Wirtschaft sei die einseitige Struktur des Landes, das Grundübel der Zeit ganz allgemein der permanente Zoll- und Wirtschaftskrieg zwischen den Staaten. Nur ein »wahrhaft internationaler Geist« und eine dementsprechende Initiative könnten aus diesem Engpaß herausführen. In traditionell marxistischer Diktion beschwor Renner den gemeinsamen Kampf der Arbeiter aller Länder für die ökonomische und politische Neuordnung. Lediglich der Sieg der proletarischen Internationale könne Österreich die endgültige Befreiung bringen.

Am 30. Januar 1933 wurde in Deutschland durch Reichspräsident Paul von Hindenburg Hitler zum Reichskanzler ernannt. Noch befürchtete Renner »nicht das äußerste«. Die deutsche Nation, so irrte er sich wie viele seiner Zeitgenossen, »ist doch etwas anderes als die italienische oder jugoslawische«. Auch hinsichtlich der demokratischen Entwicklung in

Republikfeier im Wiener Praterstadion 1932.

Österreich war er wieder optimistisch. »Vielleicht [sieht es] schlimmer aus, als es wirklich ist ... Bisher wenigstens erfreut sich der Präsident des Nationalrates eines gewissen Respekts und braucht Wurfgeschosse nicht zu fürchten.«[26]

Am 4. März 1933 sollte Renner jedoch sein Amt zu leicht nehmen, und das Ende des Parlamentarismus, auf das Dollfuß bereits seit geraumer Zeit abgezielt hatte, beschleunigen. Der Nationalrat debattierte – bereits am späteren Abend dieses Schicksalstags der Republik – in einer außerordentlichen Sitzung über die Konsequenzen eines 72 Stunden zurückliegenden Eisenbahnerstreiks. Dollfuß, selbst ehemaliger Generaldirektor der Bundesbahnen, wollte die Streikenden rigoros bestrafen und die Bastion der ›roten‹ Hochburg ÖBB brechen. Die Fraktionen stellten im Plenum Anträge zur Regelung der leidigen Frage der Eisenbahnergehälter und zur weiteren Behandlung der Streikenden vom 1. März. Im Laufe der Abstimmung gerieten die Christlichsozialen mit den Großdeutschen in Streit, der Weiterbestand der Regierung Dollfuß schien ernstlich bedroht. Aufgrund des anhaltenden Lärms und der Hitzigkeit der Debatte unterbrach Renner die Sitzung für zehn Minuten. Tatsächlich trat das Plenum erst nach fast einer Stunde, um 21.35 Uhr, wieder zusammen. Inzwischen war Renner von Bauer, Seitz und Danneberg aufgefordert worden, von seinem Amt als Erster Nationalratspräsident zurückzutreten. Renner verfügte damit über die Möglichkeit, als Abgeordneter mitzustimmen, ein Recht, das ihm als Nationalratspräsident nicht zustand.

Nach der Pause entbrannte ein Streit um die Gültigkeit eines bei einer der Abstimmungen abgegebenen Stimmzettels. Diese scheinbar harmlose Auseinandersetzung sollte schließlich zum Ende der Demokratie in Österreich führen. Die Regierung war bei der Abstimmung eines großdeutschen, von den Sozialisten unterstützten Antrags mit 80 zu 81 in die Minderheit geraten. Bei der Zählung wurde jedoch kein Stimmzettel des sozialdemokratischen Abgeordneten Wilhelm Scheibein, dafür aber gleich zwei seines Parteikollegen und Sitznachbarn Simon Abram vorgefunden. Für Renner galt es trotzdem als erwiesen, daß beide Abgeordnete an der Abstimmung persönlich teilgenommen hatten und somit beide Stimmen gültig waren, wenngleich sie denselben Namen trugen. Die christlichsozialen Abgeordneten akzeptierten Renners Klärungsversuche nicht. Sie protestierten lautstark. Für sie war diese Abstimmung ungültig. Daraufhin entschied sich Renner zu einem folgenschweren Schritt: »Meine Herren, es ist unmöglich, das Präsidium zu führen, wenn ein so großer Teil des Hauses den Entscheidungen des Präsidiums widerspricht. Ich werde das nicht auf mich nehmen. Ich lege meine Stelle als Präsident nieder.«[27]

Unter dem stürmischen Beifall seiner Parteifreunde, die ihn zu dieser Aktion ja schließlich aufgefordert hatten, verließ er das Präsidium. Der Zweite Nationalratspräsident, der Christlichsoziale Rudolf Ramek, erklärte aber nun die Abstimmung für ungültig. Sie sollte wiederholt werden. Als daraufhin die Sozialisten wütend protestierten, erklärte sich auch Ramek außerstande, sein Amt weiterzuführen, und demissionierte unter demonstrativem Applaus seiner Fraktionskollegen. Somit konnte auch er an einer Abstimmung teilnehmen. Das Unheil nahm seinen Lauf, denn der Dritte Nationalratspräsident, der Großdeutsche Sepp Straffner, zögerte keinen Moment und trat ebenfalls zurück.

Das Präsidium war somit verwaist, der Nationalrat handlungsunfähig. Das Parlament hatte sich »selbst ausgeschaltet«, wie es später heißen sollte. Noch eine Weile verblieben die Abgeordneten ratlos im Plenarsaal, bis sie endlich auseinandergingen. Noch schien sich keiner der Konsequenzen bewußt.

Im Herbst 1918 war Renner in vorderster Reihe bei der Auflösung der alten Ordnung, bei der Abschaffung der Monarchie und der Ausrufung der Republik gestanden. Nun, im März 1933, trug er durch seine bedingungslose Parteidisziplin und Sorglosigkeit hinsichtlich der Geschäftsordnung entscheidend dazu bei, den Parlamentarismus vollends in Verruf zu bringen. Er nützte damit nicht nur Dollfuß und den Heimwehren, sondern auch dem Nationalsozialismus, doch ertrug er das alles mit eigentümlicher Fassung. Gelassen und zunächst auch ratlos verfolgte Renner von nun an die Entwicklung bis zum Februar 1934. Ja es schien fast, als ob er – dem aufreibenden Geschäft des Politikers überdrüssig geworden und mit der Aussicht, sich endlich der Schriftstellerei widmen zu können – über seine Rolle als bloßer Beobachter der Szenerie gar nicht so unglücklich war.

XI. Im Banne des Faschismus

Noch am späten Abend des 4. März 1933 erstattete Renner dem Bundespräsidenten Wilhelm Miklas über die Ereignisse im Parlament telefonisch Bericht. Am Vormittag darauf fand er sich mit Ramek, Buresch und Odo Neustädter-Stürmer, dem Chefideologen der Heimwehren und Staatssekretär für Arbeitsbeschaffung, am Ballhausplatz ein, um mit Miklas die so verworrene Lage zu besprechen.

Dollfuß hatte längst seine Chance erkannt, endlich einen autoritären Kurs ähnlich wie in Italien und Ungarn steuern zu können. Vor geraumer Zeit hatte er beschlossen, das Mehrparteiensystem zu beseitigen und durch ein christlichsoziales Ständesystem mit einer allmächtigen Exekutivgewalt zu ersetzen, das antisozialistisch, aber auch antiliberal und antikapitalistisch war. Zum anderen empfand er den Sieg der Nationalsozialisten bei den deutschen Reichstagswahlen vom 5. März als deutliche Warnung, gegen die Hitler-Bewegung in Österreich mit undemokratischen Maßnahmen vorzugehen. Zwei Tage später trat er in einem geschickten Schachzug zurück, um sich gleich danach von Miklas wieder zum Bundeskanzler ernennen zu lassen. Der Bundespräsident bestätigte Dollfuß und begab sich somit in seine Abhängigkeit. An allen Liftfaßsäulen und Plakatwänden ließ die Bundesregierung den Aufruf »An das österreichische Volk« affichieren. Das Parlament sei gelähmt und handlungsunfähig. Die Regierung halte dagegen nach wie vor die Ordnung aufrecht. Es könne nur von einer Parlaments-, jedoch keinesfalls von einer Staatskrise die Rede sein. Zugleich nutzte der Bundeskanzler die verworrene Situation und schränkte die Presse- und Versammlungsfreiheit ein.

Renner gedachte aber, sein Amt als Erster Nationalratspräsident weiterzuführen, bis ein Nachfolger gewählt war. Am 9. März erließ er deshalb folgende Kundmachung: »Zur Wahrung der Rechte der österreichischen Volksvertretung sehe ich als letztgewählter Präsident des Nationalrates mich genötigt, festzustellen, daß die gesetzgebende Versammlung der Republik Österreich durch den Zwischenfall der Resignation der Präsidenten des Nationalrates keineswegs gelähmt und handlungsunfähig ist ... Der Versuch, einen solchen Zwischenfall zur Ausschaltung der Volksvertretung zu benützen, der freigewählten Vertretung des gesamten Bundesvolkes das verfassungsmäßige Recht der Gesetzgebung abzuerkennen und auf höchst zweifelhafter Rechtsgrundlage auf die Bundesvollziehung zu übertragen, ist offenkundige Usurpation unter nichtigem Vorwand. Ich erhebe gegen sie vor allen unseren Bundesbürgern Einspruch und

281

warne die Bundesvollziehung vor einem Vorgehen, das unsere wirtschaftliche Not durch politische Wirren über alles erträgliche Maß verschärfen müßte.«[1]

Am 15. März, um acht Uhr morgens, gingen vor dem Parlament tatsächlich die Fahnen hoch. Dies war das Zeichen für die Abhaltung einer Sitzung. Im Inneren des Gebäudes herrschte lebhaftes Treiben. Renner, Bauer, Seitz und Danneberg führten mit den Christlichsozialen Buresch und Kunschak ergebnislose Verhandlungen. Gegen Mittag wuchs schließlich die Spannung. Der Klub der SDAP trat zusammen. Kurz nach zwei Uhr nachmittags marschierte endlich der größte Teil der Sozialdemokraten und der Großdeutschen in den Sitzungssaal. Straffner eröffnete unter lebhaftem Beifall die Sitzung zur Neuwahl des Präsidiums und zur Wiederherstellung der Handlungsfähigkeit des Nationalrats. Die Sitzung dauerte allerdings nur zehn Minuten. Draußen warteten bereits etwa 200 Kriminalbeamte, die die verspätet eintreffenden Seitz und Danneberg gar nicht mehr in den Plenarsaal hineinließen. Auf der Ringstraße und am Heldenplatz marschierten Polizei und Bundesheer auf.

Die Ausschaltung des Parlaments hielt Renner schlicht für eine Groteske, und er gab keineswegs die Hoffnung auf, einen neuerlichen Zusammentritt zu erzwingen. Sollte der Zustand allerdings andauern, würde nichts anderes übrigbleiben, »als daß die Staatsbürger selber nach dem Rechten sehen«. Aber die Führung der SDAP schreckte vor der Ausrufung eines Generalstreiks zurück und zeigte damit erneut ihre Entscheidungsschwäche.

Renner sah sich wiederholt genötigt, zu erklären, daß er nicht aus persönlicher Empfindlichkeit oder verletzter Eitelkeit seine Stelle als Erster Nationalratspräsident zurückgelegt hatte. Vielmehr hätte er den Druck gespürt, seine Partei und die gesamte Arbeiterbewegung in der Abstimmung über den Streik der ÖBB-Bediensteten nicht im Stich zu lassen. Er wollte dem oft geäußerten Vorwurf entgehen, »so und soviele Eisenbahner werden gemaßregelt, nur weil der Dr. Renner an seiner Stelle als Präsident geklebt ist«. Durch seinen Rücktritt aus dem Präsidium hätte er als gewöhnlicher Abgeordneter mit seiner Fraktion mitstimmen können. Außerdem war sich Renner sicher, daß die Frage der Gültigkeit der Stimmzettel ohnehin zu seinem Sturz geführt hätte. Diese Blamage hatte er sich ersparen wollen und hatte daher freiwillig resigniert.

Die Hauptursache für den Eklat am 4. März sei aber weder in seinem noch in dem Rücktritt Rameks gelegen. Den Dritten Präsidenten, Sepp Straffner, treffe die alleinige Schuld. Dieser habe ohne jeglichen Anlaß sein Amt niedergelegt. Nur durch seinen Fehler sei das Parlament auseinandergesprengt worden. Renner führte den Entschluß der Regierung und der Mehrheitsparteien, keine Nationalratssitzung mehr zu besuchen, nicht zuletzt auf den Aufschwung der Reaktion vor dem Hintergrund der Entwicklung in Deutschland zurück. Der Sieg der Diktatur an beinahe allen Grenzen Österreichs hätte Dollfuß ermutigt, endlich mit dem kriegswirtschaftlichen Ermächtigungsgesetz unter Ausschluß des Parlaments zu regieren.[2]

In seinem Zweifrontenkrieg gegen Sozialdemokratie und aufstrebenden Nationalsozialismus griff Dollfuß zu immer deutlicheren antidemokratischen Maßnahmen. Am 31. März ließ er – ermutigt durch die Unentschlossenheit der Sozialdemokraten – den Schutzbund auflösen. Am 1. Mai wurde der traditionelle Maiaufmarsch untersagt, neun Tage später erließ seine Regierung das Verbot, Landtags- und Gemeinderatswahlen abzuhalten. Nach einer aufsehenerregenden Terrorwelle verbot Dollfuß schließlich die NSDAP in Österreich, nachdem er bereits Wochen zuvor die Kommunistische Partei »wegen staatsgefährlicher Betätigung« für illegal erklärt hatte. Die neugegründete »Vaterländische Front« sollte alle bisher bestehenden Parteien ersetzen. Die Front wurde als Sammelbecken für alle »patriotischen, österreichbewußten Bürger« geschaffen, die damit ihre Loyalität gegenüber der Regierung und dem unabhängigen Staat an Donau und Alpen bekundeten.

Dollfuß versuchte, mit Hitler in Konkurrenz zu treten. Bewußt setzte er das Kruckenkreuz als Gegensymbol zum nationalsozialistischen Hakenkreuz ein. Emil Fey bildete aus Teilen der Heimwehr, die er selbst in Wien anführte, das »Freiwilligen Schutzkorps« als Pendant zur Schutzstaffel im Dritten Reich. Der österreichische Faschismus sollte dem deutschen Nationalsozialismus die Stirn bieten. Für die politische Opposition wurden Internierungslager gebaut. In den sogenannten Anhaltelagern, eine im Vergleich milde Abwandlung der deutschen Konzentrationslager, saßen zunächst nur Nationalsozialisten und Kommunisten als Häftlinge ein. Die Sozialdemokraten waren in ihrer Betätigung zwar stark eingeschränkt, aber noch nicht kriminalisiert worden.

Einmal mehr erwies sich jedoch die sozialdemokratische Führung in einer schwierigen Lage als ratlos und schwach. Im Frühsommer 1933 besprach der niederösterreichische Landesparteivorstand, der Renner nahestand, Pläne zur Umstrukturierung der SDAP. Die Bundesparteileitung sollte verjüngt, der Einfluß von Parteisekretären wie Julius Deutsch zugunsten der gewählten Mandatare zurückgedrängt und der Parteivorsitzende von allen übrigen Funktionen entlastet werden. Ein Parteirat sollte dafür sorgen, daß sich die Stellung des Parteimitglieds gegenüber der Parteiverwaltung verbesserte. Außerdem schlug Renner Landesrat Heinrich Schneidmadl als neuen Chefredakteur für die »Arbeiter-Zeitung« vor, denn um die sozialdemokratische Politik aus der Sackgasse zu führen, mußte vor allem auch der Stil ihres Parteiorgans geändert werden. Sogar ein Rücktritt Otto Bauers, der mittlerweile ebenfalls für eine Reform eintrat, wurde von den niederösterreichischen Genossen ernstlich erwogen. Renner selbst bekundete seine Bereitwilligkeit, aus dem Vorstand zurückzutreten, um den Abgang Bauers auszugleichen. Es sollte nicht nach einem Sieg der Rechten über die Linke aussehen.

Im Bundesparteivorstand entschied man jedoch, »nicht bei einem Übergang über den Strom die Pferde zu wechseln«. Am 14. Oktober 1933 eröffnete die SDAP im Favoritner Arbeiterheim mit mehr als 500 Delegierten ihren dreitägigen, außerordentlichen Parteitag. Prominente ausländische Gäste wie Léon Blum oder Emile Vandervelde, der Vorsitzende der Sozialistischen Arbeiterinternationale, ermutigten ihre österreichischen Freunde, durchzuhalten. Diese debattierten heftig den einzuschlagenden Kurs, und so leitete der Parteitag tatsächlich eine Wende ein. Während viele den entschiedenen Widerstand gegen die Regierung forderten, rief diesmal selbst Otto Bauer, der innerparteilich bereits geschwächt war, zur Mäßigung und zur Verhandlungsbereitschaft mit der Regierung auf. Der Parteitag entschied, nur bei einem Verbot der Partei oder der Gewerkschaften, einer Besetzung des Rathauses oder der Proklamation einer faschistischen Verfassung den Generalstreik auszurufen. Renner und seine niederösterreichischen Parteifreunde wie der Landeshauptmann-Stellvertreter Oskar Helmer, Adelheid Popp, Pius Schneeberger und Heinrich Schneidmadl, aber auch Robert Danneberg und Theodor Körner sowie der Sekretär des Parlamentsklubs, Adolf Schärf, gewannen in der Partei durch ihre Bereitschaft, mit der Regierung Dollfuß zu verhandeln, an Gewicht. Die »Verständigungsrichtung«, wie sie auch genannt wurden, besaß enge Kontakte zu Julius Raab von der Heimwehr und dem niederösterreichischen Landeshauptmann Josef Reither. Außerdem konnten sie auf eine gute Zusammenarbeit mit dem Landbund im niederösterreichischen Landtag verweisen. Renners »junge Freunde«, wie der Altkanzler den Kreis der Gemäßigten, der sich um ihn gebildet hatte, bisweilen väterlich nannte, standen allerdings in schroffer Gegnerschaft zu den kampfeslustigen oberösterreichischen Genossen. Diese Polarisierung ließ sogar eine – von den Bürgerlichen und faschistischen Kräften erhoffte – Spaltung der Arbeiterbewegung möglich erscheinen.

Auf dem Parteitag bestritt der Altkanzler im Gegensatz zum linken Flügel, daß das gesamte Bürgertum und die ganze Bauernschaft ausnahmslos zum Faschismus tendiere. Auf den Vorwurf, der Parteivorstand spreche nicht mehr für die Masse, konterte er: »Wer meint, daß es unsere Aufgabe ist, der Masse in jeder Situation nach dem Mund zu reden, soll nicht Sozialdemokrat werden. Der hat den besten Platz bei den Nationalsozialisten ... Der Sozialdemokrat hat nicht den Massen zu sagen, was ihnen augenblicklich auf den Lippen schwebt, er hat ihnen die Wahrheit zu sagen. Er hat zu sagen: So groß ist deine Macht, so kannst du sie in diesem und diesem Fall anwenden, du bist vielleicht allein zu schwach, du mußt die Reste der demokratischen Bewegung in der bürgerlichen Welt mobilisieren, du mußt das europäische Kulturbewußtsein, du mußt die auswärtigen Interessen mobilisieren, damit du stark genug seiest.« Renner warnte davor, die Arbeiterschaft radikalisiert und unvorbereitet in die Katastrophe zu führen. Den Vorwurf, daß innerhalb der Parteiführung Feigheit herrsche, wies er scharf zurück, denn »ob einer Mut hat, weiß er von sich selbst solange nicht, bis er es nicht erprobt hat«. Er selbst habe die Erfahrung gemacht, »daß bei vielen Menschen, das ungewisse Gefühl, ob sie Mut haben oder nicht, sie dazu verleitet, immer mutiger zu sprechen«. Es gebe dagegen kein Mitglied des Parteivorstands, das sich nicht schon in schwierigen Situationen bewährt habe.[3]

Angesichts der »Katastrophe« der deutschen Nation durch den endgültigen Sieg des Nationalsozialismus in Deutschland und den Sturz der Weimarer Verfassung sah sich Renner gezwungen, die Idee des Anschlusses vorerst aufzugeben. Das Deutsche Reich, so argumentierte Renner allen Ernstes in einer Denkschrift über die Wirtschaftsprobleme des Donauraums, habe durch den »Hitlerischen Absolutismus« Österreich verloren. Es war dies für ihn eine schmerzliche, aber unausweichliche Schlußfolgerung. Ohne Wiederherstellung der Weimarer Verfassung sei der Anschluß ausgeschlossen. »Österreich kann sich nicht wegwerfen.« Es könne nicht freiwillig dazu drängen, eine »noch leer gebliebene Gefängniszelle zu beziehen und einem ostelbischen Kerkermeister die Referenz zu erweisen«. Selbst wirtschaftlich habe man sich durch die rücksichtslose Politik Berlins vollkommen entfremdet. »Der Weg, den das Reich heute eingeschlagen hat, ist für Österreich in gar keinem Falle gangbar und damit gehört der Anschluß ... jenen politischen Kategorien an, die gewesen sind ... Heute ist für das Land die Unabhängigkeit, seine Unverletzlichkeit, die dauernde politische Neutralisierung zur Bestandsnotwendigkeit geworden.«[4]

Auf dem außerordentlichen Parteitag wurde daher auch der Anschlußparagraph aus dem Programm gestrichen. Dabei erinnerte Otto Bauer daran, daß er stets für den Anschluß an eine Deutsche Republik, nicht aber für einen an das »Zuchthaus Hitlers« eingetreten war. Als neues Ziel galt die völkerrechtliche Neutralisierung Österreichs. Wollte Mitteleuropa ökonomisch nicht ganz verkümmern, so Renner, war es unbedingt erforderlich, weiträumige, einheitliche Wirtschaftsgebiete zu schaffen, um endlich aus der »Kleinstaaterei und Zwergwirtschaft« herauszufinden. Die Lösungsvorschläge aus Paris, Berlin oder Rom hielt er nicht für zielführend. Ein »Mitteleuropa im engeren Sinne«, wie es von manchen gefordert wurde, ein Zollverein Österreichs mit Deutschland und der Tschechoslowakei wäre keineswegs autark. Dieses nicht geschlossene Wirtschaftsgebiet dreier Industrieländer stünde dann einer agrarischen Gruppe südosteuropäischer Staaten gegenüber. Dabei hatte Renner noch vor wenigen Jahren gemeinsam mit den tschechischen Genossen die Idee eines »Dreibundes« zwischen Österreich, Böhmen und Deutschland vertreten. Auch die von Frankreich immer wieder ins Spiel gebrachte Donauföderation zwischen den Staaten der Kleinen Entente unter Einschluß Österreichs und Ungarns lehnte er ab.

Nach Renners Ansicht sollten die drei Kernstaaten der ehemaligen Habsburgermonarchie – Österreich, Ungarn und der Tschechoslowakei – den Anfang machen. Im Gegensatz zur Kleinen Entente wäre diese Kombination wirtschaftlich äußerst fruchtbar, allerdings gegenwärtig politisch unmöglich, da die genannten Kleinstaaten im Einflußbereich dreier verschiedener Großmächte, Deutschlands, Italiens und Frankreichs, stünden. Als oberstes Gebot hatte deshalb die Politik in Zentraleuropa ausschließlich Sache der betreffenden Völker zu sein. Die Großmächte sollten sich in Zurückhaltung üben. »Selbstbestimmung des Donauraumes ist die kardinale Voraussetzung wirtschaftlicher Wiederaufrichtung!« Nur die international organisierte Sozialdemokratie war nach Renners Auffassung freilich imstande, endlich von dem bisher praktizierten System der Bündnispolitik, des Einflusses der Großmächte und des Wirtschaftskriegs der Kleinstaaten gegeneinander abzugehen.

Alles in allem waren die Gemäßigten aus dem Parteitag als Sieger hervorgegangen. Sie waren es nun, die die weitere Taktik der SDAP bestimmten. Getreu seiner Lebensphilosophie, sich selbst auf die widrigsten Umstände einzustellen und das Beste daraus zu machen, hielt es Renner für geboten, einen Weg aufzuzeigen, der die bisherige Entwicklung, d.h. die Ausschaltung des Parlaments durch Dollfuß, quasi im nachhinein rechtfertigen sollte. In seinem Bemühen, die politischen Verhältnisse zu »entwirren«, um einen »erträglichen Kompromiß der Demokratie mit dem

Ständefimmel«, wie er sich einmal ausdrückte, zu finden, entwarf der Altkanzler zunächst ein vom katholischen Publizisten Ernst Karl Winter inspiriertes »Staatsvollmachtsgesetz«, um es Miklas zu unterbreiten. Gemäß dieses Notstandsgesetzes sollten bestehende Kompetenzen auf andere, rascher handelnde Organe übertragen werden. Die Gesetzgebung ging also von National- und Bundesrat auf eine gemeinsame, permanente Kommission, den Staatsrat, und den Bundespräsidenten über. Das Staatsoberhaupt hätte im Ministerrat einen Kabinettssekretär als Stellvertreter sitzen. Mit dem Bundesheer wäre er durch einen Verbindungsoffizier in ständiger Fühlung. Die Einrichtung dieses Kabinettsadjutanten sollte demnach der erste Schritt zu einer Militärkanzlei für den Bundespräsidenten sein. Nach Renners Vorschlag mußte das Parlament noch einmal einberufen werden, den Staatsnotstand proklamieren und der Bundesregierung für fünf Jahre alle Vollmachten übertragen. Das allgemeine Wahlrecht wie das Koalitionsrecht sollte aber weiterbestehen. Nach dem Parteitag in stärkerer Position, nahm Renner schließlich mit den Bundesländern Kontakt auf und wollte gemeinsam mit dem Landbund retten, was nicht mehr zu retten war. Mit Unterstützung seiner niederösterreichischen Parteifreunde, die er regelmäßig im Landhaus in der Wiener Herrengasse traf, arbeitete er sogar einen Entwurf zu einer Ständeverfassung aus. Diese Vorlage sah eine teils ernannte, teils von den Berufskörperschaften entsandte, ständische Vertretung von 120 Mitgliedern vor. Diesem Ständehaus würde ein durch das allgemeine Wahlrecht zusammengesetztes Volkshaus beigegeben werden. Bei der Ausübung des Notrechts sollte neben der Staatsgewalt ein Staatsrat beider Häuser mitwirken. Renner war damit – in einem schier grenzenlosen Opportunismus – bereit, die Ergebnisse eines jahrzehntelangen Kampfes der Sozialisten um Demokratie und allgemeines Wahlrecht für einen Kompromiß mit der Regierung zu opfern. Diese vom Parteivorstand genehmigte »Verhandlungsgrundlage« ließ Renner neben Miklas auch Ramek, dem christlichsozialen Klubobmann Josef Kollmann sowie dem Landbundobmann Franz Winkler zukommen. Er bezeichnete diesen Entwurf als seinen ganz persönlichen Vorschlag in seiner Eigenschaft als Obmann des Hauptausschusses und Altkanzler. Gleichzeitig betonte er, für Verhandlungen »jede Vollmacht« zu besitzen. Dollfuß blieb aber unnachgiebig. Mitte Januar 1934 erhielt Renner von Kollmann eine abschlägige Antwort. Kurz zuvor hatte ihm Bundespräsident Miklas bereits seine Machtlosigkeit angesichts des Drucks von innen und außen beteuert. Selbst dieses »höchste erdenkliche Entgegenkommen«, diese beinahe bedingungslose, fast unglaubliche Anpassung an die gegebenen Verhältnisse, hatte keinen Erfolg gebracht. Dollfuß zeigte sich – auf Anraten des italienischen Außenstaatssekretärs Fulvio Suvich – keineswegs kompromißbereit. Italien, das sich als Protektor Österreichs aufspielte, verlangte die Ausschaltung jeglicher demokratischer Institutionen. Die Alpenrepublik sollte auf faschistischer Grundlage regiert werden. Schweren Herzens gestand Renner am 8. Februar 1934 im Parlament dem sozialdemokratischen Klub das Scheitern seiner Mission ein. Er warnte seine Fraktionskollegen zudem vor einem geplanten Putsch der Heimwehr unter Emil Fey. Unklar blieb, wie weit die Christlichsozialen und der Landbund diesem Staatsstreich Paroli bieten oder gar mitziehen würden. »Unser Gewissen«, so faßte Renner niedergeschlagen zusammen, »ist rein, die geschichtliche Verantwortung tragen die anderen.«[5]

Inzwischen befand sich die SDAP in immer schwereren Nöten. Die lasche Haltung der Parteileitung gegenüber der Entdemokratisierung Österreichs führte zu massenhaften Parteiaustritten. Beinahe ein Drittel ihrer Mitglieder hatte die Partei bereits verloren. Viele sympathisierten nunmehr mit dem ebenfalls gegen das Dollfuß-Regime gerichteten Nationalsozialismus. Von der Exekutive wurden wiederholt geheime Waffenlager des mittlerweile illegalen Schutzbundes ausgehoben. Alexander Eifler war – wie auch der Kommandant der Wiener Stadtwache, Rudolf Löw – verhaftet worden. Die bevorstehende Auflösung der Wiener Landesregierung stand zu befürchten sowie die Verhaftung der maßgeblichen Funktionäre wie Bauer, Deutsch und Seitz. Am 9. Februar hielt Leopold Kunschak, der christlichsoziale Arbeiterführer, eine Rede im Wiener Gemeinderat, in der er eindringlich die Gewalt ablehnte; dies vor allem ließ bei Renner noch einmal die Hoffnung aufkeimen, daß sich die Christlichsoziale Partei einem Heimwehrputsch entgegenstellen würde. Vorerst beruhigt fuhr der Altkanzler daher am Samstag, dem 10. Februar, nach Hause zu seiner Familie. Am Sonntag nachmittag besuchte er den tschechoslowakischen Gesandten in Wien, um dort Sarron-Leat, einen Gelehrten der Universität Edinburgh, kennenzulernen. Den Abend verbrachte Renner mit Freunden zunächst in Perchtoldsdorf und anschließend in Wien in einem Arkadencafé in der Reichsratsstraße.

Am frühen Morgen des 12. Februar brach der Sturm los. Ausgelöst wurde er durch eine Waffensuche der Exekutive im Linzer Hotel »Schiff«, dem Sitz der oberösterreichischen Schutzbundführung. Während ihre Leitfigur, Richard Bernaschek, verhaftet wurde, brach in Linz der offene Kampf aus. Als Otto Bauer gegen acht Uhr davon erfuhr, war ihm sofort klar, daß die Zerschlagung der österreichischen Arbeiterbewegung bevorstand. Trotzdem improvisierte er rasch mit Julius Deutsch eine zentrale Kampfleitung, doch der Aufstand des Schutzbundes verlief ungeordnet und dilettantisch. Gegen 9.45 Uhr erhielt Renner zu Hause einen Anruf, daß es in Linz »wirble«. Sofort eilte er ins Büro der GÖC in der Praterstraße, fuhr aber bald darauf in die Seitzergasse in der Innenstadt, dem Sitz der Arbeiterbank, da diese in Linz eine Filiale besaß. Als er endlich erfahren hatte, daß in der oberösterreichischen Hauptstadt bereits geschossen wurde, machte er sich zum Landhaus in die Herrengasse auf, wo er in Helmers Büro seine Freunde antraf.

Totale Verwirrung. Es wimmelte von Gerüchten. In der SDAP versuchte man, ein Übergreifen der Kampfhandlungen auf Wien zu verhindern. Der rechte Flügel setzte sich gegen elf Uhr mit dem christlichsozialen Landeshauptmann Reither in Verbindung, der Dollfuß dazu bringen sollte, in Wien ein Eingreifen der Heimwehr zu verhindern. Renner soll von Reither sogar gefordert haben, Dollfuß zu stürzen. Reither, so war seine Ermunterung, würde dann als Bundeskanzler nachfolgen und die Bauern zu einem Zusammengehen mit den Arbeitern aufrufen.

Um zwölf Uhr mittag traf Renner im Parlament auf Theodor Körner und Adolf Schärf. Der Altkanzler ermunterte Körner, Bundespräsident Miklas aufzusuchen. In der folgenden Unterredung drängte Miklas darauf, daß die sozialdemokratischen Führer in Wien beruhigend auf die Arbeiter einwirken sollten. Der Streik durfte nicht in Gewalt ausarten. Gleichzeitig versprach er, mit Dollfuß zu reden. Alles vergebens. Um 11.45 Uhr hatte das Ausschalten des elektrischen Stroms in Wien das Signal zum bewaffneten Aufstand gegeben. Am frühen Nachmittag zog sich Renner für eine Stunde in seine Wohung in der Praterstraße zurück. Als er danach wieder ins Landhaus zurückkehrte, wurde er dort mit seinen Parteifreunden verhaftet.

Der gesamte Aufstand war von Beginn an zum Scheitern verurteilt. Die Schutzbundkämpfer sahen sich in den großen Gemeindebau-Anlagen schon bald von Polizei und Bundesheer umzingelt und ohne Verbindung zueinander. Der unbedingt erforderliche Generalstreik blieb aus. Außerdem waren Bundesheer und Exekutive dem Schutzbund waffentechnisch weit überlegen und setzten sogar Artillerie ein. Nur in Floridsdorf und in Heiligenstadt gelangen den Schutzbündlern Anfangserfolge. Die Bundesregierung verhängte das Standrecht, erklärte die SDAP für aufgelöst und ließ am Nachmittag die Wiener Landesregierung verhaften. In den Bundesländern wurde lediglich in der Obersteiermark und in Oberösterreich gekämpft. Am 13. Februar war auch dort die Schlacht entschieden, zwei Tage später ebbten die Kampfhandlungen schließlich zur Gänze ab.

Der Kampf hatte Hunderten Menschen das Leben gekostet, noch mehr waren verwundet worden. Die Exekutive verhaftete österreichweit um die 10 000 Sozialdemokraten. Viele von ihnen fanden sich bald in den berüchtigten Anhaltelagern wieder. Neun Schutzbundführer wurden hingerichtet.

Bauer und Deutsch gelang die Flucht nach Brünn. Renner wurde in die »Lisl«, wie der Volksmund das Polizeigefangenenhaus auf der Elisabethpromenade nannte, gebracht und wie andere führende sozialdemokratische Politiker in Einzelhaft interniert. »Ahnungslos und ohne Abschied bin ich von Euch gegangen, wie immer in der Sicherheit meines guten Gewissens«, schrieb Renner am 15. Februar aus seiner Zelle an Luise. Seine größte Sorge galt der finanziellen Absicherung der Familie. Anfang März wurden die Inhaftierten ins Landesgericht überstellt, wo gegen die führenden Sozialdemokraten ein Verfahren wegen Hochverrats eingeleitet wurde. Der von Dollfuß geplante Schauprozeß mußte aber aufgrund der schlechten, regierungsfeindlichen ausländischen Presse entfallen. Der Kampf gegen die Sozialdemokratie war zwar gewonnen, doch vor allem bei den Westmächten hatte der Bundeskanzler an Sympathie eingebüßt.

Ab 1. März wurde Renner regelmäßig verhört. Dabei lehnte er entschieden jede Verantwortung für den Ausbruch des Bürgerkriegs ab. »Das, was ich nie gewollt«, so gab er zu Protokoll, »das, was ich seit 1927 ohne Unterlaß mit allen mir zugänglichen Mitteln zu verhüten gesucht habe, kann in keiner Weise von mir verschuldet sein.« Er sprach den gesamten Parteivorstand von jeder Schuld an den Ereignissen des 12. Februar, des »Katastrophenmontags«, frei. Die Unruhen wären »elementar« ausgebrochen. Die Wiener Arbeiter standen nach Renners Aussage unter dem Eindruck des am selben Tag ausgerufenen Pariser Massenstreiks und der Linzer Vorfälle. Die Partei hätte schon aufgrund der Einschränkung der Presse- und Versammlungsfreiheit weder die Möglichkeit gehabt, die Massen zu beruhigen noch aufzuhetzen. Nicht die Sozialdemokratische Partei, sondern die Regierung habe durch ihre Maßnahmen »alle Sicherheitsventile beseitigt, sodaß die Explosion als soziales Elementarereignis kam, das nur als geschichtliches Faktum und nicht kriminell beurteilt werden kann.«[6]

In den Verhören rechtfertigte Renner die Haltung der SDAP seit dem 4. März 1933. Die Sozialisten hätten auf Seite des Rechts und der Verfassung gestanden und diese nur verteidigt. Der Umsturz der bestehenden Rechtsordnung wäre durch die Heimwehr und später auch durch die öffentliche Gewalt betrieben worden. Der Parteivorstand der Sozialdemo-

Katalog-Nr.: K 1
Lade: 23
Inventar-Nr.: 3/
Mappe: 5
Lfd. Nr. 46
/501
Verein für Geschichte der Arbeiterbewegung Wien

Brief Karl Renners aus der Haft vom 15. Februar 1934.

kraten sei dagegen auf dem Boden der Demokratie geblieben. Dies traf, so betonte Renner eigens, in besonderem Maße auf Bauer zu, der – wie kein anderer der Austromarxisten – in solch leidenschaftlichem Gegensatz zu den russischen Bolschewiken gestanden sei.

Auch nach zwei Monaten Haft hatte Renner sein unbeschwertes, optimistisches Wesen keineswegs eingebüßt. Seiner Enkeltochter Franziska schickte er ein langes, heiteres Gedicht über seinen Tagesablauf im Gefängnis. Der Alltag wird darin so harmlos geschildert, daß man meinen könnte, Renner befand sich auf Erholungsurlaub. In einem Brief an seine Frau Luise vom 16. April erfreute er sich an den untrüglichen Zeichen des Frühlings: »Es ist ein schöner, warmer Sonntag, die Sonne schaut auf mein gegen Süden gelegenes Fenster, das ich seit halbsechs Uhr früh offen habe, in den Gemeinschaftszimmern singen sie schöne Lieder.«[7]

Noch immer wußte er allerdings über seinen Entlassungstermin nicht Bescheid. »Ich fürchte«, so gab er sich gewohnt gelassen, »für meine Person gar nichts. Nur Zeit, zuviel Zeit geht verloren. Das aber macht insofern nichts, als meine Unterbringung hier unter den gegebenen Umständen nicht schlecht ist. Meine Zelle wird rein gehalten, die Verpflegung ist zwar primitiv, aber bringt keine Schädigung der Gesundheit. Leider nehme ich wieder zu, obschon ich ab und zu Marienbäder nehme. Man ißt aus Langeweile, man ist, weil man nichts zu tun hat, als zu verdauen, auch immer hungrig.«[8]

Außerdem klagte Renner über Rückenschmerzen. Deshalb stellte er bald die einsamen Turnübungen ein, die er in seiner Zelle regelmäßig durchgeführt hatte, worauf ihn allerdings Herzbeschwerden plagten. Der Altkanzler dachte auch bereits über die Zeit nach seiner Entlassung nach. Beruflich schwebte ihm dabei die publizistische Tätigkeit für westliche Zeitungen und Journale vor. Selbst drei Monate Freiheitsentzug hatten seiner Unbekümmertheit keinerlei Abbruch getan, und er verstand es, auch aus dieser extremen Situation das Beste zu machen. Unermüdlich ging er seiner schriftstellerischen Passion nach. Er verfaßte sogar lateinische und altgriechische Gedichte über seinen eintönigen Tagesablauf. So mancher seiner prominenten Zellennachbarn, wie Seitz, Danneberg und Albert Sever, litt geistig und körperlich weit mehr unter den Haftbedingungen.

Nach hundert Tagen Gefängnis, am 20. Mai 1934, wurde Renner aus der Haft entlassen. Er wurde überwacht, sein Telefon gesperrt und ihm sogar das Autofahren untersagt. Für den Altkanzler war nun die Polizeidirektion Wien zuständig, und die Einvernahmen dauerten bis zum 7. Juli an.

Haftentschädigung erhielt er keine, da er den Verdacht, vom geplanten »Hochverrat« gewußt zu haben, nicht entkräften konnte. Sehr zu seinem Unbehagen sah sich Karl Renner gezwungen, mit seiner Frau und der Familie seiner Tochter wieder einmal umzuziehen, diesmal nach Wien-Wieden, in die Taubstummengasse 15. Es war eine recht geräumige Wohnung, und doch erwies sie sich für einen Drei-Generationen-Haushalt als nicht sehr gut geeignet. Nach längerem Betreiben erhielt Renner die Bewilligung, nach Gloggnitz übersiedeln zu dürfen.

Der »völlig unverdiente Umschwung« von 1934 hatte Renner persönlich nur wenig erschüttert. »Ein Politiker muß mit allem rechnen«, lautete seine Devise. Die Opfer des Bürgerkriegs erschienen ihm aber »so unsinnig, so verhängnisvoll, so katastrophal für mein Land und Volk«. Selten sei derart sinnlos und kurzsichtig in der Geschichte gehandelt worden: »Man stand auf der oberen Sprosse der Leiter und zerschlug die unteren Sprossen, ohne zu ahnen, daß so die Leiter stürzen müsse ... Nicht, was ich leiden mußte, das Schicksal des Landes, das ich mit so viel Eifer aus dem Zusammenbruch wieder aufzurichten mich bemüht hatte, ... schmerzt mich«.[9]

Die Sozialdemokratie war in Österreich so gut wie zerschlagen. Tausende Sozialisten verloren aufgrund ihrer politischen Zugehörigkeit die Arbeit. Etwa 2000 Schutzbündler flohen nach Spanien und schlossen sich dem Kampf der Republikaner gegen die Franco-Truppen an. Andere emigrierten in die Sowjetunion, wo viele von ihnen unter Stalin in sibirische Lager verschwanden. Von Brünn aus versuchte Otto Bauer die illegale Sozialdemokratie in Österreich am Leben zu erhalten. Der von Joseph Buttinger geführte linke Flügel bildete aber inzwischen die Gruppe »Revolutionäre Sozialisten« in Abspaltung von der ihnen zu konziliant erscheinenden alten Partei.

Renner traf sich wiederholt mit den in Österreich verbliebenen Parteivorstandsmitgliedern, enthielt sich aber ansonsten jeglicher illegaler politischer Betätigung. Auf seinen Spaziergängen in Wien-Wieden begleitete ihn bisweilen der junge Linkssozialist Bruno Kreisky. Diesem versicherte Renner eilfertig, wie Kreisky in seinen Memoiren berichtet, daß er durchaus mit den Revolutionären Sozialisten sympathisiere, sich selbst jedoch nicht illegal betätigen könne. Mit Gelassenheit reagierte er auf die Vorwürfe des ungestümen linken Flügels, wonach er es seit dem Bürgerkrieg gänzlich am Engagement für die Arbeiterbewegung und die Demokratie fehlen habe lassen. »Mein Leben lang«, so schrieb er resümierend seinem langjährigen innerparteilichen Widersacher Friedrich Adler, »war mir – und ich halte das für eine Stärke von mir – höchst gleichgültig, was die Menschen um mich im Augenblick denken. Ich konnte mir das leisten, weil ich niemals von jemandem etwas ... verlangt habe. Jede Funktion, die ich jemals bekleidet habe, ist mir zugefallen, ohne daß ich mich darum bewarb, aber keine war mir zu hart oder zu ›schmutzig‹, wenn sie erfüllt werden mußte und kein anderer da war ... ›Führung‹ habe ich nie ambitioniert, weil ich vom Führerprinzip nichts halte; mitgemacht habe ich, wo man mich brauchte. Sie begreifen, daß bei dieser Einstellung mir es höchst schnuppe war, wenn ich und wie sehr immer mißverstanden wurde. Ich habe darum auch Selbstverteidigung höchst überflüssig gefunden.« Für die gegenwärtige Situation hielt Renner jedenfalls illegale Untergrundarbeit für unvermeidlich und geboten, »wie wenig sie augenblicklich nütze. Sie kann nicht von Leuten gemacht werden, die vierzig Jahre in der Legalität ergraut sind. Von einem Geschäft, zu dem ich nicht tauge, halte ich mich fern. Gibt es etwas, wozu man mich braucht, wird man mich finden – ich sehe nichts Derartiges, jetzt nicht und nicht in absehbarer Zeit.«[10]

Im September 1935 reiste er nach Brüssel, wo er am Congrès de l' Association Internationale zum gefeierten Ehrenpräsidenten ernannt wurde. In Wien pflegte er mit seinen alten niederösterreichischen Parteifreunden einmal die Woche zu Karten- und Billardpartien in verschiedenen Cafés zusammenzutreffen. Später kam es auch zu halb geselligen, halb politischen Zusammenkünften in der Taubstummengasse. Doch wie mußte ein Mann Mitte Sechzig empfinden, der sein Lebenswerk vernichtet sah? Selbst zu Zeiten des k.k. Absolutismus unter Stürgkh war die Sozialdemokratie nicht derart ausgeschaltet, geächtet und verfolgt gewesen wie seit dem Februar 1934. Zu keinem Zeitpunkt der habsburgischen Herrschaft hatte sich die österreichische Arbeiterbewegung solchen Repressionen ausgesetzt gesehen. Renner, der so stolz auf die republikanischen Errungenschaften im Zuge des Umsturzes von 1918 gewesen war, sollte die Demütigung durch den christlichsozialen Ständestaat sein Leben lang nicht vergeben oder vergessen. Trotz Ämter und Würden, so schrieb Renner einmal seinem Vertrauten Helmer, waren die Sozialisten doch nur »arme Hunde« geblieben. »Die Partei und die Bewegung haben wir groß und selbst reich gemacht, wir aber sind das geblieben, was wir ›von Gottes Zorn‹ sind.«[11]

Dollfuß hatte mit einer neuen Verfassung vom 1. Mai 1934 seine Maßnahmen zur Errichtung einer Diktatur legitimiert. Die Demokratie war tot, das Parteiensystem durch eine berufsständische Vertretung abgelöst. Der Bundeskanzler und sein Kabinett regieren nicht mehr durch den –

mittels einer Wahl bekundeten – Willen der Bevölkerung, sondern nur mehr »durch die Gnade Gottes«. Die Vaterländische Front war allgegenwärtig und allmächtig. Durch den Abschuß eines Konkordats mit dem Vatikan übte die katholische Kirche wieder erheblichen Einfluß auf Schule, Ehe und Familie, auf das gesamte öffentliche Leben aus. Zugleich jedoch versuchte Dollfuß in seinem Kampf gegen Hitler als erster Regierungschef am Ballhausplatz, österreichischen Patriotismus zu wecken und die Eigenstaatlichkeit des kleinen Landes zu sichern.

Zwar war die Sozialdemokratie ausgeschaltet, es gelang dem christlich-autoritären Regime hingegen nicht, die Agitation und die sich in unzähligen Bombenattentaten widerspiegelnde Terrorwelle der Nationalsozialisten einzudämmen. Schließlich kam es zu einem Putschversuch, der für Dollfuß tödlich endete. Am 25. Juli 1934 erlag Dollfuß den Schußwunden, die er beim Eindringen österreichischer SS-Schergen ins Bundeskanzleramt erlitten hatte. Der Mann, der erst im Februar schwerverwundete Schutzbündler hatte hinrichten lassen, starb nun selbst einen qualvollen Tod ohne Gnade. Er verblutete an seinen schweren Verletzungen, ohne daß ihm ärztliche Hilfe und priesterlicher Segen zuteil wurde. Der nationalsozialistische Putsch schlug jedoch fehl. Doch selbst Renner wurde für zwei Tage im Gloggnitzer Gemeindekotter, einer ehemaligen Bibliothek, inhaftiert.

Der monarchistisch gesinnte Kurt Schuschnigg folgte Dollfuß als Bundeskanzler nach. Anstatt eine Verständigung mit den Sozialdemokraten zu suchen, zählte er auf die Unterstützung der legitimistischen Kreise. Die Habsburger wurden wieder salonfähig, die Ausnahmegesetze gegen die einst so mächtige Dynastie aufgehoben. Schuschnigg, der in Fortsetzung der Politik Dollfuß' den deutschen Nationalsozialismus weiterhin mit einer – wenngleich gemäßigten – österreichischen Variante des Faschismus beantwortete, gelang es nicht, sein Land aus der Isolation zu befreien. Die Westmächte boten keine ausreichende Unterstützung mehr für die Aufrechterhaltung der Souveränität des durch Massenarbeitslosigkeit krisengeschüttelten Österreich.

Renner, der sich im Juli 1937 als Teilnehmer einer internationalen sozialpolitischen Tagung in Paris aufhielt, versuchte vergebens, den französischen Außenminister Yvon Delbos auf die Gefahr der wachsenden Attraktivität des Nationalsozialismus in Österreich und auf die mangelnde Hilfe Frankreichs aufmerksam zu machen. Der bisherige Protektor der Alpenrepublik, Mussolini, sah sich seinerseits nach seinem gescheiterten Abessinien-Feldzug gezwungen, mit Hitler zusammenzuarbeiten. Infolgedessen riet er Schuschnigg zu einem Übereinkommen mit Berlin. Der

Kanzler tat, wie ihm geheißen, und reiste auf den Obersalzberg bei Berchtesgaden. Doch seine Doppelstrategie, sich Hitler gegenüber konzessionsbereit zu zeigen und zugleich Österreich gegen den Nationalsozialismus zu immunisieren, scheiterte. Renner sprach dabei von einer Selbsttäuschung Schuschniggs, von einem groben Verkennen der Pläne Hitlers, der ja die Bedingungen diktierte. Noch nach Schuschniggs Berchtesgaden-Reise sprach Renner beim französischen Botschafter in Wien, Gabriel Puaux, vor und bat dabei die Westmächte dringend, Österreich zu schützen.

Ein letztes Mal versuchte Schuschnigg verzweifelt, das drohende Unheil abzuwenden, indem er für den 13. März 1938 eine Volksabstimmung über den Weiterbestand Österreichs ansetzte. Aufgrund des massiven Drucks aus Berlin mußte er aber das Plebiszit wieder absagen. Der Kanzler trat – die Invasion deutscher Truppen vor Augen – zurück. Der Nationalsozialist Arthur Seyß-Inquart bildete noch am Abend des 11. März eine neue Regierung. Schon am nächsten Morgen marschierte deutsches Militär in Österreich ein. Am 13. März beschloß die neue Regierung den Anschluß an das Dritte Reich. Damit war eigentlich ein alter Traum Renners Wirklichkeit geworden, wenngleich unter ganz anderen Vorzeichen und Umständen, als es sich der Altkanzler jemals vorgestellt hatte.

Für Renner persönlich hatte die Machtergreifung des Nationalsozialismus zunächst eine schmerzliche Trennung zur Folge. Er hatte ursprünglich vor, noch in der Nacht mit dem Zug im Schlafwagenabteil nach Berlin zu reisen und von dort auszuwandern. Im Hotel »Adlon« hatte er schon für die ganze Familie Zimmer reservieren lassen, doch verwarf er schließlich diesen Plan. Mit seinen 67 Jahren hielt er sich für die Emigration und einen Neuanfang zu alt, zudem glaubte er sich im fernen Ausland für überflüssig. Sein Schwiegersohn, Hans Deutsch, sah sich freilich aufgrund seiner jüdischen Abstammung gezwungen, Österreich, das nunmehr »Ostmark« hieß, zu verlassen. Er flüchtete mit Frau und Kindern nach England. Leopoldine kehrte aber aus Sorge um ihre Eltern zwei Wochen vor Kriegsausbruch in die Heimat zurück. Als ›reinrassige Arierin‹ konnte sie in Gloggnitz bleiben. Ihre Kinder übersiedelten schließlich von England nach Nordamerika und in die – für viele Zeitgenossen völlig unbekannte – Dominikanische Republik.

Knapp zwei Wochen nach dem Aufgehen Österreichs im Deutschen Reich holten Beamte des Staatsarchivs in Begleitung der Exekutive Karl Renner in einem großen Mercedes von seiner Wohnung ab. Sie fuhren mit ihm nach Gloggnitz, um zu den Akten der Friedensverhandlungen in

Saint-Germain zu gelangen, die der Altkanzler in den Schränken seines Landhauses aufbewahrte. Das Siegel zum Vertrag hatte Luise dabei kurioserweise seit fast 20 Jahren als Gewicht für die Küchenwaage unter der Abwasch liegen.

Trotz der widrigen Umstände besann sich Renner neuerlich seiner Lieblingsidee, dem Anschluß Österreichs an das Deutsche Reich. Im Zuge dessen bot er dem neuen, nationalsozialistischen Bürgermeister von Wien, Hermann Neubacher, einem alten Bekannten, an, für die am 10. April stattfindende Volksabstimmung, medienwirksam für ein »Ja« einzutreten. Dieser Anregung war bereits eine Initiative des österreichischen Episkopats vorausgegangen. Am Morgen des 15. März war Kardinal Theodor Innitzer im ersten Hotel Wiens, im »Imperial«, mit Hitler zusammengetroffen. In einer Erklärung bezeichneten es die Bischöfe sodann als ihre nationale Pflicht, sich als Deutsche zum Dritten Reich zu bekennen. Der Nationalsozialismus habe besonders für die armen Teile der Bevölkerung Hervorragendes geleistet und zudem den gemeinsamen Feind, den Bolschewismus, abgewehrt. Deshalb erwarteten sie für die Volksabstimmung über den Anschluß »von allen gläubigen Christen, daß sie wissen, was sie ihrem Volke schuldig sind«.[12]

Hitlers Stellvertreter, Rudolf Heß, lehnte zwar eine von Renner vorgeschlagene Plakataktion, die ein Ja unterstützen sollte, ab, gestattete aber ein Interview mit dem Altkanzler, das schließlich im »Neuen Wiener Tagblatt« vom 3. April 1938 erschien. »Obschon nicht mit jenen Methoden, zu denen ich mich bekenne, errungen«, so bezog Renner darin Stellung, »ist der Anschluß nunmehr doch vollzogen, ist geschichtliche Tatsache, und diese betrachte ich als wahrhafte Genugtuung für die Demütigungen von 1918 und 1919, für St. Germain und Versailles. Ich müßte meine ganze Vergangenheit als theoretischer Vorkämpfer des Selbstbestimmungsrechtes der Nationen wie als deutschösterreichischer Staatsmann verleugnen, wenn ich die große geschichtliche Tat des Wiederzusammenschlusses der deutschen Nation nicht freudig begrüßte ... Nun ist diese zwanzigjährige Irrfahrt des österreichischen Volkes beendigt, es kehrt geschlossen zum Ausgangspunkt, zu seiner feierlichen Willenserklärung vom 12. November zurück. Das traurige Zwischenspiel des halben Jahrhunderts, 1866 bis 1918, geht hiemit in unserer tausendjährigen gemeinsamen Geschichte unter ... Als Sozialdemokrat und somit als Verfechter des Selbstbestimmungsrechtes der Nationen, als erster Kanzler der Republik Deutschösterreich und als gewesener Präsident ihrer Friedensdelegation zu St. Germain werde ich mit Ja stimmen.«[13]

Diese Stellungnahme Renners wirkte auf die österreichischen Wider-

Staatskanzler a. D. Dr. Renner: „Ich stimme mit Ja.‟

Einer unsrer Mitarbeiter hatte gestern Gelegenheit, den gewesenen Staatskanzler Dr. Karl Renner zur bevorstehenden Volksabstimmung zu befragen. Dieser beantwortete die an ihn gerichteten Fragen folgendermaßen: „Sind Sie, Herr Staatskanzler, bereit, über Ihre Stellung zur Volksabstimmung sich zu äußern?‟

„Ich habe als erster Kanzler Deutschösterreichs am 12. November 1918 in der Nationalversammlung den Antrag gestellt und zur nahezu einstimmigen Annahme gebracht. „Deutschösterreich ist ein Bestandteil der Deutschen Republik.‟ Ich habe als Präsident der Friedensdelegation zu St.-Germain durch viele Monate um den Anschluß gerungen — die Not im Lande und die feindliche Besetzung der Grenzen haben die Nationalversammlung und so auch mich genötigt, der Demütigung des Friedensvertrages und dem bedingten Anschlußverbot uns zu unterwerfen. Trotzdem habe ich seit 1919 in zahllosen Schriften und ungezählten Versammlungen im Lande und im Reiche den Kampf um den Anschluß weitergeführt. Obschon nicht mit jenen Methoden, zu denen ich mich bekenne, errungen, ist der Anschluß nunmehr doch vollzogen, ist geschichtliche Tatsache, und diese betrachte ich als wahrhafte Genugtuung für die Demütigung von 1918 und 1919, für St.-Germain und Versailles. Ich müßte meine ganze Vergangenheit als theoretischer Vorkämpfer des Selbstbestimmungsrechtes der Nationen wie als deutschösterreichischer Staatsmann verleugnen, wenn ich die große geschichtliche Tat des Wiederzusammenschlusses der deutschen Nation nicht freudigen Herzens begrüßte.‟

„Waren Sie, Herr Kanzler, nicht Freund einer Donaukonföderation?‟

„Dazu bemerke ich: Schon in der ersten Sitzung der provisorischen Nationalversammlung wurde die Alternative gestellt: Wir sind bereit, mit den befreiten Donauvölkern über eine Verbindung zu verhandeln — wollen diese eine solche nicht oder nur unter Bedingungen, die wider unsre Ehre sind, so wollen wir zum Reiche zurückkehren. Die unmittelbare Antwort auf die so gestellte Alternative gaben die Nachbarn durch die gewaltsame Besetzung deutscher Gebiete und durch die Untergrabung unsrer Wirtschaftsgeltung. Oesterreich gab am 12. November 1918 die würdige Antwort, indem es den Anschluß verkündete. Das zweitemal wurde diese Alternative weniger von Oesterreich aus, als von den Großmächten aufgeworfen. Die Idee der sogenannten Donauraumpolitik wurde nach dem Friedensschluß vielfach erörtert. Sie sollte Oesterreich eine neue wirtschaftliche Zukunft und den Ausweg aus der erstickenden Beengtheit des Zollabschlusses eröffnen, um uns so den nationalen Verzicht durch wirtschaftliche Vorteile erträglicher zu machen. Der Bedrängte verschmäht keinen möglichen Ausweg. In seiner wirtschaftlichen Verkümmerung und bei seiner außenpolitischen Machtlosigkeit hat das Land solche Vorschläge gewiß mit Interesse verfolgt. Allein durch nahezu zwanzig Jahre hat man mit dieser Idee bloß gespielt und nicht einen einzigen positiven Schritt zu ihrer Verwirklichung getan, ja man hat sie zum Schluß durch lächerliche legitimistische Treibereien absurd gestaltet, so daß auch der wärmste Freund der Donauraumpolitik von dieser zweiten Alternative sich ableheren mußte.

Nun ist diese zwanzigjährige Irrfahrt des österreichischen Volkes beendigt, es kehrt geschlossen zum deutschen feierlichen Willenserklärung vom 12. November hundert, 1866 bis 1918, geht hiemit in unsrer tausendjährigen gemeinsamen Geschichte unter.‟

„Wie werden also Sie und Ihre Gesinnungsgenossen stimmen?‟

„Ich habe keinen Auftrag, für die letzteren zu sprechen, kann aber erklären: Als Sozialdemokrat und somit als Verfechter des Selbstbestimmungsrechtes der Nationen, als erster Kanzler der Republik Deutschösterreich und als gewesener Präsident ihrer Friedensdelegation zu St.-Germain werde ich mit Ja stimmen.‟

Renners Anschluß-Interview im »Neuen Wiener Tagblatt«.

standskämpfer und politischen Gefangenen des nationalsozialistischen Terrorregimes entmutigend. Manche – darunter auch seine Frau Luise selbst – behaupteten Jahre später, Renner hätte damit beabsichtigt, Parteifreunde wie den Juden Robert Danneberg vor dem Konzentrationslager zu retten. Otto Bauer vertrat im Pariser Exil die Meinung, Renner hätte seine Erklärung unter dem Druck von Drohungen und Erpressungen abgegeben. Trotz seiner grundsätzlichen Kritik war für Bauer das Statement »inhaltlich nicht ohne Würde«. Schließlich blieb auch er ein treuer Anhänger der Anschlußidee. Die vollzogene Einverleibung stellte für ihn zwar keineswegs die Verwirklichung des 1918/19 so verzweifelt propagierten Selbstbestimmungsrechts dar, doch war er nicht für einen Kampf gegen diese Annexion. Vielmehr hoffte er auf eine gesamtdeutsche Revolution gegen den Nationalsozialismus. Die These von der Unabhängigkeit Österreichs blieb für ihn nach wie vor eine reaktionäre Parole der Konservativen und Klerikalen.

Renner bekundete jedenfalls wiederholt, sein aufsehenerregendes Interview aus tiefster Überzeugung heraus gegeben zu haben. In der Maiausgabe der britischen Zeitschrift »World Review« betonte der Altkanzler, seine Erklärung zum Ja für den Anschluß völlig freiwillig – jedoch ohne Absprache mit anderen Sozialdemokraten – abgegeben zu haben. Er hob zudem hervor, sich deswegen keinesfalls zum Nationalsozialismus zu bekennen. Wären die Ideen Wilsons und somit der Anschluß unter dem Prinzip der Demokratie beim Diktatfrieden von Saint-Germain nicht verraten worden, hätte sich die Entwicklung Deutschlands und Österreichs ganz anders gestaltet. Renner rechtfertigte sich und zeigte dabei Mut zu durchaus systemfeindlichen Aussagen: »Es schmerzt mich, als Demokrat einer Diktatur, als freier Sozialist einem militarisierten Staatssozialismus, als Kind eines humanen Jahrhunderts einem unfaßbaren Rassenregime mich unterwerfen zu müssen. Ich muß es tragen im Troste der Erkenntnis: Staaten bleiben, aber Systeme wechseln. Nationen leben in Jahrhunderten, Parteien kommen und gehen in Generationen. Das, was ich mit allen meinen Kräften gewollt, kann ich nicht verleugnen, weil es auf einem anderen als meinem Wege erreicht wird. Nicht meine Schuld, noch die der österreichischen Sozialdemokratie ist es, daß der Anschluß nicht auf demokratischem Wege verwirklicht ist, daß eine wirtschaftliche Entente der Donaustaaten gescheitert ist. Das aber, was ich zu erkennen glaube, was ich will, daß es geschehe, das auch vor aller Welt zu bekennen, halte ich für meine politische Pflicht. Daher meine Erklärung.«[14]

Trotz der so eindeutigen Stellungnahme vom 3. April blieb Renner für das NS-Regime eine bloß geduldete Person. Die Nationalsozialisten meinten aber, daß er in der Zeit der Donaumonarchie ein »Politiker von Format« gewesen sei, der dann in der Zwischenkriegszeit dem rechten Flügel der SDAP angehört hatte und »unter allen seinen zahlreichen Funktionen niemals in radikaler Weise in Erscheinung« getreten wäre.[15] Somit war es Renner mit seinem prononcierten Ja zum Anschluß gelungen, die Gestapo milde zu stimmen und so die ungestörte Ausreise seines Schwiegersohns und der drei Enkeln zu ermöglichen. Auch erschien es ihm völlig zwecklos, gegen die Einverleibung zu stimmen oder gar einen bewaffneten Widerstand gegen die Besetzung Österreichs zu versuchen. Der Augenblick schien ihm dafür denkbar ungünstig. Vorschnelle Initiative und unnütze Opfer sollten vermieden, der Kampf auf die Dauer von Jahren eingestellt werden. Außerdem wußte Renner um die Hinwendung großer Teile der Arbeiterschaft zum Nationalsozialismus.

Zweifelsohne machte sich der Altkanzler jedoch keinerlei Vorstellungen über das wahre Gesicht der NS-Herrschaft, über deren Praxis des Terrors. Als sich Hitler anschickte, nach Österreich auch die sudetendeutschen Gebiete der ČSR in das Deutsche Reich einzuverleiben, stieß er bei Renner sogar noch auf herzhafte Sympathie. Im Frühjahr und Sommer 1938 verfaßte der Altkanzler dazu eine einschlägige Abhandlung, die zwar nie in Buchform erschienen, aber immerhin in Druckfahnen erhalten geblieben ist. In »Die Gründung der Republik Deutschösterreich, der Anschluß und die Sudetendeutschen. Dokumente eines Kampfes ums Recht« schildert Renner anhand von Originalquellen die Entstehungsgeschichte der Ersten Republik, ihr Ringen um die sudetendeutschen Länder und die Verhandlungen in Saint-Germain. Die Darstellung gleicht einer Abrechnung mit dem »tschechischen Imperialismus«, den Pariser Diktatsfriedensschlüssen des Jahres 1919 und der ungerechten, gegen das nationale Selbstbestimmungsrecht verstoßende Siegerpolitik der Westmächte. Der Altkanzler gestand dabei erneut, schon immer gegenüber der Bezeichnung »Österreich« eingenommen gewesen zu sein. Dieser von den Christlichsozialen so vehement geforderte Name hatte für ihn stets »den Beigeschmack, einen Herabkömmling zu bezeichnen: Dessen große Vergangenheit steht immer im schreienden Widerspruch zur armseligen Gegenwart und führt immer zu lächerlicher Großtuerei.«[16]

Nach dem Viermächteabkommen in München vom 29. September 1938, das dem Dritten Reich – vertraglich und somit ohne Krieg – die Sudetengebiete zusicherte und Hitler damit einen ungeheuren Erfolg bescherte, verfaßte Renner am 1. November noch ein Nachwort zu seiner Abhandlung. In diesem räumte er dem tschechischen Volk zwar die tragische Opferrolle ein, feierte aber vor allem »die beispiellose Beharrlichkeit und Tatkraft der deutschen Reichsführung« sowie die Vernunft und Weitsicht der Westmächte. In dieser »Lösung« des Sudetenproblems sah der Altkanzler seine Bemühungen der Jahre 1918/19 spät belohnt und gerechtfertigt. Seine Schrift rechtfertigte aber vor allem auch die Aktion Hitlers, der sich ja in dieser Frage noch auf das nationale Selbstbestimmungsrecht berufen konnte. Mit den Münchner Vereinbarungen schien Renner endlich die Donaumonarchie für alle Zeiten aufgelöst und das Nationalstaatsprinzip für Mitteleuropa vollendet. Nun sei die Bahn frei »für andere, völlig neue Ziele, die sich ahnen, aber noch nicht erweisen lassen«.[17]

Mit dieser Studie, die im Dritten Reich nicht mehr publiziert und in der Zweiten Republik jahrzehntelang peinlichst verschwiegen wurde, hatte sich Renner ohne Zweifel zum Handlanger des Dritten Reiches, zum unbekümmerten intellektuellen Schreibtischtäter degradiert. Läßt sich die Diktion dieser Schrift noch aus seiner seltsam unreflektierten und naiv-großdeutschen Begeisterung über die Lösung der nationalen Frage in Österreich und den Sudetengebieten erklären, erscheint es vollkommen unverständlich, daß Renner christlichsoziale Politiker wie Leopold Kunschak und Wilhelm Miklas als herausragende Gegner des Anschlusses von 1918 namentlich anprangerte. Den Vorarlberger Otto Ender bezichtigte er im Zusammenhang mit dem Länderseparatismus der Umbruchszeit gar »landesverräterischer Umtriebe«. Mit solchen – höchst befremdlich anmutenden – Denunziationen konnte der Altkanzler die Genannten angesichts des nationalsozialistischen Gewaltregimes in höchste Lebensgefahr bringen. Außerdem verstieg sich Renner dazu, die Verfassung von 1920, an der er doch selbst so intensiv mitgewirkt hatte, wie das gesamte demokratische System überhaupt in Frage zu stellen. »Die großen weltanschaulichen und sozialen Probleme«, so führte er aus, »werden ohnehin von den großen Reichen der Welt entschieden, und der Beitrag, den die kleinen zu leisten vermögen, ist, wenn auch wichtig, doch so bescheiden, daß er den leidenschaftlichen Lärm großer parlamentarischer Ringkämpfe nicht lohnt.«[18]

Schon bald mußte Renner allerdings die Arroganz der Deutschen aus dem »Altreich« gegenüber den armen »Ostmärkern« und den rauhen NS-Alltag zur Kenntnis nehmen. Bald, nachdem sich der Altkanzler beim Gauleiter für Niederdonau, Hugo Jury, dafür eingesetzt hatte, daß sein Schwiegersohn zurückgezogen in Gloggnitz leben dürfe, wurde Hans Deutsch-Renner von Nationalsozialisten nach Wiener Neustadt verschleppt und schließlich übel zugerichtet. Er tat das einzig Richtige und flüchtete erneut nach England.

Langsam, aber stetig entwickelte sich bei Renner wie bei vielen anderen »Ostmärkern« schließlich doch eine Art österreichisches Nationalbewußtsein. Freilich stand dem von Anfang an ein überdurchschnittlich reges Engagement vieler »Alpen- und Donaudeutscher« in den verschiedenen Kadern der NSDAP, gerade in der SS, gegenüber. Für Renner waren sie unverbesserliche und charakterlose Profiteure des Gewaltregimes und »Krippenfresser«. Zum Widerstand gegen die Herrschaft Hitlers konnte er sich aber bis zuletzt nicht entschließen. Er nützte vielmehr seine politische Abstinenz, um – zurückgezogen in seiner gemütlichen Gloggnitzer Villa – seine Memoiren zu verfassen, denn er war zur Überzeugung gelangt, daß angesichts seines fortgeschrittenen Alters seine »politische Lebensarbeit« abgeschlossen sei. Ausgerechnet im Herbst 1939 stellte er die Erinnerungen an seine Kindheit und Jugend fertig. Sie sollten erst sieben Jahre später unter dem Titel »An der Wende zweier Zeiten« veröffentlicht werden. Es war der erste von vier geplanten autobiographischen Bänden. Teil zwei sollte die Zeit von seinem Eintritt in die Parlamentsbibliothek bis zu seiner Delegierung zum Reichsratsabgeordneten, der dritte Band seine Lebensgeschichte bis zum Untergang der Donaumonarchie und der vierte seinen Werdegang während der Ersten Republik schildern. Doch zu einer Publikation dieser Abschnitte kam es nicht mehr. Drei Jahre nach seinem Tod wurde aus Renners nachgelassenen Werken der Band »Österreich von der Ersten zur Zweiten Republik« veröffentlicht. Dabei handelt es sich jedoch weniger um eine Darstellung seiner persönlichen Lebensgeschichte als vielmehr um eine Monographie zur Geschichte der Jahre 1918 bis 1945. Sie fand auch nicht jene Aufmerksamkeit, die sich Renner ursprünglich – vor allem in ÖVP-Kreisen – erhofft hatte. In seinem größtenteils zwischen 1943 und 1944 verfaßten, jedoch unvollständig gebliebenen Werk »Mensch und Gesellschaft« analysierte er seine wissenschaftlichen Lieblingsthemen Recht, Staat und Gesellschaft. Dabei bewies er sich neuerlich als Jurist, Historiker, Soziologe und Staatsmann in einer Person.

Den Kriegsausbruch vom 1. September 1939 hielt Karl Renner politisch für die entscheidende Wende. Der Krieg mußte seiner Auffassung nach den Sturz der totalitären Systeme nach sich ziehen. Den westlichen Demokratien machte der Politpensionär jetzt den Vorwurf »kaum verhehlter Sympathie für den Faschismus«. Sie hätten nicht bloß die verzweifelt ringenden republikanisch-sozialdemokratischen Bewegungen in Österreich oder Spanien im Stich gelassen, sondern Mussolini und Hitler durch unfaßbare Duldung und Förderung von Triumph zu Triumph verholfen. Hitlers Angriff auf Polen bezeichnete Renner als »Wahnsinnsentschluß«, der den Zusammenbruch des Dritten Reiches »mit einem Schlage« absehbar erscheinen ließ. Deutschland war auf dem Höhepunkt erreichbarer Macht gestanden. Die Westmächte hätten es ohne Überfall auf Polen nach Renners Dafürhalten niemals gewagt, Hitler Österreich und die Sudetengebiete streitig zu machen. Das Reich wäre im Gegenteil in den Kreis der Großmächte aufgenommen worden. Selbst nach der völkerrechtlich indiskutablen Zerschlagung der »Rest-Tschechei« wäre durch geduldige Verhandlungen das Gleichgewicht wiederherzustellen gewesen. Der Überfall auf Polen war jedoch »das Übergewicht, das den Waagebalken herabriß«. Das Schicksal Deutschlands bezeichnete Renner sodann als eine »erschütternde Tragödie«.

Während des Weltkriegs wandte sich Renner schließlich ganz den Musen zu. Er widmete sich seinen Studien mit dem Bemühen, die äußeren Lebensumstände nicht anders zu achten »denn als Nebensächlichkeiten«. Demgemäß unterhielt er sich auch bei seinen Besuchen in Wien etwa mit dem aus Nikolsburg stammenden Adolf Schärf getreu seiner humanistischen Neigung häufiger über die Geschichte des Altertums und der Neuzeit als über die politische Gegenwart. Von den neuen Errungenschaften der Naturwissenschaften, besonders der Mathematik und der Astronomie, zeigte sich Renner derart begeistert, daß er eine Lehrdichtung in drei Büchern, ein naturwissenschaftliches Lehrgedicht nach dem Vorbild des römischen Poeten der Antike, Lukrez, mit dem Titel »Unser Weltbild«, niederschrieb. Es zeigt Renner als beinahe naiven Bewunderer der Wissenschaft. Der Altkanzler philosophiert dabei über Geschichte, die Natur und das Universum, über die Welt der Antike genauso wie über den Bau des Atoms, okkulte Mächte, die Einheit der Energie oder die Gestirne. Sein dichterischer Stil blieb nach wie vor bemüht, seine Philosophie kleinbürgerlich bescheiden. So schrieb er schließlich sich selbst zum Geleit:

»Bin zeitfremd so, daß ich mich nicht entblöde,
Zu schwelgen in veraltetem Genusse:
So find ich heut Geschmack noch so wie stets
An De natura rerum des Lukrez.«

Gleich zu Beginn seines Epos legte er auch ein anderes Bekenntnis ab:

»Vom Volke, dem zuerst gedient mein Wollen,
Vom Staat, dem ich gedient in vielen Rollen

Und nun entsag – es hat ja nicht sein sollen! –,
Hinweg von eitel-irdischem Gewimmel
Den übermenschlichen Naturgewalten,
Den Sternen wend zu mich und dem Himmel,
Erhabenstes zum Liede zu gestalten.
Auch dort Umwälzung, ruheloses Wallen,
Erstehn und Sterben im Äonenkreise –
Und doch: Für unsre kurze Erdenreise
Ist Ruhe dort und geistig Wohlgefallen.«

Verschlüsselt und vorsichtig nahm Renner auch auf die aktuellen Geschehnisse, auf den Krieg, Bezug. Wen wundert es, daß er seinen letzten
Gesang hoffnungsvoll und optimistisch ausklingen läßt:

»Verzagt nicht, wenn in diesem Augenblick
Die Erde ächzt in Leid und Mißgeschick:
Und stürzt die Welt im kriegerischen Grauen,
Die Wissenschaft wird wieder auf sie bauen.
Vereintes Werk von vielen tausend Geistern
Wird auch die Rätsel der Gesellschaft meistern:
Das Unrecht, das in blanken Waffen geht,
Und die Gewalt, die neues Unrecht sät,
Die Habsucht, die vom Schweiß der Mühsal protzt,
Und das Gemeine, das dem Reinen trotzt.
Gewalt ist mächtig, doch Gewalt ist Schuld,
Und stärker als Gewalt ist die Geduld ...«[19]

Die Arbeit zu diesem Werk bedeutete ihm ein »wahres Seelenbad, ... es ist
doch was Großes um die Menschheit, trotz alledem.« 1954 sollte dieses
schließlich fast 430 Druckseiten starke Opus magnum unter dem Titel
»Weltbild der Moderne« publiziert werden. Von der politischen Entwicklung durchaus enttäuscht, die sein Lebenswerk zerstört zu haben schien,
genoß er während der Kriegsjahre in der ländlichen Idylle seines Landhauses in Gloggnitz die »beschauliche Muße des Ruheständlers, den man
in Ruhe etwas Kohl bauen läßt«. Er stand unter ständiger Beobachtung.
Seine wenigen Besucher mußten sich eigens bei der Gestapo melden.
Wehmütig erinnerte er sich der längst untergegangenen Donaumonarchie, die »so vielen Völkern einen im Ganzen erfolgreichen Aufstieg im
Schoße westeuropäischer Kultur gebracht hat«, und sah »das Alte« un-
wiederbringlich verlorengehen. »Uns Alten, die das neue Leben, das aus

Ruinen blühen soll, nicht mehr mitschaffen und kaum mehr erleben können, ist wohl der verbleibende Daseinsrest ein einziges Allerseelen. Aber unser Heimatland ist so schön, nach stürmischen Tagen scheint heute wieder die Sonne, Gottes Herrlichkeit ist noch um uns, die frische Herbstluft zu atmen, tut so wohl, auch das nackte Leben ist noch beseligend.«[20]

Der Krieg wütete in ungezügelter Grausamkeit an allen Fronten, Städte wurden zerbombt und Menschen brutal verfolgt, aber Renner blieb – mit seiner Frau und Tochter Leopoldine von der Umwelt nahezu völlig abgekapselt – in ungebrochener Stimmung. Sein Tagesablauf war streng eingeteilt: Den Vormittag widmete er der Lektüre, Sprachstudien und der Schriftstellerei. Den Nachmittag verbrachte er beschaulich im Kreis der Familie und gelegentlich mit Freunden. Die strengen Winter überstand er gut, das Haus war zur Genüge beheizt, der Gemüsegarten verschaffte ihm eine angenehme Ausgleichsbeschäftigung und gewährleistete der Familie eine ausreichende Versorgung. Als einer der wenigen prominenten österreichischen Politiker blieb Karl Renner bis zum Schluß von nationalsozialistischer Verfolgung verschont. Jeden Donnerstag durfte er mit der Eisenbahn – allerdings nur erster Klasse, um mit der Bevölkerung nicht in Kontakt zu kommen – nach Wien fahren. Dort besuchte er seine Schwester und pflegte im Café mit Freunden Tarock zu spielen. Bisweilen ging er – stets elegant gekleidet – mit Frau und Tochter auch ins Kino, wo damals die populären Unterhaltungsfilme liefen.

Schon sah er sich als »iratischen Block«, »den große Erdumwälzungen irgendwo einsam liegen gelassen haben. Da ihm den Anschein nach Wind und Wetter nichts anhaben können, kommt mir manchmal vor, als ob er in aller Ewigkeit so liegen bleiben müßte. Das trifft natürlich nicht zu, aber es gibt mir die Hoffnung, daß er noch eine große Erdrevolution erleben und überleben wird. Die Dinge reifen«, so prophezeite er, die Menschheit aber »geht in erschreckender Tragik einer Peripetie entgegen, die keinen Stein auf dem anderen liegen zu lassen droht. Armes Europa! Ein Rückfall in reine mittelalterliche Rassenvorurteile endet wohl in der schwersten Einbuße der weißen Rasse und dem Verlust der erreichten wertvollsten Teile dieser Erde an die gelbe Rasse! Und endet in der endgültigen Erkaltung des abendländischen Herdes der Zivilisation, in dem Niedergang Europas und dem Aufstieg Amerikas! Europa – das Armen- und Siechenhaus der Welt! Das beste, was eines seiner Völker aus den Brandruinen gewinnen könnte, wiegt diese Einbuße aller Völker nicht auf.«[21]

Er wandte sich gegen eine allgemeine Verurteilung des deutschen Volkes – wie sie in der Weltöffentlichkeit als Reaktion auf die Greueltaten des

NS-Regimes und die Kriegspropaganda nicht selten war – als eine zu Gewaltverbrechen, zu moralischer Minderwertigkeit, Chauvinismus, Rassismus und Führerwahn neigende Nation. Neben Hitler, den Führungspersönlichkeiten in der NSDAP, in SS, SA und Gestapo machte der Altkanzler die deutsche Wirtschaft für die Katastrophe mitverantwortlich. Der verbliebenen deutschen Intelligenz gab er geringe Schuld, zumal er ihr, im Vergleich zu Großbritannien und Frankreich, ein traditionelles politisches Desinteresse zuschrieb. Die große Masse des Bürgertums, des Bauerntums und natürlich der Arbeiterschaft sprach er frei, denn sie besaßen seiner Auffassung nach gar nicht die Möglichkeit, das Unheil aufzuhalten. Hitler hielt er für eine ungewöhnlich zwiespältige Persönlichkeit: »Seine Geistigkeit ist ebenso dem höchsten Ideenflug zugänglich, wie dem niedrigsten Instinkte ausgeliefert, sein Charakter zeigt ebenso unwandelbare Festigkeit des Entschlusses wie eine höchst wendige Treulosigkeit, aus seinen Reden spricht ebensooft bezwingende Aufrichtigkeit wie krasseste und plumpste Verlogenheit. Man kann ebenso berechtigt daraus schließen, daß diese Mischung ebensosehr das Produkt eines so widerspruchsvollen Lebensganges wie zugleich die Voraussetzung seiner Erfolge gewesen ist.«[22]

Der Zweite Weltkrieg – aufgrund Hitlers »zwiespältiger Persönlichkeit« vom Zaun gebrochen – sollte 55 Millionen Tote, 35 Millionen Verwundete und drei Millionen Vermißte fordern. Schätzungsweise 40 bis 45 Millionen Menschen in Europa und Asien hatten durch Aussiedlung, Deportation und Vertreibung ihre Heimat verloren. Etwa eine halbe Million Österreicher kamen in der Heimat, an der Front, in Gefängnissen und Konzentrationslagern ums Leben. Unbeschreibliche Not, Elend und Hunger herrschten. Österreich, besonders die Städte, war durch die verheerenden Bombenangriffe der Alliierten und den selbstmörderischen Endkampf des »Tausendjährigen Reiches« verwüstet. Erneut stand dem Land der lange und dornenreiche Weg des Wiederaufbaus bevor. Und wieder sollte es Karl Renner sein, dieser ›Mann für alle Jahreszeiten‹, der bei der Errichtung der neuen, der Zweiten Republik eine entscheidende Rolle spielte. Hatte er nicht bereits im Januar 1937 an seinen Freund Wilhelm Kienzl geschrieben: »Systeme wechseln heute, beinahe so rasch wie Moden, sie gehen und kommen wieder ... Wir kommen wieder! Unzweifelhaft in der Idee, wenn – bei unseren Jahren – auch nicht in der Person! Wir wollen auch das hoffen.«[23]

Der österreichische Mythos

XII. April 1945

Ein Militärfahrzeug der Roten Armee fährt durch das brennende Wien. Die Stadt liegt in Schutt und Asche. Die Häuser gleichen Ruinen, die Brücken sind gesprengt. Frauen ziehen Särge, die ihre toten Angehörigen bergen. Überall auf der Straße liegen Pferdekadaver, Teile verlassener Barrikaden und zerschossenes Kriegsmaterial. Ausgebombte Menschen mit Bündeln von Bettwäsche machen sich verzweifelt auf Wohnungssuche. Riesige Schutthalden werden nach brauchbarem Brennmaterial abgesucht. Vor den offenen Geschäften stehen die ausgehungerten Bürger Schlange nach den wenigen Lebensmitteln, die noch vorrätig sind.

In dem sowjetischen Militärfahrzeug sitzt ein fast 75 Jahre alter Mann, der in den Händen sein Gesicht vergräbt. »All dies verursachte der Krieg. Wozu brauchen ihn nur die Menschen? Schauen Sie, was aus Wien geworden ist.«[1] Der alte Mann ist Karl Renner auf der Fahrt zur Döblinger Villa des Marschall Fedor Iwanowitsch Tolbuchin. Man schreibt den 20. April 1945. Noch einmal hat er den Auftrag übernommen, an der Spitze einer Provisorischen Staatsregierung das vom Krieg zerstörte und verelendete Österreich neu aufzubauen. Renners Weg von seiner Villa in Gloggnitz in das völlig verwüstete Wien hatte freilich fast drei Wochen früher seinen Anfang genommen.

Im Zuge des totalen Zusammenbruchs Hitler-Deutschlands war die Bevölkerung Ostösterreichs aufgefordert worden, vor der Roten Armee in Richtung Westen zu flüchten. Die Verantwortlichen des untergehenden Dritten Reichs hatten rechtzeitig das sinkende Schiff verlassen. Sie nahmen dabei mit, wessen sie habhaft werden konnten, von den Amtskassen bis zu Feuerwehrwagen. Allerorts waren die Hauptstraßen überfüllt mit durchziehenden Soldaten der geschlagenen, in einem sinnlosen Krieg

verheizten Deutschen Wehrmacht, freigekommenen russischen Kriegsgefangenen und Flüchtlingen, die oft ihre gesamte Habe mitführten und
am Straßenrand kampierten. Tatsächlich gingen nach dem Terror der SS
mit dem Vormarsch der Sowjettruppen Mord, Plünderung, Brandstiftung und Vergewaltigung einher. Ehemals zwangsrekrutierte Fremdar-
beiter wüteten mancherorts hemmungslos. Die Rote Armee richtete in
den befreiten Ortschaften Kommandanturen ein, militärische Behörden,
die unter anderem auch mit der Aufbringung von Lebensmitteln und mit
Aufgaben der Zivilverwaltung betraut wurden. Gemäß ihrer in den osteuropäischen Ländern erfolgreich angewandten Praxis setzten sie ihnen
ergebene Bürgermeister und Verwaltungspersonen ein.
Auch im niederösterreichischen Gloggnitz, wo Karl Renner noch immer
in seinem »weltvergessenen Domizil« der Dinge harrte, die da kommen
sollten, herrschte in den letzten beiden Märzwochen das Chaos. Auch
hier stellten sich angesichts der näherrückenden Roten Armee die Menschen die Frage: Flucht oder Verbleiben. Auf dem Marktplatz scharte sich
um den Altkanzler eine Menschenmenge. In seiner gewohnt ruhigen Art
riet er den Verzweifelten und Ratlosen, die Hauptstraße zu verlassen und
sich in den umliegenden Dörfern zu verstecken. Sofort, wenn es wieder
ruhiger geworden sei, sollten sie jedoch in ihre Häuser nach Gloggnitz
zurückkehren, um ihr Eigentum zu schützen.
Die Stimmung jener Tage war von Gefühlen der Erlösung, aber auch von
der Angst vor den fremden Truppen geprägt. Am Ostersonntag, dem 1.
April, marschierte die Rote Armee schließlich in Gloggnitz ein. Sowjetische Patrouillen zu zwei, drei Mann durchsuchten jedes einzelne Haus
nach versteckten deutschen Soldaten und Waffen. Auf die Kampfeinhei-
ten folgten die Truppen aus der Etappe, die noch weniger vor Übergriffen
gegen die Zivilbevölkerung zurückschreckten. Renner entschloß sich
zum Protest gegen dieses Wüten und stellte zugleich das Ansuchen, die
hungernde Bevölkerung mit Lebensmitteln zu versorgen. Bedeutend für
das weitere Schicksal des Landes war jedoch sein Entschluß, »unsere Heimat wieder so herzustellen, wie sie früher war«. Als ehemaliger Staatskanzler, Leiter der Friedensdelegation und Nationalratspräsident meinte
er, alle Voraussetzungen mitzubringen, um sich maßgeblich am Wiederaufbau einer unabhängigen Republik Österreich zu beteiligen. Als
Sprachrohr behalf er sich eines tschechischen Fremdarbeiters, der den
Sowjets seine Vorstellungen, wenn auch bloß in gebrochenem Russisch,
vermitteln sollte. Gemeinsam gingen sie am 3. April zur Ortskomman-
dantur, doch der Wachposten verwehrte den beiden den Eintritt. Es war
recht früh am Morgen, und der ranghöchste Offizier hatte sein Bett noch

nicht verlassen. Renner und Anton Zampach, so hieß der Tscheche, mußten draußen auch dessen Frühstück abwarten, ehe sie endlich vorgelassen
wurden. Aber der Sowjetoffizier fühlte sich für die so weitreichenden Anliegen Renners nicht zuständig.

Mit vier Soldaten als Begleitschutz machten sich Renner und sein Dol-
metsch daraufhin zu Fuß zur 2 Kilometer entfernten Höhe von Köttlach,
auf dem Weg zwischen Neunkirchen und Gloggnitz, auf. Der Marsch gestaltete sich selbst für den alten Renner ziemlich schleppend. Es schien
den vier Rotarmisten eher darum zu gehen, diesen Spezialauftrag zum
dienstfreien Tag mit viel Rast und Schlaf zu nützen. Zu allem Übel fühlte
sich sodann auch in der Kommandantur in Köttlach niemand für Renners Anliegen zuständig. Nach einem Telefonat wurde der Altkanzler daher mit einem Lkw zum kleinen Marktflecken Hochwolkersdorf in der
Buckligen Welt, zum Hauptquartier der 9. Garde-Armee gebracht. Nur
ungern begab sich Renner dorthin, da er in Sorge um seine Familie war,
die mit einem solch langen Fortbleiben nicht rechnete.

Was niemand wußte, war, daß ausgerechnet Renner jener Mann war, den
Stalin bereits Ende März für die Bildung einer österreichischen Regierung vorgesehen hatte. Zum einen war er wohl der einzig namhafte Sozialdemokrat des kleinen Landes, den Stalin überhaupt persönlich kannte.
Zum anderen schien ihm wohl der betagte und durch seine zustimmen-
de Haltung gegenüber dem Anschluß des Jahres 1938 diskreditierte und
daher leicht angreifbare Mann der geeignete Handlanger für seine
zukünftigen Pläne zu sein. Nicht zuletzt wußte Stalin auch, daß Renner ja
schon einmal eine Republik unter schwierigsten Umständen aus der Tau-
fe gehoben hatte. So hatte die 3. Ukrainische Front von ihrem obersten
Befehlshaber den Auftrag erhalten, Renner, »den Schüler Karl Kautskys«,
wie sich Stalin erinnerte, zu finden.

Nichtsahnend wurde nach längerem Warten Renner in Hochwolkersdorf
von einem größeren Stab Offiziere empfangen. Er sprach zunächst über
das Schutzbedürfnis der Gloggnitzer und das disziplinlose Auftreten der
Rotarmisten. Nach einer Weile lenkte er jedoch die Unterredung auf die
Wiedererrichtung der Republik Österreich. Er bezeichnete die Wiedererlangung der Unabhängigkeit als den sehnlichsten Wunsch der Bevölkerung. Daß er noch lebte, so berichtete er, verdanke er seiner Konstitution,
aber auch seinem »wohlberechneten Verhalten«. Seit Jahren habe er mit
der Möglichkeit gerechnet, Österreich mit seiner politischen Erfahrung
noch einmal nützen zu können. Aus dieser Überzeugung heraus, so
rechtfertigte er sein passives Verhalten während der NS-Diktatur, habe er
alles getan, um die Verfolgung durch den Nationalsozialismus von sich

abzulenken. Dank dieser Strategie und dieser Vorsicht »stehe er noch heute da«. Renner kehrte jedenfalls an diesem Abend nicht mehr nach Gloggnitz zurück. Durch Soldaten der Roten Armee ließ er seine Familie darüber informieren. Er selbst übernachtete gemeinsam mit seinem tschechischen Begleiter in der Stube eines Bauernhofs. Dort entschied er sich, für den Wiederaufbau des österreichischen Staates – trotz seines fortgeschrittenen Alters – noch einmal höchste politische Verantwortung zu übernehmen.

Am 5. April kam es in Hochwolkersdorf endlich zu einer mehrstündigen Unterredung mit dem Generalobersten Aleksej Želtov. Der hohe Offizier zeigte sich von Renners selbstbewußtem und staatsmännischem Auftreten durchaus beeindruckt. Renner gab zu verstehen, daß er es sich zutraute, »das Werk der Befreiung Österreichs vom Faschismus in Angriff zu nehmen« und dem Land als ehemaliger Staatskanzler und Präsident der Friedensdelegation in Saint-Germain erneut wertvolle Dienste zu leisten. Er lehnte es allerdings ab, eine Denkschrift an die Rote Armee zu richten, in der er seine Vorstellungen und Absichten darlegte. Keineswegs wollte er seine Funktion als bloßer Beauftragter der Sowjets verstanden wissen. Dafür versicherte er, all seine Proklamationen der Roten Armee – als Vorsichtsmaßnahme vor unangenehmen Überraschungen – zur vorherigen Einsicht vorzulegen.

Renner wurde vorerst nach Gloggnitz zurückgebracht, wo er in den Folgetagen eifrig insgesamt acht Aufrufe in seinem Namen an alle Teile der Bevölkerung entwarf. Sein Haus wurde von Rotarmisten bewacht und beherbergte bald auch zahlreiche verängstigte Frauen aus der Umgebung, die vor den marodierenden Soldaten hierher geflüchtet waren. Am 9. April übersiedelte er mit Frau und Tochter – gemäß einer Vereinbarung mit den Sowjets – nach Schloß Eichbüchl bei Wiener Neustadt. Dort verbrachte er, wie er wenig später schrieb, »zwölf Tage mit fleißiger Arbeit an den Aufbauplänen«. Nach wie vor stand er in keinerlei Verbindung zu anderen österreichischen Politikern. Von der benachbarten Bauernschaft verehrt und liebevoll umsorgt, schien Renner von der Außenwelt zur Gänze abgeschnitten. Lediglich der Lärm längst sinnloser Kampfhandlungen im Voralpengebiet, am Wechsel, auf der Rax und der Hohen Wand, war zu vernehmen und erinnerte daran, daß sich noch der allergrößte Teil des ehemaligen und zukünftigen Österreichs in den Händen der Nationalsozialisten befand.

Auf Eichbüchl entwickelte Renner Pläne für den Neuaufbau des Staates, die wegen ihrer Radikalität aber später nicht umsetzbar waren. So beabsichtigte er ursprünglich bloß in seiner Eigenschaft als letzter Nationalratspräsident der Ersten Republik, das alte Parlament vom März 1933 wieder einzuberufen, damit dieses eine Provisorische Regierung unter seiner Leitung einsetzen würde. Anstelle der austrofaschistischen Abgeordneten sollten ausgerechnet Kommunisten ins Parlament einziehen. Als nächsten Schritt sah er baldige Nationalratswahlen und eine Volksabstimmung über die Unabhängigkeit Österreichs vor. Auch plante er nicht bloß eine »Abrechnung mit den Schuldigen« des Nationalsozialismus, sondern zudem eine »Wiedergutmachung und Sühne« für die Opfer. Eigentlich schwebte ihm der »Aufbau einer neuen Ordnung, die Verwirklichung des Sozialismus« vor.

Ohne allzu exakte Vorstellungen trachtete Renner zu allererst, »eine starke, zum sofortigen Handeln jederzeit fähige und bereite Regierungsgewalt« einzusetzen. Er forderte die sofortige Einstellung der politischen Verfolgungen und eine Amnestie für die Verurteilten. Entschieden lehnte er die sofortige Wiederherstellung der richterlichen Unabhängigkeit ab und verlangte die Schaffung eines Ausnahmegerichtshofs zur Aburteilung der »Ausnahmerichter« des nationalsozialistischen Terrorregimes. Die Mannschaften für die Exekutive sollten sorgfältig ausgesucht werden. Die Sozialdemokratische Partei wollte er dabei so organisiert wissen, daß sie sich »räumlich, sachlich und personell« mit der Organisation von Polizei und Verwaltung deckte. Er ging zudem von der irrigen Vorstellung aus, daß es diesmal viel schneller zu einem Staatsvertrag zwischen Österreich und den siegreichen Alliierten kommen würde. Er nahm demgemäß eine nur kurz während Besatzungsdauer an, gerade ausreichend, um die Mächte zu überzeugen, »daß die Denkweise des österreichischen Volkes jeden Widerstand, seine politische Einstellung jede innere Verwirrung ausschließe«. Eine Volksabstimmung sollte letztlich den Willen der Bevölkerung zur Selbständigkeit und die Ablehnung des Anschlusses an Deutschland bekunden. Renner hoffte dabei, daß die »ganze Aktion ... binnen zwei oder drei Monaten abgeschlossen sein müßte«.[2]

Am 15. April schrieb Renner an Stalin einen bis heute viel zitierten, äußerst unterwürfigen Brief, in dem er einleitend an seine Kontakte zu den russischen Kommunisten in der Vergangenheit erinnerte. Daß er in diesem Zusammenhang auch auf seine frühere Bekanntschaft mit Trotzki hinwies, mutet überaus naiv an. Darüber hinaus pries Renner seine Befreiung durch die Rote Armee, um sich selbst als berufen zu erklären, für das österreichische Volk zu sprechen und »das Werk der Wiedererweckung Österreichs aufzugreifen«. Er betrachte es demnach als seine »absolute Pflicht«, seine Person voll und ganz in den Dienst der Sache zu stellen. Angesichts der Hilflosigkeit des völlig zerstörten Landes bat

Renner den »sehr geehrten Genossen« und »ruhmbedeckten Obersten Befehlshaber« Josef Stalin, Österreich »wohlwollend zu gedenken« und das Land »in Ihren mächtigen Schutz zu nehmen ... Dank Rußlands erstaunlicher Machtentfaltung hat unser ganzes Volk die Verlogenheit zwanzigjähriger nationalsozialistischer Propaganda völlig durchschaut und ist voll Bewunderung für die gewaltige Leistung der Sowjets. Das Vertrauen der österreichischen Arbeiterklasse insbesondere in die Sowjetrepublik ist grenzenlos geworden. Die österreichischen Sozialdemokraten werden sich mit der KP brüderlich auseinandersetzen und bei der Neugründung der Republik auf gleichem Fuß zusammenarbeiten. Daß die Zukunft des Landes dem Sozialismus gehört, ist unfraglich und bedarf keiner Betonung.«[3]

Seinen engen Vertrauten Adolf Schärf, den Renner allerdings seit Monaten wegen dessen Erkrankung nicht gesehen hatte, bat er, sich »für ernste und wichtige Zusammenarbeit mit mir bereit zu halten«. Am 17. April lud er den ehemaligen Finanzminister und Bürgermeister von Baden, Josef Kollmann, zur Kooperation von Sozialdemokraten und Christlichsozialen ein. Kollmann sollte sich besonders mit dem alten Leopold Kunschak in Verbindung setzen, an dessen demokratischer Gesinnung Renner nicht zweifelte. Im Bewußtsein, mit dem Einverständnis Moskaus zu handeln und sich auf die österreichische Arbeiterschaft stützen zu können, erklärte er entschieden, ehemalige Austrofaschisten nicht wieder an die Regierung kommen zu lassen. Demzufolge verlangte er die Wiederherstellung der Verfassung von 1920. Die Zweite Republik sollte die Traditionen der Jahre seiner Kanzlerschaft von 1918 bis 1920 »als eine Republik von Arbeitern, Bauern und Bürgern in voller Gleichberechtigung, ohne die untergrabenden Einflüsse der Faschisten aller Spielarten« aufnehmen. Letztere müßten wohl für eine gewisse Zeit – und ihm schwebten dabei nicht weniger als zehn Jahre vor – auf das aktive und passive Wahlrecht verzichten, was freilich den Ausschluß von später so bedeutenden Politikern wie Figl, Raab, Gorbach, Hurdes und Heinrich Gleißner bedeutet hätte. Renner wollte nur mit den schon in der Zwischenkriegszeit demokratisch gesinnten Christlichsozialen kooperieren und auf die Austrofaschisten des Ständestaats verzichten. Die »engere Dollfußclique sowie die engagierten Heimwehrführer« sollten »in der Versenkung verschwinden«. In einem in Eichbüchl verfaßten, ungewöhnlich radikalen Konzept beabsichtigte Renner, sogar auf »alle Faschisten (Heimwehrer, klerikale, nationale Faschisten), die nicht bloß Nachläufer waren«, die Bestimmungen des »Diktaturrechtes, einschließlich Anhaltelager, Todesstrafe etc.« anzuwenden. »Alle genießen so das Recht, nach welchem sie selbst zu leben gewünscht oder das sie den anderen zugedacht haben«.[4]

Für die »Zweite Republik«, ein Begriff, den er vermutlich als erster verwendete, schwebte ihm eine zentralistische Verfassung, eine Beseitigung der Landesgesetzgebung und die Realisierung seiner alten Idee der Kreisverwaltung vor. Renner wollte zurück zu den Wurzeln seiner Kanzlerschaft von 1918/20, zurück zur Vision eines sozialistisch dominierten Einheitsstaats, der sich in erster Linie auf die Arbeiter und Bauern stützte. So stellte er sich unter der Rückkehr zum »Geiste« der Verfassung von 1920 nicht deren wortgetreue Wiederherstellung, sondern vielmehr die Grundlage für ein neuzuschaffendes Programm vor. Doch wie auch immer, Renner ging gegen Ende seines langen Lebens noch einmal daran, aus den Trümmern des Krieges eine Republik aufzurichten und Österreich, das während der NS-Herrschaft in Gaue aufgelöst war, zu einen.

Am 20. April also, eine Woche nach der Schlacht um Wien, an Hitlers Geburtstag, traf Karl Renner in Wien ein. Der Oberstleutnant der 4. Garde-Armee, Jakob Startschewski, brachte ihn gemeinsam mit dem Kommunisten und Mitbegründer des ersten österreichischen Freiheitsbataillons in Jugoslawien, Leo Hölzl, nach Döbling zum sowjetischen Oberkommandierenden der 3. Ukrainischen Front, Marschall Fedor Iwanowitsch Tolbuchin. Während der Fahrt dorthin versuchte Renner, wie Hölzl später erzählte, seine Unsicherheit mit einem wahren Redeschwall zu kaschieren. Wieder erwähnte er seine früheren Kontakte zu Lenin, Stalin und Trotzki. Und er stellte mit Verwunderung fest, daß der Frontoffizier Startschewski einige seiner Werke zur Nationalitätenfrage und über den Austromarxismus kannte.

In Wien angekommen, erfuhr Renner – sehr zu seiner Überraschung –, daß sich bereits drei politische Parteien gegründet hatten. In einem ersten Gespräch mit Adolf Schärf in der Kantgasse 3 im ersten Gemeindebezirk wurde er von diesem über die jüngsten Umwälzungen in der alten und neuen Bundeshauptstadt informiert. Renner traf dort auch mit dem von ihm so hochgeschätzten Kunschak zusammen. Am 14. April, so erzählte man ihm nun, war im Roten Salon des Wiener Rathauses aus Sozialdemokraten und Revolutionären Sozialisten die Sozialistische Partei Österreichs gegründet worden, obschon sich zunächst zwischen dem linken und rechten Flügel freilich ein gewaltiger Graben auftat. Drei Tage später war in den Räumen des Wiener Schottenstifts aus Bauernbund, Wirtschaftsbund und Arbeitnehmerbund die Österreichische Volkspartei entstanden, die Nachfolgerin der Christlichsozialen, die gleich von Beginn an eine ähnlich bedenkliche Nähe zur katholischen Kirche wie in der Zwischenkriegszeit zu vermeiden suchte. Dennoch gehörten ihrer Spitze etliche ehemalige Funktionäre des Ständestaats an. Auch bestand bereits eine moskautreue Kommunistische Partei, mit der nicht wenige der Revolutionären Sozialisten nur allzu gern eine Einheitsfront zu bilden beabsichtigten. Die Kommunisten hatten erst nach Wochen von der Einsetzung Renners als Staatskanzler erfahren und wollten dies zunächst gar nicht wahrhaben, sie intervenierten – wenngleich vergebens – sogar im Kreml dagegen. Doch Renner besaß das Vertrauen Stalins. Ebenso Theodor Körner, den die Sowjets als Wiener Bürgermeister eingesetzt hatten, vielleicht nicht zuletzt deshalb, weil der erfahrene alte General auch der russischen Sprache mächtig war.

Renner übersiedelte in eine von der Roten Armee zugeteilte Villa in Hietzing, Wenzgasse 2. In diesem höchst ansehnlichen Haus bezogen seine Familie und seine Sekretärin den ersten Stock, während sowjetische Soldaten als Schutz und Wache im Souterrain logierten. In den ebenerdigen Räumen fanden die mehrtägigen Parteienverhandlungen zur Bildung einer Regierung statt. In diesen Gesprächen legte Renner seine Idee von der Einberufung des alten, 1933 aufgelösten Nationalrats dar, stieß aber auf den energischen Widerstand der Kommunisten, die seinem Plan gemäß einfach die Mandate der Austrofaschisten übernehmen sollten. Die KPÖ lehnte dieses Vorhaben als absurd ab. Die Wiederauferstehung der politischen Parteien machte es Renner leicht, die Idee einer »posthumen Volksvertretung« zu verwerfen. Von besonderer Bedeutung und Dringlichkeit schien ihm vielmehr die Organisation und Zielgebung der neuen Republik zu sein. Da es galt, rasch zu handeln, konnten dies die Parteien anstelle der alten Volksvertretung tun. Deshalb mußte sogleich eine eigene Staatsregierung eingesetzt werden.

Leopold Kunschak war es mittlerweile gelungen, das allergrößte Mißtrauen Renners gegenüber Funktionären der Volkspartei mit klerikalautoritärer Vergangenheit zu beseitigen. Die Kommunisten allerdings wollte der Kanzler, als der er sich selbst verstand, allerdings nur symbolisch an der Regierung beteiligen. Der überraschend ausbleibende Druck von seiten der Roten Armee ermutigte ihn zu dieser Überlegung. So beabsichtigte er, überhaupt bloß einen Kommunisten ins Kabinett zu nehmen und einen weiteren als Verbindungsmann zu ernennen. Damit glaubte er, in »dieser Richtung genug getan zu haben«. Schließlich besaß die KPÖ seiner Meinung nach ohnehin keinen Einfluß auf die Masse der Bevölkerung, dafür aber genügend »ungute Leute« in ihren Reihen. Der erst kürzlich aus dem Moskauer Exil eingeflogene Vorsitzende Johann Koplenig und der intellektuelle Führer der Partei, Ernst Fischer, liefen in den Dreiparteiengesprächen in der Wenzgasse dagegen Sturm. Der energische und wortgewandte Fischer verlangte die Posten eines stellvertretenden Regierungschefs und das Staatssekretariat für Unterricht und Volksaufklärung. Vor allem aber seine Forderung nach einem kommunistischen Staatssekretär für Inneres gab Renner schwer zu denken. Erst als er den Kandidaten dafür, Franz Honner, persönlich kennenlernte und von seinem niederösterreichischen Vertrauten Oskar Helmer zusätzlich beruhigt wurde, stimmte Renner zu. Er hielt Honner, der zunächst noch die Uniform eines jugoslawischen Partisanenführers trug, fortan für einen ehrenhaften und einfachen Mann, der lediglich zu wenig Charakter besitze, sich gegenüber seinen Genossen durchzusetzen.

Noch einmal änderte Renner die Zusammensetzung für eine Provisorische Staatsregierung. Hatte er vor kurzem noch den Besetzungsschlüssel der Ämter durch SPÖ, ÖVP und KPÖ im Verhältnis 3:2:1 festgesetzt, so bekam die Regierung nun ein völlig anderes Aussehen. Als Konzession an die Besatzungsmacht erhielten die Kommunisten entscheidend größeren Einfluß. Außerdem waren praktisch alle Staats- und Unterstaatssekretäre der Volkspartei einst dem Austrofaschismus nahegestanden. Immer noch hoffte Renner auf eine Miteinbeziehung der demokratischen Teile des Landbundes unter Vinzenz Schumy und – schon in Hinblick auf die künftige Parteienlandschaft – eine Spaltung des bürgerlich-bäuerlichen Lagers. Eine Rechnung, die allerdings nicht aufging, denn der Landbund schloß sich bald der ÖVP an.

Die Provisorische Regierung bestand getreu der »Dreifaltigkeitsformel« somit aus dem Staatskanzler, den Staatssekretären und den Unterstaatssekretären. Die drei Staatssekretäre ohne Portefeuille waren Adolf Schärf, Leopold Figl, der aufsteigende niederösterreichische Bauernführer, und Johann Koplenig. Mit ihnen bildete Renner eine Art Parteienpräsidium, den »Politischen Kabinettsrat«. Diesem standen die Aufgaben des Bundespräsidenten der Zwischenkriegszeit zu. Jedem Staatssekretär wurden zwei Unterstaatssekretäre der beiden anderen Couleurs zur Kontrolle beigegeben. Die Kommunisten erhielten die wichtigen Ressorts Inneres sowie Unterricht und Volksaufklärung. Der sozialistische Gewerkschaftspräsident Johann Böhm stand der Sozialen Verwaltung vor. Andreas Korp, einer der vertrautesten Mitarbeiter Renners in der Konsumgenossenschaft, erhielt das Amt für Volksernährung. Der Wirtschaftsbündler Julius Raab übernahm das Staatsamt für Öffentliche Bauten, Übergangswirtschaft und Wiederaufbau. Die überbelegt wirkende Regierung umfaßte demnach nicht weniger als 29 Mitglieder, davon elf Sozialisten, neun

Christlichsoziale, sieben Kommunisten und zwei Parteilose. Dieser totale ›Dreierproporz‹ sollte allen Parteilichkeiten in den Amtsgeschäften vorbeugen. Später, im Frühjahr 1945, wurde die Regierung sogar noch weiter vergrößert. Die österreichische Widerstandsbewegung als solche fand, sofern ihre Mitglieder nicht wie etwa Raoul Bumballa von der »O5« einer der ›staatstragenden‹ Parteien beitraten, bei der Kabinettsbildung keine Berücksichtigung.

Renners erstes Kabinett der Nachkriegszeit (insgesamt sein viertes) stellte die zahlenmäßig größte Regierung dar, die jemals die Republik Österreich verwaltete. Der Kanzler betrachtete sie freilich stets als bloße »Übergangsregierung« und wollte deshalb auch grundlegende »Änderungen in politischer und sozialer Hinsicht« vermieden wissen. Die Verwendung der Bezeichnungen »Staatskanzler« und »Staatssekretär« für »Bundeskanzler« und »Bundesminister« drückte für ihn zum einen den provisorischen Charakter, zum anderen aber auch den ›Geist‹ der Jahre 1918/20 als Kontrast zur danach einsetzenden christlichsozialen Reaktion aus.

Auf jeden Fall zeitigte seine listige Unterordnung unter die gegebenen Umstände Erfolg. Schließlich war es dem »alten Fuchs«, wie er bisweilen von Stalin genannt wurde, gelungen, daß die Rote Armee gegen die Zusammensetzung der Regierung nichts einzuwenden hatte. An deren Spitze stand letztendlich jener Karl Renner, den die Bolschewisten anläßlich der Gründung der Kommunistischen Internationale im Jahre 1920 als »reformistischen, sozialverräterischen Führer« bezeichnet hatten, gegen den der »Vernichtungskampf ... ernste und heiligste Pflicht« wäre. Die Sowjets tolerierten auch die Aufnahme ehemaliger Austrofaschisten in das Kabinett. Männer mit »Schönheitsfehlern in der politischen Vergangenheit« schienen ihnen offenbar nicht unerwünscht.[5] Noch nie zuvor hatte Renners Fähigkeit, andere, oft gegensätzliche Meinungen anzunehmen und für das Wohl des Staates anzuwenden, sein Taktieren und bisweilen befremdliches Lavieren solch positive Auswirkungen nach sich gezogen. Fraglos erwies er sich den Sowjets gegenüber als Meister der Gratwanderung zwischen unterwürfiger Dankbarkeit und eigenständigem, selbstbewußtem Auftreten, das selbst bei hohen Offiziere der Roten Armee nachhaltige Wirkung hinterließ. Von Beginn an zollten sie ihm Respekt und behandelten ihn mit ausgesuchter Höflichkeit. Manchmal trieb Renner seine Unterwürfigkeit bis an die Grenze des Vertretbaren, wenn er etwa anläßlich eines Empfangs bei Marschall Tolbuchin in seinem Trinkspruch das »grenzenlose Vertrauen« in die Sowjetunion betonte. Für Österreich, so hob er noch hervor, könne es demnach auch nur die

Orientierung nach Moskau geben. Aber er scheute nach dem üppigen, in typisch russischer Gastfreundschaft gehaltenen Diner nicht davor zurück, mit der allen treuen Marxisten vertrauten Phrase, »die Expropriateure müssen expropriiert werden«, sich unaufgefordert einer Schachtel Zigarren zu bemächtigen.

Am 27. April anerkannte Tolbuchin jedenfalls Renners Provisorische Staatsregierung. Diese erließ noch am selben Tag eine Proklamation, die ausdrücklich darauf hinwies, daß der Anschluß an Deutschland lediglich durch die militärische Bedrohung von außen und den hochverräterischen Terror österreichischer Nationalsozialisten im Inneren zustande gekommen sei. Das Land sei danach ausgebeutet und seiner kulturellen und historisch gewachsenen Identität beraubt worden, das »macht- und willenlos gemachte Volk Österreichs« sodann »in einen sinn- und aussichtslosen Eroberungskrieg« geführt worden, »den kein Österreicher jemals gewollt hat, jemals vorauszusehen oder gutzuheißen instand gesetzt war, zur Bekriegung von Völkern, gegen die kein wahrer Österreicher jemals Gefühle der Feindschaft oder des Hasses gehegt hat«. Zu guter Letzt wies die Proklamation auf die berühmte alliierte Konferenz von Moskau im Oktober 1943 hin, auf der erklärt worden war, daß Österreich als erstes freies Land der Aggression Hitlers zum Opfer gefallen und daher von der deutschen Herrschaft zu befreien sei. In Moskau, so hieß es weiters, sei dem Wunsch Ausdruck gegeben worden, »ein freies und wiederhergestelltes Österreich zu sehen und dadurch dem österreichischen Volke selbst ... die Möglichkeit zu geben, diejenige politische und wirtschaftliche Sicherheit zu finden, die die einzige Grundlage eines dauerhaften Friedens ist«.[6]

Die Proklamation enthielt auch eine von Renner verfaßte Unabhängigkeitserklärung. Während Tolbuchin – noch vor dem Kampf um Wien Ende März 1945 – in seiner »Proklamation an das österreichische Volk« von der Herstellung der verfassungsmäßigen Zustände, »die bis zum Jahre 1938 in Österreich bestanden«, sprach, setzte Renner gleich im Artikel I die Erklärung durch, daß die demokratische Ordnung im Geiste der Verfassung von 1920 wiederherzustellen war. Der Anschluß an Deutschland wurde gemäß der Moskauer Deklaration für null und nichtig erklärt und die Einsetzung der Provisorischen Staatsregierung »unter Teilnahme aller antifaschistischen Parteirichtungen« bestätigt. Von diesem Tag an standen alle Österreicher wieder im »staatsbürgerlichen Pflicht- und Treueverhältnis zur Republik Österreich«. Die dem nationalsozialistischen Deutschen Reich geleisteten Gelöbnisse galten fortan für nichtig und unverbindlich. Es wurde aber pflichtgemäß darauf aufmerksam gemacht, daß Österreich gemäß der Moskauer Deklaration für die Beteiligung am Krieg auf seiten Hitler-Deutschlands Verantwortung trage, »der es nicht entgehen kann, und daß bei der endgültigen Regelung unvermeidlich sein eigener Beitrag zu seiner Befreiung berücksichtigt werden wird«. Die Klausel über die österreichische Mitschuld am Krieg war von Ernst Fischer eingefordert worden. Renner selbst wußte zunächst über diese Passage in der Moskauer Deklaration gar nicht Bescheid.[7]

In seiner Regierungserklärung rief Renner dann die Bevölkerung auf: »Rafft Euch auf! Wirkt zusammen zu unser aller Befreiung! Helft mit, das vormalige, unabhängige Gemeinwesen der Republik wieder aufzurichten ... Ohne Wiederaufbau Eures Staates gibt es kein Heil für Euch ...« Das Volk müsse alle öffentlichen Einrichtungen auf demokratischem Weg wiederaufbauen. Im Namen der Provisorischen Staatsregierung forderte er von jedem einzelnen »verständnisvolle Mitarbeit und treue Folgeleistung«. Die Bevölkerung sollte dabei allerdings nicht vergessen, »daß diese ersten Schritte nur dadurch ermöglicht worden sind, daß die Rote Armee große Teile unseres Staatsgebietes vom Drucke der Hitlerarmee erlöst hat.« Die Regierung, so fügte Renner hinzu, handle vorerst für ganz Österreich. Angesichts der so mißlichen Lage des Landes müßten freilich Tatkraft und Strenge herrschen. Die Zusammensetzung der Staatsregierung verbürge aber Unparteilichkeit und Gerechtigkeit. Willkür in der Verwaltung sei ausgeschlossen. Die Nationalsozialisten sollten mit keinerlei Milde rechnen können. »Sie werden nach demselben Ausnahmsrecht behandelt werden, das sie selbst den anderen aufgezwungen haben und jetzt auch für sich selbst für gut befinden sollen. Jene freilich, die nur aus Willensschwäche, infolge ihrer wirtschaftlichen Lage, aus zwingenden öffentlichen Rücksichten wider innere Überzeugung und ohne an den Verbrechen der Faschisten teilzuhaben, mitgegangen sind, sollen in die Gemeinschaft des Volkes zurückkehren und haben somit nichts zu befürchten.«

Renner versicherte, daß keine der drei Weltmächte USA, Großbritannien und Sowjetunion – das befreite Frankreich besaß zu dieser Zeit noch keinerlei Konzepte Österreich betreffend – anderes als die Selbständigkeit und Unabhängigkeit Österreichs sowie die Befreiung von Nationalsozialismus und Faschismus beabsichtigte. Gebietsabtretungen oder Eingriffe in die inneren Angelegenheiten würden keinesfalls angestrebt werden. »Österreich soll sich innerhalb seiner Grenzen frei selbst regieren und selbst verwalten.« Alle Zweifel würden durch eine Erklärung Moskaus behoben werden, die besage, daß es durchaus nicht das Ziel der sowjetischen Regierung sei, die gesellschaftliche Ordnung Österreichs zu verändern. Jeder einzelne Bürger solle daher wieder die Arbeit aufnehmen, damit sich das wirtschaftliche Leben so bald als möglich normalisieren könne.

Die Gesetzgebung des Dritten Reichs, allen voran die »Nürnberger Gesetze«, verkündete der Kanzler für aufgehoben und die staatsbürgerlichen Grundrechte wieder für in Kraft gesetzt. Zugleich versprach er, daß die Staatsregierung ihre ganze Anstrengung aufbringen würde, um die Bevölkerung vor der drohenden Hungersnot zu retten, Seuchen zu verhindern sowie Wirtschaft und Landwirtschaft anzukurbeln. Es sollte außerdem neben einer bescheidenen Wehrmacht eine ausreichende »Sicherheitspolizei zur Aufrechterhaltung von Ruhe und Ordnung« eingerichtet werden. All diese Aufgaben bedurften aber der Mitwirkung der gesamten Bevölkerung. Wo diese allein nicht ausreiche, würde sie »den Beistand der Roten Armee erfordern«.

Renner erklärte es zu »unser aller Pflicht, mitzuhelfen, daß mit diesem Kriege Schluß gemacht werde«. Er forderte daher im Namen der Staatsregierung die österreichischen Soldaten im Dienst der deutschen Wehrmacht, »wo immer sie stehen, auf, wenn irgend möglich die Waffen niederzulegen«, die reichsdeutschen Truppen aber, »unsere Heimat in Ruhe und Ordnung zu verlassen«. Daher sei die Rote Armee in jeder Weise in ihrem Bestreben zu unterstützen, »den Waffengang abzukürzen und unserem Lande den Frieden wiederzugeben«. Die Bevölkerung sollte Hilfe bei den Befehlsstellen der Sowjetarmee suchen und – in den bereits befreiten Gebieten – mit den Kommandanten zusammenarbeiten.

Wie schon in der Zeit nach den Friedensverhandlungen von Saint-Germain bekannte sich Renner erneut zur Aufrichtung einer neuen politischen und wirtschaftlichen Weltordnung durch die führenden Mächte und ihre Verbündeten und hoffte auf eine künftige aktive Rolle Österreichs innerhalb der internationalen Staatengemeinschaft. »Verzagt nicht! Fasset wieder Mut!« rief er deshalb den Österreichern zu. »Es lebe das österreichische Volk, es lebe die Republik Österreich!« Die Erklärungen wurden im »Neuen Österreich« und in der »Österreichischen Zeitung« abgedruckt sowie auf Flugblättern der Öffentlichkeit kundgemacht.[8]

Zwei Tage später, am 29. April, erfolgte im Stadtratssaal des Wiener Rathauses die Konstituierung der Provisorischen Regierung. Nach den Ansprachen des Wiener Bürgermeisters Theodor Körner und des Staatskanzlers Karl Renner zogen die Mitglieder der Regierung und des Stadtsenats zum beträchtlich zerstörten Parlament. Tausende Zuschauer, besonders ältere Menschen, hatten sich dort bereits eingefunden. Unter der

Aufsicht sowjetischer Soldaten wurden auf den Masten die rotweißroten Fahnen hochgezogen. An der Rampe begrüßte der Stadtkommandant Generalleutnant Aleksej Blagodatov das Kabinett. Die Soldaten der Roten Armee bildeten ein Spalier. In seiner Antwort betonte Renner, daß es das österreichische Volk niemals vergessen würde, »daß es nur durch die Kraft und durch den siegreichen Vormarsch der Roten Armee gelungen ist, Österreich seine Unabhängigkeit wiederzugeben. Wir werden Ihnen allezeit dafür dankbar sein.« Vor dem Eingang ins Parlamentsgebäude blieb Renner noch auf der Rampe stehen und begrüßte mit schwenkendem Hut auf die ihm so eigene gemütliche Art die jubelnden Menschen. »Dieses Haus«, so rief er ihnen zu, »soll wieder die Vertretung des ganzen österreichischen Volkes, ... ein wahres Volkshaus werden.«[9]

Danach betraten die Regierungsmitglieder das verwüstete Parlamentsgebäude, das in der NS-Zeit die Wiener Gauleitung beherbergt hatte. Der alte Saal des Nationalrats, die Säulenhalle und der größte Teil der Klub- und Büroräume waren zerstört. Lediglich der Sitzungssaal des ehemaligen k.k. Abgeordnetenhauses zeigte sich noch einigermaßen unbeschädigt. Dort nahmen die Regierungsmitglieder gemeinsam mit Offizieren der Roten Armee Platz. Noch einmal ergriff Renner das Wort: »Diese Ruinen sind ein Sinnbild des Schicksals, das unserem ganzen Volke und Lande zuteil geworden ist, von seiner großen Mehrheit ungewollt, dem ganzen Volke unverdient.« Voll Pathos versprach der Kanzler baldige Wahlen. Beim Verlassen des Parlaments wurden die Regierungsmitglieder neuerlich von der wartenden Menschenmenge mit der Begeisterung der Befreiten begrüßt.

Der Mythos Karl Renner, des »Baumeisters zweier Republiken«, war begründet. Tatsächlich stand der Staatsmann nach dem 12. November 1918 zum zweitenmal als Staatskanzler an der Rampe des Parlamentsgebäudes an der Ringstraße, nur verkündete er nun den hoffnungsfrohen Menschen die Gründung der Zweiten Republik Österreich. Die Menge konnte sich zwar zahlenmäßig mit der des Jahres 1918 keineswegs vergleichen, doch diesmal bejubelten selbst die Kommunisten – unter Aufsicht der Roten Armee – die demokratische Republik. Neuerlich versprach Renner der Bevölkerung nach all dem Leid das Herannahen eines friedlichen, besseren Zeitalters. Der alte Mann war freilich selbst zum Symbol des wiedererstehenden Österreichs geworden. Er stellte fortan schlicht die Galionsfigur der Zweiten Republik dar, von der man kraft seiner Erfahrung den Einsatz seiner ganzen Autorität zum Wohl des Staates erwartete.[10]

Allerdings sah sich Renner in Wien mit einer völlig anderen Situation

Eines der berühmtesten Fotos österreichischer Zeitgeschichte: 29. April 1945.
Schärf, Renner, Körner und die anderen »Gründungsväter« der Zweiten Republik
auf dem Weg vom Rathaus zum Parlament.

konfrontiert, als er es sich ursprünglich vorgestellt hatte. Seine Berufung war eben nur im Auftrag der Roten Armee erfolgt und galt daher nur für ihren Machtbereich. Womit er nicht gerechnet hatte, war die Ablehnung durch den Westen. Bisher hatte er nämlich keineswegs im Glauben gehandelt, lediglich bei den Sowjets Persona grata zu sein. Er war vielmehr von der Annahme ausgegangen, daß seine Einsetzung als Staatskanzler und die Bildung einer österreichischen Regierung durchaus zwischen den drei verbündeten Mächten abgesprochen war. Vor allem das Außenamt Großbritanniens hielt Renner jedoch bloß für einen Strohmann, der als demokratisches Aushängeschild von den kommunistischen Umtrieben ablenken sollte. London fürchtete, daß Renners Einsetzung von langer Hand geplant war, obwohl man bereits sehr wohl die Differenzen des Kanzlers mit den Kommunisten in Erfahrung gebracht hatte.

Als Renner von den Sowjets hören mußte, daß der Standpunkt der Westmächte zu seinem Kabinett noch gar nicht bekannt sei, sandte er den Regierungen in Washington, London und Moskau sogenannte Notifikationen, die die Alliierten von den bisherigen Aktionen informieren und die Anerkennung seiner Regierung erreichen sollten. Dies führte zu seiner ersten schweren Niederlage, denn sowohl Großbritannien als auch die Vereinigten Staaten fühlten sich überrumpelt und weigerten sich, das Fait accompli des 27. April widerstandslos zu akzeptieren.

Die Briten hielten es für absolut unerwünscht, daß man eine österreichische Regierung eingesetzt hatte, bevor noch das ganze Land von den Siegermächten besetzt und eine interalliierte Kommission in Wien eingesetzt worden war. Sie warfen den Sowjets vor, vom gemeinsamen Vorgehen abgewichen zu sein. Zwar beteuerte London, gegen Renner als Person keine Einwände zu haben, doch war es offensichtlich, daß sie ihn für eine Marionette Moskaus hielten. Die Amerikaner zeigten sich wiederum besonders wegen der Besetzung des Innenstaatssekretariats mit dem Kommunisten Franz Honner beunruhigt und befürchteten eine Entsprechung zu den osteuropäischen Staaten. Der US-Geschäftsträger in Moskau und namhafte Sowjetexperte, George F. Kennan, riet Washington mit Nachdruck von einer Anerkennung der Provisorischen Staatsregierung ab. Kennan befürchtete nämlich, daß der »ältliche Renner« den Kommunisten nicht gewachsen sein würde. Dabei beurteilte ein Geheimdossier des State Departments den Staatskanzler durchaus positiv und stellte ausdrücklich fest, daß er kein Kommunist war. Nach eingehenderen Beobachtungen gelangte man bald zur Erkenntnis, daß Renner immerhin die beste Koalition ins Leben gerufen hatte, die zu diesem Zeitpunkt möglich war. In Washington entschied man daher, erst einmal den Einzug der US-Truppen in Wien abzuwarten und sich dann erst dem Problem einer Anerkennung der Provisorischen Regierung zu widmen. Als Folge der wütenden Proteste der Westmächte gegen die Einsetzung des Kabinetts Renner durch die Rote Armee verwehrte selbst das offensichtlich vorsichtiger gewordene Moskau die offizielle Anerkennung. Die Rote Armee gestattete dem Kanzler deshalb auch bloß, den Bereich der 3. Ukrainischen Front für seine Regierung in Anspruch nehmen zu dürfen, was bedeutete, daß sich in den ersten Wochen die Regierungsgewalt lediglich über Wien, das Burgenland und Teile Niederösterreichs erstreckte. Das östlichste Bundesland konnte – als Hinterland der Front – damals noch nicht einmal von Wien aus erreicht werden. Die Regierung Renner verfügte bloß über zwei Autos. Es verkehrten keine Eisenbahnzüge, Post und Rundfunk funktionierten nicht, elektrischer Strom galt als eine Seltenheit. Der Lebensmittelvorrat reichte nur mehr für wenige Wochen. Etwa 80 000 Wohnungen waren zerbombt. In den Außenbezirken Wiens konnte man nach wie vor Geschützdonner vernehmen. Nicht allzuweit entfernt wurde noch gekämpft. Aufgrund der verbrecherischen Befehle der nationalsozialistischen Gauleiter setzten die kümmerlichen Reste des »Volkssturms« noch immer den Alliierten Widerstand entgegen. Westösterreichische Städte wie Salzburg litten noch unter amerikanischen Bombardements. Der gebürtige Oberösterreicher Ernst Kaltenbrunner, Sonderbevollmächtigter für den »Südraum« und Leiter des gefürchteten »Reichssicherheitshauptamts«, plante sogar in völliger Verblendung eine den Westalliierten genehme Gegenregierung zu Renner zu installieren. Doch der grausame Spuk des »Tausendjährigen Reiches« währte nur mehr wenige Tage. Die Befreiung des ganzen Bundesgebiets nahte. Die Besetzung Westösterreichs durch Amerikaner, Briten und Franzosen sollte jedoch für Renner und seine Regierung noch erhebliche Folgen und Komplikationen nach sich ziehen. Der Weg zu einem einigen und freien Österreich war noch weit.

XIII. Der Volkskanzler

»Von nun an gelte in Wahrheit und unzerstörbarer Wirklichkeit: Österreich wird ewig stehn!« (Karl Renner am 19. Dezember 1945 vor dem Nationalrat)

Am Vormittag des 30. April erschien Karl Renner im Bundeskanzleramt, wo er vor versammelter Beamtenschaft eine Ansprache hielt, die letzten Endes auch den Bruch mit einem wesentlichen Bestandteil seiner eigenen politischen Vergangenheit verdeutlichte. »Der Anschlußgedanke, wie er in den Jahren 1918, 1920 und den folgenden Jahren vertreten war«, so rechtfertigte sich der Kanzler, »hat etwas ganz anderes vorgesehen als Hitler gebracht hat. Seiner Idee nach sollte das österreichische Volk als Bundesglied mit seinem aufrechtstehenden Staate als Bundesstaat nach der Weimarer Verfassung in die Gemeinschaft aller deutschen Stämme eintreten, aber nicht in dem Zustand, in dem wir schließlich annektiert wurden. Von Hitler wurde unser Staat gleichsam geköpft.« Österreich, fuhr Renner fort, hätte damals jede Eigenständigkeit eingebüßt. Sogar sein Name sei ausgelöscht worden. »So war der Anschluß nie gedacht und so hätte er nie von einer freien Volksvertretung angenommen werden können. Der Gedanke ist nicht durch unsere Schuld, denn wir haben es alle redlich gemeint, sondern durch Schuld der anderen endgültig gescheitert und begraben. Es ist Adolf Hitler, der den Anschluß zuerst verfälscht und verfehlt, und zum Schluß auf alle Zeiten verspielt hat.« Da die drei Weltmächte sich dazu entschlossen hätten, das selbständige Österreich wiederherzustellen, bleibe nun gar nichts anderes übrig, »als selbst auf den Gedanken eines Anschlusses zu verzichten. Das mag so manchem hart werden, aber andererseits, nach dem, was geschehen ist, nach dieser furchtbaren Katastrophe ist die einmal vollzogene Tatsache für uns alle zugleich eine erlösende und befreiende Tatsache: Wir wissen, woran wir sind! Wir sind wieder im Besitze unseres eigenen Willens, unserer eigenen, wenn auch schwachen Mittel und wieder die Meister unserer eigenen Zukunft geworden.« Nun mußte das selbständige Österreich von neuem aufgebaut werden. Renner wies dabei inständig darauf hin, daß die Wiedergewinnung der Selbständigkeit, ähnlich wie 1918, ohne Blutvergießen vonstatten gehen sollte.[1]

Am Nachmittag trat dann das Kabinett zu seiner ersten Sitzung zusammen. Von Beginn an leitete Renner dieses Gremium ausgesprochen selbstsicher, ja autoritär. Ernst Fischer nannte seine Kanzlerschaft gar eine »Präsidialdiktatur«, Karl Gruber verglich den »politischen Nestor«

der Zweiten Republik etwas christlicher mit einem »biblischen Patriarchen«. Die Rote Armee hielt sich in ihrer Einflußnahme erstaunlich zurück. Renner selbst fühlte sich zur Kanzlerschaft berufen, glaubte er sich doch im Grunde für den einzigen Proponenten der politischen Mitte, für einen der wenigen, die der Idee der Demokratie stets treu geblieben waren. Er sah sich im Kampf gegen die Linke innerhalb seiner eigenen Partei ebenso wie gegen die Kommunisten. Zudem betrachtete er weite Teile der ÖVP noch keineswegs von der Ideologie des Austrofaschismus bekehrt. Nur er, so befand er, konnte in dieser schweren Zeit das wiedererstandene Österreich retten. Den teilweise noch recht unerfahrenen, jüngeren Kabinettsmitgliedern machte er höchst eindringlich die Hierarchie innerhalb der Regierung klar. So wies er etwa einmal den kommunistischen Unterstaatssekretär Franz David darauf hin, daß schon das Wort ›Unter‹ deutlich die Unterordnung zum Ausdruck bringe. Für Renner selbst besaß demnach lediglich der übergeordnete Staatssekretär politisches Gewicht und somit das Recht, sich mit dem Staatskanzler auseinanderzusetzen.

Bedeutend wichtiger, als es jedem Politiker recht zu machen, erschien dem Kanzler die Stabilisierung der gesellschaftlichen Ordnung. Am 9. Mai setzte er einen wichtigen Schritt zur Aussöhnung zwischen Sozialdemokraten und Katholiken, indem er dem Dankgottesdienst zur Beendigung des Krieges beiwohnte. Das Hochamt in der Wiener Peterskirche zelebrierte dabei Kardinal Innitzer, also eben jener hohe geistliche Würdenträger, der seinerzeit ebenso wie Renner den Anschluß an Hitler-Deutschland begrüßt hatte. Doch besonders die ersten Jahre nach dem Zusammenbruch des Dritten Reiches entwickelten sich zu einer Periode des Vergebens und Vergessens. Dementsprechend galt Renners Besuch dieses Gottesdienstes als ein von vielen Menschen bejubelter Akt der Versöhnung und des Ausgleichs, als ein Symbol des Selbstverständnisses und der politischen Kultur des neuen Österreich. Freilich bedeutete dies keineswegs die Rückkehr des Kanzlers zum Katholizismus, wie mancherorts bereits interpretiert wurde.

Hinsichtlich der Anerkennung des österreichischen Widerstands zeigte der im Dritten Reich immerhin geduldete Renner dagegen nur wenig aufrichtiges Interesse. Gleich vielen weitgehend unpolitischen Menschen hatte Renner während des Krieges die Auffassung vertreten, daß sich das NS-System einfach »einmal totlaufen« mußte und daß es »von unten herauf« nicht zu stürzen war. Tausende Opfer hätten dies bewiesen. Folglich war er zu dem Schluß gekommen, daß der Nationalsozialismus bloß auf dem Schlachtfeld besiegt werden konnte. Dabei hatten die Österrei-

Ein Symbol österreichischer Vergangenheitsbewältigung. Vom »Ja« zum Anschluß zum »Ja« zu Österreich und zur Aussöhnung zwischen Katholizismus und Sozialdemokratie. Innitzer und Renner beim Dankgottesdienst zum Ende des Zweiten Weltkriegs in der Wiener Peterskirche.

cher in ihrer Mehrheit für ihn nichts gemein »mit diesem Eroberungskrieg, nichts mit der Barbarei dieser Kriegsführung und nichts mit dem
Wahnsinn des verzweifelten Kriegsverbrechers, der den längst verlorenen
Krieg, um sich selbst eine klägliche Frist zu sichern, fortschleppte bis zur
völligen Zerstörung des eigenen Landes und Erschöpfung des eigenen
Volkes«.[2] Nichtsdestoweniger erließ die Staatsregierung das äußerst
strenge Verfassungsgesetz »über Kriegsverbrechen und andere national-
sozialistische Untaten«. Ihm zufolge drohte Verbrechern gegen die
Menschlichkeit und gegen das Völkerrecht, führenden Angehörigen der
NSDAP, der SS und der Reichsregierung, in besonders schwerwiegenden
Fällen auch Kriegshetzern und Denunzianten die Todesstrafe.
Dem unvorstellbaren Leidensweg der Juden stand Renner eher distanziert gegenüber. Eine Haltung, die er ebenfalls mit dem überwiegenden
Teil der österreichischen Bevölkerung teilte. Sein mangelndes Verständnis für die von der nationalsozialistischen Verfolgung betroffenen jüdischen Österreicher stellte er am 10. Mai im Kabinettsrat in der so heiklen Entschädigungsfrage unter Beweis. Als Oskar Helmer eine Wiedergutmachung für die Enteignungen von Vermögenschaften sozialdemokratischer Organisationen nach dem Bürgerkrieg des Jahres 1934 zur
Sprache brachte, warf Renner nicht bloß sein ganzes politisches Gewicht
dafür in die Waagschale, sondern ließ zudem keinen Zweifel aufkommen, welche Anliegen ihm mehr am Herzen lagen: »Ich nehme es als
selbstverständlich an, daß ein solches Gesetz gemacht werden muß. Es
wäre doch ganz unverständlich, daß man jeden kleinen jüdischen Kaufmann oder Hausierer für seinen Verlust entschädigt, daß man aber einer
ganzen Klasse und einer Bewegung, der 47% der Bevölkerung angehört
haben, straflos und ohne Ersatz das Ergebnis ihrer emsigen Sammel-
tätigkeit und ihrer Organisationsarbeit glatt wegnehmen kann, ohne
daß das Gesetz eine Remedur dagegen schafft. Ich möchte das aber nicht
mit diesem Gesetze verbinden, kündige jedoch an, daß ich mein Verbleiben als Staatskanzler von der Erlassung eines solchen Gesetzes absolut
abhängig machen werde. Ich erkläre hiermit, daß ich nicht imstande
wäre, an der Weiterführung der Geschäfte des Staates teilzunehmen,
wenn das Unrecht vom Jahre 1934 nicht gutgemacht würde. Ich bitte die
Herren, nicht zu vergessen, daß ich auch eine persönliche Reputation zu
wahren habe und daß meine Geltung im ganzen Staate und zu einem
wesentlichen Teile in der Bevölkerung davon abhängt, daß dieses Unrecht gutgemacht wird. Ich könnte die Geschäfte nicht mit dem Makel
weiterführen, daß ich wohl die Rechte von 7% der Bevölkerung so hoch
und heilig gehalten habe, daß ich ein Sondergesetz gemacht habe, daß

ich aber die Rechte des anderen, bei weitem größeren Teiles nicht gewahrt habe.«[3]

Mit wachsender Sorge beobachtete Renner das Elend in Ostösterreich. In Wien grassierten Typhus und Ruhr besonders unter den Kindern, doch lag das Sanitätswesen im argen. Es standen keine Rettungswagen zur Verfügung, es mangelte an Ärzten und Medikamenten. Anarchie drohte um sich zu greifen. Kriminelle plünderten Wohnungen, Frauen wurden vergewaltigt. Ehemalige Parteimitglieder der NSDAP wurden registriert, interniert und zu schweren Arbeitseinsätzen verpflichtet, doch wie sooft traf es nicht die Verantwortlichen, sondern zumeist die Mitläufer. Renner beklagte diese Methoden, die ihn gar an den Terror der Gestapo erinnerten. Seiner These nach war die »allergrößte Anzahl« der Mitläufer nur dem »wirtschaftlichen oder selbst dem persönlichen Zwang erlegen«.[4]

Renner glaubte, die Österreicher zu kennen. »Wenn man jemandem etwas vorwirft«, so nahm er im Kabinettsrat zum »Nazi-Problem« in aller Deutlichkeit Stellung, »so wird das Publikum sofort zustimmen. Wenn ich aber dann als Behörde die Hand erhebe, um ihn zu fassen, schreien die Leute sofort: auslassen! Was ich so höre, so findet man darin, daß man so viele kleine Leute trifft, eher einen Vorwurf gegen uns als eine wirkliche Genugtuung. Die Großen aber zu finden und zu treffen, das gelingt meist nicht so rasch ... Wir müssen uns hüten, dasselbe zu tun, was die Nazi uns getan haben. Wenn wir wieder dasselbe tun und nur fortwährend nach Verfolgung und Vergeltung rufen, so besteht die Gefahr, daß die Stimmung umschlägt; wir bewirken nur, daß – gesehen vom Standpunkt der künftigen österreichischen Geschichte aus – eine Rache immer die andere Rache ablöst. Wir müssen dabei sehr vorsichtig sein. Ich bin dafür, daß die wirklichen Kriegsverbrecher streng bestraft werden – wiewohl ich für einen so ausgiebigen Gebrauch der Todesstrafe für bloße Verbaldelikte nicht eintreten kann. Wir werden genug Todesurteile zu fällen haben, daß es dem Volksgefühl genügt, wir müssen nicht eine ganze Schlächterei veranstalten, um dem Volksempfinden Rechnung zu tragen. Wir werden ein Kriegsverbrechergesetz beschließen, aber es muß juristisch einwandfrei sein und darf uns nicht mit dem Vorwurf, wir hätten bloß Rache nehmen wollen, belasten. Daß man in einem solchen Gesetz, wo es auf Leben und Tod geht, Vorsicht walten läßt und allen juristischen Erwägungen Raum gibt, müssen Sie begreifen ... So leichtfertig werden wir das nicht nehmen, wie es die Nazi genommen haben, und wir werden nicht später einmal einem anderen Regime die Möglichkeit geben, unsere Volksrichter zu hängen.«[5]

Vor allem der Hunger machte der Bevölkerung schwer zu schaffen. Ren-

ner sandte daher an Stalin ein dringliches Schreiben, in dem er ohne Umschweife die verzweifelte Lage schilderte. Das Staatsamt für Ernährungswesen, so erläuterte er dem »hochverehrten Genossen«, war zum erschreckenden Ergebnis gelangt, »daß wir von den zehn Wochen bis zur neuen Ernte nur auf drei Wochen eingedeckt sind und für die weiteren sieben Wochen nicht wissen, wie wir unsere Bevölkerung am Leben erhalten sollen.« Stalin entschloß sich daraufhin auch tatsächlich zu Lebensmittelspenden, die sich freilich aus erbeuteten Vorräten der Deutschen Wehrmacht zusammensetzten. Trotzdem bezeichnete Renner diese »Maispende« als »erlösende Tat« und »hochherzige Hilfe«, die den »Österreichern unvergessen bleiben« würde.[6]
Der Staatskanzler war sich der unhaltbaren Lage und der Erfordernis raschen Handelns bewußt. Sehr zu seinem Unbehagen gestalteten sich jedoch die Kabinettsratssitzungen bisweilen zu einer Art »Gehschule der Demokratie«. Für interne Streitigkeiten und politische Empfindlichkeiten hatte Renner jedoch weniger als je zuvor übrig. Parteiquerelen interessierten ihn nicht mehr, schon gar nicht angesichts der bedrohlichen Lage. Er fühlte sich vielmehr als Retter in höchster Not, als Volkskanzler, der für die Bevölkerung sein Amt ausübte und nicht mehr auf die anderen Politiker zu achten gewillt war. Seine Stellung beruhte für ihn im wesentlichen darauf, »daß alle Schichten der österreichischen Bevölkerung ein gewisses Vertrauen in meine Objektivität und Gerechtigkeit haben. In dem Augenblick jedoch, in dem ein so wesentlicher Teil der künftigen Demokratie an dieser Gerechtigkeit zweifeln würde, wäre auch meine Stellung erschüttert und Sie hätten einen Staatskanzler, an dessen Objektivität man nicht mehr allgemein glauben würde. Ich will nicht deshalb Staatskanzler sein, weil vielleicht Rußland oder eine andere Macht es wünscht, sondern weil Österreich zu mir Vertrauen hat.«[7]
In einer dramatischen Kabinettsratssitzung am 13. Mai verfuhr Renner sodann auch betont autokratisch, galt es doch, dem Staat eine provisorische Verfassung zu geben. Es bedurfte dabei der Aufbietung all seiner Autorität, um das sogenannte »Verfassungs-Überleitungsgesetz« durchzusetzen. Dieses stellte die österreichische Verfassung, wie sie bis zum 5. März 1933 bestanden hatte, wieder her. Da ihre näheren Bestimmungen durch die Lahmlegung des Parlaments noch undurchführbar waren, trat – allerdings auf sechs Monate begrenzt – die von Ludwig Adamovich ausgearbeitete »Vorläufige Verfassung« in Kraft. Die Regierung hatte danach die Gewalten der Legislative, der Exekutive und der Verfassungsgesetzgebung inne. Sie besaß somit zusätzlich die Kompetenzen von Nationalrat, Bundesrat, Landtagen, Volksabstimmung und Bundespräsiden-

ten. Nach den Parlamentswahlen und der Konstituierung des Nationalrats sollte dann wieder die Bundesverfassung von 1929 eingesetzt werden. Renner und seine Regierung verfügten damit über eine bedeutende
Macht in einem allerdings besetzten und bevormundeten Land. Er selbst
hatte sein Bestreben, eine neue, radikale Verfassung auf der Basis von
1920 zu entwerfen, aufgegeben. Lediglich die stark zentralistische Vorläufige Verfassung kam seinen ursprünglichen Vorstellungen entgegen. Erneut war es dabei vor allem der stets mäßigend und für eine breite Zusammenarbeit wirkende Adolf Schärf gewesen, der den Kanzler veranlaßte, von seinen extremen Plänen abzugehen.

Die KPÖ lehnte die Einsetzung der Vorläufigen Verfassung als undemo-
kratisch ab. Anstelle dieser »Heimwehrverfassung«, wie die Kommunisten sie verächtlich nannten, strebten Fischer und Genossen eine gänzlich
neue an. Da der Kabinettsrat grundsätzlich nur einstimmige Beschlüsse
faßte, sah Renner den Zeitpunkt gekommen, Stärke zu beweisen. Als die
Kommunisten der Vorlage ihren entschiedenen Widerstand entgegen-
setzten und die Zustimmung verweigern wollten, legte ihnen der Staatskanzler gleich zweimal den Austritt aus der Regierung nahe. Daraufhin
verstummten sie, und die Vorlage konnte angenommen werden. Gerade
in dieser zentralen Frage hatte Renner damit gezeigt, daß er sich auf au-
toritäre Weise durchzusetzen verstand, wenn es die Lage erforderte. Allerdings galt sein Führungsstil bald als derart selbstgefällig, daß selbst der
zweite große alte Mann der österreichischen Sozialdemokratie, der aus
dem Konzentrationslager Ravensbrück heimgekehrte Karl Seitz, die bisweilen absolutistisch anmutenden Züge der Kanzlerschaft Renners beklagte. Da Renner als möglichst überparteilicher Staatskanzler nicht
mehr an den Sitzungen des Parteivorstands teilnahm, oblag es Adolf
Schärf, den Regierungschef in diesem Gremium zu verteidigen. Schärf
vertrat auch umgekehrt die Anliegen der SPÖ im Kabinettsrat.

Gegenüber der sowjetischen Führung betonte Renner besonders seine
Objektivität. »Ich sehe«, so stellte er einmal in einer Besprechung mit
Želtov fest, »es bleibt das Schicksal dessen, der zur Objektivität verurteilt
ist, mir nicht erspart, bald von links und bald von rechts angegriffen zu
werden und es am Ende niemandem recht zu tun. Natürlich bin ich Par-
teimann mit Leib und Seele, aber es bereitet mir oft Gewissensqualen, ob
ich wirklich die mittlere Linie treffe: Das ist keine Fiktion, es kostet nicht
selten schwere innere Kämpfe. Wie oft wurde mir von der rechten Seite
gesagt, die Kollegen der KP seien die verzogenen Lieblinge des Kanzlers.«
Abstimmungen nach Mehrheit, so rechtfertigte er sein zeitweise autoritäres Vorgehen, seien in einem »Übereinstimmungskabinett« undenkbar.

Ebenso unmöglich sei es, daß eine Minderheit durch ein »unbeugsames Nein« die Regierungsgeschäfte hemme. Ein Kabinett habe eben nicht so sehr zu reden als zu handeln. Es sei kein Parlament, und niemals würde es Renner zu einer »Körperschaft mit einem Liberum Veto ... entarten lassen.« In manchen Fällen, so gab er sich selbstbewußt, habe er die Verpflichtung, einfach gegen den Widerstand einer Partei »nach bestem Wissen und Gewissen mitten durch eine endgültige Entscheidung zu treffen«. Dafür sei er Kanzler, und es sei »gut für alle Regierungsmitglieder, zu wissen, daß sie einen Kanzler haben«. Gerade bei endlosen Debatten praktiziere er dieses System, das den Vorteil besitze, die Parteien rascher zu einem Kompromiß gelangen zu lassen. Die Volkspartei zeige dabei mehr Verständnis als die Kommunisten. Sie würde sich dann unterwerfen. »Ein Politiker muß auch lernen, mit Anstand in der Minderheit zu bleiben, und so klug zu sein, rasch in den Wagen einzusteigen, um nicht das Schauspiel überfahren worden zu sein, zu bieten.« Hatte sich Renner nicht vielleicht zu oft in der Vergangenheit dieser Praxis verschrieben?[8]

Erst Mitte Mai, nach dem endgültigen Zusammenbruch des Dritten Reichs, konnte ganz Österreich von den Alliierten besetzt werden. Das Land wurde in vier Zonen aufgeteilt: Die Rote Armee stand in Niederösterreich, Burgenland und in Teilen Oberösterreichs, die Amerikaner hatten die andere Hälfte Oberösterreichs und Salzburg okkupiert. Kärnten, Osttirol und die Steiermark befanden sich unter britischer Oberhoheit, Tirol und Vorarlberg waren französisch besetzt. Josef Stalin bemühte sich auf der Konferenz von Potsdam, die Kompetenz der Regierung Renner auf ganz Österreich auszudehnen, um nicht zuletzt damit die Ernährungsfrage zu lösen, doch ohne Erfolg. Erst als die Sowjets versprachen, die Versorgung Wiens bis Ende August sicherzustellen, erklärten sich die westlichen Alliierten bereit, ihre Zonen in der viergeteilten Bundeshauptstadt zu übernehmen und die Frage der Kompetenzerweiterung der Provisorischen Staatsregierung zu diskutieren. Das »Erste Kontrollabkommen« vom 4. Juli betraute in weiterer Folge eine Alliierte Kommission mit der Überwachung der Provisorischen Staatsregierung. An der Spitze dieser Kommission stand der Alliierte Rat, der sich wiederum aus den vier Oberbefehlshabern der Besatzungsstreitkräfte in Österreich, den militärischen Kommissaren, zusammensetzte. Dies bedeutete freilich keineswegs die Anerkennung des Kabinetts Renner. Es handelte sich dabei vielmehr um eine mit allen Vollmachten ausgestattete Militärregierung für ganz Österreich.

Die westlichen Bundesländer wurden daran gehindert, mit der Regierung Renner Kontakt aufzunehmen. Einstweilen benötigte der Staatskanzler daher noch persönliche Vertraute, um über Vorgänge und Stimmung in den anderen Zonen informiert zu sein. Durch diese »wie Spione auf Schleichwegen« in die Landeshauptstädte geschmuggelten jungen Männer erfuhr er von separatistischen Bestrebungen vor allem in Tirol, die für Westösterreich eine Gegenregierung planten. Selbst die Teilorganisationen der ÖVP mißtrauten der Führung ihrer eigenen Partei. Die gewohnt zentralistisch orientierten Sozialisten wurden auf alle Fälle in den westlichen Bundesländern angehalten, gegen etwaige Abspaltungstendenzen verstärkten Widerstand zu leisten.

An der Spitze der 'Los-von-Wien-Bewegung' stand der junge, provisorische Landeshauptmann von Tirol, Karl Gruber. Zwar gab auch er vor, nichts gegen die Person Karl Renners einzuwenden zu haben. Mit der Zusammensetzung der Staatsregierung zeigte er sich aber keinesfalls einverstanden. Nach seinem Wunsch sollte das Kabinett zur einen Hälfte aus bürgerlichen Kräften und zur anderen Hälfte aus links- und rechtsgerichteten Politikern bestehen. Renner zog aus dem westösterreichischen Separatismus, den er bereits aus den Tagen seiner ersten Kanzlerschaft kannte, die Konsequenzen und stellte die Einberufung einer Länderkonferenz in Aussicht. Diese sollte – in Analogie zu 1919 – zur bisherigen Legislative Stellung nehmen. Als Endziel hatte er freilich die vollständige Einigung über Verfassung, Regierung und Verwaltung vor Augen. Er vermutete, daß im Zuge dessen endlich auch eine Anerkennung seiner Regierung bei den Westmächten zu erreichen war.

Inzwischen bedrohte die Vertreibung der Deutschen aus der Tschechoslowakei, besonders aus den südlichen Teilen Mährens, die Alpenrepublik. Zu Tausenden wurden als Vergeltung für den NS-Terror etwa die Brünner Deutschen in einem Todesmarsch aus ihrer Heimat vertrieben. Bei Drasenhofen gelangten sie in Elendskolonnen über die österreichische Grenze. Zu den ehemaligen Fremdarbeitern, KZ-Insassen, Kriegsgefangenen und bereits vorhandenen Flüchtlingen gesellten sich nun Sudetendeutsche sowie »Volksdeutsche« aus Ungarn und Jugoslawien. Ganz Niederösterreich sah sich mit einem Netz von Flüchtlingslagern überzogen. Ausgerechnet die deutschen Südmährer, die er nun »deutschsprechende Tschechoslowaken« zu nennen pflegte, bedeuteten für Renner mittlerweile eine »große Verlegenheit«, da seiner Meinung nach der größte Teil von ihnen aus ehemaligen Nationalsozialisten bestand. Zum einen, so meinte er, müßten die »Staatsfremden« nach dem Verbotsgesetz bestraft werden, zum anderen handelte es sich aber bei einem guten Teil der Flüchtlinge doch um Österreicher.

Nachdem zwei persönlich gehaltene Privatschreiben an den »Genossen Zdeněk Fierlinger«, den tschechoslowakischen Ministerpräsidenten, von diesem völlig ignoriert worden waren, beabsichtigte Renner einen Appell im Radio an die Weltmächte zu richten. Die Sowjets legten ihm jedoch nahe, wegen der Vertreibung der Sudetendeutschen direkt mit der Tschechoslowakei in Verhandlung zu treten. In einem Memorandum vom 16. Juli beklagte der Staatskanzler demgemäß den »unfreiwilligen Einbruch von mehr als hunderttausend zu Bettlern gewordenen fremden Staatsbürgern in unser Land«. Österreich habe dazu nicht den geringsten Anstoß gegeben. Nun seien aber »unerträgliche Zustände geschaffen« und das Land von der »Ausbreitung von Epidemien gefährlichsten Charakters« ernstlich bedroht. Österreich sei vollkommen unvorbereitet von dieser Katastrophe – mitten in der Arbeit für den staatlichen Wiederaufbau – getroffen worden. Die Flüchtlingswelle kam für ihn somit einem »Wolkenbruch aus heiterem Himmel« gleich. »Es ist ein niemals bestrittener Grundsatz des Völkerrechts«, so schrieb Renner in seiner Denkschrift weiter, »daß jeder Staat für seine eigenen Staatsbürger einzustehen verpflichtet ist und diese Verpflichtung auf einen ahnungslosen Nachbarn einfach via facti nicht überwälzen kann.« Österreich könne diese Geschehnisse nicht einfach als vollzogene Tatsachen hinnehmen. Schließlich sei es diesem »durch den Krieg erschöpften, völlig verarmten, an sich in seiner Lebensmittelproduktion alles eher als autarken Lande und Volke glatt unmöglich, hunderttausende und mehr Bettler aufzunehmen«. Im Namen der Republik stellte Renner deshalb Entschädigungsansprüche an die ČSR für die Kosten, die die Flüchtlinge bisher dem österreichischen Staat besonders an Verpflegung verursacht hatten. Einstweilen würde die Alpenrepublik vorerst die Flüchtlinge sammeln und registrieren. »Sie muß aber bei diesem Anlaß gleich darauf aufmerksam machen, daß sie sich durch die Nahrungsnot vor die Notwendigkeit gestellt sehen wird, in allernächster Zeit alle fremden Staatsbürger auszuweisen.«

Die zynischen Hinweise Prags auf die nationale Identität und das Selbstbestimmungsrecht der Sudetendeutschen waren für Renner schon seit den Entscheidungen des Friedenskongresses von Saint-Germain hinfällig geworden. Damals, so meinte der Staatskanzler, sei es ja gerade die ČSR gewesen, die darauf Wert gelegt hatte, Millionen Deutschsprachige in ihr Staatswesen mit einzubeziehen. Seinerzeit habe sich Österreich bereit erklärt, »um derartigen Verwirrungen vorzubeugen«, die Sudetendeutschen aufzunehmen, »allerdings mit ihren viele Jahrhunderte alten Heimstätten und aller ihrer Habe und nicht als Bettler«. Schließlich er-

klärte Renner, daß er eine Ausbürgerung tschechischsprachiger Österreicher, wie sie von Ministerpräsident Fierlinger erwogen wurde, keinesfalls
ins Auge faßte. Als österreichische Staatsbürger seien sie fester Bestandteil
des Landes und seit den Zeiten der Ersten Republik als Minderheit im
Raum Wien stets zuvorkommend behandelt worden. Der tschechoslowakische Ministerpräsident zog es jedoch neuerlich vor, auf Renners – von
den Sowjets angeregten – Vorschlag einer gütlichen gemeinsamen Behandlung des Problems der Sudetendeutschen erst gar nicht zu antworten.[9]
Neben den Vertriebenen bereiteten dem Kanzler auch die zurückkehren-
den österreichischen Flüchtlinge zunehmendes Kopfzerbrechen. Viele
von ihnen waren seiner Einschätzung nach ehemalige Nationalsozialisten, nur ein Teil hätte aus anderen Motiven Haus und Hof verlassen.
Nun waren aber gleichermaßen irrtümlich wie willkürlich von seiten der
Behörden und Parteistellen Wohnungen und Eigentumsobjekte, die auch
Nicht-Nationalsozialisten gehört hatten, an Bedürftige vergeben worden.
Zwischen – zuvor zu Unrecht enteigneten – Heimkehrern und den Neu-
besitzern drohten Selbstjustiz und Konflikte ohne Ende, was in der Folge
auch den neuen Staatsapparat, die Parteien und letzten Endes die Regierung in Mißkredit bringen konnte. »Ich finde«, so resümierte Renner
deshalb im Kabinettsrat neuerlich über das Problem gerechter und ver-
nünftiger Vergangenheitsbewältigung, »daß wir in Bezug auf die Behandlung des Naziproblems in eine kritische Situation kommen. Ich will nicht
behaupten, daß ich damit recht habe, aber die Sache ist nach meinem Gefühl doch so, daß alle diese kleinen Beamten, diese kleinen Bürger und
Geschäftsleute bei dem seinerzeitigen Anschluß an die Nazi gar nicht
weittragende Absichten gehabt haben – höchstens, daß man den Juden
etwas tut – vor allem aber nicht daran gedacht haben, einen Weltkrieg zu
provozieren. Wenn nun diese Leute schwer bestraft werden und ihre Stellung verlieren, so appellieren sie an das Mitleid und das Gerechtigkeits-
fühl der Menschen und es kann sein, daß dann die Stimmung umschlägt;
und dies umsomehr, als es fast keine Familie, auch keine sozialistische
Arbeiterfamilie gibt – ich gebrauche dieses Wort für sozialdemokratisch
und kommunistisch – die nicht in der näheren oder ferneren Verwandtschaft Leute hat, die mit den Nationalsozialisten mitgegangen sind. Da
schlägt nun die Stimmung in der ganzen Familie leicht um.«[10]
Außenpolitisch versuchte der Kanzler vergeblich, die Frage der Anerkennung seiner Regierung aus der Sackgasse herauszumanövrieren. Als in
der ersten Junihälfte eine Mission der Westalliierten in Wien eintraf, um
das Terrain zu sondieren, ließ sie Renner und seine Regierung völlig un-

beachtet. Nichtsdestoweniger verfaßte der Staatskanzler eine »dringende Eingabe«, die allerdings die Adressaten nie erreicht haben dürfte. In diesem Schreiben forderte Renner die rasche Rückkehr zur einheitlichen Schillingwährung, um die Geldnot zu beseitigen. Die Reichsmark mußte als Zahlungsmittel endlich ausgeschaltet werden. Zur Bekämpfung der Nahrungsmittelknappheit hielt er Kompensationsgeschäfte mit den Nachbarstaaten für vorteilhaft. Der Abschluß von Handelsverträgen mit den angrenzenden Staaten schien ihm von »lebensrettender Wichtigkeit«. Die Regierung mußte aber erst einmal das Recht erhalten, Handelsdelegierte – vor allem mit Ungarn – austauschen zu dürfen. Weiters brauche die Alpenrepublik unbedingt Kohle für die Industrie sowie Zugang zum rumänischen Erdöl. Die – von den Sowjets genutzten – Zistersdorfer Quellen würden ohnedies zur Behebung des akuten Treibstoffmangels nicht ausreichen. Renner erbat außerdem angesichts der großen »Verkehrsnot« mindestens 3000 Lkw und einige hundert Pkw, die Österreich, sobald seine Industrie endlich funktionierte, nachträglich bezahlen würde. Für all diese Maßnahmen war aber eine einheitliche, gemeinsame Verwaltung dringend vonnöten. Deshalb, so hielt er fest, strebte er die möglichst rasche Wiedergewinnung der »inneren Einheit« des Landes an, da die Handlungsfähigkeit durch die Zonenteilung außerordentlich beschränkt war.[11]

Bei der sowjetischen Besatzungsmacht genossen Renner und seine Regierung beachtliches Vertrauen. Nach wie vor wußte er bei gegebenem Anlaß die Befreiung durch die Rote Armee in barocker Ehrfurcht zu würdigen. Anläßlich der feierlichen Einweihung des sowjetischen Kriegerdenkmals am Wiener Schwarzenbergplatz erinnerte er im Namen der Staatsregierung an die »kühnen Heldentaten der Roten Armee, die heilige Opferbereitschaft der Sowjetsoldaten und die meisterhafte Führung ihres Generalissimus Josef Stalin«, die »das fluchwürdige Regime des völkerversklavenden Faschismus vernichtet und die Epoche des dauernden Friedens unter allen Völkern der Erde eingeleitet« hatten. »Die ganze Menschheit ist in ihrer Schuld!«[12]

Innenpolitisch stellte Renner jedoch mit wachsendem Unbehagen fest, daß sich in Westösterreich unter Karl Gruber eine starke Agitation entfaltet hatte, welche die Wiener Regierung bei den westlichen Alliierten zusätzlich diskreditierte. Als Konsequenz dessen befürchtete der Kanzler die Nichtanerkennung seiner Regierung und vorzeitige Wahlen.

Interessanterweise änderte auch der Wahlsieg der Labour Party am 25. Juli und die Amtsübernahme durch Clement Attlee nichts an der reservierten Einstellung der Briten gegenüber Renner. Erneut mußte letzterer

335

Figl und Renner bei der Einweihung des Sowjetdenkmals am Wiener Schwarzenbergplatz.

in diesem Zusammenhang erkennen, daß es mit der sozialdemokratischen Solidarität nicht weit her war. Selbst für das neue sozialistische Kabinett in London gingen nationale, machtstrategische Interessen bevor. Dennoch versuchte Renner unermüdlich, das Ansehen seiner Regierung in Washington und London zu heben und mit allen Mitteln den Ruf eines moskautreuen Vasallen abzuschütteln. So empfing er westliche Korrespondenten und wandte sich via Presse und Rundfunk an die Regierungen und Völker der Siegermächte. »Als Kanzler der befreiten und wiedererrichteten Republik Österreich«, so tönte seine Stimme durch den Äther, »begrüße ich den größten Befreier der Welt, die siegreichen Vereinigten Staaten.« Die Amerikaner, so schwelgte er in Lobeshymnen, hätten für die Befreiung der Welt von der faschistischen Sklaverei schlicht das Beste gegeben. Durch den »Genius seiner Erfinder« wäre schließlich das Ende des Blutvergießens herbeigeführt worden. Diese Aussage befremdet, denn Renner bezog sich damit auf die verheerenden Atombombenabwürfe über Japan.[13]

Ohne Unterlaß beschwor er den Vorrang des einträchtigen Wiederaufbaus und staatlichen Zusammenhalts. »Über allen Sonderinteressen steht das gemeinsame Interesse«, so mahnte er eindringlich im Rahmen der feierlichen Konstituierung der wiedererstandenen Arbeiterkammer im Wiener Konzerthaus, »über dem heutigen Tagesinteresse der einzelnen Gruppen, das Interesse des gesellschaftlichen Ganzen in seiner künftigen Entwicklung, die immer neue soziale Gruppierungen schafft.«[14] Im Kabinett warnte er vor radikalen Strömungen, die die ohnehin schon so schwierige Aufgabe, den Staat wieder aufzurichten, endgültig zunichte machen könnten. Der Kanzler meinte damit extremistische Tendenzen sowohl in der Volkspartei als auch bei Kommunisten und Sozialisten. Unter allen Umständen wollte er vorzeitige, unorganisierte Parlamentswahlen verhindern. Zunächst mußte der wirtschaftliche Kampf des Landes ausgefochten werden, um Österreich vor der totalen Bettlerrolle zu bewahren.

Angesichts der allgemeinen Unsicherheit dachte Renner »aus Gründen der innerstaatlichen Ordnung« an die Aufstellung eines bescheidenen Heeres. Freilich durfte die Jugend dabei nicht mit kriegerischen Idealen erfüllt werden. Das Heer sollte vielmehr, so schrieb er Figl einmal, »als ein notwendiges Stück der vaterländischen Erziehungen der männlichen Jugend und als stets bereite Hilfe bei Elementarkatastrophen ... und Rettungsarbeiten bedeutenden Umfanges« dienen. Ohne Zweifel wollte Renner die Republik mit jener kleinen »Sicherheitsstreitmacht« vor Attentaten und Anarchie schützen. Bei der Bildung der Regierung hatte er daher wohlweislich ein Unterstaatssekretariat für Heerwesen als Teil des Kanzleramts eingerichtet. Ausgerechnet die Westalliierten sollten aber die Liquidierung dieses Amtes betreiben.[15]

Noch zeitigte sein Bemühen keinen Erfolg. Renners Stellung zwischen der übermächtig und allgegenwärtig scheinenden Roten Armee und den westlichen Alliierten wurde gerade von den Amerikanern, die ihm teilweise mit großer Skepsis gegenübertraten, als unbedeutend empfunden. Die Westalliierten mißtrauten der von den Sowjets eingesetzten Regierung Renner nach wie vor. Immer noch sahen sie in ihr nur ein williges Werkzeug Moskaus mit viel zu vielen kommunistischen Mitgliedern. Da half es auch nicht, daß Renner wiederholt die Plünderungen der Roten Armee anprangerte und zudem versicherte, mit dem Westen zu sympathisieren, ohne sich aber von den Sowjets entfremden zu wollen. Als Renner am 9. Mai im Namen der Regierung ein zweites Mal Anlauf genommen hatte, endlich von den Westmächten anerkannt zu werden, war er von Marschall Tolbuchin zurückgehalten worden. Eingeschüchtert durch die schroffe Ablehnung, mit der die Verbündeten die Einsetzung der Provisorischen Regierung im April bedacht hatten, hütete sich Moskau, die als russophil geltende Regierung Renner öffentlich zu sehr zu protegieren.

Am 17. August 1945 begann endlich der Einzug der amerikanischen, britischen und französischen Truppen in Wien. Erst jetzt wurde Österreich den Vereinbarungen getreu zur Gänze besetzt. Eine knappe Woche später fand im Wiener Hotel »Imperial«, dem sowjetischen Hauptquartier, eine erste gemeinsame Arbeitssitzung der vier alliierten Oberbefehlshaber statt. Am 11. September übernahmen die vier Siegermächte offiziell die gemeinsame Kontrolle über Wien. Das Alliierte Gesetzgebungsrecht war nun der Gewalt der Regierung Renner übergeordnet. Der Alliierte Rat übte fortan mit seinen vier Hochkommissaren die oberste Gewalt in gesamtösterreichischen Fragen gemäß den Weisungen ihrer Regierungen aus. Er wurde eingesetzt, um die endgültige Trennung Österreichs von Deutschland zu verwirklichen, so bald als möglich eine österreichische Zentralverwaltung zu errichten und die Einsetzung einer frei gewählten österreichischen Regierung vorzubereiten.

Die westlichen Alliierten gingen nun daran, das Problem der Anerkennung der Renner-Regierung in Angriff zu nehmen. Als die westlichen Alliierten in Wien eingerückt waren, hatten die Offiziere zunächst noch jeglichen Kontakt mit dem Kanzler und seinem Kabinett vermieden. Dazu mußte Renner feststellen, daß der Freiraum seiner Regierung mit dem

Einzug der Westmächte in die Bundeshauptstadt eine spürbare Einschränkung erfuhr. Die Sowjets hatten bis dahin meist die von der Regierung erlassenen Gesetze akzeptiert. Lediglich dem Verstaatlichungs- und Eigentumsgesetz versagten sie die Wirksamkeit. Nichtsdestoweniger hatte die österreichische Regierung zur Zeit der alleinigen Kontrolle durch die Rote Armee durchaus den Eindruck, in der Gesetzgebung frei und unbehindert zu sein. Allerdings war der Anspruch der Regierung, Gesetze für ganz Österreich zu erlassen, von den anderen Mächten nicht anerkannt worden; die Anordnungen waren bloß in den sowjetisch besetzten Gebieten wirksam.

Trotz seines vorgeschrittenen Alters besaß Renner noch immer die Eigenschaft, seine Meinung bei Bedarf rasch, für manche zu rasch, für viele allerdings durchaus glaubhaft zu ändern. Als die Sowjets dem Staatskanzler vorschlugen, die von ihnen als deutsches Eigentum beschlagnahmten Zistersdorfer Erdölquellen durch eine gemeinsame sowjetisch-österreichische Gesellschaft zu nutzen, konnte Renner dem Gedanken zunächst viel abgewinnen und erhielt darin von Leopold Figl Unterstützung. Die Sowjets hätten den beschlagnahmten Betrieb als Beteiligung eingebracht, während von österreichischer Seite im Laufe der Zeit Maschinen und Kapital beizusteuern war. Renner wollte dabei wenigstens eine Beteiligung bei der Ausbeutung dieser Erdölbetriebe herausschlagen, als sie womöglich zur Gänze in sowjetischen Besitz entschwinden zu sehen. Auch zeigte er sich bestrebt, den Abschluß eines bilateralen Handelsvertrags mit Moskau voranzutreiben. Doch es war Schärf, dessen Einfluß auf Renner in der Zweiten Republik nicht hoch genug eingeschätzt werden kann, der sich dem Projekt »Sanaphta« entgegenstellte. Auch Julius Raab wandte sich dagegen. Die Amerikaner machten ebenfalls gegen das Vorhaben einer sowjetisch-österreichischen Erdölgesellschaft mobil und verwiesen mit Nachdruck auf die immer noch ausständige Frage der Anerkennung der österreichischen Staatsregierung. Es schien nun offensichtlich, daß eine amerikanische Zustimmung zur Anerkennung der Staatsregierung nur durch das Fallenlassen der »Sanaphta« zu erhalten war. Diesen Preis war Renner – ohne viel zu zögern und leichten Herzens – bereit zu zahlen. Er entschloß sich, die Seiten zu wechseln, und trat sogleich als entschiedener Gegner einer bilateralen Erdölfirma auf. Er bezeichnete den Vertrag jetzt sogar als inakzeptabel. Am 10. September sollte der Staatskanzler den fertigen Vertrag im sowjetischen Hauptquartier unterzeichnen. Seine nunmehrige Weigerung begründete er damit, dafür erst die Meinung aller Alliierten einholen zu müssen, die sich uneinig zeigten, und er verwies zudem auf den rein provisorischen Charakter seiner Regierung. Zu guter

Letzt stimmte selbst der SPÖ-Parteivorstand gegen den Vertrag. Renner hätte somit schon in der eigenen Partei keine Mehrheit für ein solches Abkommen erhalten.

Renners Rückzieher machte sich bezahlt, denn in den Folgetagen – noch kurz vor dem ersten Zusammentreten des Alliierten Rats – traf der Staatskanzler erstmals den US-Militärkommissar, General Mark Clark. In diesem vertraulichen und informellen Gespräch gelang es Renner, den amerikanischen Offizier durch sein staatsmännisches Auftreten sichtlich zu beeindrucken. Er teilte Clark dabei mit, als ersten Schritt zur Wiedervereinigung Österreichs eine Länderkonferenz und darüber hinaus so früh als möglich Bundeswahlen abhalten zu wollen. Auch den französischen stellvertretenden Oberbefehlshaber, General Paul Cherrière, überzeugte Renner schließlich von der Zweckmäßigkeit eines solchen Kongresses, in dessen Rahmen Kabinettsmitglieder und Ländervertreter endlich Gelegenheit finden sollten, einander kennenzulernen, ein Ansinnen, das die Staatsregierung von Beginn an als Notwendigkeit empfunden hatte.

Den Briten gegenüber zeigte sich Renner von einem beinahe aufreizenden Selbstbewußtsein. So erinnerte er John Nicholls aus der Abteilung für politische Angelegenheiten in der Alliierten Kommission gelassen daran, daß es bekanntlich nicht sein erster Wiederaufbau Österreichs war. Er erhoffe außerdem nicht allzuviel Einmischung von seiten der Alliierten. Schließlich könnten die Österreicher die Verwaltung selbst am besten handhaben. Den Hochkommissar, General Sir Richard McCreery, der Renner für »schwatzhaft« und »selbstgefällig« hielt, beruhigte der Kanzler dahingehend, daß seiner Einschätzung nach die KPÖ bei den bevorstehenden Nationalratswahlen nicht mehr als 5 Prozent der Stimmen erhalten würde. Die Kommunisten schon jetzt aus der Regierung zu entfernen könne aber zu Unruhen führen. Deshalb und nicht zuletzt, um die Sowjets nicht zu vergrämen, halte er weiter an Staatssekretär Franz Honner fest. Renner versicherte zwar dem britischen General, daß er die Regierung um Vertreter aus Westösterreich erweitern werde, eine komplette Umbildung, wie es London wünschte, käme jedoch keinesfalls in Frage.

Die für die weitere Zukunft so wichtige Länderkonferenz begann sodann am 24. September im niederösterreichischen Landhaus in der Wiener Herrengasse unter teilweise chaotischen Umständen. Renner mußte sie gleich zweimal eröffnen, da die Delegierten aus Vorarlberg und Tirol aufgrund der katastrophalen Verkehrsverhältnisse zu spät eintrafen. Dabei waren die Vorarlberger Delegierten nicht weniger als drei Tage nach

Wien unterwegs gewesen. Renner hielt es für besonders wichtig, daß gerade die westösterreichischen Teilnehmer endlich einmal das Elend des Ostens zu sehen bekamen, um mehr Verständnis für die Pläne der Zentralregierung zu erhalten. Mit gehörigem Nachdruck warnte er vor dem endgültigen Zerreißen des gemeinsamen Staates. Die verkehrstechnische und wirtschaftliche Vierteilung des Landes löse gegenwärtig die Solidarität der Bevölkerung, die Österreich für seinen Wiederaufbau so dringend benötige, in »kleine, regionale Rivalitäten auf, deren letzte Folge den völligen Zusammenbruch unseres Staatswesens bringen könnte«. Die Wiederherstellung der staatlichen und ökonomischen Einheit der Republik war aber das erklärte Ziel, hinter dem alle Sonderbestrebungen der Parteien und der Länder zurücktreten mußten. Neuerlich betonte Renner dabei, daß sich die Provisorische Staatsregierung niemals als »Regional- oder Partialregierung« empfunden hätte.

Sein Kabinett bezeichnete er als »Vereinbarungsregierung« und verwies darauf, daß keine Maßnahme gegen den Einspruch eines der Partner ergriffen werden könne. Gleichzeitig rief er nochmals in Erinnerung, daß es sich dabei um eine bloße Übergangsregierung handelte, die »grundstürzende Maßregeln« oder weitreichende Entscheidungen ausschließe und der kommenden Volksvertretung vorbehalten würde. Angesichts dieser Tatsache sei die Stärke der Parteienvertreter im Kabinett ohne viel Belang. Die Parteien würden an der Verwaltung in einem Verhältnis teilnehmen, das bei ihrer seinerzeitigen Konstituierung ihrer mutmaßlichen Anhängerschaft im Lande entsprach. Dabei wußte Renner freilich, daß diese Beschwichtigung nicht durchwegs den Tatsachen entsprach, hielt er doch die KPÖ etwa für eine ausgesprochene Kleinpartei.

Als eine der vordringlichsten Aufgaben seiner Regierung nannte Renner, die alte österreichische Rechtsordnung wiederherzustellen und das »aufgenötigte Fremdtum abzutun«. In seiner Eröffnungsrede im Plenum der Länderkonferenz ging der Kanzler auf die Vorwürfe bezüglich der Grausamkeiten durch die Rote Armee im Zuge der Besetzung ein. Die größten Härten seien freilich erst durch die Art der deutschen Kriegsführung entstanden und »völkerrechtlich rezipiert« worden. »Diese Art der Kriegsführung hat uns jede Berechtigung genommen zu klagen, und nichts übrig gelassen, als zu dulden und zu gehorchen.« Der Kanzler wies auch die kritischen Stimmen darauf hin, daß Ostösterreich »ganz unter dem Völkerrecht des Waffenganges, das westliche bloß unter dem der Okkupation« stand. »Ein bedeutender Unterschied«, wie er nicht hinzuzufügen vergaß. Zudem erwähnte er die noch keineswegs bewältigte »revolutionäre Gärung« innerhalb der Bevölkerung. Sie schien ihm unvermeidlich, denn Krieg und Kriegsfolgen hatten seiner Auffassung gemäß alle Eigentumsbegriffe tief erschüttert und alle Gewaltinstinkte entfesselt. Freilich hatte die Regierung jedoch die Aufgabe, mit dem Nazismus aufzuräumen,»um ihn aus dem Volkskörper auszuscheiden« und die Staatsordnung wieder auf die »altösterreichischen Grundlagen« zurückzuführen.[16]

Es glich schon beinahe einer rituellen Wiederholung, wenn Renner die Ausdehnung der Regierungsgewalt über das gesamte Staatsgebiet, die Erweiterung der Provisorischen Regierung um Vertreter aus Westösterreich und die Festsetzung von Nationalratswahlen als die wichtigsten Aufgaben dieser Länderkonferenz bezeichnete. Die Wahlen mußten seiner Meinung nach noch unbedingt im Herbst stattfinden. »Wir können unser ganzes Volk in den harten Wintermonaten nicht ohne den stärkeren Schutz einer anerkannten Regierung lassen. Das dürfen wir nicht.« Eine anerkannte und vom Volk gewählte Regierung, so erklärte er, sei eben mächtiger als eine lediglich provisorische, deren Tätigkeit sich bloß auf einen Teil des Staatsgebiets beschränke. »Zu Weihnachten dieses Jahres soll somit als Christbescherung dem österreichischen Volke die Herstellung der definitiven Ordnung des Staates zugedacht werden.« Renner ahnte die bevorstehenden Auseinandersetzungen, wenngleich er vorgab, die politische Diskussion durchaus zu suchen. »Ich bin nicht der Auffassung, daß es im öffentlichen Leben gut ist, wenn man Gegensätze verkleistert. Sie sollen ausgesprochen werden, dann aber auch redlich ausgetragen werden. Ich erwarte nicht, daß jemand mit seiner Meinung hinter dem Berg hält, aber ich hoffe, daß alle sich auf irgendeiner mittleren Linie im Hinblick auf die Zukunft unseres Landes einig werden.« Renner richtete somit an die Delegierten den dringenden Appell, »einig zu werden«.[17]

Zu den heftigsten Konflikten kam es schließlich in der politischen Kommission der Länderkonferenz, die sich mit Fragen der Verfassung, der Zusammensetzung der Regierung und den weiteren politischen Aufgaben beschäftigte. Die Delegierten aus dem Westen unter der Führung Karl Grubers setzten sich besonders gegen den Weiterverbleib des kommunistischen Innenstaatssekretärs Franz Honner zur Wehr. Dieses so wichtige und normalerweise auch mächtige Staatsamt in der Hand eines Mannes der KPÖ erschien den meisten im höchsten Maße bedenklich. Als Renner – schon aus Rücksicht auf die sowjetische Besatzungsmacht – bekräftigte, auf Honner nicht verzichten zu können, drohten die westlichen Delegierten in wilden Schreiduellen mit der vorzeitigen Abreise. Doch der Kanzler, der nicht müde wurde, den Konsens für den staatli-

Renner eröffnet die Erste Länderkonferenz am 24. September 1945 im
Niederösterreichischen Landhaus.

chen Wiederaufbau zu betonen, schaffte den Kompromiß. Nachdem er wiederholt auf die keineswegs mächtige Stellung der Kommunisten in seiner Regierung verwiesen hatte, gelang es ihm unter der maßgeblichen Mitwirkung von Ernst Koref, dem Linzer Bürgermeister, Franz Honner im Kabinett zu halten. Diesem wurde nun aber ein Unterstaatssekretär in der Person Josef Sommers von der ÖVP an die Seite gestellt, dem es obliegen sollte, die Wahlen vorzubereiten und deren Durchführung zu kontrollieren. Dabei würde er außerdem durch eine viergliedrige Kommission unterstützt werden. Karl Gruber, als vehementer Verfechter des Südtiroler Selbstbestimmungsrechts bekannt, erhielt zu guter Letzt den Posten eines Unterstaatssekretärs für Äußeres. Ursprünglich hatte der härteste Widersacher des Kanzlers allerdings ein reguläres Staatsamt für dieses Ressort gefordert. Nun war er gar Renner in der Staatskanzlei unterstellt. Die Regierung wurde somit noch um Politiker aus Westösterreich – und dabei durchaus zum Vorteil der ÖVP – weiter vergrößert. Sie umfaßte schlußendlich nicht weniger als 14 Staatssekretäre und 25 Unterstaatssekretäre. Die Wogen – und dies war Renner am wichtigsten – hatten sich zum größten Teil geglättet, und so bekannte sich die erste Länderkonferenz in ihrer Schlußsitzung klar zur Republik Österreich.

Mit Freude und sichtlicher Erleichterung stellte der Kanzler am Schlußtag der Konferenz fest, daß in allen Kommissionen einstimmige Beschlüsse zustande gekommen waren. »Diese Beschlüsse sind Sinnbild und Vorbild für unser ganzes schwer geprüftes Volk.« Die Resolution der Politischen Kommission glich ihm auch einem dreifachen Bekenntnis. Zum einen gab man vor, alles zu befolgen, was die vier Mächte »für uns für notwendig halten«. Darüber hinaus bekundete die Konferenz ihren Willen, den Vereinten Nationen angehören zu wollen. »Das dritte Bekenntnis«, so kam Renner zum Schluß, »ist das Bekenntnis zu uns selbst. Diese Einmütigkeit beweist es, daß wir würdig sind und die Kraft haben, uns allein zu regieren.« »Und wenn in der Geschichte fast keine große Sache auf den ersten Hieb gelingt – auf den zweiten muß sie gelingen.« Abschließend dankte der Staatskanzler noch für das Vertrauen, das der von ihm geführten »alten Garde« geschenkt wurde. »Die Alten warten auf Nachwuchs. Sie wollen junge Kräfte sehen ... Hier aber sind viele junge Köpfe, und das freut mich.« Unter dem stürmischen Beifall des ganzen Saales endete Renner gewohnt staatstragend: »Es lebe, es gedeihe unser Vaterland Österreich!«[18]

Die Einigung der Bundesländer mit der Wiener Zentralregierung und die Ankündigung von Bundes- und Landtagswahlen für den 25. November trugen entscheidend zum Umdenken der westlichen Alliierten, besonders der überaus störrischen Briten, in der Frage der Anerkennung des Rennerschen Kabinetts bei. Die Sowjets hingegen begannen langsam zu zweifeln, ob Renner für ihre Politik der rechte Mann war. Die besorgten Briten und Amerikaner konnte der Kanzler jedenfalls insofern beruhigen, als er ihnen streng vertraulich die Existenz eines Koalitionspakts zwischen den Sozialisten und der Volkspartei für die Zeit nach den Nationalratswahlen mitteilte. Diese Vereinbarung mußte jedoch noch geheim bleiben, da Renner bei dessen Bekanntwerden das Überlaufen von Sozialdemokraten ins kommunistische Lager befürchtete. Immer mehr wandte sich der Kanzler an die Vereinigten Staaten, die er in gespielter Naivität und Höflichkeit als »unvoreingenommenen Freund« bezeichnete. Auch die Franzosen verstand er zunehmend in die Vermittlerrolle zwischen Briten und Sowjets zu drängen. Zuweilen mußte allerdings Hochkommissar Emile Marie Béthouart den Staatskanzler darauf aufmerksam machen, daß er nicht sein »Laufbursche« war.

Am 28. September verfaßte Renner für den Alliierten Rat eine Denkschrift, in der er erklärte, daß die nun umgebildete Regierung »dem einmütigen Willen der Vertreter aller österreichischen Länder und Parteien« entspreche. Sie dürfe sich daher »mit vollem Recht als eine den Wünschen des gesamten Volkes entsprechende Regierung Österreichs betrachten.« Die Länderkonferenz habe der Überzeugung Ausdruck gegeben, »daß damit der erste Schritt zur Wiedererlangung der vollen Selbständigkeit Österreichs getan ist«. In diesem Bewußtsein habe sie die Erweiterung und Umbildung der Provisorischen Regierung vorgenommen, die nunmehr berufen sei, »als Gesamtregierung Österreichs die Zivilverwaltung in allen Teilen Österreichs zu übernehmen«. Gleichzeitig bat Renner den Alliierten Rat, »jene Maßnahmen ergreifen zu wollen, die mit tunlichster Beschleunigung zur Übernahme der Zivilverwaltung in allen Teilen Österreichs und zur ehesten Anerkennung der neuen demokratischen provisorischen Regierung Österreichs durch die Besatzungsmächte führen sollen«.[19]

Bereits drei Tage später beschloß der Alliierte Rat, den Regierungen der vier Siegermächte die Anerkennung des Kabinetts für ganz Österreich zu empfehlen. Am 20. Oktober war es dann endlich soweit. Renner wurde erstmals vom Alliierten Rat empfangen, er erhielt dabei ein Memorandum überreicht, das allerdings bloß eine De-facto-Anerkennung der Provisorischen Regierung aussprach. Ihre Vollmachten wurden auf ganz Österreich ausgedehnt. Für die Legislative bedurfte es freilich der alliierten Zustimmung. Außerdem war die Gültigkeit einer militärischen Gesetzgebung davon unberührt. Den Freiraum, den die Sowjets der Regierung Renner gewährt hatten, wurde durch die streng gehandhabte Praxis der alliierten Gesetzgebungsapprobation merklich eingeengt. Hatte man früher die legislativen Angelegenheiten der Roten Armee lediglich zur Kenntnis gebracht, mußten diese fortan ausdrücklich genehmigt werden. Die Bundesländer drängten ihrerseits die Staatsregierung, sich für ihre territorialen Ansprüche einzusetzen. Das Burgenland verlangte den Anschluß des 1921 unter zweifellos irregulären Begleitumständen bei Ungarn verbliebenen Ödenburger Gebiets. Salzburg spekulierte mit dem Vorhaben, den Rupertiwinkel und das Berchtesgadener Land von Bayern abzutrennen. Klagenfurt erwog für Kärnten die Rückgewinnung des Kanaltals. Verständlicherweise zeigte sich Renner über diese Ansprüche der Bundesländer gar nicht erfreut. Für die künftigen Friedensverhandlungen schien es ihm von besonderer Wichtigkeit, »daß die Republik Österreich ein einmütiges Verhalten beobachte, das auf unanfechtbarer Grundlage beruht und uns der Welt gegenüber nicht ins Unrecht setzt.« Nach seiner Ansicht konnte kein Gebiet »ohne eindeutige klare Willensentscheidung an Österreich angeschlossen werden«. Dies galt ihm als ein »unabdingliches Postulat einer demokratischen Politik, einer Politik der Humanität, an deren Durchsetzung in Europa niemand eindeutiger interessiert sein kann als Österreich. Grotesk und absurd wäre der bloße Gedanke, daß Österreich versuchen sollte, unter illoyaler Ausnützung einer augenblicklichen Situation irgend einen Nachbarn zu berauben oder zu verstümmeln. Die Erhebung solcher Forderungen in der Öffentlichkeit erschüttert die moralischen Grundlagen unseres Staatswesens und seiner Politik. Deshalb dürften solche Forderungen, wenn sie überhaupt gestellt werden, bloß in der Form eines Wunsches nach Volksabstimmung erhoben werden. Jede andere Anschlußpropaganda schädigt die staatlichen Interessen auf das ernsteste.«

Für Österreich, so hieß es in einem von Renner inspirierten Gutachten des Auswärtigen Amts weiters, sollten die mitteleuropäischen Grenzen der Pariser Friedensschlüsse von 1919/20 als prinzipiell »unveränderlich« gelten. Schließlich konnten ja auch die »slawischen Nachbarn« gegen die Zweite Republik Gebietsansprüche erheben: »Wenn wir selbst sozusagen aus heiterem Himmel Teile von Bayern, Ungarn und dergleichen ›beanspruchen‹, mit welchem Recht wollen wir dann Ansprüchen Jugoslawiens auf Kärnten, allenfalls der Tschechoslowakei auf das nordwestliche Niederösterreich mit dem wertvollen Erdölgebiet oder auf das oberösterreichische Mühlviertel entgegentreten? Vollkommen widersinnig wäre es, wenn wir durch eine aller Wahrscheinlichkeit nach gänzlich aussichtslose Propaganda selbst beitragen wollten, die Grenzen von 1919 zu diskreditieren!«[20]

Der »Vereinigungsdrang« der von Salzburg geforderten bayrischen Gebiete, so wußte man am Ballhausplatz, hatte sich ohnehin in der Geschichte nie als besonders »stürmisch« erwiesen. Solange sich daher nicht eine massive Bewegung für den Anschluß an Österreich stark mache, hätte jede Agitation zu unterbleiben. Auf eine neuerliche Abstimmung in Ödenburg sollte überhaupt verzichtet werden, da möglicherweise im Gegenzug wieder ein Plebiszit über Kärntner Territorium verlangt wurde, was die erhebliche Gefahr in sich barg, daß Jugoslawien vielleicht auf einer Abstimmung bloß in einem Gebiet mit deutlicher slowenischer Mehrheit bestand. Aufgrund »der deutschen Brutalitäten der letzten Jahre« mochte dann das Ergebnis für Österreich ungünstig ausgehen. Renner glaubte freilich von Stalin in einem Telegramm vom 12. Mai die Versicherung erhalten zu haben, daß die Sowjetunion Ansprüche Belgrads auf Kärntner Gebiet nicht unterstützen würde; es handelte sich dabei aber wohl um einen Übersetzungsfehler. In Wirklichkeit hatte Stalin signalisiert, keine dauernde Teilung Österreichs im Sinn zu haben.
Nur für die Wiedergewinnung Südtirols lag nach Renners Meinung ein »klares moralisches und politisches Recht« vor. Wenngleich einige der Siegermächte den Anspruch Österreichs anerkennen würden, mußte natürlich trotzdem mit Vorsicht und Takt vorgegangen werden. Eine lärmende, gar von Wien ausgehende Propaganda hatte demgemäß zu unterbleiben, vielmehr sollte der Tiroler Bevölkerung dies- und jenseits des Brenners der Vortritt gelassen werden. Die Forderungen durften aber selbst dort nicht über eine Volksabstimmung über das Gebiet bis zur Salurner Klause hinausgehen. Tatsächlich wurde die Südtiroler Frage zu einem zentralen Anliegen der Wiener Außenpolitik. Am Nachmittag des 3. Oktober fand in den Sälen des Wiener Konzerthauses eine Massenversammlung für Südtirol statt. In seiner Rede erinnerte der stürmisch begrüßte Staatskanzler an Saint-Germain. Die damalige Abtretung sei zu Unrecht erfolgt. Niemals könne für Italien diese Entscheidung »zur Quelle von Rechten« werden. »Das Volk Südtirols ist im Herzen österreichisch und in seiner Muttersprache deutsch, jetzt und für alle Zeiten ... Gebt den Südtirolern ihre Heimat, gebt den Südtirolern ihr Vaterland Österreich wieder!«[21]
Der politische Alltag mit all seinen Verpflichtungen verlangte dem betagten Renner alles ab. Trotzdem durfte er neben seinen Regierungsgeschäften nicht völlig auf seine eigene Partei vergessen. Schließlich hatte der kränkelnde Karl Seitz den Vorsitz inne, der dem Kanzler keineswegs wohlgesonnen war. Zudem wurde die SPÖ von links her von schweren Richtungskämpfen erschüttert.

347

Noch hatte es Renner nicht verlernt, in marxistischer Diktion zu argumentieren: Auf der Parteikonferenz im Saal des Alten Rathauses am 26. Oktober sprach er in seinem Referat vom Eintritt in die Epoche der Verwirklichung des Sozialismus. Die Sozialdemokraten seien die »Vorkämpfer der neuen, der werdenden Welt, für das Wiedererstehen und die Neuordnung unseres eigenen Landes.« Er sparte diesmal auch nicht mit Kritik an den Regierungspartnern. »Die Versicherung, daß die anderen nun auch Demokraten geworden sind, ist etwas zu neu und beinahe etwas zu aufdringlich.« Die Volkspartei, die von Leopold Figl sogar als neue und revolutionäre Partei bezeichnet worden war, enthielt für Renner »gewiß Elemente, die sich die faschistischen Neigungen im KZ abgewöhnt haben; das erkennen wir an.« In der ÖVP stecke zudem ein »kleinbürgerlich-bäuerlicher Kern«, an dessen demokratischer Gesinnung er nicht zweifle und der ihm die Zusammenarbeit ermögliche. »Aber es sind auch andere da ... Mit der demokratischen Volkspartei wollen wir zur Wiederaufrichtung Österreichs gute Freundschaft halten. Aber wir werden vorsichtig sein, wir werden darauf achten, wer hinter ihnen steht, wer hinter ihnen vordrängt.« Es zeigte sich für Renner nämlich ein Trend, wonach immer mehr »das alte Heimwehrelement und die großkapitalistischen Interessen in die Volkspartei eindringen.« Für die Sozialisten durften sich die Ereignisse des Bürgerkriegs auf gar keinen Fall wiederholen. Es war schließlich »die Sünde von 1934, die sich 1938 gerächt hat«, und Figl nahm Engelbert Dollfuß noch immer als einen »tadellosen Demokraten« in Schutz. Nach Renners aufmunternder Losung »Mit uns die Welt, mit uns der Sieg!« spendete die Menge im dichtbesetzten Saal dem Kanzler jedenfalls die zu erwartenden Ovationen.[22]

Der Beifall bedeutete nicht das Ende des innerparteilichen ideologischen Streits. Zentralsekretär der Partei war damals der Revolutionäre Sozialist Erwin Scharf, der die zu kompromißbereite Haltung der SPÖ durch Renner und Schärf heftig kritisierte. Er, der sich als Gralshüter der Ideen Otto Bauers verstand, beklagte, daß der Begriff »Klassenkampf« ganz aus dem Sprachschatz der Partei in Propaganda und Schulung verschwunden war. Scharf wollte aber die Massen auf die »herrschende Klassenunterdrückung« aufmerksam machen und sie zu einem marxistischen »Klassenbewußtsein« erziehen, um »damit ihre Abwehrkräfte zu stärken.« Diese Parolen hatte Renner schon vor Jahrzehnten besser gehört. Und sie lagen heute weniger denn je auf seiner Linie. Als Staatskanzler wollte er die Gegensätze nicht unterstreichen, sondern den Konsens bewahren, der für die Aufbauarbeit unbedingt erforderlich war. So wies er den Zentralsekretär einmal in einem Schreiben in die Schranken: »In der täglichen

Praxis des politischen Lebens ist es wichtig und zuweilen für den Erfolg entscheidend, niemals zu vergessen, daß man handeln muß nach dem Gebote des Ortes, der Zeit und des Umstandes. Handeln ist etwas anderes als Argumentieren ... Die ewige Wahrheit des ›Klassenkampfes‹ ist unabänderliche Grundlage der Politik des Proletariats unter allen Umständen – zur Zeit aber kämpfen wir gegen eine geistige Strömung, die alle Klassen erfaßt hat, einen großen Teil der Arbeiterschaft mit (siehe die Unzahl von guten Parteigenossen, die dem Nazismus erlegen sind). Es ist zur Zeit nicht klug, von dieser Hauptsache abzulenken und auch ohne allen Erfolg.«[23]

Noch am 7. November waren der Kanzler, seine Regierung und die Stadtverwaltung zur Feier der Wiederkehr der russischen Oktoberrevolution als Gäste von Marschall Ivan Koniev in den großen Festsaal der Wiener Hofburg geladen. Das Fest, bei dem unter anderem der Violinvirtuose David Oistrach und ein hundertköpfiger Chor, Beethovens »Freude, schöner Götterfunke« intonierend, für den glanzvollen musikalischen Rahmen sorgten, war für damals ungewöhnlich pompös. Der Kanzler nutzte das große gesellschaftliche Ereignis zu ernsten Gesprächen mit den alliierten Militärkommissaren. Dem politischen Berater der britischen Besatzungsmacht, William Mack, gegenüber klagte er über die unerträglich starke Truppenpräsenz der Siegermächte auf österreichischem Boden. Das wirtschaftlich völlig darniederliegende Land könne unmöglich auf längere Zeit für etwa 365 000 Soldaten aufkommen. Für die Moral der darbenden Bevölkerung sei es außerdem bedenklich zu vernehmen, daß zum Beispiel die amerikanischen Truppen zweimal täglich Fleisch zu essen bekämen, während es für die einheimische Bevölkerung bloß einmal in zwei Wochen Fleisch gäbe. Die Ernährungslage im sowjetisch besetzten Niederösterreich schilderte er als geradezu hoffnungslos. Auch unterließ es Renner keineswegs, das teilweise überaus rohe und skrupellose Benehmen der Besatzungstruppen vor allem Frauen gegenüber zu beanstanden.

Außerdem zeigte er sich über das Bestreben der Sowjets besorgt, mit Österreich allein und direkt – unter Ausschluß des Alliierten Rats – zu verhandeln. Marschall Koniev strebte nämlich die Aufnahme bilateraler diplomatischer Beziehungen mit Österreich an, und Renner war dadurch in eine Zwickmühle geraten; er wollte Moskau nach dem gescheiterten Sanaphta-Vertrag nicht erneut vergrämen, zugleich aber das frisch gewonnene Vertrauen der Westmächte keiner neuerlichen Belastungsprobe aussetzen. Als Ausflucht konnte er nicht zuletzt die schwachen Finanzen Österreichs anführen, um sich der Verwirklichung dieses Plans der Sowjets zu entziehen. Wiederum gab Renner damit deutlich seine westliche Ausrichtung zu verstehen.

Doch bereits in den Folgetagen kam es zu Renners erstem schweren Konflikt mit dem Alliierten Rat. Schon am 6. November hatte der Kabinettsrat das sogenannte »Rechtsanwendungsgesetz« verabschiedet. Dieses sollte die Regierung dazu ermächtigen, festzulegen, wann mit der Anwendung der bisher nur in der sowjetischen Besatzungszone gültigen Gesetze auf ganz Österreich zu beginnen war. Das Exekutivkomitee der Alliierten Kommission wies dieses Gesetz zurück. Es fühlte sich in seinem Genehmigungsrecht schlichtweg umgangen. Daraufhin sprach Renner wenig später in einem Schreiben an General McCreery von einer Zensur der österreichischen Legislative durch die Siegermächte. Der Kanzler drückte ferner sein Erstaunen darüber aus, daß sich die Alliierte Kommission in Detailfragen einmische, für deren Regelung er seine Regierung für wesentlich geeigneter hielt. Die Zensur des Alliierten Rats könne zwar politische Tendenzen betreffen, jedoch keinesfalls eine »Art von Ersatz- oder Super-Parlament« sein. Ohne die nötige Kompetenzerweiterung zwischen Regierung und Alliiertem Rat wisse er nicht, wie das Land erfolgreich und zum Vorteil für die Bevölkerung verwaltet werden könne. Eine Woche später reagierte die Alliierte Kommission auf Renners Beschwerden scharf und ablehnend. Die Besatzer pochten nach wie vor energisch auf ihren Kontrollanspruch.

Inzwischen drohte Österreich allerdings die totale Katastrophe: Die Ernte war schlechter ausgefallen als erwartet. Die Lebensmittelvorräte, so befürchtete man, würden nicht einmal bis zum Winter ausreichen. Bereits im Oktober sanken die Temperaturen unter den Gefrierpunkt. Industrie und Bevölkerung klagten über den Mangel an Holz, Kohle, Benzin und Erdöl. Die Brennstoffknappheit in den Betrieben würde zudem hohe Arbeitslosigkeit hervorrufen. Um Hygiene und Gesundheit der Bevölkerung war es nach wie vor äußerst schlecht bestellt. Österreich sah sich somit vor dem Winter von Hunger, Frost und Seuchen bedroht. Die dritte Länderkonferenz bat daher im Namen Österreichs die übrige Welt um Hilfe.

Zum Abschluß der Konferenz mahnte Renner noch zu einem fairen Wahlkampf: »Es ist eines Mannes würdig, zu seiner eigenen Überzeugung zu stehen und für sie zu kämpfen, aber es ist auch jedes Mannes Pflicht, die Überzeugung des anderen zu achten. In diesem Geist soll auch der Wahlkampf geführt werden, so wie es einem gesitteten Volk geziemt, und wir wollen beweisen, daß wir trotz der furchtbaren Erfahrungen zweier Weltkriege, trotz der tiefen Beugung unseres Volkes und trotz

Renner mit den vier Alliierten Vertretern Gruenther, Koniev, McCreery und Béthouart.

der moralischen Verderbnis, die vom Dritten Reich ausgegangen ist, dennoch unsere guten alten österreichischen Sitten und Gebräuche behaupten wollen.«[24] Dies sollte allerdings ein frommer Wunsch bleiben.

Der Kanzler selbst bereiste im Wahlkampf die Bundesländer. So fuhr er am 10. November 1945 um acht Uhr dreißig vom Wiener Westbahnhof ab, um gegen halb zwei Uhr nachmittags in Linz einzutreffen. Nach dem feierlichen Empfang am Hauptbahnhof speiste er im Redoutensaal zu Mittag und nahm um halb drei Uhr an der Sitzung der oberösterreichischen Landesregierung teil. Gemeinsam mit Landeshauptmann Heinrich Gleißner begab er sich zu US-General Robert C. Macon zu einem Empfang ins Rathaus. Um vier Uhr trat er im Rahmen einer Versammlung auf. Mit dem Pkw ging es nach Steyr, wo er um sieben Uhr bei einer Kundgebung sprach. Danach erfolgte die Rückreise nach Linz, wo er bei einem Festbankett zu Abend aß, das die Sozialistische Partei ihm zu Ehren gab. Er nächtigte schließlich im Hotel »Wolfinger«. In den Folgetagen, vom 11. bis zum 21. November, nahm Renner noch an Wahlveranstaltungen in Wels, Salzburg, Hallein, Bischofshofen, Wörgl und Innsbruck teil, wo er sich über den Aufenthalt der Habsburg-Brüder Otto und Robert empörte, die ihre Anwesenheit in Tirol für monarchistische Agitationen mißbrauchten. Danach kehrte er kurz nach Wien zurück, um sich gleich darauf nach Wiener Neustadt, Berndorf, Neunkirchen, Gloggnitz, Kapfenberg, Graz und Klagenfurt zu begeben. Auf diesen Veranstaltungen versuchte der Kanzler, der Bevölkerung die schwierige Entstehungsgeschichte der neugegründeten Zweiten Republik nahezubringen. Mit der Aufbietung all seiner Kräfte warb er um die Einheit des Staates und um Verständnis für die wirtschaftliche Misere in Ostösterreich.

Alle Parteien führten den Wahlkampf zeitweise überaus gehässig. Die SPÖ setzte mit dem Plakat »11 Jahre Faschismus« den christlichsozialen Ständestaat mit dem Nationalsozialismus gleich. Die ÖVP erinnerte im Gegenzug daran, daß während der nationalsozialistischen Diktatur nur wenige der sozialdemokratischen Führer – ganz im Gegensatz zu den Konservativen – in Konzentrationslagern inhaftiert worden seien. Zusätzlich malte sie das Schreckgespenst einer marxistischen Einheitsfront an die Wand. Der linke Flügel innerhalb der SPÖ um Zentralsekretär Erwin Scharf sympathisierte während des beginnenden Wahlkampfes damit, eine Aktionsgemeinschaft aus Sozialisten und Kommunisten zu bilden. Die KPÖ wollte noch weiter in Richtung einer Einheitspartei, einer Volksfront, gehen, doch setzte sich schließlich, von der in London regierenden Labour Party nachdrücklich ermahnt, in der SPÖ der rechte Flü-

gel um Renner, Schärf und Helmer durch, so daß ein mögliches Wahl-
bündnis noch einmal verhindert wurde.

Mit dem Plakat »Der Anschluß, das Steckenpferd der Österreichischen
Sozialdemokraten und ihr wunder Punkt« wies die Volkspartei auf die
großdeutsche Vergangenheit von Otto Bauer, der 1938 im Pariser Exil an
einem Herzinfarkt gestorben war, von Parteivorsitzenden Karl Seitz und
natürlich besonders von Karl Renner hin. Die ÖVP, so wurde bekundet,
wollte jedenfalls nie mehr etwas vom Anschluß wissen. »Ebensowenig
aber auch von Leuten, die den Anschluß wollten!« Die SPÖ schlug daraufhin mit einem Faksimileabdruck der Erklärung Kardinal Innitzers für
Hitler aus den Tagen des Anschlusses zurück. »Wird die Österreichische
Volkspartei«, so lautete die rhetorische Frage, »die Bischöfe Österreichs
deswegen anprangern und besudeln wollen?« In wirtschaftlicher Hinsicht setzte sich die SPÖ besonders für die Verstaatlichung der Großbetriebe, damals Sozialisierung genannt, ein. Renner hielt sie für eine
»Volksnotwendigkeit, weil mangels eigenen Kapitals und mangels einer
leistungsfähigen Kapitalistenklasse kapitalistische Führung versagen
müßte. Sozialisierung ist daher nicht Prinzipiensache, sondern praktische Gebotenheit.«[25]

Entscheidend für den Wahlausgang war aber wohl die Haltung der drei
Parteien zur »Nazi-Frage«. Während SPÖ und KPÖ ein Wahlverbot für
ehemalige Anwärter oder Mitglieder der NSDAP, der SA und SS durchzusetzen verstanden hatten, propagierte die ÖVP, den bloßen Mitläufern
des Gewaltregimes wieder die Hand zur Zusammenarbeit zu reichen.
Haß sollte nicht mit Haß vergolten werden. Diese versöhnliche und zugleich taktisch kluge Strategie brachte der ÖVP bei den Angehörigen der
zur Wahl nicht zugelassenen ehemaligen ›kleinen Nazis‹ viel Sympathie.
SPÖ wie KPÖ verlangten dagegen die rigorose Verfolgung und Bestra-
fung der Nationalsozialisten. In ihrer Wahlagitation führten sie der Bevölkerung wiederholt die Greueltaten des Hitler-Regimes vor Augen, die
von einem nicht geringen Teil der Österreicher nach wie vor nicht zur
Kenntnis genommen wurden. Die Mehrheit wollte verdrängen und vergessen, nicht bereuen.

Der Wahlkampf der SPÖ war ganz offensichtlich ungeschickt. Zu lehr-
meisterhaft und rachsüchtig, schüchterte sie viele Wähler mit Slogans ein
wie den, österreichische Nazis gegen Kriegsgefangene in Sibirien auszu-
tauschen. Da half es auch nichts mehr, noch in letzter Sekunde unter der
Devise »Schart Euch um den Volkskanzler!« auf den gemäßigten und be-
liebten Renner zu setzen.

Trotz der harten Auseinandersetzungen gelang es den österreichischen

Politikern immerhin, den Alliierten zu zeigen, daß Österreich zu einem normalen und geordneten rechtsstaatlichen Leben zurückkehrte. In einer letzten Radioansprache vor dem Urnengang bezeichnete Renner den Wahltag als einen Tag, »an dem sich der erwachsene österreichische Staatsbürger zu seinem Vaterland bekennt«, aber auch, »an dem dieses Vaterland selbst seinen Willen zur Demokratie kundgibt«. Den Tatsachen durchaus widersprechend, stellte er fest, daß der Wahlkampf in besonnener Atmosphäre verlaufen sei. Nach wie vor gelte es, gegen Hunger, Kälte und Seuchen, »gegen die letzten Reste des Faschismus, gegen die letzten Hemmnisse unserer vollen inneren und äußeren Freiheit eine gemeinsame Front zu beziehen«. Patriarchalisch ermahnte er die Österreicher, »daß ihr alle zur Wahl geht, daß ihr eure staatsbürgerliche Pflicht vollzählig erfüllt und damit ein unzweideutiges Bekenntnis, unbestreitbares Bekenntnis zur österreichischen Republik vor dem In- und Ausland ablegt«. Den Chauvinismus hielt Renner jedenfalls endgültig und für alle Zeiten für besiegt. »Eine neue Welt«, so gab er sich hoffnungsvoll, »ist im Werden und unsere Republik soll ein bescheidenes, aber seines Wertes bewußtes Glied dieser neuen Welt werden.«[26]

Der Urnengang vom 25. November 1945 sah bei einer hohen Wahlbeteiligung von 94 Prozent die Volkspartei als Siegerin. Sie erreichte mit 85 Mandaten die absolute Mehrheit. Die SPÖ stellte 76, die Kommunisten vier Abgeordnete zum Nationalrat. Renner hatte trotz seiner populären und angesehenen Kanzlerschaft die Wahl verloren. Ein Regierungschef durfte sich in solch schweren Zeiten allerdings keinen ›Kanzlerbonus‹ erwarten. Außerdem waren Nationalratswahlen – damals weit mehr als heute – in erster Linie Partei- und nicht Persönlichkeitswahlen. Dennoch, das Ergebnis mußte für den Sozialdemokraten enttäuschend sein. Doch zumindest nach außen hin zeigte sich Renner vom Wahlausgang keineswegs überrascht, obwohl er wußte, daß er und sein Kabinett binnen kurzer Zeit nicht bloß die allgemeine Verwaltung des Landes wieder eingerichtet, sondern auch eine stattliche Reihe von Gesetzesmaßnahmen realisiert hatten. Diese »altösterreichische Verwaltungskunst«, wie es Leopold Figl einmal nannte, ermöglichte Österreich früher als seinen Nachbarstaaten die Rückkehr zu geordneten Verhältnissen.

Die ÖVP forderte nach ihrem Wahlsieg den unverzüglichen Rücktritt der Regierung Renner. Vor allem die Amerikaner setzten sich aber für die Fortsetzung von Koalitionsregierungen bis zum Ende des Besatzungsregimes ein. So legte das State Departement in Washington Wert darauf, daß auch die österreichischen Kommunisten zur Stabilisierung eines guten Klimas unter den vier Besatzungsmächten mit einbezogen würden.

Stimmabgabe bei den Nationalratswahlen 1945.

Renner sollte das Amt des Bundespräsidenten erhalten und seinen Einfluß auf die Staatsgeschäfte nicht verlieren. Am 28. November gab der Kanzler die Demission seiner Regierung bekannt, um gleich danach vom Politischen Kabinettsrat einstweilen noch mit der Fortführung der Amtsgeschäfte betraut zu werden. Drei Tage später wurde Figl offiziell zum Kanzlerkandidaten nominiert. Er schlug eine Koalitionsregierung von ÖVP und SPÖ unter Einbeziehung eines kommunistischen Ministers für Elektrifizierung und Energiewirtschaft vor, auf Druck der Amerikaner und Sowjets mußten aber Julius Raab und Vinzenz Schumy von der ÖVP wegen ihrer Vergangenheit im Austrofaschismus sowie der Sozialist Andreas Korp aufgrund seiner Mitgliedschaft bei der NSDAP für das Kabinett Figl ausscheiden und ersetzt werden. Und dies, obwohl alle drei bisher der Regierung Renner angehört hatten.

In den letzten Wochen seiner Amtsperiode befleißigte sich Renner eines zunehmend forscheren Auftretens gegenüber den ungeliebten Befreiern. Am 30. November übte er etwa harsche Kritik an den Besatzungsmächten, deren militärische Präsenz nur aus Erwägungen des machtpolitischen Gleichgewichts in dieser Stärke aufrechterhalten werden würde. Österreich hätte demnach pro Kopf der Bevölkerung gerechnet mehr als jedes andere Land seinen Besatzern zu zahlen. Mit solchen Vorstößen machte Renner das Leben für seinen Nachfolger im Bundeskanzleramt nicht gerade leichter. In der Tat sollte in den ersten Monaten der Regierung Figl eine Art Eiszeit im Verhältnis zu den Alliierten ausbrechen. Der Alliierte Rat empfand Renners Beschwerden als ungehörige politische Attacke, schließlich seien die Österreicher von den alliierten Truppen nicht nur befreit worden, sondern sie hätten, gemäß der Mitschuldsklausel, auch selbst an der Seite Deutschlands am Krieg teilgenommen. Sie könnten sich folglich nicht der Verpflichtung entziehen, die von den Alliierten festgelegten Besatzungskosten zu tragen.

Trotz aller politischen, wirtschaftlichen und sozialen Schwierigkeiten gab es für Renner in diesen Tagen auch Grund zu feiern. Er beging am 14. Dezember seinen 75. Geburtstag – Anlaß genug für einen imposanten Festakt im großen Saal des Wiener Konzerthauses mit 2 000 Teilnehmern. Es spielte das Arbeiter-Symphonieorchester, es sangen die Arbeitersängerbünde aus verschiedenen Wiener Bezirken. Der beliebte Burgschauspieler Ewald Balser zählte zu den Vortragenden. Unter den Gästen befanden sich Vertreter des Alliierten Rats und der ausländischen Schwesterparteien. Redner wie Adolf Schärf priesen Renner als »schöpferisches Genie«, als einen »in die Politik geratenen Dichter«. Peter Strasser, Vorsitzender der Sozialistischen Jugend, rief dem Jubilar euphorisch zu: »Wir lieben dich ... du bist für uns – die alte Partei!« Dann ergriff Renner im eiskalten Saal das Wort. Er erinnerte sich, wie alles anfing. Seine fünfeinhalb Jahrzehnte währende Beziehung mit seiner Frau Luise bezeichnete er dabei als »ein Stück Sozialismus, wie ich ihn verstehe«. Nachdem er sein politisches Leben launig Revue passieren hatte lassen, kam er zum Schluß noch einmal auf die wiederholte Kritik zu sprechen, wonach er dem Staatsinteresse gänzlich seine sozialdemokratische Gesinnung opfere: »Vielleicht kommt jetzt eine Zeit, wo ich dem ganzen Volk helfen und es lehren soll. Vielleicht wird man dann sagen, daß ich auf zwei Rössern zu gleicher Zeit reiten will. Da kann ich nur eines versprechen: Wenn man mir ein Zeugerl hinstellt mit einem Rotfuchsen und einem Rappen, Genossen, ich schwör's euch, ich werde auf den Rotfuchs steigen.«[27]

Fünf Tage nach seiner Geburtstagsfeier war es aber endgültig Zeit, vom Amt als Regierungschef Abschied zu nehmen. Unter lebhaftem, anhaltendem Beifall betraten am Vormittag des 19. Dezember die Mitglieder der Provisorischen Staatsregierung den Plenarsaal des Parlaments. In seinem letzten Akt als Staatskanzler legte Renner, eingefangen von zahlreichen Kameras, dem neugewählten Nationalrat den Rechenschaftsbericht über seine Amtszeit vor. Nach der stürmischen Begrüßung durch die Abgeordneten zeigte er sich sichtlich erleichtert, daß nach acht Monaten Vorbereitung das große Ziel erreicht war: Renner stand vor der, wie er es ausdrückte, »verfassungsmäßigen, unbestreitbar rein demokratischen und frei gewählten Vertretung des österreichischen Bundesvolkes und der österreichischen Bundesländer«.

Noch einmal nahm er Stellung zu den Geschehnissen während des Dritten Reiches. Die Herrschaft der Nationalsozialisten bezeichnete er dabei als von außen aufgezwungen, als Tyrannei einer Annexionsmacht. Entgegen kritischer Stimmen aus dem Ausland lobte ausgerechnet Renner den österreichischen Widerstand als ernsten Versuch, die Unterdrücker niederzuringen. Mit Nachdruck erinnerte der Kanzler die Kritiker daran, daß die Österreicher 1938 »ein Volk ohne Namen, ein Volk ohne Staat« gewesen waren. Es sei ihnen nicht möglich gewesen, sich selbst zu befreien. »Wie konnte ein physisch geknechtetes, moralisch durch die Propagandamethoden des Dritten Reiches beinahe überwältigtes, des eigenen Staates vollständig beraubtes und in die zusammenhanglose, unorganisierbare Summe einzelner Individuen aufgespaltenes Volk auf seinem schmalen Boden die Zertrümmerung des Faschismus bewerkstelligen und das vollbringen, was die vereinigten Weltmächte durch ihr gesamtes Waffenaufgebot erst in einem Kriege von fünf Jahren zu bewerkstelligen

Promotion zum Ehrendoktor der Staatswissenschaften an der
Universität Wien 1945.

vermochten?« Ein Volk ohne das Instrument des Staates – so kehrte Renner einmal mehr den »Staatsfanatiker« hervor – sei eben bei der »Wucht der heutigen Herrschaftsmittel« hilflos.[28] Der österreichischen Bevölkerung stellte Renner letztlich ein gutes Zeugnis aus. Nach seiner Befreiung durch die alliierten Truppen habe es »alles Fremdtum begeistert von sich geworfen, freudig sich zum wiedererstandenen Österreich bekannt und hinab bis zum letzten Dorf mitgetan an der Aufrichtung der zweiten Republik!« Die Österreicher hatten demnach für Renner einen zweifachen Beweis erbracht: Zum einen, daß sie die Kraft und den Willen besaßen, das Land vom Nationalsozialismus »restlos zu säubern«. Zum anderen, daß sie sich reif gezeigt hatten, ein neues, freies Staatswesen zu errichten. Stürmische Zustimmung des Parlaments erntete Renner, als er darauf hinwies, daß das schwergeprüfte österreichische Volk in den acht Monaten des Wiederaufbaus bewiesen hätte, »daß es verdient, sich selbst zu regieren, daß es der vollen Freiheit würdig ist«.

Die Erringung der Selbständigkeit und Unabhängigkeit, die Bewahrung des inneren und äußeren Friedens hielt der scheidende Kanzler für die fundamentalen Probleme der Republik. Doch dafür schien ihm ein »gesichertes und ausreichendes Staatsgebiet« notwendig. Demgemäß verlangte Renner neuerlich nicht bloß die Unantastbarkeit der Kärntner Südgrenze, sondern vor allem auch die Rückgabe Südtirols an Österreich, »das vor Gott und der Welt uns gehört«. Für diese Forderung erhielt er minutenlangen brausenden Applaus. Das Plenum tobte. Österreich, so fügte er hinzu, brauche seiner Ansicht nach als schwacher Staat und um die Erwartungen, um seine »Mission« erfüllen zu können, die Unterstützung der Vereinten Nationen, die seine friedliche Selbstbehauptung verbürgen sollten. Die Republik dürfe nicht mehr zum »Spielball und zum Opfer seiner Umwelt werden«.

Zwar sei die »Erweckung des Volkes und die Wiederherstellung der Staatsmaschine in wahrhaft österreichischem Geist gelungen«, gleichzeitig räumte Renner jedoch ein, daß seine Regierung von den wirtschaftlichen und sozialen Plänen nur wenig zu erfüllen vermocht hatte. »Man möge uns«, so gab er sich philosophisch und ein wenig resignativ zugleich, »den Trost zubilligen, der in dem Worte liegt: In großen Dingen genügt es, gewollt zu haben.« Nach dem Verlesen der Proklamation vom 27. April als »feierliches Bekenntnis des ganzen österreichischen Volkes zu seinem freien, selbständigen, unabhängigen und demokratischen Staatswesen« trat die Provisorische Staatsregierung zurück.[29]

Der 43jährige Agraringenieur und Landwirt aus Rust im Tullnerfeld, der ehemalige niederösterreichische Landesführer der »Ostmärkischen Sturmscharen« und Häftling in den Konzentrationslagern Dachau und Mauthausen, Leopold Figl, folgte Renner als Regierungschef am Ballhausplatz nach. Gleich seinem Vorgänger entwickelte auch er sich – über die Parteigrenzen hinaus – zu einer der großen Leitfiguren der Zweiten Republik. Renner aber sollte nun, in seinem letzten Lebensjahrfünft, die Krönung seiner wohl unvergleichlichen politischen Laufbahn erfahren.

XIV. Bundespräsident aus Berufung

Am 20. Dezember 1945 betritt Karl Renner den Plenarsaal des Nationalrats, gefolgt von den Präsidenten und Schriftführern der Bundesversammlung, begleitet vom Beifall des Hauses. Er nimmt seinen Platz vor der Estrade des Präsidiums ein, um die Angelobung zu leisten, seine Angelobung zum ersten Bundespräsidenten der Zweiten Republik. Die österreichische Bundesversammlung hatte Renner einstimmig gewählt. Damit waren freilich die Verfassungsbestimmungen aufgehoben worden, denn eigentlich sollte das Staatsoberhaupt durch das Volk bestimmt werden. Doch ein neuerlicher bundesweiter Urnengang so kurz nach der Nationalratswahl war für den bettelarmen Staat zu kostspielig. So hatten Absprachen zwischen den beiden Großparteien stattgefunden. Am 10. Dezember hatte man sich endgültig festgelegt. Renners Wahl stand außer Streit, und so wurde er letztlich auch mit den Stimmen der ÖVP zum Präsidenten gewählt. Ein Mann empfand Renners Wahl freilich als persönliche Niederlage: Karl Seitz. Der Altbürgermeister hatte selbst mit diesem Amt spekuliert. Seine Enttäuschung wurde noch durch den Umstand verstärkt, daß ihm auch der Rücktritt als SPÖ-Vorsitzender zugunsten Adolf Schärfs nahegelegt worden war. Der Titel eines Ehrenvorsitzenden auf Lebenszeit konnte den greisen Seitz kaum über seine Verbitterung hinwegtrösten. Schließlich war ihm mit Renner ein Mann vorgezogen worden, zu dem er Jahrzehnte hindurch eine spannungsreiche Beziehung hatte und in ständiger Konkurrenz stand. Schon im Herbst 1918 hatte sich Seitz überrumpelt gefühlt, als Renner darangegangen war, seine Position als Staatskanzler – entgegen den ursprünglichen Intentionen – auszubauen. Nun erfuhr die Beziehung der beiden großen alten Männer der Arbeiterbewegung noch eine weitere Belastung. Die Angelobung Renners vor Nationalrat und Bundesrat wurde mit der kurzen Formel vollzogen: »Ich gelobe, daß ich die Verfassung und alle Gesetze der Republik getreulich beobachten und meine Pflicht nach bestem Wissen und Gewissen erfüllen werde.« Der Vorsitzende der Bundesversammlung und Erste Nationalratspräsident Leopold Kunschak beglückwünschte aus tiefer innerer Überzeugung seinen alten Widerpart in vielen parlamentarischen Gefechten. Gleichzeitig räumte er ein, daß es eigentlich »eine große und gewaltige Zumutung« sei, »die an den Mann gestellt wird, der die Bundespräsidentschaft zu übernehmen hat.« Nach einem dreimaligen »Hoch« des Hohen Hauses auf den Bundespräsidenten ergriff Renner das Wort. Er erinnerte dabei an die Zwischenkriegszeit und an sein Zusammentreffen mit Kunschak »im ersten Moment der

Wiedererhebung Österreichs«. Damals, so gestand Renner, sei er erfreut und beglückt gewesen, »daß wir die ersten zwei Österreicher waren, die sich in der Wenzgasse draußen begegnet und sich verstanden haben. In diesem Zusammentreffen des Sozialisten und des Christlichsozialen und in der Verständigung habe ich ein Symbol der kommenden Dinge gesehen. Ich habe daraus die Zuversicht geschöpft, daß die Zusammenarbeit dieser zwei Parteien und auch aller anderen demokratischen Parteien das Fundament eines neuen glücklicheren Österreich legen wird.« Abschließend versprach Renner, einfach sich selbst treu zu bleiben, »treu bleiben in meiner unvergänglichen Liebe, in meinem unwandelbaren Bekenntnis zur Demokratie und in meiner angeborenen und niemals wankenden Liebe zu unserem Vaterlande Österreich!« Nach dem tosenden Beifall des gesamten Hauses sprach er noch einmal voll Pathos den Wunsch aus: »Alles, was wir tun, möge zum Segen gereichen unserem geliebten Österreich!«[1]

Während dem Bundespräsidenten in der Ersten Republik nur wenige Räume im Bundeskanzleramt zur Verfügung gestanden hatten, suchte Renner nun für sich als Staatsoberhaupt die einst von Kaiserin Maria Theresia im Leopoldinischen Trakt der Wiener Hofburg bewohnten Gemächer aus. Bezeichnend für seinen weitgehend überparteilichen Amtsstil war es auch, daß keiner seiner ersten vier Mitarbeiter in der Präsidentschaftskanzlei der SPÖ angehörte. Mit dem äußerst aktiven und versierten Kabinettsdirektor Wilhelm Klastersky, der diese Funktion bereits in der Ersten Republik innegehabt hatte, verband ihn ein freundschaftliches Verhältnis, wenngleich er einmal scherzhaft meinte: »Über mir möchte ich ihn nicht haben, aber unter mir ist er ganz ausgezeichnet.«

Renner strahlte Autorität aus, verzichtete aber jetzt gegenüber seinen Untergebenen auf unnötige Strenge. Der Linken innerhalb der SPÖ schien er noch konservativer geworden zu sein. Auf viele aber wirkte er als Vaterfigur: gütig, tolerant, gelassen, besonnen und liebenswürdig. Und er genoß es, das Präsidentschaftszeremoniell bei entsprechender Gelegenheit nur allzu deutlich zu betonen. Dabei litt der Sozialdemokrat keineswegs an schlechtem Gewissen, hielt er doch im Gegenteil die Einrichtungen seines Amtes im Vergleich zu denen anderer Kleinstaaten wie etwa in der Tschechoslowakei und Ungarn für überaus bescheiden. Es bestand kein Zweifel, Renner verstand sich von Beginn seiner Präsidentschaft an als oberste Kontrollinstanz, als Staatsoberhaupt im wahrsten Sinne des Wortes. »Die ihm eingeräumte Machtvollkommenheit«, so definierte er einmal sein Amt als Bundespräsident, »ist als Garantie gedacht, welche

Angelobung vor der Bundesversammlung zum Bundespräsidenten.

bei parlamentarischem Parteiregime mit seinen möglicherweise rasch wechselnden Mehrheiten dazu berufen ist, Einseitigkeiten und Überschreitungen vorzubeugen.« Das höchste Amt im Staat durfte nicht mehr von einer Marionette, wie sie Wilhelm Miklas in der Ersten Republik war, ausgeübt werden. In Präsidialkonferenzen sollten ihm die Mitglieder der Regierung regelmäßig »über die Absichten und Vorgänge ihres Amtes« Bericht erstatten. Auch gegenüber den auswärtigen Mächten wollte das Staatsoberhaupt deutlich in Erscheinung treten. Projektierte Staatsakte von außen- wie innenpolitischer Bedeutung sollten vom Regierungschef zuallererst dem Bundespräsidenten zur Kenntnis gebracht werden.[2] Kein Wunder, wenn ihn angesichts seines demonstrativen Selbstbewußtseins so mancher Zeitgenosse als eitel empfand. Die britische Militärverwaltung beschrieb Renner darüber hinaus als »redselig, belehrend und mit einem Gedächtnis ausgestattet, das einmal unangenehm lang und dann wieder beunruhigend kurz sein kann. Er ist vital und humorbegabt. Letzteres bewahrt ihn davor, ausgesprochen langweilig zu wirken, auf jeden Fall bleibt er eine der hervorstechendsten Figuren im politischen Leben Österreichs.«[3]

Renners öfters geäußerte, aber wohl nicht ganz ernst gemeinte Sehnsucht nach Ruhe und einem ungezwungenem Lebensabend sollte sich freilich nicht erfüllen. Vormittags pflegte er jene Aufgaben zu erledigen, für die seine Anwesenheit in der Hofburg notwendig war, nachmittags arbeitete er daheim, sofern keine Besuche und Veranstaltungen vorgesehen waren. Nicht selten saß er bis tief in die Nacht hinein an seinem Schreibtisch. Oft hatte Renner in seinem Leben sein Domizil gewechselt. Selbst als Fünfundsiebzigjährigem noch blieb es ihm nicht erspart, ein letztes Mal umzuziehen. Das Haus in der Wenzgasse, das ihm seinerzeit die Rote Armee zugeteilt hatte, war nämlich nicht, wie ursprünglich angenommen, ehemals arisiertes Eigentum. Also wurde ihm aus Repräsentationsgründen und auf ein Angebot der Döblinger SP hin schließlich von der Republik eine imposante, efeubewachsene Villa in der Grinzinger Himmelstraße 26 zur Verfügung gestellt. Damit wohnte er nur einen Steinwurf entfernt von Karl Seitz und Julius Deutsch, wobei er in der Folge mit letzterem eine engere Beziehung als bisher zu pflegen begann. Bei seinen täglichen Fahrten zur Hofburg verzichtete er auf das Angebot, alle Verkehrsampeln für ihn auf Grün schalten zu lassen. Zudem lehnte er besondere Sicherheitsmaßnahmen, etwa eine Spezialeskorte oder eine gepanzerte Dienstlimousine, strikt ab.

Nur der mangelnde Respekt und die ungenügende Anerkennung seiner Person durch die Alliierten verärgerten ihn zunehmend und ließen ihn noch eigenwilliger und bestimmter auftreten. Während seiner gesamten Amtszeit blieb Renner ein aktiver, für die Parteien und die Alliierten manchmal zu ambitionierter Bundespräsident. So richtete er etwa Mitte Januar 1946 einen streng vertraulichen Brief an Ludwig Adamovich, den Verfassungsjuristen und Rektor der Wiener Universität. »Der staats- und völkerrechtliche Zustand unserer Republik«, so klagte er, »ist ein täglich fühlbares Hindernis jeder gedeihlichen Entwicklung. Da die Übereinstimmung von vier Mächten für jeden Akt erforderlich ist, ein Zeitpunkt aber, in dem Österreich unter diesen Umständen seine Freiheit wiedergegeben werden könnte, noch gar nicht abzusehen ist, erwächst die Pflicht, an alle Möglichkeiten zu denken, wie dieser Zustand überwunden werden könnte.« Renner besaß dafür zwei Konzeptionen: Nach der einen sollte eine Delegation von Bundespräsident, Kanzler, Vizekanzler und Außenminister Staatsbesuche in den Hauptstädten der vier Siegermächte unternehmen, um dort die »Befreiung des Landes oder wenigstens eine klare Begrenzung und Umschreibung der beiderseitigen Rechte der besetzenden und der heimischen Behörden zu erzielen«. Als gewagte Alternative dazu konnte diese österreichische Abordnung aber auch den Vorschlag an die UNO richten, die Vereinten Nationen mögen die Treuhandschaft über die Zweite Republik ausüben. Gleichsam als UN-Mandatsgebiet würde Österreich, so hoffte Renner, »die bisherige Tetrarchie baldigst los«. Durch die Vereinbarung mit den Vereinten Nationen konnte die Besetzung in Zahl und Kompetenz endlich eingeschränkt werden. Ferner sei es in diesem Fall ein überaus großer Vorteil, daß das Land »von den Potsdamer Beschlüssen erlöst werden könnte«. Schon 1948, so spekulierte Renner, bestand für Österreich somit die Aussicht, »ganz frei und Herr seiner Wirtschaftsmittel« zu sein.[4]

Nach Renners Auffassung war bereits mit der reibungslos verlaufenen Nationalratswahl, mit der Bildung der Bundesregierung und der Ernennung eines Bundespräsidenten die Mission der Besatzungsmächte beendet und das »Befreiungs- und Wiederherstellungswerk« abgeschlossen. Wie er es sah, war die Alpenrepublik in einem »wahrhaften Spinnennetz« gefangen. Der Präsident nannte es als symptomatisch, daß gerade in Österreich als Zentrum des Donauraums, als »einem der bedeutendsten Kreuzungspunkte aller politischen Interessen Europas«, die vier Armeen zusammengestoßen waren und »weniger um österreichischer Interessen willen als im Interesse der Weltmächte hier verblieben sind«. Renner nahm sich kein Blatt mehr vor den Mund und bezeichnete die Viermächtekontrolle sowohl für die Regierung Figl-Schärf als auch für das Land ganz allgemein als ein »Instrument der Verzögerung und Hemmung«.

Das Verbleiben der fremden Truppen glich ihm »eher als eine Störung« denn als eine »Sicherung der Ordnung«. »Schon lange nicht mehr im Dienste unserer Befreiung, sondern zur Aufrechterhaltung des europäischen und Weltgleichgewichts stehen diese Truppen hier, und es ist im höchsten Grade unbillig, daß Österreich dauernd die Kosten dieses Aufmarsches bezahlen soll.« Und so befürchtete Renner angesichts der beginnenden Ost-West-Konfrontation gar eine mögliche innerliche Auflösung Österreichs, ein Zerreißen durch Kräfte von außen.[5]

Seinen Nachfolger im Kanzleramt, Leopold Figl, hielt er – zumindest äußerte er sich gegenüber den Amerikanern in dieser Weise – für schwach, zu konsensbereit und geduldig, seine Regierung gar für zu bürokratisch. Gegenüber den Sowjets mußte aber nach Renners Dafürhalten hart aufgetreten werden. Nach wie vor hielt er sich selbst für am berufensten, die österreichischen Anliegen gegenüber den Alliierten durchzusetzen. Tatsächlich ging nicht bloß der neue Kanzler, sondern auch sein Stellvertreter, Adolf Schärf, ausgesprochen zurückhaltend und vorsichtig vor, während der alte Karl Seitz im Nationalrat heftig die Verwaltungspraxis der Alliierten Kommission kritisierte, die in ständige Bevormundung ausartete.

In einer Unterredung mit General Clark Ende März 1946 machte Renner darauf aufmerksam, daß das Verhalten der Roten Armee im ganzen Land Besorgnis erwecke, »daß man ähnlich wie in Preußen das Land bolschewisieren wolle.« Tatsächlich häuften sich Fälle von »Menschenräuberei«. Österreicher wurden aus Verdacht auf Spionage bzw. Sabotage von ihrer Wohnung oder sogar von der Straße weg verhaftet. Viele von ihnen verschwanden ohne ordentliche Anklage als Zwangsarbeiter in sibirischen Lagern. Die österreichische Exekutive durfte gegen diese Verhaftungen eigentlich nicht eingreifen, obgleich Innenminister Helmer wiederholt Gegenmaßnahmen veranlaßte.

Außerdem sorgte sich Renner, daß die Kommunisten wie in Ostdeutschland auf die Verschmelzung mit der Sozialdemokratie drängten. Die SPÖ, so Renner, sei einmütig dagegen und auch entschlossen, Widerstand zu leisten. Sie müsse dabei aber auf den Beistand der Alliierten rechnen können. Erneut wies er auf die Notwendigkeit einer bewaffneten Macht »im Interesse der Ruhe und Ordnung« hin, noch dazu, wo die Grenzen wiederholt von Freischaren aus der Nachbarschaft bedroht wären. 25 000 bis 30 000 Mann ohne schwere Waffen würden dafür durchaus genügen, doch müsse diese Formation bereits zum Zeitpunkt des Abzugs der Alliierten vorhanden sein.

Inzwischen versuchte die UNO dem verzweifelten Land zu helfen. Die UNRRA, die »United Nations Relief and Rehabilitation Administration«, diese Hilfsorganisation der Vereinten Nationen ging daran, die ›befreiten‹ Staaten mit Lebensmitteln und den wichtigsten Bedarfsgütern zu versorgen. Am 8. März traf der erste Eisenbahnzug mit 440 Tonnen Weizen in Österreich ein. Im Laufe des Jahres 1946 verbesserte sich die Ernährungslage trotz der UNRRA-Hilfssendungen nur wenig und äußerst schleppend. Lediglich 700 Kalorien an Nahrungsmitteln waren für den Normalverbraucher vorgesehen. Das bedeutete vor allem für die Stadtbevölkerung wieder Hunger und Entbehrung. 70 Prozent der Kinder waren zum Teil schwer unterernährt. Es kam zu Hungerdemonstrationen in Wien, Graz und Innsbruck. Wahre Karawanen von Städtern mit vollbeladenen Leiterwagen zogen aufs Land und versuchten im Eintausch von Wertgegenständen und Antiquitäten Lebensmittel von den Bauern zu erhalten. Trotz strenger Strafen blühte der Schwarzmarkt, wo man zum Beispiel Zucker um das 390fache des amtlichen Preises bekommen konnte. Dieses Elend vor Augen und zudem enttäuscht über die Behandlung der Südtirolfrage, sagte der Bundespräsident denn auch ein abendliches Festessen im Bundeskanzleramt für 90 Personen zur alliierten Siegesfeier am 8. Mai 1946, bei dem er als Gastgeber hätte fungieren sollte, ab.
Die Aufteilung Österreichs in vier Besatzungszonen hatte zu getrennten Wirtschaftsräumen geführt. Der Handel der westlichen Bundesländer mit der Schweiz, Deutschland und Italien funktionierte demnach früher als der Binnenverkehr mit Ostösterreich. Die von der Republik gewünschten Handelsbeziehungen mit den Nachbarstaaten lagen im argen. Die Tschechoslowakei und Ungarn schotteten sich wirtschaftlich von Österreich regelrecht ab. Hilfe war angesichts der bedrohlichen Versorgungslage, da Frankreich, Großbritannien und die Sowjetunion ihre eigenen Schwierigkeiten hatten, nur von den Vereinigten Staaten zu erwarten.
Trotzdem verbreitete der Bundespräsident in der Öffentlichkeit Optimismus: »Wir Österreicher glauben an uns«, so verkündete er etwa in einem Interview mit der französischen »République«. »Wir hoffen auf eine gedeihliche Entwicklung unseres Staatswesens. Wir prophezeien, daß die Republik Österreich ein wertvolles Mitglied einer friedlichen europäischen Staatengemeinschaft werden wird.« Ungeduldig und voller Erwartungen, naiv fortschrittsgläubig wie eh und je, hoffte Renner nun auf die UNO als »dauernde segensreiche Gemeinschaft der Nationen, und die Republik Österreich wird das allertreuste Mitglied dieser Gemeinschaft sein ... Was allerdings im anderen Falle aus uns wird, ist derart, daß es

besser ist, gar nicht daran zu denken, geschweige denn, davon zu reden!« Es mutete wohl schon damals utopisch an, wenn er von den Vereinten Nationen als einer »Welt des organisierten Friedens« sprach. Die Zweite Republik beabsichtige, sich keinesfalls mehr einseitig an irgendeinen Staat oder eine Mächtegruppe zu binden, nur mehr an die UNO. Sollte man Österreich noch kein volles Vertrauen schenken und eine Kontrolle wünschen, »so lege man sie in die Hände der Organisation der Vereinten Nationen: Unser Vertrauen in diese wird keine Grenzen kennen!«[6]

Ohne Frage war es besonders Karl Renner, der die Diskussion um die Vergangenheitsbewältigung der Österreicher nach 1945 maßgebend beeinflußte, mit allen ihren Unterlassungen. Dabei erwies er sich als ein Meister der Verharmlosung: »Jener Bruchteil der österreichischen Bevölkerung, der vom Nazismus sich betören ließ, hat in der ersten Republik, solange sie frei war, nur eine unbedeutende Rolle gespielt, und ist jetzt, da sie wieder frei wird, von uns selbst politisch vernichtet.« Renner protestierte dagegen, den »Auswurf unseres Landes, den die Wahlen ausgeschaltet und den unsere Regierung und Verwaltung ... politisch, wirtschaftlich und moralisch abgetan hat, der überwältigenden Mehrheit unseres Volkes gleichzusetzen.« Auf der anderen Seite äußerte er sich in einer Ansprache vor der Bundesregierung zu Beginn des Jahres 1947: »Als Bundespräsident sage ich Ihnen: Die Verfassung gibt mir das Recht, den schlimmsten Kriminellen zu begnadigen. Und auch der Mitbürger, der ganz tief gefallen ist, ist für mich ein Österreicher.« Immerhin verurteilten die Volksgerichte während der Präsidentschaft Renner 43 Angeklagte zum Tode, wovon 30 tatsächlich hingerichtet wurden.

Ein Wiedererwachen des Nationalsozialismus, so zeigte sich das Staatsoberhaupt überzeugt, wäre jedenfalls nicht zu befürchten, die Anschlußsehnsucht Vergangenheit. »Die zweimaligen bitteren Erfahrungen haben uns gewitzigt. Wir wollen nimmermehr in ein großmächtiges Reich, in irgendein Imperium eingebaut werden, um über Nacht wieder herausgerissen zu werden. Wir wollen für uns bleiben und es allein in der Welt versuchen.« Und neuerlich klang Antisemitismus durch, wenn er etwa bezweifelte, »daß Österreich in seiner jetzigen Stimmung Juden noch einmal erlauben würde, diese Familienmonopole aufzubauen. Sicherlich würden wir es nicht zulassen, daß eine neue jüdische Gemeinde aus Osteuropa hierher käme und sich hier etablierte, während unsere eigenen Leute Arbeit brauchen.«[7]

Es wundert angesichts seiner so häufigen Meinungswechsel wohl auch nicht, daß Renner mittlerweile zur Auffassung gekommen war, daß sich endgültig der westeuropäische Nationsbegriff durchgesetzt hatte, wonach sich Nation oder Nationalität auf die Staatsangehörigkeit bezog. Unnötig zu erwähnen, daß sich der Bundespräsident selbst dieser Tendenz anpaßte. Die Bildung einer österreichischen Nation wäre allerdings, so gab er zu, für das Land ein »keineswegs schmerzloser Prozeß, ... in dessen Mitte wir jetzt stehen«.[8] Renners Deutschnationalismus gehörte der Vergangenheit an. Die beiden Weltkriege hatten seiner Ansicht nach das »sprachlich-ethnische Doppelgefüge des österreichischen Volkes in drastischer Weise zur Erscheinung und zu tragischem Widerspruch gebracht. Der Österreicher ist ... im strengen Wortsinn kein deutscher Stamm. Seine Eigenart unterscheidet ihn von allen deutschen Stämmen und verknüpft ihn mit vielen Völkern der nahen und ferneren Umwelt. Aber er spricht die deutsche Sprache. Sprachgemeinschaft und Blutsgemeinschaft fallen bei diesem Volke auseinander. Die besonderen Umstände der Jahre 1918 und 1919, die völlige Isoliertheit der von allen anderen Nationalitäten abgestoßenen deutschen Österreichern ließen sie an den Ausweg in die Gemeinschaft mit dem Deutschen Reiche denken – ihre kulturellen Beziehungen und seelischen Eigenheiten aber widersprachen einer Einverleibung ins Reich. Dazu kommt, daß die jahrhundertelangen, innigen und vorteilhaften wirtschaftlichen Bindungen im Donauraum den Österreicher ökonomisch nach dem Südosten verwiesen. Diese Bindungen schienen 1919 zerrissen, aber sie stellten sich alsbald wieder her, industrielle und ökonomische Faktoren sprachen daher für die Selbständigkeit des Landes und seine Annäherung an Nord- und Südosten.«

Nun, nach dem siebenjährigen »Scheintod«, lebe Österreich wieder, und einmal mehr stehe das Land an einem Ausgangspunkt seiner neuen Geschichte. »Unser Volk besitzt eine so ausgeprägte und von allen anderen verschiedene Individualität, daß es die Eignung und auch den Anspruch dazu hat, sich zur selbständigen Nation zu erklären. Daß es die Sprachgemeinschaft mit den Deutschen des Reiches verbindet, kann kein Hindernis sein.« Außerdem vergaß Renner nicht zu betonen, daß die österreichische Bevölkerung mehr als jedes andere Volk Europas »Elemente von allen Nationen« in sich trage. Auch zögerte er nicht, die glorreiche Vergangenheit in Erinnerung zu rufen und das österreichische Bestreben hervorzuheben, mit den Nachbarn wie schon »zur Zeit der Babenberger« wirtschaftlich eng zusammenzuarbeiten. Vor allem hätte sich aber die nationalstaatliche Souveränität vor dem »Willen der Völkergesamtheit« zu beugen, womit er wieder einmal ein offenes Bekenntnis zur Aufnahme Österreichs in die UNO ablegte.[9]

Überhaupt schien es Renner unzweifelhaft, daß das 20. Jahrhundert dahin dränge, »die Gemeinschaftsinteressen der europäischen Völkerfamilie den nationalen Eigen- und Sonderinteressen voranzureihen. Dieser Gegensatz der Theorie ist auf den Schlachtfeldern der Welt praktisch ausgefochten worden.« Zudem meinte er, den Vorstoß des sozialen Gedankens in den Bereich der Völkerbeziehungen beobachten zu können. »Bewußte Internationalität des Denkens, das ist die ideologische Ausrichtung, die wir anstreben müssen und die auch kraft seiner besonderen Traditionen dem Österreicher am ehesten liegt. Alles andere wäre – geistiger Partikularismus.«[10]

Immer öfter stellte er, wie übrigens auch Karl Gruber oder Theodor Körner, die Schweiz als Vorbild für Österreich dar. Er betonte die ähnliche Struktur der beiden Alpenländer und verglich zudem die verwandte Denkweise der österreichischen Bundesländer mit den Kantonen der Eidgenossenschaft. Der Bundespräsident wollte die Alpenrepublik sich zu einer »zweiten Schweiz im Herzen Europas« entwickeln sehen. Während die Schweiz zwischen den drei großen Völkern Westeuropas liege, sei Österreich zwischen den fünf Nationen Mitteleuropas eingebettet. Diese beiden neutralen Kleinstaaten sollten demnach eine »geschlossene Völkerbrücke quer durch Mitteleuropa« bilden. Seine eigene Partei, die SPÖ, war für Renner ohnehin ausnahmslos »neutral orientiert«, und auch dem größten Teil der Anhänger der Volkspartei wollte er diese Ausrichtung zugestehen. Demnach schien ihm auf »demokratischer Basis ... eine Mehrheitsbildung in einer anderen Richtung als in jener der Neutralität jetzt und in aller Zukunft nicht zu erwarten. Denn für Österreich bedeutet eine Auseinandersetzung zwischen Ost und West, in der es Partner wäre, Verderb oder Untergang, wie immer der Streit enden möge.«[11]

Die bevorstehenden Staatsvertragsverhandlungen, so meinte er einmal pathetisch, bedeuteten nach Saint-Germain die »zweite große Leidensstation unserer Geschichte«. Unzulässig vereinfacht, galt Österreich für Renner – im Gegensatz zu 1918/19 – nicht mehr als besiegter Feind, sondern als befreite Nation. Daher sei auch nicht ein »Friedensvertrag«, sondern – wie schon in Saint-Germain – lediglich ein »Staatsvertrag« auszuhandeln. Nicht zuletzt deshalb hatte er seinerzeit im Frühjahr 1945 die viel zu optimistische Hoffnung gehegt, schon sehr bald zu einem Ergebnis zu gelangen: »Die Republik Österreich«, so stellte er anläßlich seines Vortrages im Großen Musikvereinssaal einmal fest, »kann nicht als kriegführender Staat und das österreichische Volk kann nicht als kriegschuldige Nation behandelt werden.« Die Erste Republik, so verkündete er wiederum an anderer Stelle, wäre auch nicht von innen heraus gescheitert. Sie sei 1938 vielmehr »in das außenpolitische Wirrsal ganz Europas verstrickt und ohne die Möglichkeit eigener Entschließung in die Katastrophe des Zweiten Weltkriegs hineingerissen worden«.[12]

Gegen Ende 1946 glaubte Renner unverhofft bereits den Beginn der Verhandlungen in unmittelbare Nähe gerückt, als für Januar in London eine Konferenz der Sonderbeauftragten für den österreichischen Staatsvertrag einberufen wurde. Außerdem hatten die Beratungen der Pariser Friedenskonferenz über die Verträge mit Italien, Ungarn, Rumänien, Bulgarien und Finnland bereits erhebliche Fortschritte erzielt. Sonderbeauftragte der vier Alliierten sollten nun auch mit Österreich einen Vertrag vorbereiten, dessen Abschluß sogar noch im Laufe des Jahres 1947 möglich schien. Euphorisch sprach der Bundespräsident in der Rundfunkansprache an seinem Geburtstag, dem 14. Dezember, von einer frohen Weihnachtsbotschaft. Das kommende Jahr, so wünschte es das Staatsoberhaupt, sollte zum »Friedensjahr« werden.

Im amtlichen Verkehr forderte Renner daher die einzelnen Bundesminister auf, »alle Unterlagen bereitzustellen, so wie das bei den Vorbereitungen für die Unterhandlungen in St. Germain 1919 der Fall gewesen war«. Dem Präsidenten schienen dabei die Fragen der österreichischen Ansprüche an Deutschland, das Problem des deutschen Eigentums in Österreich, das österreichische Vermögen in den Nachfolgestaaten der Monarchie und der Kampf um die Südgrenze von besonderer Wichtigkeit. Die einzelnen Ministerien, allen voran das Außenamt, sollten sich sodann tatsächlich äußerst gewissenhaft auf die Verhandlungen vorbereiten. Renner wußte freilich, daß er trotz dieser »höchst dringlichen Angelegenheit« eigentlich in die Kompetenzen des Bundeskanzlers eingegriffen hatte. Der Bundespräsident könnte zwar als formalen Grund eine Erkrankung Figls anführen, doch sein Hauptmotiv lag wohl darin, daß er – selbstbewußt wie er nun einmal war – vor allem seinen Erfahrungsschatz von Saint-Germain einbringen wollte. Gerade deswegen erlaubte er sich, »ein Wort mitzusprechen«.

In London mußte die von Bundeskanzler Figl geführte österreichische Delegation jedoch zur Kenntnis nehmen, daß die Sowjetunion auf eine Mitverantwortlichkeit Österreichs – nicht bloß der Österreicher – für den Krieg bestand, damit Ansprüche an die Alpenrepublik erhob und sich zudem für die jugoslawischen Forderungen nach Südkärnten stark machte. Ansprüche an Österreich, das bedeutete Ansprüche auf das sogenannte deutsche Eigentum, also auf etwa 400 Industrie- und Handelsunternehmen, auf die Erdölvorkommen und deren Verwertung, auf Bankbeteiligungen, Konten, Aktienpakete, Konzessionen, Patente, Wertgegenstände sowie auf die Donaudampfschiffahrtsgesellschaft in der Besatzungszone der Roten Armee und immerhin 157 000 Hektar Boden. So teuer sollte der Abzug der sowjetischen Truppen aus Österreich erkauft werden. Während sich vor allem die ÖVP-Minister innerhalb der Regierung aus Angst vor einer Teilung des Landes konzessionsbereit zeigten, drängte die amerikanische Seite auf eine unnachgiebige Haltung gegenüber Moskau. Eine sowjetische Dominanz der österreichischen Wirtschaft erschien als ein viel zu hoher Preis für den militärischen Abzug. Die Zweite Republik hätte sich auf Dauer wohl kaum dem übermächtigen Einfluß entziehen können und wäre so zum ökonomischen Satelliten der Sowjetunion degradiert worden. Die Enttäuschung über das Ergebnis der Londoner Konferenz war jedenfalls allgemein groß. Und wie sooft hatten sich zu allem Übel wirtschaftliche Probleme und bereits seit Ende Oktober 1946 ein überaus bedrohlicher Hungerwinter mit Schneemassen und Eis dazugesellt. Dieser härteste Winter seit langer Zeit führte angesichts des eklatanten Kohlemangels zur Abschaltung der E-Werke und zur zeitweisen Stillegung der Industrie.

Die Verhandlungen der österreichischen Frage sollten im März auf einer Außenministerkonferenz in Moskau fortgeführt werden. Renner war deshalb mit dem Vorschlag des Außenamts völlig einverstanden, anläßlich des zweiten Jahrestages der Befreiung Wiens am 13. April, den Sowjets mit ausgesuchter Freundlichkeit und Wärme zu begegnen. Von solchen Umgarnungen erhoffte sich das Staatsoberhaupt, die Sowjets für die Staatsvertragsverhandlungen günstig zu stimmen. Die Frage des deutschen Eigentums, das, von den Sowjets beschlagnahmt und der Kontrolle Österreichs entzogen, bald USIA hieß, wollte der Bundespräsident allerdings international geprüft wissen und letztlich die UNO darüber entscheiden lassen. Außerdem sorgte er sich bereits um die Übergangszeit, wenn die alliierten Besatzungstruppen das Land verließen und noch keine eigene »Sicherungstruppe« aufgestellt wäre. Um die schmerzlichen Geschehnisse der Zwischenkriegszeit nicht zu wiederholen und das Entstehen von politischen Wehrverbänden zu verhindern, schlug er die Aufstellung von der UNO bzw. dem Sicherheitsrat unterstehenden internationalen Einheiten vor. Diese sollten sich zwar ebenfalls aus Kontingenten der vier Siegermächte zusammensetzen, jedoch unter einheitlichem Kommando stehen. Die Bundesregierung und besonders Außenminister Gruber sprachen sich aber gegen dieses Ansinnen aus. Sie wollten nach der Unterzeichnung sofort die volle Souveränität erlangen. Eine allenfalls verbleibende internationale Kontrolle mußte demnach auf ein Mindestmaß reduziert werden, wenn sie schon nicht gänzlich beseitigt werden konnte. Die Besatzungskontingente, so gab man zu bedenken, würden demgemäß erneut auf Zonen aufgeteilt werden. Ein Staatsvertrag wäre so zu einem »mehr oder weniger verbesserten neuen Kontrollabkommen« degradiert und für Österreich nahezu sinnlos.[13]

Hinsichtlich der weiteren Behandlung des deutschen Eigentums verlieh Renner im Februar 1947 der Hoffnung Ausdruck, die Sowjetunion würde fortan Anspruch nicht auf die Vermögenswerte an sich, sondern nur auf deren rein finanziellen Wert erheben. Der Bundespräsident versicherte, daß die Alpenrepublik durchaus darauf vorbereitet wäre, eine erhebliche Verschuldung auf sich zu nehmen. Es konnte seiner Ansicht nach allerdings die Kontrolle österreichischer Wirtschaftszweige keinem fremden Staat überlassen werden. Demnach sei die Republik auch bereit, der UdSSR etwa durch Pfandrechte Sicherstellungen zu geben, damit auch eine Absicherung gegen einen Staatsbankrott vorhanden wäre. Die Sowjets ignorierten diese Vorschläge freilich. Dabei hatte Österreich erst im Dezember 1946 den Rückkauf von zirka einem Drittel der Betriebe angeboten. Die Staatsvertragsverhandlungen in Moskau scheiterten jedenfalls. Immer mehr setzte sich unter den österreichischen Politikern die Idee durch, der UdSSR das deutsche Eigentum abzukaufen, und man gewann schließlich die Westalliierten dafür. Aber auch die Verhandlungen über den nach General Paul Cherrière benannten Plan einer Ablöse der sowjetischen Ansprüche auf das deutsche Eigentum in der Höhe von 150 Millionen US-Dollar und exakt definierten Eigentumsübertragungen verliefen äußerst zäh.

Im Mai 1947 veröffentlichte Renner in der »Arbeiter-Zeitung«, mit der er zeitweilig in Fehde lag, unter dem Pseudonym »S. G.« in einer Leitartikelserie Lösungsvorschläge zur Diskussion um das deutsche Eigentum in Österreich. Der »Fachmann des Völkerrechts«, wie sich Renner dabei zu nennen pflegte, schlug demgemäß vor, das deutsche Eigentum mit dem Ertrag aus einer Staatsanleihe abzulösen. Er beabsichtigte damit, Wünschen der Alliierten nach bestimmten Naturallieferungen entgegenzukommen. Über einen Zeitraum von fünf Jahren könnte die Alpenrepublik Strom nach Frankreich, Holz nach Großbritannien und Erdöl in die Sowjetunion liefern. Das abgelöste deutsche Eigentum, so regte Renner weiters an, sollte als »ewiges und unveräußerliches Eigentum« Österreichs verstaatlicht werden. Doch gelang es letztlich auch ihm nicht, mit diesen Vorschlägen eine Lösung der so heiklen Frage zuwege zu bringen.[14]

Der unbefriedigende Fortgang der Staatsvertragsverhandlungen und der allgemeine Hunger führten im Frühjahr 1947 zu Unruhen und kommunistischen Demonstrationen. Am 5. Mai forderte man vor dem Ballhausplatz den Rücktritt der Regierung. Diese Ereignisse gaben dem Staatsoberhaupt zu denken. Renner erinnerte sich anläßlich seiner letzten ernsthafteren Erkrankung an die Erpressung des vom Tode gezeichneten tschechoslowakischen Staatspräsidenten Emil Hácha durch Hitler in Berlin im Zuge der »Zerschlagung der Rest-Tschechei« im Jahre 1939. Was hatte während einer Verhinderung des Bundespräsidenten zu geschehen? Nach Renners Ansicht war es verfassungsmäßig durchaus unzutreffend und politisch gefährlich, daß dann der Bundeskanzler die Rolle des Staatsoberhaupts übernehmen würde. »Zwischen dem Tode eines Bundespräsidenten«, so schrieb er Schärf, »und dem Vollzug der Volkswahlen liegen Monate, in denen der Kanzler der letzten Regierung die unglaublichsten Kunststücke ausführen kann.« Mit Figl diskutierte er daher auch die Position der Regierung und des Kanzlers. Die Unruhen, bei denen am 5. Mai immerhin eine Gruppe von Kommunisten über ein Baugerüst in das Bundeskanzleramt eingedrungen war und plötzlich Figl gegenüberstand, erinnerten beide an den Dollfußmord des Jahres 1934. Leicht hätte es wieder zu einem Putschversuch kommen können.

Doch der starke Mann innerhalb der SPÖ, Adolf Schärf, wollte von einer Erweiterungen der Kompetenzen des Bundespräsidenten nichts wissen. In aller Deutlichkeit stellte er zwei Monate später in einer Denkschrift klar: »Es ist selbstverständlich, daß unsere Partei ... gegen eine Machterweiterung von Präsidenten noch besonders darauf bedacht sein muß, daß nicht aus einem Schweigen gegenüber einzelnen Handlungen des Staatsoberhauptes, die man sich von einem Staatsoberhaupt anderer Gesinnung oder Vergangenheit nicht gefallen ließe, Präjudizen geschaffen werden.«[15]

Das Memorandum war, wenngleich auch an andere führende Sozialisten, unzweifelhaft in besonderem Maße an Renner adressiert. Dessen äußerst selbstbewußte, ja eigensinnige Amtsführung bereitete seinem langjährigen Mitarbeiter und Freund Schärf zunehmend Kopfzerbrechen. In Gesprächen im Juni 1947 mit Nationalratspräsident Leopold Kunschak und dem früheren Staatssekretär für Land- und Forstwirtschaft Rudolf Buchinger, der Figl wie Renner gleichermaßen nahestand, mengte sich der Bundespräsident beträchtlich in die Angelegenheiten sowohl der Regierung als auch der Parteien und der Länder ein. Renner zeigte sich besorgt, Figl genieße in seiner eigenen Partei nicht mehr die volle Autorität. Bei einer Ablösung des Bundeskanzlers hoffte er auf einen neuerlichen Vertreter des Bauernbunds als Nachfolger. Mit dieser Teilorganisation der ÖVP hatte Renner die besten Erfahrungen gemacht und von ihr die höchste Meinung. Figl wollte er zudem als niederösterreichischen Landeshauptmann unbedingt weiter dem politischen Leben erhalten wissen. Überhaupt gab der Präsident zu verstehen, daß die Regierung bei Kabinettsumbildungen seinen Rat einholen sollte. Schließlich habe er das verfassungsmäßige Recht, die Ernennungen zu vollziehen.

Diese Anmaßungen lockten den sonst so moderaten Schärf aus der Reserve. Er schrieb Renner einen ebenso höflich wie bestimmt gehaltenen Brief zur Mahnung. Dem Bundespräsidenten, dessen Stellung der Vizekanzler mit der des englischen Monarchen verglich, käme eine Einflußnahme auf die Bestellung eines Landeshauptmanns keineswegs zu. Weiters kreidete der SPÖ-Vorsitzende die zu vertrauliche politische Unterredung seines väterlichen Freundes mit dem Privatmann Buchinger an. Besorgt schrieb er an den von ihm »verehrten« Renner: »Ich habe den Eindruck, daß manche Veröffentlichung und manche Besprechung der letzten Zeit als der Beginn eines Abweichens von der konstitutionellen Funktion des Bundespräsidenten in der Richtung eines persönlichen Kurses oder eines autoritären Regimes ausgelegt werden könnte ... Ich bitte versichert zu sein, daß meine Verehrung und Achtung vor Dir und Deiner Lebensarbeit unerschüttert aufrecht steht. Ich bitte aber auch verstehen zu wollen, daß ich als Sozialdemokrat den Anfang einer Praxis nicht unwidersprochen lassen kann, von der ich schwere Gefahren erwarten muß.«[16]

Diese Kontroverse konnte jedoch Renners enge persönliche Beziehung zu Schärf nicht entscheidend trüben. Zu sehr vertraute er dem gemäßigten Vizekanzler und Parteivorsitzenden, zu lange waren sie schon in engem Kontakt gestanden. Mitte August schrieb also der Präsident an Schärf von seinem neuen Sommersitz im »kühlen, wunderschönen«, aber gleichzeitig »einsamen und langweiligen« Mürzsteg über seine Zufriedenheit hinsichtlich der politischen Entwicklung. Der Parlamentarismus habe triumphiert. Selbst seine innerparteilichen »Nachwuchssorgen« hatten sich gelegt: Die Partei stand seiner Meinung nach sogar auf intellektuell höherem Niveau als in den Jahren der Ersten Republik. »Arbeitsteilung und Kooperation der besten Köpfe« sei die richtige Auffassung über Parteiführung und der Bewegung angemessen. Demnach erschienen ihm früher angewandte Methoden töricht, wie etwa »die von Otto [Bauer], sich einzubilden, allein alles zu sein, weil man wirklich vieles ist, und die von Karl [Seitz], um alles spielen zu können, einen um den anderen um sein Kostüm zu berauben, damit er nackt im Hintergrund bleibe und der Tausendsassa die Rampe beherrsche«. Der Arbeiterbewegung verordnete er eine neue Taktik. Nicht mehr Fordern, Erpressen und Streiken, sondern »kollektives Ordnen« und »schöpferische Neugestaltung«. Das all-

Das Bad in der Menge – Renner zu Besuch in Graz (rechts der steiermärkische
Landeshauptmann Krainer).

gemeine müsse stets dem Sonderinteresse vorausgehen. Dagegen versetzte ihn die lange Okkupation des Landes zeitweilig »in eine seelische Depression, wie ich sie mein ganzes Leben lang nicht gekannt habe. Sie trägt wohl auch dazu bei, daß ich mich körperlich nicht so gut fühle, obschon irgendein akuter Zustand außer der chronisch gewordenen Herzschwäche nicht nachweisbar ist.«[17]

Trotzdem, Reisen in die Bundesländer gehörten bald zur Routine des Bundespräsidenten. Wenngleich er das Bad in der Menge genoß, gefeiert als Vater aller Österreicher, als »Bauherr zweier Republiken«, wandte er sich bisweilen bei seinen Festansprachen auch ernsteren Themen zu. Am 20. September 1947 absolvierte er seinen ersten offiziellen »Staatsbesuch« in Tirol. Im Rahmen eines Empfangs bei Landeshauptmann Alfons Weißgatterer in der Innsbrucker Hofburg sprach Renner sein Bedauern über das aus österreichischer Sicht höchst negative Ergebnis der Pariser Friedensverträge vom Februar 1947 aus. Der »Herzenswunsch«, die Wiedergewinnung Südtirols, war nicht in Erfüllung gegangen, nicht einmal die Forderung nach einer Volksabstimmung. Durch die Anerkennung der Südtiroler Autonomie innerhalb Italiens stand für Renner jedoch »das Recht auf unserer Seite. Sie können versichert sein«, so versuchte er schon wieder Hoffnung zu geben, »daß wir dieses Recht vertreten und voll in Anspruch nehmen werden.«[18]

Immer deutlicher begann sich einstweilen im Zuge des Kalten Krieges die Zweiteilung in Europa herauszukristallisieren, begann sich vor Osteuropa der Eiserne Vorhang zu senken. Nur in Österreich vermochten die vier Alliierten noch zusammenzuarbeiten, und es soll keine weinselige Verklärung sein, wenn man in diesem Zusammenhang erwähnt, daß dies nicht zuletzt auf die gesellige Atmosphäre zurückzuführen war, die Politiker wie Renner und Figl für ihre immer ungeliebteren Gästen schufen. Dennoch herrschte in Österreich die Furcht vor einer Aufteilung des Landes, einer Zuteilung in die westliche bzw. östliche Hemisphäre. Selbstverständlich mußte darauf auch das Staatsoberhaupt reagieren. Österreich, so betonte Renner in seiner Neujahrsansprache 1948 im Rundfunk, wolle keinen wie immer gearteten Anschluß mehr, auch nicht an Moskau oder Washington. Den einzigen Anschluß, so stellte er zum wiederholten Mal fest, den man von ganzem Herzen zu vollziehen bereit sei, wäre jener an die Vereinten Nationen: »Wir und die UNO – das genügt uns, alles andere ist für uns von Übel.«[19]

Nach dem kommunistischen Umsturz in der Tschechoslowakei im Februar 1948 wuchs die Spannung erheblich an. Bereits ein halbes Jahr zuvor hatte der Bundespräsident Großaktionen der österreichischen Kommunisten, »hoch- und landesverräterische Umtriebe«, befürchtet, die die Ordnung schwerstens gefährden könnten. Die Berichte seines niederösterreichischen Intimus Helmer über die innenpolitische Lage beunruhigten ihn zutiefst. Renner beabsichtigte jeder einseitigen Annäherung an irgendeine äußere Macht mit aller Gewalt entgegenzuwirken. »Die gegenwärtige europäische Lage«, so schrieb er Schärf besorgt, »bedroht das Land mit Zerreißung und Europa mit neuerlicher Kriegsgefahr.« Zur Wahrung der inneren Sicherheit benötige die Republik Sanktionsmöglichkeiten gegen subversive Kräfte und einschlägige Propaganda. Der Nationalrat sollte daher ein Gesetz über »Verbrechen und Vergehen der Gefährdung der äußeren Sicherheit der Republik und des Friedens« verabschieden.[20]

Nach dem Staatsstreich in Prag glaubte Renner aber an eine Festigung der Zusammenarbeit zwischen den beiden Großparteien in Österreich. Meinungsverschiedenheiten und Konflikte durften demgemäß nur mehr bei sekundären Fragen ausgetragen werden. Bei den wichtigsten Problemen und Zielsetzungen galt es fortan mehr denn je, Einheit und Geschlossenheit zu zeigen. Aufgrund der bedrohlichen Lage sah Renner keine dringende Notwendigkeit mehr für einen frühzeitigen Vertragsabschluß. »Wir wollen nicht von einem Ring feindlicher Satellitenstaaten umgeben sein, ohne die geringste Möglichkeit, uns zu wehren.« Die sicherheitspolitischen Erwägungen besaßen nun eindeutig Vorrang. Einmal mehr nahm der Bundespräsident deshalb zum Plan der Errichtung eines österreichischen Bundesheers Stellung: »Wir haben nun in Ergänzung zur Erlangung unserer Unabhängigkeit und nationalen Souveränität eine größere Notwendigkeit denn jemals zuvor nach Grenzschutz und Selbstverteidigung, wobei die Aufstellung einer österreichischen Armee mit dem Abzug der fremden Streitkräfte Hand in Hand gehen muß.« In wirtschaftlicher Hinsicht stellte Renner sogar eine noch stärkere Westorientierung Österreichs in Erwägung, da ihm ein Boykott der Ostblockstaaten durchaus möglich erschien.[21]

Während als Zeichen des Kalten Krieges die Grenzen zu Ungarn und der Tschechoslowakei von den kommunistischen Regimen mit Stacheldraht, Minenfeldern und Wachtürmen versehen wurden, betonte Renner unverdrossen immer wieder den Wunsch nach einer dauernden guten Nachbarschaft, nach dem Ausbau der wirtschaftlichen und kulturellen Beziehungen. Sehr bestimmt reagierte er aber auf die Ansprüche Tito-Jugoslawiens auf Kärnten. Mitte September 1948 besuchte der Bundespräsident das südlichste Bundesland. In Wolfsberg, wo ihm die Ehrenbürgerurkunde überreicht wurde, gab sich Renner sodann betont kämpferisch: »Unsere Regierung ist entschlossen, ihre Pflicht zu erfüllen und auch nicht einen Quadratmeter Boden und nicht eine Menschenseele abzutreten.«[22]

Die Machtergreifungen der Kommunisten in Osteuropa, die Begleiterscheinungen des Kalten Krieges bereiteten den Österreichern immer ernstere Sorgen. Es herrschte die Angst vor einer Teilung des Landes, vor einer Blockade Wiens und vor einem Umsturz. Die Verhandlungen um den Staatsvertrag waren ins Stocken geraten, doch mittlerweile war man in Wien zur Auffassung gelangt, daß das Warten auf einen günstigen Staatsvertrag allemal besser sei als der Abschluß eines Kontrakts, der die Zweite Republik in politische und finanzielle Abhängigkeit bringen würde. Somit blieb Österreich weiterhin besetzt. Und der Bundespräsident sprach viel seltener von den »Vier im Jeep« als von »vier Elefanten auf einem schwankenden Kahn«.

In einem Artikel in der amerikanischen Zeitschrift »Foreign Affairs« hob Renner jedenfalls hervor, daß die Verhandlungen über Österreich sich eigentlich mit der Zukunft Europas befaßten. »Die Frage der politischen Unabhängigkeit Österreichs ist die Frage der Freiheit aller Mittel- und Kleinstaaten des Kontinents.« Erneut betonte er, daß die überwiegende Mehrheit der Österreicher an der Katastrophe des Zweiten Weltkriegs unschuldig wäre. Dollfuß hätte dagegen dem Nationalsozialismus gegen den Willen von mehr als drei Viertel der Bevölkerung »die Tür geöffnet«. Die Alpenrepublik, so schloß er, bilde den Schlüssel für Krieg und Frieden in Europa. In diesem Zusammenhang verlieh der Präsident aber seiner Hoffnung Ausdruck, daß Österreich nicht wieder im Stich gelassen würde.[23]

Besonders die USA sorgten aber diesmal – zehn Jahre danach – dafür, daß sich die Ereignisse des März 1938 nicht wiederholten: Eine Woche nach dem Beginn der sowjetischen Blockade Berlins, am 2. Juli 1948, unterzeichneten Vizekanzler Schärf und Außenminister Gruber im Ministerratssaal am Ballhausplatz den Beitritt Österreichs zum Europäischen Wiederaufbauprogramm, zum berühmt gewordenen Marshallplan. Die damit verbundene großzügige amerikanische Unterstützung in Form von Gütersendungen und Hilfsgeldern bedeutete eine erhebliche Verbesserung des österreichischen Wirtschaftslebens und zugleich eine entscheidende politische Weichenstellung in Richtung Westen.

Renner hatte sich entschieden, ein überparteilicher Bundespräsident zu sein, und er wurde nicht müde, den Alliierten gegenüber seine Unabhängigkeit zu betonen. Er bezeichnete es jetzt als seine Pflicht, auf zwei Pferden zu reiten, auf einem roten und einem schwarzen. Allerdings kam es dabei auch zu stürmischen Ausritten. Im April 1948 entbrannte zwischen ihm und Schärf wegen der an sich wenig bedeutenden Frage der Titelverleihung an höhere Beamte ein Konflikt. Als Renner zu Ohren kam, daß ihn der Parteivorsitzende angeblich ein »willenloses Werkzeug« der Präsidentschaftskanzlei genannt hatte, beschwerte sich Renner über diese »Niederträchtigkeit« bitter: »Ich protestiere ... mit allem Nachdruck gegen Deine ganz deplacierten Anschuldigungen ..., ich werde mir derlei Dinge in Hinkunft überhaupt nicht bieten lassen.« Schärf erwiderte dem Präsidenten darauf, daß ihm Renner unverdientermaßen in den letzten Jahren wohl zuviel Mißtrauen entgegengebracht hätte. Der Vizekanzler hob sein immenses Arbeitspensum seit dem April 1945 sowie die bevorstehenden großen Aufgaben in solch kritischen Zeiten hervor. Daher vermerkte er abschließend mit Zynismus, daß er es bedauere, »wenn die Anwendung einer Verordnung über Amtstitel in einer solchen Zeit einen Schatten zwischen uns werfen könnte«. Die beiden Kontrahenten legten ihre Zwistigkeiten schließlich bei. Das hinderte jedoch keinen der beiden selbstbewußten Politiker, den anderen auch weiterhin zu kritisieren, wo es erforderlich schien.[24]

Renner gab sich zweifellos als alles andere denn als »willenloses Werkzeug« der Präsidentschaftskanzlei, und so hatte er auch mit Mitgliedern der ÖVP seine Auseinandersetzungen, etwa im Dezember 1948, als der Vorstand der Volkspartei befürchtete, der Bundespräsident könnte personelle Veränderungen in der Regierung vornehmen, ohne die Parteien vorher zu fragen. In einem höchst vertraulichen Gespräch mit Julius Raab, dem Wiener Vizebürgermeister Lois Weinberger und den Ministern Karl Gruber und Josef Kraus versicherte Renner, daran keineswegs zu denken. Regierungsveränderungen seien angesichts der Besatzung tunlichst zu vermeiden, schließlich könnte es dabei von alliierter Seite zu einem »ungebührlichen Einspruch gegen einzelne Personen« – wie schon einmal bei der Bildung des Kabinetts Figl-Schärf Ende 1945 – kommen. Außerdem sei die Stabilität des österreichischen Regierungssystems vor der ganzen Welt »zu einem so hohen Gut geworden, daß eine Preisgabe, wenn nur irgend möglich, vermieden werden müsse«. Nichtsdestoweniger hob Renner seinen gesetzlichen Auftrag hervor, die Regierung zu ernennen und auch abzuberufen. Als daraufhin Raab einwand, daß in der Demokratie die Parteien die Regierung führen, stellte Renner unmißverständlich klar: »Es ist eben das Wesen der Demokratie, daß die Fülle der öffentlichen Gewalt nicht in den Händen einer einzelnen Körperschaft oder Person liegt, auch nicht einer Partei, selbst wenn diese allein die

Mehrheit hat. Wäre dies bei uns der Fall und würde sie ihre Macht durch Verletzung der Verfassung mißbrauchen, so wäre es Pflicht des Bundespräsidenten, ihr die Regierung zu entziehen und allenfalls durch Auflösung des Parlamentes den Streit durch Volkswahlen entscheiden zu lassen, und ich kann die Herren versichern, daß ich in einem solchen Falle pflichtgemäß handeln und nicht zulassen würde, daß eine Regierung das Parlament beiseite schiebt oder die Verfassung verläßt, um die Diktatur einer Partei, einer Gruppe oder eines Führers zu installieren. Glauben Sie ja nicht, daß der Bundespräsident nur dazu da ist, problematische Begnadigungsanträge mit seiner Unterschrift zu versehen.« Mit vollem Nachdruck erklärte Renner grundsätzlich: »Ernennungen und Abberufungen sind die verfassungsrechtliche Aufgabe des Bundespräsidenten, und ich werde mir diese Aufgabe nicht entwinden lassen. Das aber besagt im Sinne der Konstitution: Ich ernenne Kanzler und Minister, aber ich suche für den Kanzler und die Ministerliste das Einverständnis der Parteien untereinander und mit mir.« Raab vermeinte darin ein Vetorecht zu erkennen, doch Renner entgegnete ihm entschieden: »Meine demokratische Gesinnung kennt weder positiven Befehl, noch ein Veto. Aber ich habe die Pflicht, gegen Personen, die ich für den Staat für untragbar halte, meine Bedenken geltend zu machen und erkläre rund heraus, wenn es zur Neubildung einer Regierung kommen wird, werde ich gewisse Personen ablehnen, dies auch dann, wenn ich nichts einzuwenden habe, als daß sie sich, nicht etwa gegen meine Person, sondern gegen den Bundespräsidenten, ungebührlich benommen haben. Finden die Parteien es für gut, diesen Einspruch nicht zu berücksichtigen – und speziell die Volkspartei verfügt, wenn es sich um die eine oder die andere Persönlichkeit handelt, über Männer genug, um einem allfälligen Einspruch des Bundespräsidenten Rechnung zu tragen – so liegt der Konfliktfall vor, wo es Sache ernster politischer Erwägung ist, entweder Auflösung des Hauses und Neuwahlen, oder Ausscheiden des Bundespräsidenten aus dem Amte. Das letztere aber erfordert von mir keinen schweren Entschluß: Ich habe in meinem Leben noch so viel vor, insbesondere in Bezug auf Vollendung meiner Biographie und der Niederschrift der mir verbrannten Soziologie, daß mir eine Resignation – aus persönlichen Gründen – nicht so schwer fallen würde, als es manchen scheinen mag. Aber wie gesagt: Auch für einen solchen Fall eröffnet die Demokratie einen klaren Ausweg ohne Diktat und Veto.«[25]

Angesichts der aufreibenden politischen Geschäfte dachte Renner immer wieder an die stillen Tage in Gloggnitz. »Es ist so manches anders gekom-

Carolus magnus

»Meistens gütig, manchmal hart – wird dem Land viel Leid erspart.« – So sah sich wohl auch Renner selbst: als weiser Vater aller Österreicher.

men«, als er es sich in seiner Jugend vorgestellt hatte. Allen Ernstes meinte der Bundespräsident aber, so schrieb er zumindest einmal einem alten
Studienfreund, sich in seinem tiefsten Inneren seit damals eigentlich gar
nicht gewandelt zu haben. »Der Glaube an das Gute und Schöne und an
den schließlichen Sieg der Gerechtigkeit auf dieser Welt« hätte ihn nicht
verlassen und gebe ihm die Stärke, an seinem Lebenswerk weiterzuarbeiten. »Ich habe das Gefühl«, so meinte er weiter, »für Land und Volk noch
etwas leisten zu können, und wir Alten müssen, selbst wenn uns mitunter
eine leichte Müdigkeit anwandelt, unbeirrt auf unseren Posten stehen,
bis wir das Steuer den Händen der nach uns kommenden Generation beruhigt anvertrauen können.«[26]
Noch immer konnte der betagte Präsident ausgelassen und übermütig
sein. Er strotzte geradezu vor Vitalität. Gerne tanzte er – vornehmlich mit
den großgewachsenen, blonden Gattinnen der US-Attachés – in mächtigen Schritten Tango. Freilich fühlte er sich nur privat als »freier Mensch«,
der seine »schweren Pflichten abschalten kann«. Als Bundespräsident
konnte er nicht mehr die Sommer in Gloggnitz verbringen. Für die offiziellen Empfänge war sein altes Landhaus zu klein geworden. Er verbrachte daher die heiße Zeit des Jahres im ehemals kaiserlichen Jagd-
schloß im steirischen Mürzsteg, wo er oft stundenlang im Wald spazieren
ging. Freilich erledigte er auch dort seine Amtsgeschäfte. Nach dem Ak-
tenstudium pflegte er nicht selten mit seinen angereisten Mitarbeitern
aus der Präsidentschaftskanzlei eine gemütliche Jause einzunehmen und
sich einige Stunden dem Bridgespiel zu widmen. Renners Frau und seine
Tochter blieben bescheiden. Luise verbat sich, von Freunden oder Partei-
mitgliedern mit »Frau Präsident« angesprochen zu werden. Der aus der
Emigration zurückgekehrte Schwiegersohn Hans Deutsch war dem Bundespräsidenten mit seinen Sprachkenntnissen und seinem Verständnis
für die westliche Welt immer wieder behilflich. 1948 erlitt er siebzigjährig
einen Schlaganfall und war fortan teilweise gelähmt.
Angesichts seines fortgeschrittenen Alters nur allzu verständlich, ließ
Karl Renner immer häufiger sein Leben Revue passieren. Mit Bitterkeit
dachte er dabei an die Zeit der Ersten Republik zurück: »Was nützt es
mir, jetzt von jedermann zu hören, daß ich recht gehabt habe, daß so viele Chancen verloren und so viel Unglück nicht verhütet worden ist? Ich
würde weitaus vorziehen, nicht mehr zu leben und seinerzeit recht bekommen zu haben. Und allen wäre besser! Überlegungslose Polterer wie
Austerlitz und ideallose Äquilibristen wie Seitz entschieden nur allzu oft
über die Richtung der österreichischen Bewegung (15. Juli).« Otto Bauer
hielt er zwar gewiß für einen »sehr scharfsinnigen, viel wissenden Men-

schen«, fügte jedoch hinzu: »Er hat zu viel von dem gehabt, was ich das Rabbinertum unter unseren Dogmatikern nannte wie z.B. bei Max Adler. Ein Abweichen von der heiligen Schrift war ein schweres Verbrechen ... Links das Rohrstaberl, rechts der aufgeschlagene erste Band des Kapital und wehe dem Sünder, der sich durch eine ketzerische Äußerung gegen diese heilige Bibel vergangen hatte.«[27]

Dies waren die Schatten der Vergangenheit. Als Bundespräsident für alle Österreicher, als fürsorglicher Landesvater gab Renner jedenfalls ein Beispiel vor, das für alle Staatsoberhäupter der Zweiten Republik verbindlich bleiben sollte. Er bereiste oft die Bundesländer und hielt zu allen möglichen Anlässen zahlreiche Festreden: vor Landtagen und Parteiveranstaltungen, bei der Eröffnung der Linzer Gewerbeausstellung, zur 750-Jahr-Feier Wiener Neustadts, vor der Österreichischen Akademie der Wissenschaften, bei der Eröffnung der Salzburger Festspiele, beim Empfang des Ehrenbürgerdiploms der Stadt Wien, bei der Besichtigung des Kapruner Kraftwerkbaus, im Sender RIAS-Berlin. Karl Renner gab der Rolle des Bundespräsidenten Gestalt. Das hinderte ihn jedoch nicht daran, sein beeindruckendes literarisches Werk fortzusetzen. So veröffentlichte er unter anderem Schriften wie »Die neue Welt und der Marxismus«, »Demokratie und Bureaukratie«, und nicht zu vergessen – auf Julius Deutschs Betreiben hin – seine Lebenserinnerungen »An der Wende zweier Zeiten«. Zwischen 1947 und 1950 schrieb er an den marxistischen Reflexionen »Wandlungen der modernen Gesellschaft«, die jedoch erst drei Jahre nach seinem Tode publiziert werden sollten. In seinem langen Leben hat Karl Renner insgesamt mehr als 140 Bücher und Broschüren sowie über 550 Artikel für Zeitungen und Zeitschriften verfaßt.

Stolz nannte er in der Öffentlichkeit immer wieder die Leistungen der wiedererstandenen Republik, die auch von der übrigen Welt anerkannt würden. Die österreichische Bevölkerung, so gab er sich in seiner Mai-Botschaft 1949 sichtlich zufrieden, habe ihr Ansehen und ihre angezweifelte Ehre wiederhergestellt. Die Österreicher selbst bezeichnete er einmal als »leichtlebiges, aber doch auch zähes Volk«. Unentwegt – und dies entsprach so sehr seinem Charakter – versuchte er für die Zukunft Optimismus zu versprühen. Trotz des Versagens des Völkerbunds in der österreichischen Frage während der Zwischenkriegszeit erwartete er, daß die UNO sein Land nicht mehr vergessen würde: »Mit zu diesem Vertrauen gehört die Überzeugung, daß sich auch die wirtschaftlichen Weltzusammenhänge in gar nicht zu langer Frist durchsetzen werden müssen, daß die Welt für alle, die guten Willens sind, offen sein wird, und so auch für uns: Ist die Welt offen, so trauen wir unserem Boden und seinen Bewohnern die Gabe zu, unter allen anderen uns durchzusetzen und die Rolle einzunehmen und zu behaupten, die unserem Lande und unserem Volke seiner Natur nach zukommt. Österreich ist und bleibt weltwirtschaftlich und weltstaatlich orientiert!«[28]

Einstweilen schienen um die Mitte des Jahres 1949 die Staatsvertragsverhandlungen endlich von Erfolg gekrönt. Die westlichen Alliierten zeigten sich ebenso wie die österreichische Öffentlichkeit enthusiastisch. Außenminister Karl Gruber wurde – besonders durch die Erfolge in der Kärntner Frage – beinahe wie ein Volksheld gefeiert. Nur Renner teilte die Euphorie über den Fortgang der Verhandlungen keineswegs. Immer wieder warnte er davor, einen Vertrag abzuschließen, der Österreich große materielle Lasten auferlegen würde. In Mürzsteg brachte er Gruber gegenüber seine Befürchtung zum Ausdruck, nach 1919 zum zweitenmal durch die besonderen außenpolitischen Umstände gezwungen zu sein, »seinen Namen unter ein Dokument zu setzen, das staatsrechtlich für Österreich und völkerrechtlich vor ganz Europa und der Welt sich als verhängnisvoll erweisen muß«. Der Präsident glaubte an eine Wiederholung der Folgen der Vertragsunterzeichnung von Saint-Germain: »Die Tatsache, daß man in der Zwangslage gewesen, zu ratifizieren, schwindet aus dem Bewußtsein, die Freude über den endlich errungenen Vertrag schwindet und nach einigen Jahren bleibt nur die Kritik. Wie konnte man derlei unterschreiben!«[29]

Im Herbst 1949 schien ein Staatsvertragsabschluß tatsächlich in greifbarer Nähe. Ein solcher hätte damals allerdings noch ausgedehnte Eigentumsübertragungen an die Sowjetunion bezüglich der Donauschiffahrt und der Erdölwirtschaft bedeutet. Ferner sollten die USIA-Betriebe innerhalb von sechs Jahren mit 150 Millionen Dollar abgelöst werden. Der Bundespräsident zeigte sich über diese Entwicklung höchst besorgt. Gegenüber General Béthouart äußerte er sich folglich dahingehend, den Tag der Unterzeichnung eines Staatsvertrags unter solchen Bedingungen zum nationalen Trauertag zu proklamieren. Doch Renners Befürchtungen erfüllten sich ohnedies nicht. Angesichts der dramatischen Veränderungen der internationalen Lage gegen Ende 1949 – die Teilung Deutschlands, der sowjetisch-jugoslawische Konflikt, die Ausrufung der Volksrepublik China sowie der Aufstieg der UdSSR zur zweiten Atommacht – hielten es Amerikaner und Sowjets für unzweckmäßig, die Besetzung Österreichs aufzugeben.

In Österreich sah man dem Ausgang der Nationalratswahlen mit großer Spannung entgegen, waren doch gegenüber dem ersten Urnengang von

1945 mit 400 000 Kriegsheimkehrern und 550 000 registrierten ehemaligen Nationalsozialisten knapp eine Million Bürger mehr stimmberechtigt. Renner nahm im Rahmen des Wahlkampfes auch an der Abschlußveranstaltung der ÖVP im Konzerthaus teil, wo ihm heftiger Beifall zuteil wurde. Seinem Auditorium rief er zu: »Ich habe zwei Kinder, meine Sozialistische Partei und auch euch.«

Noch am Wahltag selbst, am 9. Oktober 1949, sprach Renner von »Schicksalswahlen«. Der Bundespräsident nahm dabei zur Diskussion um die Wahlberechtigung der registrierten Nationalsozialisten Stellung. Eine vielhundertjährige Erfahrung habe bewiesen, »daß im Wege versuchter Unterdrückung Irrmeinungen, Wahnvorstellungen, Fehlbestrebungen nur in sich verhärtet und nach außen durch das Mitgefühl erlittenen Unrechts an Werbekraft gestärkt werden. Was immer im Geiste eines Volkes lebt und wirkt, muß zunächst an die Oberfläche, muß gehalten werden, Rede und Antwort zu stehen, damit es, wenn es gut und dem Volke dienlich ist, Förderung und, wenn es von Übel ist, Widerlegung und Entkräftung erfahre.«[30] Die »vierte Partei«, der »Verband der Unabhängigen« (VdU), der als »Wahlpartei der Unabhängigen« (WdU) angetreten war und ein Sammelbecken früherer Nationalsozialisten war, errang schließlich unerwartete 16 Mandate, die ÖVP sank auf 77, die SPÖ gar auf 67 Sitze ab. Die Vereinigten Kommunisten und Linkssozialisten stellten künftig fünf Abgeordnete zum Nationalrat. Neuerlich war es aber bereits vor dem Wahltag zu Absprachen zwischen den beiden Großparteien gekommen, die Fortführung der großen Koalition war längst beschlossene Sache.

Renner hatte freilich seine eigenen Ideen von der neuen Bundesregierung, hielt er doch die staatlichen Ressorts bisher auf die Ministerien »unpraktisch aufgeteilt und falsch zusammengegliedert«. So verfaßte der Präsident eine »ganz unparteiliche Übersicht«. Demnach war ein Ministerium für Verwaltungsreform und ein zweites für wirtschaftliche Koordination unbedingt notwendig. Bei einer gleichzeitigen Verminderung der Ministerriege sollten für die zahlreichen neuen Aufgaben Staatssekretäre mit voller Geschäftsführung – jedoch unter Ministerkontrolle – bestellt werden. Für die »Liquidation der ganzen Naziaffäre« dachte er kurioserweise an einen von den Unabhängigen vorgeschlagenen Innenstaatssekretär. Bei einer Teilnahme des VdU an der Regierung sollte ihm das Justizressort zugestanden werden. Außerdem schlug Renner nicht nur vor, die Gesandtenposten im Ausland stark zu reduzieren, er stellte sich auch ein eigenes Ressort für das »Freie Volksbildungsschulwesen« vor. Eine interministerielle Konferenz könnte mit gesetzlicher Regelung die bisher innerparteilichen Besprechungen über Lohn-, Preis- und Währungsfragen übernehmen. Endlich sollte ein gesonderter Staatswirtschafts-Rechnungshof neben dem schon bestehenden obersten Rechnungshof erwogen werden.

Hinsichtlich der weiteren Zukunft Österreichs engagierten sich mittlerweile besonders die Franzosen. Unter Betonung der Verbundenheit mit dem Westen und der Sympathie rief Renner dem Zentrumspolitiker Edouard Bonnefous, Präsident der außenpolitischen Kommission der französischen Nationalversammlung, in Erinnerung, daß Frankreich 1918 die Donaumonarchie geopfert und 1938 Österreich zugunsten der Tschechoslowakei im Stich gelassen hatte, um bald danach auch diese preiszugeben. Dies alles, so führte Renner einmal in Anwesenheit von Béthouart, Figl, Gruber und Deutsch aus, seien nun denkbar ungünstige Vorzeichen für eine engere Bindung an den Westen. Im Kriegsfall würde der Westen Österreich abermals aufgeben. »Als ein verantwortlicher Führer dieses Landes kann ich daher nur eine strikte Neutralität zwischen den beiden alliierten Blöcken empfehlen.«[31]

Die anhaltende Besetzung des Landes, die das Budget der Republik ungeheuer belastete, machte ihn zunehmend ungeduldig. »Laßt uns allein! Wir sind imstande, unsere Angelegenheiten selbst zu regeln«, rief er zum Beispiel in seiner Neujahrsansprache 1950 aus. Was Renner aus tiefster Seele beklagte, war der Umstand, daß Österreich bloß zum Objekt internationaler Beziehungen degradiert war.

An der Jahreswende 1949/50 befand sich das Land zwar bereits im Wiederaufbau, jedoch vom »Wirtschaftswunder« weit entfernt. Arbeitslosigkeit und Armut waren keineswegs verschwunden. Die Auswirkungen des Koreakriegs, der die Weltmarktpreise für Rohstoffe und agrarische Produkte in die Höhe schnellen ließ, und die Reduktion der amerikanischen Unterstützungen im Rahmen des Marshallplans stürzten Österreich in eine neuerliche Wirtschaftskrise. Die erheblichen Preissteigerungen standen mit den Lohn- und Gehaltserhöhungen nicht mehr in Einklang. Das mißglückte vierte Lohn- und Preisabkommen zwischen Gewerkschaftsführung und Regierung führte zwischen 26. und 30. September zu einer Streikwelle, an der sich in Wien, Nieder- und Oberösterreich, der Steiermark und im Burgenland 120 000 Menschen beteiligten. Am 26. September wurde das Bundeskanzleramt stundenlang von Tausenden Demonstranten belagert. Am Ballhausplatz kam es zu Prügeleien mit Polizisten, auf dem Minoritenplatz wurden primitive Wasserwerfer eingesetzt. Die Demonstranten drückten gegen die Tore des Bundeskanzleramts. Die

Rede für eine Tonbandaufnahme.

amerikanische Besatzungsmacht hielt sich – um die Sowjets nicht zu provozieren – heraus und entsandte lediglich einen Hubschrauber zur Beobachtung. Zur gleichen Zeit fand auf dem Linzer Hauptplatz eine Massenkundgebung statt. Die Arbeiter der VÖEST und die Eisenbahner streikten. Auch in Steyr wurde die Arbeit niedergelegt. An manchen Stellen war die West- und die Südbahnstrecke unterbrochen. Tags darauf griff die Streikbewegung auch auf die Industriegebiete der Steiermark über. Für den 4. Oktober kündigte die KPÖ, die ihre Stunde gekommen sah, einen Generalstreik an, der jedoch nicht mehr die mehrheitliche Unterstützung der Arbeiter fand. So beschränkte sich die Arbeitsniederlegung überwiegend auf die Bezirke der Sowjetzone. Rollkommandos legten teilweise den Verkehr lahm, gossen die Straßenbahnschienen mit Beton zu, blockierten die Eisenbahn, besetzten Betriebe und Ämter. Die von Franz Olah organisierten Bauarbeiter setzten den kommunistischen Aufrührern schließlich handfesten Widerstand entgegen. Überall kam es zu wüsten Schlägereien unter Einsatz von Holzprügeln und Schlagstöcken. Besonders in Wiener Neustadt forderten die Raufhändel Verletzte, nicht zuletzt bei der Exekutive, die eigentlich laut Weisung der Roten Armee in den Sowjetsektoren gar nicht eingreifen hätte dürfen. Dabei förderte die Rote Armee die Demonstrationen und Gewalttaten keineswegs, und dies trug dazu bei, daß es gelang, den Aufruhr, an dem sich auch rechtsradikale Elemente beteiligt hatten, niederzuschlagen.

Diese Unruhen waren für den überzeugten Antirevolutionär Renner schlicht ein »Ansturm von brutaler Gewalt und Tyrannei«. Nach dem überstandenen Putschversuch schrieb er seinem »lieben Freund« Schärf einen äußerst herzlich gehaltenen Brief, in dem er den außerordentlichen Leistungen des Vizekanzlers und Parteivorsitzenden höchstes Lob zollte. Innenminister Helmers Maßnahmen gegen die Kommunisten, diese »kleine Minorität des Volkes«, die »mit brutalsten Mitteln« diesen »Kampf um die Freiheit, ja um den Bestand der Republik« aufgezwungen hatte, hielt er gar für ein »wahres Meisterstück«.[32]

Karl Renners letzte Lebenstage verliefen stürmisch. Am 14. Dezember 1950 feierte ganz Österreich seinen 80. Geburtstag. Die Partei ließ ihn – wie bereits fünf Jahre zuvor – im Konzerthaus hochleben. Für den von Vizekanzler Adolf Schärf als »leidenschaftlichen Sozialdemokraten« bezeichneten Ehrengast spielte das Orchester der Wiener Symphoniker, und wie schon bei seinem 75. Geburtstag rezitierte erneut Ewald Balser. Mit sichtlicher Rührung vernahm Renner die Döblinger Arbeiterchöre, die seine Dichtungen »Begrüßungsspruch« und das »Sonntagslied« vertont zum Vortrag brachten. In seiner Dankesrede forderte der Bejubelte die Genossen auf, den Feinden »entgegenzulächeln«. In ausgelassener Stimmung rief er dem Publikum zu: »Sie können Euch gar nicht mehr besiegen, die Weltgeschichte ist mit uns! Ich empfinde es als höchstes Glück, den Verlauf meines Lebens mit so viel Sinnhaftigkeit und innerer Rechtfertigung erfüllt zu sehen. Wir marschieren unter der Fahne der Weltgeschichte, es ist die Fahne des Sozialismus.«[33]

Unter tobendem Jubel überbrachten ihm nach Ende seiner Ansprache die eintreffenden Schlußläufer des Österreich-Laufes der »Dr.-Karl-Renner-Stafette« des ASKÖ in zwei Behältern die Glückwünsche der Bundesländer. Zwei Stafetten waren gebildet worden, eine führte von Bregenz, die andere von Lienz nach Wien. Trotz des widrigen Winterwetters, das sich durch heftige Schneefälle bemerkbar machte, nahmen Schifahrer, Läufer, Radfahrer, Motorisierte, ja selbst ein Segelflieger daran teil. Im Konzerthaus gratulierten die Bundesländer noch durch Kinder in Trachten, die, von den Landesparteiobmännern geführt, unter großem Beifall an dem Jubilar vorbeizogen. Die Begeisterung erreichte ihren Höhepunkt, als einander schließlich noch Renner und Körner, die beiden letzten großen alten Männer der österreichischen Arbeiterbewegung, in die Arme sanken.

Eine Feier folgte der nächsten. Bereits am Vorabend seines Geburtstags erschien ein Fackelzug der Döblinger Bezirksorganisation sowie Gruppen der Sozialistischen Jugend aus dem Westen Wiens in der Himmelstraße. Die Gratulanten marschierten in den Garten der Präsidentenvilla, vorbei an der Veranda, wo sie Karl und Luise Renner enthusiastisch begrüßten. Tücher wurden geschwenkt und immer wieder Hochrufe und Lieder angestimmt. Der Wiener Stadtsenat beschloß die Gründung einer »Dr.-Karl-Renner-Stiftung«, aus der alljährlich Ehrenpreise für besondere Verdienste um die Republik Österreich verliehen werden sollten. Der Präsident selbst empfing eine Abordnung niederösterreichischer Bürgermeister, die ihm Ehrenbürgerurkunden von nicht weniger als 108 niederösterreichischen Gemeinden überreichten. Solche Ehrungen waren bisher nur Kaiser Franz Joseph zuteil geworden.

Selbstverständlich huldigte auch die Volksvertretung dem Bundespräsidenten. Wer fehlte, waren einzig die Kommunisten. Eine Fanfare kündigte Karl Renner an, der sodann, von den Parlamentspräsidenten geleitet, den festlich geschmückten Sitzungssaal des Nationalrats betrat. Die Ovationen der Bundesversammlung, der vier Alliierten Hochkommissare sowie des diplomatischen Korps in den Logen und der bis zum letzten Platz besetzten Galerie wollten nicht enden. Der Vorsitzende der Bundesver-

Feier zum 80. Geburtstag im Wiener Konzerthaus. Der Jubilar wird von Körner beglückwünscht. Rechts: Franz Jonas.

sammlung Kunschak würdigte das Geburtstagskind als einen »klar- und weitsehenden Staatsmann«. Der Name Renner sei unauslöschlich mit dem »ereignisreichen Weg der österreichischen Geschichte« verwoben. Im Anschluß an den Festakt, der mit dem Vortrag der neuen österreichischen Bundeshymne durch den Staatsopernchor beschlossen worden war, fand Renner zu Ehren ein Empfang der Hochkommissare statt. Überall wurde er gefeiert, alle wollten ihm ihre Glückwünsche überbringen. Offenbar waren jedoch diese Anstrengungen selbst für den durchaus rüstigen Jubilar zuviel. Noch am 20. Dezember freute er sich, so schrieb er Oskar Helmer, auf die Vollendung seiner »schriftstellerischen Aufgabe«. Am Weihnachtsabend erlitt er einen Schlaganfall und fiel in ein tiefes Koma. Er sollte das Bewußtsein nicht mehr wieder erlangen. Neben der Familie fanden sich auch Adolf Schärf, mehrere andere SPÖ-Politiker sowie Leopold Figl ein, um dem Bundespräsidenten beizustehen. Am 31. Dezember um ein Uhr früh verstarb Karl Renner.

Immer wieder hatte er seinen Wunsch nach einer Einäscherung bekundet, doch seine Frau Luise sprach sich für eine Erdbestattung aus. Obwohl ein kirchliches Begräbnis, selbst eine stille katholische Einsegnung von der Familie entschieden abgelehnt worden war, schürte die »Katholische Aktion Österreichs« unter Kardinal Innitzer das Gerücht, Karl Renner sei ab 1945 wieder reumütig in den Schoß der Mutter Kirche zurückgekehrt. Außerdem sollte Monsignore Josef Schnitt, der Rektor der Wiener Sängerknaben und ein »alter Freund der Familie«, wie es fälschlich hieß, dem sterbenden Bundespräsidenten die Absolution erteilt haben. Zur letzten Ölung wäre er aber nicht mehr zugelassen worden. Die SPÖ, allen voran Vizekanzler Schärf, wurde beschuldigt, sowohl offizielle kirchliche Trauerfeierlichkeiten als auch eine stille katholische Einsegnung durch Monsignore Schnitt am Grab verhindert zu haben. Die Bundesregierung dementierte: Schnitt sei nie ein »alter Freund der Familie« gewesen und habe nie die Präsidentenvilla in der Himmelstraße betreten. Außerdem hätte er Karl Renner, der schließlich bewußtlos war, gar nicht die Beichte abnehmen können.

Posthum klang noch einmal die Stimme des Bundespräsidenten durch den Äther. In seiner kurz vor seinem Schlaganfall aufgezeichneten Neujahrsbotschaft führte er ein letztes Mal Klage gegen die fortdauernde Besatzung: »Wir sind uns unserer bescheidenen Stellung wohl bewußt, aber wir können nicht umhin, den völlig unhaltbaren Zustand von heute aufzuzeigen. Wir müssen in absehbarer Zeit zum Staatsvertrag kommen. Wir fordern ihn immer und immer wieder und wissen doch, daß er nicht – wie viele in unserem Lande meinen – ein Vertrag zwischen uns und den

Siegermächten von 1945 ist, sondern ausschließlich ein Vertrag zwischen diesen, der uns dann auferlegt wird; während wir in St. Germain in der Lage waren, durch ständigen Schriftwechsel Punkt für Punkt mitzuverhandeln, stehen wir heute wie alle Tage seit fünf Jahren im Vorzimmer des Rates und warten auf das, was über uns verhängt wird. Ist ein größeres Maß von Bescheidenheit erdenklich? Mögen die besetzenden Siegermächte unserem Staate die gesicherte Rechtsgrundlage, wie prekär sie zu sein verspricht, nicht länger versagen!

Liebe Mitbürger! Ich durfte es mir nicht ersparen, an diesem Tage, an dem jeder in festlich optimistischer Stimmung das neue Jahr begrüßt, zunächst von den ernsten Sorgen des alten Jahres auszugehen. Aber wir Österreicher lassen uns nimmermehr entmutigen. Wer gleichsam von den Toten auferstanden – und das ist unsere Republik – wer wie unser Volk aus den Ruinen des letzten Weltkrieges sich in so erstaunlicher Weise herausgearbeitet hat, der glaubt an das Leben, vertraut auf die Zukunft und hegt vor allem die Zuversicht, daß die Menschheit aus dem zeitlichen Wirrsal den Ausweg zu einem gerechten und dauernden Frieden finden wird. Darum, Österreicher, mit neuem Mut und mit froher Zuversicht wieder an die Arbeit: Denn unser ist Recht und Vernunft.«[34]

Der Wegbereiter, die Symbolfigur des neuen Österreich war tot. Vieles, das Karl Renner ersehnt hatte, sollte erst 1955 bzw. nach 1970 Wirklichkeit werden: die endgültige Freiheit des Landes, zahlreiche Reformen und Maßnahmen von weitreichender Bedeutung – Staatsvertrag, Neutralität, Vollbeschäftigung, der Sozialstaat, die absolute Mehrheit der SPÖ, die Stabilisierung der gesellschaftlichen Verhältnisse, der Ausgleich zwischen den Parteien, die Ablehnung jeglichen Radikalismus, Österreichs international anerkannte Stellung, Wirtschaftswachstum und allgemeiner Wohlstand, der Einfluß von Sozialisten auf weite Teile des politischen, ökonomischen, sozialen und kulturellen Lebens. Gleichzeitig kam es aber auch zu Begleiterscheinungen, wie sie der Moralist Karl Renner niemals gebilligt hätte: hemmungsloser Parteienproporz, Verfilzung der Macht, Korruption, zweifelhafte Clan-Bildungen sozialistischer Aufsteiger, der Sieg materieller Lebenseinstellung über sozialdemokratischen Idealismus und persönliche Integrität.

Wer war Karl Renner wirklich? Ein österreichischer Mythos, ein bloßer Opportunist, ein gefinkelter Taktiker oder ein naiver Fortschrittsgläubiger? Ganz bestimmt war er ein höchst gemäßigter Sozialdemokrat, von bürgerlicher Lebensart, zugleich fortschrittlich und agnostisch in seinem Denken, der die bourgeoisen Errungenschaften und Traditionen des 19.

5. Januar 1951: Karl Renners letzte Reise.

Jahrhunderts strikt ablehnte. Zudem war er zweifellos ein Mann für alle Fälle: zunächst ein gescheiterter Altösterreicher, dann ein deutschtümelnder Sozialist und endlich – belehrt durch das Trauma der NS-Herrschaft – ein überzeugter Anhänger des neuen, republikanisch-demokratischen Österreich.

Man wird Karl Renner wohl am ehesten gerecht, ihn einen politischen Vordenker mit starkem Hang zur Pragmatik zu nennen, wesentlich beeinflußt von der Dichtung der deutschen Aufklärung, Sozialdemokrat aufgrund seiner einschneidenden Kindheitserlebnisse und seines ausgeprägten Gerechtigkeitsgefühls, stets auf der Suche nach einer übergeordneten Macht, nach einer »gerechten Ordnung« der Welt. Was den überzeugten, gebildeten Humanisten Renner freilich über einen bloßen Schreibtisch-Intellektuellen hinaushob, war sein Drang zur aktiven Veränderung der Gesellschaft, zur Reform, sein Messianismus und seine Volkstümlichkeit. Bei allen Idealen legte Renner mit seiner Jugend zugleich das Wesen eines naiven, weltfremden Idealisten ab. Gemäßigt in der politischen Tat, verantwortungsbewußt, wenn es galt, zu handeln, verabscheute er jede Form von Radikalismus, suchte er unaufhörlich Aussöhnung und Zusammenarbeit. Gerade diese Eigenschaften machten ihn zusammen mit seinem Aufruf zur Bescheidenheit des kleinen Österreich in der Weltpolitik zum Vorbild in der Zweiten Republik.

Sein Mythos gründete nicht zuletzt in seinen historischen Funktionen als zweifacher Staatsgründer, als erster Bundespräsident der Zweiten Republik, als »erster Österreicher« vor der Welt und als Vaterfigur, die Hoffnung gab und unermüdlich zum Glauben an den neuen Staat aufrief. Doch der Mythos blieb bis zum heutigen Tag umstritten, denn Renners oft bewiesene Wandlungsfähigkeit machte ihn vielen Zeitgenossen in hohem Maße unglaubwürdig. Über ihm liegt der Schatten des schier bedingungslosen Opportunisten, des gut getarnten Handlangers einer von den Großmächten bestimmten Politik. Dennoch, er war ein österreichischer Staatsmann von Weltruf, auch wenn es gilt, seine Schattenseiten nicht zu verschweigen, um der bedeutenden Persönlichkeit Karl Renners gerecht zu werden.

Anhang

Die vier Regierungen Renner

Kabinett I: 30. Oktober 1918 – 3./15. März 1919

Staatskanzlei
Leiter: Karl Renner

Staatsamt des Äußern
Staatssekretär: Victor Adler (bis 11. November 1918)
Otto Bauer (seit 21. November 1918)
Unterstaatssekretär: Otto Bauer (31. Oktober – 21. November 1918)
Unterstaatssekretär: Egon Pflügl (seit 5. November 1918)
Unterstaatssekretär: Leopold Waber (seit 5. November 1918)

Staatsamt für Heereswesen
Staatssekretär: Josef Mayer
Unterstaatssekretär: Erwin Waihs (seit 5. November 1918)
Unterstaatssekretär: Julius Deutsch (seit 5. November 1918)

Staatsamt des Innern
Staatssekretär: Heinrich Mataja
Unterstaatssekretär: Otto Glöckel (seit 5. November 1918)
Unterstaatssekretär: Richard Marckhl (seit 5. November 1918)

Staatsamt für Unterricht
Staatssekretär: Raphael Pacher

Staatsamt für Justiz
Staatssekretär: Julius Roller

Staatsamt der Finanzen
Staatssekretär: Otto Steinwender
Unterstaatssekretär: Eugen Beck-Managetta (seit 5. November 1918)
Unterstaatssekretär: Ferdinand Grimm (seit 4. November 1918)

Staatsamt für Landwirtschaft
Staatssekretär: Josef Stöckler

*Staatsamt für Gewerbe, Industrie und Handel und Staatsamt für
Kriegs- und Übergangswirtschaft*
Staatssekretär: Karl Urban
Unterstaatssekretär: Richard Riedl (seit 7. November 1918)

Staatsamt für öffentliche Arbeiten
Staatssekretär: Johann Zerdik

Staatsamt für Verkehrswesen
Staatssekretär: Karl Jukel
Unterstaatssekretär: Bruno Enderes

Staatsamt für Volksernährung
Staatssekretär: Hans Loewenfeld-Russ
Unterstaatssekretär: Robert Wallenstorfer (seit 21. November 1918)

Staatsamt für soziale Fürsorge
Staatssekretär: Ferdinand Hanusch
Unterstaatssekretär: Josef Resch (seit 1. November 1918)

Staatsamt für Volksgesundheit
Staatssekretär: Ignaz Kaup

Kabinett II: 15. März – 17. Oktober 1919

Staatskanzlei
Staatskanzler: Karl Renner
Vizekanzler: Jodok Fink

Staatsamt für Inneres und Unterricht
Staatssekretär: Karl Renner (bis 9. Mai 1919)
Staatssekretär: Matthias Eldersch (seit 9. Mai 1919)
Unterstaatssekretär für Unterricht: Otto Glöckel
Unterstaatssekretär für Kultus: Wilhelm Miklas

Staatsamt für Justiz
Staatssekretär: Richard Bratusch

Staatsamt für Finanzen
Staatssekretär: Josef Schumpeter

Staatsamt für Land- und Forstwirtschaft
Staatssekretär: Josef Stöckler

Staatsamt für Handel und Gewerbe, Industrie und Bauten
Staatssekretär: Johann Zerdik
Unterstaatssekretär: Wilhelm Ellenbogen

Staatsamt für soziale Verwaltung
Staatssekretär: Ferdinand Hanusch
Unterstaatssekretär: Josef Resch (seit 4. April 1919)
Mit der Fortführung der Angelegenheiten der Volksgesundheit betraut: Ignaz
Kaup (bis 9. Mai 1919)
Unterstaatssekretär für Volksgesundheit: Julius Tandler (seit 9. Mai 1919)

Staatsamt für Äußeres
Staatssekretär: Otto Bauer (bis 26. Juli 1919)
Karl Renner (seit 26. Juli 1919)
Unterstaatssekretär: Egon Pflügl (seit 4. April 1919)

Staatsamt für Heereswesen
Staatssekretär: Julius Deutsch
Unterstaatssekretär: Erwin Waihs

Staatsamt für Volksernährung
Staatssekretär: Hans Loewenfeld-Russ

Staatsamt für Verkehrswesen
Staatssekretär: Ludwig Paul

Kabinett III: 17. Oktober 1919 – 11. Juni/7. Juli 1920

Staatskanzlei
Staatskanzler: Karl Renner
Vizekanzler: Jodok Fink (bis 24. Juni 1920)
Staatssekretär für Verfassungs- und Verwaltungsreform: Michael Mayr (bis 24.
Juni 1920)

Staatsamt für Inneres und Unterricht
Staatssekretär: Matthias Eldersch
Unterstaatssekretär für Unterricht: Otto Glöckel
Unterstaatssekretär für Kultus: Wilhelm Miklas (bis 24. Juni 1920)

Staatsamt für Justiz
Staatssekretär: Rudolf Ramek (bis 24. Juni 1920)
Mit der einstweiligen Weiterführung betraut: Matthias Eldersch (seit 24. Juni
1920)
Unterstaatssekretär: Arnold Eisler

Staatsamt für Finanzen
Staatssekretär: Richard Reisch

Staatsamt für Land- und Forstwirtschaft
Staatssekretär: Josef Stöckler (bis 24. Juni 1920)
Mit der einstweiligen Weiterführung betraut: Karl Renner (seit 24. Juni 1920)

Staatsamt für Handel und Gewerbe, Industrie und Bauten
Staatssekretär: Johann Zerdik (bis 24. Juni 1920)
Unterstaatssekretär: Wilhelm Ellenbogen (mit der einstweiligen Weiterführung betraut seit 24. Juni 1920)

Staatsamt für soziale Verwaltung
Staatssekretär: Ferdinand Hanusch
Unterstaatssekretär: Josef Resch (bis 24. Juni 1920)
Unterstaatssekretär für Volksgesundheit: Julius Tandler

Staatsamt für Äußeres
Staatssekretär: Karl Renner

Staatsamt für Heereswesen
Staatssekretär: Julius Deutsch
Unterstaatssekretär: Erwin Waihs (bis 24. Juni 1920)

Staatsamt für Volksernährung
Staatssekretär: Hans Loewenfeld-Russ

Staatsamt für Verkehrswesen
Staatssekretär: Ludwig Paul (bis 1. Juli 1920)
Mit der einstweiligen Weiterführung betraut: Ferdinand Hanusch (seit 1. Juli 1920)

Kabinett IV: 27. April – 20. Dezember 1945

Staatskanzlei
Staatskanzler: Karl Renner
Staatssekretär (ohne Portefeuille): Adolf Schärf
Staatssekretär (ohne Portefeuille): Leopold Figl
Staatssekretär (ohne Portefeuille): Johann Koplenig
Unterstaatssekretär für Heerwesen: Franz Winterer
Unterstaatssekretär: Heinrich Herglotz (seit 4. Mai 1945)
Unterstaatssekretär für Äußeres: Karl Gruber (seit 26. September 1945)

Staatsamt für Inneres
Staatssekretär: Franz Honner
Unterstaatssekretär: Oskar Helmer
Unterstaatssekretär: Raoul Bumballa
Unterstaatssekretär: Josef Sommer (seit 26. September 1945)

Staatsamt für Justiz
Staatssekretär: Josef Gerö
Unterstaatssekretär: Karl Altmann
Unterstaatssekretär: Max Scheffenegger
Unterstaatssekretär: Ferdinand Nagl

Staatsamt für Volksaufklärung, für Unterricht und Erziehung
und für Kultusangelegenheiten
Staatssekretär: Ernst Fischer
Unterstaatssekretär: Karl Lugmayer
Unterstaatssekretär: Josef Enslein
Unterstaatssekretär für Kultus: Ernst Hefel

Staatsamt für soziale Verwaltung
Staatssekretär: Johann Böhm
Unterstaatssekretär: Franz David
Unterstaatssekretär: Alois Weinberger

Staatsamt für Finanzen
Staatssekretär: Georg Zimmermann
Unterstaatssekretär: Hans Rizzi (seit 4. Mai 1945)

Staatsamt für Land- und Forstwirtschaft
Staatssekretär: Rudolf Buchinger (bis 26. September 1945)
Unterstaatssekretär: Josef Kraus (seit 26. September 1945)
Unterstaatssekretär: Alois Mentasti
Unterstaatssekretär: Laurenz Genner

Staatsamt für Industrie, Gewerbe, Handel und Verkehr
Staatssekretär: Eduard Heinl
Unterstaatssekretär: Karl Waldbrunner
Unterstaatssekretär: Hermann Lichtenegger (seit 4. Mai 1945)

Staatsamt für Volksernährung
Staatssekretär: Andreas Korp
Unterstaatssekretär: Helene Postranecky
Unterstaatssekretär: Josef Kraus (bis 26. September 1945)
Unterstaatssekretär: Ernst Winsauer (seit 26. September 1945)

Staatsamt für öffentliche Bauten
Staatssekretär: Julius Raab
Unterstaatssekretär: Heinrich Schneidmadl
Unterstaatssekretär: Otto Mödlagl (seit 4. Mai 1945)

Staatsamt für Vermögenssicherung und Wirtschaftsplanung
Staatssekretär: Vinzenz Schumy (seit 26. September 1945)
Unterstaatssekretär: Franz Rauscher (seit 26. September 1945)
Unterstaatssekretär: Alfred Neumann (seit 26. September 1945)

Anmerkungen

Aus Gründen des ungestörten Leseflusses wurden bis auf wenige Ausnahmen nur längere wörtliche Zitate mit Fußnoten versehen. Das vorliegende Werk verdankt wichtige Anregungen und Informationen jedoch weit mehr Abhandlungen und Quellen, als in weiterer Folge angegeben. Die gesamten benützten Publikationen sind dem Literaturverzeichnis zu entnehmen.

ANMERKUNGEN ZU KAPITEL I

1) Aufgrund einer im allgemeinen Chaos des vielköpfigen Haushalts entstandenen Verwechslung der beiden Zwillinge war sich selbst Karl Renner bis zu seinem Lebensende nie ganz sicher, ob er nun tatsächlich – wie von seinen Eltern festgelegt – das achtzehnte und nicht doch das siebzehnte Kind mit Namen Anton war.

2) Zitiert nach Renners veröffentlichten Memoiren, die allerdings nur den Zeitraum von seiner Kindheit bis zum Eintritt in die Parlamentsbibliothek behandeln. Renner, Karl: An der Wende zweier Zeiten. Lebenserinnerungen (Wien 1946) 15 f. Im folgenden stammen alle Zitate, die nicht näher ausgewiesen sind, aus diesem Werk.

3) Dr. Karl Renner vom Bauernsohn zum Bundespräsidenten. Katalog des Dr.-Karl-Renner-Museums in der Renner-Villa in Gloggnitz, hg. von Siegfried Nasko (Wien/Gloggnitz 1979) 26.

4) Renner, An der Wende zweier Zeiten, 151.

5) Renner, An der Wende zweier Zeiten, 168.

6) Karl Renner vom Bauernsohn zum Bundespräsidenten, 23.

7) Renner, An der Wende zweier Zeiten, 184.

8) Renner, An der Wende zweier Zeiten, 196.

9) Renner, An der Wende zweier Zeiten, 199.

10) Braunthal, Julius: Victor Adler. In: Werk und Widerhall. Große Gestalten des österreichischen Sozialismus, hg. von Norbert Leser (Wien 1964) 13–26, hier 18.

11) Neue Freie Presse [NFP], 1. 5. 1890, 1.

12) Stadtchronik Wien. 2 000 Jahre in Daten, Dokumenten und Bildern (Wien/München 1986²) 341.

13) Karl Renner vom Bauernsohn zum Bundespräsidenten, 24.

14) Renner, An der Wende zweier Zeiten, 212.

15) Renner, An der Wende zweier Zeiten, 212 f.; Karl Renner vom Bauernsohn zum Bundespräsidenten, 26.

16) Braunthal, Adler, 13-26.

17) Hannak, Jacques: Karl Renner und seine Zeit. Versuch einer Biographie (Wien 1965) 46.

18) Renner, An der Wende zweier Zeiten, 218.

19) Renner, An der Wende zweier Zeiten, 219.

20) Renner, An der Wende zweier Zeiten, 224.

21) Renner, An der Wende zweier Zeiten, 267.

22) Renner, An der Wende zweier Zeiten, 268.

23) Renner, An der Wende zweier Zeiten, 295; Am 31. Januar bestand er das judizielle Rigorosum mit Auszeichnung, das gemeinrechtliche und das staatswissenschaftliche am 6. Juni bzw. am 25. Oktober mit genügendem Erfolg.

ANMERKUNGEN ZU KAPITEL II

1) Rauscher, Walter: Zwischen Berlin und St. Petersburg. Die österreichisch-ungarische Außenpolitik unter Gustav Graf Kálnoky 1881–1895 (Wien/Köln/Weimar 1993) 194.

2) Synopticus [=Karl Renner]: Staat und Nation. Zur österreichischen Nationalitätenfrage. Staatsrechtliche Untersuchung über die möglichen Principien einer Lösung und der juristischen Voraussetzungen eines Nationalitätengesetzes (Wien 1899) 12.

3) Synopticus, Staat und Nation, 18.

4) Kann, Robert A.: Das Nationalitätenproblem der Habsburgermonarchie. Geschichte und Ideengehalt der nationalen Bestrebungen vom Vormärz bis zur Auflösung des Reiches im Jahre 1918, Bd. 2 (Graz/Köln 1964) 164.

5) Kann, Nationalitätenproblem, Bd. 2, 168.

6) Springer, Rudolf [=Karl Renner]: Der Kampf der Oesterreichischen Nationen um den Staat. 1. Teil: Das nationale Problem als Verfassungs- und Verwaltungsfrage (Leipzig/Wien 1902) 242; 247. Renner hoffte, daß dieses Buch »der Partei eine theoretische Waffe im Kampf mit unserer bürgerlichen Misere sein wird«. »Wenn es mir gelingen sollte«, so schrieb er Victor Adler weiter, »der Partei zu nützen und die Brünner Beschlüsse ins rechte Licht zu setzen, wäre mir's der schönste Lohn.« – Renner an V. Adler, 22. 2. 1902. In: Renner-Museum Gloggnitz.

7) Springer, Rudolf [=Karl Renner]: Die Krise des Dualismus und das Ende der Deákistischen Episode in der Geschichte der habsburgischen Monarchie. Eine politische Skizze (Wien 1904) 72. Später, vor allem in seiner noch 1918 erschienen Abhandlung »Das Selbstbestimmungsrecht der Nationen in besonderer Anwendung auf Österreich«, sprach Renner von einer Teilung der staatlichen Verwaltung in acht Gubernien. Diese sollten die alten Kronländer ersetzen und vorrangig nach sozialen und ökonomischen Gesichtspunkten aufgebaut sein. Nach seiner Konzeption bildeten zumeist national ungleichartige, wirtschaftlich und geographisch einander ergänzende Gebiete die besonders landwirtschaftlich beschränkt autonomen Gubernien (z.B.: Galizien und die Bukowina, Mähren und Schlesien). Aus den acht Gubernien setzten sich dann die vier gesellschaftlichen und ökonomischen Hauptgebiete der westlichen Reichshälfte, die Alpenländer, die Sudetenländer, die Karpatenländer und die Küstenländer zusammen. Die Verwaltungssitze wären demnach Wien, Prag, Lemberg und Triest. Die für die Legislative zuständige Volksvertretung sollte von den Einwohnern aller acht Gubernien gewählt werden. Dem Kanzler und dem Kabinett dieser immer noch habsburgischen Föderation oblagen die Agenda: Äußeres, Militär, gemeinsame Finanzen, Wirtschaft, Soziales und Rechtswesen. Vgl. auch Kann, Nationalitätenproblem, Bd. 2, 165 f.

8) Zu Renner als Rechtssoziologen siehe Pelinka, Anton: Karl Renner zur Einführung (Hamburg 1989), 29–37; Kolakowski, Leszek: Die Hauptströmungen des Marxismus. Entstehung – Entwicklung – Zerfall, Bd. 2 (München 1978) 294.

9) Payer, O. W.: Der schwarze Schmied. Arbeiterleben und -liebe in Liedern. In: Neue Glühlichter 171–174 (1902) 391; 399; 407; 415.

10) Wandlungen der modernen Gesellschaft. Zwei Abhandlungen über die Probleme der Nachkriegszeit (Wien 1953) zitiert bei: Karl Renner. Eine Bibliographie,

zusammengestellt von Hans Schroth unter Mitarbeit von Elisabeth Spielmann, Gerhard Silvestri und Ernst K. Herlitzka (Wien/Frankfurt/Zürich 1970) 15.
11) AZ, 25. 5. 1907, 1.

ANMERKUNGEN ZU KAPITEL III

1) Zitate aus: Protokoll der Verhandlungen des Parteitages der deutschen sozialdemokratischen Arbeiterpartei in Oesterreich 1913 (Wien 1913) 187; bzw. Stenographische Protokolle über die Sitzungen des Hauses der Abgeordneten des österreichischen Reichsrates. XIX. Session, 1598. (Parlamentsrede vom 15. 6. 1909)

2) Stenographische Protokolle über die Sitzungen des Hauses der Abgeordneten, XVIII. Session, 3175; 3180. (Rede vom 10. 12. 1907)

3) Stenographische Protokolle über die Sitzungen des Hauses der Abgeordneten, XVIII. Session, 3175; 3179 f.

4) Ganze Rede vom 17. 12. 1908: Stenographische Protokolle über die Sitzungen des Hauses der Abgeordneten, XVIII. Session, 8129–8139; Zitat: 8139 f.

5) Protokoll der Verhandlungen des Parteitages der deutschen sozialdemokratischen Arbeiterpartei in Oesterreich 1909 (Wien 1909) 187.

6) Zitate aus: Stenographische Protokolle über die Sitzungen des Hauses der Abgeordneten, XX. Session, 1868 (Rede vom 11. 3. 1910); Protokoll der Verhandlungen des Parteitages der deutschen sozialdemokratischen Arbeiterpartei in Oesterreich 1913 (Wien 1913) 189.

7) Stenographische Protokolle über die Sitzungen des Hauses der Abgeordneten, XVIII. Session, 8497. (Rede vom 26. 1. 1909)

8) Stenographische Protokolle über die Sitzungen des Hauses der Abgeordneten, XVIII. Session, 8498.

9) Rede vom 11. 3. 1910: Stenographische Protokolle über die Sitzungen des Hauses der Abgeordneten, XX. Session, 1867.

10) Rede im Reichsrat vom 30. 6. 1908: Karl Renner. Portrait einer Evolution, hg. von Heinz Fischer (Wien/Frankfurt/Zürich 1970). Ganze Rede: 37–42; Zitate: 39 f.

11) Kann, Nationalitätenproblem, Bd. 2, 178.

12) Trotzki, Leo: Mein Leben. Versuch einer Autobiographie (Berlin 1930) 189 f.

13) Trotzki, Mein Leben, 190.

14) Renner, Karl: Die Gründung der Republik Deutschösterreich, der Anschluß und die Sudetendeutschen. Dokumente eines Kampfes ums Recht, hg., eingeleitet und erläutert von Dr. Karl Renner. Mit einer Einführung von Eduard Rabofsky (Wien 1990) X.

15) Karl Renner in Dokumenten und Erinnerungen, hg. von Siegfried Nasko (Wien 1982) 15.

16) Renner, Portrait, 60.

17) Protokoll der Verhandlungen des Parteitages der deutschen sozialdemokratischen Arbeiterpartei in Oesterreich 1911 (Wien 1911) 263 f.

18) Protokoll der Verhandlungen des Parteitages 1911, 266.

19) Protokoll der Verhandlungen des Parteitages der deutschen sozialdemokratischen Arbeiterpartei in Oesterreich 1912 (Wien 1912) 172.

20) Protokoll der Verhandlungen des Parteitages 1913, 186.

21) Renner an V. Adler, 21. 7. 1909. In: Verein für Geschichte der Arbeiterbewegung [VfGA], Adler-Archiv, Mappe 147.
22) Renner, Karl: Das Regime des Leichtsinns. In: Der Kampf. 7 (1914) 7, 289–295; Zitat: 293; Postkarte Renners, 4. 4. 1914. In: VfGA, NL Renner, Mappe 1.
23) Grandner, Margarete: Kooperative Gewerkschaftspolitik in der Kriegswirtschaft. Die freien Gewerkschaften Österreichs im Ersten Weltkrieg (Wien/Köln/Weimar 1992) 47.

ANMERKUNGEN ZU KAPITEL IV
1) Rauchensteiner, Manfried: Der Tod des Doppeladlers. Österreich-Ungarn und der Erste Weltkrieg (Graz/Wien/Köln 1993) 100–112; Loewenfeld-Russ, Hans: Im Kampf gegen den Hunger. Aus den Erinnerungen des Staatssekretärs für Volksernährung 1918 bis 1920, hg. von Isabella Ackerl (Wien 1986) 7–16; Leser, Norbert: Zwischen Reformismus und Bolschewismus. Der Austromarxismus als Theorie und Praxis (Wien/Frankfurt/Zürich 1985²) 115 ff.; Löw, Raimund: Otto Bauer und die russische Revolution (Wien 1980), erstes Kapitel.
2) Renner, Karl: Die Probleme des Ostens. In: Der Kampf. 8 (1915) 4, 158–173; hier 167 f.
3) Renner, Karl: Sozialistischer Imperialismus oder internationaler Sozialismus? In: Der Kampf. 8 (1915) 3, 104–115; hier 110.
4) Renner, Sozialistischer Imperialismus, 110.
5) Renner, Karl: Der Krieg und die Internationale. In: Der Kampf. 8 (1915) 2, 49–62.
6) Renner, Karl: Die Voraussetzungen und Aufgaben internationaler Aktion. In: Der Kampf. 8 (1915) 6, 225–232; hier 230.
7) Renner, Voraussetzungen und Aufgaben, 230.
8) Rauchensteiner, Der Tod des Doppeladlers, 251.
9) Sozialdemokratischer Parteivorstand, 13. 7. 1915, 340 f. In: VfGA, Protokolle des Parteivorstandes; Renner trat dabei auch für ein selbständiges Polen ein, das sich nicht zuletzt aus preußischen Gebieten und Galizien zusammensetzen sollte.
10) Sozialdemokratischer Parteivorstand, 18. 11. 1915, 386; AZ, 2. 1. 1916, 1 f.
11) Renner, Karl: Zur Krise des Sozialismus. In: Der Kampf. 9 (1916) 3, 87–97; hier 97.
12) Sozialdemokratischer Parteivorstand, 1. 6. 1917, 542h.
13) Friedrich Adler vor dem Ausnahmegericht. 18. und 19. Mai 1917, hg. von J. W. Brügel (Wien/Frankfurt/Zürich 1967) 96–100.
14) Protokoll über die Verhandlungen des Parteitages der deutschen sozialdemokratischen Arbeiterpartei in Oesterreich 1917 (Wien 1917) 239.
15) Renner in Dokumenten, 50–53.
16) Renner, Portrait, 78 f. und 83.
17) Renner, Portrait, 90.
18) Czernin, Ottokar: Im Weltkriege (Berlin/Wien 1919) 229.
19) Renner, Karl: In Stockholm und daheim. In: Der Kampf. 10 (1917) 9, 233–240; vgl. auch Kaufmann, Fritz: Sozialdemokratie in Österreich. Idee und Geschichte einer Partei. Von 1889 bis zur Gegenwart (Wien 1978) 98 f.
20) Brügel, J. W.: Geschichte der österreichischen Sozialdemokratie, Bd. 5 (Wien 1925) 285.

21) Renner, Karl: Marxismus, Krieg und Internationale (Stuttgart 1917) 54; 104.
22) Protokoll über die Verhandlungen des Parteitages 1917, 120–123.

ANMERKUNGEN ZU KAPITEL V
1) Trotzki, Leo: Geschichte der russischen Revolution, Bd. 2 (Berlin 1933) 378.
2) Nasko, Siegfried: Karl Renner. In: Die österreichischen Bundeskanzler – Leben und Werk, hg. von Friedrich Weissensteiner und Erika Weinzierl (Wien 1983) 24–54; hier 36.
3) Renner, Karl: Der taktische Streit. In: Der Kampf. 11 (1918) 1, 18–30; hier 22 f.
4) Renner, Der taktische Streit, 29.
5) Stenographische Protokolle über die Sitzungen des Hauses der Abgeordneten, XXI. Session, 3569.
6) Kann, Nationalitätenproblem, Bd. 2, 164.
7) AZ, 20. 10. 1915, 2; siehe auch Renner, Karl: Was hat ein internationales Programm zu leisten? Teil III. In: Der Kampf. 11 (1918) 10, 659–665.
8) Hannak, Renner, 330 f.; Ein General im Zwielicht. Die Erinnerungen Edmund Glaises von Horstenau, hg. von Peter Broucek, Bd. 1 (Wien/Köln/Graz 1980) 498 f.
9) Renner, Portrait, 92 und 95.
10) Rumpler, Helmut: Das Völkermanifest Kaiser Karls vom 16. Oktober 1918. Letzter Versuch zur Rettung des Habsburgerreiches (Wien/München 1966) passim.
11) Außenpolitische Dokumente der Republik Österreich 1918–1938 (ADÖ), hg. von Klaus Koch, Walter Rauscher und Arnold Suppan, Bd. 1 (Wien/München 1993) [=ADÖ]/1.
12) Stenographische Protokolle über die Sitzungen des Hauses der Abgeordneten, XXII. Session, 4666.
13) »Entwurf einer provisorischen Verfassung«, o. D. In: Österreichisches Staatsarchiv [ÖStA], NL Renner.
14) Renner, Karl: Österreich, Saint-Germain und der kommende Friede (Wien 1946) 11.
15) Renner, Portrait, 99.
16) Renner, Portrait, 102 f.
17) Renner, Portrait, 103.
18) Holtmann, Everhard: Sozialdemokratie und Staat in der österreichischen Revolution. In: Österreich November 1918. Die Entstehung der Ersten Republik, hg. von Isabella Ackerl und Rudolf Neck (Wien 1986) 141–151; hier 149 ff.
19) ADÖ 1/11.

ANMERKUNGEN ZU KAPITEL VI
1) ADÖ 1/15.
2) Staatsgesetzblatt [StGbl.] Nr. 5/1918 bzw. ADÖ 1/15 A.
3) Staatsrat, Sitzung vom 28. 11. 1918. In: ÖStA, Archiv der Republik [AdR], Staatsratsprotokolle.
4) Staatsrat, 25. 11. 1918.
5) Loewenfeld-Russ, Im Kampf gegen den Hunger, 129 f.; Österreich im Jahre 1918, Berichte und Dokumente, hg. von Rudolf Neck (Wien 1968) 157 ff.

6) Kabinettsrat, Sitzung vom 23. 11. 1918. In: ÖStA, AdR, Kabinettsratsprotokolle, Karton 7; Staatsrat, 19. 11. 1918.

7) Stenographische Protokolle der Provisorischen Nationalversammlung für Deutschösterreich, 95–98; 101–104. (Sitzung vom 14. 11. 1918)

8) Staatsrat, 20. 11. 1918.

9) StGbl. Nr. 40 u. 41/1918 bzw. ADÖ 1/26 und 27.

10) Stenographische Protokolle der Provisorischen Nationalversammlung, 103. (Sitzung vom 14. 11. 1918)

11) Staatsrat, 23. 11. 1918.

12) Staatsrat, 3. 12. 1918.

13) Staatsrat, 13. 12. 1918.

14) Kerekes, Lajos: Von St. Germain bis Genf. Österreich und seine Nachbarn 1918–1922 (Wien/Köln/Graz 1979) 41; Schausberger, Norbert: Der Griff nach Österreich (Wien/München 1978) 55 ff. Die erste offizielle reichsdeutsche Stellungnahme zum Anschluß erfolgte erst durch Ebert am 6. Februar 1919 bei der Eröffnung der Weimarer Nationalversammlung:»Unsere Stammes- und Schicksalsgenossen dürfen versichert sein, daß wir sie im neuen Reich der deutschen Nation mit offenen Armen und Herzen willkommen heißen. Sie gehören zu uns und wir gehören zu ihnen.« Zitiert bei Schausberger, Norbert: Deutsche Anschlußaspirationen 1918/19 (Bisher wenig beachtete ökonomisch-strategische Aspekte zum November 1918). In: Österreich November 1918. Die Entstehung der Ersten Republik, hg. von Isabella Ackerl und Rudolf Neck (Wien 1986) 66–100; hier 88.

15) ADÖ 1/66.

16) AZ, 25. 12. 1918, 1 f.

17) AZ, 29. 12. 1918, 1 f.

18) Interview Renners vom 23. 12. 1918. In: AdR, Staatskanzlei, Z. 1521/1918.

19) Protokoll über die 3. Länderkonferenz, 31. 1. und 1. 2. 1919. In: ÖStA, AdR, Kabinettsratsprotokolle.

20) 3. Länderkonferenz 1919.

21) Stenographische Protokolle der Konstituierenden Nationalversammlung für Deutschösterreich, 97 f. (Sitzung vom 15. 3. 1919)

22) Renner, Gründung der Republik, 51.

23) Stenographische Protokolle der Konstituierenden Nationalversammlung, 98. (Sitzung vom 15. 3. 1919)

24) ADÖ 1/177.

25) Stadler, Karl R.: Hypothek auf die Zukunft. Die Entstehung der österreichischen Republik 1918–1921 (Wien/Frankfurt/Zürich 1968) 88.

26) Montgomery-Cuninghame, Thomas Andrew Alexander: Dusty Measure. A record of troubled times (London 1939) 312 f.; 321; Brook-Sheperd, Gordon: Karl I. Des Reiches letzter Kaiser. Glanz und Elend des letzten österreichischen Herrscherpaares (Wien/München 1986) 266 f.

27) Stadler Karl R.: Die Gründung der Republik. In: Österreich 1918–1938. Geschichte der Republik, Bd. 1 (Graz/Wien/Köln 1983) 55–84; hier 77; Renner, Portrait, 155 f.

28) AZ, 20. 4. 1919, 1 f.

29) AZ, 20. 4. 1919, 2.

30) Haas, Hanns: Österreich und die Alliierten 1918–1919. In: Saint-Germain 1919, hg. von Isabella Ackerl und Rudolf Neck (Wien 1989) 11–40; hier 34.

31) 3. Länderkonferenz 1919.

32) 3. Länderkonferenz 1919.

33) Renner in Dokumenten, 54 ff.

ANMERKUNGEN ZU KAPITEL VII

1) Renner, Portrait, 157 ff.

2) Parker, R.A.C.: Das Zwanzigste Jahrhundert I. Europa 1918–1945 (Frankfurt 1967) 9.

3) »Saint-Germain, im Sommer 1919«. Die Briefe Franz Kleins aus der Zeit seiner Mitwirkung in der österreichischen Friedensdelegation. Mai–August 1919, hg. von Fritz Fellner und Heidrun Maschl, (Salzburg 1977) 55; Unterhändler des Vertrauens. Aus den nachgelassenen Schriften von Sektionschef Dr. Richard Schüller, hg. von Jürgen Nautz, (Wien/München 1990) 238.

4) Saint-Germain, im Sommer 1919, 100; 105.

5) Kreissler, Felix: Frankreichs öffentliche Meinung und der Friede von Saint-Germain. In: Saint-Germain 1919, 265–302; hier 295; vgl. auch Stadler, Karl R.: The Birth of the Austrian Republic 1918–1921 (Leyden 1966) 40.

6) Renner in Dokumenten, 59.

7) Bericht über die Tätigkeit der deutschösterreichischen Friedensdelegation in St. Germain-en-Laye, Bd. 1 (Wien 1919) Beilage 5.

8) Privatbrief Renners, 31. 5. 1919. In: ÖStA, NL Renner.

9) Renner an Breisky, 31. 5. 1919; Renner an Hoffenreich, 31. 5. 1919; Renner an L. Ferneböck, 31. 5. 1919. In: ÖStA, NL Renner.

10) Portisch, Hugo: Österreich I. Die unterschätzte Republik. Ein Buch zur gleichnamigen Fernsehdokumentation von Hugo Portisch und Sepp Riff (Wien 1989[2]) 132; Den »big five« gehörte neben Wilson, Clemenceau, Lloyd George und Orlando auch der Japaner Matsui an.

11) Bericht 1/17.

12) Kreissler, Frankreichs öffentliche Meinung, 298.

13) Saint-Germain, im Sommer 1919, 113.

14) ADÖ 2 (Wien/München 1994)/271.

15) Bericht 1/22.

16) Portisch, Österreich I, 141.

17) Renner in Dokumenten, 66.

18) Renner an Glöckel, 17. 6. 1919. In: ÖStA, NL Renner.

19) Renner an Eldersch, 20. 6. 1919. In: ÖStA, NL Renner.

20) Renner in Dokumenten, 62 f.; »Maltschi« wurde Amalia Pölzer, Renners Sekretärin, genannt.

21) Saint-Germain, im Sommer 1919, 194.

22) Renner an Luise Renner, 14. 7. 1919. In: Dr.-Karl-Renner-Museum Gloggnitz; Renner an Luise Renner, 18. 7. 1919. In: Renner in Dokumenten, 64; am 17. Juli schrieb Renner auch Otto Bauer von der innerhalb der Delegation grassie-

renden »Stacheldrahtpsychose«. – Schmitz, Georg: Karl Renners Briefe aus Saint-Germain und ihre rechtspolitischen Folgen (Wien 1991) 9.

23) Renner an Drucker, 7. 7. 1919. In: ÖStA, NL Renner.
24) Haas, Österreich und die Alliierten, 37.
25) Renner an Della Rocca, 20. 7. 1919. In: ÖStA, NL Renner.
26) Die erste österreichische Republik im Spiegel zeitgenössischer Quellen, hg. von Francis L. Carsten (Wien/Köln/Graz 1988) 15.
27) Die erste österreichische Republik, 16.
28) Akten zur Deutschen Auswärtigen Politik [ADAP], Serie A, Bd. 2/133.
29) Bericht 2/66.
30) Bericht 2/68.
31) Renner an Lazarus, 28. 8. 1919. In: ÖStA, NL Renner.
32) Bericht 2/73.
33) Bericht 2/75.
34) ADÖ 2/355.
35) In Österreich bezeichnete man den Friedensvertrag fortan als »Staatsvertrag«. Diese Terminologie bezweckte die völkerrechtlich und staatsrechtlich stets vertretene Diskontinuität der nichtkriegführenden Republik Österreich zur alten sehr wohl kriegführenden Donaumonarchie bzw. zu Zisleithanien.

ANMERKUNGEN ZU KAPITEL VIII

1) Stenographische Protokolle der Konstituierenden Nationalversammlung für Deutschösterreich, 848.
2) Protokoll der Verhandlungen des Parteitages der sozialdemokratischen Arbeiterpartei Deutschösterreichs 1919 (Wien 1920) 237 f.
3) Protokoll der Verhandlungen des Parteitages, 262 f.
4) Protokoll der Verhandlungen des Parteitages, 265.
5) Stenographische Protokolle der Konstituierenden Nationalversammlung, 1088.
6) Rede vom 21. 11. 1919 in: Stenographische Protokolle der Konstituierenden Nationalversammlung, 1094.
7) Stenographische Protokolle der Konstituierenden Nationalversammlung, 1096.
8) Loewenfeld-Russ, Im Kampf gegen den Hunger, 254.
9) Stenographische Protokolle der Konstituierenden Nationalversammlung, 1450.
10) Konstituierende Nationalversammlung 1919–1920, Ausschuß für Äußeres, 22. 11. 1919. In: Parlamentsarchiv Wien [PA-Wien].
11) Geheimprotokoll über die politischen Verhandlungen zwischen Renner und Beneš, Prag 12. 1. 1920. In: ÖStA, AdR, Gesandtschaft Berlin, Karton 5; Streng geheimes Aide-mémoire Mareks über die Verhandlungen zwischen Renner und Beneš, Prag, 14. 1. 1920. In: AdR, Neues Politisches Archiv [NPA] Tschechoslowakei geheim, Karton 415.
12) Konstituierende Nationalversammlung 1919–1920, Ausschuß für Äußeres, 15. 1. 1920. In: PA-Wien.
13) Stenographische Protokolle der Konstituierenden Nationalversammlung, 1609.
14) Malfèr, Stefan: Wien und Rom nach dem Ersten Weltkrieg. Österreichisch-italienische Beziehungen 1919–1923 (Wien/Köln/Graz 1978) 31–45.

15) Renner, Portrait, 181.
16) Renner, Portrait, 186.
17) Goldinger, Walter und Dieter A. Binder: Geschichte der Republik Österreich 1918–1938 (Wien/München 1992) 93.

ANMERKUNGEN ZU KAPITEL IX
1) Protokoll des Parteitages 1922. Die Verhandlungen der sozialdemokratischen Arbeiterpartei Deutschösterreichs (Wien 1922) 160.
2) Renner, Portrait, 189–208.
3) Stenographische Protokolle über die Sitzungen des Nationalrates der Republik Österreich, I. Gesetzgebungsperiode [GP], 1319.
4) Stenographische Protokolle über die Sitzungen des Nationalrates, I. GP, 381 f.
5) Stenographische Protokolle über die Sitzungen des Nationalrates, I. GP, 2220.
6) Stenographische Protokolle über die Sitzungen des Nationalrates, I. GP, 2222.
7) Renner, Portrait, 211 ff.; die Anfrage erfolgte am 6. 4. 1922.
8) Karl Renner vom Bauernsohn zum Bundespräsidenten, 45.
9) Stenographische Protokolle über die Sitzungen des Nationalrates, I. GP, 4360.
10) Protokoll des Parteitages 1922, 158; 161; Renner an Saenger, 20. 11. 1922. In: ÖStA, NL Renner.
11) Renner, Portrait, 215–232.
12) AZ, 23. 9. 1923, 2.
13) AZ, 9. 3. 1924, 2.
14) AZ, 3. 7. 1921, 2.
15) Renner an Edward A. Filene, 29. 9. und 6. 11. 1924. In: ÖStA, NL Renner; Leichter, Otto: Otto Bauer. Tragödie oder Triumph (Wien/Frankfurt/Zürich 1970) passim.
16) Renner an Therese Renner, 2. 10. 1926. In: ÖStA, NL Renner.
17) Protokoll des Parteitages 1923. Die Verhandlungen der sozialdemokratischen Arbeiterpartei Deutschösterreichs (Wien 1923) 167.
18) Renner an Hilferding, 21. 10. 1926. In: ÖStA, NL Renner.
19) Stenographische Protokolle über die Sitzungen des Nationalrates der Republik Österreich, II. GP, 1843; Protokoll des sozialdemokratischen Parteitages 1926 (Wien 1926) 294–297.

ANMERKUNGEN ZU KAPITEL X
1) Renner, Portrait, 233–248.
2) Renner in Dokumenten, 79.
3) Protokoll des sozialdemokratischen Parteitages 1927 (Wien 1927) 137.
4) Protokoll des sozialdemokratischen Parteitages 1927, 145.
5) Renner an Karl Kautsky, 22. 12. 1930; Renner an Julius Sesser, 17. 12. 1927. In: ÖStA, NL Renner.
6) Renner, Portrait, 292.
7) Renner in Dokumenten, 98 f.
8) Renner, Portrait, 326.
9) Renner in Dokumenten, 95.

10) Renner in Dokumenten, 116.
11) Protokoll des sozialdemokratischen Parteitages 1929 (Wien 1929) 35.
12) Renner, Portrait, 332 f.
13) Renner in Dokumenten, 98.
14) Protokoll des sozialdemokratischen Parteitages 1930 (Wien 1930) 35.
15) Renner, Portrait, 374.
16) Renner an Lotte Franzos, 20. 3. 1929. In: ÖStA, NL Renner.
17) Renner an Josef Rainer, 6. 5. 1932. In: ÖStA, NL Renner.
18) Renner an E. H. Hauer, 5. 12. 1931. In: ÖStA, NL Renner.
19) Renner, Portrait, 378.
20) Renner an Hugo Graf Lerchenfeld, 12. 6. 1931. In: ÖStA, NL Renner.
21) Protokoll des sozialdemokratischen Parteitages 1931 (Wien 1931) 58.
22) Renner, Portrait, 367.
23) Parteitag 1931, 57.
24) Renner in Dokumenten, 113.
25) Renner an Ferdinand Bloch-Bauer, 28. 7. 1932. In: ÖStA, NL Renner.
26) Renner an Guttmann, 10. 12. 1932. In: ÖStA, NL Renner.
27) Stenographische Protokolle über die Sitzungen des Nationalrates, IV. GP, 3392; vgl. auch Czerny, Wilhelm F.: Parlament und Parteien, hg. von Edith Riether und Günther Schefbeck (Wien/Köln/Weimar 1994) 147–162.

ANMERKUNGEN ZU KAPITEL XI
1) AZ, 9. 3. 1933, 2.
2) Renner an Anton Horacek, 19. 4. 1933. In: ÖStA, NL Renner.
3) Protokoll des außerordentlichen Parteitags 1933, 20–37. In: VfGA, Altes Parteiarchiv, Mappe 66/I.
4) Renner, Karl: Die Wirtschaftsprobleme des Donauraumes und die Sozialdemokratie (Wien 1933) 35.
5) Hannak, Renner, 604; zu den Verfassungsentwürfen siehe etwa: Rabinbach, Anson: The Crisis of Austrian Socialism. From Red Vienna to Civil War 1927–1934 (Chicago/London 1983) 148 ff.
6) Hannak, Renner, 606 f.
7) Renner in Dokumenten, 127; Renner an Franziska Deutsch-Renner, 23. 3. 1934. In: VfGA, NL Renner, Mappe 2.
8) Renner in Dokumenten, 128.
9) Renner in Dokumenten, 138.
10) Hannak, Renner, 621 f.
11) Helmer, Oskar: 50 Jahre erlebte Geschichte (Wien 1957) 359.
12) Goldinger und Binder, Geschichte der Republik, 296.
13) Neues Wiener Tagblatt, 3. 4. 1938.
14) Renner in Dokumenten, 136 f.
15) Gestapo/Staatspolizeistelle Wien an Bürckel, 21. 6. 1938, Aktenzahl 242. In: AdR, »Bürckel-Akten«/Namen.
16) Renner, Gründung der Republik, 36.
17) Renner, Gründung der Republik, 6 f.
18) Renner, Gründung der Republik, 30.

19) Zitatauszüge aus Renner, Karl: Das Weltbild der Moderne (Wien 1954) 15; 17; 422 ff.
20) Renner in Dokumenten, 139.
21) Renner in Dokumenten, 142 f.
22) Renner, Karl: Österreich von der Ersten zur Zweiten Republik (Wien 1953), 228 f.
23) Renner an Kienzl, 15. 1. 1937. In: Wiener Stadt- und Landesbibliothek, Handschriftensammlung; auch bei Nasko, Renner, 243.

ANMERKUNGEN ZU KAPITEL XII
1) Portisch, Hugo: Österreich II. Die Geschichte Österreichs vom 2. Weltkrieg bis zum Staatsvertrag, Bd. 1 (München 1993) 228; Renner in Dokumenten, 262.
2) Aichinger, Wilfried: Sowjetische Österreichpolitik 1943–1945 (Wien 1977) 187 ff.; Renner, Österreich, 233; zu seiner Begegnung mit der Roten Armee und seiner Odyssee vgl. Renner, Karl: Denkschrift über die Geschichte der Unabhängigkeitserklärung Österreichs und die Einsetzung der provisorischen Regierung der Republik (Wien 1945); den Beleg dafür, daß Stalin Renner suchen ließ, liefert Schtemenko, Sergej: Im Generalstab, Bd. 2 (Berlin 1975) 403.
3) Der Weg zur Freiheit und Neutralität. Dokumentation zur österreichischen Außenpolitik 1945–1955, hg. von Eva-Marie Csáky (Wien 1980) Nr. 3. Renner schrieb außerdem an Außenminister Molotov und an das Präsidium der Volkskommissare.
4) Hannak, Renner, 676 ff.; vgl. auch Rauchensteiner, Manfried: Die Zwei. Die große Koalition in Österreich 1945–1966 (Wien 1987) 29–32 und Aichinger, Sowjetische Österreichpolitik, 187 ff.; Leidenfrost, Josef: Die amerikanische Besatzungsmacht und der Wiederbeginn des politischen Lebens in Österreich 1944–1947 (Phil. Diss. Wien 1986) 502 f. Renners Aufzeichnungen auf Schloß Eichbüchl befinden sich im Institut für Zeitgeschichte Wien.
5) Schärf, Adolf: Zwischen Demokratie und Volksdemokratie. Österreichs Einigung und Wiederaufrichtung im Jahre 1945 (Wien 1950) 14.
6) Renner, Portrait, 397 ff.
7) Renner, Portrait, 399 f.; vgl. Schärf, Adolf: Österreichs Erneuerung 1945–1955 (Wien 1960[7]) 47 ff.; Rauchensteiner, Die Zwei, 42.
8) Schärf, Adolf: April 1945 in Wien (Wien 1948) 108–113.
9) Schärf, April 1945, 116 f.
10) Schärf, April 1945, 117–120.

ANMERKUNGEN ZU KAPITEL XIII
1) »Ich bin dafür, die Sache in die Länge zu ziehen«. Wortprotokolle der österreichischen Bundesregierung von 1945–52 über die Entschädigung der Juden, hg. von Robert Knight (Frankfurt 1988) 75–80.
2) Renner, Denkschrift, 22.
3) »Ich bin dafür ...«, 82 f.
4) Renner, Karl: Drei Monate Aufbauarbeit der Provisorischen Staatsregierung der Republik Österreich (Wien 1945) 9.
5) »Ich bin dafür ...«, 97 ff.

6) Österreich und die Großmächte. Dokumente zur österreichischen Außenpolitik 1945–1955, hg. von Alfons Schilcher (Wien/Salzburg 1980) 42 f.

7) »Ich bin dafür ...«, 84.

8) Erinnerungsvermerk über die Verhandlungen bei Želtov am 3. 8. 1945. In: ÖStA, NL Renner.

9) Memorandum Renners an Fierlinger, 16. 7. 1945. Geschäftszahl [GZ] 493. In: ÖStA, AdR-Staatskanzlei/Auswärtige Angelegenheiten [StK/AA], Karton 2.

10) »Ich bin dafür...«, 114 f.

11) Portisch, Österreich II, Bd. 2, 142–147.

12) AZ, 21. 8. 1945, 1.

13) Portisch, Österreich II, Bd. 2, 230.

14) AZ, 26. 8. 1945, 2.

15) Renner in Dokumenten, 155; vgl. weiters Rauchensteiner, Manfried: Der Sonderfall. Die Besatzungszeit in Österreich 1945 bis 1955 (Graz/Wien/Köln 1979) 126 f.

16) Erste Länderkonferenz. Wien, Niederösterreichisches Landhaus 24. bis 26. September 1945 (Wien 1945) 6–9; 14; siehe auch Feichtenberger, Franz Josef: Die Länderkonferenzen 1945. Die Wiedererrichtung der Republik Österreich (Phil. Diss. Wien 1965) passim.

17) Erste Länderkonferenz 1945, 10 f.

18) Erste Länderkonferenz 1945, 17; 21; 35.

19) Renner an den Alliierten Rat, 28. 9. 1945. GZ 1305. In: AdR-StK/AA, Karton 6; abgedruckt in: Der Weg zur Freiheit/16.

20) Stadler, Karl R.: Adolf Schärf. Mensch, Politiker, Staatsmann (Wien 1982) 223 f.

21) AZ, 4. 10. 1945, 1.

22) AZ, 27. 10. 1945, 1.

23) Scharf, Erwin: Ich darf nicht schweigen. Drei Jahre Politik des SPÖ-Parteivorstandes – von innen gesehen (Wien 1948) 16.

24) Schlußrede Renners auf der 3. Länderkonferenz. GZ 1892. In: AdR-StK/AA, Karton 6.

25) Wodak, Walter: Diplomatie zwischen Ost und West (Graz/Wien/Köln 1976) 185.

26) AZ, 25. 11. 1945, 1.

27) AZ, 15. 12. 1945, 2; AZ, 16. 12. 1945, 2.

28) Renner, Portrait, 388 f.

29) Renner, Portrait, 389–400.

ANMERKUNGEN ZU KAPITEL XIV

1) Renner, Portrait, 400 ff.

2) »Angelegenheiten der Bundespräsidentschaft« und Erinnerungsvermerk über die Konferenz Renner – Figl vom 2. 7. 1946. In: VfGA, NL Schärf, Box 11, 4/072.

3) Rauchensteiner, Sonderfall, 136.

4) Rauchensteiner, Sonderfall, 159 f.

5) Renner, Österreich, 240.

6) Vortrag vor der Österreichischen Liga für die Vereinten Nationen am 5. 4. 1946

in: Renner, Karl: Österreich, Saint-Germain und der kommende Friede (Wien 1946) 22 f.; AZ, 1. 3. 1946, 1 f.

7) Renner, Österreich, 15, 19, 22; Renner, Karl: Für Recht und Frieden. Eine Auswahl der Reden des Bundespräsidenten Karl Renner, hg. von der Bundesregierung zum 80. Geburtstag Karl Renners (Wien 1951) 59 f.; Rauchensteiner, Die Zwei, 92; Zitat aus der Rede über die jüdische Gemeinde vom Februar 1946: »Ich bin dafür ...«, 60 f.

8) Renner, Für Recht und Frieden, 64; 71.

9) Renner, Karl: 950 Jahre Österreich (Wien 1946) 13–17.

10) Renner, Für Recht und Frieden, 69.

11) Stourzh, Gerald: Geschichte des Staatsvertrages. Österreichs Weg zur Neutralität (Graz/Wien/Köln 1985[3]) 100 ff.

12) Renner, Für Recht und Frieden, 93.

13) Rauchensteiner, Sonderfall, 193; Stourzh, Geschichte des Staatsvertrages, 16 f.

14) »Ich zeichne sie mit zwei Buchstaben, um nicht die Redaktion im ganzen und nicht die Partei schon jetzt dafür verantwortlich zu machen.« – Renner an Pollak, 14. 5. 1947. In: VfGA, NL-Helmer, Mappe 5; Stourzh, Geschichte des Staatsvertrages, 44.

15) Renner an Schärf, 10. 5. 1947; Denkschrift Schärfs »Der Bundespräsident. Eine politische Studie« vom 12. 7. 1947. In: Stadler, Schärf, 303 f.

16) Schärf an Renner am 23. 6. 1947. In: Stadler, Schärf, 302 f.

17) Stadler, Schärf, 309 f.

18) AZ, 21. 9. 1947, 2.

19) Neues Österreich, 3. 1. 1948, 1 f.

20) Renner an Schärf, 17. 9. 1947. In: Stadler, Schärf, 371 f.

21) Rauchensteiner, Sonderfall, 225.

22) Neues Österreich, 15.9.1948, 2.

23) Renner, Karl: Austria: key for war and peace. In: Foreign Affairs, Bd. 26 (New York 1948) 4, 589–603. In Deutsch wiedergegeben: AZ, 11. 6. 1948, 1.

24) Die beiden Briefe stammen vom 15. bzw. 20. 4. 1948. In: Stadler, Schärf, 331 ff.

25) Unterredung Renners mit Weinberger, Raab, Kraus und Gruber, 15. 12. 1948. In: VfGA, NL Helmer, Mappe 5.

26) Renner in Dokumenten, 156 ff.

27) Renner an J. Freundlich, 22. 11. 1946 und 25. 2. 1947. In: VfGA, Adler-Archiv, Mappe 147.

28) Renner, Österreich, 268.

29) Unterredung mit Gruber am 20. 7. 1949. In: Rauchensteiner, Sonderfall, 270.

30) Wiener Zeitung, 9. 10. 1949, 1.

31) Béthouart, Marie Emile: Die Schlacht um Österreich (Wien 1967) 258 ff.; Stourzh, Geschichte des Staatsvertrages, 108; Rauchensteiner, Sonderfall, 279.

32) Helmer, 50 Jahre, 299.

33) AZ, 14.12.1950, 1.

34) Wiener Zeitung, 3. 1. 1951, 1.

Quellen und Literatur

Bücher und Broschüren von Karl Renner

Anonym:
Die Verfassung als die Quelle des Nationalitätenhaders in Österreich. Studie eines Patrioten (Wien/Leipzig 1897).
Grundzüge für eine endgültige Lösung der Nationalitätenfrage in Österreich. Ideen und Betrachtungen eines Patrioten (Wien/Leipzig 1897).
Ergänzung der Verfassung Österreichs. Ein Antrags-Entwurf zur Nationalitätenfrage, verfaßt und begründet von einem Patrioten (Wien/Leipzig 1898).
Das arbeitende Volk und die Nationalitätenfrage (Wien 1900).

Als Synopticus:
Staat und Nation. Zur österreichischen Nationalitätenfrage. Staatsrechtliche Untersuchung über die möglichen Principien einer Lösung und der juristischen Voraussetzungen eines Nationalitätengesetzes (Wien 1899).

Als Rudolf Springer:
Staat und Parlament. Kritische Studie über die Österreichische Frage und das System der Interessenvertretung (Wien 1901).
Der Kampf der Oesterreichischen Nationen um den Staat. 1. Teil: Das nationale Problem als Verfassungs- und Verwaltungsfrage (Leipzig/Wien 1902).
Die Krise des Dualismus und das Ende der Deákistischen Episode in der Geschichte der habsburgischen Monarchie. Eine politische Skizze (Wien 1904).
Grundlagen und Entwicklungsziele der Österreichisch-Ungarischen Monarchie. Politische Studie über den Zusammenbruch der Privilegienparlamente und die Wahlreform in beiden Staaten, über die Rechtsidee und ihre Zukunft (Wien 1906).
Mehrheits- oder Volksvertretung? Zur Aufklärung der intellektuellen und industriellen Klassen über ihr Interesse an einer Wahlreform sowie über Wesen, Arten und Bedeutung der Proportionalwahl (Wien/Leipzig 1904).

Als O. W. Payer:
Mehrarbeit und Mehrwert (Wien 1902).

Als Thomas Wahrmund:
Der niederösterreichische Landtag und das arbeitende Volk. Ein offenes Wort zur rechten Zeit (Wien 1902).

Als J[osef] Karner:
Die soziale Funktion der Rechtsinstitute, besonders des Eigentums (Wien 1904).
Das Volk steht auf! Es ruft: Heraus das gleiche Wahlrecht! Eine Kritik des österreichischen Privilegienparlaments (Wien 1905).

Als Karl Renner:
Was haben die Sozialdemokraten geleistet? (Wien 1907).
Gegen die Hungerpolitik! (Wien 1907).
Der nationale Ausgleich in den Sudetenländern (Teplitz 1908).
Der nationale Streit um die Ämter und die Sozialdemokratie (Wien 1908).
Das arbeitende Volk und die Steuern. Zum Kampfe gegen die Steuervorlagen der Regierung Bienerth-Bilinski, 2 Teile (Wien 1909).
Der deutsche Arbeiter und der Nationalismus. Untersuchungen über Größe und Macht der deutschen Nation in Österreich und das nationale Programm der Sozialdemokratie (Wien 1910).

Landwirtschaftliche Genossenschaften und Konsumvereine (Wien 1910).
Politik. Zur Geschichte und Theorie des modernen Staates. Ein Leitfaden für
Lehrer und Lernende (Wien 1910).
Neue Steuern! Ein trauriges Kapitel der österreichischen Politik. Zur Erinnerung
und Warnung der Wähler (Wien 1911).
Unser Kampf um Brot und Arbeit! Die Tätigkeit des sozialdemokratischen Ver-
bandes gegen Teuerung und Arbeitslosigkeit (Wien 1911).
Landvolk und Sozialdemokratie (Wien 1911).
Die Aera Hohenblum – der Ruin unserer Staats– und Volkswirtschaft! Bericht
über Österreichs Zoll- und Handelspolitik (Wien 1913).
Was ist die Nationale Autonomie? Was ist Soziale Verwaltung? Einführung in die
nationale Frage und Erläuterung der Grundsätze des nationalen Programms der
Sozialdemokratie (Wien/Teplitz 1913).
Konsumgenossenschaftliche Grundsätze (Wien 1914).
Konsumvereine und Arbeiterbewegung (Wien 1914).
Die Irrlehren vom Schutzzoll und die Lage der österreichischen Volkswirtschaft
(Wien 1914).
Die Nation als Rechtsidee und die Internationale (Wien 1914).
Der Proporz in den Industriegemeinden Niederösterreichs. Wesen der Verhält-
niswahl und Darstellung des neuen Wahlrechts (Wien 1914).
Volksernährung im Kriege (Brünn 1914).
Einige Grundbegriffe der Handels- und Zollpolitik (Wien 1916).
Handelsvertragspolitik (Wien 1916).
Der österreichisch-ungarische Ausgleich (Wien 1916).
Schlußwort über Handelspolitik und Ernährungsfrage (Wien 1916).
Österreichs Erneuerung. Politisch-programmatische Aufsätze, 3 Bde. (Wien
1916).
Politische Demokratie und nationale Autonomie (Wien 1917).
Krieg und Absolutismus. Friede und Recht (Wien 1917).
Marxismus, Krieg und Internationale. Kritische Studien über offene Probleme
des wissenschaftlichen und des praktischen Sozialismus in und nach dem Welt-
krieg (Stuttgart 1917).
Das Selbstbestimmungsrecht der Nationen in besonderer Anwendung auf Öster-
reich (Wien 1918).
Was ist Klassenkampf? (Berlin 1919).
Deutschland, Österreich und die Völker des Ostens (Berlin 1922).
Gemeinsam mit *Karl Seitz:* Die Schmach von Genf (Wien 1922).
Die wirtschaftlichen Lehren von Karl Marx (Teplitz-Schönau 1922).
Ferdinand Lassalle. Auswahl von Reden und Schriften nebst kurzer Biographie
und geschichtlicher Einführung (Berlin 1923).
Der Tag der Deutschen (Berlin 1923).
Österreichs Volkswirtschaft und die Sanierung (Wien 1923).
Die Mitwirkung der Betriebsräte bei der Produktionskontrolle (Wien 1923).
Die Geltung der Ingenieurarbeit in Wirtschaft und Gesellschaft (Wien 1924).
Die Wirtschaft als Gesamtprozeß und die Sozialisierung. Populärwissenschaft-
lich dargestellt nach Karl Marx' System (Berlin 1924).

Betriebsräte, Works committees (Prag 1924).
Die österreichische Volkswirtschaft und die Arbeiterklasse (Wien 1925).
Der geistige Arbeiter in der gegenwärtigen Gesellschaft und Geschichtsepoche (Berlin 1926).
Die österreichischen Arbeitergenossenschaften und ihre Kritiker (Wien 1926).
Das nationale und ökonomische Problem in der Tschechoslowakei (Prag 1926).
Der Anschluß Österreichs an Deutschland als europäisches Problem (Berlin 1926).
Zur Geschichte der Österreichischen Verwaltung (Wiener Neustadt 1927).
Die Dreieinheit der Arbeiterbewegung (Wien 1928).
Karl Kautsky. Skizze zur Geschichte der geistigen und politischen Entwicklung der deutschen Arbeiterklasse. Ihrem Lehrmeister Kautsky zum 75. Geburtstag gewidmet (Berlin 1929).
Die Rechtsinstitute des Privatrechts und ihre soziale Funktion. Ein Beitrag zur Kritik des bürgerlichen Rechts (Tübingen 1929).
Staatswirtschaft, Weltwirtschaft und Sozialismus (Berlin 1929).
Wege der Verwirklichung. Betrachtungen über politische Demokratie, Wirtschaftsdemokratie und Sozialismus, insbesondere über die Aufgaben der Genossenschaften und der Gewerkschaften (Berlin 1929).
Der Mensch in der Wirtschaft und der Sozialismus (Wien 1930).
Sieben Jahre Arbeiterbank AG in Wien (Wien 1930).
Gemeinsam mit *Emmy Freundlich* und *Andreas Vukowitsch*: Austria and Austrian co-operation. Dedicated to the delegates of the XIIIth international co-operative congress (Wien 1930).
Die Funktion des Geldes in der Volkswirtschaft (Wien 1931).
Um die Zukunft Österreichs (Wien 1931).
Die Wirtschaftskrise und die Gegner der Genossenschaft (Wien 1932).
Novemberverbrecher? Die Anklage der Hitler-Bewegung gegen die »Novemberverbrecher« wegen nationalen Verrats (Wien 1932).
Mittelstand und Sozialismus. Ein klares Wort an Gewerbetreibende und Bauern über die Grundfragen der Wirtschaft (Wien 1932).
Die Wirtschaftsprobleme des Donauraumes und die Sozialdemokratie. Denkschrift (Wien 1933).
Der Weg der Krise (Wien 1933).
Rapport sur la crise économique mondiale (Brüssel 1934).
Rückschau und Ausblick (Wien 1945).
Denkschrift über die Geschichte der Unabhängigkeitserklärung Österreichs und die Einsetzung der provisorischen Regierung der Republik (Wien 1945).
Drei Monate Aufbauarbeit der Provisorischen Staatsregierung der Republik Österreich (Wien 1945).
Denkschrift der Provisorischen Staatsregierung der Republik Österreich über die Organisation der Zusammenarbeit der militärischen und zivilen Behörden (Wien 1945).
L' Autriche veut vivre (Brüssel 1945).
Österreich, Saint-Germain und der kommende Friede (Wien 1946).
950 Jahre Österreich (Wien 1946).

Festakt anläßlich des 1. Jahrestages der verfassungsmäßigen Konstituierung der Zweiten Republik Österreich in der Präsidentschaftskanzlei am 20. Dezember 1946 (Wien 1946).

Die neue Welt und der Sozialismus. Einsichten und Ausblicke des lebenden Marxismus (Salzburg 1946).

Demokratie und Bureaukratie (Wien 1946).

An der Wende zweier Zeiten. Lebenserinnerungen (Wien 1946).

Wege der Verwirklichung. Betrachtungen über politische Demokratie, Wirtschaftsdemokratie und Sozialismus, insbesondere über die Aufgaben der Genossenschaften und Gewerkschaften (Offenbach 1947).

Oskar Helmer zum 60. Geburtstag (Wien 1947).

Die Menschenrechte. Zwei Vorträge, vor und nach der großen Menschheitskatastrophe (Wien 1948).

Vom liberalen zum sozialen Staat (Wien 1948).

Mai-Botschaft 1949 an das österreichische Volk (Wien 1949).

Aus meinem Leben. Auswahl aus »An der Wende zweier Zeiten« (Wien 1950).

Lyrisch-soziale Dichtungen. Eine Auswahl. Zum 80. Geburtstag des Verfassers im Auftrage des »Literarischen Instituts«, gesammelt und hg. von Ernst K. Herlitzka (Wien 1950).

Altes Herz geht auf Reisen. Politische Ideale. Rede an die österreichische studierende Jugend (Wien 1950).

Nach Renners Tod erschienen:

Sozialismus, Arbeiterschaft und Genossenschaft. Skizze einer ökonomischen Theorie des Genossenschaftswesens (Hamburg 1951).

Für Recht und Frieden. Eine Auswahl der Reden des Bundespräsidenten Karl Renner, hg. von der Bundesregierung zum 80. Geburtstag Karl Renners (Wien 1951).

Mensch und Gesellschaft. Grundriß einer Soziologie (Wien 1952).

Österreich von der Ersten zur Zweiten Republik (Wien 1953).

Wandlungen der modernen Gesellschaft. Zwei Abhandlungen über die Probleme der Nachkriegszeit (Wien 1953).

Arbeit und Kapital. Eine volkstümliche Einführung in die Probleme der modernen Wirtschaft (Wien 1953).

Das Weltbild der Moderne (Wien 1954).

Ziel und Weg. Gedanken und Aussprüche Karl Renners über das Genossenschaftswesen, gesammelt und ausgewählt von Elisabeth Spielmann (Wien 1960).

Die Nation: Mythos und Wirklichkeit. Manuskript aus dem Nachlaß, hg. von Jacques Hannak (Wien 1964).

Die Gründung der Republik Deutschösterreich, der Anschluß und die Sudetendeutschen. Dokumente eines Kampfes ums Recht, hg., eingeleitet und erläutert von Dr. Karl Renner. Mit einer Einführung von Eduard Rabofsky (Wien 1990).

Renners zahllose Aufsätze, Artikel und Beiträge in Tageszeitungen oder Zeitschriften sowie Übersetzungen der genannten Werke in andere Sprachen wurden hier nicht berücksichtigt. Eine ausgezeichnete Aufstellung dazu bietet: Karl Renner. Eine Bibliographie, zusammengestellt von Hans Schroth unter Mitarbeit von Elisabeth Spielmann, Gerhard Silvestri und Ernst K. Herlitzka (Wien/Frankfurt/Zürich 1970).

Veröffentlichte Quellen und Sekundärliteratur

Aichinger, Wilfried: Sowjetische Österreichpolitik 1943–1945 (Wien 1977).

Akten zur Deutschen Auswärtigen Politik 1918–1945 [ADAP] Serie A: 1918–1925, Bd. 1–10 (Göttingen 1982–92); Serie B: 1925–1933, Bd. 1–21 (1966–83); Serie D: 1937–1945, Bd. 1–2 (Baden-Baden 1950).

Almond, N. und R. H. *Lutz:* The Treaty of St. Germain (Stanford 1935).

Arbeiterbewegung und nationale Frage. Ausgewählte Aufsätze von Hans Mommsen (Göttingen 1979).

Arbeiterschaft und Staat im Ersten Weltkrieg 1914–1918, hg. von Rudolf Neck, 2 Bde. (Wien 1964/68).

Außenpolitische Dokumente der Republik Österreich 1918–1938 (ADÖ), hg. von Klaus Koch, Walter Rauscher und Arnold Suppan, Bd. 1–2 (Wien/München 1993–94) [=ADÖ 1 u. 2].

Bader, William B.: Austria between East and West 1945–1955 (Stanford 1966).

Bansleben, Manfred: Das österreichische Reparationsproblem auf der Pariser Friedenskonferenz (Wien/Köln/Graz 1988).

Bauer, Otto: Die österreichische Revolution (Wien 1923).

Bauer, Otto: Werkausgabe, 9 Bde. (Wien 1975–80).

Bericht über die Tätigkeit der deutschösterreichischen Friedensdelegation in St. Germain-en-Laye, 2 Bde. (Wien 1919).

Berlin, John D.: Akten und Dokumente des Außenamtes (State Department) der USA zur Burgenland-Anschlußfrage 1919–1920 (Eisenstadt 1977).

Béthouart, Marie Emile: Die Schlacht um Österreich (Wien 1967).

Bihl, Wolfdieter: Österreich-Ungarn und die Friedensschlüsse von Brest-Litowsk (Wien/Graz/Köln 1970).

Bled, Jean Paul: Franz Joseph. »Der letzte Monarch der alten Schule« (Wien/Köln/Graz 1988).

Blenk, Gustav: Leopold Kunschak und seine Zeit (Wien/Frankfurt/Zürich 1966).

Blum, Mark E.: The Austro-Marxists 1890–1918. A psychobiographical study (Lexington 1984).

Bollmus, Reinhard: Staatliche Einheit trotz Zonentrennung. Zur Politik des Staatskanzlers Karl Renner gegenüber den Besatzungsmächten in Österreich im Jahre 1945. In: Soziale Bewegung und politische Verfassung. Beiträge zur Geschichte der modernen Welt, hg. von Ulrich Engelhardt, Volker Sellin und Horst Stuke (Stuttgart 1976) 677–712.

Botz, Gerhard: Die Eingliederung Österreichs in das Deutsche Reich (Wien 1988³).

Botz, Gerhard: Gewalt in der Politik. Attentate, Zusammenstöße, Putschversuche, Unruhen in Österreich 1918–1938 (München 1983²).

Braunthal, Julius: Victor Adler. In: Werk und Widerhall. Große Gestalten des österreichischen Sozialismus, hg. von Norbert Leser (Wien 1964) 13–26.

Brook-Sheperd, Gordon: Engelbert Dollfuß (Graz/Wien/Köln 1961).

Brook-Sheperd, Gordon: Karl I. Des Reiches letzter Kaiser. Glanz und Elend des letzten österreichischen Herrscherpaares (Wien/München 1986).

Brügel, J. W.: Die Deutschen in der Vorkriegs-Tschechoslowakei. In: Geschichte der Tschechoslowakischen Republik 1918–1948, hg. von Victor S. Mamatey und Radomír Luža (Wien/Köln/Graz 1980) 180–201.

Brügel, J. W.: Geschichte der österreichischen Sozialdemokratie, 5 Bde. (Wien 1922–25).

Czernin, Ottokar: Im Weltkriege (Berlin/Wien 1919).

Czerny, Wilhelm F.: Parlament und Parteien, hg. von Edith Riether und Günther Schefbeck (Wien/Köln/Weimar 1994).

Danzer, C. M.: Das neue Österreich. Eine politische Rundfrage (Wien 1908).

Das neue Österreich. Geschichte der Zweiten Republik, hg. von Erika Weinzierl und Kurt Skalnik (Graz/Wien/Köln 1975).

Das österreichische Parteiensystem, hg. von Anton Pelinka und Fritz Plasser (Wien 1988).

Das Parteienwesen Österreichs und Ungarns in der Zwischenkriegszeit, hg. von Anna M. Drabek, Richard G. Plaschka und Helmut Rumpler (Wien 1990).

Deák, István: Der K.(u.)K. Offizier. 1848–1918. Ins Deutsche übertragen von Marie-Therese Pitner (Wien/Köln/Weimar 1991).

Der Aufstieg zur Massenpartei. Ein Lesebuch zur österreichischen Sozialdemokratie 1889–1918, hg. von Brigitte Kepplinger (Wien 1990).

Der Weg zur Freiheit und Neutralität. Dokumentation zur österreichischen Außenpolitik 1945–1955, hg. von Eva-Marie Csáky (Wien 1980).

»Der Zerfall der europäischen Mitte.« Staatenrevolution im Donauraum. Berichte der Sächsischen Gesandtschaft in Wien 1917–1919, hg. von Alfred Opitz und Franz Adlgasser (Graz 1990).

Deutsch, Julius: Aus Österreichs Revolution. Militärpolitische Erinnerungen (Wien 1921).

Deutsch, Julius: Ein weiter Weg (Zürich/Leipzig/Wien 1960).

Die Auflösung des Habsburgerreiches. Zusammenbruch und Neuorientierung im Donauraum, hg. von Richard G. Plaschka und Karlheinz Mack (Wien 1970).

Die erste österreichische Republik im Spiegel zeitgenössischer Quellen, hg. von Francis L. Carsten (Wien/Köln/Graz 1988).

Die Habsburgermonarchie 1848–1918, hg. von Adam Wandruszka und Peter Urbanitsch, Bd. 1–6 (Wien 1973–94).

Diplomatie zwischen Parteiproporz und Weltpolitik. Briefe, Dokumente und Memoranden aus dem Nachlaß Walter Wodaks 1945–1950, hg. von Reinhold Wagnleitner (Salzburg 1980).

Diplomatische Dokumente der Schweiz (1848–1945), Bd. 7–11 (Bern 1984–89).

Documenti diplomatici Italiani. Serie 6: 1918–1922, Bd. 1–2 (Rom 1955/80); Serie 7: 1922–1935, Bd. 1–16 (Rom 1953–90); Serie 8: 1935–1939, Bd. 1 (Rom 1991).

Documents diplomatiques français 1932–1939. Serie 1, Bd. 1–13 (Paris 1964–84); Serie 2, Bd. 1–9 (Paris 1963–74).

Documents on British Foreign Policy. Serie 1, Bd. 1–27 (London 1947–86); Serie 1a, Bd. 1–7 (London 1966–75).

Documents on British Foreign Policy Overseas. Serie 1, Bd. 5, hg. von M. E. Pelly, H. J. Yasamee und G. Bennett (London 1990).

Dollfuß, Eva: Mein Vater. Hitlers erstes Opfer (Wien/München 1994).

Dr. Karl Renner vom Bauernsohn zum Bundespräsidenten. Katalog des Dr.-Karl-Renner-Museum in der Renner-Villa in Gloggnitz, hg. von Siegfried Nasko (Wien/Gloggnitz 1979).

Dr.-Karl-Renner-Symposien 1981–1984, hg. von Anton E. Rauter (Wien 1981–85).

Ein General im Zwielicht. Die Erinnerungen Edmund Glaises von Horstenau, hg. von Peter Broucek, Bd. 1 (Wien/Köln/Graz 1980).

Ellenbogen, Wilhelm: Menschen und Prinzipien, hg. von Norbert Leser (Wien/Köln/Graz 1981).

Erste Länderkonferenz. Wien, Niederösterreichisches Landhaus 24. bis 26. September 1945 (Wien 1945).

Feichtenberger, Franz Josef: Die Länderkonferenzen 1945. Die Wiedererrichtung der Republik Österreich (Phil. Diss. Wien 1965).

Fellner, Fritz: Der Vertrag von Saint-Germain. In: Österreich 1918–1938. Geschichte der Ersten Republik, hg. von Erika Weinzierl und Kurt Skalnik, Bd. 1 (Graz/Wien/Köln 1983) 85–106.

Ferdinand Hanusch. Ein Leben für den sozialen Aufstieg (1866 bis 1923), hg. von Otto Staringer (Wien 1973).

Fischer, Ernst: Das Ende einer Illusion. Erinnerungen 1945–1955 (Wien 1973).

Foreign Relations of the United States 1945, Bd. 2–3 (Washington D. C. 1967–68).

Friedrich Adler vor dem Ausnahmegericht. 18. und 19. Mai 1917, hg. von J. W. Brügel (Wien/Frankfurt/Zürich 1967).

Funder, Friedrich: Als Österreich den Sturm bestand. Aus der Ersten in die Zweite Republik (Wien 1957).

Gehl, Jürgen: Austria, Germany and the Anschluß (New York/Toronto 1963).

Geschichte der Tschechoslowakischen Republik 1918–1948, hg. von Victor S. Mamatey und Radomír Luža (Wien/Köln/Graz 1980).

Gestalter der Geschicke Österreichs, hg. von Hugo Hantsch (Innsbruck/Wien/München 1962).

Glöckel, Otto: Selbstbiographie (Zürich 1939).

Goldinger, Walter und Dieter A. Binder: Geschichte der Republik Österreich 1918–1938 (Wien/München 1992).

Goldinger, Walter: Karl Renner (1870 bis 1950). In: Gestalter der Geschicke Österreichs, hg. von Hugo Hantsch (Innsbruck/Wien/München 1962) 625–637.

Grandner, Margarete: Kooperative Gewerkschaftspolitik in der Kriegswirtschaft. Die freien Gewerkschaften Österreichs im Ersten Weltkrieg (Wien/Köln/Weimar 1992).

Gruber, Karl: Ein politisches Leben. Österreichs Weg zwischen den Diktaturen (Wien/München/Zürich 1976).

Gruber, Karl: Zwischen Befreiung und Freiheit. Der Sonderfall Österreich (Wien 1953).

Gutkas, Karl: Die zweite Republik Österreich 1945–1985 (Wien 1985).
Haas, Hanns: Österreich und die Alliierten 1918–1919. In: Saint-Germain 1919, hg. von Isabella Ackerl und Rudolf Neck (Wien 1989) 11–40.
Hainisch, Michael: 75 Jahre aus bewegter Zeit. Lebenserinnerungen eines österreichischen Staatsmannes, hg. von Friedrich Weissensteiner (Wien/Köln/Graz 1978).
Handbuch der europäischen Geschichte, hg. von Theodor Schieder, Bd. 6–7 (Stuttgart 1973/79).
Hanisch, Ernst: Der kranke Mann an der Donau. Marx und Engels über Österreich (Wien/München/Zürich 1978).
Hanisch, Ernst: Der lange Schatten des Staates. Österreichische Gesellschaftsgeschichte im 20. Jahrhundert (= Österreichische Geschichte 1890–1990, hg. von Herwig Wolfram, Wien 1994).
Hanisch, Ernst: Die Ideologie des politischen Katholizismus in Österreich 1918–1933 (Salzburg 1977).
Hannak, Jacques: Karl Renner und seine Zeit. Versuch einer Biographie (Wien 1965).
Hautmann, Hans und Rudolf Kropf: Die österreichische Arbeiterbewegung vom Vormärz bis 1945. Sozialökonomische Ursprünge ihrer Ideologie und Politik (Wien 1976²).
Hautmann, Hans: Die Geschichte der Rätebewegung in Österreich 1918–1924 (Wien 1987).
Heer, Friedrich: Der Kampf um die österreichische Identität (Wien/Köln/Graz 1981).
Helmer, Oskar: 50 Jahre erlebte Geschichte (Wien 1957).
Hiscocks, Richard: Österreichs Wiedergeburt (Wien 1954).
Höbelt, Lothar: Die Bundespräsidentenwahlen in der Ersten und Zweiten Republik (Wien 1986).
Höbelt, Lothar: Kornblume und Kaiseradler. Die deutschfreiheitlichen Parteien Altösterreichs 1882–1918 (Wien 1993).
Hochenbichler, Eduard: Republik im Schatten der Monarchie. Das Burgenland, ein europäisches Problem (Wien/Frankfurt/Zürich 1971).
Hofmann, Josef: Der Pfrimer-Putsch (Wien/Graz 1965).
Holtmann, Everhard: Sozialdemokratie und Staat in der österreichischen Revolution. In: Österreich November 1918. Die Entstehung der Ersten Republik, hg. von Isabella Ackerl und Rudolf Neck (Wien 1986) 141–151.
Holtmann, Everhard: Zwischen Unterdrückung und Befriedung. Sozialistische Arbeiterbewegung und autoritäres Regime in Österreich. 1933–1938 (Wien 1978).
Hölzl, Norbert: Propagandaschlachten. Die österreichischen Wahlkämpfe 1945–1971 (Wien 1974).
Honeder, Josef: Johann Nepomuk Hauser (Linz 1973).
Hopfgartner, Anton: Kurt von Schuschnigg (Wien 1988).
Hubert, Rainer: Schober. »Arbeitermörder« und »Hort der Republik« (Wien/Köln 1990).
»Ich bin dafür, die Sache in die Länge zu ziehen.« Wortprotokolle der österreichi-

schen Bundesregierung von 1945–52 über die Entschädigung der Juden, hg. von Robert Knight (Frankfurt 1988).

Jenks, William Alexander: The Austrian Electoral Reform of 1907 (New York 1950).

Jochum, Manfred: Die Erste Republik in Dokumenten und Bildern (Wien 1983).

Jochum, Manfred: Die Zweite Republik in Dokumenten und Bildern Wien 1982).

Johnstone, William M.: Österreichische Kultur- und Geistesgeschichte. Gesellschaft und Ideen im Donauraum 1848–1918 (Wien/Köln/Graz 1974).

Julius Raab. Eine Biographie in Einzeldarstellungen, hg. von Alois Brusatti und Gottfried Heindl (Linz/Wien 1986).

Kane, Leon: Robert Danneberg (Wien/München/Zürich 1980).

Kann, Robert A.: Das Nationalitätenproblem der Habsburgermonarchie. Geschichte und Ideengehalt der nationalen Bestrebungen vom Vormärz bis zur Auflösung des Reiches im Jahre 1918, 2 Bde. (Graz/Köln 1964).

Kann, Robert A.: Geschichte des Habsburgerreiches 1526–1918 (Wien/Köln/Graz 1977).

Kann, Robert A.: Karl Renner. In: Journal of Modern History. Bd. 22/3 (1957) 243–249.

Kann, Robert A.: Renners Beitrag zur Lösung nationaler Konflikte im Lichte nationaler Probleme der Gegenwart. In: Österreichische Akademie der Wissenschaften. Philosophisch-historische Klasse. Sitzungsberichte. Bd. 279, 4. Abhandlung (Wien 1973).

Karl Gruber. Reden und Dokumente, hg. von Michael Gehler (Wien/Köln/Weimar 1994).

Karl Renner in Dokumenten und Erinnerungen, hg. von Siegfried Nasko (Wien 1982).

Karl Renner. Eine Bibliographie, zusammengestellt von Hans Schroth unter Mitarbeit von Elisabeth Spielmann, Gerhard Silvestri und Ernst K. Herlitzka (Wien/Frankfurt/Zürich 1970).

Karl Renner. Portrait einer Evolution, hg. von Heinz Fischer (Wien/Frankfurt/Zürich 1970).

Kaufmann, Fritz: Sozialdemokratie in Österreich. Idee und Geschichte einer Partei. Von 1889 bis zur Gegenwart (Wien 1978).

Kerekes, Lajos: Von St. Germain bis Genf. Österreich und seine Nachbarn 1918–1922 (Wien/Köln/Graz 1979).

Kleinwaechter, Friedrich G.: Von Schönbrunn bis St. Germain. Die Entstehung der Republik Österreich (Graz 1964).

Klemperer, Klemens von: Ignaz Seipel. Staatsmann einer Krisenzeit (Graz/Wien/Köln 1976).

Klingenstein, Grete: Die Anleihe von Lausanne (Wien/Graz 1965).

Kluge, Ulrich: Der österreichische Ständestaat 1934–1938 (Wien 1984).

Kokalji, Ursula: Konzentration und Koalition 1918–1920 (Phil. Diss. Wien 1969).

Kolakowski, Leszek: Die Hauptströmungen des Marxismus. Entstehung – Entwicklung – Zerfall, Bd. 2 (München 1978).

Kollman, Eric C.: Theodor Körner. Militär und Politik (Wien 1973).

Konrad, Helmut: Imperialismus und Arbeiterbewegung in Deutschland und Österreich (Wien 1985).

Konrad, Helmut: Nationalismus und Internationalismus. Die österreichische Arbeiterbewegung vor dem Ersten Weltkrieg (Wien 1976).

Konrad, Helmut: Wurzeln deutschnationalen Denkens in der österreichischen Arbeiterbewegung. In: Sozialdemokratie und »Anschluß«, hg. von Helmut Konrad (Wien/München/Zürich 1978) 19–30.

Koref, Ernst: Die Gezeiten meines Lebens (Wien/München 1980).

Kreisky, Bruno: Zwischen den Zeiten. Erinnerungen aus fünf Jahrzehnten (Berlin/Zürich 1986).

Kreissler, Felix: Frankreichs öffentliche Meinung und der Friede von Saint-Germain. In: Saint-Germain 1919, hg. von Isabella Ackerl und Rudolf Neck (Wien 1989) 265–302.

Kulemann, Peter: Am Beispiel des Austromarxismus. Sozialdemokratische Arbeiterbewegung in Österreich von Hainfeld bis zur Dollfuß-Diktatur (Hamburg 1979).

Ladner, Gottlieb: Seipel als Überwinder der Staatskrise vom Sommer 1922. Zur Geschichte der Entstehung der Genfer Protokolle vom 4. Oktober 1922 (Wien/Graz 1964).

Leichter, Otto: Otto Bauer. Tragödie oder Triumph (Wien/Frankfurt/Zürich 1970).

Leidenfrost, Josef: Die amerikanische Besatzungsmacht und der Wiederbeginn des politischen Lebens in Österreich 1944–1947 (Phil. Diss. Wien 1986).

Leser, Norbert und Richard Berczeller: Als Zaungäste der Politik. Österreichische Zeitgeschichte in Konfrontationen (Wien/München 1977).

Leser, Norbert: Karl Renner als Theoretiker des Sozialismus und Marxismus. In: Wissenschaft und Weltbild (Wien 1975) 441–467.

Leser, Norbert: Karl Renner. In: Die österreichischen Bundespräsidenten – Leben und Werk, hg. von Friedrich Weissensteiner (Wien 1982) 122–160.

Leser, Norbert: Zwischen Reformismus und Bolschewismus. Der Austromarxismus als Theorie und Praxis (Wien/Frankfurt/Zürich 1985²).

Liebmann, Maximilian: Theodor Innitzer und der Anschluß. Österreichs Kirche 1938 (Graz/Wien/Köln 1988).

Loewenfeld-Russ, Hans: Im Kampf gegen den Hunger. Aus den Erinnerungen des Staatssekretärs für Volksernährung 1918 bis 1920, hg. von Isabella Ackerl (Wien 1986).

Low, Alfred D.: Die Anschlußbewegung in Österreich und Deutschland 1918–1919 und die Pariser Friedenskonferenz (Wien 1975).

Low, Alfred D.: The Anschluss Movement, 1931–1938, and the Great Powers (New York 1985).

Löw, R., S. Mattl und A. Pfabigan: Der Austromarxismus – eine Autopsie. Drei Studien (Frankfurt 1986).

Löw, Raimund: Der Zerfall der »Kleinen Internationale«. Nationalitätenkonflikte in der Arbeiterbewegung des alten Österreich (1889–1914) (Wien 1984).

Löw, Raimund: Otto Bauer und die russische Revolution (Wien 1980).

Luža, Radomír: Der Widerstand in Österreich 1938–1945 (Wien 1985).

Luža, Radomír: Österreich und die großdeutsche Idee in der NS-Zeit (Wien/Köln/Graz 1977).

Mähr, Wilfried: Der Marshallplan in Österreich (Graz/Wien/Köln 1989).

Malfèr, Stefan: Wien und Rom nach dem Ersten Weltkrieg. Österreichisch-italienische Beziehungen 1919–1923 (Wien/Köln/Graz 1978).

Mikoletzky, Hanns Leo: Österreichische Zeitgeschichte. Vom Ende der Monarchie bis zur Gegenwart (Wien/München 1969).

Mommsen, Hans: Die Sozialdemokratie und die Nationalitätenfrage im habsburgischen Vielvölkerstaat (Wien 1963).

Mommsen, Hans: Otto Bauer, Karl Renner und die sozialdemokratische Nationalitätenpolitik in Österreich 1905–1914. In: Arbeiterbewegung und nationale Frage. Ausgewählte Aufsätze von Hans Mommsen (Göttingen 1979) 195–217.

Mommsen, Hans: Victor Adler und die Erste Republik Österreich. In: Österreich November 1918. Die Entstehung der Ersten Republik, hg. von Isabella Ackerl und Rudolf Neck (Wien 1986) 17–26.

Montgomery-Cuninghame, Thomas Andrew Alexander: Dusty Measure. A record of troubled times (London 1939).

Nasko, Siegfried: Karl Renner. In: Die österreichischen Bundeskanzler – Leben und Werk, hg. von Friedrich Weissensteiner und Erika Weinzierl (Wien 1983) 24–54; 240–264.

Oberleitner, Wolfgang: Politisches Handbuch der Republik Österreich 1945–1960 (Wien 1960).

Ormos, Mária: From Padua to the Trianon 1918–1920 (Boulder/Highland Lakes 1990).

Österreich 1918–1938. Geschichte der Ersten Republik, hg. von Erika Weinzierl und Kurt Skalnik, 2 Bde. (Graz/Wien/Köln 1983).

Österreich im Jahre 1918. Berichte und Dokumente, hg. von Rudolf Neck (Wien 1968).

Österreich November 1918. Die Entstehung der Ersten Republik, hg. von Isabella Ackerl und Rudolf Neck (Wien 1986).

Österreich und die Großmächte. Dokumente zur österreichischen Außenpolitik 1945–1955, hg. von Alfons Schilcher (Wien/Salzburg 1980).

Österreich, Deutschland und die Mächte. Internationale und österreichische Aspekte des »Anschlusses« vom März 1938, hg. von Gerald Stourzh und Brigitta Zaar (Wien 1990).

Österreich. Die Zweite Republik, 2 Bde., hg. von Erika Weinzierl und Kurt Skalnik (Graz 1972).

Österreichische Parteiprogramme 1868–1966, hg. von Klaus Berchtold (Wien 1967).

Österreich November 1918. Die Entstehung der Ersten Republik, hg. von Isabella Ackerl und Rudolf Neck (Wien 1986).

Österreichs Parlamentarismus. Werden und System, hg. von Herbert Schambeck (Berlin 1986).

Österreichs Parteien seit 1945, hg. von Peter Gerlich und Wolfgang C. Müller (Wien 1983).

Otto Glöckel: Ausgewählte Schriften und Reden, hg. von Oskar Achs (Wien 1985).

Owerdieck, Reinhard: Parteien und Verfassungsfrage in Österreich (Wien 1987).

Panzenböck, Ernst: Ein deutscher Traum. Die Anschlußidee und Anschlußpolitik bei Karl Renner und Otto Bauer (Wien 1985).

Parker, R. A. C.: Das Zwanzigste Jahrhundert I. Europa 1918–1945 (Frankfurt 1967).

Peball, Kurt: Die Kämpfe in Wien im Februar 1934 (Wien 1983).

Pelinka, Anton und Rolf Steininger: Österreich und die Sieger. 40 Jahre Republik, 30 Jahre Staatsvertrag (Wien 1986).

Pelinka, Anton und Manfried Welan: Demokratie und Verfassung in Österreich (Wien/Frankfurt/Zürich 1971).

Pelinka, Anton: Karl Renner zur Einführung (Hamburg 1989).

Perfahl, Brigitte: Marx oder Lassalle. Zur ideologischen Position der österreichischen Arbeiterbewegung 1869–1889 (Wien 1982).

Pfabigan, Alfred: Max Adler. Eine politische Biographie (Frankfurt/New York 1982).

Plaschka, Richard Georg, Horst Haselsteiner und Arnold Suppan: Innere Front. Militärassistenz, Widerstand und Umsturz in der Donaumonarchie 1918, 2 Bde. (Wien 1974).

Pollak, Walter: Dokumentation einer Ratlosigkeit. Österreich im Oktober/November 1918 (Wien 1968).

Portisch, Hugo: Österreich I. Die unterschätzte Republik. Ein Buch zur gleichnamigen Fernsehdokumentation von Hugo Portisch und Sepp Riff (Wien 1989²).

Portisch, Hugo: Österreich II. Die Geschichte Österreichs vom 2. Weltkrieg bis zum Staatsvertrag, 4 Bde. (München 1993).

Protokoll der Verhandlungen des Parteitages der sozialdemokratischen Arbeiterpartei Deutschösterreichs 1919 (Wien 1920).

Protokoll der Verhandlungen des Parteitages der deutschen sozialdemokratischen Arbeiterpartei in Oesterreich (Wien 1909–13).

Protokoll des Parteitages 1922–1923 (Wien 1922–23).

Protokoll des sozialdemokratischen Parteitages 1924–1932 (Wien 1924–32).

Protokolle des Klubvorstandes der Christlichsozialen Partei 1932–1934, hg. von Walter Goldinger (Wien 1980).

Pulzer, Peter: Die Entstehung des politischen Antisemitismus in Deutschland und Österreich 1867–1914 (Gütersloh 1966).

Rabinbach, Anson: The Crisis of Austrian Socialism. From Red Vienna to Civil War 1927–1934 (Chicago/London 1983).

Rathkolb, Oliver: Gesellschaft und Politik am Beginn der Zweiten Republik (Wien/Köln 1985).

Rauchensteiner, Manfried: Der Sonderfall. Die Besatzungszeit in Österreich 1945 bis 1955 (Graz/Wien/Köln 1979).

Rauchensteiner, Manfried: Der Tod des Doppeladlers. Österreich–Ungarn und der Erste Weltkrieg (Graz/Wien/Köln 1993).

Rauchensteiner, Manfried: Die Zwei. Die große Koalition in Österreich 1945–1966 (Wien 1987).

Rauchensteiner, Manfried: Krieg in Österreich 1945 (Wien 19853).

Rauscher, Walter: Zwischen Berlin und St. Petersburg. Die österreichisch-ungarische Außenpolitik unter Gustav Graf Kálnoky 1881–1895 (Wien/Köln/Weimar 1993).

Reichhold, Ludwig: Carl Vaugoin. Die Krise der österreichischen Demokratie (Wien 1990).

Reichhold, Ludwig: Geschichte der ÖVP (Graz/Wien/Köln 1974).

Reichhold, Ludwig: Jodok Fink und Nepomuk Hauser. Von der Monarchie zur Republik (Wien 1989).

Reichhold, Ludwig: Kampf um Österreich. Die Vaterländische Front und ihr Widerstand gegen den Anschluß 1933–1938 (Wien 1985).

Rennhofer, Friedrich: Ignaz Seipel. Mensch und Staatsmann. Eine biographische Dokumentation (Wien/Köln/Graz 1978).

Rumpler, Helmut: Das Völkermanifest Kaiser Karls vom 16. Oktober 1918. Letzter Versuch zur Rettung des Habsburgerreiches (Wien/München 1966).

Rumpler, Helmut: Max Hussarek. Nationalitäten und Nationalitätenpolitik im Sommer des Jahres 1918 (Graz/Köln 1965).

»Saint-Germain, im Sommer 1919.« Die Briefe Franz Kleins aus der Zeit seiner Mitwirkung in der österreichischen Friedensdelegation. Mai – August 1919, hg. von Fritz Fellner und Heidrun Maschl (Salzburg 1977).

Saint-Germain 1919, hg. von Isabella Ackerl und Rudolf Neck (Wien 1989).

Schärf, Adolf: April 1945 in Wien (Wien 1948).

Schärf, Adolf: Karl Renner: Ein Humanist. In: Neue Österreichische Biographie, Abteilung 1, Bd. 9 (1956) 9–30.

Schärf, Adolf: Österreichs Erneuerung 1945–1955 (Wien 1960⁷).

Schärf, Adolf: Zwischen Demokratie und Volksdemokratie. Österreichs Einigung und Wiederaufrichtung im Jahre 1945 (Wien 1950).

Scharf, Erwin: Ich darf nicht schweigen. Drei Jahre Politik des SPÖ–Parteivorstandes – von innen gesehen (Wien 1948).

Schausberger, Norbert: Der Griff nach Österreich (Wien/München 1978).

Schausberger, Norbert: Deutsche Anschlußaspirationen 1918/19 (Bisher wenig beachtete ökonomisch-strategische Aspekte zum November 1918). In: Österreich November 1918. Die Entstehung der Ersten Republik, hg. von Isabella Ackerl und Rudolf Neck (Wien 1986) 66–100.

Schicksalsjahre Österreichs 1908–1919. Das politische Tagebuch Josef Redlichs, hg. von Fritz Fellner, 2 Bde. (Graz/Köln 1953–54).

Schieder, Theodor: Europa im Zeitalter der Nationalstaaten und europäische Weltpolitik bis zum I. Weltkrieg. In: Handbuch der europäischen Geschichte, hg. von Theodor Schieder, Bd. 6 (Stuttgart 1973) 1–196.

Schilcher, Alfons: Die Politik der Provisorischen Regierung und der Alliierten Großmächte bei der Wiedererrichtung der Republik Österreich (Phil. Diss. Wien 1985).

Schmidl, Erwin A.: März 38. Der deutsche Einmarsch in Österreich (Wien 1987).

Schmitz, Georg: Karl Renners Briefe aus Saint-Germain und ihre rechtspolitischen Folgen (Wien 1991).

Schober, Richard: Die Tiroler Frage auf der Friedenskonferenz von Saint-Germain (Innsbruck 1982).

Schtemenko, Sergej: Im Generalstab, Bd. 2 (Berlin 1975).

Siegler, Heinrich: Österreichs Weg zur Souveränität, Neutralität und Prosperität (Bonn/Zürich/Wien 1959).

Skalnik, Kurt: Dr. Karl Lueger. Der Mann zwischen den Zeiten (Wien 1955).

Sozialdemokratie und »Anschluß«, hg. von Helmut Konrad (Wien/München/ Zürich 1978).

Sozialdemokratie und Habsburgerstaat, hg. von Wolfgang Maderthaner (Wien 1988).

Soziale Bewegung und politische Verfassung. Beiträge zur Geschichte der modernen Welt, hg. von Ulrich Engelhardt, Volker Sellin und Horst Stuke (Stuttgart 1976).

Spitzer Rudolf: Karl Seitz. Waisenknabe – Staatspräsident – Bürgermeister von Wien. Zum 125. Geburtstag (Wien 1994).

Spitzmüller, Alexander: Und hat auch Ursach, es zu lieben (Wien/München/Zürich 1955).

Stadler Karl R.: Die Gründung der Republik. In: Österreich 1918–1938. Geschichte der Republik, hg. von Erika Weinzierl und Kurt Skalnik, Bd. 1 (Graz/Wien/ Köln 1983) 55–84.

Stadler, Karl R.: Adolf Schärf. Mensch, Politiker, Staatsmann (Wien 1982).

Stadler, Karl R.: Dr. Karl Renner. 14. Dezember 1870 – 31. Dezember 1950. Wissenschaftler, Politiker, Staatsmann (Wien 1970).

Stadler, Karl R.: Hypothek auf die Zukunft. Die Entstehung der österreichischen Republik 1918–1921 (Wien/Frankfurt/Zürich 1968).

Stadler, Karl R.: The Birth of the Austrian Republic 1918–1921 (Leyden 1966).

Stadtchronik Wien. 2000 Jahre in Daten, Dokumenten und Bildern (Wien/München 1986²).

Stanley, Guy D. D.: Die britischen Vorbehalte gegenüber der provisorischen Regierung Renner 1945. In: Zeitgeschichte. 3 (1975) 2. 38–46.

Stearman, William Lloyd: Die Sowjetunion und Österreich. 1945 bis 1955 (Bonn/Wien/Zürich 1962).

Steiner, Herbert: Die Arbeiterbewegung Österreichs 1867–1889 (Wien 1964).

Stenographische Protokolle über die Sitzungen der Konstituierenden Nationalversammlung für Deutschösterreich (Wien 1919–20).

Stenographische Protokolle über die Sitzungen der Provisorischen Nationalversammlung für Deutschösterreich (Wien 1918–19).

Stenographische Protokolle über die Sitzungen des Hauses der Abgeordneten des österreichischen Reichsrates, XVIII.–XXII. Session (Wien 1907–18).

Stenographische Protokolle über die Sitzungen des Nationalrates der Republik Österreich, I.–IV. Gesetzgebungsperiode (Wien 1920–33).

Stenographische Protokolle über die Sitzungen des niederösterreichischen Landtages, X. Wahlperiode, 1.– 5. Session (Wien 1909–14).

Stiefel, Dieter: Arbeitslosigkeit. Soziale, politische und wirtschaftliche Auswirkungen am Beispiel Österreich 1918–1938 (Berlin 1979).

Stiefel, Dieter: Entnazifizierung in Österreich (Wien/München/Zürich 1981).

Stourzh, Gerald: Die Gleichberechtigung der Nationalitäten in der Verfassung und Verwaltung Österreichs 1848–1918 (Wien 1985).

Stourzh, Gerald: Die Regierung Renner, die Anfänge der Regierung Figl und die Alliierte Kommission für Österreich September 1945 bis April 1946. In: Archiv für Österreichische Geschichte. 125 (1966) 321–342.

433

Stourzh, Gerald: Geschichte des Staatsvertrages. Österreichs Weg zur Neutralität (Graz/Wien/Köln 1985³).

Suval, Stanley: The Anschluss Question in Germany and Austria, 1918–1932 (Baltimore/London 1974).

Svoboda, Wilhelm: Die Partei, die Republik und der Mann mit den vielen Gesichtern. Oskar Helmer und Österreich II. Eine Korrektur (Wien/Köln/Weimar 1993).

The Austrian Solution. International Conflict and Cooperation, hg. von Robert Bauer (Charlottesville 1982).

Trotzki, Leo: Geschichte der russischen Revolution, Bd. 2 (Berlin 1933).

Trotzki, Leo: Mein Leben. Versuch einer Autobiographie (Berlin 1930).

Ucakar, Karl: Demokratie und Wahlrecht in Österreich (Wien 1985).

Unterhändler des Vertrauens. Aus den nachgelassenen Schriften von Sektionschef Dr. Richard Schüller, hg. von Jürgen Nautz (Wien/München 1990).

Volker, Klaus R.: Die Ausgleichsbestrebungen zwischen Zentralismus und Föderalismus bei den Länderkonferenzen 1918–1920 (Phil. Diss. Salzburg 1977).

Vom Bauernsohn zum Staatskanzler. Ein Widmungsblatt zum 60. Geburtstag des Kämpfers um den Aufstieg der Arbeiterklasse Karl Renner (Wiener Neustadt 1930).

Vom Justizpalast zum Heldenplatz. Studien und Dokumente 1927 bis 1938, hg. von Ludwig Jedlicka und Rudolf Neck (Wien 1975).

Wagnleitner, Reinhold: Großbritannien und die Wiedererrichtung der Republik Österreich (Phil. Diss. Salzburg 1975).

Weber, Fritz: Karl Renner über die sozialdemokratischen Bemühungen um einen Kompromiß mit Dollfuß, das Aufgeben der »Anschluß«-Orientierung und die soziale Basis des Austrofaschismus. In: Zeitgeschichte, 11 (1983/84) 253–266.

Werk und Widerhall. Große Gestalten des österreichischen Sozialismus, hg. von Norbert Leser (Wien 1964).

Whiteside, Andrew G.: Georg Ritter von Schönerer. Alldeutschland und sein Prophet (Graz/Wien/Köln 1981).

Witzig, Daniel: Die Vorarlberger Frage. Die Vorarlberger Anschlußbewegung an die Schweiz, territorialer Verzicht und territoriale Ansprüche vor dem Hintergrund der Neugestaltung Europas 1918–1920 (Basel/Stuttgart 1974).

Wodak, Walter: Diplomatie zwischen Ost und West (Graz/Wien/Köln 1976).

Wutte, Martin: Kärntens Freiheitskampf 1918–1920 (Klagenfurt 1985³). Zeitzeugen. Wege zur Zweiten Republik, hg. von Oliver Rathkolb (Wien 1987).

Zöllner, Erich: Geschichte Österreichs. Von den Anfängen bis zur Gegenwart (Wien/München 1990⁸).

Register

Danksagung

Am Schluß dieses Buches seien noch jene Personen genannt, die dem Autor maßgebliche Unterstützung zuteil werden ließen. Mag. Valeria Heuberger, Dr. Elisabeth Vyslonzil und Dr. Klaus Koch gaben der vorliegenden Arbeit durch ihre akribischen Manuskriptkorrekturen den letzten Feinschliff. Dem Enkelsohn Karl Renners, dem in Kanada lebenden Karl Deutsch-Renner, bin ich für seine wichtigen Informationen zu den familiären Verhältnissen des Porträtierten zu besonderem Dank verpflichtet. Die Archivare und Bibliothekare der verschiedenen Archive, allen voran Dr. Adolf Gaisbauer und sein Team, standen dem Verfasser bei der Quellen- und Literaturrecherche mit Rat und Tat zur Seite. Die Damen und Herren des Verlags Carl Ueberreuter, insbesondere meine Lektoren, Frau Dr. Käthe Springer und Herrn Johann Vysek, sowie last but not least Frau Sabine Wimmer, haben sich der Veröffentlichung der vorliegenden Abhandlung kompetent und engagiert angenommen. Wichtige Anregungen und Beistand erhielt ich schließlich von meiner besseren Hälfte, Elisabeth Wetzelberger.

Widmen möchte ich dieses Buch freilich meinen Eltern, Walter und Inge Rauscher, denen ich den Zugang zur Geschichte und die Möglichkeit, den von mir gewünschten Berufsweg einzuschlagen, verdanke.

Bildnachweis

Karl-Renner-Museum, Gloggnitz: 17(2), 23, 27, 40, 71, 78
Österreichische Nationalbibliothek, Bildarchiv: 56, 110, 142, 144, 159, 163, 191, 224, 236, 243, 257, 262, 278, 343, 351, 358, 376, 388
Österreichisches Institut für Zeitgeschichte, Bildarchiv: 96, 161, 187, 321, 326, 336, 355, 394
Verlagsarchiv: 169, 174, 194, 201, 209, 220, 363
Verein für Geschichte der Arbeiterbewegung Wien: 291, 382, 391
Archiv Dr. Rauscher: 298

Wir waren bemüht, die Inhaber sämtlicher Urheberrechte ausfindig zu machen. Sollten wir unbeabsichtigt bestehende Rechte verletzt haben, so bitten wir die Betroffenen, sich mit dem Verlag in Verbindung zu setzen.

ÖSTERREICHISCHE GESCHICHTE
IN 10 BÄNDEN

herausgegeben von *Herwig Wolfram*

Herwig Wolfram
Grenzen und Räume
Geschichte Österreichs vor
seiner Entstehung
378–907
(erscheint 1995)

Karl Brunner
Herzogtümer und Marken
Vom Ungarnsturm bis ins
12. Jahrhundert
907–1156

Heinz Dopsch
Die Länder und das Reich
Der Ostalpenraum im Hochmittelalter
1122–1278
(erscheint 1996)

Winfried Stelzer
Herrschaft und Länder
Das Werden des habsburgischen Österreich
1278–1439
(erscheint 1998)

Alois Niederstätter
Das Jahrhundert der Mitte
An der Wende vom Mittelalter
zur Neuzeit
1400–1522
(erscheint 1996)

Franz Quarthal
Der Weg in die Moderne
Vom Ständestaat zur
europäischen Monarchie
1522–1699
(erscheint 1997)

Grete Klingenstein
Habsburgs angewandte Aufklärung
Das Vielvölkerreich zwischen Barock und
Revolution
1699–1806
(erscheint 1997)

Helmut Rumpler
Eine Chance
für Mitteleuropa
Bürgerliche Emanzipation
und Staatsverfall der Habsburgermonarchie
1804–1918
(erscheint 1996)

Ernst Hanisch
Der lange Schatten des Staates
Österreichische Gesellschaftsgeschichte im
20. Jahrhundert
1890–1990

Roman Sandgruber
Ökonomie und Politik
Österreichische Wirtschaftsgeschichte
vom Mittelalter bis zur Gegenwart
(erscheint 1995)

Franz Severin Berger/Christiane Holler

Trümmerfrauen

Alltag zwischen Hamstern und Hoffen

240 Seiten

Trümmerfrauen – ursprünglich Bezeichnung für Frauen in den zerstörten Städten, die zwangsweise Arbeit bei der Beseitigung von Ruinen und Schuttbergen leisteten.

In diesem Buch steht der Begriff „Trümmerfrauen" aber für mehr: Er umfaßt jene Generation junger Frauen und Mädchen, die im April 1945 auf den Trümmern einer untergegangenen Nazi-Diktatur, auf den Trümmern ihrer Existenz und oft genug auch auf den Trümmern ihrer eigenen Lebensgeschichte standen.

Berichte, Dokumente, Bilder und Kommentare erzählen vom Alltag dieser Frauen und von ihrem Abenteuer, aus dem Schutt der Zeit heraus den Weg freizuräumen für die nächste Generation.

Adolf Wala (Hrsg.)

Der Schilling

Ein Spiegel der Zeiten

212 Seiten

Zum Anlaß der siebzigsten Wiederkehr der Einführung des Schillings in Österreich lassen die Autoren – Paul Berger, Otto Biba, E. Philip Davis, Hans Kernbauer, Ferdinand Lacina, Kazimierz Laski, Gustav Peichl, Josef Pöschl, Robert Raymond, Maria Schaumayer, Guido Schmidt-Chiari, Klaus Albrecht Schröder, Dietmar Spranz, Anton Stanzel, Erich W. Streißler, Adolf Wala, Erika Weinzierl und Peter Zdrahal – nicht nur die Geld- und Währungspolitik dieser Zeitspanne Revue passieren, sondern auch die innenpolitischen, wirtschaftspolitischen und kulturpolitischen Ereignisse.

Wilfried Daim

Der Mann, der Hitler die Ideen gab

Jörg Lanz von Liebenfels

332 Seiten

Jörg Lanz von Liebenfels, ursprünglich Zisterzienser in Stift Heiligenkreuz, gründete 1900 eine Sekte, die er „Orden des Neuen Tempels" nannte. Nur blonde, blauäugige Männer, die sich verpflichteten, blond-blaue Frauen („Zuchtmütter") zu heiraten, durften diesem Orden beitreten. Lanz war Herausgeber und Hauptautor der Schriftenreihe „Ostara. Briefbücherei der Blonden und Mannesrechtler".

Hitler war begeisterter Leser der Ostara-Hefte und sprach selbst von der Bedeutung dieser „antisemitischen Broschüren" für seine Entwicklung.

„Der Mann, der Hitler die Ideen gab" legt dar, welche politische Bedeutung einer „Schundreligion", einer Trivialphilosophie in der Weltgeschichte zukommen kann.

Dritte, überarbeitete und erweiterte Ausgabe.